宋史原来超好看大全集

君玉离 赵宋 编著

中国华侨出版社

图书在版编目（CIP）数据

宋史原来超好看大全集 / 君玉离，赵宋编著. —北京：中国华侨出版社，2011.10（2016.5重印）

ISBN 978-7-5113-1797-1

Ⅰ.①宋… Ⅱ.①君… ②赵… Ⅲ.①中国历史—宋代—通俗读物 Ⅳ.①K244.09

中国版本图书馆CIP数据核字（2011）第202204号

宋史原来超好看大全集

编　　著：	君玉离　赵　宋
出 版 人：	方　鸣
责任编辑：	凌　寒
封面设计：	凌　云
文字编辑：	李　鹏
美术编辑：	玲　玲
经　　销：	新华书店
开　　本：	1020mm×1200mm　1/10　印张：36　字数：600千字
印　　刷：	北京兴星伟业印刷有限公司
版　　次：	2012年1月第1版　2018年10月第3次印刷
书　　号：	ISBN 978-7-5113-1797-1
定　　价：	59.80元

中国华侨出版社　北京市朝阳区静安里26号通成达大厦三层　邮编：100028

法律顾问：陈鹰律师事务所

发 行 部：（010）88866079　　传　真：（010）88877396

网　　址：www.oveaschin.com

E-mail：oveaschin@sina.com

如发现印装质量问题，影响阅读，请与印刷厂联系调换。

前言

　　人性是推动历史发展的动因,以人为本,历史才有意义。每个历史人物身上都有很多可以评说的生动故事,这些故事组成了丰富多彩的历史。一位西方历史学家说过:"所有的历史都是思想史。"他觉得,只有穿越历史事件,进入事件背后所隐含的思想,才能了解历史。我们选取中国历史上最有影响的几个朝代,如汉朝、宋朝、明朝、清朝等进行解读,深入到历史事件内部,用现代的视野,以故事说人物,以人物说历史,以历史说人性,用全新的观点、现代的语言,诙谐的文字,将这些朝代中的人和事真实地展现在读者的面前,以期帮助读者真正地了解历史,并以史为鉴指导未来。

　　宋朝是中国历史上最为辉煌的朝代之一,它经济富庶,文化繁荣,科技进步,在中国历史上占有辉煌的地位,然而在军事上却频频败于比它落后得多的异族政权。汴河繁华、临安遗恨的背后,牵连着的是后人无限的想象和无尽的遗憾。

　　昔日的繁华,早已成为深埋于地下的废墟;从前的风华,也化为过眼烟云,但我们却无法否认那个灿烂时代的不朽与荣光。往事越千年,我们仍能嗅到那三个多世纪汴梁与临安传来的梅花香气,还依稀能听闻诗人词家那一叹三叠的华丽咏叹。

　　是的,伟大的宋朝并非死亡的朝代,即使在它崩溃的瞬间,也如流星陨落一般,照亮了野蛮的黑暗,驱散了内心的恐惧。在我们民族的记忆中,宋朝,伟大的宋朝,已成为永恒。为此,我们需要重新回顾一下那个与野蛮为邻的伟大时代的方方面面,籍此把记忆的碎片黏合起来,重组三百多年间我们不屈不挠的先辈所取得的巨大成就。

　　宋朝有垂范千古的名臣。杨业、寇准、狄青、韩琦、范仲淹、欧阳修、司马光、韩世忠、岳飞、虞允文、辛弃疾、陆秀夫、文天祥等,这些忠臣义士,求仁得仁,求义得义,不以成败利害动其心,不以生死贫富移其志,才节两全。他们或衔命出疆,或授职守土,或一心为国,或感激赴义,或慷慨就死,或临难不屈,或捐躯殉国,功虽有不成,名却彪炳千秋!

　　宋朝有稳定开明的政治。宣称"与士大夫共治天下"的赵匡胤"杯酒释兵权",巧妙地分散了宰相和大臣的权力,使其前和其后各个王朝屡见不鲜的女祸、宦祸、外戚之祸、藩镇之祸、权臣篡逆之祸、流贼覆国之祸,在宋代基本杜绝。而后,又建立了完善的科举考试、官员铨选以及监察制度,成为中国封建社会政治体制最开明的时代。即使在皇权至上的封建社会,宋帝也承认天下"道理最大",而并非口口声声"朕即国家"。也因此,宋朝国祚绵长,延续了三百多年之久。

　　宋朝有造极于时的经济。宋代的多种经济模式均在世界上开一代风气之先。特别是城市的发展,"屋宇雄壮""骇人闻见";经济活动"每一交易,动辄千万";瓦舍、勾栏,熙熙攘攘,娱乐、休闲通宵达旦,市民生活水平在当时世界首屈一指。

　　宋朝有传承千年的思想。北宋有王安石新学、周敦颐濂学、张载关学、二程洛学,南宋有朱熹道学、陆九渊心学、叶适事功学等。就当时来讲,宋儒理学是对两汉经学和盛唐佛学的推陈出

新，是一种崭新的、以儒学为根本的、兼收佛老及诸子学说的新儒学体系，是中国古代思想发展史上的一个高峰。

宋朝有冠绝一代之文学。宋词一洗晚唐浮艳之风，或豪放，或婉约，大放异彩。其中以欧阳修、苏轼、李清照、辛弃疾、陈亮为代表；宋诗也不可小觑，其多于用典的浓郁书卷气，使得中华文化精髓每每跃然纸上，尤以陆游、范成大、杨万里、刘克庄昂然执其牛耳，悲沉激荡，脍炙人口。

生动而丰富的历史从来就是我们汲取力量和智慧的源泉。洞察过去，并不一定就能预见未来。但不看历史，一定不能看到未来。书写一部历史，不是为了向世人展现往昔的人情世故，叫人为王者感叹踌躇，而是为了与历史的人物身影交错，携手同游，共经盛世兴衰的波澜，体味人生的豪迈与遗憾，捕捉人性中的善与恶。《宋史原来超好看大全集》正是这样一部书。

本书以人性解史，以趣味说史，将两宋三百二十年的历史分为"终结乱世，以文驭武治国""偏安南隅，中兴无力崖海沉沦"两卷，从唐末五代群雄并起争夺天下开始，直至蒙元兴起、南宋灭亡。全新解读这个中国历史上最可爱的朝代。本书尽量避免枯燥乏味的叙述方式，在尊重史实的基础上，以幽默风趣却不乏智慧的语言，调侃轻松却不失庄重的语调，讲述中国两千多年前的历史，并试图进入到历史事件背后，深度挖掘历史人物内在的真实情感，使读者与其产生共鸣。本书运用三维结构，用历史事件来展现人性的复杂和诡秘，透过历史的迷雾，解构历史中的人物，以人性洞察历史，还原历史的真相，参悟历史智慧。

目 录

北宋卷　终结乱世，以文驭武治国

第一章　五代更替，乱世英雄迭起 …… 2
　　初出茅庐 …… 2
　　郭氏军中立威 …… 3
　　以周代汉 …… 5
　　江山来之不易 …… 6

第二章　陈桥兵变，坐拥江山 …… 9
　　义子承父业 …… 9
　　王朴幸不辱命 …… 11
　　一代明君的陨落 …… 13
　　陈桥兵变，黄袍加身 …… 16
　　风云变幻，大宋开国 …… 19

第三章　艰辛的开国之路 …… 22
　　初登宝位 …… 22
　　谋反之心昭然若揭 …… 24
　　武将帝王的将帅之才 …… 26
　　天子之怒 …… 28
　　杯酒释兵权 …… 29
　　军权集中 …… 31
　　后蜀末帝孟昶 …… 33
　　胜者王侯败者寇 …… 35
　　两征北汉未果 …… 37

第四章　卧榻之侧，岂容他人鼾睡 …… 40
　　中央集权制度的建立 …… 40
　　卧榻之侧，不容他人鼾睡 …… 42
　　南汉覆灭 …… 43
　　赵普落马 …… 45
　　金陵被围 …… 47
　　兄友弟不恭 …… 49

三征北汉，未竟的事业 …………………………………………………… 51
　　烛影夜话 ………………………………………………………………… 52

第五章　内忧外患 …………………………………………………………… 55
　　攘外必先安内 …………………………………………………………… 55
　　收归吴越，平定北汉 …………………………………………………… 56
　　疲师伐辽 ………………………………………………………………… 58
　　宋辽边界战火纷纷 ……………………………………………………… 60
　　赵普复相 ………………………………………………………………… 62
　　元佐发疯，元僖暴死 …………………………………………………… 64

第六章　太宗离世，真宗即位 ……………………………………………… 66
　　恩威并用，党项叛服 …………………………………………………… 66
　　雍熙北伐 ………………………………………………………………… 67
　　王小波起义，李继迁投降 ……………………………………………… 69
　　太宗立太子 ……………………………………………………………… 71
　　再战李继迁 ……………………………………………………………… 72
　　真宗即位 ………………………………………………………………… 74
　　紧锣密鼓坐江山 ………………………………………………………… 76

第七章　转攻为守，以文治国 ……………………………………………… 78
　　王均叛乱，灵州不稳 …………………………………………………… 78
　　聚焦李继迁 ……………………………………………………………… 80
　　党项、吐蕃之争 ………………………………………………………… 82
　　澶渊之盟 ………………………………………………………………… 84
　　"天书降临" ……………………………………………………………… 86
　　平民皇后刘娥 …………………………………………………………… 87

第八章　女人天下，刘太后掌权 …………………………………………… 90
　　只知丁谓，不知皇帝 …………………………………………………… 90
　　丁谓罢相 ………………………………………………………………… 92
　　刘太后掌权 ……………………………………………………………… 94
　　相权制衡 ………………………………………………………………… 96
　　赵祯、耶律宗真与李元昊 ……………………………………………… 97

第九章　仁宗亲政之路 ……………………………………………………… 100
　　萧耨斤夺权 ……………………………………………………………… 100
　　厚葬李宸妃 ……………………………………………………………… 102
　　刘娥之死 ………………………………………………………………… 103
　　赵祯亲政 ………………………………………………………………… 106

第十章　宋夏交锋，逐鹿疆土 ……………………………………………… 108
　　党项吐蕃之战 …………………………………………………………… 108
　　朝堂之争 ………………………………………………………………… 110
　　大战一触即发 …………………………………………………………… 111
　　荣耀三川口 ……………………………………………………………… 113
　　举国思战转茫然 ………………………………………………………… 115

悲怆好水川	117
琉璃堡大捷	119

第十一章　庆历新政 …… 122
　　辽主耶律宗真遣使南来 …… 122
　　富弼使辽解宋危 …… 124
　　定川之败 …… 125
　　庆历新政论 …… 127
　　第一次朋党之争 …… 129

第十二章　政局渐稳，虎狼环伺 …… 131
　　辽夏之战 …… 131
　　王则之乱 …… 133
　　李元昊自食恶果 …… 134
　　宋仁宗遇刺 …… 136
　　包拯上位 …… 138
　　梁适升官 …… 140

第十三章　整改国制兴变法 …… 142
　　"身心俱病"的宋英宗 …… 142
　　富弼隐退 …… 143
　　濮议之争 …… 145
　　宋神宗的理想 …… 147
　　一代名相——王安石 …… 148
　　拉开新法的帷幕 …… 149
　　拨开"青苗法"的疑云 …… 151
　　新法的复苏与深入 …… 153

第十四章　脱离现实的熙宁变法 …… 156
　　军事梦想的开端 …… 156
　　熙河开边 …… 157
　　荆湖平蛮 …… 159
　　熙宁变法的弊端 …… 161
　　吕惠卿夺权 …… 163

第十五章　国无宁日 …… 166
　　分水岭之争 …… 166
　　第二次罢相 …… 167
　　改革仍在继续 …… 168
　　梦破永乐城 …… 171
　　壮志未酬身先死 …… 173

第十六章　女中尧舜高太后 …… 176
　　起复司马光 …… 176
　　哲宗艰难的成长之路 …… 178
　　元祐更化 …… 179
　　哲宗陨落 …… 181

第十七章　风流天子 ... 183
- 徽宗登基 ... 183
- 蔡京入朝 ... 184
- 宋徽宗任用奸臣 ... 186
- 大太监童贯 ... 188
- 落败宣威城 ... 189
- 花石纲之祸 ... 191

第十八章　亡国之政 ... 193
- 推崇道教 ... 193
- 失败的外交 ... 194
- 方腊起义 ... 196
- 草莽英雄宋江 ... 198
- 重金赎回空城 ... 200
- 张觉事件 ... 201
- 铁骑南下 ... 203
- 徽宗逃亡 ... 204

第十九章　靖康之难，北宋覆灭 ... 207
- 金国崛起 ... 207
- 宋金灭辽 ... 208
- 宋钦宗临危即位 ... 210
- 第一次开封围城战 ... 212
- 战和之争 ... 213
- 六贼的下场 ... 215
- 第二次开封围城战 ... 216
- 屈辱求和 ... 218
- 靖康之变 ... 219
- 徽、钦二帝之死 ... 221

南宋卷　偏安南隅，中兴无力崖海沉沦

第一章　泥马渡康王，卷土重来 ... 224
- 失宠的韦氏 ... 224
- 死里逃生的赵构 ... 225
- 泥马渡康王 ... 227
- 蜡丸里的圣旨 ... 229
- 以汉治汉 ... 231
- 赵构即位，大势所趋 ... 233
- 南宋第一丞相 ... 234

第二章　偏安南隅避金国 ... 237
- 夕罢免，良相成平民 ... 237
- 书生抗金，皇帝担心 ... 238

"过河"而亡论 ... 240
苗刘兵变 ... 242
武将韩世忠 ... 244

第三章　安天下梦碎 ... 247
天下之大，何处安身 ... 247
黄天荡大破金军 ... 249
将相失和 ... 250
刘豫对金 ... 252
伪齐国灭亡 ... 254

第四章　秦岳奸忠的角力 ... 257
乡兵小卒 ... 257
北伐艰辛 ... 259
一代名将 ... 260
精忠岳飞 ... 262
图复中原 ... 264
直捣黄龙 ... 266
册立太子 ... 268
两面奸臣秦桧 ... 270
完颜昌里外不是人 ... 271

第五章　议和以保安逸 ... 274
天眷议和，高宗的苦心谁领会 ... 274
顺昌大战 ... 276
十年之功毁于一旦 ... 277
君臣二人收兵权 ... 279
岳飞身死 ... 281
丧权的"绍兴和议" ... 283
相权专政 ... 285

第六章　权臣当道，力挽狂澜不及 ... 287
多情老父无情子 ... 287
从大孝子到不孝君 ... 288
毁夫祸国 ... 290
赵汝愚力挽狂澜 ... 292
被逼登上皇位 ... 294
志大才疏的宁宗 ... 295
韩侂胄的木偶 ... 297
庆元党禁 ... 299
开禧北伐 ... 300

第七章　一代天骄悄然诞生 ... 303
海陵王完颜亮 ... 303
贤主金世宗 ... 305
金朝的衰亡之路 ... 307

一代天骄诞生 ··· 309

第八章　奸佞祸国殃民 ··· 311
　　史弥远先发制人 ··· 311
　　奸臣当道 ··· 313
　　平步青云的杨皇后 ··· 315
　　假传遗诏换太子 ··· 316
　　真天子反成叛国贼 ··· 318
　　有名无实的中兴梦 ··· 320
　　宋蒙联手，金朝灭亡 ··· 321
　　化为泡影的收复故都梦——端平入洛 ··· 323
　　理宗下罪己诏 ··· 325
　　阎马丁当，国势将亡 ··· 327
　　余玠守蜀 ··· 329

第九章　复国雄心难燃起 ··· 333
　　蟋蟀宰相贾似道 ··· 333
　　最后一根稻草孟珙 ··· 335
　　忽必烈称汗 ··· 337
　　贾似道同忽必烈暗中媾和 ··· 338
　　笼络人心的贾似道 ··· 340
　　襄阳樊城一决雌雄 ··· 342

第十章　风雨宋王朝最后的稻草 ··· 344
　　元世祖改制 ··· 344
　　皇陵被盗，天之皇朝尘嚣尽散 ··· 346
　　南宋流亡小朝廷 ··· 348

北宋卷

终结乱世,以文驭武治国

第一章 五代更替，乱世英雄迭起

初出茅庐

唐末以来，改朝换代犹如走马观花，战争连年不断，乱世之中，平民百姓深受其害，家破人亡的不计其数。人人自危，侥幸留得性命的人要生存下去，也非易事，特别是那些人口众多的家庭，在这兵荒马乱的年月，吃上饭、吃饱饭对于平民百姓也是奢侈。

开封城内，朝阳刚刚升起，一个土坯巷子内，一个20岁左右的年轻人在家人的目送下，恋恋不舍地离开故乡，外出谋生去了。此人正是赵匡胤——未来的大宋开国皇帝。

赵匡胤的父亲赵弘殷曾是唐朝的底层官员，俸禄微薄，勉强可以维持生活。从五代伊始，他处事便是战战兢兢，小心翼翼，如履薄冰，在乱世中他学得了一套独特的生存法则，所以不管朝代怎样更替，他总能够在各朝各代谋得一官半职，尽管不上不下，但总可以养家糊口。然而，随着家中人口的增加和孩子的不断成长，战乱日益频繁，生产大幅下降，赵家的生活越来越不如从前。

赵匡胤作为家里的长子，当时已经21岁，且已经娶妻生子，更应该独立谋生。尽管赵匡胤不情愿离开父母和妻子，但是现实的窘况不容忽视。

俗语说，在家靠父母，在外靠朋友。赵匡胤第一次出门没有任何人生阅历，人脉关系上只能依靠父亲。赵匡胤南下到了随州，这里的刺史董宗本是赵弘殷的多年好友，于是，赵匡胤便来这里投奔他。赵匡胤非常顺利地在这里谋得一份差事，尽管没有什么大权，但是能够填饱肚子，偶尔给家里一些贴补。

赵匡胤豪迈不拘小节的性格使得他很快就跟周围的人打成了一片，领导才能逐渐显露。他更在闲暇时间大练拳脚，自创了一套拳法，一时间，这套拳法传习开来，成为当时的流行时尚。这套拳法就是宋朝的太祖长拳，后来更是成为武术界六大名拳之一。

在随州，赵匡胤的大名不胫而走。有个人开始对赵匡胤看不顺眼，此人就是刺史董宗本的儿子董尊海。董尊海养尊处优，走到哪里都出尽风头，但赵匡胤来了之后，他感到自己遭到了人们的忽视。所以董尊海开始在父亲董宗本那里说赵匡胤坏话。毕竟血浓于水，纵使是儿子董尊海的不是，董宗本也就睁一只眼闭一只眼，给了赵匡胤一些盘缠，打发他离开。

赵匡胤因为太优秀抢了旁人的风头，在随州仅仅待了半年就丢掉了差事。

离开随州，赵匡胤又到了复州，这里的防御使王彦超是赵弘殷以前的部下。王彦超一听是赵弘殷的儿子前来投奔，立刻盛情款待。赵匡胤饱餐一顿之后，心想王彦超如此痛快，想必自己能在这里谋得一官半职。然而，他还是高兴得太早了。第二天，王彦超就派人送来一些盘缠给赵匡胤，赵匡胤犹如被一盆冷水泼在头上，只好垂头丧气地离开。

赵匡胤不知要去哪里，天下之大，不知何处才能安身。他想到了家中的亲人，可若是就这么回去了，男子汉大丈夫的脸面何存？

然而，手上盘缠已经不多，摸着咕噜作响的肚子，赵匡胤盘算着，首先必须要找个能填饱肚子的差事。然而举目无亲、投靠无门，唯今之计只有靠自己。

这日，赵匡胤走累了，看路旁有个破旧的寺庙，走近一看，扁上书曰"清幽观"，便走进观里休息。这个时候，一阵哭泣声传来，赵匡胤顿时警觉起来，在观内左找右找，找到一间被锁住的暗室。原来女子的哭泣声是在这里传出。赵匡胤将女子救出，一问才知这女子名赵京娘，本是开封人氏，跟随父亲出游遭遇土匪抢劫，被困于此。赵匡胤看此女孤单一人，不忍其一人回家，便与之结为兄妹，千里送其回家，一路上对赵京娘体贴关怀，令赵京娘感激涕零。赵京娘便向其表达了爱慕之情，此时的赵匡胤正处在人生低谷，整日忧心忡忡，哪里还有心情谈情说爱，便婉言拒绝。这便是流传至今的赵匡胤"千里送京娘"的故事。

赵匡胤在自己身处困境之时，仍能够向素不相识的遇难女子伸出援助之手，千里迢迢将其送回，一路照顾，并且始终保持着君子风度，不得不让人佩服。

本打算不闯出一片天地就不回家的赵匡胤后来阴差阳错地还是回到家中。回家的赵匡胤看到的是一个翻天覆地的开封，这一年里发生了太多事情。

耶律德光入主中原以后，不久就暴病身亡，不得不说是天意弄人。耶律德光死后，契丹内部迅速分裂，当然，起因是谁将有资格和实力来继承大统的问题。分裂后的契丹实力大打折扣，已经没有力量统治中原地区。

契丹一走，刘知远自然不费吹灰之力就得到中原地区。然而，好景不长，刘知远登基仅一年有余就病逝，他的儿子刘承祐继承了的皇位。这年，刘承祐十八岁。

刘氏轻而易举得天下，自然根基不稳固。对于这个刚刚上任的新皇帝，部分手握重兵的节度使对其采取漠视的态度。而刘承祐也确实不争气，每每上朝时，在金銮殿上竟然哈欠连天，毫无帝王风度。自然会有节度使趁此机会叛变。李守贞、赵思绾和王景崇三节度使同时举起了反旗。

当叛军打到家门口的时候，刘承祐才惊恐万分，惊慌失措的他一时间竟然不知道如何是好。臣子们终于认清了主子不争的现实，唯今之计，就是找出个有威望的人来，以其威名领军抗敌。

郭氏军中立威

叛臣步步逼近，刘承祐却还在为平叛的人选问题而犹豫不决。其实这个时候有个非常合适的人选，此人便是大将郭威。郭威本是刘知远的心腹大将，曾经跟随刘知远南征北战，立下汗马功劳，可谓久经沙场，威名远扬，而此时的他正掌枢密院，平叛乃是份内的事。不过，刘承祐也不是全然的愚蠢，对郭威始终存着戒心。

郭威手握重兵，掌握着后汉的军政大权，这让小皇帝感觉如虎在侧，寝食难安。乱世的规律让刘承祐深刻体会到，谁掌握军权，谁就能够把别人踩在脚底下。刘承祐自从登基以来就深受无权之苦，父亲留给他的基业，却掌握在重臣手中，完全被架空的滋味不好受。

叛臣来犯，机遇与挑战并存。刘承祐想趁此机会培养出自己的亲信，到时候能够大权在握，实现一箭双雕的结果。所以，他明知道郭威是最佳平叛人选，但还是要舍近求远，弃之不用。

外敌当前，刘承祐却盘算着限制武将的兵权，这在某种程度上显示了他的不成熟，他心向往之的理想是一种完美结局，可是世事难料，谁能保证不会有差错，若是打了败仗，他就后悔莫及了。

刘承祐左挑右拣，找了三个无名之辈领兵出征。几个月下来，鲜有战绩。刘承祐这才认识到事态的严重性，无奈之下想到了郭威的好处。尽管他很不情愿，也不得不求助于郭威。

郭威阅历丰富，知道小皇帝不敢重用自己的心思，但他并无时间计较。对于一手打下来的江山，他不会在它危在旦夕之时而袖手旁观。

此时的刘承祐则实在是没有办法，只能把所有的希望都寄托在郭威一人身上，将后汉的军队毫无保留地交给了郭威。

郭威领兵出征，毕竟是众望所归，除后汉正规军之外，更有众多壮丁来投奔，赵匡胤就是其中的一员。赵匡胤的父亲曾经与郭威有过一面之缘，凭着这层关系，赵匡胤在郭威身边谋得了亲兵的职务。

话说赵匡胤阴差阳错地回到开封，羞于在家里吃白饭，便想再次外出谋生，但是去哪里仍然是个难题，父亲朋友那里是不能再去了，赵匡胤也不想再去丢人现眼。父亲赵弘殷便想让儿子跟随自己，在自己手下干点事情。但是赵匡胤心比天高，打定主意不再依靠家人救济，一心想要自己去闯出一片天地。恰在这个时候，郭威领兵出征，赵匡胤便立即前去投奔，终于走入了人生的战场，而他的命运也从此改变。他以此为契机，一发不可收拾，最终登上了权力的最高峰，留名青史。

郭威虽威望有余，但是对于这次平叛也不是十拿九稳，缘由在于三个叛臣是同时起兵，李守贞据守河中，赵思绾据守永兴，王景崇据守凤翔，而叛臣之一的李守贞也是同郭威齐名的老将，手握重兵不说，郭威所率士卒中众多都是李守贞的旧部，这样一来，自己手下的士卒肯定不会轻易对李守贞刀戈相向。况且，李守贞平素对士卒慷慨大方，深得军心，所以他才有恃无恐，公然反叛。若是郭威军中这些李守贞旧部心绪不稳，念着旧情，在战场之上倒戈相向，郭军必然军心大乱，必败无疑。郭威辗转反侧，心绪不宁，看来，拉拢军心是当务之急。

郭威虽出身贫寒，但自幼勤奋好学，虽是武将却也是有勇有谋，私下里又好结交文士，跟朝廷重臣关系打得火热，博得了一些大臣的好感。这个时候，有个人物帮了郭威的大忙，此人便是冯道。

冯道是一个具有传奇色彩的人物，他一生历经五朝，并且每朝每代都担任要职，担任过中书省长官、宰相、三公、太师等职务。这在常人看来很难以置信，乱世之中，朝代和皇帝轮流转，唯独冯道有泰山压顶而不倒的能耐，却是个了不得的人物。

更为神奇的是，冯道虽历经数朝，侍奉数位皇帝，但仍然被列为忠臣之行列，这不得不让人佩服他的个人魅力。

当时，冯道跟郭威同事一朝，关系非同一般，知郭威因出征之事而愁眉不展，便献上良策。正如司马迁所说，天下熙熙皆为利来，天下攘攘皆为利往。冯道深知人性的弱点，便提出以利诱方式收买军心。郭威接纳了冯道的建议，赏赐士卒毫不吝啬，并且奖励军功，定出赏罚分明的政策，允诺立功者酌情授予官职。郭威此举甚是有效，士气一下子被鼓舞起来。大得军心的郭威解决了后患之忧，整装上阵。

郭威一路行军，赵匡胤跟随左右，不久就到达了河中。河中城城门紧闭，城下攻城军将其围得水泄不通，李守贞被困于城中。李守贞作战无数，自然是有勇有谋，他高筑城墙，加强防备，攻方一时难以攻克城门。郭威也不是容易对付的人，一招不成，再生一计。

李守贞被困于城中，死守无援，粮草更是日益消耗，若得不到及时的补充，就难以维持，所以李守贞必定会出城筹备，这个时候就是攻城的大好时机。攻方只要守在这里，耐得住性子，就可以以最少的伤亡获得最大的胜利。

于是，郭威即刻命人在河中城下扎营筑寨，很快，城南、城西、城东三面就筑起了连续不间断的营寨。郭威如此心思，士卒大为不解。李守贞已经是瓮中之鳖，谅他插翅也难逃，若是趁此士气旺盛之际，一鼓作气，拼尽全力，背水一战，定能够将河中一举拿下。将军此举不仅让对方得到喘息的机会，更会让士卒失去耐心，这可是下下策。带着这样的怀疑，士卒除了焦急的等待，别无他法。

这天夜里，李守贞率领士卒，以迅雷不及掩耳之势，给予攻方出其不意的一击。被筑造起来的营寨多半被摧毁，当然李守贞也没有得到好处，带着伤亡士兵仓促躲回城中。

受了一身惊吓的士卒还没来得及喘息，郭威的命令来了，重建营寨，惊魂未定的士卒再次不解，不知道郭威为什么这么做。但是军命难违，他们只好硬着头皮再次把营寨建起来，耐心等待。

从此，拉锯战正式上演了。李守贞再次出城，将刚刚重修好的营寨摧毁，郭威下令第二次重建，如此三番两次，郭军的愤怒达到了极点。三番两次的攻防之战，李守贞也受到了重创，每一次出城死伤不说，更是不乏逃跑者。

这日，士卒终于盼来了郭威攻城的命令。郭军几乎不费吹灰之力就将已经疲惫不堪的河中城攻下，且伤亡少之又少。士卒终于明白了郭威的一番苦心，以最小的代价换取最大的胜利，不禁纷纷对郭威表示信服。此后不久，永兴赵思绾、凤翔王景崇也相继归降。

以周代汉

郭威在平叛中打了个漂亮的胜仗，其完美的瓮中捉鳖之术，让士卒佩服得五体投地。回到京师之后，郭威在军民中的威望可以说是如日中天。但是这些在刘承祐的眼中却如同芒刺一般，让他暗恨不已。郭威本就是他心头的一个大病，此次对方凯旋，更是赚足了风头，朝野之中对其个人崇拜已经成为一股不可遏制的潮流。而他刘承祐作为一国之主，却被彻底忽视了。

功高盖主，这是任何一个朝代都无法容忍的。不过，郭威能够多年游刃官场，自然是有一番察言观色的本领，还不至于被功劳冲昏了头脑。所以他必须要想一些办法来缓和与刘承祐的关系。

打了胜仗，论功行赏是必然的，尽管刘承祐非常不情愿，但是官场上的客套总要按部就班地执行。此时，郭威自然看准了机会，谦虚地推脱说，此次能够打胜仗是众多将领共同努力的结果，怎么可以由他一人来独享战果，应该共享这份荣誉。

如此功劳却不受禄，让群臣对郭威更加敬仰，郭威再次被众人吹捧了一番，这令刘承祐更加恼怒了。郭威本想以此向刘承祐伸出橄榄枝，以改善他们的关系，没想到却事与愿违，双方越闹越僵。一股不祥的预感油然而生，这让郭威猛然想到了"兔死狗烹"这句话。

慑于朝臣的压力，刘承祐加封郭威为官检校太师兼侍中，这样郭威就成为一人之下万人之上的权臣。刘承祐每每想及此，寝食难安，他现在如同一个形同虚设的皇帝，没有实权，没有威望。而郭威却是意气风发，高高在上。二人的角色完全调转过来。思前想后，刘承祐始终认为郭威具有当皇帝的实力和野心。当务之急就是将郭威调出京师，远离皇城和他的根据地，把他彻底孤立起来。可是，要孤立郭威必须要找一个理由，郭威的为人非常好，没有任何把柄，叫刘承祐有针无缝插。

但是，刘承祐已经等不及了，他把刚刚培养起来的心腹叫来，商讨此事，准备把郭威这个眼中钉拔去。刘承祐身边有个大臣名李业，此人曾经挨过郭威的板子，对郭威恨之入骨，听闻皇上有意将郭威除去，自是万分高兴，表示愿意效犬马之劳，还献上把郭威孤立起来的计谋。刘承祐听得李业献计，心花怒放。

原来，李业意图让郭威去守边，但是边疆并无战事，所以支走郭威本是不可能。但是战事是可以无中生有的。李业决定在边境制造一些事情，以此为借口调走郭威。

这日，边疆来了快马疾书，原来契丹进犯，需立即出兵抵抗。毋庸置疑，郭威是最佳人选。这次，刘承祐毫不犹豫，立即召来郭威，一改往日铁青脸面，无比亲切的称呼爱卿，命其领兵抵御契丹。郭威看刘承祐如此待己，更是对己委以重任，深感欣慰。对于久经沙场的郭威来说，战争并不令人恐惧，他高高兴兴的领兵出征了。但他并不知道，前方等待他的是一场针对他的阴谋。

郭威到了边疆以后，根本没有看到契丹兵马，巡视一番，也并没有发现入侵的蛛丝马迹，聪明如郭威立即联想到了出征前皇上的异常反应，顿时明白了怎么回事。

众多部下用各种方式纷纷表示他们的愤怒，不管郭威如何镇定自如，都无法掩盖住他内心的沉痛和无奈，要他怎么做才能获得皇上的信任呢？战场上如鱼得水、朝野之中应付自如的郭威对于这个年纪轻轻的皇帝却无可奈何。

既然没有敌军可以抵抗，又没有皇上班师回朝的命令，郭威顿时清闲下来，便在这里筑起了一道防御线，以防止契丹的南侵。其实郭威眼下的举动并不是完全没必要。分裂后的契丹解决了内政问题，此时又联合成了一个整体，建立了统一的政权，而后汉与契丹接壤，这就使契丹对后汉虎视眈眈。日益强大起来的契丹对于后汉的繁华向往已久，所以郭威做好抵抗契丹的准备颇有先见之明。

正当郭威为国家安全做全面准备的时候，刘承祐却以干净利落的手段将朝中手握大权的杨邠、史弘肇、王章以反叛的罪名冤杀，然后安插上自己的亲信。

解决了朝中的事情，刘承祐的下一个目标便是郭威。但是天下没有不透风的墙，郭威耳目众多，平素又结交了一帮好友，刘承祐的秘密很快便泄露了。当他的圣旨还没有到达郭威眼前的时候，郭威早已经做好了起兵的准备。圣旨一到，郭威便杀了送信大臣，修改圣旨，宣称刘承祐要杀诸位将领。一时间，众将士愤怒的情绪被充分调动起来了。

郭威虽领兵造反，却有后顾之忧，那就是他的家人还在开封。天子脚下，一着不慎，自己就会害得家人命丧黄泉。然而，郭威的担心终究还是发生了。听闻郭威以"清君侧"起兵的刘承祐一时急火攻心，一怒之下将郭威家眷全部诛杀。郭威痛苦之中丧失了理智，便下达了一道命令，这道命令成为他一生中的污点——只要攻入开封城，便可以随意抢掠十天。军心大受鼓舞的士卒以不可抵挡之势，仅仅七天就到达了开封，而之前从开封出征的时候却走了半月有余。利益驱动下爆发出来的力量是不可思议的。

大军进入开封城，开封禁卫军听闻郭威之名纷纷倒戈，刘承祐看大势已去，便准备逃跑，后被郭威的部将杀死。随后，郭军便在开封城内一番抢掠，开封死伤无数，郭威看烧杀抢掠一发不可收拾，立刻下令停止。

国家没有了君主，只余太后垂帘听政，郭威自立为监国，掌握了后汉的军政大权。他虽无皇帝之名，但有皇帝之实。国不可一日无君，第二年，郭威便正式登基称帝，改国号为周，史称后周。

江山来之不易

郭威登上皇位，看似轻而易举，实则不易。他乃是久经沙场的老将，能够爬上权力顶峰，其权术的运用能力必然是非凡的，而登基也需要血的代价。

公元950年初冬，开封城一破，局势几乎不可控。郭军的士卒记住了郭威的那句话——"入开封，可劫掠十日"，所以开封城遭到了史无前例的洗劫。不过士卒之中赵匡胤是个例外，因为他的家人就在开封城内，眼见着郭军凶猛异常，赵匡胤丝毫没有犹豫，立刻回家保护自己的家人。

而郭威这个始作俑者犹自沉浸在自己的思绪中，对于开封城内发生的这一切无动于衷，没有人猜得透他的想法。看着一群一群逃命的百姓倒下，没有人知道他那时的感受，究竟是在为家人报仇雪恨后感到畅快淋漓，还是痛失亲人后的悲哀苍凉？

当郭威从自己的思绪中醒来，看着满目疮痍的开封城，才宛若从梦中醒来，深感自己此举会大失民心，所以立即派人制止了疯狂中的士卒，开始了抚民的举动，并主动和后汉的臣子交涉，俨然是想继续为后汉效力的模样。

士卒们却对郭威的举动不解。刘承祐死了，郭威占领开封，取后汉而代之是理所当然。但是郭威似乎并不想接受这份大礼，也许高处不胜寒，也许他对这皇位毫无兴致。

种种猜测都抵不过一个事实，郭威竟然请出了后汉太后来主持政事。这件事把郭威的众多部下弄得不知所以然。既然造反，为何不痛快一些，永绝后患，还要拖泥带水，留下祸根？然而，事已至此，军令如山，将领士卒只能以郭威的意愿为优先。

不日，后汉的太后开始垂帘听政。那么，作为后汉的叛将，郭威及其部属何以自处是个亟待解决的问题。天下依旧是刘家人的天下，可以想象，刘家人是不可能原谅他们这些大逆不道的人。接下来该怎么做，是他们的当务之急。

事实证明，只要刘家人有实力，就不容自家人被欺负。此时，刘氏有个人站了出来，振臂一挥，准备为刘家讨个说法，此人正是刘崇。刘崇是开国皇帝刘知远的亲弟弟，骁勇善战，为后汉的开国功臣，时任河东节度使兼中书令。侄子被杀，后汉将要改朝换姓，使得本来不甚关心国事的他再度露面。

刘崇虽然不关心朝政，却是个不容忽略的人物，在这乱世之中，权力掌握在拥有军力的人手中，手握军权才能保护自己和家人。所以，刘崇在自己的地盘上也培养出一支相当有实力的军队。郭威造反的消息传来，刘崇即率领军队直奔开封，但是毕竟天高皇帝远，远水也解救不了近渴，刘崇还是晚了一步。

就在刘崇逼近开封时，郭威的部下开始自乱阵脚，因为这些满载收获的郭军刚刚安定下来，准备好好享受一番，根本没有心情备战。此时的郭威倒是沉着冷静，他对众大臣说，国不可一日无君，让一个妇道人家（太后）干预政事也不是长远之计。郭威此言得到了众臣的肯定，皇帝的人选问题终于被提上了日程。但是，当务之急是要解决刘崇的问题。

自郭威入开封以来，朝中大臣自然是识时务地站在了他的阵营，就连被称为忠臣的冯道也开始为郭威卖命。既然郭威下达了命令，众臣哪里敢提出异议。在他的操纵下，新皇帝的人选定了下来——刘承赟（后改名刘赟）——刘崇的儿子。此刻，众人皆明白了郭威的良苦用心，以刘承赟为帝来拉拢刘崇，的确是一个万全之策。

不过，郭威此举并非是徒然，而是要放长线钓大鱼，以"拉"为"打"做准备。其实，郭威梦寐以求的皇位不可能拱手让与他人，推举刘承赟只是他的手段而已。

郭威这一举动立刻令刘崇父子欣喜若狂。既然如此，刘崇就没有进军的必要了。但是当刘崇冷静下来之后，便开始怀疑郭威的用意，开始筹谋盘算，于是便派了使者去见郭威。由于过分急于确认皇位是否由自己的儿子继承，刘崇有些慌不择路，直接省略了征询听政的太后，去见现在朝中大权在握的郭威。

 宋史原来超好看大全集

郭威自然是对使者慷慨激昂地说了一通，表露自己确实是要推举刘承赟。加之德高望重的老臣冯道也一并附和，使者深信不疑地回去报告了刘崇，却不知道此时的郭威已经设下了惊天陷阱。

使者带回的信息让刘崇父子精神为之一振。为表诚意，刘崇下令撤兵，做起了当太上皇的美梦。

刘兵一撤，刘承赟就迫不及待往开封赶去，他不知道从此就踏上了黄泉路，一去不返。开封的郭威听闻刘承赟已经赶往开封城，顿时松了一口气，心里的大石头终于落地，事情总算是朝着他预期的目标发展。原来郭威是打算把刘承赟作为胁迫刘崇的手段，有了刘承赟这个筹码，刘崇就成了一只纸老虎，不足为惧。

郭威心知既然走上了反叛之路，就绝对无法回头，唯有一条路走到底。能让自己活命的方法只有一个，那就是坐上皇帝的宝座。郭威选择了最明智的做法，就是以最小的代价换取最大的成功。

刘承赟开开心心的赶往开封途中，还未进入城中，就被囚禁起来，刘崇对自己儿子的遭遇却毫不知情，而朝中大臣对郭威唯命是从，哪里敢去向刘崇通风报信。

郭威的心思至此已经如司马昭之心，对于后汉的大臣来说，这是一个很好的拍马屁的机会。一份一份的上书到了太后那里，皆是要求委郭威以重任，所谓的"重任"，人人心知肚明，太后自然不是糊涂人，明白了什么意思。就这样，在众臣的一再劝进下，郭威假意推辞一番，于公元951年终于如愿以偿登上了帝位，成为后周的开国皇帝。

第二章　陈桥兵变，坐拥江山

义子承父业

历朝历代凡是开国皇帝登基伊始都免不了要论功行赏，以笼络人心，郭威当然也是如此。大臣依旧是原班人马，在这乱世之中，这些人若是还讲忠臣不事二主，就无法继续生存。所谓识时务者为俊杰，良禽犹懂得择木而栖，像冯道这样一生历经几朝侍奉数个皇帝，更是司空见惯。

郭威论功行赏，不论功劳大小，毫无遗漏。一片欢声笑语，相贺之声不绝于耳，郭威通过此举大获人心，于君于臣，皆大欢喜。正当举国同庆之时，没有人注意到一个小小的禁军士卒正在唉声叹气，此人便是赵匡胤。

赵匡胤自从投军以来，一直跟随郭威，任劳任怨，在郭威的身边也增长了见识。作为郭氏的亲军，郭威却似乎把他忘记了。不过，赵匡胤的所作所为郭威早已经看在眼里，记在心里，没过几天，便把他升职为禁军东西班行首。暂且不论官大官小，赵匡胤这在禁军里面也算个有头有脸的人物了，可是这个职位却让赵匡胤更加抑郁。

原来，这个职务的根本任务在于保卫皇宫的安全，整日就是执行站岗的任务，看到可疑人物便留下来盘查，这样日复一日，重复着简单机械的工作，赵匡胤很可能再无晋升的机会。渴望一展宏图的赵匡胤非常不甘心，不知道何时才能熬出头。他想到了自己的父亲赵弘殷，一辈子在禁军里做着不大不小的一官半职，收入只够勉强养家糊口，若是自己这样得过且过下去，必定会步父亲的后尘。赵匡胤这样想着，愤怒和不服油然而生，不行，绝对不能这样坐以待毙，必须采取行动主动出击。

赵匡胤年轻有志，不甘于平淡无奇，打算另寻他主。这一决定在当时人看来是不可思议的。背靠大树好乘凉，有郭威这个靠山，赵匡胤却要离开，真是身在福中不知福。赵匡胤摇头叹息，哪里有人能明白他的苦衷和绝望，虽说是对于他这么一个小人物来说，郭威是最好的主子。但那是在以前，如今的郭威已非昔日郭威，有太多人对郭威来说更有利用价值，而他赵匡胤不过是个小卒，根本没有发展空间，那么出头之日就十分渺茫。

俗话说宁为鸡首，不为牛后，赵匡胤要找个能让自己大展身手的地方。打定主意的赵匡胤开始另觅贤主，最终挑中了柴荣。柴荣是郭威的义子，但是当时的他并不受重视。郭威的儿孙被杀尽之后，膝下无子，便收柴荣为义子，给他一系列的官衔，但是这并不意味着柴荣就是皇位候选人。一来郭威还正值壮年，会不会再有后代是未知之数；二来郭威还有个亲外甥，名李重进，此人阅历丰富，久经沙场，战功卓越，手握重兵，在朝中享有盛名；三来柴荣虽众多头衔压身，他的威望却经不起追问，没有带兵打仗的经验，就培养不起自己的亲兵。兵权是一个根本性的问题，没有兵权，一切都是徒劳。

不过，让柴荣头疼的不是这些，而是朝中一人之下万人之上的权臣王峻。王峻在郭威造反时是其坚定的追随者，郭威登基以后，给王峻带了一顶后周第一功臣的高帽，任其为宰相兼枢密使。王峻手握重兵，就连郭威对他都有几分忌惮。有这样一个对手，此时的柴荣只能是唉声叹气的份，众人对柴荣左看右看都是摇头，叹他前途一片昏暗。

可是，赵匡胤却不同他人，笃定柴荣为自己应该跟随的人。但他为什么会选中不被看好的柴荣，具体的原因已经无从考证，只能说他慧眼识英雄，或者是运气好。但是能够肯定的是，这个决定对赵匡胤人生至关重要，他由此平步青云，一步一步向皇位迈去。

当然，这也是一步险棋，对于赵匡胤来说，一着不慎全盘皆输，主子柴荣的未来就决定了他未来的命运。

对于充满野心的人来说，让他安分下来比杀了他还难受，赵匡胤就是这样的人，所以处于失意状态的他决定赌一次，不论输赢。

赵匡胤投奔柴荣后，初始并未得到重用，因为当时的柴荣也是颓废异常，原因就在于受到了王峻的排挤。而那时的王峻正是意气风发的状态，在朝中不可一世。

王峻之所以如此嚣张，原因在于他刚刚为郭威平定了刘崇之乱。郭威举行登基大典，消息传到了刘崇耳中，刘崇自是怒不可遏。因为他被郭威诓骗了，不但失了进军开封夺取皇位的先机，还赔上了儿子。所以刘崇打定主意要跟郭威势不两立，便在其根据地太原建立了跟后周对立的政权——北汉。

北汉统治区域极其有限，其实力也无法跟郭威相对抗，但是丧失亲子的悲痛和对郭威的仇恨让刘崇失去了理智，走投无路的刘崇向辽国发出了救援的呼声，辽国满口答应。不久，辽国即派五万人马前来支援刘崇，再加上刘军两万人马，浩浩荡荡向开封开来，企图一举将后周消灭。

此时的郭威已经沉溺于开封的安逸生活，又兼害怕后院失火，不愿再御驾亲征，便将迎敌的重任交给了时任宰相兼职枢密使的王峻。王峻先守后攻，一举将汉辽联军击退，北汉人马损失惨重，辽国也受到重创。自此以后，刘崇再也不敢进犯。王峻凯旋，举国为之振奋，而此战更是让他地位稳固，后周再无能将他取代的人，就连郭威也奈何他不得。

事业上如日中天的王峻自认为作为后汉第一功臣，竟开始有了非分之想，觊觎着皇位。如此一来，他首先要打败的竞争对手就是柴荣。

王峻以其职权将柴荣禁锢在澶州，禁止后者参与朝中事务，剥夺他的各项权力，除了节假日能够与郭威会面外，一律不得入开封。柴荣抑郁非常，却是无可奈何。

这日，得知王峻离开开封，柴荣得此机会便想入开封与义父郭威叙叙家常，但是王峻狡诈非常，早就布好了眼线，一路监视，随时汇报。柴荣没有办法，只得取消此次行动。时间久了，柴荣对王峻的仇恨已经到了无以复加的地步。

而王峻在朝中也越来越肆无忌惮，其爪牙遍布朝中各个角落，对郭威也出言不逊。王峻的一言一行极大地超出了郭威的忍受限度。当郭威察觉到王峻的狼子野心之后，便开始设计了一场针对王峻的谋划。

这日，王峻依旧若无其事的来上朝，朝堂之上一片安静，郭威坐在龙椅之上，命承旨官员展开了奏折，开始罗列一系列王峻欲夺取皇位的罪证，当然，这其中不乏虚构的范畴，但是没有人肯替王峻说理或求情。不可一世的王峻就这样被革职了，从如日中天一瞬间跌到了深渊。

王峻被革职以后，最高兴的当数柴荣，柴荣终于可以走进开封。此后郭柴父子联合开创了一个欣欣向荣的盛世。但是，任何人都不能抵挡时间的琢磨。这一年，郭威51岁，病来如山倒，一代名将郭威、后周的开国皇帝就这样淡然离世。34岁的柴荣受到郭威临终委任登上皇位，是为周世宗。

王朴幸不辱命

冯道死了，但后周的统一大计还是按柴荣的计划按部就班地进行着。当时的后周是个四面用兵之地，它的北边是北汉和辽国，西南方向是后蜀，东南方向是南唐。在周围的众多国家之中，以南唐最为强盛，它是除了后周之外的另一个富庶之地，同时也是后周最大的威胁。面对强敌环绕的局面，统一大业应当如何完成，世宗柴荣即刻下令群臣上《为君难为臣不易论》和《平边策》二疏，以此来征求大臣们对于为臣之道和结束割据、统一天下的方案和意见。

就在这时，柴荣发现了一个人才，也是他后来的得力干将——王朴。王朴在《平边策》里向皇帝言道："如今我国处于强敌包围之中，应当先从弱小着手，再图进取。"他认为要先以小股兵力去攻扰南唐的薄弱之处，使其露出真正的破绽。等到南唐国力逐渐耗尽之后，再发兵一举攻占江北地区。一旦获得江北地区，平定南唐就指日可待了。待南唐平定之后，吴蜀之地就如囊中之物，根本无需担忧。到时平定江南，再图北进，如此方是良策。王朴的战略思想和柴荣不谋而合，根据他的建议，柴荣最终确立了他的战略方向，即由南至北，一举完成统一天下的霸业。

为了给攻打南唐打下良好的基础，柴荣决定先出兵收回早些年被后蜀侵占的秦、凤、成、阶四州。这四个州的地理位置非常重要，是进出四川的必经之路，但在后晋时期，中原大乱，蜀国就趁机将它们占领了。公元955年的四月，大战拉开了帷幕，攻占四州势在必行。柴荣不惜派了重兵攻打四州，但收效并不明显，战争就此陷入了焦灼状态。为了了解前方的真正状况，柴荣立即派赵匡胤前往前线调查情况。

赵匡胤不辱使命，星夜兼程，从战场上带回了前线的真实情况并就此提出了自己的意见和建议。赵匡胤认为此战要胜应先攻凤州，因为凤州是四州的要害之地，凤州一旦得手，其他三个州就唾手可得了。如此深有远见的计谋让柴荣非常欣赏，根据赵匡胤的方案，十一月，四州之战以后周的胜利告终。同月，柴荣就马不停蹄地对南唐发动了攻击。

南唐所在的江淮之地，是中国自古以来的富庶之地。南唐财力雄厚，兵强马壮，还有让北方军队胆寒的水军，想一举成功谈何容易。而和南唐相比，后周可以算得上是贫困之国了，为了给统一大业筹集足够的经费，柴荣绞尽了脑汁，最后目光落到了在中原数量众多的僧尼的身上。据史书记载，当时后周佛寺林立，僧尼之数居然达到了百万。这大批的出家人既不必缴税，也不必服役，他们的存在大大减少了国家的财政收入。于是柴荣下令拆除后周境内除皇帝敕额之外的所有佛寺（每县仅留一座），并颁行了关于出家之人的严格法令。除此之外，他还下令把拆除下来的佛像融化，铸成铜钱。这样一来，后周就在短短的时间内聚集了大量钱财，为攻打南唐做好了经济上的准备。

后周显德二年十一月，柴荣命后周大将李谷统领大军开始进攻南唐。后周军队势如破竹，一路占领了来远、山口、上窑等地之后来到了淮河重镇——寿州的城下。寿州是南唐的重要防线，只有拿下了它，攻打南唐才能有希望。此时南唐寿州守将刘仁赡面对后周的来袭，迅速做出了反击。同时，南唐朝廷也派刘彦贞率两万大军火速增援寿州。刘彦贞利用南唐强大的水军想要拆除后周辛苦搭建起来的浮桥，最后将后周部队困死在寿州。面对这种情况，李谷决定立刻撤兵。就当后周部队抛弃一切撤退的时候，刘仁赡带兵杀出了寿州城，后周部队受到重创，战况急转直下。

前方败退的战报传到京城开封，世宗柴荣听闻之后大怒不已。公元956年正月，柴荣决定亲征南唐。他先派了李重进前去正阳保住浮桥，李重进接令之后，火速赶到了淮河的浮桥边上，彻底击败了南唐援军部队，并将刘彦贞斩杀。此战一胜，后周士气大振，等到柴荣赶到前线之时，情况一片大好，后周部队在柴荣的带领下畅通无阻地来到了寿州城下，决定倾尽全力迅速攻下寿州城。

但在后周强兵进攻了一个月之后，寿州城居然奇迹般的还留在南唐人手中。此时的柴荣彻底愤怒了。二月初，他下令停止强攻而改由从淝水向寿州城内里发射石弹，但效果仍然不大，寿州城依旧岿然不动。此时的后周军士气低落了，柴荣却冷静了下来，他决定一面强攻，一面派人在寿州城外四处出击，削减南唐的兵力。接受这个任务的正是当时血气方刚又有勇有谋的赵匡胤。

赵匡胤带着柴荣给他的五千人马，立即开往寿州城北面的涂山附近去攻打驻扎在那里的南唐部队。而此时驻扎在城北的南唐部队有兵力两万，并且还有实力强劲的水军，以赵匡胤五千兵马简直是以卵击石。双方兵力差距如此悬殊，满腹谋略的赵匡胤先带领一百骑兵前去南唐部队诱敌，将南唐兵力引进了后周的埋伏圈。正是因为南唐的轻敌，赵匡胤凭借区区五千兵力一举将城北的南唐部队歼灭，并斩获了南唐兵马都监何锡，在他第一次单独领军中充分展现了自己的勇气和军事才能。

完成任务后的赵匡胤让后周军中所有人都刮目相看。柴荣大喜过望随后又派他带兵攻占东边的滁州。滁州是南唐都城金陵的西北门户，是个极其险要之地。滁州以滁山与石驼山为门户，南唐在这两座山之间又设立了清流关。当时南唐镇守清流关的是姚凤和名将皇甫晖，这两人拥兵十余万驻扎在此，而赵匡胤依旧带了五千人马开到了清流关，这个差距比攻打寿州城北的南唐部队时要大得多。

到了清流关之后，赵匡胤在清流关城下摆开阵势，亲自出战迎敌，而南唐却无一人敢战。城北一战，皇甫晖已经听说过赵匡胤的名声，于是他下令南唐军队不可轻举妄动，等待时机，再图出击。就在南唐人等待战机的时候，赵匡胤带领后周部队绕过了清流关的正面。第二天清晨，后周部队就从后方杀向了清流关，南唐部队被打了个措手不及，连忙向滁州城撤退。

然而退守到滁州城的南唐部队还是没能抵挡住赵匡胤的进攻，皇甫晖大败，后周以迅雷不及掩耳之势占领了滁州。滁州城破，南唐一块铁板的局势被打破，南唐人士气大落，彻底对战争失去了信心。

战争发展到了这样的局面，南唐国君李璟决定趁寿州还未被攻占之时和后周进行谈判，他立即派翰林学士钟谟和李德明来到寿州面见世宗柴荣，希望以金钱来换取两国的和平。但柴荣没有同意南唐使者的建议，而是下了乘胜追击，攻占金陵的命令。钟谟和李德明一走，柴荣就派了大将韩令坤出战扬州。韩令坤没有辜负世宗的期望，在顺利攻占扬州之后还一并夺取了扬州附近的泰州，形式对后周十分有利。

柴荣下令赵匡胤驻守滁州，并派了赵普帮助他管理滁州城内的政务。此时，赵匡胤的父亲赵弘殷也因病在滁州城内修养。正当一切即将步入正轨的时候，前方的战况却发生了急剧的变化。原来南唐因为谈判不成，已经派了李景达率大军收复了泰州和扬州。柴荣命赵匡胤带两千精兵火速赶去扬州，如遇后周撤退部队立即杀无赦。军令如山，救兵如救火，接令之后的赵匡胤将重病的父亲交给了赵普，带领部队向扬州方向赶去。

赵匡胤一路率军急行，终于赶到了后周部队撤退的必经之路——六合，命韩令坤立刻反攻，有敢退至六合者，即断其足。而南唐部队在李景达的率领之下在打败韩令坤后直接绕道扑向了主战场寿州。在他前往寿州的路上，迎接他的就是等待在六合的赵匡胤。

赵匡胤以两千部队对抗李景达两万精兵，面对如此危急的状况，赵匡胤集中所有兵力拖住了南唐部队。四天之后，双方进行了决斗，后周部队在赵匡胤的带领下背水一战，打败李景达部，南唐两万精兵只生还三千余人。

四五月时正是南方的雨季，淮河与长江的水位顿时升高了不少，南唐的水军开始发挥作用了，而面对水战，后周军队一筹莫展。时局如此，柴荣只得率部北归，他下令都虞侯赵匡胤随他一同回朝，而留下了李重进掌管江北的事务。至此，后周结束了第一次的南唐之征。

回到开封之后，柴荣下令，在太祖郭威的基础之上，加大对农业的管理力度，并给了农户更大的优惠，鼓励他们开垦荒地。且参加开垦的农户都可以享受免税一年等不同程度上的优惠。在此之后，柴荣还下令修建开封城，命群臣编订了《大周刑统》，使后周有了统一的法令，还请王朴主持修订了历法，结束了各国历法混乱不堪的现状，等等，做了不少利国利民的好事。

柴荣事事亲力亲为，宵衣旰食，可称得上是一代明君，然而这样的整日劳累，也给他后来的英年早逝埋下了隐患。

而在初征南唐中崭露头角的赵匡胤此时却迎来了他人生中最悲痛的时刻，他的父亲赵弘殷病死了。赵匡胤离开滁州去往扬州的时候，他将重病的父亲托付给了他一直信任不已的赵普。事实上，赵普在赵匡胤离开之后对赵弘殷的照顾确实是无微不至的，赵普"朝夕奉药饵"，日日夜夜陪在赵弘殷身边，不敢有丝毫懈息。世宗北归之时，他亲自护送重病的赵弘殷回到了京城开封，然而久病的赵弘殷怎么能经受如此的舟车劳顿，不久就死在了回开封的路上。赵弘殷死后，赵家待赵普以"宗分"，一直都对他感激不尽。

赵匡胤在得知父亲去世的消息时悲痛不已，然而大悲之后必有大喜，正当赵匡胤还沉浸在丧父之痛之时。百忙之中的柴荣因赵匡胤在南征的时候屡立战功，封他为匡国军节度使，拜殿前都指挥使。赵匡胤的命运从此发生转折，将要开启他一段崭新的人生旅程。

一代明君的陨落

第一次南征结束之后，转眼间就到了公元957年。由于南方雨季的到来不适合后周军队作战，柴荣无奈只得带回了大部分军队回到了都城开封，但为了保住这次的战果，他留下了大将李重进。

柴荣不愧是一代明君，由于他给李重进留下的部队数量较少，为了掌握战争的主动权，他命令放弃已经到手的滁州等地，而是把留在南唐的全部兵力都集中到了南唐军事的要塞——寿州。

这个计划在柴荣看来原本很完美，只要控制住了寿州，等到时机成熟后再图攻打南唐根本不是问题。但他万万没有想到具体实施这个计划的人却出现了问题。

所谓"将在外，军令有所不受"，留守江北的李重进任由后周部队在当地烧杀抢掠，一时间民怨沸腾。乘此机会，李景达下令部将林仁肇率兵去拆毁维系后周军命脉的浮桥，想要把李重进的部队堵在江北。众所周知，在东汉末年，有著名的借东风火烧曹操水军的故事。这次，南唐也利用了天气，放出了火船准备将浮桥烧毁。天不遂人愿，诸葛亮和周瑜的好运并没有延续到南唐人的身上。就在火船即将到达浮桥的时候，风向发生了转化，南唐军队自己败在了自己手上，军士死伤无算。

浮桥之战大败后，李景达仍不死心，他率领南唐五万大军驻扎在了离寿州不远的濠州，准备随时进攻李重进的部队。在真正的战斗打响之前，李景达先派了大将朱元夺回丢失了的薪州等地，最后目标瞄准了守在寿州城外的李重进。面对呈四面包围状的南唐部队，李重进显现出了他的强硬本色，死死地守在了寿州城外，切断了刘仁赡和李景达的联系。最后，南唐还是不敌凶狠勇猛的后周部队，在寿州城外一败涂地。更为可悲的是，连最让南唐人引以为自豪的水军也在后周将领张永德的计谋下全军覆没。

连续的失败似乎没有让南唐绝望，在守将刘仁赡的顽强抵抗之下，寿州城依然岿然不动。寿州久攻不下的消息让身在开封的柴荣怒火中烧，公元957年二月，柴荣决定再次出征南唐。

三月初，柴荣亲率大军从蔡渡口渡过淮河来到了寿州城下，此次随行的就是在第一次南征中大放异彩的赵匡胤。

出于对第一次战争经验的总结，柴荣这次不仅带来了强大的骑兵部队还带来了让人胆寒的战舰和水师。南唐军队彻底惊呆了，他们没有想到后周皇帝柴荣统一天下的决心是如此坚定，使得原本在水战中毫无经验的后周在短短的半年时间内疾拥有了如此强大的水师部队。

毫无悬念，实力强劲的后周军势如破竹，首先攻下了李景达驻扎的紫金山，切断了寿州和南唐援军间的联系，南唐将领朱元也率军向后周投降。随后，后周部队又彻底地将南唐的后援部队全部消灭。一旦失去后援，刘仁赡就算再强硬也会弹尽粮绝，最终困死在寿州城内。此时，一切都在柴荣的掌握之中。

寿州城就在眼前。正当此时，刘仁赡却一病不起。面对这样的情况，寿州的其他官员根本扛不住这巨大的压力，监军周廷构等人起草了降书，打开城门，向后周投降。南唐的咽喉——久攻不下如顽石一般坚固的寿州城，就这样落入了后周的手中，南唐的江北门户被打开了，柴荣"先南后北"的统一计划终于可以迈出坚实的第一步了。

此时的南唐即将面临亡国的危机，心急如焚的李璟抓住了最后一根救命稻草，决定联合北汉和契丹，共同对抗正在逐渐强大的后周。这样一来，后周就陷入了四面被围的被动局面。倘若继续攻打南唐，后方势必就要受到北汉与契丹的威胁。到时候，攻下了南唐却丢了国家根本，统一大计就彻底地破灭了。无奈之下，柴荣只得放弃了在南唐的大好局面，率大军回到了都城开封。

后周军队撤退之后，李璟和所有南唐人都松了一口气，他们原本以为用契丹和北汉从后面拖住柴荣，自己就可以高枕无忧。然而他们又错了，柴荣既然能让毫不熟悉水性的后周部队在短短半年之内就练就强大的水军，怎么会因为李璟这个风花雪月的国君小小的计谋就放弃自己苦心经营了多年的统一大业？李璟想学刘备联吴抗曹，无奈南唐、北汉和契丹较之于当年的孙、刘都差了一个等级。

半年之后，南唐的噩梦又重新开始了。

公元957年十月，周世宗在平息了北疆兵乱之后再度出征南唐。经过前两次的南征，南唐已经精疲力竭，无论是军队、士气还是经济都受到了巨大的创伤，而后周则是兵强马壮，士气高昂。意气风发的柴荣率领大军轻松地拿下了濠州，此战将南唐陆军、水军彻底摧毁，南唐军队从此一蹶不振。濠州被攻克之后，后周军又乘势攻向了楚州。虽然楚州守将张彦卿奋力反击，但终不敌如狼似虎后的周军队。张彦卿的强硬态度惹恼了柴荣，他下令攻下楚州之后进行屠城！

楚州城一役血流成河，惨不忍睹。而在这之后，后周军队锐不可当，几乎没有受到任何阻碍就顺利地拿下了天长、海州诸城。江北平定之后，下一个目标就是南唐的终结之地——金陵。

天险长江都已被后周攻破，南唐失去了最后一道屏障。面对这样惨痛的局面，李璟彻底绝望了，如此只有委曲求全，割地赔款，或许这样才能换得一丝活命的机会。他迅速派出了使者去和柴荣谈判，只要后周退兵还南唐一线生机，他愿意交出庐、舒、蕲、黄四州，并世代向后周称臣纳贡，除此之外，李璟还答应送给后周丰厚的财物作为犒师的资金。

考虑到大后方虎视眈眈的契丹，柴荣只能答应了南唐割地赔款的条件。不久之后，柴荣就率后周大军回到了都成开封，就此结束了他的第三次南征。回到北方后的柴荣并没有停下脚步，此时南征已经告一段落，接下来的任务就是解决掉北边最大的威胁——契丹。

通过多种渠道，柴荣了解到契丹此时的国君耶律述律即位之后根本不理政事，每日饮酒作乐，是个根本没有作为的昏君。此时的辽国在他的统治之下简直可以用混乱不堪这四个字来形容。

天赐良机，此时不行动更待何时？后周显德六年，公元959年，周世宗柴荣集结了后周部队开始向契丹进发，以图收复燕云十六州。这次北伐又是由皇帝柴荣本人领军，继三次南征之后，这是他第四次亲征了，当然，他也没有想到，这将是他生命中最后一次在沙场上纵意驰骋。为了切断北汉和契丹的联系，柴荣先派义武节度使孙行友攻占了定州，同时命都虞侯韩通作为先发部队。

一场大战即将拉开帷幕。

显德六年四月，后周军到达了沧州，柴荣率军火速前进，仅仅用了一天的时间就把部队开到了宁州城下。对于后周军队的神速，契丹人还没反应过来，宁州刺史王洪进立刻就开城向后周投降了。此时此刻，任何人任何事都阻挡不了柴荣的雄心壮志，他即刻命韩通负责陆路，赵匡胤负责水路，两路齐头并进继续向契丹进发。

柴荣此时的目标是契丹的军事重镇——幽州，但想要到达幽州却并不容易，需要通过益津关、瓦桥关和淤口关三座大关。后周部队行进了两天，首先到达了三关的第一关：益津关。和宁州刺史王洪进一样，益津关的守将根本没来得及反应，后周的大军就开到了城下。面对根本无法抵抗的强敌，守将终延辉只得弃关投降。后周就如此轻而易举地拿下了益津关。

旗开得胜，柴荣又马不停蹄的向下面的关口进发。大军到达瓦口关和淤口关后，和前番一样，这两个关口的守将根本不敢抵抗，马上就开关投降了

正当柴荣率军在契丹境内不战而胜的时候，李重进也率部从淮南地区赶来，后周军的实力又大大增强了。世宗柴荣兴奋不已，亲自披甲上阵，不料，柴荣还没来得及展开攻势，辽国瀛州刺史高彦晖就主动向后周递上了降书。

在此之后，辽国边境诸城守将皆望风而归，柴荣创造了唐中期以后汉人一直未曾创造的辉煌。只要拿下幽州，收复燕云失地，统一河山将不再是难以企及的梦想。事实并没有想象的顺利，虽然后周军队自从进入契丹境内后未费一兵一卒就拿下了不少城池，虽然辽国的皇帝是个只知享乐的君主，但危机一旦到来，耶律述律还是放下了手中的酒杯和怀中美女，率兵来到了瓦桥关，准备迎接柴荣的挑战。

柴荣没有听取手下主将先守再战的建议，决定趁着局势，主动出击。毅然下令大军直接开向瓦桥关。不出所料，在瓦桥关以北，后周和契丹先锋部队交锋了，后周军大胜之后，又火速来到了固安。

显德六年的五月三日，周世宗柴荣从前线返回了军队所驻扎的瓦桥关，开始部署第二天的军事任务。天不遂人愿，正当柴荣满心抱负，想在契丹广阔的土地上大展拳脚的时候，正当燕云十六州指日可待的时候，正当统一梦想就要达成的时候……柴荣迎来了他一生最失落的时刻。

他病了，病得很重，并且从此一病不起，只能眼睁睁地看着他的梦想在一点点的破灭。让众多人产生疑问的是，长久以来在战场上一往无前、锐不可当的柴荣怎么会突然病倒呢？这还要从柴荣内心深处埋藏多年的那个梦想说起。

所谓"有一利必有一弊"，为了完成统一大业，世宗柴荣多次御驾亲征，根本不顾及自己的身体承受能力。据史书记载，在柴荣在位的短短五年之内，他已经五次亲征。他的亲临战场虽然鼓舞了士气，但这些战争也让他的劳动超出身体的负荷，再加上他为人勤勉，事必躬亲，性格又

比较冲动，情绪变化很大，终于使他在将要和契丹决战的战场上一病不起。

到了五月七日，柴荣的病越来越重，他终于抵抗不住病痛的折磨。在大臣们的苦苦劝说之下，无奈的他只能离开一心思念的战场，回到开封修养身体，这一去，便再也没有回来。

陈桥兵变，黄袍加身

显德六年（959年），后周世宗柴荣驾崩，留下了孤儿寡母和后周这个庞大的帝国。让病危的柴荣极度不放心的是他的儿子，也就是当时的太子柴宗训。柴宗训只有七岁，而他身边的文臣武将们却都从政多年、老成世故，他们对年轻气盛的柴荣都颇为不服，更何况区区一个七岁小儿？

为了防止后周大权的旁落，柴荣在死之前封太子柴宗训为梁王，领左卫上将军。同时册立了大将符彦卿的女儿（前任皇后的妹妹）为皇后，希望皇后和她的父亲能够共同保护和辅佐年幼的柴宗训。最后，他让范质、王溥、魏仁浦三位大臣在他百年之后担任辅政大臣之职，还罢免了都点检张永德的官职，封年轻有为的赵匡胤为殿前都点检。

殿前都点检是直属帝王的近卫军统领，相当于帝王亲兵的统帅，有保家卫国的重任，能防止地方军事实力的反扑。坐上这个职位，并不像赵匡胤想象的那么轻松。况且此时在他之上还有柴荣临终前托孤的三位顾命大臣。最严重的是，此时军权的真正掌握者却是侍卫司副都指挥使韩通，而赵匡胤在死去的柴荣眼里只不过是一个牵动着韩通大权的棋子。这些人牵制着赵匡胤的势力，使得他不仅不能展开手脚建功立业，还随时面临着杀身之祸。

为了保全自己，在柴荣去世后的一个月后，赵匡胤以属地还有繁忙的公务要处理为由，向朝廷请旨离开了京城，回到了自己的属地——归德府。在赵匡胤回归德府之后的短短半年时间内，后周的军事系统发生了天翻地覆的变化，而这一切对赵匡胤都是非常有利的。

首先，赵匡胤之友慕容延钊出任了一直空缺的殿前副都点检一职；其次，"义社十兄弟"之一的王审琦担任了殿前都虞侯一职，他与赵匡胤的关系也十分密切。

时光流转，转眼间公元959年即将过去，巨大的变革酝酿了如此之久，终于要揭开真面目，登上历史的舞台。次年的正月初一，刚登基不久的小皇帝柴宗训照例身穿华服端坐在在大殿上等带着接受群臣的朝贺。新年伊始，整个开封府都笼罩在一片喜气洋洋的祥和气氛当中，没有人觉察到，这样祥和的气氛，文武百官和百姓喜悦的心情就要和随之而来的动乱一起消失。

就在此时，从北方边疆的镇州、定州传来急报，北汉和契丹趁着后周新皇登基，皇帝年幼，国家还未稳定下来的空当，居然联合起来向后周的边境进犯。北汉一直以来就是后周的死敌，当年就是太祖郭威从后汉手中夺来了后周政权，而如今的北汉是后汉的一支，北汉之主刘崇对后周夺取后汉政权的仇恨一直都没有消失，这是前话，此处不赘述。而辽国在北方占有广阔的疆域，兵强马壮。辽国一直以来就对后周虎视眈眈，尤其辽国的骑兵更是骁勇善战，勇猛无敌，如今两国联手，实力不容小觑。

正当前线告急之时，后周的统治者却只是个年仅七岁的孩子，根本无法对这样紧急的情况做出任何正确的判断。大殿之上顿时乱作一团，大臣们围住宰相纷纷讨论该如何是好。宰相范质等人也面面相觑。

兵来将挡，水来土掩，经过宰相们的研究决定，如今辽国和北汉来犯，来者不善，后周不能示弱，要以最快的速度给予反击，打压住对方的嚣张气焰。时局如此，既然已经做出了决定，那么这个艰巨的任务要由谁来完成呢？

众臣环顾四周，此时留在京师的武将中能够担当此重任的只有韩通和赵匡胤两人。京城是万万离不开韩通的,所以只能由禁军统帅、殿前都指挥使赵匡胤亲率大军北伐,迎击北汉和辽国的军队。而赵匡胤正是年富力强,更何况他一直领兵在外,所以这个决定非常"英明",根本没有让朝中的人产生任何怀疑。

刻不容缓,第二天,也就是后周显德七年正月初二,殿前都指挥使赵匡胤就率领后周大军出征北上,担任此次前锋的正是赵匡胤的好友——殿前副都点检慕容延钊。随军出征的还有侍卫步军都指挥使张令铎、侍卫马军都指挥使高怀德等人。

赵匡胤此举非常高明,他将韩通手下的大半兵力都调过来随他北上出征,而将自己的亲信主力留下来镇守京师。表面上看,一切风平浪静,显然赵匡胤是为了让朝廷各位大臣放心,他是丝毫没有叛乱之心的。但实际上,那些留在京城的殿前司人员——赵匡胤的亲信,都是他日后起兵留在京城的内应。

新皇登基不久就与邻国开战,这给开封府的百姓带来了巨大的恐慌,而朝中也渐渐陷入了混乱,原因就在于一块写着"点检做天子"的三寸木牌。

周世宗柴荣去世之前,民间曾出现过"点检做天子"的木牌,被呈到了他的面前。比较迷信的周世宗想起来时任都点检的张永德——张永德是他的姐夫,本来可能并无野心,不过周世宗却害怕出现后晋取代后唐的局面。因为后晋石敬瑭就是后唐的驸马,因此篡夺了皇位。心中有了这种计较,周世宗便无法安心将重任交给姐夫,所以撤了张永德的职位,改用看上去忠厚且有战功的赵匡胤。

这一次赵匡胤带兵北上,京师竟又出现"点检做天子"的牌子,民间甚至流行起"出军之日,当立点检为天子"的谶言。想当年契丹侵犯后汉边境,当时的枢密使郭威率后汉大军北征。后来,郭威在澶州(今河南濮阳)突然发生兵变,建立了后周政权。如今赵匡胤北上,和太祖郭威当年的情况如出一辙,故而京城中一时流言四起——只要是有重兵在握的大将北上,又是担任都点检一职,即是将来的天子。

赵匡胤虽然有野心,但还未到昭然若揭的地步,而"出军之日,当立点检为天子",此时的都点检指的正是他本人无疑。如今,他还没起事就有如此多的传言,这对他十分不利。朝中大臣们,尤其是宰相范质和大将韩通听闻之后必然会有所动作,到时候不但大事不能得逞,他和全家的性命都要受到威胁。

据史料记载,此时心生恐惧的赵匡胤默默地回到了家中,自言自语道:"外间汹汹若此,将奈何?"听到哥哥如此之言,赵匡胤的妹妹立刻拿着擀面杖从厨房走了出来,史称"面如铁色,引擀面杖逐太祖,击之"。她对哥哥正色道:"大丈夫临大事,可否当自决,来家内恐怖妇女何为耶!"赵匡胤听了妹妹的话,转身离开了家,下一步棋该如何走呢?

赵匡胤苦苦思索着,但面对这样的情况,只能先发制人,主动出击,不然就会被别人所控制。出征之前,他在众人的诧异声中独自一人来到韩通家中拜访韩通,韩通的儿子韩微建议父亲趁此良机杀掉赵匡胤,以绝后患。赵匡胤处境非常危险,因为他只身进入韩府,倘若韩通一声令下,他就算武艺再高强,也是寡不敌众。

但出乎意料的是,顾全大局的韩通又一次放过了赵匡胤,这一放,就将柴荣临终前托付给他的后周江山断送了出去,也将自己的性命拱手交于他人。赵匡胤从韩通府中安全地走了出来。开封府内,无论是即将参与改朝换代阴谋的人,还是希望天下太平永远相安无事的人,都暗暗地松了一口气。

后周显德七年正月初三,大军如期抵达了距离开封城四十里地的陈桥驿。此时天色已晚,天上也开始下起了小雪,赵匡胤抬头看了看天空,停马下令三军在陈桥驿安营扎寨,养足精神,

明日再行。安顿完毕之后，军校苗训悄悄对赵匡胤的亲信楚昭辅说："末将颇懂天数，我前日观天，见日下复有一日，且黑光摩荡者久之。两个太阳正在搏斗，犹如当今两虎相争，这是天命所归！"楚昭辅不明其意，苗训又对他说道："天象如此，还有什么不明白的。你和点检如此亲近，我不妨就对你实话实说。那先没的日光，代表的是大周，而那后起的，便是太尉大人了。"楚昭辅大惊失色，又问道："这天象何时会应验呢？"苗训答曰："天象已经出现，应验就在眼前了。"

苗训和楚昭辅的此番谈话在军中迅速流传开来，众军士听闻都对此议论纷纷。不少人都认为，如今先皇已去，当今皇上如此年幼，又不懂政务，如今大军出征，他们在战场上奋力杀敌，出生入死，功劳却不为人知。现在都点检为人仁德又立有奇功，岂不是现成的天子吗？天命所归，不如先拥立都点检为天子，再图北进。

这样的议论这正合赵匡胤的心意，这也是古代非常常见的改朝换代之前先制造舆论的做法。为了即将发生的兵变，赵匡胤先暗中将自己的亲信郭廷斌调回京城，和石守信、王审琦二人充当内应。以便在他率军回城时给他打开城门。这一夜，赵匡胤喝得酩酊大醉，很快他就上床休息了，他睡得很沉，等他醒来，一场大戏就要上演。

第二日凌晨，赵匡胤还在沉睡之中，而一夜未眠的众将士皆手握兵器围在赵匡胤帐前，更有将士准备进入帐内。一时间呼声四起，众将士皆高声喊道："诸军无主，愿奉太尉为天子"。事情发展到了这个地步似乎就要结束了，接下来要做的就是大军返回京师，逼柴宗训退位，天下就是赵家的了。但此时，一个人却从背后站了出来。

这个人便是赵普——赵匡胤的第一谋士，也是后来被赵家认为"同宗"之人。面对众将士，赵普严肃地对他们说道："太尉大人对当今皇上对大周忠心耿耿，天地可鉴，绝不会允许你们干出如此大逆不道的事情！"

赵普非常聪明，他深知赵匡胤代周建宋需要一个相对合理的理由，倘若一着不慎，就会背上乱成贼子的"篡位"之名，对谁都不好交代。于是他欲擒故纵，故意对意图叛变的众将士说了上述的话，这样一来，赵匡胤就会是在众人的"胁迫"之下，众望所归地登上帝位。

众将士虽不明白赵普的心意，却按部就班地按照他的计划在行动。被赵普呵斥的军士们回到营帐后百思不得其解，但事情已经发展到了这个地步，如果不进行下去，他们都会以"忤逆"之罪被判处死刑。

果不其然，不久之后，这些人又回到了赵匡胤的帐前，坚持要拥立都点检为帝。由于最终要的效果还没有达到，赵普又"劝"他们道："册立之事，非同小可，不可轻举妄动。如今北汉和契丹来犯，国家正处在危难之中，不如等到北征之后再做打算。想必太尉大人也是此意。"

众人听赵普之言，纷纷大怒，情况危急，现在不立都点检为帝，性命就将不保了。于是他们言辞恳切地对赵普说："当今皇上年幼无知，我们出征打仗，为国流血效忠，又有何人知道。不如先立点检为天子，再图北征吧。"这时赵匡义也站了出来，他义正词严地对众将士说道："兴王异姓，虽然是天命所归，但也是人心所向。你们一定要管好自己的军士，进城之后不要烧杀抢掠。只有开封府内人心安定，大事才可成，到时候天下易主大家就可以共享富贵了。"

赵匡义这一番言语之后，赵普估计舆论铺垫成熟，心内暗喜，立刻到帐内将沉睡之中的赵匡胤叫醒。此时的赵匡胤睡眼蒙眬，走到帐外，众将士立刻将一件黄袍披在了赵匡胤身上。众人跪倒在地，山呼万岁。赵匡胤象征性地推辞了一下，便答应了众将士的请求。事实上，这正是他所希望的。至此，这便是历史上著名的"陈桥兵变，黄袍加身"。

王夫之曾在《宋论》当中这样评价"陈桥兵变"："兵不血刃而三方夷，刑不姑试而悍将服，无旧学之甘盘而文教兴，染掠杀之余风而宽仁布，是岂所望于兵权乍拥、长莫著之都点检哉？……佑之者，天也；承其佑者，人也。"

这段话既肯定了赵匡胤兵不血刃改朝换代的本事，亦对赵匡胤其人的幸运感到惊讶。因为跟以往的历朝历代开国皇帝相比，赵匡胤的皇权之路是最为和煦平静的，而他本身并不算是一个性格、能力突出的帝王。可以这样说，无论秦皇汉武，还是隋主唐宗，都是骁勇善战或者狠辣聪绝的人物，而赵匡胤与之相比，似乎落了下乘。然而恰恰就是这样的开国君王，建立了繁盛三百多年的大宋王朝。

风云变幻，大宋开国

陈桥兵变发生之后，赵匡胤命众将士集结，大军即刻准备回京。据正史记载，就在大军准备开动的时候，发生了这样一件事。赵匡胤的弟弟赵匡义拦住了哥哥的战马，跪下对赵匡胤恳切地说："请以剽劫为戒！"意思就是在大军进城之时，命令众士兵不得对城内的百姓烧杀抢掠。赵匡胤听弟弟此言，大受震动，于是马上下令三军："是你们硬要立我为天子。事到如今，众将士听我号令！"所谓"得民心者得天下"，将士们都朝赵匡胤跪下，低头倾听着。赵匡胤正色道："大军进城之后不得伤及百姓和诸大臣。皇上、太后对我有恩，不得有所冒犯。听命者事后有赏，违令者立斩不赦！"众将士都听令，心下大赞赵匡胤仁德。也正是因为这样，赵匡胤大军进城时才没有像当年郭威一样弄得满城风雨，尸横遍野。

在这之后，为了先让开封城内稳定下来，以免大军进入时带来不必要的麻烦。赵匡胤先派出了他的亲信楚昭辅先行赶到开封向他的家人报平安，让她们放心。随即，他还派出了客省使潘美前去开封告知范质、韩通等人。这二人领命之后火速朝开封城赶去，到达开封之后，潘美不辱使命，他顺利进入了皇宫，站在朝堂之上宣布了陈桥驿兵变，天下已然易主的消息。

就在潘美和楚昭辅接受命令赶往开封之后，赵匡胤的大军也浩浩荡荡地来到了陈桥驿方向的陈桥门，准备从这里进入城内，完成大业。开封就在眼前，皇位就在眼前。然而让兴致勃勃的赵匡胤无奈的是，守城的将士坚持不给赵匡胤开门，无论用什么样的方法，守城的将士依据军规，不开就是不开。此时的赵匡胤怒火中烧，他慌了，难道潘美和楚昭辅已经被抓，事情已经暴露了吗。慌乱之下的赵匡胤只得望向了他的军师赵普，赵普此时很平静，提出了一个让人忍俊不禁又非常行之有效的办法。条条大路通罗马，在赵普的建议之下，赵匡胤只得做出了一个无奈之举，他放弃了陈桥门，选择从其他的城门入城。

离开陈桥门之后，赵匡胤的大军在开封城外转了一圈，从旁边的封丘门顺利地进入了开封城。本来应该北上抗敌护国的军队此时却发生了兵变，消息从陈桥驿传来，满朝哗然，大臣们面面相觑，不知所措。当时宰相范质、王溥等人后悔不迭，当初悔不该不经深思熟虑就让狼子野心的赵匡胤领军出兵。大将韩通听闻陈桥驿兵变的消息之后立刻离开大殿，赶回家中，想组织军队进行反抗。

如今风云变幻，想要靠朝堂上那些只会侃侃而谈的大臣来力挽狂澜是根本没有任何希望的。或许韩通真的是当时剩下的唯一对柴荣忠心不二之人，为了他当年对柴荣的承诺，为了后周世世代代在柴家手中延续，明知手中的兵力根本不足以抵抗赵匡胤，他还是决定试一试。这时，赵匡胤的家人还在开封城内，只要抓了他们作为人质，或许还能拖得一时。

但韩通没有想到，赵匡胤早已料到他的行动而先他一步派人赶往自己家中接出家人。待韩通马不停蹄地向赵匡胤家赶去之时，赵匡胤的部将王彦升早早地就等在那里，韩通一到，王彦升就

毫不留情地将其斩杀。为了免除后患，韩通的妻子、儿女等众多亲人都没能幸免于难。

事情发展得很顺利，还没等开封府的官员和百姓反应过来，赵匡胤的大军已经冲进了皇宫，冲上了朝堂。身披黄袍的赵匡胤在众将领的簇拥下登上了明德门，这天下，转眼就是赵家的了。站在城门之上的赵匡胤浮想联翩，激动不已，经过重重阻难，他终于以胜利者的姿态回到了这个他成长的地方。

在明德门上，高高在上的赵匡胤看到了这个城市的繁华，也看到自己的士兵已经分列在开封府的各处，这个国家现在属于他赵匡胤。他从小就因战乱过着漂泊的生活，青年时又随着太祖郭威和世宗柴荣征战沙场，出生入死已经是不计其数了。如今一切终于有了回报，这个国家就要在他的手中恢复勃勃生机，将在他的统治之下重新恢复汉唐时代的盛世辉煌。思及此处，他激动的心情逐渐平定了下来，稍作停留之后，他就离开了明德门，回到了他原来的办公之所——殿前司官署。他先暂时脱下了黄袍，因为在那里，有更多更难的事和人等带着他的处理。

举朝大乱之后，宰相王溥、范质等人无奈之下，只得在将士的逼迫下来到都点检衙门面见赵匡胤。见到范质等人后，赵匡胤"泪流满面"地对他们说："我受先皇厚恩，本应该感恩图报。如今出此下策，实在是为手下人所逼迫，我自己也是身不由己。大人们看现在该如何是好？"还未等范质等人回答，众将士以散指挥都虞侯罗彦环为首，已经持刀上前。他们恶狠狠地对宰相等人说道："如今我辈无主，今日必须立点检为天子"。

范质等人即便胸有正气，也只是一群文弱书生，连大将韩通此时都做了刀下鬼，面对冷冰冰的兵器和这样的情况，他们皆知已经无力回天，为了留住性命他们只能拜赵匡胤为天子。史载最先屈服的是宰相王溥，随后倔强的范质也不得已地朝赵匡胤拜了下去。

收复了范质等官员之后，事情可以说是成功了一大半。赵匡胤重新穿上了黄袍，走出了后周的殿前司官署，马不停蹄地向皇宫赶去。在他要做皇帝还需要解决一个人，那就是周恭帝——柴宗训。

出人意料的是，等到赵匡胤赶到皇宫之时却并没有见到他想见的人，柴宗训和太后早已离开皇宫了。其实，在赵匡胤的大军进入开封城时，惊恐万状的柴宗训就由符太后带出了皇宫，住进了天清寺。

当时的太后是柴荣的第二位皇后，也是大将符彦卿的女儿，被称为小符皇后。符彦卿有三个女儿，其中两个都嫁给了世宗柴荣，最后一个是赵匡义的儿媳妇。这位小符皇后在嫁给柴荣之前是后汉李崇训的妻子，也就是当时的朝廷重臣李守贞的儿媳妇。李守贞后来全家为郭威所灭，只有小符皇后一人幸免于难。据说在当年乱军杀到李家的时候，小符皇后身处险境，但让人震惊的是，她没有随众人逃散，而是独自一人当门而坐，对前来灭门的乱军严厉地呵斥道："我乃魏王符彦卿之女也，我父亲与枢密使大人如同兄弟一般亲密，你们不得无礼，给我速速退下！"

或许是将门虎女继承了他父亲的风采，但区区一个弱女子面临危难能做到如此实属不易，可以说得上是让人十分欣赏和佩服了。当时围在李家门口的士兵见到她的威严都不敢轻举妄动，他们低下头，一会儿就纷纷散去了。小符皇后面临突发情况的胆量和主见或许也是柴荣当年选中她，希望她能保护幼小的柴宗训的一大原因。

但是这次，赵匡胤领兵进城，小符皇后真的不知该如何是好，现在的她没有丈夫没有任何依靠，可以说是一无所有。她唯一可以指望的父亲也远在他乡，根本解救不了她此刻所承受的危难。在她看来也许赵匡胤不会杀了他们，但破宫之日，难免那些杀人不眨眼的叛军会让这对孤儿寡母成为刀下之鬼。

所谓"识时务者为俊杰"，为了留住后周的一线命脉，这位有勇有谋的皇后在大军进城之时就带着小皇帝柴宗训离开了权利中心——皇宫，脱下了黄袍，住进了佛寺。这样的举动很明显是一种政治避难，等于说是柴家放下了权力，向赵匡胤屈服，只为了能求留得柴家后代的性命。

国不可一日无君，小皇帝柴宗训答应退位，于是文武百官都陆陆续续来到朝堂之上等待新皇登基。万事俱备，只欠东风。因为之前的事情耽误了一些时间，大臣们又有很多姗姗来迟，登基仪式在黄昏进行。尽管如此，事不宜迟，多拖一刻就会多一分变数多一分危险，赵匡胤内心虽然不舒服，但还要在登基之前尽量保持着他一贯以来维持的风度。

虽然柴宗训答应禅让，但此时让人为难的是，禅位诏书并没有准备好。正当赵匡胤和赵普等人惊慌失措，不知该如何是好的时候。翰林学士陶穀缓缓站了出来，从袖子里拿出了早就准备好的柴宗训的禅让诏书，并当堂宣读了它。

于是，赵匡胤穿上龙袍，登上大殿，开始接受众臣的朝贺，是为太祖皇帝。因他所领的归德军在宋州，所以定国号为"宋"，改元建隆，定都开封。登基之后，赵匡胤下旨封后周废帝柴宗训为郑王，皇太后符氏为周太后，从此迁居西京，再不得干涉朝政，并规定从此，柴家的世世代代都受赵宋子孙的庇佑，不得对他们有任何伤害。

风云变幻，就这样，赵匡胤废后周建大宋，自立为帝，一个崭新的王朝——北宋开始了它漫长的历史征程。

第三章　艰辛的开国之路

初登宝位

　　初登大宝的当夜，赵匡胤就入住了后周的皇宫内院，这一夜他注定无眠。对他而言，一直身为臣子，在朝廷之上仰望着金碧辉煌的宫殿，却从未真正地踏入过这里。如今江山易主，目光所及之处皆是他赵氏天下，他心中的翻江倒海、汹涌澎湃自不必说。现在他实现了他的愿望，江山已成为他的囊中之物，但忧虑也从他的心底升起。

　　都城之内有多少人是真心拥戴，国内宛如诸侯的藩镇们又有几个是真心低头，国境之外那么多虎视眈眈的敌寇要如何应对……这些都是赵匡胤要面对的问题。

　　柴荣当年面对的只有外患，赵匡胤现在却是四面受敌。他甚至还没有看清楚自己属下的底细，更不知道臣下是否真的如此忠心。而那些曾经追随他的生死兄弟，几个还能像以前一样为他出生入死？都城之内的前朝旧臣，又有多少是真的心服口服？这些问题，紧紧锁住了赵匡胤的思绪。

　　做武将时，赵匡胤是一个豪迈、直爽、勇武的人，他征战四方、所向披靡。但当黄袍加身之后，他就由忠厚开始变得冷静和精于算计了。

　　或许这才是作为帝王该有的真正能力，为了巩固皇权，开疆拓土，他必须收敛武夫的个性，全心维护江山永固，再也不能步前朝后尘。

　　公元960年九月，赵匡胤登上至尊宝座，开始着手开创一个新的王朝。登上皇位的第一件事就是大开国库，搬出无数的金银珠宝，赏赐给随自己出生入死的禁军将士们。这些既是犒赏，亦是兑现承诺，以免那些将士再去四处劫掠百姓，使新打下的江山再次遭受巨大震荡。

　　丰厚的物质奖励之外，赵匡胤给每一个人加官晋爵。对贡献巨大的开国功臣给予官位上的擢升，这是一般开国帝王的惯用伎俩，因为开国之君多是用兵权来换皇权，没有皇统上的合法性和臣民的惯性臣服，就只能靠拉拢人心的方式来换取天下太平。为此，赵匡胤作出了如下部署：

　　命石守信侍卫司马步军副都指挥使，接替韩通；而韩通虽然已死也给他升官，追任其为中书令，并予以礼厚葬；至于侍卫司的李重进，被升为中书令，和韩通平级，继续留守驻地扬州，不必来朝。侍卫司由韩令坤接管；赵匡胤本人的原职位——殿前都点检比较特殊，要由真正的亲信，且有巨大号召力的人来做，于是他安排慕容延钊来担任。

　　慕容延钊是一个让赵匡胤又爱又怕的人。二人自幼一起长大，后登上疆场，更是亲密的战友，而慕容延钊的威望和能力更是让赵匡胤不敢小觑。

　　就在陈桥兵变、黄袍加身的前一天，后周大军从都城开赴前线迎战汉辽联军。据说当时赵匡胤统帅的八万兵马只是中军，而慕容延钊作为当时的先锋，带兵五万先于赵匡胤赶往前线，其兵力与赵匡胤旗鼓相当。

虽然当时慕容延钊没有和汉辽联军正面交锋，但他也没有出现在陈桥驿兵变的现场，而是一直向北进军，等到赵匡胤以帝王的身份在朝堂之上擢升他的官位时，他已经率兵到达河北真定了。

慕容延钊被排斥在兵变圈子之外，但是却成了开国的功臣之一，这让宋朝的上下官员心中都有了疑惑和猜测。

当然，受到封赏的也有赵普和赵匡义（后为避太祖讳，更名为赵光义）。赵普升为右谏议大夫、枢密直学士，从赵匡胤的私人幕僚成了朝廷重臣。赵匡义被直接提拔为禁军殿前司都虞侯，而赵匡义之前的官爵根本没有随军出征的义务和资格。有资料记载，赵匡义根本不在陈桥驿兵变现场，当赵匡胤率三军入驻开封城时，赵匡义才"奔马出迎"。

所以一些史书中记载赵匡义在陈桥驿现场拦住哥哥的军马，说"请以剽劫为戒"的真实性也令人怀疑。但他作为赵家除了赵匡胤以外唯一的成年男性（三弟赵光美当时仅十岁），他位极人臣也是必然。

赵匡胤除了擢升嫡系以外，还把前朝旧臣一律留任原职，并派使臣向国内外发布通告，告知他们自己当上了皇帝，他要天下人都知道，除了皇帝易主之外，其他都不会变动，这也是一个安民的告示。

赵匡胤的安民政策看似美好，但总有人不能心悦诚服，第一个站出来挑战皇权的不是郭威的外甥李重进，而是李筠。

李筠为并州人，幼年从军，以勇武称道，在后唐时期就名闻三军，跟随郭威成为昭义军节度使，驻守潞州。想当年他曾主动出兵拖住进军开封的刘崇，为柴荣争取时间，此事叫人记忆犹新，他的忠勇为人称颂。

李筠为人耿直，对于没有实力的人颇为轻蔑。当年柴荣在位时，他也敢公然分庭抗礼，曾擅自征用赋税召集天下亡命之徒扩充军队，监军不满，他立刻暴跳如雷，将监军关入大牢。柴荣知道此事之后，因外患无穷，不忍再起内忧，于是只用公文训斥了他一通，但李筠却因此认为柴荣忌惮他三分。如今，赵匡胤是一个无名后辈，竟然称帝，还要他日日朝拜，他自然不肯。

李筠没有拔刀相向，但他的反抗却颇失大将风范。他扭捏的接下了圣旨，然后拿出郭威的画像来伤心痛哭，这件事令赵匡胤知道了他的逆反之心。李筠的死敌北汉皇帝刘钧知道李筠的反心，修书要与他谋求合作。而一向智勇双全的李筠面对重大的抉择，却出现了令人惊诧的失误。本来已经有了反心的他竟然把密信交给了赵匡胤。

赵匡胤此时正沉浸在登上皇位的喜悦当中，各路使节纷纷带来四方拜赵氏为皇的消息，就连一向逆反的李筠也接旨称臣，而更让赵匡胤惊喜的是李重进的归降。李重进接旨后，主动向赵匡胤请示，自己是否能按照惯例以节度使身份到都城觐见新任皇帝，以当面谢恩。赵匡胤没有想到当初有天子资格的人，后来虽然被柴荣抢了帝位，还能跟着柴荣出生入死，如今又同样的礼遇自己。

赵匡胤也投桃报李，起草公文一封："君主元首，臣僚股肱，相隔虽远，同为一体，君臣名分，恒久不变，朝觐之仪，岂在一时？"意思就是，宋朝皇帝和后周实力最强的藩镇暂时和平共处。

给赵匡胤的第二个惊喜来自潘美。他再为赵匡胤充当了使节，去见赵匡胤的宿敌袁彦。袁彦原为后周侍卫司步军都指挥使。现在在陕州当土皇帝，此人凶悍嗜利，早有谋反之心，但潘美单骑入陕，居然亲自带回了这个先朝大将。袁彦的归顺昭示了大宋皇帝不计前嫌，显示了他宽广的胸怀，他对任何臣子，包括宿敌都能一视同仁。但是福兮祸之所伏，喜讯之中，反叛悄然而至。

谋反之心昭然若揭

在开封府城中的大溪桥上，在众目睽睽之下，赵匡胤坐在御辇之中在百官陪同下缓缓行进。这时，一支冷箭突然射了过来。箭虽然没有射中他，但场面顿时大乱，百姓呼号，侍卫拔刀，没有人知道这一箭从何方而来，也不知道是否还有第二箭，第三箭。

随行的大臣也都乱了阵脚，唯独赵匡胤依然冷静，他朝着冷箭来的方向阴笑着，猛地拉开衣襟，高喊："让他射，让他射。"在战场上的厮杀和血战已经历练出他对生死的超脱，饱经腥风血雨的他怎么会在乎这区区的一支冷箭。

赵匡胤的身体没有被冷箭伤到，但这支箭却重伤了他的自信——原来反对之人还是存在的，而且就在自己的身边眼前，随时可能将致命的冷箭射向自己。他面临着一个抉择，是继续宽大为怀，不计前嫌，还是立即打开杀戒，斩处异己；是继续春风沐浴，还是开展铁腕政策。这让赵匡胤陷入了沉思。

新朝风范刚刚建立，如果现在又回到那些杀戮和强制镇压的时代，自己的朝代和前朝那些短命的王朝又有什么分别？他必须继续压抑，继续施政安民。因为他要的不是一时的畅快，而是江山的长治久安。

三十四岁的血性汉子，从未在战场上示弱的太祖赵匡胤缓缓坐下。车队继续前进，一切恢复如初。他的心情似乎也没有受到太多影响，但他心中首先怀疑的就是李筠。这时候，他刚刚收到那封刘钧给李筠的信，心中已经反复思量了很久，但什么都没做。可是这次的冷箭让赵匡胤拿起了笔，写了一封信给李筠。在信中，赵匡胤赞扬了李筠的忠君爱国之心，相信李筠会一如既往的忠心耿耿，并为表达谢意而封李筠的儿子李守节为皇城使。

众人以为，宋朝皇帝可能真的相信了李筠的忠心，或者真的忌讳后者足以震主的过往。可是，太祖赵匡胤的心思又岂是这般浅薄，而李筠也在是否谋反的问题上越陷越深。

正在李筠接到信，不知如何是好的时候，其子李守节此时却站出来劝诫父亲：北汉皇帝刘钧就算要真心相助父亲共同反抗宋兵，却也未必敌得过，仅凭潞州之力对抗大宋王朝，必然是以卵击石。面对儿子的相劝，李筠居然下令要儿子去面见赵匡胤，探一探虚实明白，理由是对赵匡胤的封赏的答谢。

政治是一种需要，在适当的时候，做出适当的姿态，如今赵匡胤已经奖励了李筠，并且封了他的儿子做皇城使，不明世事的李筠居然还要儿子去试探，摆明了是给赵匡胤扣押李守节的机会。

看父亲心意已决，李守节只好独自进京，面见赵匡胤。赵匡胤没有让他的试探落空，开口的第一句就是："太子，汝为何而来？"赵匡胤的脸上还带着温暖笑意，但这话掷地有声，在李守节的心上炸开了花。不仅李守节怕了，连赵匡胤身边的人都感觉汗毛倒竖。皇帝明知道李筠的谋反之心，却又那般宽厚待他的儿子，很显然自相矛盾。

政治虽然看起来矛盾百出，但其实很多事情并不是看起来那么简单，只是很多事情外人无从知晓罢了。赵匡胤之所以突然善待李筠，是因为收到了密信——李重进谋反了。

事实上，李重进才是那种表面功夫做足，内心里却招兵买马策划谋反的人。他开始的心悦诚服不过是给了赵匡胤一个假象。后来竟然去拉拢李筠，派人去联络结盟事宜。在李重进的眼里，谋反和战场厮杀一样，不过是要死一些人，这两者基本上没有什么区别。至于皇位，他曾经是最有资格的人选，怎奈让柴荣抢了先机，而柴荣得到那个皇位以后，立刻收获了高平大捷，一战定江山，击垮了北汉的刘崇，让一众企图策反之人心悦诚服，这样的强悍刚勇，这样的足智多谋，让李重进佩服得五体投地，也甘愿为他鞍前马后东征西战。

而赵匡胤不过是一个稍有战功的青年将领，不过是趁着前朝孤儿寡母的时候抢了江山。李重进根本无法臣服于他。不过，用兵如神的李重进却在此时犯了一个用人不知人的致命错误，而输尽了先机。

李重进派去与李筠结盟的使者是崔守珣。从扬州到潞州，几乎要穿越整个宋的国土，才能到达。期间有大小多少关口和盘查。身负谋反使命的崔守珣在离开扬州之后却出乎意料地带着谋反的使命去找赵匡胤了。他的理由十分简单，他和赵匡胤是老相识，现在皇帝已经是赵匡胤，不需要其他人选。

赵匡胤问崔守珣："若我授他丹书铁券，保证永不相负，他能否不反？"崔守珣答道："彼终无归顺之心。"

赵匡胤对崔守珣大加赏赐，许以官爵，要他回到扬州之后不要劝李重进不反，而是劝他谨慎小心，只要拖延一点时间就足够了。赵匡胤明白，李筠和李重进，都是后周藩镇的代表，他们一旦同时造反，全国的人心都可能随之改变，所以绝不能再等他们招兵买马，养精蓄锐了，一定要快刀斩乱麻。

击败二李容易，但要在击溃叛军的同时保持自己不伤元气才是最重要。而且既不能先出兵镇压，又不能让两人联合，最重要的是要天下人知道，赵匡胤的心胸宽广，不计前嫌，能容万物，而这两人却辜负了他的一片美意。

所以现在要做的就是，激李筠，让他不得不反，缓李重进，让其稍在李筠之后举起反旗，保证赵匡胤能将其之一击破。于是，就有了赵匡胤对李守节的问候"太子，汝何为而来"的一幕。

李守节虽表了忠心，但赵匡胤心知肚明，他说出了一句不像是帝王说出的话："归告汝父，吾未为天子时，任汝自为之；吾既为天子，汝独不能小让吾耶？"大概意思是，赵匡胤没有当皇帝的时候，李守节没有抓住机会，现在他都上当了天子，李守节就不能让让吗？

就像是老朋友之间争一个东西，丝毫没有帝王的霸气。此时的赵匡胤正面带着微笑，将杀机隐于内心。然后他放了李守节，没有像李筠想的那样，扣下李守节挑起战争，而是让李守节平安地回到了潞州，并且带去了这些"体己"话。

李筠立刻意识到自己不得不反了，很显然，赵匡胤已经看清楚了形势，现在不反，他李筠只能受制于人。李筠此时可能在庆幸，幸亏说要造反，不然被赵匡胤玩弄于股掌之时，就算有逆反之心，也已经到了万劫不复的地步了。

建隆元年（960年）四月，原后周昭义节度使李筠正式造反。此时，赵匡胤建立宋朝刚刚一百多天。李筠造反虽然是第一次，没有切身经验，但是看惯了五代十国的重臣谋反，行动起来也是轻车熟路。他把宋朝监军绑了送给北汉的刘钧，以示诚意；联络后蜀的孟昶，派人穿越陕西，前去结盟，奈何却被边防哨卡逮住了。

真正的较量在战场上。李筠的筹码是绝对的地利。他所在的潞州，古称上党，高居太行山屋脊，所谓"居天下之肩脊，当河朔之咽喉"，是历朝兵家必争之地。而他的谋士丘仲卿纵览局势，说："开封兵甲精锐，难与争锋，不如下太行山，直抵怀（今河南沁阳）、孟（今河南孟州）、堵塞虎牢关（今河南荥阳西北）之路，据守洛阳，东向而争夺天下。"

李筠则认为比地利更重要的是"吾乃周朝宿将，与周世宗义同兄弟，禁军军校皆吾旧人，闻吾而来，必定倒戈归顺。"紧接着他高调宣称"吾有儋珪枪、拨汗马，何忧天下不平哉！"这所指的儋珪枪不是李筠的武器，而是他手下一员名为儋珪的大将，此人擅长使用长枪。而拨汗马则是李筠坐骑，是日行七百里的快马。

就这样，李筠和李重进都要谋反，而刚坐稳皇位的赵匡胤绝不可能坐视不管。

武将帝王的将帅之才

建隆元年四月，李筠抢先动手了。他打着为后周恢复国号的旗号重回战场。作为一个杰出统帅，一旦回到战场，战争的本能，引领他取得一个重大胜利——一举夺取了泽州城。

泽州在潞州西边，面向太行山。此时李筠的局势一片大好，只要冲上太行，赵匡胤就再也无法阻止他了。李筠以太行之险要，冲下山，占据黄河上游，控制延安的永丰、回洛、河阳等重要粮仓，断送了宋都城开封的漕运之路。他认为国家无粮，必将大乱天下。

消息传到赵匡胤耳朵里之后，他确实有三分慌乱，但很快淡定下来，力求速胜。他命令驻兵河北的侍卫马步军副都指挥使石守信和殿前副都点检高怀德立即火速讨伐，"勿纵李筠下太行山，急进师扼其关隘，破之必矣。"此时，事情超出了赵匡胤的预料：北汉国主刘钧带兵驰援李筠，目前已出师太原。

赵匡胤看着日渐混乱的局势反而镇静了，他已经没有余地和退路，必须像柴荣当年一样，荡平叛乱，御驾亲征。就在坐上皇帝宝座上的赵匡胤准备再次披甲上阵时，又有一个人扰乱了他的心思。王彦升，也就是陈桥驿兵变将韩通一家灭口的人。

赵匡胤登基之后，对所有参与陈桥驿兵变的人都大加赏赐，唯独对王彦升不赏反罚："终生不得授节钺。"即终生不得当节度使。王彦升被任命为铁骑左厢指挥使，负责在开封城里日夜巡逻守护。一天晚上，王彦升半夜造访丞相王溥府邸。王溥据说是"惊悸而出"，而王彦升则在丞相家喝酒，一直不肯走，后人说"彦升意在求货，溥佯不语，置酒数行而罢"，有历史记载"彦升得白金千两而退"，王溥第二天就将此事密报于赵匡胤。

赵匡胤认为暂时不能御驾亲征，因为那将使得都中无人，这时将王彦升留于都城之中，任其胡作非为，后果将不堪设想。于是，赵匡胤将王彦升赶出开封，发配唐州，之后才继续集结军队，御驾亲征，准备先抵太行山（泽州附近）。

李筠此时攻下泽州之后，本想乘胜追击，拿下太行，却听闻刘钧率军驰援。双方见面之后，李筠大为失望，北汉军队兵弱马瘦，军容不整，而刘钧却要摆君臣之礼。无奈李筠屈膝拜见北汉皇帝，而刘钧则封其为西平王。但两军合作却始终无法达成一致。

北汉要契丹染指此事，李筠却誓死不从。后周和北汉血仇积压，根本无法化解，而李筠在北汉皇帝面前却要为后周复国，低姿态的皇帝选择了默认。他给了李筠一个监军。

这时，宋军大将石守信和高怀德率宋军，在距离李筠和北汉结盟地点不远的长平附近与潞州叛军交战。由于西平王李筠没有到场督战，潞州叛军吃败，损失了三千人，丢了泽州外围的重要据点大会寨。

此时，宋朝驻扎在真定的殿前都点检慕容延钊和彰德军留后，王全斌已经开始向泽州迅速靠拢，并且陕西、京西（今河南西部地区）各路兵马也以集结完毕，泽州、潞州都在宋军的打击范围之内。

形势陡然巨变，本来占尽地利的李筠现在只能一边命令李守节加强戒备，守住潞州，一面收缩兵力，时刻防备。太行山依然在他眼前，但是已经不可能捷足先登，掠取黄河上游粮仓，牵制开封了。眼前的高山，成了他阻挡赵匡胤进攻的最后屏障。

而赵匡胤为了此次清剿也几乎出动了所有的精锐部队。他本人也于公元960年5月21日率禁军从开封出发抵达荥阳,急渡黄河,直奔险峻巍峨的太行山脉。

在离都之前,赵匡胤甚至做了最坏的打算,他悄悄嘱咐赵光义,"是行也,朕胜,自不待言,如不利,则使赵普分兵守河阳,别作一家计较。"此言昭示,赵匡胤此去是抱着决一死战的决心的,不胜即死。唯有依仗赵普才能度过此难关,因为即使赵光义,也难以当此重任。赵匡胤抱着这样的决心,火速开赴太行山。史书记载"山路险峻多石,帝先于马上负数石,将士因争负之,即日平为大道。"全军翻越巍巍太行,以迅雷不及掩耳之势,出现在泽州城之下。

战局至此,李筠败事已定。他没有料到,赵匡胤能在刚建国,人心不定的情况下离开都城,御驾亲征。这无疑严重打击了潞州士兵的士气,在泽州爆发的主力决战中,李筠的三万大军被石守信、高怀德的部队击溃。

李筠狼狈逃到泽州,才得知北汉的监军和三千北汉将士全部牺牲。李筠誓死不投降,赵匡胤带领大军在泽州城外围攻半月仍进不去。时间越长,对举国讨伐李筠的赵匡胤越不利,因为其他地方都是空城,已经没有军队驻守了。赵匡胤必须不惜一切代价攻下泽州,于是,殿前司控鹤左厢都指挥使马权益率几十个敢死军冒着箭雨仰攻泽州城,史书上说"箭如雨下,飞矢贯臂,而权益拔镞而战",

就这样,泽州城破了,然而迎接赵匡胤的却是一把大火。李筠投身火海,绝不偷生。此时,没有人再挑剔他生前的种种错误判断,李筠还是一个敢作敢当的英雄。这团火是赵匡胤称帝后的第一个胜利,也昭示了千里之外,扬州的李重进的命运。

攻破泽州,逼死李筠之后,赵匡胤该继续进兵潞州,荡平余孽。但此时,他首先需要处理一个人——北汉丞相卫融。

卫融成了李筠的陪葬品,他是北汉皇帝派来调节李筠和北汉监军卢赞的调节人,但没想到赵匡胤来得太快,他没能回去。赵匡胤问了卫融一句话:"你赞同刘钧帮着李筠谋反,原因何在?"

卫融回答得很无奈,只能请死,他表示自己家眷数十口都在太原,不能不效忠刘钧,一旦逃回太原,绝不为赵效力。史称赵匡胤大怒:"以铁挝其面,血流披面",而卫融却大呼:"臣得死所矣。"这时,赵匡胤翻然醒悟,表示"此忠臣也"。遂命为卫融治伤,然后联络北汉以卫融换李筠的原潞州监军。但北汉没有答应。于是赵匡胤留下卫融,封他为太府卿。

赵匡胤的翻然醒悟不止一次,从心底爆发的本能会使他对忤逆他的人施以酷刑,这是粗野强暴的本性,是纵横沙场的后遗症,而转念之间就能被理智克服,这使得这位世人公认的仁德君王从自己的克制中获益匪浅。

不杀卫融,反而优待有加,此事一出,全国欢庆,包括李守节,还有其他心生异心的臣子。赵匡胤继续北上,一到潞州,李守节投降,不费吹灰之力,赵匡胤就收复了潞州,赵匡胤不仅没有杀了李守节。还封他为单州团练使,而且免掉了当年泽州、潞州的租赋,这样北疆迅速平定,军事上再无反叛,民心大顺。

一个多月后,赵匡胤凯旋回朝。宽恕了前朝大臣李谷。在此期间,李谷已经接受了李筠的五十万贯钱,内外联手,想要对宋不利。

对此,赵匡胤一笑了之。中书舍人赵逢侍跟随出征,但因不看好赵匡胤的军队,谎称自己有脚疾,不随军前行,对此赵匡胤也未追究。赵匡胤宽恕了很多人,他的仁义道德,认为能够让臣子努力办事就够了,他的明智之处在于没有要求每个人都对他的统治心悦诚服,只要没有背叛就可以,这是他的底线。

天子之怒

赵匡胤的宽容也不是没有限度的，对一个人，他永远不能宽恕——李重进。在开封的皇宫里，赵匡胤遥望着千里之外的扬州，穿越过山河社稷，穿越过层层历史，想着李重进的桀骜不驯，手握重兵和军功显赫，每一条都足够让他将李重进置于死地。

讨伐李筠，封赏李守节，赵匡胤恩威并施，大宋帝国因此站稳脚。此时，李重进便成了赵匡胤的眼中钉、肉中刺，无论李重进怎样示好，都不再能感动这位年轻的帝王。

李重进的存在是对赵匡胤的巨大威胁，卧榻之侧，岂容他人虎视眈眈。生性谨小慎微的赵匡胤更不会养虎为患，让李重进继续坐拥重兵，危害自己亲手建立的皇朝。

建隆元年七月，赵匡胤在开封的皇宫中发布了一道诏书，徙原中书令、淮南道节度使李重进为平卢节度使，移镇青州（今山东益都）。克日即行。这道诏书的颁布，使得李重进的命运也尘埃落定了。从后唐皇帝李从厚、李从珂，到后晋的石敬瑭等人，他们的衰亡都是从辖区的变更开始的。节度使离开了自己的辖区，就等于被宣判了死刑。当时虽然已是宋朝初年，但是所有的人都保留着五代十国时，对节度使迁移的思维模式。所以李重进也知道了自己的命运。

但紧接着的一道旨意却令天下众人为之迷惑了，赵匡胤命六宅使陈思诲带着铁券丹书去扬州，表示朝廷对李重进的隆重尊敬。这下子，事情没有按照大家习惯的方式进行下去，李重进琢磨不透了，他决定相信赵匡胤，准备随着六宅使进京谢恩。

政治就是这样，当局者迷，旁观者清，李重进的部下不忍曾经威震八方的李重进就这么被赵匡胤设计杀害，他们劝李重进不要进京。所以李重进这次不仅没去开封，还公然扣下六宅使，开始修城练兵，准备对战赵匡胤。

决战之前，李重进四处寻找可能的盟友。他给南唐皇帝李璟写密信，要李璟出兵助战，但李璟却把信转给了赵匡胤。李重进开始疑神疑鬼，结果，扬州都监、右屯卫将军安有规无法忍受这种怀疑，连夜带着亲信从扬州逃往开封，于是李重进开始滥杀亲信。

人杀完，李重进的军心也随之涣散。时任枢密副史的赵普说——李重进仗江淮之险，赡缮修孤堡，尽采守势。既无恩信，复伤士卒。外绝救援，内乏资粮，急攻急取，缓攻缓取。其亡必矣。

于是赵匡胤决定缓攻，让李重进自掘坟墓。直至九月二十日，赵匡胤下令削其官爵职位，在十月二十一日再次下诏亲征。尽管现在，李重进的实力已经大不如前，但赵匡胤还是不敢掉以轻心，他带着石守信、王审琦、李处耘、宋延渥等得力干将一同出征。

当年十一月十一日，赵匡胤亲临扬州城下，扬州城随即陷落。战斗力涣散的李重进部根本不堪一击。纵横沙场半生的李重进在败亡之时没有让敌人付出惨重的代价，他败得比李筠更颓丧。

扬州城里，刚烈的李重进也选择了葬身火海，这场战争最后的胜利者，是火海中映红了脸颊的无法揣测的英雄——赵匡胤。

雄兵未动，李重进据守的扬州城就被烧成了灰烬，这时，赵匡胤的前面就是长江，对岸的南唐就在他的眼前。赵匡胤命令把能找到的船都放到水里，他站在江边向对岸望去，看着那风高浪急的天险。

两年前，他也曾率部冲向南唐，杀人放火，当时自己不过是柴荣手下的一名战将，那时的一切是那么的轻松容易。但如今，他身为帝王，他清楚，这道天险的重大作用，他生性谨慎，不愿冒险。他仅仅在长江边上一番折腾，修书一封，名为邀请李璟到江南打猎，实为恐吓和敲诈。面对这样的口头威胁，李璟也无法安心，他立刻派人送来了大量的犒劳军队的物资，只为探听赵匡胤的虚实。

来送物资的使者是南唐左仆射、李璟之子蒋国公李从镒以及户部尚书冯延鲁。赵匡胤认识冯延鲁，他曾经是柴荣的俘虏，赵匡胤用他惯用的当头棒喝来和他们交谈，他说："汝国主何故与吾叛臣交通？"冯延鲁面不改色的承认，他还参与了谋反。虽然赵匡胤气的咬牙切齿，但还是强忍怒火，问清了事情的缘由。

冯延鲁淡然地回答："当初李重进派的使者住我家，消息是我传的。国主跟李重进的使者说'李重进已经失去了谋反的时机，该和李筠一起谋反，现在单枪匹马，即使南唐想要援助，也不敢帮了。'李重进败了，我们南唐有何错？"

这是南唐人第一次问赵匡胤南唐错在何处，当时估计赵匡胤气血上涌，他已经被气昏了头，这时他纵横沙场的霸气油然而生，他说："我诸将劝我直取南唐，你看如何？"这样的气势吓坏了李从镒，但没有吓到曾被俘获的冯延鲁，他冷冷回答："李重进堂堂英雄都败在你脚下，更何况南唐。不过我们也有先主留下的精兵数万，如果你舍得数万将士的性命和我们血战，我们也乐意奉陪，况且长江天险，你们未必攻得过来。"

这时所有人都以为，冯延鲁即将要面对的就是天子之怒，所有将士都看惯了赵匡胤的铁腕，这位年轻的帝王不是继承来的皇位，能走到今天这一步，靠的是自己的刚勇、血性、甚至残酷和冷漠。但没有人想到，赵匡胤竟微微一笑，不再论及此事。几天后，赵匡胤就宣布班师回朝，再不提及南唐之事。

军队浩浩荡荡的班师回朝，虽然取得了胜利，但是所有将士都一脸苦闷。他们不明白，原本那么霸气十足、所向披靡战无不胜的将军，当了帝王之后，怎么就在一个战俘面前如此败兴，连个没用的文人都害怕起来，杀了他们，再直捣南唐不可以吗。如今，却要老老实实地回朝，再不提半点南唐的事情。

其实赵匡胤知道，打过长江也不是不可能的事情。只要他下定决心，对付冯延鲁，不过就是伸手杀人而已。但赵匡胤知道宋朝的根基到底有多浅薄，现在刚剿灭李筠和李重进，如果在渡过长江进攻南唐的过程中，稍有闪失，后方的大小节度使都会借此机会谋反，到时候局面就不可收拾。

对赵匡胤来说现在李重进死了，扬州收复了，他此行任务已经基本完成了。现在对他来说最重要的就是全身而退，清理内部隐患，不断巩固自己的统治。所谓内忧不除，何以攘外？而安抚内廷，扬我君威，肃清任何可能出现的叛乱因素，最首要任务则是再次确认赵普的地位。

杯酒释兵权

平定李筠之后，赵普被擢升为枢密副使，名正言顺地接管了全国的军政要事。赵普在北宋百废待兴的时候，得到了赵匡胤的完全信任，他事无巨细完全参与，甚至在很多时候独断专行，这些在史书中是鲜有见闻的。就像《赵普传》所记载的事情，要么极大，要么极小，却都没有记载具体的情况。这或许是因为他参与的隐秘事件过多，不想留下任何蛛丝马迹让世人评说。

赵普生性果敢刚毅，他一方面以天下事为己任，另一方面，他又生性深沉克制，能够杀人不见血。他位极人臣，权倾天下，他的真才实学虽然没有明确的记载过，但是北宋的权力设置是他一手构建的，这些具体而又别出心裁的巧妙设计，保证了北宋在百十年间没有武将犯上作乱，没有藩王谋逆造反，没有内廷太监独断专行，甚至没有后宫争斗，女祸作乱。

世人皆称宋太祖功不可没，却更应该记住这一切的缔造者——赵普。他本身读书不多，却足智多谋，当上宰相之后，更是奋发图强，到晚年仍手不释卷，学识才智都大为长进，处理朝政事务"处决如流"，家人曾发现他的藏书只有一部论语，至此民间开始流传"半部《论语》治天下"的佳话。

建隆元年十二月，赵匡胤从扬州凯旋。大宋的人心归顺，谋反者均已被清剿，赵氏江山日渐稳固。但赵匡胤并不开心，他苦恼，内心不断变化。

有一次，他在后花园打鸟，有臣子紧急求见，他以为出了大事，但听完臣子的汇报，却发现不过是平常事务，赵匡胤很生气，但这位臣子的一句话让赵匡胤哑口无言，他说："臣以为，任何小事都要重于打鸟。"这时，赵匡胤的粗暴心性再次暴露，他一斧子砸掉了他两颗门牙，大臣捡起门牙，不气不恼，赵匡胤却沉不住气了。大臣决心倔强到底了，他虽然告不了皇帝，史书却自会记载。

赵普将这一切收入眼底，赵匡胤对他说出了自己的心里话："现在仍逢乱世，我不过是占据了后周的国土，而如今谁家的江山也不稳固。"此时，赵普开始发挥自己的真才实学，赵宋的治国精神也就此确立。百年的富足和千年的衰落也从此开始。

赵普给赵匡胤指出了这样一条路：削弱兵权、制约钱谷、收敛精兵、消除所有人的妄想，天下自当太平。这其实就是强干弱枝。听了赵普的话赵匡胤恍然大悟，在几十天之后，他开始实践这一套政策，他清楚地知道，赵普的方案能够在短时间内对存在了几十年的藩镇割据、君弱臣强的局面一扫而净，但是，长远来看呢？

前朝的藩镇割据也是日积月累，积重难返，而唐朝的能臣明君不计其数，却依然容忍了藩镇的存在，这不仅有客观原因，更有隋唐帝王主观上的自信和强大。赵匡胤的气度异于常人，但和李世民比起来，却差之千里。他的国家，他的执政之道，从他战场上拼杀拿下这个国度开始，就注定了他的谨慎、忧虑。他不允许任何人以自己的方式再度威胁到他的政权。他不允许任何不稳定，任何反叛的可能性，所以即使他留下了前朝旧臣，他也随时提防着他们。实权仍然在自己亲信的手中，比如弟弟赵光义，赵普、李处耘。但即使如此，他却也不得不限制他们的高官和地位。

也许，赵匡胤早就明白，削弱兵权，收粮谷，敛精兵能够强君权，防止内乱，但是最后也会把国家的活力和民族精神都压抑到灭亡。但选择强大的藩镇，虽然可以保有国家的强盛，最后也可能使国家毁于内乱。出身武将的赵匡胤选择了前者，他太需要一个稳定的君权来消灭内心深处的不安。

公元961年，赵匡胤开始了自己的集权计划，三月，宋朝最强的军事人物慕容延钊和韩令坤一道进京，赵匡胤给了他们一个惊喜：他罢免了慕容延钊禁军殿前都点检一职，命他出任山南东道节度使，同时罢免韩令坤禁军侍卫司马步军都指挥使，命他出任成德节度使。韩令坤的职位由石守信担任，至于慕容延钊的官位则再无他人了。石守信在升官一百多天之后，也被罢免。他们或许都该庆幸，自己还活着。

而此时，赵匡胤也遭受了人生的一大低谷。他贵为天子，也是公认的孝子，这时他的母亲杜太后生病去世了。杜太后的死让他伤心欲绝，但这绝不是他一个人的不幸，在这位宋史中只有很少文字记载的老妇人去世之后，北宋两件最大的疑案——"金匮之盟、烛光斧影"中的前者，就此发生。

在公元961年，还有一件大事发生，南唐皇帝李璟去世。此时他已经不能叫李璟，而只能叫李景，因为他已经不是皇帝，而只是南唐国主了。当他死的时候，才清醒地意识到自己生命的足迹，他父亲临死前为他做好了一切，并且提出了最后一个要求，要他善交邻国，守住祖业，保住社稷。但李璟忘记了这些，他在治国治军方面没有听取父亲的临终建议，至他死之时，国土已经丧失了一半，四邻交恶，民不聊生，保他江山的长江也差点成为他落入大宋之手的理由。

那年三月，李璟觉得金陵太靠近北宋，决定迁都洪都（今江西南昌），在迁都过程中，龙舟在长江中突遇大风，险些让他落入宋朝水军之手，而达到洪都之后，他也病倒了。临死前，他给太子李从嘉的遗命是——不要奢靡浪费，不要修建陵寝，只求一片安宁。但太子不肯满足父亲的遗愿，他一面大修陵寝，一面奏请赵匡胤，请他给予自己父皇安葬的礼仪。

身处丧母之痛的赵匡胤答应了李从嘉的请求，李璟的尸体被运回金陵，追复帝号，定谥号为"明道崇德文宣孝皇帝"，下葬于顺陵。当年七月二十九日，李从嘉在金陵登基，成为第三代南唐国主，改名李煜。

七月注定是个动荡的月份，在长江以南的第一大国南唐新主登基，在江北的大宋发生了震动全国的政令改革。都城禁军里的高级将领们一夜之间都被革去官职，这些将领包括石守信、高怀德、王审奇、张令锋、赵彦徽等人，一个个都是威震四方忠心耿耿的开国将领，旦夕之间，兵权尽解。按照常理一定是经历了血雨腥风，翻天覆地的过程，但是事实上却是如春风化雨，没染上半点血腥。帝王如释重负，将领们也拱手相庆。

史书记载，建隆二年七月的某个夜晚，赵匡胤邀请亲信到内宫喝酒，他说自己当皇帝之后非常不快乐，众人忙追问原因，赵匡胤说了一句："居此位者，谁不欲为之？"之后所有人伏地请罪，赵匡胤则"释去兵权，出使大藩"为由，赐予他们田产金钱，一干将领第二天便纷纷称疾请罢，赵匡胤遵守诺言"日饮酒而欢，以终其天年"，给了他们新的分封：石守信为天平节度使，高怀德为归德节度使，王审琦为忠正节度使，张令铎为镇宁节度使，石守信本人保留了侍卫司马步军都指挥使的虚衔，其他人的禁军官职一并罢免。

虽然都封了新的官位，但所有人都知道，"兵权不在也"。这就是千古流传的"杯酒释兵权"。开国皇帝赵匡胤在谈笑间收掉了几乎所有肱股大将的兵权，将军事力量牢牢控制在自己手中，却并未像刘邦、朱元璋等人那样在天下一统后大开杀戒，而是放了大将们一条生路。

自此，宋朝确立了文人治军的制度，彻底消灭了藩镇割据的可能性，也使得宋朝的中央集权制大大加强了，为经济文化的高度发展创造了良好的条件，但是过分强化中央权力造成了冗官冗兵冗费，宋朝也因此渐渐走上了积贫积弱的灭亡之路。

军权集中

虽然经历了"杯酒释兵权"，但赵匡胤对他的军队仍然不满意，因为这件事不过是他改良军队的前奏。建隆三年九月，石守信的侍卫司马步军都指挥使一职被罢免且这一官职从此被撤销，马军和步军从此分开，使他们各自为政，从五代一直对立的殿前、侍卫两司变成殿前司、侍卫马军司，侍卫步军司等"三衙"，其长官就是后来宋军中统称的"三帅"——殿前都指挥使、侍卫马军都指挥使、侍卫步军都指挥使。

三帅之下设"四卫"，即殿前司的铁骑军、控鹤军；侍卫马军司的龙捷军，侍卫步军司的虎捷军，而"四卫"下各设四厢都指挥使，再一层的剥离四卫的兵权。赵匡胤还规定，将军们调兵只能找枢密院——全国最高军事统治机构，它只接受皇帝命令，然后具体发布由哪位将军统兵，甚至不允许将军们拥有心腹亲兵。

赵匡胤爱惜并重视士兵，军饷赏赐也绝对优厚，但一定要严守纪律，命令全军严守"阶级之法"，部队中官大一级压死人的传统观点也始于宋朝。为了贯彻实行新的军令，赵匡胤也确实大开杀戒，惩治了不下百人。开杀戒，立威望，是因为他不允许自己的部队有出现前朝悍将灭主的机会。

在开封城里，赵匡胤同样制定了各种各样的措施以改良他的军队，他精心打造一支虎狼之师，他在等待机会，等待着他的战斗力不断增强。同时，他还警戒地观察四周，南唐、后蜀、北汉、吴越，还有荆南和湖南，随着军队战斗力的不断增强，赵匡胤的心中也涌出了更多对四邻的关注。

公元962年的冬天，一个大雪纷飞的夜晚，赵匡胤突然出现在赵普的院子里，他在雪夜里向自己的心腹之臣问出了自己心里话。——吾夜不能眠，一榻之外皆他人家也，故特来见卿。

史书上记载了"雪夜问策"的故事，两人就这样确定了帝国的未来发展，赵普给了赵匡胤那本世人皆知的奏折，也就是王朴的《平边策》。内容不过是先南后北，先易后难，除了对北汉的处理。

赵氏兄弟把北汉都放在了首要位置。就这样赵匡胤日夜期盼的机会也悄然而至。五代十国时期，有很多虽然不称国，但是又独行其是的"国中国"，荆南和湖南就是典型代表。

湖南最初只有潭、邵两州，不断苦心经营之后发展到了七州。李璟曾经对湖南垂涎欲滴，但后来湖南创建者马氏的部下收复了湖南，他被部下谋杀之后，湖南就落入周行逢手中。公元962年底，周行逢去世，此时的湖南如同柴荣死后的后周一般，只有11岁的幼主周保权和一个父亲的部下——张文表。周行逢刚去世，张文表立马起兵谋反。周保权身边的大臣一方面派出湖南大将杨师璠出兵平乱，一方面向赵匡胤求救。因之前周家一直向北宋称臣，消息传来之后，开封上下，全军上下无不等待出兵的号令。

赵匡胤对周保权派来的使者虽不甚热情，但他知道，机会来了。少不经事的幼主，面对叛军，这个小朝廷必然已经方寸大乱。宋朝如果不插手，那么南唐、后蜀、荆南都会对此地虎视眈眈。

这时赵匡胤又等来了一个非常重要的消息，宋朝建立时，荆南的主人是高保勖，他也向北宋称臣，纳贡，以求平安，他先于周行逢死去，位子传给了长子高继冲。从荆南吊唁回来的使者卢怀忠，给他带来了更重要的消息：荆南兵甲虽整，而控弦不过三万。年谷虽登，但民困于暴政，结论是取之易尔。

这时，赵匡胤的脑海中浮现出一幅新的军事版图，他不再迟疑，派出荆湖一带的慕容延钊负责出征，时任枢密院副使的李处耘监军，军需物资亦做到全力保障。

这是宋朝开国以来第一次走出国门，讨伐天下，赵匡胤知道他只能胜，不能败，所以赵匡胤派出了他最强的精锐部队，会聚了十州的兵力，务求威震八方。

这次倚强凌弱的战争，真正令人胆寒的不是久经沙场的慕容延钊，而是貌似柔弱的枢密副使——李处耘。远在湖南的张文表万没料到，自己值得北宋千里奔走，兴师动众。而这场看似不起眼的地方政权争夺之战也揭开了乱世中又一次大一统的序幕。

北宋乾德元年，讨伐叛贼张文表的宋军启程，第一个命令下给了必经之路上的荆南高继冲。高继冲面对突如其来的危机马上识破，这不过是假途灭虢。但他无法阻挡宋朝的大军，明知是计策，也要设法将宋军挡在家外。此时的宋朝已经拥有了111个州，96万户人口，军队中皆是精英，陆战水战都不在话下。

荆南小朝廷准备了一个半软半硬的对策——多准备犒军物资，主动迎上去，但宋军不能入城，因为百姓恐惧王师。他们寄希望于慕容延钊不会将人赶尽杀绝。当年二月九日，高继冲的叔叔高保寅带着物资酒肉来到了荆门，迎接宋军，接待他们的是监军李处耘。他面带微笑，一团和气，表示——就是借道，宋军可以派人报平安，荆南主帅生病，晚上会亲自接待。

晚上，慕容延钊设宴款待一行人，而监军李处耘此时却奇袭了江陵城。却在逼近江陵十五里处，却意外地碰上了前来迎接的高继冲一行人，他们在此地迎候王师。高继冲既怕宋军攻城，又不想投降，于是出此下策，在此迎候宋军。

李处耘不费吹灰之力便占领了荆南都城江陵。他们不是借道，但荆南小朝廷也无力反抗。李处耘开始在江陵负责全面接管工作，等到慕容延钊率大军赶到的时候，大局已定。之后，他们再次动身离开江陵，开赴湖南。

此时却传来一个消息，张文表已经被剿灭，周保权拒绝了宋军的到来。而宋军的反应则是加速行军，顺便带上了荆南原有的军队。至此宋军的目的已经昭然若揭了。

面对这样的大军，湖南依然负隅顽抗。他们在陆地上毁桥断路，在水路上堵死了关键的水路滩头，慕容延钊向赵匡胤请命，赵匡胤回了周保权一句话——大军既拯尔难，何为反拒王师，自取涂炭。

看惯了厮杀征战的慕容延钊内心平静，但李处耘却绝不允许他的第一次出征有任何闪失。三月初，李处耘做先锋攻击湖南朗州，这时悲剧发生了，李处耘取得了胜，但是他们不仅杀人，还将战俘煮熟后给自己的士兵吃。

杀戮战俘，攻城略地在乱世中并不鲜见，但像李处耘这样的暴行引来了更大的反叛，兵民齐愤，而且杀人后的李处耘性情大变，对自己的部队也实行严峻的刑法，他直接杀伐决断，完全不把主帅慕容延钊放在心上，而慕容延钊因带病出征，又累又气，便从此一病不起，回去后不久就死了。为了善后，赵匡胤只好下诏大赦荆南、湖南的所有叛乱者，免去当年的各种赋税。

对于李处耘的处置，赵匡胤仅仅是把他调出中央——黜李处耘为淄州刺史。史书上说"处耘惧，不敢自明"，此后不过三年，李处耘就死了，年仅47岁。但李处耘的所作所为让赵匡胤明白，权力会让人变得疯狂和没有人性。

从这时起，赵匡胤的视线从国外又收回到国内，他收回了各藩镇节度使的"支郡"管辖权，财权以及司法权。管辖权分派给了朝廷统一分配的文官知州知县，财权由专门的转运司来负责，司法权则由朝廷统一处理，各种死刑案件，由刑部复查，全国各州军队凡符合标准的兵事也交给了中央负责。

赵匡胤想要创造出一种制度，只有这种制度能够执行流畅，他的国度才能长治久安。

后蜀末帝孟昶

现在赵匡胤面临一个问题，是先收后蜀还是先拿下南唐？南唐已经称臣，新任国主李煜对赵匡胤毕恭毕敬，而后蜀的皇帝孟昶的表现则截然相反，不仅不臣服，而且主动进攻大宋。

孟昶是五代中后蜀高祖孟知祥的第三个儿子，后蜀在剑门蜀道的掩护之下，成为中国最隐秘也最安全的地带，这一带非常富饶，孟昶在这乱世中做了31年皇帝。这在王朝短命的五代十国时期，简直是个奇迹，而孟昶依仗的就是蜀地的天险。

孟昶一即位，立刻收回了国政大权，一幅标准的圣明天子相。他衣着朴素，兴修水利，重视农业，在他的一系列政策之后后蜀国势日渐强盛，而他也志向高远，将北线疆土扩张到了长安，只是后来曾败给柴荣。

随着时间的流逝，孟昶也放松了对自己的要求，他在富庶的天府之国安枕无忧，纸醉金迷，大修宫殿，网罗美女，过着逍遥自在的生活。有后主，自然就有诸葛亮，孟昶的诸葛亮是他从小一起长大的朋友王昭远，此人最大的追求就是做真正的诸葛先生——出川北伐，平定天下。

急于建功立业的王昭远带着对理想的迫切渴望，和孟后主商量一番，就派人带着写好的蜡丸密信穿越整个宋朝疆土去见北汉皇帝。让他们没想到的是送信者赵彦超直接将信送给了赵匡胤，他出卖了自己的后主和枢密使。

这成了宋朝进兵的充分理由。乾德二年（964年）十一月二日，赵匡胤以孟昶勾结北汉共谋犯宋为名，发兵六万，出师后蜀。宋军兵分北、东两路，北路以忠武节度使王全斌为主帅，自凤州沿嘉陵江南下；东路以赵光义为主帅，自归州顺长江西上，两军分进合击，约定会师成都。

四川的地理位置，从东从北进攻，简直就是以命犯险。在川陕公路通车以前，中原进入四川的道路只有三条：一条为金牛道，也就是剑门蜀道，二为阴平道，三为米仓道。三条路没有一条能在枪林弹雨的进攻下急速行军，而"要想得四川，必下剑门关"，其形势险要可想而知。

赵匡胤给两路主帅的践行酒宴上，他也没有十足的把握，他问——西川能取得否？凛然而坐的王全斌说，回皇上，西川若在天上，固然不能到，若在地上，到即扫平矣。

王全斌忠勇双全，他12岁时，父亲因为养亲兵而被李存勖发现，王全斌主动当人质，才避免了灭门之祸，后来还当了李存勖的近卫。当乱兵攻城时，王全斌和符彦卿一直保护着李存勖，他们顽强抵抗，直到李亡，才痛哭而去。这样的忠贞和勇猛，正是赵匡胤选他为攻西川主帅的原因。

所有的皇帝都害怕，进入西川的将领会留恋那里的富庶，自立为王。赵匡胤用人高明就在于此，他不仅相信王全斌，还给了他很大的自由决定权。为了鼓励士气，他甚至承诺，朝廷只要土地，以及器具粮草，其余的全都归将士所有。

对于这次战争后蜀也同样的兴奋，这虽然危险，但也是机遇。王昭远一展抱负的时刻到来了，他怀着征讨天下的豪情奉命抵抗宋军。十二月，战争正式打响，宋军一举攻破了后蜀苦心经营的防线，缴获了四十多万斛军粮，极大的鼓舞宋军士气。王全斌急速狂飙，而后蜀主帅韩保正只是坐拥精兵在兴元城不寒而栗，数日之后，他竟然直接弃城而逃。王全斌派出先锋史延德，战线推进到了后蜀境内。

剑门关当前，后蜀烧毁了栈道，王昭远带着大军在天险后面的利州，企图阻拦宋军。王全斌在恶劣的自然环境面前表现出了卓越军事家所具备的冷静思考能力和敏锐觉察力。在王昭远看来，天险不可破，自己也高枕无忧。

宋军缓速推进，他们在悬崖峭壁上重修栈道，王全斌迅速突破了剑门蜀道，扑上了嘉陵江。就在王昭远发誓抵抗的时候，王全斌已经赶上了剑阁。战争开始了近一个月，王全斌虽然没有在三十天内拿下后蜀，但王昭远也明白，他不是诸葛亮，他现在想做一回姜维，守住险要关隘。

捷报传来之后，赵匡胤也松了口气，长江南面的李煜虽然有一幅古代圣贤帝王相貌，却和自己的王后每天沉迷礼佛，不问国事。于是赵匡胤送了一名辩才超凡的少年过江，李煜便越发不关心守土卫疆的事情了。

国内，清廉刚正的丞相范质去世了，赵普被擢升为丞相。如今，坐在开封的皇宫里，赵匡胤担心的是北方的民族，女真已送来了进贡名马，但契丹，仍是赵匡胤的心病。

当然，主战事仍在西南，王全斌捷报频传，而东路军赵光义呢？他前面也是胜仗连连，一直到了夔州。此时，他拿出了赵匡胤给他的地图，这上面有赵匡胤的亲笔书信，嘱咐他一定到了此地才能打开。

这是宋朝开国，君主第一次实行"图阵形，规庙胜，尽授纪律，遥制地宜，主帅遵行"的祖宗家法，除了最后一条没有实行"贵臣督视"之外，地图上事无巨细的都加以标注。这么做赵匡胤也是迫不得已，因为赵光义不是慕容延钊，也不是韩令坤，甚至不是王全斌，他没有赫赫战功，所以这些先期准备就显得尤为重要。

赵光义面临的是一条水路交互组成的立体防线，但这样的防线在赵匡胤的计谋下变得不堪一击，没有发挥任何作用，就失去了功效。守夔州的是后蜀宁江节度使高彦俦和监军武守谦，虽然两者都忠心耿耿，但他们都一样的独行其是。宋军兵临城下，高彦俦主死守，武守谦主速战。于是武守谦率领麾下千余士兵冲出城门，赵光义不敢怠慢，派出了禁军王牌张廷翰。两军相遇，没有奇迹，武守谦想要引开赵光义的军队，但没有成功。

历史记载，当日，宋军就占领了这座城池，高彦俦力战不胜，身背十余枪，左右皆散去，他望西北再拜，登楼，纵火自焚。

莫以成败论英雄，虽然赵光义带着精锐之师，取得这场战役的决定性胜利，但守城的武守谦和高彦俦也算得上英雄。他们面对强敌毫不退缩，甚至以身殉城，死战守边关，也是一代英雄！

剑门关上的王昭远迎来的是王全斌的前后夹击，这是剑门关历史上的第一次正面失守，孟昶在他濒临绝望的时候，给他送来了自己的太子做援助，31年的安逸生活，让孟昶再也不是骁勇善战的将军，所以只能派自己的儿子出战。

王昭远美好的幻想，也加速了后蜀的灭亡，这着败棋，足以覆国。王昭远撤退之后，天险被弃，在四散的后蜀人里，宋军找到了已经泣不成声的王昭远，他不是诸葛亮，他成了项羽，却没有项羽的骨气。太子一路欢歌来到剑门关，然后放火烧了逃亡路上的城池，自此后蜀已经无力抵抗了。

这时丞相李昊站出来负责接洽投降事宜，他在40年前起草了前蜀王衍的投降书，如今江山再次易主，他又一次把土地拱手送人了。

后蜀的征战中，孟昶的夜郎自大，王昭远的纸上谈兵，王全斌的战无不胜，赵匡胤的深谋远虑，赵光义的初绽头角，高彦俦的英雄气节，以及丞相李昊的厚颜无耻，都一一烙在了历史的长卷中，任后人评说。

一个卓越的帝王，不仅要懂得谋划未来，稳住江山社稷，最根本的还是要懂得知人善用，励精图治，才能让国家昌盛。否则，在奢靡的生活中枯萎斗志，到头来任凭要塞再险要也不能庇佑永生太平。

胜者王侯败者寇

前面已经说过，后蜀国主孟昶因为夜郎自大而被宋朝攻下，被宋军押解进京。俗话说，少不入蜀，老不出川，孟昶出川这年是47岁，这是他有生之年第一次出川。行军路上，他回望蜀乡，杜鹃声声泣血，家国瞬间渺茫，泪水模糊了他的视线，他心中明白，此去便是永别了。

而孟昶还不是最为惊恐不已，最为惊恐的是接洽投降事宜的丞相李昊。他不能忘记四十年前，当时前蜀王王衍举族投降，君臣一行几千人，出江陵城，经过襄州，北上洛阳，向当时的后唐皇帝李存勖投降。现在的此情此景，和那时如此相像，怎能不让他想起当时的情况？

当时适逢李存勖的部下叛乱，他正准备御驾亲征，为防止节外生枝，他下令将王衍一行全部就地处死。当时接旨的是后唐枢密使张居翰，他不忍心杀尽所有人，于是在诏书上将一行改为了一家，仅仅诛杀了王氏一族。

曾经李存勖也承诺王衍一家不死。如今，历史重演，赵匡胤会如何对待孟昶？事实上赵匡胤的朝堂上，也有人力谏擒杀孟昶及其属僚。这人不是王全斌，不是赵光义，而是一向宅心仁厚的曹彬，也是此次西征赵光义的监军。他为宋朝的利益着想，想要保留蜀地的繁华，觉得一定要将孟氏一族斩草除根。

赵匡胤觉得他小肚鸡肠，保护下孟昶一家。在赵匡胤的心中，孟昶是他俘虏的第一个国君，他以此向天下宣告他的能力和胸怀，而不是像前朝的那些残暴皇帝一样，做事都要斩草除根，他要的不仅是国土四扩，更重要的是赵匡胤的仁德之名千古流传。

究竟怎样才算征服了一个国家？如果是擒贼先擒王的话，那么宋军已经做到了。他们已经收押了孟昶及其大臣，这在赵匡胤和他的大将们的眼里，应该算是大功告成了吧。尤其是经历了攻克天险之后的将士们，更认为自己该享受一下胜利果实了。当人的本性不再受到道德和良心的压制，完全释放出来的时候，总是会发生很多意想不到的事情，有些惨绝人寰的事情就是在缺乏了道德的约束之后才发生的。在没有任何可以制衡的力量面前，人的阴暗邪恶会发挥得淋漓尽致。

这就是之前赵匡胤一直担心的事情，蜀国之地，山高路远，多少名将曾经在险关要塞中丧命；又有多少人即使攻克了蜀塞，拿下了这片富饶的土地，又不得善终；又有多少战功煊赫的将领挡不住诱惑，在这里当上了土皇帝，不再出川。

这里山高皇帝远，君令有所不受，统战将领内心很容易被极度的扭曲，而各级士兵也会因此暴露出人性中邪恶和残酷的一面。暴乱从一个叫王继涛的人开始，他奉命押送孟昶一行去开封，一路上他作威作福，公开向战俘勒索，甚至意图对孟昶的宫人不轨。这虽已经激起了蜀人的民愤，但还不足致命。

而王全斌和他的部下们对敌人的不尊重，导致了更严重的后果。他们把战俘当做可以任意宰杀的猪羊。赵匡胤曾下令，将后蜀军人迁往开封，所有行者，人给钱十千，未行者，加两月粮食。当时受降的人不在少数，王全斌觉得出的都是自己的钱。因为在西征之前，赵匡胤曾许诺除了土地、粮草和器甲归朝廷之外，其他都归各路将士。这个命令虽然极大地激励了士气，但也带来了无尽的恶果。

王全斌不断地克扣战俘口粮，并且不断侵扰，最后结果就是这些已经放下武器，决心投降，甚至已经甘愿背井离乡的军人全部暴动了。

人的忍耐都是有限度的，无限的欺凌加剧了仇恨的爆发，以后蜀大将全师雄为首领，蜀军决心要回起码的尊严。王全斌这时才想起了皇帝的嘱咐，于是，他派出了朱光绪带着七百骑兵招抚全师雄。

朱光绪却没有招抚，而是以最快的速度诛杀了全氏全族，唯一幸免的是全师雄的女儿。全师雄悲愤欲绝，全蜀军民愈加悲愤，悔不当初，蜀军以空前的决心和战斗力攻陷了彭州、分兵占领了灌口、新繁、青城等要地，屡战屡胜，而宋军这时才意识到，他们仍是客军。形势在不断地恶化，宋军将兵力集中在成都附近，蜀地各州县都纷纷响应全师雄，蜀军迅速发展到了十多万人。

这时王全斌开始冷静下来，不敢再小瞧这群曾任人宰割的蜀军，他杀了成都城内的战俘两万七千余人，以防止里应外合。但这也使得蜀人再也不相信大宋的仁慈了。对于宋朝的招抚、利诱、许诺，他们认为唯有刀枪相对，拼个你死我活才行。

整整两年，蜀乱才得以平息。而平乱的结果是彻底的剿杀，没有人投降。天府之国再也不是中原的避风港，在短短的十几年后，蜀国又爆发的动乱，使四川真正成了宋朝人的噩梦。

两年的时间，倾尽宋朝的兵力、财力和宝贵时间才平定了蜀国之乱，王全斌带着一身罪回到了朝堂，所有人都觉得他难逃一死。朝廷公议平蜀将帅的功过，认为王全斌按罪当斩，但是赵匡胤的决定却是——令王全斌退还赃物，贬官为崇义军节度使，观察留后，随州安置。其他有罪军官都依此例降级处罚。

赵匡胤留下王全斌，也没有在蜀乱这两年换下主帅，他是想，只要不会再激发更大的暴动，事情能够平息就足够了，没有必要逼迫王全斌在四川自立为王，为自己树敌。而他对王全斌的宽恕也让天下人看到了他宽广的胸襟，他不会因为一时的震怒而杀人，更不会因为怨恨而失去理智，他是一个仁君，这是他给天下人的承诺。至于蜀国的动乱，不过是一个遗憾，这里只会变成一串文字记于史书，即使赵匡胤也无力改写。

王全斌的内心已经发生了极大的扭曲，他的占有欲望已经发挥到了极限，山高皇帝远，他已经忘记了赵匡胤的嘱托，只记得那个所有战利品都归西征将士所有的承诺，他丧失了作为一名统帅应有的冷静，丧失了基本的人性。所以才有了后来的种种事件。

无论是历史还是现在，人的容忍都是有底线的，当无限制的触及底线时，即使身为弱者，也能掀起足以颠覆江山的万丈巨浪，这种事情在历史上并不鲜见。王全斌的不理智把他的煊赫战功统统抹掉了，最后换来的朝廷公议的罪当诛杀。虽然以仁慈为名的赵匡胤留下了他的性命，但他再也无法登上历史的舞台了，白白葬送了自己一身的才华。

赵匡胤从宽大处理孟昶，到后来优待俘虏的要求，甚至不惜国力平定了蜀乱之后又宽恕了王全斌，无不体现出他的韬略。

两征北汉未果

西征后蜀之后，赵匡胤变得如坐针毡，他觉得自己只要稍有不慎就会灰飞烟灭，他如履薄冰地度过了这场关乎存亡的劫难，这之后他的政策不再是谨守国门，小心谨慎，也不是四处纳贡，求得平安，而是四处进攻，让四邻小国都处在宋朝的威慑之下。

他攻克了南汉的郴州，江浙一带的吴越已经俯首称臣多年，至于南唐，给李煜送去了辩才超高的小和尚，同时在长江边操练水军，所以他而目前最大的问题仍然是北汉和契丹。

原本赵匡胤打算继续自己先南后北计划，但是一个机会来得十分突然，他不得不临时调整计划——这一连串的死亡首先从北汉皇帝刘钧开始，继位的是他的养子刘继恩。然后是宋朝的军中三号大将韩令坤死了。赵匡胤还没有完成自己的疆土计划，他的良将就先他而去了，慕容延钊、韩令坤都去世了。

公元968年，赵匡胤有所行动，他火速北伐，为刘钧"讨回公道"——刘钧有十个亲生儿子，而皇位却传给了养子。赵匡胤命李继勋火速攻下太原，虽然李继勋率众部将不负众望，一个月就拿下了太原，但是他们还是慢了一步，因为有人比他们更快。北汉皇帝又换人了。刘继恩死了，此时北汉国内一片混乱，本来刘继恩想要杀掉把持朝政的宰相郭无为，但是郭无为已经计划好，只要宋军能够兵临城下，他们就迫使刘继恩出降，不然就发动政变，将刘继恩推翻。郭无为抢先下手，皇位又空了。他们按照自己的理想推举了刘继恩的弟弟刘继元。但是刘继元不像表面上那么乖巧，他登基之后，立刻诛杀刘钧的所有亲生儿子，至于群臣，对他稍有不顺的，也随时会被斩杀，剩下的人都是为了皇帝而存在的。此时郭无为也无力将新捧的皇帝赶下来了。

赵匡胤加重了给郭无为的承诺，四十份由赵匡胤亲笔签名的委任书交给了他。赵匡胤许给他的是安国节度使，给刘继元的是平卢节度使，郭无为把剩下的三十八份统统毁掉，这是人的私心作祟。当他拿着委任书来到刘继元面前时，这个新任皇帝给了他一个问题："你觉得，秦国公、检校太师兼中书令，这样的头衔怎么样？"郭无为以为这是新皇帝在讨价还价，而新皇帝继续说："或者说楚王，谥号恭孝呢？"郭无为这才恍然大悟，新皇帝根本没有要投降的意思，于是赵匡胤迎来的是北汉援军——契丹铁骑。北宋不仅没有拿下太原，还遭到了反扑。第一次出兵北汉，以失败告终。

赵匡胤不顾所有人反对决定再次出兵，他的决定令举国上下一片愕然，因为一向英明的皇帝如今却行事糊涂。赵匡胤则认为这是大好时机：北汉国势更加动荡了，新皇帝滥杀无辜，人心动荡；皇帝要御驾亲征，志在必得；契丹皇帝耶律述律死了，契丹政局不稳。而且没有人会想到，吃了败仗的宋军此时会火速出兵。所以此次挂帅的不是李继勋，不是石守信，不是符彦卿，不是张永德，而是大宋真正的一号大将，百战百胜的人物——赵匡胤。

他命曹彬、党进为先锋，李继勋为河东行营前军都部署，赵赞为步军都虞侯，而他本人则率领全军主力。行军打仗经常不得不考虑自然因素，在开封和太原的北方平原上，宋军主力还在宋朝国土上被暴雨拖住了行军速度时李继勋等人已经进入北汉境内，守城的是刘继业，是北汉的"无敌将军"，但是他败了，没能将宋军拦下。

刘继业（亦即后来的杨继业，又名杨业）是忠勇之臣，明知道前面是死路，却还要继续向前，他征战一生，明知道留下实力守城才能求得生存，奈何皇帝"不断偷袭"的命令让他不得后退，很难想象他是怀着怎样的悲凉心情走上战场的。

赵匡胤命令大军四面围困，各自负责，李继勋在城东，赵赞在城西，曹彬在城北，党进在城南。但即日攻城的命令没有实行下去，他的将士们都在砌筑营房。于是在一个夜黑风高的晚上，城门悄悄地打开了，西门出来了一群偷袭的人，刘继业的队伍成功地制造了混乱，甚至主帅赵赞也被乱箭射中脚底板。就在刘继业以为胜券在握的时候，宋军的援军到了，于是一群负责盖房子的杂牌军就这样把他赶出了营地。忠心不二的刘继业接到的命令是不断偷袭，一次不成，只好又来一次。这次他偷袭的是行事粗糙的党进，但党进关键时刻异常清醒，直接把刘继业赶到了护城河里。

这时北汉的信心也足了，因为契丹援军就要到了。赵匡胤宣来了深沉严肃的建武军节度使何继筠，他戍边二十年，契丹的必经之路石岭关就是他的辖区。两人商议一番之后，赵匡胤等他明天中午给自己一个答复，何继筠沉默寡言，很快就带着几千人出发了。对方是契丹铁骑，以剽悍闻名的部队，他究竟有几成胜算，赵匡胤并不知道。

经历了一夜漫长的等待，赵匡胤时时登高远眺，期待着来自石岭关的消息。第二天中午，何继筠的儿子传来捷报，也带来了父亲的忧虑。后来，这个忧虑被定州方向的宋军解除了，忧虑也变成了捷报，汉人获得自唐以后从未有过的胜利。此时，赵匡胤将汾河的水引向了太原城，片刻之间洪水冲入城中。这时宋军都以为，战事取胜已成定局，但没想到北汉顽强抵抗，斗志昂扬，竟然久攻不下。

再说刘继业，既然四个方向都不好突破，刘继业决定铤而走险，选择以赵匡胤本人为目标。他夜里诈降，但也落得失败而归。刘继业行骗的事触怒了大宋天子，"天子之怒，伏尸百万，流血千里"。赵匡胤决定急攻太原城，但这令宋军死伤无数，于是皇帝犹豫了，愤怒过后的理智让人格外清醒。

此时传来的消息更是雪上加霜：契丹援军到了城下，北汉士气大增，赵匡胤决定撤军，他带走了北汉一万多户居民，本来只有三万户人口的北汉因此伤筋动骨。

所有人都觉得宋朝败了，但唯独赵匡胤明白，留着北汉，不过是挡住契丹的一个铁蚕豆，如果拿下北汉，大宋和契丹就直接接壤，就算能够和契丹和平共处，也要布设大量兵力。一旦征战，倾尽国家财力、兵力也不一定有十足胜算。

历史记载这次北伐，大多用"无功而返"，或者"失利当归"，多少含有遗憾和隐约的指责。不过，历史就是历史，皇帝御驾亲征，虽然没有拿下太原，但达到了预期目标，也不完全等于失利。

至少，在久攻太原城不下，士兵伤亡惨重的时候，赵匡胤对着自己的将士说："我宁愿不要太原，不要北汉，也不要看着我的生死兄弟如此伤亡。"试问一个帝王说出这样的肺腑之言，那群为他出生入死的将士以后会怎样的肝胆相照？君心、军心如此靠近，谁能与这样的军队争锋？

这之后，北汉的日子也并不好过，有了这样一个皇帝和一群人人自危的大臣，契丹的援助也绝不会是无偿的，大批的进贡已经让北汉百姓穷困潦倒。但北汉还在，依然充当着北宋和契丹之间的缓冲区，让赵匡胤现在还不那么担心契丹对自己的威胁。

如果说最初起兵讨伐北汉是他的一时冲动，那么最后决定撤兵，则是他的明智之举。国内还需整顿，他需要进一步整顿自己的各种职能部门，需要重新规定文臣部门的制度。

第四章　卧榻之侧，岂容他人鼾睡

中央集权制度的建立

宋朝的权力机构分为中央和地方两部分，中央又分为三省、六部、二十四司。三省为中书省、枢密院、三司。六部为吏、户、礼、兵、刑、工。二十四司是把六部每部下分为四个部门。

地方政府分为三级：路、州（府、军、监）、县，赵匡胤时期，路还叫"道"。全国分为十三道，道级单位中又有"漕司、宪司、仓司、帅司"。其他的府、州、军、监、县也都有各自的正副之称，级别清楚。这其中的大部分设置都和唐代的相似，但也有不同的地方。

首先是三省，在唐以前，只有丞相没有三省。丞相能够统管权、财、兵。三省中，中书省是最高行政机构，枢密院是最高军事机构，三司是最高财政机构。赵匡胤接纳了赵普的观点，对付天下藩镇，防止藩镇割据谋反独立，主张"削夺其权、制其钱谷、收其精兵"，而赵匡胤现在也拿这套思路对付宰相——赵普。赵匡胤先把宰相的兵权、财权、政权分去，然后再往下层层分割，所有部门的官员配置都依此进行。于是，中央的权力就分散到了各个职位上，自此再没有权倾天下的宰相。

分权思想继续贯彻着，到了地方政府，"道"的主管是"转运使"，主要用来负责财富运转，开始是用它来收夺藩镇钱谷，时间久了之后，它也被怀疑了，因为他确实行使着唐朝藩镇的权力。于是，赵匡胤就在转运使下又设了漕司、宪司、仓司、帅司，再往下的府、州、县都派了通判，名义上的副手，实际上是监军。

即便分权到了这个地步，赵匡胤还设置了一项注意——防。职能部门的制度都设置妥当，但是如何监督官员行使这些权力呢？赵匡胤设计了官、职、差三分离。官位仅代表级别，职位代表荣誉头衔，而差则代表只是临时差遣。此之外，还有考核国家官员的审官院和考课院。审官院主要考察在京为官人员，而考课院主要考察地方官员和幕职，也就是地方官员。这种考核成为磨勘。一年一考，三考为一任。此考察，不考核政绩，只考核有没有犯错，只要没错，一般都会升迁。

赵匡胤独具匠心的设计，影响了后面许多朝代。

他还设立了御史台，也就是言官，唐朝的言官是直接对着皇上说话，给皇上挑错的，而宋朝的言官则要背对皇上，面对同僚，并且还有各种硬性规定。"月课"，百天之内没有弹劾任何人，或者罢免或者降职，或者受罚，总之，不能当好好先生；"辱台钱"，只要敢于奏请弹劾，无论是否属实，一律有赏。宋朝的官员那么敢说话，也是因为有了这样的激励机制。

经过赵匡胤的深思熟虑，国家权力机构体系已经初见雏形，剩下的就是要知人善用了，而这点要比设置繁杂的职能部门体系要困难得多。因为最难揣测的就是人。是否忠心，是否有才华，是否能当此重任，都很难断定。

隋朝的隋炀帝虽然好大喜功，却也敢为天下先，他认为出人头地需要公平竞争，于是他开始实行科举制，但这个短命王朝没有来得及将这个制度发扬光大。虽然唐朝也实行科举，但状元郎多出自官宦世家，出人头地的梦想距离平民还是非常遥远的。到了宋朝，这个从前也是老百姓的布衣皇帝决心改变历史，他不许任何皇家宗室、官宦之后参加考试，废除了公荐制度，杜绝了官员联合舞弊的可能。

宋朝的科举考试只有两级，第一级要通过各州的资格性考试，然后到京城礼部报到，进行省试。开宝六年，赵匡胤增加了殿试。从此历朝历代的最高级别科举考试都是殿试，只要殿试成功，就能直接封官受禄，自称天子门生，不必称考官做老师。

科举考试三年一次，主要科目为明经和进士。进士科是所有考试的重中之重，宋朝大部分的宰相都是进士科的优秀者。明经就是古文经书填空，后来变成对经书进行解释，这通过死记硬背就能达到。而进士则是要在规定时间内写出一篇文章，这不但考察的是真才实学，还要求临场发挥。

赵匡胤给科举制作的新规定在大宋国土上刮起了一阵读书风，人们纷纷认为书中自有黄金屋，书中自有千钟粟，书中自有颜如玉。一个人能改变一个王朝的走向，一个王朝会影响一个民族的心理。赵匡胤显然做到了这一点。而他为什么能设计这样的权力体制，是有着他自身不可回避的必然性的。

赵匡胤出生在一个平民世家，他在21岁离家出走之前，都是一个名不见经传的小人物。给人留下的最深刻印象就是他的谨小慎微，无论是从陈桥驿兵变来看，还是在他日后在处理任何国家事务的时候，他都要考虑再三，他对待官员、武将、都是如此的谨慎，从不过分自信，也不过分阴狠。

他的谨慎来自他对自己的了解，他是从一个武将变成一代天子的，一路都是靠着自己的打拼，没有李世民那般流淌着贵族的血液，所以"天可汗"的霸气他没有。正因为从一个平民走过来，他知道作为一个百姓，是不喜争战的，所以他不愿轻易发动战争；作为一个军官，希望遇见赏识自己才华，给予自己展示自己才能的战场；所以，他爱才，没有在平定蜀乱之后诛杀王全斌。

再看宋朝的权力机构，层层分权，不过是为了防止第二个赵匡胤站出来，犯上作舌。在赵匡胤设计的官僚体系中，没有哪个官员能够权倾朝野，功高震主，即使身为宰相，也不例外。

如此繁复的官员体系，流动性如此强的官职制度，就是为了让所有的官员都不可能长久维护自己的人脉，官官相护。各级官员在某个地区任职都会有期限，不给他们勾结地方势力的机会。没有哪个官员能够终身守职，一旦犯错，就会立刻下马。这也造就了一批混吃皇粮的官员。

但是，在赵匡胤的眼里，即使什么也不做，也比犯上作乱要省心得多。国家可以出得起这点钱财。这些都是淋漓尽致体现了赵匡胤内心的不安全感，他虽然成功的谋取了皇位，但他害怕有一个人像他一样站出来，迫使他让位。

科举制度在宋朝有了长足的发展。首先，要从参与考试的人员结构来说。赵匡胤希望天下所有和他一样才智过人，和他一样出身贫寒的人都能够有机会平步青云。他的个人心愿得到满足的同时，也给了广大平民一个最大的公平竞争的平台，这次不是唐朝时候那个名义上的公平，而是真正的公平竞争。

赵匡胤加了殿试，让所有参加殿试的考生，一旦金榜题名都可以自称是天子门生，立刻加官晋爵，不必再成为主考官的门生，这有效地防止了政治体系中的新鲜血液被党羽之争所污染，也能够让这些新人以最快的速度施展才华；有效地防止了官员结党舞弊，也为皇帝直接培养人才提供了便捷的途径。

但是，谁都不曾料到，就是这个皇帝的不安全感塑造的一个权力分配和人才选拔任用的完整体系，整整影响了中华民族一千多年。

卧榻之侧，不容他人鼾睡

赵匡胤在公元969年的阴历六月从太原回到了开封，他整顿了京城的各个职能部门，设定了新的运行机制，然后又回到了开封的皇宫之中。此时距960年，他当上大宋天子，已经将近十年了。这十年期间，他只出去过两次，一次是平定李筠和李重进的叛乱，一次就是讨伐北汉奔走太原。其他时间，他都一直待在开封的王城里。赵匡胤的谨慎小心，使他在所有王朝颠覆过程中必经的除旧迎新的血腥都没有，无论是杯酒释兵权，还是削弱藩镇，包括后来官职权力的大洗牌，一切都如春风化雨，不见刀枪血刃，不见腥风血雨、地动山摇。

他不允许任何危及他皇权的人存在，甚至连存在的可能都要扼杀，但即使是生性克制谨慎的他，也没有预料到，正有一股强大的力量，悄然集结。当这股力量刚刚萌芽时，赵匡胤甚至还需要不断提拔其主要领导人，让他在众官僚中慢慢崭露头角，这是赵匡胤针在当时的形式下做出的反应。

赵匡胤去赵普家"雪夜问策"的时候，他提到了卧榻之侧，岂容他人酣睡，如今正有一个人在他榻边酣睡，而养虎为患的他，却一无所知。

赵匡胤一直努力强调自己的宽厚仁慈，这一方面帮助他的帝国迅速站稳了脚，收服了民心，他本人也被挂上了仁德之君的光环；另一方面这个光环也变成了锋利的剑刃，终将让他失去一切，并且给后代子孙带来终生的压抑。赵匡胤的善良和仁义历来为史学家所争论。

世人对李世民的仁政一致赞扬，因为唐太宗的仁政是建立在玄武门之变的基础上的，他有着能够对亲兄弟都下得了手的狠毒，他有足够的霸气。和唐太宗比起来，赵匡胤的宅心仁厚缺乏一种内在的力量支撑，就算宋朝也能够南征北伐，但每次倾巢出动的兵力背后则掩藏着国内兵力的虚空。宋朝初年的强大更多的是外壳，唐朝的建立是在隋灭的基础上，虽然隋朝短暂，但也是一个物资积累的时期，接手的唐朝的根基也更容易扎深，唐太宗时候经过了唐初年的休养生息，已经恢复一些精气。宋朝却完全从混乱征战的五代十国走来，多年的战火已经烧尽了一切富饶，如今的大宋，树木虽大，但根基尚浅，国内的人心虽然统一，但存疑心者也不在少数。这时太祖皇帝的宽厚善良也为自己和后代埋下了祸根。

十年了，从33岁，到43岁，人生最宝贵的十年已经转瞬溜走了，而赵匡胤的征战之路却仍然充满了坎坷，他需要加快步伐，当他的目光抵达北宋的南方边境时，他的决心也在慢慢生长。他举目四望，国界之内，一片祥和，他终于想好了要下手的地方。此时的南方，还留下了有南唐、南汉、吴越，以及割据漳州和泉州的陈洪进。

当时的南唐，是现在长江下游以南今天的苏皖南部，江西、福建的西部，吴越是如今的浙江和上海、福建的东北部，南汉是今天的岭南两广，而陈洪进在夹缝中生存，没有挤进五代，也没有位列十国，因此也算不上赵匡胤的敌人。

吴越可以排除，钱氏子孙明智坚定地不肯称王，一定要当赵匡胤的虚职兵马大元帅，而且随时进京面圣，赵匡胤对这样的附属也就不再强求。剩下的就是南唐和南汉，从地理上看，南唐与宋疆界相邻，只有一江之隔，而且素来知根知底，一旦起兵，志在必得，只不过是收服需要的时间和完整程度不同而已。此时,赵匡胤却跳过了这个近邻,而把目光放在了两广一带的南汉。这是一个看似绕远道的举动,因为南汉地处岭南两广,此地天气酷热,地势险要,而宋军人生地疏,攻击它的难度堪比西征后蜀,在很多人看来,赵匡胤这完全是舍近求远的举动。

但是如果换个角度看问题,才会发现这个想法的意义所在。赵匡胤的主要目标终究是富庶的南唐,之所以这样大费周章,不过是想对南唐采取合围之势,一旦拿下南汉,就可以彻底包围南唐,如果李煜想要逃避,只有乘船出海一条出路了。最重要的是,此举将严重打击李煜和南唐的信心,彻底击溃他们的心理防线。

人的内心都会对所有的事情划分轻重缓急,对于没有退路的李煜,当事实如铁山般压在他身上的时候,才能击碎他所有的幻想,让他接受现实。

对待南唐和南汉,赵匡胤和他的幕僚们的情绪也是不同的。将目标锁定南汉,他们目露凶光,那种隐忍已久的愤怒已经燃烧了他们整个心灵,使他们变得迫切的渴望征战,对南汉刘氏一脉,那厌恶与鄙视已经积压了太久了。对南唐的李煜,他们似乎还有那么一丝丝的怜惜,反而不像这般厌恶。

处理完内政的赵匡胤不禁感慨时光如梭,在不经意间十年悄然流逝,而赵匡胤又把目光转向了四邻,西面的后蜀虽然历经两年坎坷,也算是收入了囊中,北面的北汉虽然力攻不下,御驾亲征也无功而返,但如今北汉除了当做北宋防御契丹的挡箭牌之外,它的日子也不好过,君臣离心,民不聊生,加上赵匡胤班师回朝之日顺手迁走的万余户人口,恐怕令本来国弱兵弱的北汉更加雪上加霜了。契丹也一时半刻还威胁不到大宋的江山。

相比寒冷贫瘠的北方来说,南方的诱惑要大太多了,即使生性谨慎的帝王,也还有着人类特有的不满足。既然能够从平民走到皇帝的位置,那么他想要的,绝不仅仅是后周的疆土,他要的是开疆拓土,扬名立万,他要的是称霸天下,流芳千古。

这也是这位宽厚善良的君王内心最深处的渴望,即使小心地克制着,不能随时流露,但他在遥望南方那片片富饶的土地时候,眼底的精光还是难以掩饰的。这是本性,也是君王的最高理想,是乱世中新的战火,也是新生的希望。

多年的地方割据,藩镇征战,已经让国家的经济发展大大停滞,如今,这位帝王的一统梦想或许会给苍生社稷带来百年的安乐,百年的繁荣。这是帝王的心愿,也是这位布衣帝王作为百姓的时候,最大的心愿。没有人愿意连年征战,妻离子散;没有人愿意尸横遍野;没有人愿意看着庄稼被毁,忍饥挨饿,流离失所,他在内心深切地渴望着那片能够带来百姓安康的天堂。这注定了宋王朝和大唐帝国的不同,宋朝一直没有唐朝的霸气和开放,只是小心谨慎地守护着生死追随的将士们用鲜血换来的疆土,小心翼翼地维护着头顶的晴朗宁静,自然也不会像被逼造反的朱元璋那么残酷阴鸷,那么狠绝。

南汉覆灭

南汉第一任皇帝是刘陟,他每年修建宫殿,奢华无度,过着奢侈糜烂的生活,宫殿的修葺和装饰已经豪华到不可想象的地步。此人还爱好酷刑,不仅使用古代留下的各种酷刑,还增加了水狱,岭南人民称他是"真蛟蜃",他的后代每次登基都会把其他兄弟赶尽杀绝。待到赵匡胤把目光锁定南汉的时候,正值刘鋹当皇帝。

刘鋹十六岁即位,堪称年轻有为,南汉在他的手上,比以前更强盛了,原因是刘鋹的父亲在公元948年突然出兵楚国,苦战三年之后,夺得了宜州、连州等地,还打败了全盛时期的李璟。

刘铱把百分之九十的高官都变成了太监，他宠爱一位波斯女人，赐号"媚猪"。此次赵匡胤出兵再也不要费尽心思地寻找理由了，他这次攻打南汉完全是替天行道——吾必救此一方黎民。方向一旦确定，剩下的就是要遴选人才了，他的脑海中出现了个身影，此人步履轻捷，神情英悍，连笑容都如刀刃一样锐利，这个人是潘美——大宋第一名将。其战功、战绩均遥遥领先于任何人，而曹彬则是天下第一良将。

潘美是河北大名人，父亲是一个普通军校，他起步很低，但胸怀大志，从后周开始崭露头角，到陈桥驿兵变时，他敢于一个人先回开封。在宋朝确立后，他又单骑入陕，带回了赵匡胤的宿敌袁彦，其胆谋可见一斑。

史书记载，赵匡胤兵变回到开封，进后周宫殿发现了柴荣的两个小儿子，赵普认为要斩草除根，而潘美的沉默换来赵匡胤的回答——即人之位，杀人之子，朕不忍为。潘美认为："臣与陛下皆北面事周世宗，劝陛下杀之，即负周世宗，劝陛下不杀，陛下必疑我。"但他仍然把周世宗的一个儿子抱回家，当做自己的侄子抚养，从此赵匡胤和潘美都绝口不提此事。潘美也会追名逐利，争夺功勋，但他没有泯灭天良。

至于潘美的功勋，和曹彬比较而言，曹彬灭南唐，而潘美灭南汉，南汉是长途奔袭，难度更大。平南唐时，潘美是曹彬的先锋，很多胜仗都是潘美的战功，平定南唐之后，潘美又转战北方，为赵匡胤第三次征讨北汉，那时的潘美正值全盛时期，战场上势如破竹，成功近在眼前之时，传来了"烛光斧影"，第三次北征戛然中止。赵光义灭北汉之后，潘美成为第一任留守大将，和杨业亲密合作，成为抗击契丹最强大的屏障。

此时的潘美正跃跃欲试，然而，赵匡胤下达的第一道命令，不是让潘美披挂上阵，而是立刻南下，让李煜给刘铱写一封信，劝刘铱投降。李煜真的写了，因为战火还没有烧到南唐，所以尽管他看似承受了屈辱和讽刺，还是写了这封劝降信。刘铱收到信后暴跳如雷，扣押了南唐的使者，并且回了信，李煜看了之后，把信转交给了赵匡胤。此时的刘铱已经开始行动，他派兵进攻宋朝的道州。

直到这个时候，潘美才接到了进攻的命令。潘美传信给内线发出行动的信号，一封匿名信悄然送到了刘铱面前，然后刘铱赐死了忠心耿耿而且有远见卓识的内常侍邵廷绢。这时潘美才动身，宋朝向南扩张的第一战就此打响。就当时的形势而言，南汉版图巨大，在宋朝初年经济实力、军事实力都得到了大的发展，但不容潘美忽视的是，南汉地广而他的兵马很少。赵匡胤给了他潭、朗等十州兵马，而宋朝的精兵都被编入禁军，留下的不过是各路厢军、乡兵。

潘美进兵的第一个目标是富州，他迅速地攻克了这里，然后攻陷了白霞，紧接着是贺州。到了贺州，刘铱着急了，他想要点将，却发现沙场名将已经被诛杀殆尽了。于是第一权臣龚澄枢带着皇帝的安抚圣旨来到贺州，但官兵对此十分冷淡。此时，皇帝只好求助于宿将潘崇彻，老将的牢骚还没发完，刘铱就换上了伍彦柔，率领一万多人的伍彦柔被潘美的伏击所伤，他被活捉之后被潘美砍头示众了。

拿下贺州城的不是潘美，而是负责调用军用物资的文官转运使——王明。潘美认为攻城不仅消耗时间、财物、更重要的是人员损耗大。王明直接带着自己手下的千名兵丁，他们武器不全，就那么拿着锹、铲、各种工具，填平了护城的壕沟，攻下了贺州。这时，潘美才明白，赵匡胤只给自己十州兵力的原因。

此时的北方也不太平，契丹带六万精兵突袭定州。赵匡胤派田钦祚带三千兵马守城，力挫契丹，获大胜。

开封城里，赵匡胤又出演了一幕杯酒释兵权的酒会，这次主要的目标是符彦卿、石守信、高怀德、武行德、王彦超、郭从义等十二个年过花甲，战功赫赫的老将军，他们唱着悲伤的歌走出了开封城——漫洒英雄泪，揖别帝王家。想当年金戈铁马称雄壮，不过是胡乱厮杀，咱家一把刀，今天刀放下，赤条条来去无牵挂，切莫道种豆反得瓜。赵匡胤的帝王心术没有人能明白，当然在南汉征战的潘美也不会明白。

只要冲进番禺，战争就结束了，这时刘鋹启用了潘崇彻，命他守住贺州，但真正的关塞是韶关，那是兵家必争之地，但刘鋹不知道。刘鋹的大象阵法不仅没有挡住潘美的进攻，而且正是大象带着宋军冲过了韶关，刘鋹派出马迳做最后的反抗，马迳修葺了他们心中的最后屏障，但那充其量不过是一道栅栏，一把火之后，兴王府就在潘美眼前了。

刘鋹想到了逃跑，他让一个叫乐范的太监为他准备一艘大海船，他想带上自己喜欢的女人还有珍宝从海路逃跑。但是在诱惑面前，面对落跑的皇帝，那群臣子选择了背叛。就这样刘鋹请降，潘美见了使者，却没有回复，他直接把刘鋹押回开封，任赵匡胤处置。

刘鋹无路可逃，连投降都没有回应，而他的负隅顽抗也以将军丁植廷的战死告终。面对入侵，刘鋹决绝的烧毁了宫殿的所有财宝，这也让潘美的命运从此打上了阴影。宋军入侵，不仅为了开疆拓土，也为了那成山堆积的财宝，就像是后蜀孟昶的财富一般，它们可以支撑军队继续征战，是赵匡胤用以安神的灵丹妙药，而潘美却没有带回财富，因为他慢了一步。在开封的朝堂上，刘鋹自然地把烧毁财宝之罪推到了自己的权臣身上，他的卑鄙之处由此可见一斑。

公元971年，赵匡胤用布帛拴着刘鋹的脖子，拉他去太庙献俘，然后就赦免了他，封他为右千午卫大将军，爵位是恩赦侯，从此他就过上了侯爷的生活，只是还在监控的范围内。到了赵光义的时代，这个人更加主动讨好，在赵光义要攻打北汉时的践行宴席上，刘鋹说了这样一番话"朝廷威灵远及海外，四方降王今日尽在座中，旦夕间太原刘氏又至，臣因率先来朝，原得以执鞭为降王之长。"这番吉利话让赵光义龙心大悦。后来刘鋹于公元980年死去，年仅39岁，对外宣称是病死。

潘美受命征讨南汉，他领兵奇袭各州，虽然兵力不多，但依然能大获全胜，一面是潘美的判断准确，用兵得当；另一边则是南汉皇帝的所作所为已经让南汉将士军心涣散，所以才会出现安抚圣旨到来了，士兵们却等不来军饷的场景。刘鋹生活极度奢华，而且宁愿一把大火毁掉祖宗基业，也不肯分给任何人，不给他的士兵，也没有留给赵匡胤。

潘美虽然带着弱兵出征一个国家，但能够在长途奔袭、客境作战的情况下掳回南汉皇帝和权臣，也自有他的一番智谋。但是因为最后没有带回南汉的财富，让赵匡胤心生不满。相较于王全斌，潘美自己战绩卓越，最后却没有带回赵匡胤期待已久，甚至已经盘算好用途的财富，再加上后人的扭曲改写，本来应该和曹彬一样战功卓越的潘美，就这样日渐为世人所忘记了。

而刘鋹这个荒淫无度、狂傲自大的南汉国主，最后落得个降王的结局，虽然在开封过着侯爷的生活，但年仅39岁就病死开封。当年他在金银珠宝装饰的宫殿里大杀战将的时候，是否预想到自己会有这样悲凉的命运呢？

赵普落马

平定南汉之后，众人都以为赵匡胤的下一个目标就是南唐了，当初先拿下南汉，也是为了威慑李煜。但是，这位深藏不露的帝王却有着自己的打算，他立刻在长江上游，也就是汉阳地段囤积重兵，而南唐就在长江下游，这么看来赵匡胤是要一鼓作气，攻下南唐了。

但是宋军没有顺风而下，据说当时李煜真的很害怕，他写信给赵匡胤要求自降一级，并且送来的大批的贡品，而此时赵匡胤居然好像就满足了，他收回了在汉阳的部队，对南唐很宽容，这种宽容足足持续了三年。

这三年时间，赵匡胤又在做什么？难道是国内又有风起云涌？还是北方的契丹不断侵扰？抑或是他突发重疾？都没有。历史记载，宋朝一片祥和，国内经济发展，国外四邻平静，没有战祸，赵匡胤也没有染上重病。

他开创了中国的殿试，就在他的讲武殿上，把皇帝的面试当成了终极面试，天子门生的说法也从此开始。而对待附近的国家，他也没有过多的动作，除了给南唐的君臣下了小小的绊子之外，值得一提的就是和契丹正式互通贸易。至于宋朝的政治体系，也因为更换宰相而重新洗牌，加封了赵光义为开封府尹外加晋王，就是这些烦琐的事情拖住了赵匡胤和宋朝整整三年。如果长江对面的不是李煜，而是一位力求自保的君主，那么三年的时间足够南唐加固工事，发展经济，壮大军事实力了，虽然不一定能够真正地抗击宋朝甚至反败为胜，但至少也能够让赵匡胤大伤脑筋。但对面的是李煜，想必是无须顾虑。

赵普在人们的心中一直是一个正直的丞相，他志存高远，深谋远虑，任何时刻都和赵匡胤配合得天衣无缝。生性谨慎的皇帝，对这位辅佐自己登上帝位的大臣有着特殊的依赖，即使他犯了错，赵匡胤也能睁一只眼，闭一只眼。

第一次，是公元971年，南汉还未收入北宋，三司使赵玭告发赵普，说他违反国家法令，贩运木料，赵匡胤大怒，这怒火不再像上次那样直接打掉了雷骧德的门牙，而是直接质问宰相王浦，赵普应当定什么罪？王浦笑着回答说赵玭诬陷宰相。赵玭被下放汝州。

第二次，李煜送来了五万两白银给赵普，但是两利相权取其重，赵普没敢要李煜的贿赂，直接送给了赵匡胤，赵匡胤的反应则是——可以收下，记得向李煜写信致谢。此次是赵普奉命收受贿赂。而当李煜再次朝见赵匡胤时，赵匡胤多赏了他些金子，这些金子的数目恰恰是五万两白银。李煜再不敢做任何僭越的事情，对赵匡胤的宽厚也感恩戴德。

第三次，赵匡胤突然到赵普家，看见他的墙边摆着十个瓶子。赵普说瓶子里是吴越王送给他的海鲜，打开一看，全是金子。这一次吓得赵普连忙跪倒，声称自己不知道里面是金子，而此时赵匡胤却哈哈大笑，一句"国家大事怎么是书生能做主的"，就将此事带过。这件事追究起来，也算是里通敌国的证据，足以治赵普的死罪了。

赵普独做宰相十年，即使犯了像上面那样的错，也能被赵匡胤网开一面，那么最后又怎会落得被贬黜的下场呢？

这要提到赵光义，此时的赵光义是开封府尹，他的权力一直很模糊，当赵匡胤在开封时，他处理的是开封的事务，当赵匡胤御驾亲征时，他处理的是国家大事。他是哥哥的亲信，是帝国稳定的基石，赵匡胤为了这块基石的稳固甚至大力扶植，大力培养，为了让赵光义建功立业，不惜遥授君命，让他崭露头角。

赵光义也确实没有让哥哥失望，黄河决堤，财力不足的事情，最好的方法就是裁撤禁军，而赵光义在不动禁军的情况下，解决了这个问题，这不仅让赵匡胤大吃一惊，还让赵普的戒心大幅度提升。如今的赵光义，已经不再是在哥哥的呵护下，羽翼未丰的雏鸟，他已经在大宋帝国的各行各业，朝堂之上，都渗入了自己的力量。

赵光义不仅和京城的高官都交往甚密，甚至还开始贿赂远在西川的知州，赵匡胤知道了，即使是自己的兄弟他也不能容忍，他也动用了皇权，制止了赵光义的行为。然而赵光义没有停手，他甚至贿赂禁军殿前司控鹤指挥使——田重进，这个日夜守卫赵匡胤安全的人。

当时的赵匡胤一定感受到了刺骨的冰冷，兄弟情义在权力面前也变得如此脆弱。一面是和自己相互扶持十余年的宰相，他的命令甚至已经高过了圣旨，一面是自己的亲兄弟，他的势力已经渗透到了大宋的各个支脉，随时都可能让大宋乾坤倒转。一国三主，他还怎敢去图江南的安逸和富饶，他还怎敢惦念南唐的疆土，他没有想要弑杀兄弟，但有人已经动手了。

赵普的手上还没有握牢打压赵光义的武器，他就陷入了一场旋涡。首先是一直和自己一起在长春殿候旨的李崇矩不再于长春殿候旨了。李崇矩的女儿和赵普的儿子喜结连理，这里他们犯了一个大错——专权。枢密使李崇矩手握军权，与赵普合起来就等于掌握了宋朝的军政大权，赵匡胤对此不能容忍。于是，李崇矩被降职，理由是收受贿赂，虽然最后查明是诬告，但仍不能改变他降职的命运。

到此，赵光义和赵普的矛盾还没有浮出水面。当年四月，赵匡胤突然下令重选堂后官，并且三年一换，也就是撤掉了赵普的心腹。六月，那位告发赵普而被敲掉门牙的雷骧德的儿子来京告御状，这次，赵匡胤处死了赵普的一个亲信，并且封赏了雷骧德的儿子，这是一种态度——批赵普有功的态度。

最后压垮赵普的人是卢多逊，他一次又一次地告赵普的状，说赵普贪赃枉法，说他纵容手下。如果换作以前，这很平常，可能他的门牙也会被赵匡胤敲碎，但这次，赵普被赶出了开封，赵匡胤给了他河阳三城节度使，同平章事，挂着宰相的头衔，让他去休假了，至此，赵普败了。

他临走前给了赵匡胤一封短信——外臣谓臣轻议皇弟开封尹，皇帝忠孝全德，岂有间然。赵普走了，也许他只能陪赵匡胤走这么远，未来的路，他再也不能辅佐这位布衣帝王走下去了。他心里也许并不愤怒，甚至不如那群被美酒稀释了兵权，征战沙场最后却不得不作别帝王解甲归田的老将们凄凉，他做了自己该做的事情，在开封城外回望京城的时候，他或许没有多少遗憾。从与赵匡胤相识到现在，二十年过去了，看着他从武将到黄袍加身，在薄弱的后周土地上建立大宋帝国。如今，一切都将远去，赵普只能在此拜别。

金陵被围

无论李煜多么温顺，赵匡胤还是决定对南唐下手，这是赵匡胤该做的事情。无论他看起来多么的仁义道德，他的战略部署都不会因为李煜而温和，或者因为自己的宽厚而停下脚步。当然，开始的时候，还没有多么暴力和血腥，只不过是，赵匡胤说自己想念李煜了，需要他来开封陪伴自己。

李煜不敢去，他的亲弟弟李从善曾带着贡品朝拜了大宋天子，然后就这样被扣押，一直未归。李煜知道，他一旦过长江北上，就再也回不来了。于是他不断地"病"倒。后来，赵匡胤的邀请越来越强势，李煜到了忍无可忍的地步，于是他告诉宋朝的使者——臣事大宋恭敬，原为保全祖宗社稷，如此逼迫，不如一死。他说着就在自己的朝堂之上朝着一个柱子撞去，但是大堂上的文武百官太多了，他距离柱子也太远，因此，他还没有撞到柱子上，就被拦下来，但是，这种姿态已经被大宋了解了。

赵匡胤知道，天上掉馅饼的事情是不太现实的，那么只好出兵了。只是，他很难猜中李煜的心思，一直以来都是委曲求全的李煜为什么突然就宣布抵抗了？对付南唐，他是需要像对付南汉一样，大动干戈才能让他投降？还是像吴越一样，等他自动送上门？

其实，李煜也有自己的底线，三年来，他不是没有机会，当宋朝绕过南唐攻打南汉的时候，他的水军大将军林肇仁曾经来找他，告诉他宋朝先灭后蜀，后灭南汉，往返数千里路，现如今去攻打他们兵力薄弱的淮南地段，一定能将失去的江北地区夺回来。李煜没有反应，林肇仁进而说:"当我起兵后,你对外宣称我已经叛变了,如果我能胜利,那么就是国家的胜利,如果我失败了,就说我是叛军,诛杀我的全族,这样大宋也不会怀疑你了。"李煜思忖良久之后,还是写下了给刘鋹的劝降书,林肇仁只能无奈离去。

后来卢绛又来了,他是南唐枢密院承旨兼沿江巡检,他提出了联合吴越,抗击大宋的方案,他一样得不到李煜的回答,他又向皇帝报告了自己的具体方法——放出假消息,说南唐的宣州、歙州等地叛乱,然后邀请吴越援兵,只要他们进入南唐,南唐就发兵截断他们的后路,卢绛再领兵偷袭杭州,这样必定能够一举歼灭吴越。

卢绛的话,换来的不过是李煜的神游仙境,他根本没有听。卢绛长叹一声也走了。最后来的是一个位低言轻的内史舍人,名为潘佑,他激愤上书,看到李煜的过分懦弱仁慈,他把国主比做了"夏桀、商纣、孙皓",其实,很多臣子都在皇帝们面前说过前两个昏君,但是第三个人的名字触动了李煜敏感的神经,因为他是江南国主,是亡国之君,是一个降王。

李煜怒捕了潘佑,潘佑在狱中自杀了,潘佑的好友户部侍郎李平也被株连,理由是潘佑所为都是李平挑唆,李煜在狱中赐死了李平。虽然这给李煜的名声带来了恶劣的影响,但是,南唐的子民已经不会再震惊了,因为李煜一年前就赐死了林肇仁。那位忠心耿耿要保家卫国的将军,因为赵匡胤的一个离间计谋而被杀害了。

现在,李煜终于要有动作了,他给吴越王钱俶写了一封信,信中邀请吴越一同反抗宋朝,但结局和当初刘鋹给他写信的结局一样,钱俶把信也转交给了赵匡胤。赵匡胤在公元974年通知吴越,要他们直接出兵配合宋军攻打南唐,吴越全国沸腾了,朝廷却是一片沉默。如果南唐灭亡了,那么谁来挡住宋军。这位一向谨遵祖训的国主很快做出决定,听命宋朝,无条件支持,宰相沈虎子大怒,他责问皇帝,怎么能如此懦弱,钱俶于是撤了他的官职。他知道,如果联合南唐,赵匡胤就会先打吴越,那时候南唐也不会出军支援,最后只会落得国破人亡的下场。

赵匡胤在攻打南唐之前,先跟李煜要了一户樊姓的人家,然后以修葺天下方志为名,要了南唐诸州的州志,将南唐的山川地形、户籍多寡都收入眼前,一目了然。然后才因为李煜的"倔强不朝"为名,进攻南唐。此次主帅是曹彬,先锋是潘美。宋军兵分五路,志在必得。

湖口的突破带着戏剧性色彩,南唐军本以为又是来长江边上操练的宋军,突然就打到了眼前,南唐的部队还为他们准备好了大量犒劳的物资和酒肉,以前宋军都是拿了东西,吃了酒肉就回去了,没想到这次却是来攻城略地的。

水军大将林肇仁已经被处死了,没有人能挡住宋朝水军的步伐了。李煜眼看着南唐四壁受敌,却无能为力,这时候,曹彬的军队已经攻到了采石矶下。那群北方人在采石矶上修建了一座南唐人看起来非常不可靠的浮桥,然后就这么冲过了采石矶。选择此地的就是那位樊姓人家中的一个落地举人,那个举人曾一度想要议论国事,希望李煜能励精图治,但总是失望而归,最后隐居采石矶一带,打鱼为生,也为设计这浮桥埋下了伏笔。

战争是一种充满了奇幻色彩的艺术,出手迅捷的潘美,加上冷静稳重的曹彬,这对战场上的好搭档,让北宋大军迅速到了金陵城下。

另一方的李煜启用了皇甫继勋,据说,这位将军在李煜的盛怒之下,被守城的官兵砍成了烂泥。他不仅不敢自己对敌,而且不让那些已经准备好偷袭宋军的士兵们出城。就这样,金陵在宋军的连绵攻势中僵持了五个月。如果,赵匡胤派的主帅不是曹彬,而是其他任何一个主帅,这时候都会忍不住要攻城,但曹彬没有,他容忍李煜派出的江南第一大辩才——徐铉,两次北上,到北宋去求和。这位江南才子站在大宋的朝堂上,质问江南何罪之有,恼羞成怒的赵匡胤终于撕下了自己的面具,吼出了一句传世之言——天下一家,卧榻之侧岂容他人鼾睡?

此时，南唐的十万水军败下阵来，金陵孤城边上演了一次决绝的偷袭，奈何宋军早有准备，偷袭的军队最终全军覆没了，宋军在尸体堆里，发现了很多将帅的符印，原来最后出战做敢死队的，都是将军们自己。

这时曹彬开始装病，他拖住了宋军进城的脚步，此时金陵已经油尽灯枯了，曹彬和将士们约法三章——破城不妄杀一人。曹彬此时佯装虚弱的背后，是赵匡胤赐予的天子之剑，狰狞地望着所有的部将。公元975年十一月二十七日，一切都结束了。

南唐覆灭，宋军的攻势锐不可当，赵匡胤的用人艺术也算得上登峰造极：锐利如尖刀的潘美跨江大作战，既要当先锋，又要护住和主力军队之间联系的生死浮桥，他的军事才华和战斗力显现得淋漓尽致。而曹彬，这位看似毫无功勋，冷静持重的主帅，在最后发挥了极大的稳定作用，攻城意味着人员的伤亡，意味着财产的破坏，而曹彬的冷静换来了个相对完整的金陵。这对于渴望财富的赵匡胤来说，十分重要。

而南唐方面，主战的大将不在少数，他们忠心为国，但伴君如伴虎，就算是水军大将，也逃不过一个小小的离间计，死在自己的君王手下，而后来不断提出抗战的将相官员都被拒绝，南唐就这样不断地错失了自己的生存机会。直到宋军来袭，直到金陵被围，直到这一切都结束，从此江南成了大宋的一部分。

兄友弟不恭

赵匡胤无疑取得了极大的胜利，他从21岁离家出走，到成为一个君临天下的帝王，从当初一个仅抱着传宗接代的理想的毛头小子，到如今不仅做到了光宗耀祖，而且能够留名千古的开国皇帝。他的路，走得如此辉煌，但是辉煌背后呢？上苍似乎是公平的，在给予了他极大的满足和荣耀之后，也不断从他身边拿走他生命中最重要的东西。

如今的赵匡胤已经50岁了，他得到的和失去的一样多，这位自古以孝道为先的皇帝，在自己生平第一次做主将攻下了滁州城时，他的父亲半夜叫门，他没有开，结果父亲病死了，他没有见上父亲最后一面，即使身为帝王也难以回天，"子欲养而亲不待"的悲剧让人充满了遗憾。陈桥驿兵变，他改变了自己的命运，一步登天，黄袍加身，从此天下姓赵，而这一年光景刚过，他的母亲也随之病逝。丧母之痛，为人子女的人之常情，即使能掌管天下苍生的生杀大权，却留不住自己母亲的生命。

攻下湖南之后，他第一次征战国土之外的疆域，但是自己的亲密战友，战功卓著的慕容延钊却去世了。攻下后蜀，虽然他拿下了天府之国，但需要用两年的时间平定祸乱，还失去了民心。南汉刚被攻下，正当他要长吐一口气的时候，却发现自己的至亲兄弟和自己的贴身谋士之间存在着矛盾，他要做出艰难的选择。这都是他的痛苦，此时，他荡平了南唐，剩下的选择仍然艰难，每一个都让他压抑和窒息。他建立了浩荡的功业，却也带来了无尽的凄凉和哀伤，这是他当初的梦想吗？这是他在黄袍加身的刹那能够预想到的未来吗？

哀伤和喜悦交替冲击着他的内心，公元976年的阴历正月，李煜投降北宋，当年二月，吴越国王也来了，他到开封亲自朝贺，南海边的子民都希望自己的国主能够平安归来，他们甚至在西湖边的宝石山上建造了"保俶塔"，祈祷自己的国主能够平安归来。

不知道是吴越人民的真心感动了上苍，还是吴越一贯的合作态度感动了赵匡胤，总之，赵匡胤对钱氏格外友善，他保证："兵马大元帅在进攻南唐的时候有攻克常州的大功，所以我甚是思念，你可以来我开封，待一段时间，就会让你回杭州。"赵匡胤给了钱俶隆重的优待，接待这位吴越国王的人不是惯例的晋王，而是赵匡胤的长子——赵德昭。

赵匡胤也没有食言，在钱俶来到开封一个月之后，就放他回去了。在此期间，对他也是周到照顾，没有半点怠慢。在一次酒席间，钱俶委婉表达了自己的心愿，也留下了赵匡胤的誓言"誓不杀钱王"，但赵匡胤突然之间变得苍凉，他的话后半句是——尽我一生，保你一世。只要他赵匡胤在，就能保钱氏周全，而在他身死后，就不能承诺太多了。

如果说这是对钱王的承诺，不如说更像是赵匡胤的一声叹息。

对于生命，这个帝王感到的悲凉，令人甚至怀疑这位如日中天的君主是否有预知命运的灵验异能。他放了钱王，因为他有别的更重要的事要做。

钱俶临走，赵匡胤给了钱俶一个包袱，要他在路上再打开，钱俶主动要给当赵匡胤当西行洛阳的扈从，但赵匡胤说南北风俗各异，天气也要转热，你就先回吴越吧。钱俶当场哭了，请求以后三年来朝拜一次，来给赵匡胤谢恩，赵匡胤还是拒绝了，他表示，山高水远，来往不易，需要的时候，用信件联络。

钱俶就这样回国了，在路上他打开了那个赵匡胤给他的黄色小包袱，里面都是群臣要求赵匡胤留下钱俶的奏章，他们要不战而拿下吴越，钱俶看到这些大宋臣子的奏章，突然感动得泪流满面。从此以后，他更加死心塌地地臣服宋朝。历史记载，钱俶回到杭州之后，不再于自己的西北殿居住，而是搬到了东殿，认为西北殿是赵匡胤的方位；他勤于朝贡，以表忠心，但他不知道，那位万世敬仰的大宋皇帝已经开始踏上了福祸未卜的归乡之路。

赵匡胤没有按照惯例让晋王守城，而是留下儿子德昭和三弟光美守护开封，自己带着晋王和文武百官一起涌向洛阳，他在父母的陵前悲伤恸哭，巡视洛阳，拜望赵普，此时的赵普虽然位任河南三城节度使，但是一直在洛阳闲居，不理政事，赵匡胤拜望老友给自己留下了温馨的回忆。回到京城之后，他突然宣布要把皇城从开封迁往洛阳。此时"群臣莫敢谏"，即使大家内心非常震惊，但也没有人敢劝诫，但终还是有一个人站出来表达了自己的看法。这个人就是铁骑左右厢都指挥使李怀忠，他说开封有漕运，洛阳没有，无法运粮，府库重兵都在开封，不能轻易动摇。

赵匡胤没有理会李怀忠，真正着急的人来了——赵光义找到赵匡胤，他举出各方理由，说明迁都的各种弊端，认定开封才适合大宋的发展。开封的地利其实确实不适合做都城，因为四面都是开阔平原，比起洛阳，和赵匡胤规划中的西安，都要差很多。但是赵光义一句话问住了他的哥哥——在德不在险。皇帝被问得哑口无言，他历来称道的人心被自己的亲弟弟拿来堵塞自己。

赵光义此时在教训他的哥哥：守护天下，坚固国度，靠的不是天险地势，而是人心。在战乱中生活了很久的赵匡胤完全可以踢开弟弟，拿出李煜的例子佐证自己的想法，也可以根本不理会他，甚至可以像汉武帝一样，直接将他发配边疆，体验人心和天险孰轻孰重。但是赵匡胤什么都没有说，因为胜负已定，只是在弟弟离去的时候，他轻轻叹了一口气——晋王之言固善，然不出百年，天下民力殚矣。原来赵匡胤什么都知道，后人说他的体制造成了大宋的积贫积弱，他的防御造成了冗兵冗费，原来在他的设计中，他什么都清楚，他也曾想做出努力试图改变一些不利于江山社稷的措施。

但是赵光义的一席话让皇帝哑口无言，不是那五个字有多重，而是如今的赵光义已经羽翼丰满，赵匡胤虽贵为帝王，也要考虑自己这个已经能够权倾朝野的兄弟的言论了。赵匡胤此时的心情很低落，帝王也有不得已的苦衷，于是，他想回到自己的出生地走走。往事一一浮现在脑海之中，他找回了儿时的小石马，把它埋在了祖坟处，以后在那里建了他的陵寝。临别洛阳，他又一次回到父母坟前，这一次他更加悲伤恸哭，他拜别父亲——终生不得再朝拜于此矣。正值强盛之端的帝王此次的洛阳之行和对吴越王的嘱咐都掺杂了太多的凄凉和对未知命运的应和。

北宋卷 终结乱世，以文驭武治国

从客观角度来看，赵匡胤迁都是合乎情理的。首先开封四面都是平原，一旦敌军入侵，一马平川，没有任何阻挡，而且这里很可能四面受敌，他当时提出这个建议，是已经慎重权衡过洛阳和开封的利弊了。另一方面，迁都可以削弱赵光义的势力，因为赵光义的羽翼是以开封为核心向全国蔓延的，一旦迁都，晋王势力必然被削弱。而且此时接见吴越王使者的任务已经由历来处理此事的晋王变成了赵匡胤的长子德昭，也就是说，赵匡胤此时已经开始着手把自己的儿子推出来了。迁都以后，他就可以顺利地将皇位传给皇子，但这一切终究因为赵光义的一言而罢手了，这足以证明了在赵匡胤的心中，弟弟的地位是非常高的，以至于历史上不断纠缠的金匮之盟，都显得不太重要了。

三征北汉，未竟的事业

最后，赵匡胤积极的准备出兵，进攻北汉。前两次他进攻北汉，其中一次甚至是御驾亲征，但都没有啃下这块硬骨头。这第三次北伐，是赵匡胤在显示自己的实力，还是他从根本上认为北汉是大宋版图上必须要有的板块，抑或是他为了证明自己倾尽所有也要拿下曾经让自己两次没有成功的这块土地，没有人知道。

但是，可以知道的是，赵匡胤确实没有按照他自己的行动规律来做事，以前，每当大宋消灭一个比较大的国家，他都会有两三年的时间来消化，解决当地的矛盾，处理当地存在的各种问题。发展民生，让那些土地上的子民从心中彻底归属于大宋。

但这次刚刚平定江南的大国南唐之后不到半年，赵匡胤就要出兵北汉了。所有的人都知道，当时的北汉已经到了国弱民困的地步，不再是一个富饶或者强大的国家，占领北汉的好处远远没有南唐带给北宋的礼物实在。要攻打北汉实际上就是与契丹为敌，对于当时宋朝的人民来说契丹的威名即使没有亲身体验，但也都所耳闻，而赵匡胤真的准备好对战契丹了吗？

历史就是这么不可捉摸，在赵匡胤推动历史的进程中，总有一些是他也不能控制的部分。战争一旦开动，人就会失去理智。对北汉的征讨，从赵匡胤枕边不容他人酣睡的个人心愿迅速变成了宋朝朝廷，甚至百万子民的共同心愿，一切都这么顺理成章，人人都知道北汉不堪一击，人人都知道，北宋必胜的结局。

公元976年的阴历八月，赵匡胤终于下达了北征的命令，这是他第三次挥师北上，这一次赵匡胤命令侍卫马军都指挥使党进作为河东道行营马步军部署，徽北院使潘美是都监，虎捷右厢都指挥使杨广义是都虞侯，郭进是行营马步军都临，此次北伐兵分五路：第一路由郝崇信、王政忠出兵汾州；第二路是阎彦进、齐超等部出兵沁州；第三路是孙晏宣、安守终出兵辽州；第四路是齐彦琛、穆艳章出兵石州；第五路是郭进率兵出代州。五路军队齐头并进，进攻太原。

这一次，宋朝和前两次比起来，国力更雄厚，兵力更强大，战将更加轻车熟路，宋朝用的是百战精兵，承接着平定江南的虎狼之势力，打算一举攻下太原城，彻底攻占北汉。北汉的刘继恩现在已经无法振作兵力了，他集结了为数不多的守城部队，向契丹发出了求救信号。

但是，现在的契丹和当年火速支援北汉的契丹已经不一样了，首先，它已经和宋朝互相通交了使臣，有日常的礼尚往来了。然后是刘继恩的北汉，近年来已经没有什么油水可捞了。刘继恩抱着一线希望向新任的契丹皇帝求助，希望他能够看清赵匡胤的真面目，帮助自己击退宋兵。

再看宋朝的出场大将，都是驻守西北边疆多年的老将，他们对进攻太原轻车熟路，有的甚至不止一次带兵杀到了太原城下，这样的任务对他们来说再合适不过了。其次，潘美、党进还有其他众将领，都是锐不可当的战将，他们如同锋利的尖刀，渴望着将北汉撕成碎片，这场战争中赵

匡胤派出的都是轻扬勇猛的战将，没有温和善良的曹彬。

当年九月，契丹也给北汉的刘继恩回应，契丹皇帝派出了南院宰相耶律沙，冀王塔尔带领契丹重兵前来支援北汉，援救他们于水深火热之中。

所有的信号都表明一场血战近在眼前，处于巅峰时刻的宋朝军队和刚刚从辽穆宗昏庸中解放和苏醒过来的契丹铁骑将直接交锋，两军对垒，生死难卜，北汉花落谁家也很难预料，这场战争的结局甚至可能改变历史的方向。那些在战场上杀红了眼的将士甚至感到身上膨胀的血脉，那是大战前的兴奋和激动，那是对胜利的渴望，和对恶战的恐惧，每个人都处于一种被激化的状态，人人都在期待两个北方强国的终极对战。

就在所有的人都感到危险临近的时候，一个消息如同惊天霹雳，掀起了千层浪。这个消息足以震天动地，足以让数万宋朝兵将在瞬间僵住——他们的皇帝死了。那位英明神武，雄才伟略的帝王，不可一世的皇帝，那位在他们出征前还为他们送过行，本该还在开封的皇城里等着他们凯旋的皇帝，竟然离世而去了。

赵匡胤的突然死亡引起了极大的震动，首先是已经兵临太原城下的宋朝部队又硬生生的折了回去。遗憾的是，赵匡胤征战北汉的愿望，到死也没有完成，他在自己的雄兵猛将就要占领太原城，攻下北汉的时候，离开了人世。

赵匡胤终究是带着遗憾离开了这个世界，当初他决定在平定南唐这个大国之后第三次北征北汉，是为了让一场空前绝后的胜利来分散国内某个异军突起的力量对自己的威胁。没有人能够比拟的胜利，带着对大宋威望的无限提升，这样一个征战的胜利，能够帮助赵匡胤在对大一统无限渴望的人中提升自己的权威，使自己君临天下的霸道无人能敌。

但是，所有人都没有想到，这样一个英明的皇帝就这么悄然离世了，甚至他的死也成了千古疑案。如今，无论现代人如何的扼腕叹息，如何的绝望畅想，这个皇帝的死去都是截断北伐的原因。而他终究没有在宋朝的开国期间实现他一统天下的梦想。

后蜀、南汉、南唐、吴越、甚至湖南地区，赵匡胤已经奠定了南方的版图，北方的北汉在两征未果之后，最后一次本已势在必得。而就在北宋军队空前强大的时候，因为一个人的突然死亡历史的轨迹就这样改变了。这是命运的捉弄，也是天然的巧合，也是未来几百年内，汉民族逐渐走向自我毁灭之路的开端。

烛影夜话

宋朝的一大疑案就是关于太祖皇帝赵匡胤的死，他死得太突然，太具有传奇色彩，所以千年之后，仍然有执不同观点的人为此争论不休，赵匡胤遗留下的公案——斧声烛影，也成为至今都无法揭晓的历史谜题。不同的人根据不同的历史记载，得出了不同的观点，争议的焦点在于，赵光义是否谋杀兄长，得位不正。

无论是赵光义杀了哥哥，谋得皇位，还是赵匡胤硬逼着弟弟继承了皇位，以实现"金匮之盟"的诺言，这些都已经不重要了，重要的是，赵匡胤已经离奇死去了。而赵光义作为兄弟继承了皇位，这有别于一般王朝皇位传给嫡长子的惯例。

话说赵匡胤祭祖归来之后，虽然他个人的情绪充满了悲伤，但是民族热情却空前的炽热了起来，从唐朝的安史之乱开始，中原大地上已经混战了222年，这二百多年里，再也没有平和安定的生活。异族大举入侵，那些游牧民族，不断掠抢中原日益微薄的财富，割据政权的散布，四分五裂的土地烽火四起，都使得中原文化不断的衰落。

横空出世的赵匡胤只用了十七年的时间，就让中原和江南重新统一，四川地区的后蜀，岭南和两广地区的南汉，以及吴松一带的吴越都被纳入了宋朝的版图之中，一统天下不再是梦想。但就当大宋帝国雄心勃勃地进攻北汉，向北发展，甚至胜利在望的时候，赵匡胤忽然死了，连那些攻城的大将都无法理解，一个月前还在践行宴上为大家送行的皇帝，他无病无灾，怎么突然就去世了，如此英明神武，如此雄才伟略的皇帝为什么会陡然间就这么终结了生命。

宋朝的官方历史上，只留下了只言片语——癸丑夕，帝崩于万岁殿，年五十。也就是公元976年，阴历十月二十日夜晚，赵匡胤死在了皇宫中的万岁殿里，时年50岁。没有记载过程，没有记载原因，只是一个简单的叙述。

人们总是对这些简单得有些过分的帝王去世过程感到分外好奇，而且最后皇位传给了赵匡胤的弟弟赵光义，按照历朝历代的祖训，皇位一般都会传给嫡长子，所以这蹊跷的传位也是让众人不断产生各种猜测的原因。没有人亲历现场，所以，以讹传讹也难辨真假。关于赵匡胤的死，人们都喜欢用"斧声烛影"这段公案对他的死因进行揣测。

这揣测起源于一个和尚的描述，他在《续湘山野录》中说：当赵匡胤和赵光义都是平民的时候，他们遇到了一个道士，当时赵家兄弟很穷，但这个道士准确地预测出了陈桥兵变，赵匡胤成为九五之尊的日期，因此，赵匡胤很是迷信这个道士。但从赵匡胤当了皇帝之后，这个道士就不见了，直到他临死前，道士才又出现了。赵匡胤很高兴，就告诉他，自己一直找他，想问问自己能活多久。

道士说："如果在今年癸丑夜，天气晴朗，你就能再活十二年，如果天气很坏，你就必死。"到了这天，赵匡胤在皇宫的太清阁上遥望天空，天气晴朗，星星璀璨闪烁，他的感到十分高兴，但是突然间天色骤变，大雪夹着冰雹从天而降。这时赵匡胤招来弟弟光义，屏退了宫女太监，两人在宫中喝酒。守在外面的人不断隔着窗户看到赵光义不时地离席后退，三更的时候，两人都走了出来，所有宫人都看见赵匡胤拿着玉斧戳雪，然后跟赵光义说——好好做，好好做。

然后赵匡胤独自回到寝宫睡觉，鼾声震天。到五更的时候，宋太祖死去了。当天晚上，赵光义一直在皇宫中，他马上接受了哥哥的遗命，在哥哥的灵柩前即位称帝。

司马光则认为，赵光义并没有在皇宫过夜，是一个太监找来了赵光义。当晚，赵匡胤死后，他的皇后宋氏命令宫中太监出宫召贵州防御史赵德芳，也就是赵匡胤的二儿子，这应该是让德芳继承皇位的意思。根据司马光的记载，这个太监没有找来德芳，而是找来了赵光义。宋太后见到赵光义很惊讶，然后立刻称赵光义为皇帝，请求他照顾自己母子性命。

再后来，还有很多研究历史的文人都不断根据自己的理解对当初的一段谜团进行解释，而每个人的解释都不可能是全部的真相。因为越往后，人们对真相的掌握就会越会建立在更多的讹传基础上，这样，想要获得真相也就更是难上加难。

而对这段疑案人们不断的追究是想证明什么呢？在他们的心中，都有一个天平，天平衡量的是赵光义获取皇位的手段是不是正当。

往前追溯，从当时发生的一些事情中或许能看到事情的端倪。从开封祭祖回来，赵匡胤就已经开始了自己的行动，他在公务繁忙的时候还能抽出时间来一个月内"三幸光美府邸"，古代皇家制度中，皇帝是不随便到某个大臣家里的，包括自己的兄弟，对于皇帝的到来，那是"圣眷优渥，高厚隆宠"，而这也是个信号，赵匡胤要栽培三弟赵光美。

赵光美登上大宋政治舞台的作用只有一个——牵制赵光义。当初赵匡胤狠心拿下了赵普，打破了政治平衡，让赵光义一个人强势起来，但是赵匡胤并没有后悔，因为如果当初打压了赵光义，那么权倾天下的赵普也会让他进退维谷。现在，赵匡胤想扶植光美，以牵制光义，这是完美的想法。赵光美没有根基，没有功劳，但只要帝王扶持，就能像当初扶持赵光义一样——赵光义西征后蜀时，赵匡胤遥授君命，甚至连地图都给他画好，标注得一清二楚，只要赵光义照做，就立下了赫赫战功。

如今，光美虽然没有根基，但赵匡胤也可以像扶持赵光义一般，如法炮制，他可以成功地制衡二弟，又不至于一人独大。随后，光美让德昭接见吴越王，让德芳做当日酒宴的主持，把儿子们慢慢推上政治的舞台，赵匡胤的设计堪称完美。

但是，赵匡胤的疏漏就在于，他没有料想到自己一向温和善良的二弟会忍心痛下杀手，他没有料到，作为一人之下，万人之上的兄弟已经受够了这样在一人之下的感觉，迫不及待地想要坐在那至高无上的宝座上。对于赵匡胤的突然离去，最后一片痕迹就是"群臣谒见万岁殿之东楹，号恸殒绝"，群臣痛哭，然后是皇帝的风光大葬，赵匡胤的谥号为"英武圣文神德皇帝"。

元代人修订的《宋史》中给赵匡胤的定论是——"五季乱极，宋太祖起介胄之中，践九五之位，原其得国，视晋、汉、周亦岂甚相绝哉？及其发号施令，名藩大将，俯首听命，四方列国，次第削平，此非人力所易致也。建隆以来，释藩镇兵权，绳赃吏重法，以塞浊乱之源。州郡司牧，下至令录、幕职，躬自引对。务农兴学，慎罚薄敛，与世休息，迄于不平。治定功成，制礼作乐。在位十有七年之间，而三百余载之基，传之子孙，世有典则。遂使三代而降，考论声明文物之治，道德仁义之风，宋于汉、唐，盖无让焉。乌乎，创业垂统之君，规模若是，亦可谓远也已矣！"

无论赵光义是怎样获取皇位的，无论赵匡胤是死于疾患，还是死于兄弟之手，这次突然的死亡确实给北宋带来了深重的影响，不光是那些已经攻到太原城下的将军垂头丧气地撤了军，更多的是未来几百年的轨迹都发生了一些变化，民族的命运是否也随着这一次的陡然转弯而有所下滑，都是未知。

赵匡胤的离去，带来了国运、朝纲的重大改变，拉开了中原大地无法回避的灾难。如果赵匡胤再多活十几年，也许一切都将不再一样。但是历史没有如果，这不过是后来人的绝望猜想罢了。

第五章　内忧外患

攘外必先安内

登上皇位后，宋太宗赵光义开始一步一步迅速而又有条不紊地治理天下。

首先是安内。太宗深知"攘外必先安内"，所以他先从整顿皇族开始。

赵匡胤的皇后再次被封为开宝皇后；赵匡胤的长子德昭被封为武功郡王，封永兴军节度使、京兆尹兼侍中，位列宰相之上；太祖皇帝的次子德芳由贵州防御史升迁至山南西道节度使，同平章事；赵氏的三弟赵廷美（为避讳皇帝的名讳，本来是匡美，后又是光美，再又是廷美）封齐王，开封府尹兼中书令，位列宰相之上。

从即时起，赵匡胤和赵廷美的后代都享受和现任皇帝赵光义的子女们同等待遇，儿子们并称皇子，女儿们并称皇女，以显示兄弟三人存亡连体，永无二心。

如此大面积的加官晋爵，如此大范围的出让自己的利益，太宗连自己的儿子的未来继承权都无所保留。如此大方的他自然得到了他想要的东西——人心稳定。

诸位朝中高官，亦是人人有赏，就算是宰相这种没法再升的职位，都可附加上一些额外好处。

原来的宰相薛居正被加封为左仆射，沈伦被封为右仆射，卢多逊被封为中书侍郎、平章事，曹彬由枢密使加封了同平章事，楚昭辅由副枢密使升为枢密使，潘美虽征战在外，也被加封为宣徽南院使，其他大大小小的官员都纷纷有赏，同时大赦天下。

京城政局基本稳定，但是太宗还没有到高枕无忧的地步。国内的大局还没有稳定，当时还有他不能控制一股可怕力量。

这股敏感而且可怕的力量就像是导火索，随时都可能在这个非常时期被引爆，一旦发作，宋朝的天下会瞬息之间分崩离析，没有人能扭转乾坤。

这股力量就是军队。赵匡胤生前牢牢地控制着军队，除了他本人，大宋再无第二人能够调动这大宋的精兵强将。

掌握大局后，太宗开始了他的以文治国之道。

他先是把自己的名字改为"炅"，紧接着就改年号为"太平兴国"，表示要成就一番新的事业。

一切都稳妥之后，太宗才下令，宣远征军班师回朝。从北汉回来的潘美等人发现朝廷已经是另外一番景象。曹彬成为枢密使、同平章事，而楚昭辅则成为枢密副使。潘美等人唯有呜呼哀哉，悲叹与官运失之交臂。

军队被安定好后，宋朝全国都松了一口气，大局总算初步稳定。

此时的赵光义更加注重提拔和培养自己的亲信。在任职开封府尹的十五年里，他趁职位的便利，组织了这股震荡大宋政坛的政治势力。那时他不断笼络人心，有意结交朝中要员，楚昭辅和卢多逊等人都在他的交往范围内。太宗即位之后，其幕府政客大多得到了升迁和提拔，逐步替换了太祖皇帝的重臣。同时，太宗还罢黜了一批开国宿将，如赵普、向拱、高怀德等人，大大削弱了这些老将的权力和职位。

不过太宗改革的首要措施乃是扩大科举取士的范围和人数。让很多身世平凡但是才华卓越之士入朝为官，为朝廷效力。太宗在位期间，朝廷取士人数众多，士子们一旦金榜题名，就能够青云直上，这些被太宗从平民中选拔出来的人才自然也感激涕零，甘心为太宗效犬马之劳。太宗即位后第一科"飞龙榜"，让进士们走上了历史舞台。其中包括状元吕蒙正、榜眼李至、探花温正舒，以及王化基、臧丙、马汝士、王沔、张宏、陈恕、宋泌、吕佑之，还有张齐贤。这些人在宋朝的政治舞台上像黑马一样的迅速奔腾，他们中至少有四个人当上了太宗朝的宰相。其他人中知制诰、尚书这样的高官更是比比皆是。这样，太宗即把权力牢牢地掌握在自己手中，将整个朝廷逐渐变成服从自己的机构。

而重用科举士人的政策也获得了回报，太宗依靠他们做成了两件大事：

第一，把全国所有州县的行政权完全收归中央；第二，迅速整顿钱币，规范金融市场。

宋太宗风行雷厉，皇权自唐中叶安史之乱后再次获得了至高无上的地位。

初见成效的以文治国之法，又刺激太宗下达了更多的政策——修书、修崇文馆。修书能够彰显一个国家和一个朝代对自己民族的交代，也体现了当朝国君的一种修养。太宗在公元977年初命令翰林学士编纂了《太平广记》和《太平御览》。修书完成之际，太宗又下令修崇文馆。从崇文馆的修建，可以看到太宗"扬文抑武"的决心。

经过各种变革和朝政措施，太宗的亲信大臣掌握了朝中大权，太宗的皇位也坐稳了，"斧声烛影"和"金匮之盟"的阴影也随着新帝王的即位而逐渐消逝。

收归吴越，平定北汉

宋朝在太宗的治理下井然有序地向前发展着，但他所接手的大宋却仍处在一个微妙的时刻：吴越未定，北汉未平，辽国对宋虎视眈眈；朝廷内部，文臣昂首，武将垂头，太祖留下来的军力正一点点地被消极怠慢所蚕食！纵然经济、文化、政治都较前代有了飞跃，但军事上的羸弱与妥协，让燕云十六州成了赵宋皇帝心中一个永远的痛！

宋太宗知道自己要承担起整个国家的责任，而摆在他面前的路是比较宽敞的，太祖的东征西讨已经为他打下了南方的大片土地；同时，国内的政治、经济也呈现出欣欣向荣的局面，他要做的就是完成太祖的遗愿——统一全国。

从版图上来看，未被统一的地区还有三个：南方的吴越、北方的北汉和归辽国管辖的燕云十六州。吴越在南唐被灭后已是孤立无援，钱俶也成了真正的孤家寡人，所以根本不足为惧；北汉已是强弩之末，若没有辽国撑腰，刘继元恐怕早就成了阶下之囚，如果宋朝能够集中兵力，大军压境，切断辽国的支援，那么统一北汉也不是痴人说梦。唯一不好对付的只有契丹，契丹人英勇好战，作战能力极强，若想从中收复燕云十六州，绝非易事。

于是太宗决定，还是按照当年太祖制定的先南后北的战略方针，先拿下吴越再考虑北方。

太平兴国三年（978年），宋太宗赵炅（太平兴国二年正月，赵光义改名为赵炅）开始对吴越施加压力。钱俶犹豫迟疑着，道理他早就懂，他知道自己的力量对比宋朝无异于"以卵击石"。

北宋卷 终结乱世，以文驭武治国

这一天他也早有预料，他知道自不量力的李煜独力对抗宋军的下场，也知道南平、武平、后蜀是怎么被宋军打得落花流水的。他怕生灵涂炭，怕愧对百姓，怕家园满目疮痍，权衡之下，他终于把吴越近百个县、60万户百姓以及十几万名士兵的军队拱手让人，换回来一顶淮海国王的职位，儿子惟濬也封为淮南节度使，惟治和孙子承祐也各自为镇国节度使和泰宁节度使。

至此，宋太宗没费一兵一卒，就将吴越全部收归囊中，南方彻底平定。摆平了南方，太宗就要遵照太祖的遗愿，将统一的烽火烧向北方大地了。

赵光义出征北汉之前，仍是心有疑虑，所以找来大臣曹彬询问："周世宗和我朝开国皇帝太祖皇帝都曾经御驾亲征太原，结果都铩羽而归，是因为其城池固若金汤，不可靠近吗？"

曹彬征战四方，多年的沙场磨砺让他明白太宗的忧虑，他深思了一会，然后回道："周世宗的大将史超在石岭关一带，一败涂地，动摇军心，不得不鸣锣收兵；太祖皇帝命军营驻扎在甘草地中，多数将士因水土原因腹泻不止，最终也是无功而返。太原城池稳固，但是绝对不像想象中那么坚不可摧。"

听了曹彬的话，太宗皇帝的北伐之意再无动摇。

北汉虽弹丸小国，其身后却是强大的契丹，太祖在位时，曾经三次率军攻打北汉，但都因为辽军插手而宣告失败。太宗不想重蹈覆辙，于是同赵普和诸位大臣一起制定了围城打援、先退辽军、后取太原（今山西太原，北汉国都）的作战方针。于是，宋朝遣潘美、崔彦进、李汉琼、曹翰、刘遇等大将，率各路兵直趋太原。

宋朝初年，大宋和契丹达成合约，互不侵犯，初闻宋朝讨伐北汉，契丹朝廷上下莫不大吃一惊，于是遣使来宋朝询问原因："何名而伐也？"赵光义此时踌躇满志，豪迈地说道："河东逆命，我朝正应兴师问罪。如果契丹不援助，则宋朝和契丹的和约仍在，反之则只能兵戎相见。"

太平兴国四年，宋太宗再次御驾亲征，他从汴京出发，经过澶州时，一名县级文官向太宗建言，此人名为宋捷。太宗见其姓名，认为是"宋朝大捷"，龙心大悦，认定此次必定攻克北汉。

太宗于这年正月御驾亲征北汉，此次北伐率领了潘美、崔彦进、李汉琼、曹晗、刘遇等大将从四面围攻太原。任命郭进为石岭关都部署，死守石岭关，任命孟玄喆驻兵镇洲，等待时机从东、北两个方向攻打增援北汉的契丹军队。任命侯陟、雷德骧掌管太原东西两路转运使，同时攻打太原周边各州县，割裂北汉军队，孤立太原。

太宗的大军从东京开拔，主力部队经过镇州、承天寨分兵向西进攻，直逼太原。北汉国主刘继元闻讯之后大惊，赶忙向辽国求助。

辽景宗耶律贤清楚，如果辽国不出兵，北汉就会变成大宋的疆域，这样他就不得不直接和宋朝分庭抗礼。如果再早些年，耶律一族根本不把如同一盘散沙的中原政权放在眼中，但是，自从赵宋崛起以后，中原的政治、经济力量都有了大幅提高，虽然军事力量还没有辽国那么雄厚，但平定了江南的大宋王朝拥有了那片富足的土地，还有那些隶属于割据政权的军事力量，这些都足以让宋朝和辽国抗衡。于是，耶律贤接到了刘继元的求助信之后，丝毫不敢耽搁，直接命令南府丞相耶律沙为统帅，冀王耶律敌烈做监军，连同南院大王，一起率领辽国铁骑驰援北汉，同时命令左千牛卫大将军韩悖、大同军节度使耶律善带领本部将士南下增援。

三月十六日，辽东路援军赶到石岭关，到了大涧，宋将郭进已经在此守株待兔多时。性情急躁的耶律敌烈不等后军到来，就率领先锋部队抢先度过渡涧。而此时守候多时的宋军不等他们度过一半，就率领骑兵突然出击，斩杀了耶律敌烈等五员大将，歼灭辽军万余人。南院大王率军赶到之时，先锋部队败局已定，只得弓弩大放，勉强稳住阵脚，压制宋军的追击，救出了耶律沙，率领残军仓皇撤退。另一边的辽北路援军也大败于宋军的埋伏。气势汹汹，驰援北汉的辽军全线败退，剩下刘继元苟延残喘。

辽军惨败，宋军乘着胜势攻取北汉。待到四月，宋军已经攻克了盂县、隆州、岚州等地，此时又将北汉引以为自豪的鹰扬军悉数瓦解，太原城陷于孤立。

求援不成的刘继元誓死一搏，派遣部队连夜偷袭宋军大营，但偷袭没有成功，北汉惨败。

援兵难援，力战无果，刘继元为了自己的国主之位固守故城，任凭宋兵在城外喧嚷怒骂，只是不肯出城。

二十二日，宋太宗来到太原。太宗亲征让宋兵士气大增，大家对着太原城虎视眈眈，士气如此，定能拿下！当天，太宗就将各路兵马集结一处，将太原城围了个水泄不通。二十四日凌晨，太宗亲自临城督战，数十万弓箭手用弓弩向太原城内发射矢石，气势凶猛，北汉毫无喘息的机会。五月初一，宋军破城，北汉马步军都指挥使郭万超、北汉宣徽使范超等人投降。此时的北汉已是外无援军内无强兵，刘继元被迫于初六投降。北汉政权灭亡。

统一了北汉，宋朝便等于统一了除燕云十六州之外的所有地区，唐朝的版图，正在赵宋帝王的努力下渐渐恢复。太宗暗暗发誓，一定要趁着士气顺势拿下燕云十六州，为自己的征战业绩画上圆满的句号。

疲师伐辽

宋太宗在收归吴越、平定北汉之后，踌躇满志，心中得意，竟想趁着灭北汉余威一举收复燕云十六州。

然而，宋太宗虽然平定了北汉，无奈围攻太原数月后，却粮饷用尽，将士皆疲乏无力，而且宋军上下依然带有五代军人的旧习气，他们认为灭国擒王之后，人人都有封赏。所以对于宋太宗的无所表示，心中暗暗不满；宋太宗无暇顾及诸将帅的利益，一心只想乘大胜之势，一鼓作气，攻取幽蓟之地。

各将领都不愿再行军前进，辽兵的威猛给宋军的印象无疑是非常深刻的，谁都没有遗忘在太祖年间，同辽军间的战斗给宋军造成了多么大的难堪。所以一听说太宗要继续向北进军，文臣武将们个个面现难色，却又碍于君威，不敢支吾一声。

唯有殿前都虞侯、领掌宿卫禁兵的中级军官崔瀚朗声说道："此一事不容再举，乘此破竹之势，取之甚易，时不可失。"他认为此时趁势取燕云必是轻而易举，小事一桩。此话一出正中宋太宗下怀，太宗壮志勃发，高兴之余，即刻命枢密使曹彬调发屯兵，准备收取"儿皇帝"石敬瑭丢失的领土。

于是，酷热的七月，宋太宗率领着身心疲惫的宋军北征，太宗亲率十万大军出镇州，于沙河突破辽军阻截，包围了幽州。开始时进军十分顺利，辽朝的东益州刺史和涿州判官先后出城投降，宋军兵不血刃，岐沟关等军事重地就已经落入囊中。

辽国先后设了上京临潢府，中京大定府，东京辽阳府，西京大同府，南京析津府等五京。其中幽州是辽国最大的军事重地，也是决定辽宋战争胜负的关键。

公元979年阴历六月二十五日，宋太宗下令围城进攻，数十万大军把幽州城围得密不透风，集中所有兵力进攻，只要攻破了燕云十六州的首府幽州，就能够迅速平定剩下的十五州。燕云之战打响了，宋辽的百年恩怨也拉开了大幕。

宋军进逼幽州城下，四面围攻，辽国守军进退无路，只能坐等救援或者说是坐以待毙。幽州城池坚固，宋军强攻不下，日益懈怠。加上重兵围积，势力钝重，辽军有了反击的机会。

面对宋朝攻势，权知幽州留守韩德让一边率兵固守幽州城，一边向辽求援兵。辽丞相耶律沙于七月初六，率援军赶到。宋军也不知道对方来了多少人马，众说纷纭，一股子惧意不觉升起。这样一来，战事未开，宋军就先士气大衰，矮了半头。

而辽军一方却是信心剧增，对即将打响的战斗也做了充足的准备。为了分散和瓦解宋军的攻势，耶律斜轸命令部将打出南京守军耶律奚底部的青色旗，假装是出城迎敌反而战败的残兵败将，向北撤退，诱敌深入。宋军不明其真正用意，贸然进攻，在德胜口被埋伏于此的辽军击溃。

此时，太宗才明白，辽的援军已到。于是，分出部分兵力，在清沙河一带牵制耶律斜轸，自己率领主力，继续围攻幽州城。

二十五日，太宗命令定国节度使宋渥、彰倍节度使刘遇、河阳节度使崔彦进、定武节度使孟玄喆率领各部猛攻幽州城，大石被抛石机不断扔进城里，而城头的箭雨也倾泻下来，当时的战况激烈程度，可见一斑。

幽州城在宋军的猛攻之下已经有了陷落的危险，幽州城内，上至将帅，下至百姓，都人心惶惶，辽铁林都指挥使李札卢存率领这着百十来名不想战死的部下出城投降。守军一出，城内大乱，此时鸡鸣狗跳，百姓四处逃窜，仿佛宋军已经开始血洗幽州城。太宗闻此讯息，命令部将加紧攻城，此行务必收下幽州城。

然而战事并未如预期的那般顺利，在南京城破即将攻破之时，辽军的南京马步军都指挥使耶律学古率兵从山后驰至幽州城外，绕开宋军的阵地，瞒过宋军耳目，偷偷地挖了一条地道，暗度陈仓，潜入城内，与城内守军相会，共同抵抗宋军，使得宋军攻城之举虽然猛烈，但始终没能再往前迈进一步。

三十日，心急如焚的太宗再次集结兵力攻城。但是将士们接连出征，没有片刻的休息调整，如今又匆忙赶往燕云战场，已经精疲力竭，如今连日攻城克地，将士们已经懈怠厌战。士气日益衰竭，攻城也日益困难。

但此时辽军可并未闲置着，他们趁宋军急倦疲敝，无力他顾之时，辽景宗耶律贤遣南府丞相耶律沙、北院大王耶律休哥各率所部骑兵救援。

七月初六，耶律沙所帅部队与宋军在高粱河畔正式交锋。

两兵相交，耶律沙便带着部队匆忙败退，宋军乘胜追击。时近黄昏，耶律休哥率大军从间道赶到，每人手举两支火炬，显然是有备而来，欲与宋军夜战。宋军对此毫无防备，加上夜深看不清敌方虚实，而耶律休哥的部队每人举两只火炬，虚张声势，着实吓唬了宋军。宋军一来对夜战没有丝毫准备，而来探不清敌方虚实，只得停止追击，在高粱河畔列阵，准备进行硬碰硬的正面对攻战。

辽军处心积虑地布下了这个战局，是不会让宋军如愿的。不多时，耶律休哥部在耶律斜轸的配合下左右夹击宋军，耶律学古也率部参战，此时宋军三面受敌，死伤万余人，全面溃败。宋太宗也不能幸免，他身中流箭，连人带马掉进了泥坑。

战马受伤，已经无法帮助太宗脱离险境。此时不可一世的太宗皇帝听着辽军的喊杀声越来越近，却是无能为力，只好眼睁睁地等待束手就擒。

天无绝人之路，在此危难之际，负责押运粮草的时任左领军卫大将军兼领郑州防御使杨继业，正巧带着运粮部队赶到前线，在乱军中解救了宋太宗，并且带领一众兵士断后争取时间，掩护太宗向南撤退。

辽军趁胜也是穷追不舍，一路追到涿州（今河北涿州）。见宋太宗和宋军残兵已经逃得远了，方才收兵返回。

此次战役，宋军遭受到了自宋朝建立以来最惨痛的战败，损失了数以万计的将士，丢弃的兵器粮草更是难以估量。

太宗在"高粱河之战"惨败后，一路仓皇逃回宋国。战后的他这样感叹："一箭未施戎马遁，六军空恨阵云高。"

宋军的这次惨败有两方面原因。一方面，宋太宗不能公正地评估自己与对手的实力，犯了兵家之大忌，既不知己，也不知彼，在军队历经苦战、消耗颇多、士气衰竭、怠倦厌战之际去攻击兵强马壮的辽军，必将元气大伤；另一方面，宋朝君臣相互之间没有协调好，太宗的"天子亲征"不仅没有起到鼓舞士气的作用，反而给军队带来了负面影响。比如战事的关键阶段，太宗落荒而逃，一度中断了与各军的联络，以至于产生一部分军将谋立他人的严重事件，即郡王赵德昭谋反。

这次同辽的作战君臣将领兵士之间没有同仇敌忾、众志成城的必胜信心，加上敌方的强大彪悍、军事谋略高妙，失败也就是必然的了。宋军的失利，对以后与辽作战造成了不利影响。

宋辽边界战火纷纷

太宗"高粱河之战"的仓皇败绩还历历在目，其失败惨痛的伤疤还没痊愈，契丹人就出兵前来挑战了。

公元979年的阴历九月，契丹人以燕王韩匡嗣为主帅，率领南院宰相耶律沙、耶律休哥、南院大王耶律斜轸、耶律奚底等人，统帅契丹铁军南下，报宋军围攻幽州之仇。

宋太宗龙颜大怒。这是宋朝第一次遭受契丹人进攻，若不应战，好好收拾教训这帮契丹人，怎么对得起祖上立下的功绩？所以，宋太宗很重视这次挑战。

而前线将领也都拿出浑身胆魄，巧用诈降的计谋，给辽军主帅韩匡嗣送了一封言辞恳切的投降信。信里字字句句真情流露，道出了将帅的惊慌失措，怠倦厌战的心理，幽州惨败，兵力削弱，只能投降。韩匡嗣对比一番后，居然也相信了，于是决定受降！

韩匡嗣中计了，猛扑上来的宋军，以迅雷不及掩耳之势将韩匡嗣打败。宋军乘胜追击，契丹人慌忙之中撤往西山，但又遭遇了崔彦进率领的宋军。契丹军队逃到遂城的时候，已经损失兵力一万多，丢弃战马千余匹，三个将军也被宋军俘获，遂城周围的百姓被宋军抓走了三万多户。只有耶律休哥早做了准备，此时率领本部兵马奋力抵抗，缓缓撤退，才最终逃脱。

宋朝迅速作出了反应，派出一位契丹人的宿敌出任代州兼三交驻泊兵马部署。其具体驻防地，就在雁门关。

此次胜利，宋军士气大振，太宗的忐忑心情也得到了稍微的舒缓。但是，辽国也吸取了此次战败的教训。更换了南面的统帅，耶律休哥正式替代韩匡嗣，此后，两国交战日益频繁而激烈。

雁门作为中原九塞之首，总领天下大势，起到了牵一发而动全身的作用。中原地区的历朝历代都派最强的将领把守雁门关。雁门关的地利天险也是兵家必争之地，太宗派出抵挡契丹的英雄是杨业。

杨业本是北汉名将，无论是交战宋军，还是迎击辽军，他皆表现出英勇不凡的气质，战功卓著。北汉降宋以后，杨业也被迫归降宋朝，由于杨业之前在北汉三十余年的战斗经历，积累了丰富的戍边经验，所以当他归为宋军旗下，立刻便得到宋太宗的赏识。辽国也曾多次以荣华富贵诱降他，但都遭到了严词拒绝。最后杨业选择了敌对的宋朝，或许有其自身原因，因为杨业本身为汉人，宁可顺应天下，帮助中原一统江山，也不愿被外敌入侵。这是一种民族情结，也是他在太宗北伐的时候誓不投降的原因。

战争马上又要到来，上一次的大败使本想报复的辽国皇帝耶律贤大怒，于是立即又派出了10万大军，由辽西京节度使萧多啰与马步军都指挥使李重海统率，出幽州进攻汉地，进攻地点就选在了代州绝险雁门关。

这回可是真正的挑战了，在这绝险的雁门关，无论是埋伏，还是诈降，都不再管月，而唯一的办法，就只有殊死力战。

公元980年初，宋朝命潘美等部在雁门关部下重兵，以宋军精兵正面对抗契丹，杨业率领数百骑从西方的井陉出发，由小路迂回到雁门关北，准备伺机攻击。

潘美、杨业将帅通力合作，惺惺相惜，两人一样的强悍善战，一样的锋锐难当。当年雁门关下，血战代州，潘、杨南北夹击，一举击溃辽国10万大军，杀其领军元帅，生擒马步军都指挥使李重海，这绝对是一次大胜，打得契丹落花流水。

不过这次的大胜并没有给宋朝带来长久的安宁，好战的契丹人绝不能容忍一败再败，不久之后，契丹又来挑战了。

辽国皇帝耶律贤此次亲征北宋，北院大王耶律休哥为此次出兵的前部诸将，辽国倾尽精锐部队，要和宋朝决一死战。

消息传进开封城时，是公元980年的阴历十一月间，宋廷震荡。

此次开战，契丹已经吸取了上次战败的教训，避开了潘美，杨业和雁门关，他们将突破点大规模东移，选了幽州通往开封的要隘——瓦桥关。也就是当年周世宗从契丹人手中夺得雄州地区。

太宗迅速根据形势作出部署，命令边境上所有驻地将领不可轻举妄动，随时戒备契丹的攻击。然后，调兵遣将，向雄州集结兵力。命令杨重进、毛继美等人率军驻扎屯关南，蔡玉济、上党陈廷驻扎定州，卢汉沨驻守镇州。

至此，宋辽边境战火重燃。这一年十一月初三，赴援的宋军刚刚到达瓦桥关之南，正准备渡过关南水路，进抵城下，就遭到了辽国人的突袭。不得不说辽军掌握了非常好的时机，

宋朝的守城部队和援军虽然隔河相望，但是两无依靠，契丹部队围攻瓦桥关，宋军成了两支被彻底隔离的孤军。

瓦桥关的守将叫张师虽勇，无奈不敌辽国攻城的主将——北院大王耶律休哥！张师战死沙场，他的兵及时退回瓦桥关里，把门户守住。

至此，耶律休哥的攻城似乎告一段落了，瓦桥关还在宋军的手里，除非他硬攻，但是河对岸就是宋军的援军主力，弄不好会腹背受敌。而这正是耶律休哥计算的精妙所在，他不攻城，但牢固镇守瓦桥关，并且以此威慑对岸的宋军，让他们不敢妄动。

十一月初九，耶律休哥率精骑渡水，强攻对岸宋军，宋军大败，一路败退，直到莫州。耶律休哥大获全胜。

面对节节败退的宋军，太宗决定倾力一搏，所以十日宣布御驾亲征，迅速集结京师的精锐部队，以最快的速度赶往前线。这个时候瓦桥关已经被攻克，契丹军队已经到了莫州，中原百里一片坦途，没有任何阻碍，契丹几乎可以长驱直入。宣布御驾亲征后的太宗当天就启程奔赴战场，那时莫州守城的宋军正不顾一切的集结兵力，主动挑战辽军，但并未挽回败局，宋军大败。

太宗以最快的速度赶往莫州，此战关乎社稷安危，宋辽两国皇帝亲征对战厮杀已无可更改。但不知何故，当月的十七日，契丹突然退兵，没有任何征兆，他们一路北退，没有生事，二十六日就退到了幽州。

契丹退兵，宋朝兵士总算舒了一口气，于是太宗班师回朝。一路上，将士们欢呼胜利，为皇帝的勇猛欢呼雀跃。这场战争的不战而胜无论是侥幸还是太宗御驾亲征的威慑力，总之，宋军凯旋。

赵普复相

公元981年9月入京使柴禹锡等人突然告发开封府尹、秦王赵廷美，罪名是"将有阴谋窃发"，具体表现是"骄恣"。若要好好梳理秦王赵廷美去职之事，须得追溯到一关键人物——赵普。他帮赵匡胤得到天下以后，当了枢密院直学士，后来又做了枢密使，后连任"宰相"十年。据记载，赵普不同于历史上满腹经纶的宰相，他并无多少才学，一生只读一本书——《论语》，赵普曾信誓旦旦地对宋太宗赵光义说："臣有论语一部，以半部佐太祖定天下，以半部佐陛下治太平。"著名的"半部论语治天下"由此而来。

赵匡胤能够得到天下得益于赵普幕后的精心策划，成为开国宰相乃实至名归，理所应当。后来以群臣之首的身份在中枢机构执政十余年，被赵匡胤视为左膀右臂。赵匡胤时期的几乎所有重大事件，如陈桥驿兵变，杯酒释兵权，战略大一统等重大抉择，赵普都发挥了极大的作用。赵普的权势甚至曾经一度超越了晋王赵光义。他还有过反对赵匡胤传位于晋王的想法，也因此与太宗关系微妙。

太宗即位之后，赵普的地位大大降低，而且受到了压抑和冷落。太宗要稳住自己的皇位，自然会对赵普这样的旧臣心存猜疑。但是，赵普是开国元勋，太宗要安抚人心，自然也会利用元老装饰门面，所以表面上对赵普也是客气有加。赵普在官场沉浮几十年，深切地明白一朝天子一朝臣以及旧臣的命运，政治态度自然发生了重大转变，只希望能够配合太宗，以此安身立命。

太宗即位的第二年三月，赵普从河阳入朝，被任命为太子少保，留京任职。后来虽然又升为太子太保，但没受重用，依然郁郁不得志。公元981年的阴历九月，原太宗幕僚柴禹锡告发秦王赵廷美骄恣，很可能有阴谋。太宗召见赵普，而此时富有权术的赵普感到升迁的希望，立即表现出愿意查明真相。随后编造了"金匮之盟"，为太宗即位的名头解围。但直至今日，关于"金匮之盟"的争论仍在继续，由于并无原文佐证，因此其是否属实尚无定论。据说，建隆二年六月，杜太后死前，对太祖说："你死了之后要把皇位传给你弟弟。"恰巧当时是赵普在榻前，于是将此事立为誓言，在纸张的末尾还写上了臣普记，太祖将其掺在金匮之中。赵普编造的故事让赵光义变成了合法继承，太宗自是感激，所以对一直没有重用赵普表示诚挚的歉意，于是，太宗命赵普为司徒兼侍中，这是北宋前期最高的宰相之位，后来又被封为梁国公。

精明的赵普担任宰相之后，深知赵光义想要立子为嗣的想法，于是，太宗向他询问传位于廷美，他便回答，帝王之位自古都是父子相传，当年太祖已经错了，如今陛下不用再错。这话让太宗大为高兴。

太祖去世后，留有两个儿子德昭和德芳，在太宗刚即位的时候，德昭被任命为节度使和郡王。太宗征讨契丹时，德昭跟随其征讨幽州。高粱河之战，宋军大败，太宗在战争中一度和军队失去了联系，那个时期军中有人拥立德昭为帝。后来太宗获救后听言此事，心中耿耿于怀。回京之后，太宗认为北伐不利，便决定不再行赏讨伐北汉的功劳，将士们怨言四起。于是德昭为三军将士请赏，结果当然是触怒了太宗。太宗说，等你做了皇帝再赏赐也不迟。此话很明显对德昭怀有敌意，德昭听到这样的话，惊恐万分，黯然退朝。

作为太祖长子的德昭，其存在对赵光义的皇位有着威胁，而赵光义的话分明是对他有怀疑，德昭想到日后恐怕难保全，伤感不已，又想起了父母早亡，兄弟不能自保，满腹伤心之余忽生断念，自刎而亡。太宗下令厚葬德昭，追封魏王。两年后，德芳莫名其妙地在睡梦中死去，至此，太宗皇位继承的两大威胁已经消失。

德昭兄弟死后，秦王赵廷美是唯一对皇位构成威胁的人。为牵制赵廷美，太宗想到了赵普，聪明的赵普自然知道在这种情况下应该怎么做。

提及赵普就不得不提及赵普的政敌卢多逊。卢多逊为人机警，知道太祖喜欢读书，就经常到史馆取书顺便向小吏打听太祖所取何书，探得消息后就通宵阅读太祖所读之书，以投其所好。待到第二天召对时，太祖问起大臣们书中的事情，别人一无所知，只有卢多逊一个人应答如流，其以此获得太祖赏识，拜为宰相。卢多逊和赵普的渊源很深，他跟赵普一直不和，经常在太祖面前进谗言，而赵普本人也因自身的专权、贪财被人记恨，于是在一系列的因果关系下赵普被罢相。但卢多逊并未放过此时早已失势的赵普，对其仍不断落井下石。

而赵普也绝非等闲之辈，能够在官场沉浮几十年，自然有其高明之处。果不其然，借助"金匮之盟"赵普又复职翻身做了宰相，而且身负重任——为太宗解决其传位给子孙的最大障碍：赵廷美。

太平兴国七年三月，柴禹锡等人突然告发秦王赵廷美，罪名是有谋反倾向，具体表现是"骄恣"。于是赵廷美被罢免开封府尹的职务，贬为西京留守。没过多久，赵普又设计诬陷赵廷美和卢多逊勾结谋反，结果卢多逊全族被流放崖州，赵廷美则被勒归私第，秦王府幕僚被斩杀六人。不仅如此，太宗借势严惩卢多逊及同党。众官僚开始落井下石，随声迎合，王溥等人联名上书奏卢多逊和赵廷美大逆不道，卢多逊被进一步削夺官爵，赵廷美的子女不再有资格称皇子皇女。

赵普是此案的大赢家，他借此打击了政敌卢多逊，赢得了太宗的信任，自己的地位得以巩固。

但秦王赵廷美的悲惨命运并没有结束。赵普继续对其展开攻击，挑唆开封府李符上奏廷美不思悔过，于是赵廷美被贬为涪陵县公。在太宗和赵普的威慑之下，没有人敢为赵廷美说话，只有太宗的长子元佐曾试图救其于水火，但力量微弱，无济于事。元佐的努力不仅没有收到成效，反倒使自己身陷囹圄，太宗命人将其严加看管。赵廷美迁居涪陵之后，就忧愤而终，时年仅38岁。落井下石的李符并没有因此加官晋爵，赵普为了防止他泄露机密，找了个理由将他贬到地方。

赵普帮助太宗把北征燕云失利后的阴影消除，贬谪赵廷美，流放卢多逊，把宋朝整个的上层权力秩序重建，等于给赵光义重新换了一片天空。但完成了这一系列密谋事件后，赵普似乎也失去了其利用价值，仅过了一年，赵普再次被罢相，以"使相"侍中衔出为武胜军（邓州，今属河南）节度使，后移山南东道（襄州，今湖北襄樊）节度使。

俗语云伴君如伴虎，无论多少功绩，君王一句话一纸诏书，就可以把一切抹平归零。赵普被赶下台后，在太宗次子赵元僖的举荐之下，于端拱元年再以侍中的身份做首相。淳化元年正月，赵普因病罢相，被任命为西京留守。次年春天，赵普以病求退，拜为太师，封为魏国公，给其宰相俸禄。七月十四日，赵普病死，终年71岁，被追封为真定王，谥号忠献。

历史是残酷的，帝王将相之间的争斗更是毫无情分可言。秦王赵廷美虽与太宗同根生，有手足之情，但在万人敬仰的皇帝宝座面前还是免不了互有私心，结果手足相残；宰相赵普位高权重，为太祖太宗两代皇帝出谋划策，立下汗马功劳，可终究逃不过一个臣子的命运，逃不过帝王的一纸诏书。

此时的宋太宗应该暂时安心了，宋朝的整个上层权力秩序已经重建，至少现在他的儿子们已经是大宋皇位仅剩的合法继承人了。

元佐发疯，元僖暴死

身为帝王，虽然处在权力的中心，有资格对任何人颐指气使，但也要经受不为常人所知的困难。作为臣子，赵普可以一走了之，并不会对王朝的发展造成威胁。而太宗却站在风口浪尖，需得事事操心，承担一个帝王的责任，承受着无法预料的压力，在赵普罢相的背后，隐藏着一个让他悲伤的矛盾——他的儿子，楚王赵元佐。

赵普罢相的十月，赵光义把他的儿子们的名字从德改为元字，其中长子、卫王德崇改名为元佐，晋封楚王；次子广平郡王德明改名为元佑，晋封陈王；三子德昌改名为元休，晋封韩王；四子德严改名元隽，晋封冀王；五子德和改名为元杰，晋封益王。赵光义的子孙在北宋历史上唯我独尊，成了皇位的唯一合法继承血脉。

这其中其实有赵普不小的功劳，依常理太宗的子嗣们该感恩才对，然而事实上赵普的这次倒台罢相，就是因为太宗的皇长子——赵元佐。

元佐为宋太宗赵光义与元德皇后李贤妃所生的长子。元佐初名德崇，字唯吉，曾被封为卫王、楚王。元佐文武双全且聪明机警，骑马射箭不在话下，其曾经随太宗出征过太原、幽蓟。在资质上和心理暗示上，元佐都是帝国唯一的继承人。偏偏元佐生在帝王家却无帝王心，他天生厌恶官场争名夺利的丑态，厌恶无半点人情味的血腥，甚至厌恶大宋的皇位继承人这个位置——因为上面沾满了他亲族的血迹：伯父太祖，两位叔伯哥哥，甚至还有三叔廷美。

在赵廷美遭人陷害的时候，元佐曾极力为其辩护，但是太宗并未依其意行事，结果为叔父廷美求情的元佐最后被发配，他对父亲的所作所为很不满却无能为力。但是，赵普却是一颗可撼动的棋子，所以他用自己楚王兼皇储的身份要父亲赶走赵普。

太宗答应了。一来大局已定，朝堂之上已经不缺赵普；二来，元佐是自己认定的皇位继承人，这种不伤大雅的要求太宗自然会满足儿子。

但是，就在元佐封王之后才两个月的时候，房山传来的消息永远地破坏了太宗与元佐私下的这种默契。

赵廷美死了，年仅38岁。元佐得知三叔廷美之死，悲愤成疾，竟然发狂。侍从左右稍有服侍不周者，元佐就取刀拿棒伤人，或许，元佐是以这种暴躁的方式来表达对父亲血腥夺位害人的不满罢了。

元佐"疯"了，太宗追悔莫及，他在全国范围内搜求名医良药为其治病，并且为他大赦天下，祈求上苍垂怜赐福。在太医与太宗的细心照理之下，元佐的病情才稍有好转。

大将王先镇压了党项人李继迁引发的边疆动荡后，举国欢庆，国都之内歌舞升平。重阳节之际太宗举行家宴庆祝。此次家宴的参与者有陈王元佑，韩王元休，冀王元隽，益王元杰，唯独没有没有楚王元佐。太宗的本意是希望大病未愈的元佐好好休息，以免繁杂之事加重他的病情。这天的宴会太宗与儿子们畅饮到很晚才散场。酒后四个弟弟一同去探望大哥元佐。结果元佐并不知晓举行家宴的事，此刻从弟弟口中得知后，非常抑郁。他认为太宗与众兄弟宴饮，而独独没有他，等于父亲已经抛弃了他，"汝等与至尊宴射而我不预，是为君父所弃也"。

史书记载，当天晚上元佐极其悲愤，独自求醉。至夜半仍未抒怀，索性放火焚烧宫苑，以解心头之恨。刹那间，亭台楼阁，浓烟滚滚，火光冲天，宫中之人无不惊恐。太宗得知此事后，命人查问元佐，元佐都以实言回答。太宗怒不可遏，欲绝父子之情。他指责元佐："汝为亲王，富贵极矣，何凶悖如是！国家典宪，我不敢私，父子之情，于此绝矣。"元佐无言以对。他的四个弟弟,以陈王元佑为首,加上宰相、权臣集体向太宗求情,但太宗仍不为所动,将元佐贬为庶人。

四个弟弟去探望元佐,到底说了什么,导致元佐如此愤懑难平?元杰只有十五岁,太小,此事应与他无关;元隽从不问政事,闲散度日;元休是元佐的同母亲弟,兄弟情深,两人无半点不和,元佑则与其他三人不同,元佐不动,一切都没有他的份。元佐刚被贬为庶民,他就改名为元僖,升位开封府尹兼侍中。

元佐一生坦荡,不与人争,而元僖汲汲营营,夺帝位之心强烈如其父。但历史却偏偏与他开了个玩笑,元僖暴死了。宋雍熙三年,公元986年,太宗北上伐辽,又大败歧沟关,伤亡甚多,太宗于是转攻为守,休养生息,但还没等他从此次失败中舒缓过来,又一个打击如晴天霹雳,准皇储、开封尹、许王赵元僖死了。元僖的死非常突然,此前一点征兆都没有。当时是宋淳化三年,公元992年的阴历十一月间,元僖早朝回府之后就觉得身体不适,没想到不久就去世了。元僖的死对太宗打击很大,太宗罢朝五天,还为其写下了《思亡子诗》。

但是没过多久,皇宫里发出一道圣旨直指元僖。元僖主管的开封府、许王府内各级官员撤职查办,赐死元僖的宠妾张氏,将其父母的墓地捣毁,亲属流放,将元僖的太子级别葬礼停办,降到一品官的品格出殡。

这一切得从追查元僖的死因说起。

据说,元僖是被其宠妾张氏毒死。元僖不喜欢正室李氏,而宠爱张氏。张氏恃宠而肆意妄为,打算下毒毒死李氏,却误杀了元僖。张氏骄横无礼,动辄对奴婢施以重罚,元僖并不知情。不仅如此,张氏还僭越礼制埋葬她的父母。太宗知道此事之后,派遣使者前去调查,张氏闻此消息,自缢而亡。她的下人都被处罚,其父母坟墓也被捣毁。太宗下令停止了元僖的追赠仪式,降低了他的葬礼规格。

元僖生前深得太宗宠爱,与当朝宰相关系密切,朝中甚至有不少大臣向太宗举荐他为太子,本来前途一片光明,奈何死于非命,而死后居然为太宗厌烦,帝王父子情浅,可悲可叹。

第六章 太宗离世，真宗即位

恩威并用，党项叛服

当宋朝与契丹打得焦头烂额、胜负难分的时候，边境却传来了喜讯，不过这喜讯可不是来自契丹，而是来自西北另一民族——党项。

满城之战刚刚胜利时，党项人来到开封府。自唐末，党项族就再也没有出现在中原王朝的视线中，但是此时他们万里迢迢从宋朝的西北边疆来到开封俯首称臣，给太宗皇帝带来了大喜讯。他们此次到来把自己世代居住的祖居之地——富饶的河套平原，献给了大宋。

党项的历史悠长，关于其起源有两种说法，一说源于鲜卑，一说出自羌族。若以羌族为源头，他们的先祖从南北朝末期就被载入史册，最早居住在黄河河曲一带，到了北宋初，党项人已经在河套平原生活了200多年，那里有广袤的牧场，无数的牛羊，出产的战马名闻四方，此地和汉地交界，胡汉两种生活方式并存。党项的农耕也非常发达，在党项和宋交界的地方，一望无际的是党项人的粮仓。

如此丰硕肥沃之地主动送上门来，仔细衡量，便可发现这些地方直接威胁到了关中平原，也就是当年太祖皇帝想要迁都的所在地。分析党项人的地理位置就能发现，东边是宋朝，东北面临契丹，西邻西域大国高昌，西南方则是高原上的吐蕃。四面都是虎视眈眈。

面对如此重要的地利，太宗当下就表示接受，亲自召见了党项族首领李继捧，赐予他重赏——金千两，帛千匹，钱百万。同时封李继捧为彰德节度使。此外太宗还派遣使者前往绥州，召见绥州刺史李克宪，封赏他为单州刺史。太宗的各项措施都表明他要将在夏州割据300年的李氏政权和平收归大宋。

然而，宋太宗没有调解夏州统治者内部矛盾，而是直接取消了夏州地方政权，这种做法无疑是错误的，它违背了宋太祖制定的有关对待少数民族的政策——允许世袭。按照太祖之意，大宋应允许党项族在自己的家乡自主生活。

夏州统治者"世有战功"，并没有背叛或者侵害宋朝的地方，甚至连失礼冒犯都没有。在此情况下，赵宋统治者怎么可以乘人之危，取消其统治呢？这在道义上是站不住脚的。何况李继捧前来献地，并非真情实意，他采用两面手法，一面来献地归宋，另一面勾结李继迁反对大宋。太宗一时被自以为唾手可得的好处冲昏头脑，没有仔细思量，不辨真假，就贸然采取行动取消其统治，后果不堪设想。

不过，太宗也不是无知之人，他深知天上不会轻易掉馅饼，所以他为接管夏州也做好了两手准备，力争和平收归，如果遇到反抗立即武力解决。李继捧入朝之后，他诏令李克文组织傀儡政府主持政事，同时命令尹宪手握重兵进驻夏州，监督政权交接事宜。

党项内部，李继迁觉得李克文奏请朝廷让李继捧入朝不妥，于是找李克文商议，但两人没有达成统一意见，不欢而散。李继迁感觉在夏州处处掣肘，一怒之下，率领家族旧部回到了自己的老家银州。在那里他的先祖曾四代苦心经营，如果遇到不测，可以有所凭借。而刚到银州，宋廷的诏使就到了，还有大批宋军，奉命护送李氏一族赴京。银州李氏各大部落都被监视，此时，李继迁才发现，五州之地已经被李继捧悉数献给了宋朝。

在宋朝的军事震慑和李克文的再三催促下，李氏宗族在宋军的护送下开始向京城行进。这次的地方豪酋共计二百七十余人，随迁部族约五万余帐。太宗因李继捧献地有功而封他为彰德军节度使，李克文则上任澧州刺史，李克宪是单州刺史，还对李继捧的亲族等十二人予以加封。太宗为如此顺利的收归夏州感到陶醉，他认为大家都认为强悍难以驯服的人都因为畏惧他的威名而归顺于宋了。

但是彻底收复已经有三百年统治历史的宗族，并不是一件简单的事。李继迁对将所有李氏宗族迁入京城的做法就非常不满，他请来了自己的几个兄弟还有汉人张浦商议对策。张浦本是读书人，足智多谋，因为躲避中原战乱避居银州。李继迁素爱惜人才，曾经多次礼贤，两人成了莫逆之交。李继迁告诉了大家基本情况，他说："我们祖宗在此居住三百余年，父兄子弟都是州郡长官，雄霸一方，如今朝廷一纸调令就将我们都迁入京城，祖宗基业不保，我们生死难料，这该怎么办？"

他弟弟李继冲说："我们不能离开此地，就如同鱼不能离水，如今不妨趁着夏州没有防备，杀死诏使，占据绥、银二州，然后自立门户。"张浦却不同意。他认为目前人心涣散，蕃部都在观望，李克文是兼知州事，尹宪又屯重兵，一旦起事，大兵压境。银州兵马多年不曾操练，根本无法抵御宋兵。现在要先避走漠北，联络各豪酋，然后再伺机卷土重来。李氏兄弟觉得张浦言之有理，就采纳了张浦的意见。

于是，李继迁就向外散播口风，诈称自己的奶妈去世，需要安葬于郊外，然后将兵器藏于丧车之中，带领家族众人佯装送殡队伍，混出银州城。然后，直奔距离夏州三百余里的地斤泽。至此，李继迁以光复祖业为号，开始了抗宋自立之路。

公元985年，李继迁和李继冲来到党项银州城下，向大宋西北军团主帅曹光实投降。曹光实心中大喜，答应了李继迁的投降，亲自率领一百多骑兵，由李氏兄弟做先导，到葭芦川接收投降残卒。但是，曹光实没有料到的是李继迁只是诈降，结果曹光实和他的百余名骑兵在途中受到攻击，全部阵亡。失去首领的银州很快陷落，李继迁接着迅速攻破会州，将当地城池付之一炬。党项形势彻底逆转。

大宋迅速起兵，王侁率军出征，在银州城北将李继迁打败，并斩获其将士五千余人，战败的李继迁走投无路，逃入茫茫戈壁。历史证明，宋太宗当初由于贪图利益的措施，严重激化了民族矛盾，使得党项族内富有野心的豪酋纷纷叛宋，"使中国（宋朝）有后顾之忧"。而自此，北宋西北边防岁无宁日，一场由李继迁领导的历时长久的重建夏州地方政权的争斗已经开始。此时，宋朝君臣还在弹冠相庆，认为李继迁已完全不再是宋朝的威胁。太宗所听见的也只是群臣对自己恩威并施的赞扬，他认为大宋国的威信已经进一步增强。

雍熙北伐

在太宗偃旗息鼓，准备对辽国下一轮的进攻之时，辽国皇室内出现了一件丑闻：临朝听政的皇太后萧绰与南枢密院使、总知宿卫事的重臣韩德让制造了风流韵事。

辽国乾亨四年（982年）九月，辽景宗耶律贤病逝，传位于年仅12岁的长子耶律隆绪，是为辽圣宗。由于圣宗年纪幼小，便由皇太后萧绰正式临朝执政，被尊为"承天皇太后"。辽景宗死的时候，萧太后只有29岁，耐不住独守空房的寂寞。朝中大臣、官宦世家出身的韩德让在年轻的时候与萧太后青梅竹马，当时由于萧绰被迫嫁入皇宫才劳燕分飞。如今萧绰守寡，于是两人旧情重续。

于是，宋朝异想天开的认为辽朝一定内政荒废，正可借机收复幽州。

公元986年的阴历正月，宋朝边关守将贺令图、贺怀浦、薛继昭、刘文裕、侯莫陈等人相继上奏太宗，请求攻打辽国，夺回燕云十六州。

太宗也认为收复燕云的时机已到，便于大宋雍熙三年（986年），以萧太后和韩德让败坏风俗为借口，再一次大举北伐，亲率东路军从雄州挥戈直指辽国南京。

这是一场规模空前的北伐，大军兵分三路。西路军由潘美、杨业率领，直奔辽国西京大同；中路军主帅田重进，行军诡异，策应东西两路人马，从中穿插；东路军由曹彬率领，开始行军顺利，连续攻克新城、固安，四月已经围住涿州，但辽军坚守，不能迅速攻克，雪上加霜的是，供给被辽军切断，只好退避雄州。

太宗接到消息之后极为震惊，立即传下诏令，命令曹彬暂缓进攻，等到西路的潘美胜利之后，同中路军田重进东移，合力攻击涿州。

曹彬掌管北伐东路军，他的任务主要是佯攻，也极为关键，用他来稳住辽军主力，给其他两路人马创造进攻的最佳机遇，他的胜败关系到整个战局。太宗也曾一再叮嘱他，不得贪利，需要缓慢行进。就怕他急功近利，造成战局被动。

可是曹彬在诸将的劝说之下，没能坚持住原则，竟以疲惫之军主动攻击辽军，辽军以逸待劳，在歧沟将曹彬一部全面击溃。

曹彬主力部队一败，东路军很快全面崩溃，十万大军一路溃败，中路军闻此消息，也不战而溃，只有西路军战果累累，收复朔、寰、云、应四州，直抵桑乾河。歧沟一战，宋军死伤数万，曹彬等人被召回京师。

歧沟一战失败，中、东路军溃败，西路军孤军深入的进攻就变得毫无意义。然而太宗还没有来得及下令让西路军放弃所攻占城池，撤军返回，辽国的十万精兵已经全力向西路军占领的寰州集结。

遇此情况，太宗只好命令西路军护送四州百姓马上迁回代州。

当西路军撤到朔州南部雁门关附近的狼牙村时，辽兵已攻陷寰州。此时，杨业与王侁的意见发生了分歧。杨业认为不可与敌军交战，而监军王侁和刘文裕却急于应战。杨业向潘美建言，绕道而行，避其精锐，在途中布下埋伏，保证宋军和百姓都能安全撤回宋境内。王侁却讥笑杨业胆小，发誓要从雁门关北川大路进军，直接迎敌。杨业认为如果这么做，宋军将必败无疑。

王侁对此既敌视而且轻蔑，毫不留情的讽刺杨业："你既然是无敌将军，又领兵数万，现在却只想逃跑，难道是要投敌？"

杨业对王侁的话愤恨难抑，关乎生命荣誉，若不出战，会被人疑为想要投敌叛变。于是，虽然知道出战必死的杨业答应了出战，临行前，他告诉潘美，自己是个降将，本早就该死了，但是皇上让他统兵出战，他必以死相报。这次出击必败无疑。他让潘美在陈家谷两侧埋伏弓箭手，如果他没有前来接应，就意味着全军覆没。

潘美当场答应。杨业立即行动，率兵北上，主动进攻耶律斜轸。潘美等人在陈家谷口率兵接应，但是从当天凌晨到上午，杨业及其军队始终不见踪影。所有将士都希望发生奇迹，"无敌将

北宋卷 终结乱世，以文驭武治国

军"杨业能够凯旋。而潘美等人则以为"契丹败走，即领兵离（陈家）谷口"。

而事实却是那支知道必败无疑，只求表忠心，一路向北的军队在深入敌境后一路败退，已经无力撤回援军周围。当时辽国大将耶律斜轸佯装败退，将杨业引到狼牙村，然后伏兵四起，包围了杨业。杨业率部下浴血奋战，直到坚持不住，才边战边退，将耶律斜轸引向陈家谷。从凌晨到正午，到达陈家谷的时候已经是傍晚，全军人困马乏，却没有遇到援军。

杨业和剩下的百余名将士死战，儿子杨延玉战死，岳州刺史王贵战死，将士们无一生还。杨业孤军奋战，身中数十处伤，手刃辽军数百，最终因重伤被擒。被擒获的杨业宁死不屈，绝食三日而亡。但是，杨业死后，太宗听信谗言，给杨家的抚恤非常微薄。直到真相大白于天下后，太宗得知杨业绝食三日，壮烈殉国，赞扬他"诚坚金石，气傲风云"，追赠他为太尉，大同节度使，杨业的儿子们都被升迁。潘美削官三级，王侁被革职，永不叙用。

公元986年的阴历七月，宋军陆续撤回境内，北伐以三路大军惨败告终。宋军损失惨重，北伐的意向就此泯灭，北宋上下丧失了和辽军作战的勇气。宋朝倘若就此安定下来，或许对一个立国不久的帝国或者太宗皇帝来说，已经足够了。但是，站在更高的角度看，对统一大业和国家前途却是后患无穷。

雍熙四年四月初七，太宗还想发兵攻打辽国，但是朝廷众臣纷纷劝阻。最后，殿中侍御史赵孚上奏"内修战备，外许欢盟"，建议整顿内部战备，增强军事力量，防范外敌入侵，待到时机成熟再向外发展，可以采取和平的外交政策，保边疆平定。太宗采纳了这个建议，不过太宗所做的内修战备在后来看起来，不过是"守"，从此，宋朝对外政策由攻变为守。

王小波起义，李继迁投降

太宗对外政策转向了以守为主，对内则以文治国。至于太宗自己则大兴土木，开始信仰宗教，请求神灵的庇佑，求得心灵的解脱。太宗开始手不释卷，经常阅读《道德经》和《庄子》等书目，还特别关心宗教事业的发展，不停地修建道观和佛寺，使其达到了相当的规模。

宗教是心灵的归宿，太宗信仰宗教大概也源于此。他饱受箭伤的折磨，历经沧桑，身为帝王又背负着常人难以了解的心灵隐秘，所以，太宗祈求神明保佑，祈求国泰民安。但是，天不遂人愿，元僖死后两个月，西南的农民起义席卷两川。

四川一直是"天府之国"，但自唐末五代以来，却为封建割据势力所把持，农民阶级与地主阶级之间的矛盾尤其尖锐。北宋建国之后，四川农民的处境不但没有得到改善，受剥削的程度反而日益严重。政府迫令四川百姓将精美丝织品卖给官府，剥夺了很多农民的副业。手工业者和小商贩大量失业。

绝望的生存环境之下，公元993年的阴历五月，青城县人王小波揭竿而起。他迅速得到广大贫苦农民的响应，起义军迅速发展到数万人。王小波率领的农民军先攻克青县，后攻克彭县，但是在攻打江源县时，他不幸身亡。起义队伍迅速拥立王小波的妻弟李顺为首领，继续推行均贫富的口号。李顺号令明确，每到一个地方，就先把当地的土豪大绅集合起来，将其财产登记造册，留下供他们使用的财产之后，将其他的悉数分给穷苦人。李顺率领着农民军攻克蜀、邛两州，队伍激增到数十万人。

在李顺的带领下，部队向东行进，从西南和西北两放进攻成都，所到州县都开门迎接，994年的阴历正月，农民军攻下汉州、彭州。在五月十六日又拿下成都。起义军为了更好的发展，建立了大蜀政权，李顺称大蜀王，改号"应运"，铸造了"应运元宝"和"应运通宝"作为货币。

农民政权控制了北到绵州、南至巫峡的大部分地区。大蜀政权建立之后，李顺指挥军队四处攻打州县，宋朝官兵慌忙逃窜，地主豪绅，人人自危。农民军已经发展到数百万人。

北宋政权对如此蓬勃发展的农民起义感到万分惶恐，太宗派王继恩统帅中央禁军镇压，不久城破。

一直节节胜利的农民军轻易地被王继恩打败，是因为农民军的队伍战斗力下降，还是因为王继恩的队伍锐不可当？

原因是起义军内部军心涣散，宋朝派往四川平定叛乱的军队不是一流的精兵，真正的精兵已经在王继恩出发的时候出征党项了。

党项人是宋朝的心腹大患。每次交战北宋都无法将其完全消灭，每次战后党项都可以继续发展壮大。如此发展下去，西夏会把北宋拖垮。

北宋在当时已经很富庶繁荣。西夏却出产单一，当时的西夏，只有骏马和青盐。而宋朝的一纸法令，就断了西夏的生计。宋朝突然停止了对青盐的采购，西夏的上好青盐在瞬间变成了废物。宋朝的丝绸和米面、药材、茶叶，却是西夏不可或缺的。贸易逆差无法逆转，为了继续生存李继迁就号召西夏人去宋朝的边境抢劫，他们收获丰厚，但是死伤也非常惨重。

为抢劫宋朝百姓财产而团结在李继迁周围的党项人开始四分五裂时，宋朝的目的似乎达到了。于是马上改变了政策，继续向西夏采购青盐，原本因为生计问题不得不抢劫的西夏人就各自回家做青盐买卖去了。

这就破坏了李继迁的计划，一计不成，李继迁又生出一计。他决定进攻北宋，先以灵州为突破口。

灵州地理位置险要，它的南面是宋朝，西边是河西走廊的回鹘，西南方是吐蕃族的各部，北边就是党项人。它就如同一个关隘，连接着四方，各个都是危险角色，立即就会引起连锁反应，均衡的局面就会被打破。而且此时出战，恰巧碰上宋朝王小波农民起义，良机难再寻，于是李继迁出兵。

当年三月，为击溃西夏李继迁，李继隆几乎同时和王继恩从开封城出征。西南、西北同时开战，国内兵力空虚，太宗心内亦空虚，因为此时，他不得不考虑到另一虎视眈眈的力量——辽国。如果辽国乘虚而入，宋朝哪有兵力抵抗？太宗越想越慌乱，挣扎着是否要去议和，而议和，这无疑是对太宗对宋朝的侮辱……

令人意外的是，李继迁在银州城投降。

因为宋朝的援军正源源不断地进入西夏，而李继迁的部队则会伤亡惨重。又无援兵，自然必败。但李继迁显然也看透了这一点，而且聪明如他居然有胆识放弃整个城。宋朝于是下令把夏州城拆毁了。

及至宋淳化五年（994年）七月，李继迁让自己的亲弟弟李延信前往开封进贡，并且正式谢罪。为了表示诚意，他自称为"赵保吉"，意思是，他仍是大宋朝的子民。太宗皇帝给李继迁的回复诏书中也用了赵保吉，这相当于认可了李继迁的认罪。

于是，这次战争就这样无疾而终，宋朝算不上胜利，因为没有抓住李继迁，而且也没有改变李继迁在党项人中的地位，没有改变李继迁与辽国、大宋的关系；却也算不上失败，毕竟把李继迁的老巢毁了。

西北战场就这样收场，而西南呢？

李顺政权失败，农民军在眉州作战的将领张余继续转战四川各地，继续攻克嘉、泸、戎、渝、涪、忠、万、开等八州，顺江而下，又迅速发展到拥有十万多人的队伍。到了公元996年五月，各地起义军陆续被宋军镇压，四川农民起义宣告彻底失败。此为后话，在当年的九月份，宋朝的战况是紧急而焦虑的，西南、西北两面作战，威胁仍不能消除。

太宗立太子

公元996年的八九月份，太宗两次派人去辽国求和。辽国都没有答应，理由是宋朝没有递交正式的求和国书。太宗也没有其他表示，这件事无疾而终。

这是宋朝意向上的和平建议，已经达到了最初的目的。但是宋朝君臣并未因此有胜利的喜悦，反倒生出无尽的耻辱感。因为大宋自建立以来，一直以居高临下的姿态不断对辽国进行强硬打压。汉人以强硬之势疯狂进攻，并不断取得胜利，甚至曾有收复燕云十六州的雄心。如今，这些愿望都不能实现了。宋朝已经明显衰弱，至少从兵力上说，被大大地削弱了。

当年九月，太宗把寇准从青州召回，在宫中掀起了自己的裤腿，让寇准看自己的伤。太宗这么做的目的是告诉寇准，也许自己时日无多，希望他归朝帮助自己稳定朝局。

寇准少年得志，性格强悍，注定了他起伏跌宕的命运。他素来以直谏闻名，史料记载，寇准在大殿中上奏，皇帝震怒而站起来，他居然拉着皇帝的黄袍，硬要他坐下，继续上奏完事情才算结束。王夫之也曾感慨，这个出身于书香门第、只不过是一个侍从的人却能够不畏惧天子震怒，这种勇气可以和魏征相媲美。

一年春天大旱。太宗向群臣询问原因，大臣都说是自然规律，但是寇准却说，天人之间是互相影响的，此时天旱，是因为刑法上不够公正。

太宗一时不知如何是好，觉得自己如此勤政，寇准居然还当众说自己不公正。待平静下来后，太宗想到寇准是话里有话，于是立刻追问寇准说的是什么案子。

寇准就让太宗把中书、枢密两府的官员们都找来，然后指出，参知政事王沔的弟弟王淮和祖吉都是贪赃，祖吉贪污的少，却被杀了，王淮贪了上千万银两，不过受了杖刑，最后还官复原职，这就是不公。王沔当场认罪，寇准当场升官，当年他31岁，升为左谏议大夫、枢密副使、同知院事，这是前所未有的。

寇准的性子一直刚正不阿，他与枢密正使张逊不和。一次，寇准和温仲书一起骑马，一个疯子拦住了寇准的马，然后高呼了三声万岁，张逊知道以后就向太宗告密，说寇准有谋逆之心。寇准和张逊在皇帝面前激烈争吵，太宗大怒，他们都被贬官流放。然而，太宗虽然外放了寇准，却深知寇准的才干和秉性，心怀牵挂，常打听他在青州过得怎么样。

当年九月，太宗就把寇准急召回京城，让他看了自己的伤势之后，直接问寇准，谁可以托付神器。太宗在北伐时被辽军射伤，如今伤病缠身，他一直在想继承人的问题，这次更直接问寇准自己选哪个儿子做皇帝。

寇准的回答是，皇上选择继承人的时候，避免向三种人咨询，一是皇帝的女人，二是宦官，最后是近臣。寇准说的近臣指的就是自己。从古至今，只要近臣参与立新皇帝，总是没有好事。他想明哲保身，告诉太宗自己不便多说。这种睿智，足以看出寇准不是只懂直言犯上的莽夫。这时太宗低头沉思了很久，屏退左右，问道："襄王行吗？"寇准于是说，知子莫若父，您既然觉得他行，那就马上决定。

于是太宗的三儿子，襄王赵元侃从皇子中脱颖而出，被封为开封府尹，改封为寿王，成为准皇储。太宗因此了了一桩心事，拜寇准为参知政事（副丞相）。

而这一年的九月，太宗的生命有了转机。峨眉山的僧人茂贞，以及河南道士王得一，用独门秘方把赵光义的箭伤控制住，太宗又重新振作，处理天下繁杂纷乱的大事了。

但历史是注定的，太宗的生命快到尽头了，这是任谁也无法改变的自然规则。就在太宗生前的最后两年，他还是一如往常处理政事家事，精明而强悍。

先是西南方面，他奖励了镇压起义军有功的太监王继恩一个官衔宣政使头衔，而不是"宣徽使"这个高贵的职位。从而使王继恩无法接触政事；再派张咏进成都，他到成都没多长时间，就上报朝廷，说不用从陕西向成都运送军粮了，四川方面已经囤积了两年左右的军粮。太宗非常高兴，对张咏大加赞赏，因为皇帝的忧虑之一被解除了。

此后，太宗因为蜀川之乱下了罪己诏。诏书中他坦诚自责自己用人不当，那些人在蜀川刻薄剥削，把好好的百姓逼成了强盗。此罪己诏为太宗赢得了民心。

淳化五年的十月份，太宗开始为新任开封府长官三儿子赵元侃寻访贤臣。所用者都为正直贤良之士，太宗希望他们能辅佐三儿子将来的帝业。

而在西北方面，太宗对党项采取了怀柔政策，双方和平往来，党项人仍不时来大宋朝进贡。太宗在党项使者张浦面前炫耀武力，并直入主题，说希望李继迁归顺宋朝，永保富贵。

对内，太宗则罢了刚正固执的吕蒙正的宰相之位，取而代之的是吕端，其为人秉性善良而软弱，自然这也是为太宗为三儿子以后登基执政铺路。吕蒙正如此固执，太宗尚且管制不了，何况自己刚出道的儿子？

吕端出身高贵，他的父亲吕崎曾经在后晋时当过兵部侍郎，他的大哥就是宋初时的参知政事副宰相吕余庆，但吕端的仕途却并非一帆风顺，他曾因与开封府尹、秦王赵廷美的关系而被太宗发配；又因与准皇储许王赵元僖的关联而被贬。然而，太宗明察秋毫，能够知人用事，不久之后吕端官复原职。太宗要升吕端为首相，有人认为吕端糊涂，太宗却说吕端小事糊涂，大事不糊涂，还把他比做姜子牙，吕端和姜子牙一样大器晚成，这一年吕端已经60岁了，但是太宗却无比信任他。"从现在开始，所有的中书府的事情能够都要经过吕端的详细斟酌之后，才由我再看。"这是太宗给吕端的特权。

公元995年的阴历八月十八日，宋朝至道元年，太宗昭告天下子民，立襄王元侃为皇太子，改名为"恒"。同时大赦天下，诏令赵恒兼判开封府（官位在开封府尹之上）。一个月之后，太宗在元殿立皇太子。

正当开封城里上下欢庆之时，西北的李继迁率领着党项骑兵再次进攻宋朝。仍是直奔灵州。但这次的兵力非同小可，这次围攻灵州，李继迁的人马超过了一万！但是今时已不同于往日，李继迁已成气候，宋朝已经错过了消灭李继迁的最佳时机了。

再战李继迁

要攻打李继迁，就要做好和一个国家对战的准备，但宋朝发兵需要足够的时间准备。此时李继迁一边围困灵州，一边围城打援，形势十分紧急。太宗于是下令李继隆、范廷召带兵攻打党项，征讨李继迁。

这次作战太宗分五路进兵。李继隆出师环州，范廷召出延州，王超出夏州，丁罕出庆州，张守恩出麟州，目的地是合围开战前就确定了的定南五洲中的乌池和白池。

塞外边疆，茫茫无尽头，宋朝只能分兵攻击。党项人的战斗力很强，主要是他们以骑兵作战为主，他们的战马四处流动，喜欢打游击战，宋朝很难抓住敌人，但是这次宋朝的准备工作空前详细，提前探好了李继迁的驻扎地，只要到了乌池、白池这个点，就一定能找到他们。解决了这个问题,剩下的就是作战问题,此次宋军出动的人数极其庞大,光是主将李继隆的先锋部队就有三万人,再加上本来就驻扎在党项方面的宋朝军队,实力雄厚,起码作战人数有保障。这回宋朝有志在必得,胜券在握的信心。

但是,关键时候总有些出其不意的偶然因素,这些因素决定了战争的胜负。宋军冲进了党项的境内,最开始,各路人马一切行动都能够严守战场部署,皇帝临行前配给的阵形图没有丝毫变更。李继隆作为二次西征的老将,发现一个行军路线有问题。

李继隆途径灵州就是为了顺路解灵州之围,如今突然打击乌池、白池,是围魏救赵,让李继迁不能够回到自己的据点,灵州自然会解除困境。结果,他走了十几天之后发现根本没有见到敌军,只好引领部队归还。宋军主力就这样无功而返。

另一路的张守恩从麟州出发,严格按照战前部署行军,和敌人曾经相遇,却视而不见,全线撤退。

只剩下王超和范廷召两路人马。他们两军合并,走的是最艰苦漫长的道路。到无定河边后,他们终于在党项人境内打响了第一战。

宋军中,王超年仅17岁的儿子王德用站出来,为父亲做先锋。他率领万人冲破了党项的第一道防线,掳掠了牲畜不下万计,然后杀进了乌、白池,找到李继迁,那是整个党项最精锐的部队所在。

王德用出面作战,用五千精兵和李继迁鏖战三日,大小战共计数十场,节节胜利。最后宋军全军猛扑,李继迁被击溃,率领残兵败将逃回大漠。

宋军胜了,但是同样伤亡惨重,元气大伤,将士疲惫,身在他乡,再无力乘胜追击。

与党项的战争结束了,宋朝得到了一场真正的胜利,但是太宗觉得胜利的程度还不够,于是下决心荡平党项,不再给李继迁东山再起的机会。

第二年,太宗任命傅潜为延州路都部署,防御契丹,任命王昭远为灵州路都部署,进攻李继迁,务必做到斩草除根。

战争惨烈,不到一个月,王昭远就上奏朝廷,击败李继迁,但是李继迁再次逃脱。此时,太宗赵光义已经59岁了,而此时纠缠了他18年的箭伤已经不可控制。

他下诏前线停战。这么做可能有两个原因,一是,战争不祥,他以休战来恳请上苍赐福,延续自己的寿命;二是他已经无力控制战争的场面,只有放弃。

不久太宗病倒,无法料理国事,最后他死在了万岁殿。万岁殿,是太宗的起点也是终点。22年前,就在那个风雪交集的夜里,在斧声烛影中他夺取了皇位,而22年后,太宗竟在这里驾崩。

在位的22年里,太宗功绩显赫,给世人留下了许多的业绩。宋人对太宗皇帝的评价很高,认为他征服了北汉,完成了大一统,而在登基之前协助太祖皇帝奠定了大宋基业。

但从元朝到后来的明清学者对太宗都没有这么高的评价,他们多对太宗的私心不满,认为他继位不正,对哥哥不敬,对弟弟、侄儿、嫂子不仁不义,对他在位期间的政绩则认为,宋朝在太祖在位期间,是欣欣向荣,期待统一天下的稳定大局,但是到了他手里,则受到党项、契丹的威胁,甚至在国内还爆发了农民起义,这都是他为政不贤明的表现。

然而,太宗死后还是风波未平,不能立刻安息,太宗逝世,太子即位一事也紧张地提上了议程。此时,赵恒是太宗钦定的太子,顺理成章,应该是太子赵恒登基为帝。但是宦官王继恩与皇后李氏相勾结,掀起了一场扳倒太子的风波,他们心中的理想即位人选是早已经被废为庶人的宋太宗长子赵元佐——为此,一场腥风血雨似乎又如离弦之箭,一触即发。

真宗即位

太宗逝世，太子即位一事也紧张地提上了议程。

公元997年三月，宋太宗因为箭伤发作而终。此时，赵恒是太宗钦点的太子，理应登基为帝。但是后宫的皇后李氏和宦官王继恩却私下勾结，想要扳倒太子，他们的理想人选是已经被太宗贬为庶人的赵元佐。

李皇后多年来一直偏爱元佐，但她由于常年处在深宫之中，没有本事左右朝政，所以这场太子风波的发动者是王继恩。在太宗时期深受恩宠的大太监王继恩担心一旦太宗逝世，自己便失去了权势，而寿王是太子，既定的王位继承人，若拥护他为帝，这是自然的事，但是若选元佐而替之，元佐肯定会很感激他，这样岂不是对自己更有利？

在病情加重的时候，远见卓识的太宗皇帝已经开始着手巩固太子的地位了，他将吕端推到了众人的视线之中，上演了一出辅助太子即位的戏码。

吕端当上宰相的时候已经年过六十岁，而且在启用吕端之前，太宗还专门写了《钓鱼诗》，自诩为周文王，将吕端比做大器晚成的姜子牙，这显示出太宗对其寄予厚望。吕端确实也不负所托，将针对太子的宫廷政变消灭于无形之中。

宋太宗病重之时，吕端进宫中探望，发现赵恒不在太宗旁边，当时就担心宫中可能有不测。他立刻在笏板上写了皇帝病危的字样，派人给赵恒送去，要赵恒速速到榻前伺候太宗。没过多久，太宗就驾崩了。那时王继恩进来告诉吕端，说李皇后召见宰相，请吕端到中书商议新皇帝即位的问题。

吕端虽然明白这话外之音，但是佯装不知，故意告诉王继恩，太宗已经提前写好了遗诏，放在书阁之中。还要王继恩和他一起去寻找出来，看先帝到底要谁继承皇位。王继恩听了吕端的话非常紧张，想要自己先找到遗诏，然后将它偷偷毁掉。

王继恩迫不及待地抢先走进书阁，结果被吕端反锁在书阁里。王继恩这才醒悟过来，他中了吕端的计，可惜为时已晚。于是吕端火速到了中书政事堂。李皇后看见吕端一个人来了，就直接问，自古都是年长者即位才合乎祖训，现在谁最应做皇帝？她的意思是应该由元佐即位。吕端义正词严地回答，先帝将赵恒立为太子，就是为了现在，不能再有异议。李皇后没有得到王继恩的支持，在吕端的凛然回答之中惊慌失措，也就不再说话。

太子赵恒顺利到福宁殿继承帝位，却于帘后见文武百官。吕端又担心此时是有人假冒赵恒，硬是不拜，上奏卷帘，确认是真太子赵恒之后，才回到大殿之下，率领着文武群臣参拜新皇。

吕端没有费一兵一卒，将这场可能掀起腥风血雨的宫廷之争化为乌有，太子赵恒顺利地成为新皇，也就是宋真宗。

太宗长子元佐自始至终没有参与此事，甚至毫不知情，而且他是真宗的亲哥哥，并没有受到牵连。真宗恢复了他的楚王爵位，赏赐有加。元佐却不再与真宗见面，一生清高自傲。

吕端在真宗即位的时候立下大功，因此备受信任。吕端生病，真宗都要去他家中亲自探望。吕端66岁的时候因病去世。真宗赠他为司空，谥正惠。

赵恒性情温和，他即位之后就下旨恢复了赵廷美的秦王爵位，追赠德昭为太傅，德芳为太保。

真宗的做法和其父赵光义的做法背道而驰，但是，他这样做就是为了"安反侧，释宿怨"。真宗希望自己可以整治纲常，消除太宗的不良影响，让一切重头再来。

同样，这时宋朝的本质也已经发生了一个翻天覆地的大变化。

宋太祖确立了宰相的三权分立，军、政、财鼎立，宰相无法专权，宋太宗不断更换宰相，更加削弱了相权。

但是到了真宗时，情况变了。吕端在首相的基础上又加封为右仆射，真宗对他也是毕恭毕敬，每次见面，无论何种场合，真宗都会站起来对宰相作揖行礼。

另有两位参知政事副宰相即李至和李沆，地位也很尊贵。宋朝的宰相们又大权在握了。

真宗即位之初也想为自己树立威信，收拢民心。他非常清醒的认识到，除了奖励亲族、大臣们之外，更要对老百姓们施以恩惠。可是该如何做却是一个难题。此时真宗身边的王钦若开始发挥作用了。

当真宗还是皇太子、开封府尹的时候，王钦若曾对他有救命之恩。

至道二年，赵恒刚当上皇太子不足半年，开封府下属的17个县都上报旱灾严重，颗粒无收。赵恒仁慈，下令免税，但是有人进谗言，说太子此举是收买人心，而灾情没有那么严重。

太宗立刻着人调查，赵恒心惊胆战，因为就在半年前，太宗已经表现出对他的不满。现在若说他收买人心，无异于火上浇油。

负责调查的官员核实了灾情，还了赵恒清白，王钦若即是负责调查的官员之一，赵恒当时已是对他感激不尽。

此时王钦若为真宗献上了锦囊妙计。真宗立即采纳了他的意见，下令在全国范围内免收那些没有交足的赋税，释放因此关押的犯人。

如此一来，百姓感恩，而朝廷也未消耗一分一毫，却收拢了最为宝贵的民心。接下来事情按部就班，真宗开始组织自己的领导集团，以及施政纲领。

国家大事不过是军、政、民、财四个方面。军政要稳，他依靠宰相和参知政事决策大事，而对于民和财，真宗自有主张。

政治已经改革重组，位居高位的都是些德高望重的人，如吕端、李至、李沆等，这样的组织稳定而高效，足以安定天下。

军队方面，真宗将曹彬官复原职，重新成为三军统领，而曹彬的威望和资历都足以安抚军心。

民政方面，真宗即位不久，就下诏"国家大事，足食为先"。而且他努力践行自己的诺言，制定了"预买绢"的政策，每年春天都会由国家贷款给农民，秋收后再还。这样在开始得到了农民的拥护。

财政方面，宋朝的钱粮管理部门称为"三司使"。一种解释认为，是说盐铁、度支、户部三司的总长被成为三司使，还有解释认为，三司每个部门都有一个领导，三司使就是盐铁部使、度之部使、户部使三位"使"。

真宗根据需要浮动政策，将发展的中心放在民生和经济上，三司权力收归一人，可以灵活调用，三司地位也有所提升，仅比东西两府小半级，宰相或者枢密都无权过问三司事宜。

真宗开始开源，但是更注重节流。宋朝的绝症被后人总结为"冗兵、冗吏、冗费"，从宋朝建国就朝着这个方向发展，到了真宗年间，这个局面已经形成。真宗开始，大规模裁员，三四年时间，裁撤官吏就达19万多人。

这些不过是真宗治理国家的几个具体的任务，但窥一斑而见全豹，真宗正以自己的方式尽心尽力地投入到治理好大宋朝的事业中去，正如东升的旭日，徐徐上升，而且尽力的释放自己的能量。

紧锣密鼓坐江山

真宗登基之后，勤勉从政，丝毫不敢懈怠。因为，此时的大宋已经开始积贫积弱。真宗面临的局面复杂危险，他必须紧锣密鼓的平息起义，还要时刻防范几个邻国进犯。

在契丹、党项人的眼里，真宗未满而立之年不足为患，于是邻国们又开始蠢蠢欲动了。带领党项人打天下的李继迁时刻关注着宋朝的形势，一旦时机有利便会立即出击。得知太宗逝世真宗即位后，李继迁立即派人进了开封城，他又要求和。在太宗年间，李继迁已向宋朝求和多次，当时无论大宋和党项的战况如何，李继迁都只是自称罪臣，而且要自称为赵保吉来自保，这等于承认自己是宋朝子民，以此来取悦宋朝政府。王德用在不久之前的战斗中还将他的据点乌池、白池捣毁了，他都没有敢反击。真宗刚即位，李继迁竟然派人求和，其厚颜无耻的程度令人汗颜。

可是真宗同意了李继迁的求和，而且给予了他无比丰厚的回报，承认了他占据的夏州和银州，还将绥州等三州赐予他，并封他为定难节度使。此时，李继迁终于恢复了其祖先对定难五州的所有权，二十年的征战没有解决的问题，居然就这么求来了。

与党项之战几乎拖垮了大宋，宋朝为之付出了数万将士的鲜血和生命，数以万计的财富和兵器，可是真宗最后居然将定难五州拱手送于李继迁。

不过，这个决定并非真宗一个人的鲁莽，而是保守和革新两派大臣协商出来的结果。这次与党项的和解给宋朝带来了短暂的安定，接下来宋朝就可以一心应对即将来临的辽国的大规模进攻了。

此时的辽国国力强盛，在萧太后的治理下，辽国的疆域、军队的战斗力、国家财富的积累都达到了鼎盛时期。萧太后在辽国进行了一系列改革，改革包括让汉人参政；开科举制，用汉人的学问作为考试题目；改革赋税制。经过改革，辽国的综合国力有了很大提升，对宋朝的威胁也就更大了。

真宗登基之后，曾对辽国人提过议和，但一直未得到回应。其原因是耶律休哥死了。耶律休哥一生战功显赫，他是宋朝收复燕云十六州失败和雍熙北伐失败的最大原因。在辽国，他是英雄人物。

耶律休哥死后，契丹人开始下诏全国，征讨北宋。这次萧太后又一次披挂上阵，率部出征。

宋朝只能迎战，真宗任命傅潜总领北方战事。派给他的副将是张昭元和宦官秦翰。还有三位先锋田绍斌、石普和杨琼。兵马达到了八万多人。真宗还在开封府集结了二十万禁军，准备随时增援北方战事。

辽军势如破竹，很快突破了宋朝的边境线，他们的第一个目标是保州。在那里，他们遭到了三位宋朝将军的袭击，率队的是副先锋石普和杨琼。一场恶战后，石普和杨琼渐渐不支，幸而还有行营押先锋（总先锋）田绍斌。田绍斌率部接应，宋朝军队在黑夜之中全力进攻，最后宋军大获全胜！

但辽军马上又回来进攻，只是这次转向了保州西北的威虏军。这座战略意义非凡的军城直接关系到辽国能否劈开一条直通大宋的通道，他们希望速战速决，但是，小小的威虏军在强攻之下竟然能够负隅顽抗，久攻不下。

守将是保州原边都巡检史——杨延昭，他时刻戒备辽军，在辽军到达之前就到威虏军城，现在把敌人拖在威虏军后，向前线总指挥傅潜请援。

杨延昭以三千之师对抗城下的辽军全部主力，居然守住了一个多月，辽国久攻而不下。能够以少对多，是因为杨延昭采取了很多聪明的手段，比如在夜里把水泼在城头上，使得威虏军城墙结冰厚重，敌人无法攀爬。

攻城无果，辽军改变策略突然向纵深地带插入。其兵分两路，一路进攻祁州、赵州一带，另一路则是以萧太后、辽圣宗和韩德让为统帅的主力，他们向东，攻克了河北重镇乐寿县。这场攻击正好击中了宋朝防御的致命之处。

如果想阻拦辽国铁骑，只能用宋朝的野战军了。但是与辽开战一个多月期间，傅潜和他八万多人的部队却一直行踪神秘，没有他们的任何军报。

此时河北的情况急剧恶化，辽国切断了开封和河北的路段，没有消息沟通，开封城顿时大乱。

面对如此紧张局势，真宗在大臣们的请求下御驾亲征，于宋咸平二年的十二月五日启程。真宗率领二十多万禁军向河北挺进，此时距开战时间已有三个多月。

真宗的禁军行军十多天之后，到达大名府，这个时候终于传来了傅潜的消息，他率领精兵在定州驻扎，一直按兵不动没有任何损失。当辽军进攻威虏军时，他没有采取任何行动；当辽军放弃保州，向宋朝纵深穿插时，他依然没有采取任何行动，只是象征性地派了三千人马挑战辽军。

各路将领们都纷纷向傅潜请战，傅潜既不应战也不言语，众将领无奈，直到这时，傅潜才说出了自己的打算："敌军气焰嚣张，如果正面遭遇，我军的气势会被挫伤。"傅潜最后允许范廷召率八千骑兵，二千步兵迎战辽军，而且许诺在后面接应范廷召，此时，宋军终于开始反击了。

范廷召冲出了定州，杀向了辽军占据的瀛洲，但是他深知自己兵单力薄，就向高阳关都部署康保裔求援，和康保裔约定合攻辽军。

康保裔在瀛洲西南分拆自己的精锐部队火速支援范廷召，但次日清晨，康保裔和他的剩余部队发现范廷召没有接应，自己孤立无援，被辽军包围得密不透风。孤立无援的康保裔和他的部下在辽军的包围下全军覆没。

而此时的傅潜仍是按兵不动，真宗终于被激怒了，于是撤离傅潜职务并将其处死，以儆效尤。傅潜严重延误了战机，当宋军重新集结，开始发动进攻时，却发现敌人已经不见了。辽军突然撤退，宋朝禁军无法追击，而真宗派出的五千名精锐骑兵也是无功而返。

关键时刻范廷召杀向了敌军。虽然辽军人数数倍于范廷召率领的宋军，但他还是在莫州东三十里的地方追上了辽兵，而且获得大胜。辽军主力没有回头迎战，而是撤出了宋朝国境，这场战争就此结束。

第七章　转攻为守，以文治国

王均叛乱，灵州不稳

刚平定北方战事的真宗回到开封没几天，就再次收到蜀川叛乱的坏消息。更恶劣的是，这次不是毫无组织的农民起义，而是宋朝驻扎在成都的宋军兵变。

当初王小波和李顺起义失败之后，宋朝政府对蜀川地区的政策作出了部分调整，减轻了赋税，对官民关系也做了一些调整，但是阶级矛盾依然尖锐，人心不定。而当地的官员根本没有吸取教训，仍然过着腐化堕落的生活，变本加厉地剥削军民，因此，在王小波起义失败不足五年，王均策反。

当地的官员飞扬跋扈，让人无法忍受，王均的部下杀了官员符昭寿，然后从兵器库里拿出各种武器，到益州府衙斩杀那里喝酒取乐的诸位高官。那些官人四处逃窜，牛冕和蜀川的转运使张适一起逃走。叛军士气上扬，自然更无法遏制。

都监王铎命令王均去摆平他手下造反的军队。然而叛军居然拥戴王均做他们的带头人。而更出乎意料的是，王均同意了，并用自己的生命践行了与弟兄们同生同死的誓言。

公元1000年的阴历二月，戍守益州的王均发动兵变，占领益州，王均称帝，国号蜀，随即攻克汉州，益州知州牛冕本来逃亡汉州，后又逃往东川。王均还率兵攻打绵州、剑门，试图占领川北，但是没有成功，之后退守益州。

宋真宗任命雷有钟作为主帅，李惠、石普、李守伦为部将，率领八千禁军平川，随后派了上官正、李继昌、高继勋、王阮跟进配合。从三月开始，平叛军队浩浩荡荡进入川蜀大地，两军还未交锋，叛军不战自溃。叛军在张思钧的打击之下放弃了盘踞的汉州，回到成都。

雷有终将军队驻扎到成都城下，王均弃城。

成都城门大开，里面全是百姓，军队中李继昌较为谨慎，认为此时不可进城，怕对方是在摆空城计。可是雷有终、上官正、石普这些更有资历身份的将领却不屑一顾，刚愎自用。于是大军进城，进城后军队一哄而散，完全放松了警惕……

正如李继昌所预料，这的确是王均的一计。正当宋军完全无警备时，城门突然大关，王均率领叛军追杀散步满城的零散宋军，他们再不敢停留，一直撤回到汉州。

王均千方百计抵抗，但是无奈独守孤城，九月初突围后南逃，经过广都、陵州、奔赴富顺监，准备度过沱江，进入戎州、泸州地区，再谋发展。十月份，王均到达富顺监，准备渡江的时候被宋军杨怀忠追杀，未来得及迎战，就被斩杀，王均兵变也就此失败。

蜀川地区恢复了平静，此次叛乱之后，宋朝政府重新调整了对蜀川的统治政策，流放了昏庸的牛冕，常驻张咏，给百姓带来了期盼已久的安康和富裕，宋朝对蜀川的统治也宣告稳固。

为时将近一年整的叛乱终于平息了。这一年，也是宋朝的多事之秋，这一年的四月初三日，吕端死了；九月份，张永德也死了；真宗悲痛万分，他们皆是朝廷的顶梁柱。但厄运并未停止，很快又传来了震撼人的消息——黄河决口了。

这次黄河决口是因春汛。郓州城附近的河坝坍塌，洪水泛滥，江北平原变成了汪洋泽国，刚经历过一场平定叛乱的战役之后，宋朝就立刻投入到治理洪患的战斗中，而此时，科考仍然继续进行。

真宗改进了科举制度，"锁宿制"和"封弥制"自此出现。"锁宿制"，是针对考官的，为了防止考官与考生勾结作弊，考生进场前，考官被锁在特定的地方，考官与考生无法见面；"封弥制"是指把考卷上姓名、籍贯都封上，以保证考试的公正。为了举贤任能，真宗百般防范，同时精减各部门的冗员。

真宗尽心竭力，兢兢业业，但还是时刻不得安宁，终于将黄河归道了，平息了四川的叛乱，新任的宰相们开始正常工作，真宗刚想喘息平静，又有消息传来，西北边境又出事了。

已经任命为定难节度使的李继迁又打劫了宋朝运往灵州的军粮。宋朝心知肚明，李继迁永远对灵州心怀不轨，求之不得永远不会罢休。也许只有彻底击败他，才能让他死心，放弃自己的妄想。但是宋朝却始终忍让。真宗没有出兵惩治李继迁，甚至没有降罪于他，只是流放了运粮官，此事就宣告结束。真宗的决定似乎懦弱，但很冷静。因为这次李继迁又赶上了王均造反，真宗只能聚焦于一点，故而对李继迁忍让而又忍让。

国内已经破败不堪，洪水泛滥，国外强兵压境，为顾全大局，真宗只能选择忍耐，他派出张咏治理蜀川，还加强对辽国的侦查，时刻戒备辽军入侵，而对于党项，他部署边境上的杨琼对灵州严加防范，重点是灵州外的清远军城。

清远军是宋朝为灵州设置的堡垒，两个据点彼此呼应，组成了一个完整的攻防体系，宋真宗授意杨琼，一旦清远受攻击，必须亲自率领军队前去救援。

公元1001年的阴历八月，北方前线又发来了辽国就要入侵的警报，战争无法避免。这次真宗一改忍耐的前例，集中精兵强将，与辽国打一场硬仗。真宗派出了史无前例的军队阵形，清一色的骑兵，前枢密使王显是统帅，副统帅是征伐过党项的王超，王汉忠和王继忠是助手。

这些大军布置在莫州、北平寨、定州附近。定州作为名义上的大本营留下了一万五千骑兵，而最前方的莫州和北平寨却各有一万铁骑。真宗等到兵力布置全部到位之后，又让阵线前移，到达威虏军城，这次真宗没有打算让辽军冲破国界线。战争似乎已经到了一触即发的地步，就在此时，谍报却说辽军延缓行动，近期不会再攻击大宋了。真宗不敢妄动，只能按兵于此，大军驻扎在莫州、北平寨等待敌人到来，全国上下人心惶惶，视线都在北方边境上。但是，西北又有噩耗传来。

八月，李继迁派人送来了大批骏马到开封，而且重申他对大宋的臣服之心。但这只是李继迁的缓兵之计，没过多久他又继续打劫大宋粮草。

真宗忍无可忍终于出兵了，此次派出的是前宰相张齐贤，副将是梁颢，率军前往西北。

李继迁用一年的时间掐着灵州的运粮线路，此时他觉得可以动手了。他屡攻灵州都不能拿下，现在他开始转变策略，要攻下清远军城，把灵州孤立。

九月，李继迁突袭清远军，集中精锐部队，强力进攻，没等到杨琼率部营救，清远军城就已失守。党项人进入了宋朝境内，杨琼和他的军队被顶在青岗寨。

这是李继迁第一次真正离开沙漠，进入宋朝国境内作战，他的兵力不如宋军，只能选择撤退，所以主战场很快又回到党项境内。

青岗寨距离水源太远，无法驻扎大队人马，如果少数人驻扎，无法坚守此地。杨琼于是决定放弃青岗寨，带领青岗寨的居民后撤，后撤之前烧毁了军械和粮草。

李继迁无法追上后撤的宋军，他决定进攻宋朝边境附近的麟州城。麟州守将是曹玮，曹玮乃曹彬的儿子。虎父无犬子，曹玮也是骁勇善战，足智多谋。李继迁长途奔袭，自然会带着粮草辎重，但是在麟州附近的唐龙镇，他的粮草被宋军打劫，粮草已断，李继迁无奈只能后撤。

然而，灵州未得，李继迁仍可能卷土重来。

聚焦李继迁

李继迁是个有野心的人，虽然总是在宋军手下溃败，但丝毫没影响他卷土重来的信心。但是，天命不可知，他此生的劫数已到。在这三个月的征战里，都有一个人在冷静分析着他，思考着李继迁的死穴。这个人就是张齐贤。

当李继迁专注于围攻灵州城，满足自己的美梦时，张齐贤来到开封，将自己的谋略上报真宗。此时开封府议论纷纷，各种意见持平不下。有人认为应当再筑一个城呼应灵州以弥补丢失清远军的损失；但另有人认为不如直接把灵州城放弃。

主张放弃灵州的人就包括"圣相"李沆，李沆说："继迁不死，灵州终不保。"他认为只要李继迁还活着，灵州必丢无疑，无论作何努力都是徒劳，不如放弃。

李沆的意见遭到很多人反对，大家不相信没有办法对付李继迁。于是就要再筑城代替清远军，重新巩固灵州的防御，甚至选了新的地点——绥州，真宗派去了实地考察和测量的官员，并要准备各种物资。

张齐贤与李沆"不谋而合"，丝毫不支持重新巩固灵州的防御。这时他上报真宗请求为潘罗支王爵加封……

潘罗支，是灵州西北方吐蕃人六谷部的酋长。自唐朝开始，吐蕃人的势力从未衰败，到了宋朝，盘踞在河西走廊西凉府一带的六谷部已经成为吐蕃实力最强的一支。

毫无理由地为潘罗支封王令人费解。张齐贤给出的理由很简单，是为了李继迁。为潘罗支封王能够让其牵制李继迁。灵州分开了党项和吐蕃，灵州不破，潘罗支和李继迁隔城而不相干，王位并不会起作用。但是张齐贤认为灵州必定陷落，只要灵州陷落，潘罗支与李继迁就会起冲突，此时大宋封给潘罗支王位就会发生作用，如果潘罗支起兵对战李继迁，灵州必然攻克。

真宗觉得有理，但他觉得其他大臣的意见也并非完全无理，所以干脆双方的意见都采纳，一边封王，一边筑城。

一个半月过去了，事情并无结果，北方边界再次狼烟四起，辽国来袭。

辽国此次突袭，毫无预兆，宋朝有些措手不及。这次他们的目标是保州附近的长城口。不过，他们没有算上天时，当他们向长城口靠近的时候，大雨倾盆而至。

辽国军团被大雨围困，最糟糕的是他们的弓弦失效了（其弓弦用牛筋、羊肠、皮革之类的东西制成，遇水失效）。辽人无法作战，陷入了困境。

此时宋军捉住时机迅速出兵，莫州、北平寨、定州方面的骑兵大阵迅猛出击，前锋张斌部主动出击，辽人被拦截在长城口外。

当年的君子馆之战，因为天气寒冷，宋军弓箭失效，全军覆没，如今是天赐良机，宋军可以一雪前耻。张斌全速前进，杀进辽军重围，战况激烈，辽军前锋覆没，逃向北方。当天，辽军损失两万余人。

张斌的战绩卓著,他继续紧追,一直到了辽国境内,此时他遇上了辽国的主力军,而定州的三位统帅显然还没有追上他,后援不足,张斌果断决定撤军。宋军骑兵布阵的优势充分发挥了出来,一路疾奔,安全撤回了大宋境内,进入威虏军城。

威虏军城再次成为战争的焦点。大雨一停,辽军就追了上来,他们在威虏军城遇上了杨延昭和杨嗣。辽军的将领是耶律隆庆,是当时辽国皇帝耶律隆绪的弟弟。这场战役是辽军主力对战宋军先锋,但实力悬殊,二杨殊死抵抗,终于坚持到了援军到来。

等到的援军是李继宣和秦翰的部队,他们赶到威虏军城时,二杨与辽军的战场已经转移到了北面的羊山。援军虽不是定州的主力,但是与二杨激烈作战后的辽军已经十分疲劳,久战不胜,士气低落,最终落败。

威虏之战以宋军大胜告终。战役闪电般打响,又闪电般结束。宋朝的关注点重新回到了西北。

勘测绥州的官员回来了,带来的结论是筑城利大于弊。真宗就立刻下令集结工匠,准备物资,以最快速度到西北边疆筑城。

此行不是简单增兵加强灵州的防御力量,而是主动出击,消灭李继迁的有生力量。真宗在年底任命王超为西面行营都部署、张凝为副手,率领步兵、骑兵混合兵种六万多人征讨党项。

张凝从白豹镇冲入党项的营盘,烧杀掳掠,收队回营的时候,烧了两百多帐篷,杀了五千余人,破坏了八万余石粮食,万头牛羊和兵器铠甲。此次的开战大吉,没有持续多久,张凝回来之后,宋朝的远征军队再也没有动作,而且绥州城也停建了。宋朝政府一直在争论能否建成绥州城,而并付诸实践,但是,时间就这样被拖延了。

四月,真宗临时更换主帅,由殿前都指挥使王汉忠替换主帅王超,当时王超已经率领远征军到达了环州一带。

但未及两位将帅交接,就在四月间,党项腹地的李继迁突然出现在灵州城下,他召集了全族人,在宋朝援军到来之前,全力以赴,火速攻城。

而这时的灵州,已经被完全孤立,粮草之路已经被断,而清远军城毁灭,在李继迁的全力进攻下,灵州城终于陷落。

自此,宋朝再也无力控制河套地区。

李继迁却丝毫没有懈怠,获得灵州后他开始垂涎其他地方,这回他的目标是麟州。因为有上次被曹玮所击败的惨痛教训,这回他带来了两万名党项骑兵把麟州城团团围住。而且一来就抓住了麟州城的要害,麟州城没有水源,将城中的人堵在城里,他们要么在城中被渴死,要么就会出城和党项人决斗。

此时守城的是知州卫居实。他英勇善战,恪尽职守,面临被围城的危险,他想到的是进攻。曹玮也在党项人围城的时候派来了援军——李继周,但是李继周没有打破李继迁的包围圈,他失败后撤退,曹玮就再无音讯。卫居实知道,紧要关头,只能靠自己。战争从开始就异常惨烈,每一步都为了维系生命和水源,为了能获得胜算,他出重金招募死士夜袭党项营地。黑夜之中,李继迁的人马无法分清敌我,自相残杀,损失惨重。但即使如此,麟州城还是没有夺下水源地。

麟州危及,但突如其来一场大雨,缓解了城中的饥渴。接下来并州、代州副部署张进亲自率军赴援,李继迁见强敌来到,立即撤退了。

麟州之战虽然相当惨烈,宋朝军队最终还是打败了李继迁。

党项、吐蕃之争

公元1002年宋朝内忧外患不断，西北的党项和北边的辽国此消彼长，不停地冲击着边境，其结果是北边不停地被掳掠，而西北边则更严重，丢了灵州城。

辽国的形势也非常微妙，当时正在进行权力重组，耶律休哥、耶律斜轸都死了，他们是三军统帅。韩德让迅速上位，弥补这个空白，他成了辽国二百年来权力最大的大臣。他总领辽国南北的军政大权，同时兼任齐王、大丞相、北院枢密使、南院枢密使。总之，他集辽国的高级官位于一身。

党项则还是以李继迁为首。李继迁把灵州改名为"西平府"。并把这里作为他的都城，开始盖宗庙，又修建了大批的官员公署，开始了安居乐业的生活。

不过李继迁不可能能这样轻易满足，当他安享灵州时，又开始筹备另一场战争了。对于契丹人，战争是一本万利的买卖。

公元1003年四月，耶律诺衮和萧挞凛率领辽军进攻宋朝，他们此行的目标是宋军前锋大营——定州，为此他们准备了充足的兵力。

辽军一路闯关斩将，宋军主帅王超直面辽军。辽军的新主帅是萧挞凛，此人凶狠强硬，是骁勇的战将。辽军进入宋朝境内之后，王超才得到了战报，但是作为沙场老将，多年的生死磨砺让他立刻警觉起来，他坐镇定州，等待敌人，稳住北方战场的局势，然后传令镇州和高阳关两处重镇兵马火速靠近定州，集结精兵，对战契丹。

接到王超的命令后，镇州方面都部署桑赞立刻出兵支援，但是另一边高阳关的都部署周莹却拒不支援，王超震怒却也无奈。

虽然少了三分之一的主战部队，王超却不能再做犹豫，他以桑赞为助手，和辽军主帅萧挞凛决一死战。

第一战发生在定州北地望都县，宋军派出1500步兵在望都外结阵对抗辽军，以拖延契丹骑兵的步伐，然后王超率主力冲杀。激战到深夜，宋军以少对多，在夜色掩护下击退辽军，但兵力严重不足，王超只得命令宋军趁夜色撤退，据守关隘，等待后方支援。

黑夜战乱，待到天亮以后，王超才发现王继忠没有撤出来，而战场上激战仍然在继续，王继忠已经成孤军之势！

王继忠部全军覆没，从大局着想，王超没有挥师救援，他派出了张旻回杀过去，但是王继忠已经英勇殉难。

真宗闻此讯息悲愤难当，终于大发君威，要在北线集结15万大军，和辽军死战。此次他吸取了上次三路大军分散的教训，全部都集结在定州，布阵排兵，以骑兵为中心，步兵在外围。真宗还安排了多处陷阱，等待辽军中计，以及和辽军刀枪硬碰的对抗。

但是辽国人突然间又没消息了，宋朝庞大的军队只能虚悬在边境线上，时刻警备。这固然消耗士气，但是真宗时期政策是以守为主，主动攻击辽国，或者出兵报复似乎已经不再议程之内了。

宋朝形势告急，北方战线，良将战死，国都之中，内政大臣病重身亡。真宗已经感受到了四面受敌，但是这仅仅是开始。四个月之后，西北边疆的警报再次响起，李继迁又一次集结全族人马，开始向宋朝的环州和庆州进攻。

宋朝上下一片和惶恐，那些大臣甚至想要动用北方防线上的骑兵支援西北边境，而此时辽国的战争随时都可能爆发，党项人再打进来，也许真的后果不堪设想。此时真宗对李继迁的判断是：他在要诈，他真正的目标是西边。

真宗此次的判断是正确的。李继迁的确是声东击西，他不敢动辽国，也不敢轻易攻打宋朝，所以只有向西，直指潘罗支。潘罗支在此之前已经和宋朝密切交往了，如今他已经是宋朝的朔方节度使、灵州四面都巡检史。潘罗支说自己随时准备好作战，真宗坐在开封的皇宫里只能坐等消息。此时的东亚地区，每个国家的风吹草动都能决定另一个国家的兴衰，整个地区休戚相关。

但不久后传来消息——李继迁成功攻破了西凉城。潘罗支低估了李继迁，毫无防备的吐蕃人就这么被赶出了河西走廊。

河西走廊，即现在的甘肃省黄河以西，祁连山和北山之间，东西约长1200公里、南北约宽100~200公里的广袤区域，历朝历代都是中原通往西域的咽喉要道，汉唐之间最著名的"丝绸之路"就必经这里，战略意义无比重大。

攻下河西走廊的李继迁没有停下脚步，他十月攻占西凉，十一月接着向西杀去，他要乘胜抓住潘罗支，将吐蕃部落荡平。在这时战略地位极为不利的潘罗支宣布投降。这种招数李继迁已对宋朝用过无数次，他自然知道其中一定有阴谋，但自负的他还是决定受降，因为他觉得自己的实力在潘罗支之上，哪怕对方使诈，也可在关键时候取胜。

但事与愿违，李继迁回撤的时候，伏兵四起，吐蕃六谷部族召集了其他部族，所有人合力围攻李继迁。李氏部队勉强逃回西凉，李继迁也就此倒下，没过几天就因伤重不治而亡。

临终前李继迁告诉自己的儿子，要保守秘密，不能让吐蕃人知道自己的死讯。先到辽国报丧，这样辽国就会给予封赏。然后要归顺大宋，这次要一心一意，如果一次不行，就继续试，即使上百次被拒绝，也要继续向大宋归降。

失去李继迁的党项，元气大伤，他死了没几天，潘罗支就卷土重来。党项人这次没能抵挡住吐蕃的攻势，只能逃回灵州。此时，年幼懵懂的李德明被困在辽国、大宋、吐蕃和回鹘之间，周围的国家都对党项虎视眈眈，伺机而动。

宋朝不但没有借此机会向党项进攻，反而继续安抚，真宗派一名中枢大臣到达边疆，找到李继迁的汉人军师张浦，向他传达了大宋对李德明的好意。但是良机已经错失，当李德明再次回复的时候，他已经得到了辽国萧太后的答复，李继迁得到了辽国追封，被追为尚书令，辽国还派人到灵州吊孝。

这件事不能一味斥责真宗软弱无能，事情有轻重缓急。当时辽国侵扰宋朝边境，战争一触即发，倘若再分出兵力攻打党项，只怕两败俱伤，得不偿失。

不过两三个月以后，真宗就突然改变了主意，因为吐蕃人请战。有吐蕃这支力量的配合，真宗决定出兵。于是他命令驻守在边境的陈兴等待潘罗支的情报，只要潘罗支的消息一出现，就立刻带兵冲进党项境内的天都山，不用再等朝廷号令，这等于给了陈兴最高的授权。

潘罗支也想利用他人力量为自己壮大实力，增加胜算把握。所以他开始联络友好的邦族，龙族便是其一。但党项人围攻龙族时，前去救援的潘罗支刚到龙族战场，就被杀了。西凉城于是又属于党项所有。

党项和吐蕃的争斗，宋朝几乎没有任何损失，只不过是离间相邻的部族，以夷制夷。宋朝不必费力就坐收渔翁之利，唯一的遗憾就是战争的规模太小，不能解决根本问题，辽国还稳居于大宋北面，宋朝的仗还没有打完。

澶渊之盟

党项和吐蕃两败俱伤之后，宋朝就专注于北线战争。此时已经到了公元1004年7月，宋朝的国内政局发生了些许变化，"圣相"李沆病逝。

真宗开始给帝国选宰相。因为在李沆死之前，"暴中风疾"的吕蒙正也顶不住了，他的政治生命已经被迫终结。这时的宋朝面临着内忧外患，选相一事刻不容缓。真宗遍览当下的几位参知政事以及枢密院的长官，冯拯、王旦、陈尧叟、王钦若、王继英……似乎都有所欠缺，不是合适人选。

最后真宗定的人选是毕士安，毕士安是代州云中人，之前他从进士做到地方官，然后调到京城，历任开封府尹和翰林学士兼秘书监。此人以仁德闻名。真宗曾问他："想要你当宰相，主持政事已经不是三天两天的想法了。现在天下正值多事之秋，你认为谁可以当你的助手？"

毕士安却说："宰相的位置必须有才华的人才能胜任，我本愚笨，不能当此重任。寇准忠贞正直，性情刚烈，而且能够谋断大事，他才能担当宰相的职位。"

真宗立马回绝，因为他觉得寇准太刚烈任性，恐怕难以服众。

但是，毕士安为寇准力争，他说寇准刚正不阿，正义凛然，能够舍身殉国，只有这样，才能秉公执法，去除当道奸邪小人，之所以有众多流言指向寇准，是因为他正气浩然，才高八斗，被人嫉妒。如今的国事繁多，皇帝的仁德能够惠泽国内，安民富国，但是边境外敌猖獗，这刚好能够让寇准施展才华。

真宗最后采纳了毕士安的意见，不过因为觉得毕士安素来仁德，应该出任宰相，就让毕、寇二人都出任宰相，而毕士安兼修国史，是首相，寇准做毕士安的副手。毕士安胸襟开阔，以大局为重，立相之事与他自身利益切实相关，但他能站在国家的立场冒险力保寇准，足以说明他是能够考虑全局利益的人。

为了能够让寇准顺利坐上宰相之位，毕士安的办法干脆利落，第一步就是把诬陷寇准、报案的申宗古扔进大牢，严加审问，史称"具体奸罔"。把内幕弄清之后，他却没有追究，直接上报给皇帝，然后下一步，就是把这胆大妄为的平民绳之以法。

就这样，寇准终于平安无事，并保住相位，这多亏了毕士安的庇护，才让寇准有机会建立功绩，青史垂名，并为宋朝子民带来了百年的安宁。

而当了宰相的寇准才发现每件事都关系到国家安危，而且根本没有辩白的机会，寇准如同身在峭壁边缘，稍不注意就会跌落万丈深渊。此时，毕士安的仁德和忠厚开始发挥作用，不断将寇准从危难之中解救出来，甚至挽救了已经到崩溃边缘的民族和王朝。如果没有毕士安，就没有流传千古的寇准，更没有以后的百年和平。

但当宋朝刚宣布毕士安和寇准为宰相，就发生了寇准造反的疑案，等到疑案水落石出，宋朝政府刚刚舒缓紧绷的神经，北方警报再响，契丹人的铁骑又来了。

真宗景德元年闰九月，契丹国主和萧太后进攻宋朝。契丹的先锋萧挞凛率领着二十万大军已经越过了瓦桥关，攻下高陵，直抵澶渊，契丹部队已经要越过黄河，直冲中原而来。宋廷惶恐不安，众位大臣为是战是降争论不止。真宗万分焦急，问各位宰相该如何处理。宰相和议之后，认为皇帝御驾亲征是最佳方案，但是真宗迟迟不肯动身，他一直在犹豫。

边防告急的书信一夜之间就成堆叠放了，寇准扣住告急信，泰然自若。真宗忐忑地召来寇准，问其对策。寇准直接告诉真宗，只要他直接到澶州督战，一定会令守城将士士气大振，到时候战争就会迎来转机。但是王钦若和陈尧叟却力主让皇帝尽快逃跑。王钦若和陈尧叟都与寇准平级,此二人一个是参知政事副宰相,一个是枢密副使。他们对契丹的进攻意见一致,都是请求皇帝逃跑,一个请皇帝逃到成都(陈尧叟的老家),一个请皇帝到金陵(王钦若是江南人)。

这个提议看起来没有道理。宋朝开封城内还有数十万禁军,河南河北只不过是战况激烈,但是还没到全军溃败、不可制止的地步。只是宋人已经惧怕战争,惧怕契丹人了,而这次契丹出动雄兵20万,对宋朝的威胁极大。真宗在位期间,从未出现过这样的事情,而现在河北被契丹占领,河南甚至开封都受到契丹威胁的局面是大宋建国以后从没有出现过的危难形势。但是真宗并没有采纳逃跑的建议,他终于下定决心披挂上阵。

其实真宗是在寇准、高琼和将士们的催促下,被逼无奈,才决定动身到澶州去。真宗一登上澶州北城门楼,将士军心大振,立刻反攻辽军。此时,辽军三面围城,宋军就在要害处设置弩箭,辽军诸主萧挞凛带兵察看地形时,进入了弩箭阵地,萧挞凛中箭身亡。辽军见到主帅阵亡,立刻溃散逃亡。

萧太后得知此噩耗,心痛不已,也开始恐惧宋军的战斗力,而宋真宗御驾亲征率领的部队也马上就到城下,萧太后知道再也无力对抗宋军,只得求和。萧太后下令暂停攻城,虚张声势震慑宋朝守军,而实际上在准备议和。

寇准反对议和,认为如果辽国想要议和,除非他们对大宋称臣,并归还幽州之地,以此保宋朝百年平安。寇准的意见并未被采纳,真宗一心求和,他派使者曹利用到辽军答应谈判。曹利用出城之前,真宗还叮嘱他,如果要赔款,即使每年一百万也要答应辽国的要求。

寇准在旁边听了很痛心,便趁曹利用离开行营时紧跟其后,一出门,一把抓住曹利用的手说:"赔款数目不能超过三十万,否则回来的时候,我要你的脑袋!"

曹利用深知寇准的厉害,便小心地与辽人商议,终于把合约签订了下来,他回营禀报真宗:

宋辽约为兄弟之国;

辽圣宗称宋真宗为兄,宋真宗称萧绰为叔母;

宋每年给辽银十万两,绢二十万匹,称作"岁币";

双方罢兵,各守旧疆!

真宗听罢,顿时神清气爽,心中的大石头终于落地,认为曹利用做得很好,以很小的代价便换取了和平,对曹利用说:"曹卿家不辱使命,回朝后朕自有重赏。"

这便是历史上鼎鼎有名的澶渊之盟,对于长期所向披靡的中原王朝来说,这是一个转折,号称强大的大宋王朝,却被契丹族如此压制,拱手相让自己的土地,而且与其约为兄弟之国,并且岁岁纳贡。

"各守旧疆"的盟约令宋太祖和宋太宗魂牵梦萦的燕云十六州合理合法地成了辽国的领土。获得燕云十六州,敌方骑兵便可在华北平原上直趋南下,从真定至东京,宋朝将无险可守。

从战争的进场看,真宗也明白,宋朝是不战即败,但是,他不愿意反击和作战,他在为国计民生考虑。

从此,宋朝都以发展经济,改善百姓生活和进行文化建设为主要任务。此时的宋朝商业发达,农耕业发展,科技也不断进步,北宋看起来国富民强,一片歌舞升平的太平景象。

富足和闲暇的生活让大宋上下都对军事力量的发展产生了懈怠,武将的地位一落千丈,文臣则青云直上。

"天书降临"

澶渊之盟后的一段时间，真宗倚重寇准，这引起了王钦若的妒忌，于是王钦若想方设法进谗言诬陷寇准。在谗言的影响下，真宗果然开始怨恨寇准迫使他亲征之事，认为那是拿他的生命冒风险，并且认为签订澶渊之盟的耻辱都是寇准所带来的。于是真宗撤掉了寇准的相位，信用王钦若、丁谓等人为相。

大宋上下群情激愤，而澶渊之盟究竟是光荣还是耻辱，这个问题不断困扰真宗，他开始寻找一种神秘的信仰来冲淡这个盟约带给他的负面影响。

善揣圣意的王钦若见时机已到，就建议真宗效法古代君王昭示功绩的做法——到泰山举行封禅。由于一无战功、二无国喜，真宗便觉得此举"师出无名"。王钦若再献一策：自己制造"天书降神"的假象，以此令天下万民信服。

真宗为了重振雄风，再找回皇帝的威严，洗脱澶渊之盟的耻辱，便使用了王钦若的计策——伪造"天书"以封禅泰山。

"泰山封禅"包括"封"和"禅"。"封"就是在泰山顶上祭祀天帝，表示把功劳归于上天。"禅"就是在泰山下面的小山丘上积土筑坛祭祀地神，表示报答大地的宽广恩赐。

王钦若的计谋虽然不错，但毕竟是向天下人说谎，真宗也心虚得紧，于是决定从新任宰相王旦开始进行说服。

真宗为了说服王旦，不惜屈尊请王旦喝酒，真宗的真诚让王旦感激涕零，酒酣耳热之际，王旦发誓效忠真宗，此时，真宗还在思忖王旦的真心，为了笼络他，真宗以送酒的名义给了王旦大堆价值连城的宝物。一来也表示皇上的器重，二来则有威胁之意，若尊崇帝旨，金银财宝自然不是问题，不然后果会很严重……王旦心知肚明，识时务者为俊杰，王旦自然知道怎么做。

公元1008年正月，真宗召见王旦、王钦若等人，他说："去年某天我打算睡觉的时候，屋里突然明光大显，一个神人告诉我，要在下个月的三日在正殿做道场一个月，然后就会降下天书《大中祥符》三篇，还让我不要泄露天机。我赶紧站起来，神仙却不见了。十一月末。我就在朝元殿建立道场，现在皇城司报告，有黄帛落在承天门屋子角上。我仔细看了，这就是神仙说的天书。"

真宗要群臣留下，一起聆听天书。三部天书的内容都是夸奖真宗能够恪守仁德之道，继承祖业，还叮嘱他以后要勤勉政事，最后说大宋会国运昌盛。

天书被真宗藏到金匮中，君臣又大肆庆贺一番，还下令让京城百姓大吃大喝五天，以示庆祝。

有了群臣的支持还不够，封禅之事还好得到百姓的认可，而天书事件发生以后，真宗收到了来自全国各地的贺言和文章，他开心地忙碌着。

三月，兖州的一千二百八十七人到京城请求赵恒封禅，赵恒委婉地拒绝了，虽然兖州父老再三请求，真宗还是婉拒。各地人民都派人到京城请求真宗去封禅。宰相王旦也顺应民意，率领文武百官，地方官员甚至和尚道士连续到皇宫请愿。四月的时候，"天书"再降，此次降临到了功德阁。

天书降临，真宗受宠若惊，为了表示对上天的景仰之情，他决定修建先玉清昭应宫，以此宫殿供奉天书。玉清昭应宫耗资耗力，劳民伤财。而真宗还沉浸在美好的设想中，玉清昭应宫要"东西三百一十步，南北四百三十步，总共二千六百一十区，是一项浩大的工程。

为了保证质量，真宗还委任三司使丁谓作为监工，而丁谓也就是从这个时候开始成为真宗的心腹。

如此浩大的工程，在当时的建筑技术水平下，建造完成期限必然遥遥无期。当时的技术和主管部门认为要完成需要十五年，而丁谓为了争功，要求日夜不停施工，工期缩短了一半多。

而丁谓的战术不过是人海战术，每天在工地劳动的人超过三四万，为了找到这么多的工人，他不惜搜罗天下，奴役天下百姓。

各地方各级官吏也趁此机会在百姓头上作威作福。南方在砍伐木材的时候，由于丁谓定下的期限十分紧急，服役的民工日夜加班甚至劳累致死，官吏们还是指责他们延误工期，将工人的妻儿押入牢狱。

供奉天书的玉清昭应宫花费的人力物力难以计数，自然也是金碧辉煌，连绘画都使用黄金做颜料，四方名古画都放置于墙壁之上，这座宫殿可以称之为当时建筑史上的奇葩。

可惜的是，这座凝聚了无数劳动人民血汗和智慧的宏大建筑，仅仅十多年后便毁于大火。

真宗找来丁谓，问他玉清昭应宫的建造费用是否有问题。

丁谓极力迎合怂恿，说费用方面绝对没有问题，还能小有剩余。

大中祥符元年四月，真宗再次下令到泰山封禅。此次王旦是封禅大礼使，其他众官员随行。十月初四，真宗带领随从出开封，于十月二十日到达泰山脚下。

这次封禅声势浩大，安排事无巨细，从山下开始到山顶每隔两步就设一人供使役。山路陡峻，登山的官员都被小心服侍。封禅仪式开始以后，程序烦琐：三献、读玉册、封金匮、阅视一步不少。等到一切仪式结束，山下高呼万岁的声音震荡在山谷之间，久久不散。

史书记载，真宗从开封出发到泰山封禅，然后回到开封一共用了47天，到达泰山的时候，天气变阴，而且狂风大作，烛火都无法点燃，到了举行封禅大典的时候，天气突然转晴，一下子万里无云，真宗认为这是神灵护佑的结果。封禅泰山之后，真宗下旨给王旦，要求他记录这一盛事，写下《社首坛颂》，其实就是讲自己的功德。

在后来的一个半月中，真宗带着天书在泰山祭祀天地，在社首山祭祀地神，还到曲阜祭拜孔子。此外还带着天书四处祭拜，到次年十月，编造了赵氏祖先降临的闹剧，还改称孔子为"至圣文宣王"，在亳州太清宫加封老子为"太上老君混元皇帝"，自此真宗不断修建宫观，祭祀活动日益频繁。

宋真宗自从订立了澶渊之盟就开始进行各种祭奠活动，这么做一方面是为了掩饰他的无能，粉饰太平，另一方面则是要告诉辽国，大宋是听信天命的，天命不可违，不要妄图侵犯大宋。这样做在开始的时候赢得了百姓的尊重和认可，但是后来大搞迷信活动，广建寺庙和道观，劳民伤财，政治腐败，社会矛盾又开始变得不可调和，到公元1022年，真宗去世，其伪造的"天书"随他葬入陵墓，这一切才算结束。

平民皇后刘娥

公元1009年，宋朝风调雨顺，百姓安居乐业，一幅国泰民安的景象。而党项和契丹的情况却相反。党项的李德明得到了辽国的册封，也成为西夏王，还和宋朝协商出了五条和平协议：宋朝封李德明为定难节度使、西平王；宋朝每年赐茶、钱财和绢给西夏；给内地节度使俸禄待遇；党项使臣可以带着货物出使的同时做买卖；开放青盐禁令。

所以，西夏的东北方、东南方是稳定妥当的，可是西北方呢，就不那么尽如人意了。

党项人和吐蕃人已经结仇，李德明刚把潘罗支暗算了，结果潘罗支的弟弟厮铎督马上又把党项人赶走，把凉州城又夺回去。从此之后，两国交战不断，李德明用尽毕生精力和儿子们的鼎力相助，才夺回凉州城。而不安分的他，同时对回鹘人也下手了，就在宋真宗在泰山封禅的时候，他两次派兵去攻打回鹘人的甘州，结果却被打得落花流水，灰溜溜地回家。从此之后，两国之间也是交战不断。不间断的战争长达24年。

在此期间党项对宋朝和契丹皆俯首帖耳，不敢惹是生非，所以彼此相安无事。而在另两头，却是整整近30载战火纷飞，时刻都有灭顶之灾。幸而当时的辽国和宋朝都无征战之心，不然党项早就不存在了。

萧太后于公元1009年去世，死之前大开杀戒，辽国上下人人自危，等到强悍暴虐的她死后，辽国失却了行军打仗之心，只想休养生息。

澶渊之盟订立之后，萧太后回国，迎接她的是自己的姐姐——皇太妃萧胡辇，皇太妃此时春风满面。两人都没有丈夫了，姐妹两人相依为命，也同时都是政治军事能力极强的女人，辽太妃（萧胡辇）曾领兵荡平北方蛮族，死在澶州城下的萧挞凛曾是她的嫡系属下。可她却并不幸福，直到她遇见了挞览阿钵——一个马夫。而萧太后却因为挞览阿钵的身份太低，而不同意此婚事，并强行拆散她们。

后来在萧胡辇的坚持下，萧太后被逼无奈，把挞览阿钵还给了她，灾难就此发生。挞览阿钵是个心胸狭窄而且野心勃勃的人，他被萧太后毒打后对她心存记恨，于是他不断挑唆刺激萧胡辇，使她决心造反。萧胡辇受其蛊惑，于是刀兵四起，辽国内部一番死拼。

萧太后刚殚精竭力地打了澶渊之战，20多万人马仅仅回来一多半，损失惨重。而萧胡辇久经战事，所率部队也都是身经百战的精兵。这场内斗之残酷，对契丹人的伤害远远超过了刚结束的南征。

最后还是萧太后赢了，可是国家内部斗争已使她精疲力竭。与萧胡辇之间的斗争令萧太后油尽灯枯，尽管萧胡辇是死路一条，但萧太后也难逃时光的摧残，不久就去世了。

萧太后的离世令辽国瞬间黯淡下来，实力大不如前。按理说宋朝应该趁机攻打辽国，夺回燕云十六州，但是宋真宗并没有趁此把握机会，而是转为安抚国内。真宗认为，辽国的偃旗息鼓是上苍对他的厚爱，他的百姓从此可过上国泰民安的日子。外敌既然已经削弱，真宗就开始下令修建"玉清昭应宫"。

公元1009年42岁的宋真宗中年得子，这是他的第六个儿子，之前的五个儿子都不幸早年夭折。

真宗第六子名为赵受益，其母是刘娥，这位刘皇后的身世十分传奇。她本是花鼓女，偶然的机会让她登上枝头变凤凰，并成了影响了宋朝政坛的人物。刘娥本是四川的孤女，十几岁就嫁给了一个叫龚美的银匠。龚美打造银器时，刘娥就打着拨浪鼓招徕顾客，他们就这样一路从四川走到开封。在龚美穷困至极，走投无路时，把刘娥卖给了一个姓张的襄王府给事，刘娥的命运由此发生了天翻地覆的变化。张姓襄王府给事，直接将刘娥交给了赵恒，而赵恒则对刘娥一见钟情。

刘娥受宠后遭人嫉恨，有人向太宗赵光义进谗言说赵恒不务正业，整日里和四川民女在一起……太宗震怒，勒令赵恒将刘娥赶出王府，永远不能来往。刘娥安然出府，躲进张管事家中，此时的刘娥却是因祸得福。她没有怨天尤人，而是借此机会遍读诗书，苦心研习琴棋书画，如此聪明上进而又善解人意的女人，自然得到了赵恒的刮目相看，赵恒对刘娥的爱保持了一生，这在帝王家是极其罕见的。

然而刘娥身上有两个没法弥补的致命伤——出身贫贱，没有子嗣。

刘娥是花鼓女出身，真宗因为宠爱她，多年来不止一次提升她的地位，说她祖籍太原，祖辈曾是五代的高级将领，因为战乱才和家人失散，颠沛流离到四川，但是这个说法不能服众。不过，刘娥从侍妾到美人，一直到后来的嫔妃，都是靠着自己争来的。而没有子嗣是刘娥最大的悲哀。快到不惑之年时她还没能给真宗添上一儿半女，在宫廷之中，这是对地位最大的威胁。

公元1006年，郭太后去世，刘娥在宫中地位虽高，但是出身贫贱的她没有资格被立为皇后。朝中大臣都拥立沈才人为新后，真宗因为宠幸刘娥的缘故一直不肯对立后之事表态。刘娥为了压过沈才人，就想了个移花接木的招数，让自己的侍女李氏服侍真宗。真宗临幸了李氏后，李氏为真宗产下一男婴。刘娥的目的达到了。真宗中年获子，喜出望外，给孩子取名赵受益，后来改名为赵祯。

刘娥将李氏的孩子据为己有，严禁宫人向孩子说明真相。而真宗因为宠爱刘娥，默许了她抱养李氏之子。拥有了子嗣的刘娥被册立皇后，也为她争夺到了在真宗死后垂帘听政的权力。

第八章 女人天下，刘太后掌权

只知丁谓，不知皇帝

封建的王朝，不管国势强弱、国祚长短，终究只是一家的天下，比如唐之李氏、宋之赵氏，可以子传孙、孙再传孙，子子孙孙代代相传。以血统而定尊卑的法则颇不合理，因此会有陈胜登高振臂，高呼出一声震撼千古的口号："王侯将相宁有种乎？！"然而陈胜们毕竟是少数，大多数人还是不得不无奈地接受现实，接受那些"天生"的皇帝和王朝。

大宋一直姓赵并不意外，但赵氏子孙不会辈辈精明强悍、个个英明神武，赵匡胤能够取代后周，就无法避免他的子孙也被人乘虚而入。

时间终于走到了公元1023年，宋乾兴元年二月十九日，宋真宗已经病入膏肓，病榻之上，他充满留恋而又担忧地看着这个世界，手中的权力再大，也大不过命运的召唤，死后的大宋能否照旧，却是他最不该考虑却又不得不去考虑的问题。

"皇太子聪明睿智，天命已定，臣等竭力奉之。况皇后制裁于内，万务平允，四方向化。敢有异议，乃是谋危宗社，臣等罪当万死。"丁谓的长篇大论，正是让皇帝放心离开，即使身后剩下的是孤儿寡母，但大宋王朝依然姓赵。

然而处心积虑的保证背后往往隐藏着不为人知的阴谋，丁谓的保证从真宗死的瞬间开始失效，他开始筹谋独掌朝政的机会。

当然丁谓并未采取谋朝篡位继而黄袍加身的办法来攫取大权，因为没有军权的文臣即便权势再大、声望再高，也很难成功地逼宫夺位，但历史上立一傀儡皇帝以正令名，自己则隐藏在幕后乾纲独断的权臣却不乏其人。而要实现这一点，有三个必不可少的条件，第一，孤儿寡母好欺负；第二，群臣软弱能驾驭；第三，宦官听话常联络。

丁谓的计划从拟定诏书开始。皇帝死后，诏书就是一切，一切都要按诏书来执行，而口说无凭立字为证，这也给"假传圣旨"留下了很大空间，所以丁谓一看到诏书执笔人副宰相王曾小心谨慎地刚刚写了几个字，就突然叫停："有个字你多写了。"

群臣大惊。篡改诏书是株连九族之罪，这样的事怎能出差错？丁谓又指着诏书问："王曾，'皇太后权同处分军国事'，有这个'权'字吗？"

群臣再次震惊。"权"在这里是代理、暂时的意思，有"权"字，刘娥仅仅是暂时辅佐，若无"权"字，刘太后便可终身辅佐，成了名正言顺的武则天。这已经不是简简单单地篡改遗诏，而是违反大行皇帝遗愿的大逆不道之举。

大臣都知道，丁谓这是公然的造反，然而所有人都保持沉默，整个大殿死一般地寂静。谁都知道，此时说话意味着什么。然而总有人会受内心正义力量的驱动，而不会屈服于权力的淫威，与那些冒死篡改诏书的人一样无所畏惧。他就是王曾,他反对的方法很简单——直接把笔扔掉。

接下来丁谓的反应才真正让王曾吃惊,他竟然——忍了!而且示意王曾捡起笔来,毫无疑问,这个"权"字被保留了。

丁谓自然不会善罢甘休,提出了一个让人莫名其妙的提议:"淑妃应该晋升为皇太妃。"这完全出乎所有大臣的预料,刚才是要让太后专权,现在又要立个皇太妃与太后东西两宫分权,完全是前后冲突自相矛盾。

然而即使自相矛盾,也一样再次遭到王曾的反对,不过王曾没扔笔,而是缓缓放下:"刚才没听到这一句。"

这仿佛是两个绝顶高手的对决,四目相对,身后风起云涌,寒气逼人,那交战的目光几乎都在大殿中流动,大臣们个个噤若寒蝉。

较量的结果看起来是丁谓失败了,当天的遗诏完全按照皇家的意思完成了,然而丁谓才是最大的赢家。丁谓的两个问题,一个探出了自己在高层群臣中的认可度,一个探明了刘太后在群臣中的认可度。丁谓妥协了两次,但他也胜利了两次,知道群臣可驭,刘太后可欺,唯一敢对抗自己的只有王曾而已,丁谓知道自己期盼已久的时机终于成熟了。

于是丁谓信心满满地开始了自己的清算,他要借此树立自己的权威从而驾驭群臣,不管他们曾经官有多高势有多大位有多重,一视同仁。清算完眼前的朝臣,又将矛头对准了与他积怨颇深的寇准、李迪等人,于是寇准被冠以恶名,贬至崖州,南海之滨。

开封城里有慈悲心的人看到离去的使者,都暗暗落泪,因为在这两位使者的坐骑上以锦囊各包着一柄长剑,那是赐死之意。

这是丁谓的心理战,区区贬官,并无死罪,却让使者腰佩长剑。如果还记得赵光义执政初期的"李飞雄事件",那就能明白一柄宝剑的威力了。结果,李迪见此阵势真的自杀,幸亏被儿子救起,这杀人不见血的阴谋才没有得逞,而寇准则表现得无所畏惧了,照旧饮酒不误,果真老臣风范。

不管怎样,丁谓屈服了众臣,获得了群臣或表面或内心的支持,声望权势一时人人侧目。夺权的第一步完美实施,丁谓便开始放心地实施第二步计划了。

当王曾正在参照东汉体例为仁宗母子的座次排位寻找依据的时候,丁谓出现了,他环视了一下刚才还争执不下的大臣,一种万人之上的感觉油然而生,于是提议:"鉴于皇帝太小,太后操劳,每月初一、十五两次朝会算了,大事则报,无事则歇,如何?"

此言一出,政事堂的大臣们愤怒不已,却又敢怒不敢言。皇宫深处,太后皇帝本不住一处,如何商讨政事?而且一月两朝,一年才24次朝会,这怎么加强君臣联系,再退一步说,万一皇帝太后病了,深居后宫,谁来保卫他们安全?如果加大太监的权柄,既掌宫廷护卫,又掌传递政令,时间久了,太监与大臣得外勾结,整个宫廷和后宫就得重新洗牌,历史上这样的列子比比皆是,这简直就是明火执仗地篡权谋反!

此时王曾又站出来了,试图顽抗到底。丁谓却做出了更让大家惊讶的举动:"我是首相,把我的动议送到后宫,看太后听我的还是听你的。"

这是一着险棋,要剥夺太后的权力还要让太后亲自同意,看似很没有道理,然而太后深居宫中,也不知道前方大臣到底站在哪边?如果反对,支持者会有多少?这是一场心理的博弈,最让人想不到的是,刘太后——同意了!丁谓明白,现在人人都是小心翼翼如履薄冰,不知最后谁会得势,还没看准,连太后也不敢乱说乱动——丁谓抓到了人心中的七寸,一击得中!

不久之后,小皇帝赵祯借口不舒服,不理朝政,太后就想移政一处,全部由自己处理。政事

堂群臣束手无策，只好再请丁谓，丁谓风风火火赶来，先征祖训，后寻经典，再陈利弊，直把太后说得哑口无言，再也不敢动此念头，接着面对群臣，怒不可遏地训斥一番，告诉他们如此"简单"的事情以后直接驳回。

这是一次正面的交锋，丁谓一箭双雕。既打消了刘太后擅权的念头，又在对手面前冠冕堂皇地乘胜追击，还再次印证了自己在群臣面前的权威和说话的分量，至此可算是将太后和群臣彻底制服。连他们都屈服了，那些负责内外联系望风而倒的太监怎会不归附于他，堂堂大宋，一手遮天的不再是后宫皇帝，而是丁谓，一个权极一时的宰相。

国家大事由丁谓为首的文官申报草拟，批准后又由丁谓党羽贯彻执行，皇帝年幼又与太后相距甚远，所谓批复，仅仅是个形式而已，皇宫内外，庙堂江湖，丁谓的全权掌握，不似皇帝胜似皇帝！

丁谓罢相

春秋战国时代百家争鸣，而能流传千年长盛不衰的不过一家而已，而这一家的核心，从开始就被确定为中庸之道，所谓中庸，即不偏不倚，持衡守中，它是儒家的大智慧，也是在官场上生存下来的守恒法则，强极则辱，荣尽则损，高处不胜寒，走到巅峰的时候再想前进，也就只剩下坡一条路了。而权倾天下的丁谓，怎么也不会想到，明明是给死去的皇帝挖的陵墓，最后竟然会成了自己仕途的终点。

在古代，给皇帝修建陵墓是仅次于新皇登基的头等大事，然而宋真宗太过自信，没想到自己离世会如此迅速，而赵祯即位后丁谓忙的事情太多了，先是想改遗诏，接着是打击群臣，发配寇准、李迪，再接着给小皇帝、刘太后安排大臣朝见的时间，待一切理顺之后已过去半月有余，给宋真宗建山陵的事情不得不提上日程了。

陵墓修建总负责人称为山陵使，满朝文武之中丁谓自然是不二人选，坟墓没有建在都城开封，因为按照赵匡胤遗训，皇室的坟墓都建在洛阳。这样丁谓就不得不开封、洛阳两边跑，对于步入晚年的丁谓来说，找一个替身分担一下负担成为必要。

这时一个人站了出来，他就是大太监雷允恭，他是皇宫和外界连接的唯一桥梁人物，不但皇帝太后对他另眼相看，连权倾天下的丁谓都"深德之"，也正是通过他，丁谓才得以牢牢控制着皇宫内部。

如果丁谓知道，肯定是不会让他去的。但雷允恭好面子、爱出风头，对于"山陵使"这样代表着极大的荣耀和特权的差事，雷允恭自然不会甘心袖手旁观，尤其是当他看到身边那些地位比自己低、权力比自己小的太监都去的时候，他更是不甘示弱，终日在太后面前进言，终于说动了刘太后。

太后都同意了，况且是为先皇修陵这样的大事，丁谓实在是不太容易找到合适的理由阻止，只能同意了。雷允恭一到立即对山陵副使张景宗等置之不理，自己主持一切。

事有凑巧，雷允恭到任后，负责陵墓勘察的司天监邢中和突然有了新的发现，他告诉雷允恭，根据最新星象观察，坟墓的位置若能向上移动一百步，将会对子孙后代有极大的好处。

雷允恭自然非常高兴，自己一来就有如此重大的发现，表现立功的时候到了，就督促邢中和赶快行动。

"可是……只怕那里石头太多，而且会有地下水。"邢中和担忧的是这些，因为地下水可是建陵最忌讳的东西，要知道阴宅入水，死者不安，生者不孝，况且这是帝陵，出事了谁负担得起？

但雷允恭被自己好大喜功的疯狂想法冲昏了头脑，不肯错过这千载难逢的邀功机会，毕竟作为太监很难碰到这样的事情。于是就决定按新方案来，自己则很有信心地回去禀报。

刘太后怎能同意？这是自己丈夫的陵墓也是皇帝的陵墓，事情太大了，怎么可能说改就改呢？但现在身不由己，她不好直接反对，便让他去找山陵使商量。然而一直聪明的丁谓不知此时为何犯了糊涂，他明知此事不可，却不置可否含糊其辞，雷允恭便回报太后："山陵使不反对！"山陵使都不反对，太后更是无话可说，那就改吧！于是这便成了丁谓犯的最大的一个错误。

改的结果跟风水大师预料的一点不差，地下水冒出来了，雷允恭站在那冰凉的地下水中，那一瞬间的冰凉让他热昏的头脑彻底清醒了，他知道大祸即将临头，包括他的上峰山陵使丁谓，他的一切也将会被淹没。

反击的机会来了，丁谓可以无罪，但制止不了别人的有罪联想。又是王曾，他根本不用振臂一呼就立即得到了群臣的响应，因为大家对丁谓的飞扬跋扈早已厌倦，群臣取得了一致，王曾找到了太后，阐明了自己希望借雷允恭扳倒丁谓的想法，自然与太后是一拍即合——刘太后从来都没有屈服过，只是怕自己势单力薄才不得不暂时收敛锋芒，这次探明了群臣的想法，自然是高兴非常，这个联盟瞬间结成，大宋朝里最聪明（王曾）、最稳重（冯拯）、最坚忍（曹利用）的几个脑袋彼此碰撞了一下，倒丁的火花就转眼迸发了。

刘太后也是政治高手，建陵出了意外，自然要亲自过问一番。她招来了丁谓，和皇帝一起垂帘问责。丁谓自然不敢怠慢，他虽然自己没有明确反对负有责任，可还是努力撇清和雷允恭的关系。他滔滔不绝地讲，没有打断也没有指责，直到一个内侍突然出现，撩起帘幕奇怪地问道："相公在和谁讲话？皇帝和太后早就走了！"

丁谓出离愤怒，堂堂大宋宰相竟然这样被戏耍了，这是公然的蔑视和侮辱，然而丁谓无计可施。此时这件事已经传遍了整个都城官场，大家都在沉默，却在沉默中联盟。大臣探清了太后的意图，明白刘太后之前的所为不过是不得已的韬光养晦，现在太后站出来了，形势明朗了，也到该动手的时候了。

敢在皇帝的陵墓上做手脚，雷允恭自然是难逃一劫，查出盗用大内金银珠宝无算，直接乱棍打死，家属发配边疆。一个"从犯"尚且如此下场，那那山陵案的"主谋"呢？

公元1022年，宋乾兴元年的七月份的某天，宰执大臣们正共进午餐，突然间后宫宣召大臣们入见，唯独丁谓例外。

他被孤零零地留了下来，顿时明白了即将到来的将是什么，他的命运正在不远处被别人决定着，而做决定的这些人，不久前还对自己唯唯诺诺，而曾经呼风唤雨的自己此时却显得如此孤立无援，如此楚楚可怜。

从人人侧目到孤家寡人，一个小把戏，后宫就将他的队伍打得七零八落，正如《论语》所说："以力服人者，非心服也，力不赡也。"不得人心的结果就是如此孤立无援。那一刻的空荡，足以让他明白何为真何为假，他再聪明强悍，也挣脱不了制度的局限，也超越不了时代的束缚。

说到底，这还是皇权与相权的冲突。

秦皇之前，皇帝、宰相关系密切，可以促膝而谈，如同亲兄弟；这之后就是坐而论道了，皇位乃神圣之地，除皇帝外闲杂人等不得靠近，但宰相可以有座位有茶水，毕竟与一般人不同；到了宋朝，赵匡胤略施小计，连凳子都没了，连和皇帝"平坐"的位子都被取缔了——虽然宋朝实行文官制度给了宰相空前的地位和权力，可这权力在制度设计的时候都被悄悄渗了水，谁也别想真正造反，谁大也大不过天。

丁谓就这样被赶出了朝堂，去了他发配寇准去的地方——崖州，并且跟寇准的官衔再次拉成平级，他所有的儿子也受株连，一家回归平民。

丁谓踏上了很多失意之人走的同一条路，朝登天子堂，暮成烟霞客。回望京城的时候他一定想到了很多，老泪纵横之时，他肯定会无奈地想起那从权力的顶峰跌落到权力坟墓的经历，那时的心情肯定让他明白了伴君如伴虎的深意，体味到了"战战兢兢如履薄冰"是个什么滋味。

刘太后掌权

有人说，让女人远离战争，这是战乱纷争年代的事情，和平年代更确切地说是让女人远离政治，尤其在男权一统天下女人三从四德的封建社会。然而凡事都有例外，而且例外一开往往让人目瞪口呆，正因为对女人从政的这种高压限制，一旦有女人冲破这种高压，其结果会让所有人都大吃一惊。

武则天是其中之一，刘娥刘太后也不甘示弱。她可以在宋真宗死后隐忍多时，在所有人都以为她已经屈服，已经革除了政治野心，准备偃旗息鼓的时候，她突然出手了，而且招招致命，所作所为真有大家风范。

丁谓被扳倒了，朝政重归赵氏母子——准确地说是刘娥，归政于赵，本是大快人心之事，然而很多臣子却并不轻松，有一把利剑悬在头顶。要知道丁谓跋扈之时，为了苟且晋升，有多少大臣曾经表过忠心递过顺表，现在刘娥上台了，这些东西一经揭发，轻则降级重则免官，顺带还有皮肉之苦。然而刘娥却做了一件让所有人大吃一惊的举动，当着众人的面，她派人把抄出的士大夫书信付之一炬。这是和当年官渡之战后曹操的举动一样高明的处置措施，也取得了曹操当时一样的效果，群臣山呼万岁，无不归附。

这仅仅是对内的第一招，割除芥蒂，笼络人心，因为朝廷的运作毕竟还需要那些文官出智出力。

接下来她就开始清理宋真宗的"遗产"了，那可是赵恒耗尽宋朝的人力物力和精神而请下来的"天书"，是非常神圣的东西，是上天给予宋朝存在合法性，保佑宋朝国运长久的"神物"，一般来说应该好好继承，最好能发扬光大，然而刘太后不是一般人，她认为天上的东西人间不该有，谁请的东西谁带走，于是下令将这些东西全部随葬宋真宗的墓中。乍一看刘太后有些不近情理，做法有些不合礼仪规矩，然而正是这些不合礼法的做法却让群臣和百姓交口称赞。真宗在位后期的那些封建迷信活动劳民伤财、大失民心，几乎使国家经济陷于崩溃，刘娥将这些东西一扫而光，不但减轻了百姓负担，文武百官更是不用为这些无用之事劳神烦心了。

然而更让百官笑逐颜开的事情还在后头，在将宋真宗葬入永定陵后，刘娥面对群臣，真情地哭了，而且是心怀感激地哭了，说国家内忧外患，皇帝驾崩也早，若不是各位大臣帮忙出力，团结一致，这些事情怎么可能会圆满解决呢？除了态度上的感谢之外，更是要推恩于全体宰执大臣，要求他们将自己的子孙后代以及内外亲戚全部写出来，她一定大加封赏。

群臣振奋不已，觉得真是力无白出，纷纷回家翻阅家谱，将数得着的亲朋好友，门客学生统统列出，然后递交上去，静候佳音。事情到此群臣还是觉得一切正常，觉得刘太后真的是宽厚仁慈，觉得日子会越过越好，然而刘娥再次让他们大吃一惊。

时间一天天在焦急的等待中流逝了，然而递上去的名字却没有一个被推恩，相反还被压在了人事任用的最底层，从未被录用过。因为刘娥将所有的名单贴在了垂帘旁边的墙上，每当有臣子举荐谁做官，她都会看一下名单，没有才会录用！

好一个铁面无私，任人唯贤，刘娥的第二把火烧得轰轰烈烈！历史上女主临朝困难极大，没有大臣和外戚的帮忙往往难以站稳脚跟，在刚刚扳倒丁谓的情况下，她的这一步走得很冒险，因为这时一般的情况是要依靠群臣的力量整理朝纲，得到群臣的拥护从而使自己的政令得以贯彻实施。然而刘娥走得很决绝，做得很彻底。她不循"常理"有自己的道理。

封赏要么是物质的奖励要么是精神的鼓励，目的无不在调动群臣工作的积极性，让其为国家为皇帝尽心尽力，然而封赏却也是一个极具技巧性的心理战术。吝啬封赏者，如项羽，当封不封，该赏不赏，只有"妇人之仁"，纵有千般勇武，却也不能让将士为之拼命，结果落得四面楚歌时手里的封印已经磨损不堪，又能何用？过度封赏者，如宋真宗赵恒，也是过犹不及，滥封滥赏之下，用封赏之策去调动文武百官积极性的效率已经很低，何况人的贪欲是个无底洞，大宋的财政也无法负担高额的大肆封赏！所以到了刘太后这里，一切重新开始，别再想着推恩荫庇，也别指望徇私枉法，宋真宗的时代已经过去了。

当然，要想真正杜绝任人唯亲，真正让官场面貌一新，关键是要以身作则，这就是改革者的伟大之处，因为改革往往是从拿自己开刀开始的，这也是《论语》力曾经提到过的："其身正，不令而从，其身不正，虽令不从。"在刘娥立足未稳正需要外戚协助的时候，她却果断地推开了这些帮助，第一个受害者是钱惟演。太后刘娥仅有一个哥哥刘美，但是刘美比宋真宗还早死了半年，而钱惟演是刘美的妻舅，尽管亲戚关系非常牵强，但一旦有朝臣说钱惟演是皇亲，不宜留京，刘娥便马上命钱惟演离开京师，出知河阳府。其手段非常，雷厉风行，大大震撼了群臣。

小小的一个手腕，不但给了群臣一个警告，而且整肃了吏治，使官场的不正之风得到了遏制，大量有才贤德之人得以进阶，为宋朝的经济政治做出服务。这就是刘娥，懂政治，有魄力，有野心，有手段，对内在最短的时间用最简单有力的方法肃清了宋真宗留下的弊端，赢得了一个梦幻般的开局，让宰执大臣们眼睁睁地看着又一个武则天般的新星人物冉冉升起却又只能望风归附。

不但对内，在对外关系的处理上，刘娥也颇有手腕。早在给宋真宗治丧的时候，刘娥就借机照会契丹：宋朝皇位已经更替，而且主政的是刘太后。本来契丹皇帝辽圣宗耶律隆绪很难过同时也有些担心，自己的兄长突然驾崩，而新皇帝年纪又小，万一被人别有用心一番，辽宋的关系必定会出大问题。但刘娥的出现和表现却让他甚感安慰——没想到皇嫂如此了得。于是立马为赵恒设灵堂，建百日道场，通令全国各地方更是不能犯赵恒之讳。可以说是仁至义尽，把赵恒当哥哥来祭奠了。

然而等到辽国使臣前来吊孝，提出想见刘太后的时候，刘娥竟然给出了令所有人意外的答复：不见！原因是"礼不通问"，想想二十年前"澶渊之盟"是谁和谁签的？不是辽圣宗，现在按辈分大宋皇太后是"大嫂"，此事于礼不合，不行。

这一答复让辽国使者无话可说。还带来了连带效应，震慑了党项人，李德明主动上书，再次声明自己是"赵德明"，并且在西北治丧举哀。

这小小的举动，却取得了外交上的胜利，让外界看到了一个强悍的当朝者，也暂时断绝了那些因为新皇年幼而觊觎宋朝的野心。

就这样，简单的几步，刘娥震慑了边疆，又威服了臣僚，里里外外打理得井井有条，宋乾兴元年终于成了过去。万象更新之时，她终于做了一个一般人都会做的巩固自己地位的方法——改元。

年号既要意思吉祥，同时往往也表现了当政者的愿望。刘娥给翰林院的众学士出了一道大大的难题，然而毕竟是中国文化最昌达的宋朝，绞尽脑汁之后，他们写出了一个前无古人可能也自信后无来者的两个字——天圣！

这两个字真是再恰切不过了，人无出其右，手段无出其右，名字更是亘绝古今！

相权制衡

历朝百姓，最希望看到的是圣主掌朝，清官满庭，吏治清明，国泰民安，这样生时清平富足，死后知足安乐。然而千年以来，这样的时刻却总是如此难得，要么战乱频仍，要么皇帝昏聩，要么奸臣当道，能让三者协调统一的概率低之又低。

天圣朝算是一个很奇特的例外。

"天圣"这个名字的惊人之处不但在于它的霸气，更在于它的内涵。"天"拆开来看，即是"二人"，明确无误地传达出此时两人同时主政的信息。当然明眼人一看就明白，对于刘娥这样的人，她怎么可能与一个十三四岁的孩子共同分享权力呢？然而刘娥是女人，三从四德——"未嫁从父，既嫁从夫，夫死从子"——对于高高在上的太后和普普通通的村姑都同样适用。可是刘娥不但没做到这些，反而通过手段将自己皇太后兼领皇帝之职的礼仪都确定下来了。群臣虽然愤怒却也无计可施，更无可奈何的是刘娥的好运气。

这运气首先与死有关。死的是那些对她威胁最大的朝廷元老，而且是自然死亡。

首先是冯拯，这位天圣朝的第一位首相。除了因为是寇准的敌人被记住外很少有什么出彩的地方。而他病的时候却震动朝廷，连刘娥都感动得哭了，因为派去探视的人员回报说堂堂大宋首相，穷得叮当响，家里简陋节俭，连被褥都和百姓一样简朴。刘娥当时拨出巨款和好的被褥送去，让他安心养病后必重用。

然而节俭是假的，这位平日生活奢靡丝毫不逊色于寇准的人物到最后依旧不忘为名声而耍心眼——那种穷困潦倒全是他专门布置来骗人的。其实他的假正经在宋史里有了详细记录。平常一副正襟危坐庄严凝重大公无私的样子，让人畏惧，其实做的事情往往并不光彩。一般太监传达圣令，总会有位子有茶水，在他这里偏偏什么没有，读完就走，于是便博得了不惧权贵，不畏内臣的美誉。他更是从不与同僚在私家里谈论公事，一副公事公办的样子，于是群臣交口称赞，认为他正义凛然。甚至连钱唯演被调出京都是他的主意，这让他在小皇帝的心中也形象美好。

然而一切不过是沽名钓誉，临死时的伪装将他之前的假仁假义，假的无私正直暴露得一览无余。本为捞取更大的政治资本，谁知天不遂人，天圣元年十月，冯拯病后仅一个月，溘然长逝，死后虽然朝廷荣耀加身，然而人死如灯灭，一切不过浮云而已。

相比之下，另一个人的死却是实实在在的震动，是实实在在的万古流芳。他就是寇准。寇准生在战争年代，挽狂澜于既倒，扶大厦于将倾，战争时的临危授命更能体现他的智慧和才华，然而澶渊之盟之后他却再无用武之地，反而因为他的刚正不阿、他的放荡不羁、他的孤傲暴烈成为和平年代的毒药，于国于他都是一个悲剧。他已届高龄却被贬雷州，一看便知要被丁谓置之死地，然而如果当时刘娥稍加反对，最后得到一个像李迪那样的贬去衡州的可能还是有的，然而他的性格决定了这些。更决定了他被贬之后，一路南行，各地官僚百姓敬佩其为人，纷纷要用竹舆抬他过路，被他一口回绝，所谓"生当尽欢，死要无憾"，连被人陷害都要如此坦荡，如此痛快淋漓，甘之如饴，也真是"死而无憾"。

他也算真正看透了官场甚至是人生的一切，达到了一种透彻通达的地步。死敌丁谓被贬崖州路过雷州之时,寇准派人送去一只蒸羊,丁谓可是百感交集,一定要找寇准谈谈。他以为寇准肯定会答应,然而寇准一口回绝,甚至关上大门约束家丁直到丁谓远去才肯放他们出来。他怕家丁冲动做出傻事,也更显出了他的豁达平和。当年之事已经过去,虽然此时同为天涯沦落,但并不代表二人之间真有什么可谈的,无恩亦无怨,同朝一场,游戏而已,过去即为过去,可以依礼问候,却不必再谈再忆。

寇准通达到了令人惊讶的地步,仿佛预见到自己死亡一般。他突然命令家人回千里之外的洛阳老家,给他带来了举国只有两条的御赐通天犀角带,然后沐浴更衣,面北朝拜,躺之卧榻,安然而去,仿佛得道高僧一般。

然而寇准仍有一"劫"。自古落叶归根,何况三朝功臣?经过求情,刘娥答应拨出专款运送寇准灵柩北还,然而没有人想到,拨出的专款却经过精确计算只能达到洛阳!是号称全球最富的宋朝财政紧缺?肯定不是。其实从雷州到开封的距离甚至要更近些,所以刘娥的真正意思是此生此世,无论生死,寇准都别想再进开封城。在发配了活的丁谓之后,连死的寇准也绝不饶恕,这就是刘娥,冷酷残忍,给大宋群臣一个血淋淋的警告。

相比于冯拯死后谥"文懿"的哀荣,寇准却依旧让人感到悲伤和怜惜,他谥号"忠愍",忠倒说得恰切,寇准从来都是事国以忠事君以忠,然而"愍"呢?使国遭忧,使民悲伤,这样的"愍"只能让人痛惜。所以后人从未如此称呼他,而是叫他"寇莱公",所谓公道自在人心,死后更能彰显一个人的功过是非,寇准若是在天有知,百年之后自当含笑。

依旧是天圣元年,被远贬雷州后的一年零七个月,寇准的死为老臣画上了一个句号,却也让人看到了刘娥的极端冷酷,看到了她的绝顶聪明。她太懂得驾驭臣子了,知道如何将他们压榨驱使,也知道如何安定人心。

死亦不易,生几何难!死的寇准被拒之门外,活的王钦若却回到了京城,而且得到起复。不过只是参知政事,头上压着的是大功臣——王曾,大宋宰相。从这点可以看出刘娥惊人的精明。她从不绝对信任任何一个大臣,也绝不会让任何一个大臣拥有难以束缚的权力,用人而制人,让大臣既相互合作互有短长却又相互竞争,自己渔翁得利,最后受益的总是自己。

王钦若才干卓著,是个难得的人才,却又望风使舵,绝对服从,这种小精明难保会在皇帝出岔子的时候错上加错,于是刘太后安排了王曾,却压制他监督他,只有好好干活。刘太后又封原开封府尹鲁宗道为参知政事副宰相。鲁宗道是真宗朝中有名的谏官,连先帝都被他骂过却因为他句句在理而无可奈何。此人总是能站在道德的制高点,辩论口吐莲花、气势恢宏,一般人很难招架。

于是一个类似三权分立的制度就这样形成了。如果小皇帝要发布命令,那么首先要咨询经验丰富手法老道能力超群的王钦若,主意出来之后,还要经过宰相王曾的审视,还有曹利用的考察,即使这些都顺利通过了,最后还要通过谏官鲁宗道的监察,而监督鲁宗道的是那流传千年的儒家道德光辉,那种忠义仁德,那种"慎独"的绝妙修养,只有在通过了这样严厉的层层审查之后,皇帝的意志才能正式颁诏执行。

这就是刘娥手腕的高明之处,谙熟权谋,冷酷无情,她用死人警告和安抚着活人,也让活人相互制衡和牵制为自己所用,或生或死,都得为国尽忠,偏离不了轨道,真正可说是生死两艰难!

赵祯、耶律宗真与李元昊

秦始皇第一个君临天下,自称始皇,希望自己的儿孙能够千秋万代做皇帝,他设计了美好的制度，杀掉了功臣，拓展了疆土，然而却还是逃不了二世而亡的命运。原因就在于世界上很多事情可以预料可以把握，却对自己的儿子成才不成才没法把握。尤其皇权高度集中的封建社会，皇帝是开明还是昏聩，是柔弱还是刚烈，往往能影响一个国家的命运。所以在一个诸雄纷争的年代，决定国家未来命运的，是那些犹自青涩的少年。

天圣年间，赵祯还是个孩子，凑巧的是，与宋紧邻的辽和党项，也处于同样的新老交替的境地。天圣二年即公元1024年，三个关系国运的少年年龄如下：赵祯，15岁；党项王子李元昊，21岁；辽太子耶律宗真，字夷不堇，乳名只骨，8岁；此时只有赵祯成了皇帝，但也尚未亲政。那么他们各自的成长环境如何呢？

宋朝对于皇帝的教育历来以文为主，赵祯也不例外，从即位起就每天在"资善堂"读书诵经。学习的环境非常理想，环境幽静，宽敞雅致，高大的书橱中排列着无数的书籍，老师也全是当时大宋朝最有学识的名士大儒。这是一个文明昌盛的国度，用自己最拿手最擅长最多的力量来教育自己未来的君主，一切似乎都那么完美。然而天天汲取书本知识、天天学习仁义道德，就可以成为一代明君吗？这恐怕很难预测，但从一件事里可以看出一种危机。

天圣二年，赵祯要大婚了，这可是举国重要的大事，因为皇帝总要选个皇后，这样一个贤内助对国家来说同样重要。宋朝选皇后继承了赵匡胤不计出身的精神，不管是达官显贵还是平民百姓，都有机会。然而赵祯自己最初喜欢的是一个民间女子，他是大乡绅王蒙正的女儿。被礼教束缚和孤独压抑多年的赵祯一旦喜欢上一个女子便不可救药，那种纯粹的喜欢让他压抑住心中多年的恐惧，把自己的想法全盘托出给自己的母后，他要娶她为皇后。

然而刘娥严厉拒绝，更绝的是没多久她就强行把赵祯的心上人给嫁了出去。虽然贵为天子，九州之主，却难以保卫自己的心上人，即便如此，也只能忍气吞声没有一丝的反抗。这种阴影，影响了他的一生，甚至多年以后当王蒙正生活作风出现问题，此等小人物小事情竟然震动朝廷高层，皇帝直接下令处罚，可见一段深情十年未醒。

从这样一件小事里除了可以看到那种无法保护情人的无力感对赵祯所造成的伤害外，还可以发现一个可悲的事实，那就是大宋的仁宗赵祯是在逆来顺受的境况中长大的，他读的圣贤书教会了他知书达理，教给他仁义孝顺，却唯独少了精神的强健，少了反抗，少了君临天下的霸气和雄心，少了金戈铁马的情怀。作为一个皇帝，他是合格的，却又是残缺的，在一个强敌伺的环境中，软弱甚至仁慈对国家来说都是不幸。

那么辽太子呢？他虽然只有8岁，但已经是皇太子了。不愧是兄弟的儿子，他和赵祯在身世上十分相像，他的母亲也不是皇后。而是宫中的侍女，他的母后十全十美却生不出孩子。更奇的是这位侍女生得面目黝黑目光凶狠，然而像很多始祖的传奇故事一样，史书中这里也有一段传奇，说的是这位名叫萧耨斤的宫女在给皇后萧菩萨哥整理床铺的时候发现了一只金鸡，把它吞下去后身上的缺点立马没了，皮肤变白也有光泽了，人也漂亮多了，于是辽圣宗一见倾心，皇太子就此诞生。

诞生的皇太子当然被皇后抱走了，而且领养成了自己的儿子。皇后把他当成自己的儿子来养育，母子感情非常深厚，甚至在多年以后当太子知道自己的生母另有其人的时候也没有减少对皇后的爱戴和感恩，然而可悲的是，皇后不像刘娥，萧耨斤却是凶狠霸道，所以太子必将左右为难，从他出生那天起，宫里的人都知道他会带来一场动乱，时限就是辽圣宗死的那天。然而现在，他却占据着先天优势，即像赵祯那样读书学礼，又继承着契丹骑马射箭的传统，然而他的成长却令他离左右为难的日子越来越近。

另外一位重要人物则是党项王子李元昊。他仿佛是带着特殊使命来到世间，他出生的前一个月，他的爷爷李继迁攻下了凉州城，却突然死亡。他一岁的时候宋辽之间达成了和好百年的澶渊之盟，边境休战通商，让他的父亲李德明得以为他积攒家底。

历史上党项的家底薄得可怜，回顾一下唐朝时党项、吐蕃和回鹘就可以发现，吐蕃敢于在唐朝最强盛的时候威胁天可汗，虽然输了，却娶走了文成公主，而回鹘则早通过武力与书朝建立了独立而又宾主的关系，相形之下，党项是在黄巢起义唐朝军队彻底疲软时才因为协助平叛而被赐姓李，成了属臣。

然而有了李继迁，四处征战创下了帝国的基业，父亲李德明多次变幻莫测的守业夺利：他与契丹结亲戚，与之和平共处，却时不时对宋朝边境进行袭扰，不但派出使团不分季节地向宋朝进贡以捞取利益，干起了国家专营的走私，更是将黑手伸向了边境口岸——榷场，时不时明抢，四处疯狂捞钱。然而他的钱依旧不够用，因为党项过于巨大的军费开支，包括军饷、抚恤金军需物资，等等。

可以想见在这样一个环境中长大的李元昊会是一个怎样的人，拥有怎样的条件，承担着怎样的使命。他的想法和性格可以从他即位前的两个行为里窥见一二。一次是党项的使团在宋朝买错东西回来，李德明大发雷霆，要斩杀使团。然而年仅十二三岁的李元昊却阻止了李德明，这说明他明白自己的戎人身份，有了自觉的民族意识，还知道作为帝王笼络人心的重要性。

另一次，青年的李元昊突然提议李德明分散财富，对宋朝开战。他认为党项部众虽多，可物资贫乏，难以维持团结，他要分发财富，团结部族一起征战，夺取更多的财富和疆土。李德明是一个很阴险和凶狠的人，连他听到儿子这样想法的时候都甚为惊讶。

在李元昊成长的过程中，没有宋朝的国学大师来讲学，他却自己吸取了数不清的理论。精通汉学蕃学，可以了解对手知己知彼；学习法律政治，可以懂得治国方略；掌握了兵法谋略，可以带兵打仗；他还精通佛学，用来安抚人心。他没有居于斗室之内，而是经常策马驰骋，带百人出外打猎，身上的狼性和血腥一直蠢蠢欲动。

这样一个野心勃勃的王子不但在党项被尽人皆知，更是引起了宋朝边帅曹玮的高度关注。曹玮痛打过李继迁，教训过李德明，是一个让边界各国闻风丧胆的人物，他明白，要想保卫宋朝的安全，他需要一个提前准备，所以李元昊的长相、胆识、谋略等全都在他的打探范围之中，他甚至在听说李元昊经常带队来边界榷场后在那里等他几次，然而却从未等到。

曹玮决心一定要看到这个传说中的少年英才，就派人深入党项，画下了李元昊的画像。仅仅是面对画像，曹玮就震惊了，他断定此人以后必成宋朝大患。他的预感非常准，冥冥之中，李元昊躲过了这一劫，宋朝却没有这个命躲过一劫。曹玮死了，宋朝最后一个配享太庙的武将去世，宋军对于党项对于辽和吐蕃最终的威慑力就此消散。党项人真是好运，在他们准备好一切的时候，上天夺走了宋朝的大将，夺走了他们威武的军威，曹玮的遗憾不仅是自己的，也是整个宋朝的。

也许这就是天意，李元昊似乎就是为了使命才降生于世，他拥有了父辈的基业，超越了父辈的雄心，也掌握着治国征战之策，与此同时，边界上能与之对抗的军事对手却个个死去，对比大宋和契丹的下一代皇帝，可以看出一个属于党项的时代就要来临。

第九章 仁宗亲政之路

萧耨斤夺权

不管怎么说，大宋的家事算是渐渐平稳下来了。刘娥虽然雄心勃勃，却并没有武则天那样心狠手辣。她有的只是自己的小计谋小算盘，她换了一批人，礼节上瞎折腾了一阵子，最后偃旗息鼓，皇帝未变，能臣仍在，对于整个大宋来说算是不幸中的万幸。说起来这也是儒家文化的一个胜利，文官集团早就自成一个能够独立运作的稳定体系，有自己的价值目标，有自己的行为方式，更有自己的监督和晋升体系，不管皇帝家里如何闹腾，朝政却大体不会乱。即使大如皇帝，过于出格不合礼仪不符祖训的事情做起来也要有所顾忌，可以说文官集团几乎成了风雨飘摇中大宋王朝这只大船的船锚，起着不可或缺的稳定的作用。

辽虽然相对于五代时的那些少数民族有了非常大的进步，开始自觉尊重和学习这种文化，比如辽圣宗自己，他既精于契丹人固有的骑射，又通晓音律，崇信佛教和道教，在国内推行休养生息的仁政，而汉文化也给了契丹以丰厚的回报。契丹获得了前所未有的强盛，存在时间也比以前的匈奴、突厥政权长了许久。

然而契丹毕竟是一个学习者，并不是一个崇信者。汉文化的根基并不是如此扎实，也没有大宋那么庞大稳定、意志坚定、道德光辉普照的文官群体，所以关键时刻对汉文化的学习并不能让契丹躲过一劫。前文曾经提到过，从契丹未来的皇帝耶律宗真出生那天起宫中的人就知道他必将带来一场动乱，时限是辽圣宗死的那天。因为契丹的皇太后不像刘娥，而他的生母萧耨斤却是述律平第二。

人们再一次估计错了，那些心怀怨恨的人的威力和残忍往往容易被低估。辽圣宗和赵恒是如此的相似，都有仁德宽厚之名，而且一前一后仅仅相隔九年，更相似的是他们都无法摆平后宫的那些事情。就在辽圣宗还在病床上奄奄一息的时候，太子耶律宗真的生母萧耨斤就已经按捺不住跳了出来，竟然当众对当时的皇后破口大骂，尽情发泄着自己的怨怒，凶狠地威胁着："现在没有人宠着你了吧！等着去死吧！"

群臣默然无言。

辽圣宗尸骨未寒，萧耨斤就开始肆无忌惮地自立为皇后，那原来的皇后萧菩萨哥怎么办？一个忍耐了许久心中充满怨毒的人肯定不会与自己怨恨的人并立，她将萧菩萨哥软禁，同时为了防止她东山再起，将皇太后的整个家族都连根拔起，真的是除仇务尽，甚至还将萧菩萨哥的弟弟、北府宰相萧㽵不里以谋逆罪处死。然而宫廷和文官里发生这么大的事情竟然无人敢于上书直言，或许对辽国的文臣来说，这不过是帝王家事。

然而，事情还未完结。萧耨斤的飞扬跋扈冷酷残忍其实更显示了她内心的恐惧和不安，她对自己已经取得的地位和尊荣无时无刻不在担心失去，无时无刻不在琢磨还有谁威胁着自己，她必须把她除掉，只有死掉的人才是最安全最可靠的人。所以在拔除了萧菩萨哥的家族之后，她决定处死萧菩萨哥。

这样的残忍终于让小皇帝看不下去了，他亲自求情："她虽然不是我的生母，但也是我的养母啊。她不但侍奉先帝40多年，而且如此辛苦的养育我，你怎么能忍心向她下手呢？再说了，皇太后的位子本来就是她的，现在她当不了太后了，你还要杀了她，不是太残忍了吗？"句句是实，句句血泪，然而萧耨斤不为所动。其实小皇帝可能还有一点难以启齿，要知道在这十几年中萧菩萨哥有多少机会杀掉萧耨斤，然而她的一时仁慈却换不来这个女人的宽恕和谅解。

小皇帝的求情得到了"此人不除，当有后患"的回答，不过由于他的坚持，最后萧耨斤与之达成了协议，萧菩萨哥被押送到辽上京软禁。然而小皇帝和所有人一样，低估了一个压抑了14年嫉妒怨恨之火的女人的残暴程度，趁着皇帝外出不在的时候，萧耨斤派出自己的使者来到上京，不经过国家的法律体系，也不需要拟作什么罪名，只有一个目的——萧耨斤才是新的皇太后，萧菩萨哥必须死。

那一天密使到达，前皇后萧菩萨哥已经了然一切，她平静地说："我实无辜，天下共知。卿容我沐浴，而后就死，可乎？"秘使无言退出，前皇后上吊自尽。这算是最后的尊严，最后无言的反抗。

然而辽国的噩梦远未结束。萧耨斤大肆杀戮之后，又为自己压抑多年的贪欲所支配。她把辽国完全看成了自己的私产，自己的娘家兄弟不论贤愚统统扶上朝中重臣之位，然后就开始卖官取利。她只想将一切牢牢抓在自己手中，却不知道真正长久的最宝贵的东西是什么？

直到最后，萧耨斤甚至想要取小皇帝而代之。不过她不是自己取代，而是让更听话的二儿子取代。结果毕竟还有人对她的暴行心有不满，二儿子悄悄告诉了大哥。宗真皇帝提前下手，将生母押送至辽圣宗坟墓旁软禁，辽国的噩梦这才告一段落。

究竟是谁给了萧耨斤如此大的权力，这仍是一个未解之谜。先皇刚刚驾崩，她就可以自立为皇后，而且将先皇原配杀掉，更可怕的是直接把持朝政卖官鬻爵任人唯亲，为所欲为，连小皇帝都图谋废掉。然而最可怕的是自始至终都看不到一个文官的身影，听不到一个文官的呼声。也许这才是辽国最大的噩梦，有武功却无文治，可以上马打江山，却从未在经济文化上有所建树，一旦军事衰弱，离末日也就不远了。

宋和辽都曾为后宫的那些纠结不清的噩梦所缠绕，然而与之形成鲜明对比的却是另一国党项。这只西北狼已经渐渐强壮，尖牙利爪已经闪闪发光，面对宋辽的歌舞升平，它早已蠢蠢欲动。有了一个野心勃勃的李元昊，党项几乎像有了一双翅膀，很快就在西北的天空腾空而起。

宋天圣六年，李元昊亲率大军，一举击败夜落纥可汗。这是一个历史性的时刻，他实现了父辈多年的夙愿，党项与回鹘在甘州争夺了近20年，终于在他手里将这场拉锯般的争夺终结了。此战对党项对李元昊都意味颇深、收获颇多。河西走廊，这样一个人称"塞外江南"的水草丰美、物产富饶之地几乎成了党项的囊中之物，而借此大功，李元昊也终于成了太子，离自己呼风唤雨的地位又近了一步。

宋天圣八年，就在刘娥处心积虑地想要尝一下皇帝滋味的时候，在党项反复的围攻之下，瓜州（今甘肃安西东南）王曹贤顺禁不住威逼利诱，亲率军民投降了党项。党项就这样拿下了瓜州，河西走廊近在咫尺，这不但是领土的扩展，更是军备上的胜利，窥视河西走廊这样的战略目标更是让党项心驰神往，从此党项人的腰板更直了，信心也更足了。

厚葬李宸妃

对于相同事情的不同处理，往往体现着一个国家是否有处理危机的人才，以及产生和培养人才的机制，甚至是与之密不可分的制度的优劣与否。

一切仿佛就是为了对比一样。宋天圣九年六月，辽圣宗死了之后，萧耨斤自立为太后，杀掉萧菩萨哥，将辽国搞得乌烟瘴气。仅仅半年之后，宋朝皇宫的一位妃嫔也死了，这是一个默默无闻、看似普通的侍女，然而她的死却可能给宋朝的后宫甚至朝堂带来一场灾难。

一切得从23年前开始谈起。当时赵恒无论怎样努力，生出来的要么是公主要么就是长不大的皇子。尤其是他最宠爱的刘贵妃，都40多岁了，可依旧一无所获。然而最终拯救刘贵妃，拯救整个大宋的是刘贵妃身边的一个侍女。赵恒让这侍女怀上了大宋盼望多年的皇子，然而侍女毕竟是没有地位的奴隶，怎么可能养育皇子呢？于是，孩子一生下来，就立刻被刘贵妃抱走，之后的二十多年里根本不能接近自己的儿子，甚至在赵恒死后，还被刘娥发配去给赵恒守墓。

整整23年，小皇帝赵祯从懵懂无知的小孩到长大成人、即位称帝，却对自己的身世一无所知。然而这一年，这个只知道姓李，死后被谥为宸妃的真正皇太后去世，死时只有四十多岁，李宸妃没有像萧耨斤那样有志气，没能熬过刘娥，毕竟在刘娥身处权力顶峰，呼风唤雨、意气风发之时，她却在与死人为伴、凄风苦雨、饱受欺凌。不管怎样，宸妃先死了。这样一来，宋朝的情况比辽国的更容易处理，毕竟没有一个秋后算账、兴风作浪的萧耨斤，但想要妥善地处理好这件事一样需要智慧和远见。毕竟，李宸妃是当今皇帝的亲生母亲，太后终归要还政于赵祯，到那时会发生些什么呢？能不能提前避免可能来临的祸事呢？

李宸妃死后的第二天，也就是天圣十年的二月二十七日，早朝如同以往一样索然无味，一切都在正常地运转着。然而就在朝会即将结束的时候，首相吕夷简走上前来，问了一句看起来很唐突甚至很无聊的问题："闻有宫嫔亡者？"听说宫里有嫔妃死了？相信皇帝包括所有的大臣肯定都大吃一惊，吕夷简是首相，职责只在宫廷之外的政务，岂能插手后宫之事？

然而皇太后的反应却也有些出乎所有人的意料，她竟然惊慌失措地站了起来，有些惶恐地问道："你难道要管宫中之事吗？"说完，拉着皇帝匆匆离开了朝堂。小皇帝一直没有想明白到底是为什么，他也懒得去想，因为他已经习惯了沉默，习惯了让刘娥包揽一切。

刘娥将赵祯拉回后宫之后，又匆匆赶到了前殿，吕夷简还在，仿佛两人有万分的默契一样。于是刘娥开门见山地质问道："卿何间我母子也！"（你为何要离间我们母子？）吕夷简的回答也很简单："太后他日不欲全刘氏乎？"（太后你不想保全你的刘氏家族了吗？）如果是旁人包括小皇帝在内，肯定会对这样的对话一头雾水，但他们两个心知肚明，所以即使吕夷简说了如此出格的话，刘娥依旧没有生气，她明白，吕夷简并不是威吓，而是睿智地指出来日大祸。

理解归理解，刘娥依旧一意孤行，她要以普通妃嫔的葬仪去埋葬宸妃。而且找了一个冠冕堂皇的理由，说她死的时辰不好，不能大办丧事。吕夷简再次站了出来，一定要大办丧事，防止皇帝知道真相之后秋后算账。

刘娥依旧没有理睬，传出旨意，命令这位"妃嫔"的灵车出城走小门。吕夷简据理力争，一定要求走西华门。太后真的是有点生气了，这可是自己一手提拔出来的心腹啊，想不到如此对她。于是派出那个将曹利用赶尽杀绝的罗崇勋传话，要制服这个倔强的朝臣。然而吕夷简是更加坚决："臣位宰相，朝廷大事，理当廷争。太后不许，臣终不退。"刘娥从来不惧威胁，就是不肯答应，无奈之下，吕夷简只好把一切都挑明了，他这么要求其实是为了刘太后着想："宸妃诞育圣躬，而丧不成礼，异日必有受其罪者，莫谓夷简今日不言也！"

宸妃也就是现在这个所谓的普通"妃嫔"，她才是当今皇帝的亲生母亲，她如今死了，却如此草草埋葬，没按一个应有的标准来，那么等到有一天皇帝怪罪下来，可不要说吕夷简没有提前做出警告！

这句话是说给太后听的，也是说给鼠目寸光的太监罗崇勋听的。刘娥未必能像女皇武则天那样，60多岁登基80多岁才驾崩，刘娥一旦去世，他身边的太监宫人不得不依靠皇帝，到那时皇帝知道生母曾受屈辱、殁无哀荣，天子一怒之下血流千里，谁也逃不了！威逼的作用往往比软磨硬泡要见效快，于是罗崇勋立即回宫，不久就传出懿旨，全按宰相说的来。

于是，整个丧事成了皇家葬礼的标准流程，规格高，礼制全，场面奢华。当然皇帝尚不知情，所以没有露面，太后也没有露面，她是最高领袖，怎么敢去请她？于是，整个丧事都由吕夷简一个人主持，秩序井然，完美无瑕。

他明白，自己的坚持、努力不会白费，因为他的后半生的荣华已经就此奠定，无人可比也无人可动。

不久以后，如吕夷简所料，大宋在这事上来了一个平稳过渡，仁宗皇帝没有秋后算账也没有大肆清洗，吕夷简的智慧和胆魄、远见和高明令人不得不佩服。汉文化哺育出的士子能臣，他们的眼光智慧，他们的道德感责任感，他们的处事方法，他们无与伦比的地位和力量，已经成了大宋的财富和强大的力量。

然而或许也是刘娥做得太过分，连老天都看不过去了。又是半年之后，宋朝后宫突起大火，而且直接从最核心的寝宫烧起，母子俩幸亏被一个小黄门内侍及时领出，才安然无恙。然而，大火不是最气人最伤心的，伤心的是接下来臣子们的举动。

火灾发生了，捉拿元凶之事立刻便布置了下去。经过严刑拷打，最后发现竟是一个做针线活的"缝人"，于是派人将此人扭送开封府正法，可是竟然遭到开封府尹程琳的拒绝，他要求重查原因，将火灾现场画出图样。结果图一出来，案情就一下子清楚了，这不是人为的，明显是天灾，结合"天人合一"的理念，这是上天降怒于皇宫。

程琳借雷火烧毁宫殿之事暗讽刘太后，激怒了刘娥，看着这个前不久刚刚进献过《武后临朝图》表忠心从而被视为心腹的开封府尹不假思索地背叛了自己，刘娥一时间怒火中烧，未料这仅仅是个发端，接下来是范仲淹的好朋友滕宗谅，还有刘越，纷纷上书，沿着这个思路，屡屡上述进谏，大宋是"火德"，现在竟然出了火灾，肯定是因为牝鸡司晨有违天道，请太后尽快还政于皇帝，以平息上天之怒火。刘娥此时已经无心惩罚这些胆大包天的臣子了，因为她无奈地发现，这些事情的背后竟然是小皇帝赵祯的指使。

刘娥已经有些无可奈何了。再一次不按常理出牌，仿佛是为了测试自己的权威一样，她来了个不能算是改革的改革——设立知谏院，一个完全和言官集中的御史台对等的部门，明显地重叠和重设。然而令她满意的是，没人反对。于是她很高兴，决定和皇帝一起拿出自己的私房钱重修烧毁的大殿。

然而以后的大宋面临着难题，两群精力旺盛的言官凑到了一起，怎么能不发生冲突？怎么会不干扰视听？怎么会不内耗？在仁宗时，这些吵闹就耽误了中兴大计。

刘娥之死

一场火灾，什么也没有改变，但也改变了很多。

火灾后仅仅两个月，也就是天圣十年的十月，焚毁的宫殿就完全重建了，规格模样分毫不差，名称却完全变了。然而最大的变化或许还是刘娥自己，一场大火，仿佛已经完全将刘娥的运气烧个精光，也仿佛将刘娥的锐气烧得无影无踪，一个不久前还强势霸道咄咄逼人的刘太后，眨眼之间就几乎成了一个清心寡欲的老太婆。

对于火灾后宫殿的改名，群臣对赵祯的拥护和对刘娥的冷落，她已经无暇顾及了。因为宫殿刚完工，第一个噩耗就来了，这是新殿完工后的第一个重大消息，刘太后又得重新服丧。不过这次死的不是别人，却是宋朝的"好朋友""好下属"，党项李德明。

宋廷自然少不了派人携钱带物前去慰问，更是追谥李德明为太师、尚书令、兼中书令，刘娥和赵祯都自觉地在后宫为之服丧，规格之高，令人咋舌。

这样的规格，充分表现了宋朝对党项的尊重和重视，自然也表达出宋朝上下的殷切期望。希望继任的李元昊看在大宋的恩义和几代人数十年的和平相处，继续维持这样的和平景象，不要随便发动战争劫掠大宋边境，侵略大宋领土。

然而，愿望总是美好的，李元昊究竟会如何选择，接下来会发生什么，谁也不敢预料。更别说那些美好的愿望其实背后有刻意掩盖的痛楚，其实宋辽之间的和谐愿景往往只是一厢情愿。20年前，那个貌似恭敬实则贪得无厌的李德明就在傲马山一带大修宫殿，脱离他们的毡帐生活；10年之前更是在怀远镇大兴土木修建壮丽宫殿，甚至不惧大宋知晓——宋使来了，就摘下匾额，背朝外放在门槛上，宋使一走，立马挂上，还要穿上皇帝才能穿的赭黄袍大肆炫耀，这样的意图太过明显，几乎就是在挑衅，然而宋朝假作不知闭口哑忍了。李元昊更是不容小觑，"西掠吐蕃健马，北收回鹘精兵"，一个征服者的尖牙利爪早已显露，更是垂手拥有他的祖辈梦寐以求得的荣耀和地位——夏王，只低天子一级。

李元昊明白他轻而易举地得到的一切来自何方，完全是来自武力，完全来自于自己的征战和征服，对于一个已经尝到征服甜头的李元昊来说，和平或许真的只是幻影，只有不断的征战才能满足他不断增长的欲望。

宋朝不可能不知道，刘娥不可能不清楚，然而她已有心无力。就在这年的十一月份，火灾的阴影尚未散去的时候，逐渐脱离刘娥掌控的皇帝赵祯就迫不及待地提出改元了，还是臣子的强烈要求，还是老调重弹，为避免"天圣（二人圣）"的火德失控，改为"明道"。明者，日月同辉也，然而，月亮的光芒怎能和太阳相提并论呢？从最直接的名义上，刘娥已经失去了那至高无上的权力。

然而刘娥无动于衷。她仿佛是在一夜之间变老的，她那炽烈的欲望也仿佛是在一场寒风之后就变冷的。很多时候，正是胸中那燃烧的欲望和梦想支撑着一个人艰难前行，一旦梦想被浇灭了，人没有了支撑也就彻底垮了。刘娥的身体状况开始迅速的垮掉，没有人敢想象眼前这个颤巍巍的老人就是不久前还在大宋朝呼风唤雨将群臣玩于股掌之中的太后。这时的她，剥去了权力的外衣，熄灭了权力的欲望，才真正回归到一个人，一个真实的人，一个老人，在寒冬之中，幽居于深宫，孤苦伶仃。

这个时候，谁都会去追忆，追忆那逝水年华，追忆那年少时的岁岁年年。一个蜀川的孤苦伶仃的女儿形象浮现在她的面前，一个低矮潮湿的小茅屋里早早嫁人的孤女，那个一路卖唱一路艰难来到帝国的中心，从流落街头到母仪天下，再到将整个帝国握到自己手心，其中的悲苦艰辛也只有她一个人知道，一个人去回忆，一个人去慢慢咀嚼。

已近年关，她的思乡之情、她的怀旧之心是如此的浓烈如此地难以遣怀，以至于她做出了一个惊人的举动，她要去参拜太庙，并且要身着皇帝的衮冕服色，与那些宋朝的皇帝平起平坐。

毫无意外的群臣反对，不管是上征祖训，还是下呈臣心，甚至是不无讽刺地提出"陛下大谒之日，是作汉儿拜？还是女儿拜？"，这些都动摇不了她的决心，她是一定要去，非去不可。仿佛有一种声音一直在她耳边响起，仿佛有一个梦一直让她寝食难安一般，她一定要去，一定要去做个了结，否则死不瞑目。

不管当时还是后世，很少有人真正知道刘娥如此执著而近乎疯狂地追逐那个顶级荣誉的原因，那背后到底隐藏着怎样的心理和秘密？然而她毕竟成行了，明道二年（1033年）二月，刘娥强撑病体，坐着天子才能乘坐的玉辂车，缓缓步入大宋赵氏最神圣的太庙之中。在宋朝的列祖列宗面前，她缓缓换上那几乎是未加改动的天子衮服，向祖宗献祭，她是儿媳的身份还是天子的身份？只能任由读者想象了。

她就是要身着天子衮服昂首挺胸朝见大宋的列祖列宗。她同他们一样，生于布衣长于草莽，也同他们一样，凭借自己的能力和奋斗走到了高位。她与他们没什么区别，同样用实力证明了自己。这是高悬多少年的梦想啊！这十年来，她不停地争名分，不停地无限接近皇帝这个位子却没有步武后后尘杀子取而代之，就是为了这个梦想为了这个承认，她矛盾犹疑，从未狠心下手，那是因为她从来就没想过要谋权篡位，从未想过要赵家江山改姓刘，她要的只是一个承认，一个名分，一个对她从早年到现在这条艰辛路的承认，对她能力以及所取得的和能够取得的一切的承认。她不比这些庙堂之上的铮铮男儿差，她与他们同样奋斗而来，她要与他们平起平坐。

梦想实现了，世间已再无牵挂。当天刘娥走出太庙，回去之后则病情立即加重。三月二十一日时，病危，八天之后，终于逝去。宋史对她最后逝去的记述让人叹息。

太后弥留之际，已经病危不能说话，但她几次牵衣示人，似有所嘱托。然而群臣百思不得其解，最后薛奎站了出来，他说太后的意思是要把这身天子的衮服除掉，因为太后担心穿着这身衣服去见先帝，肯定不太合适。仁宗皇帝立马会意，派人除去了皇帝的服装，换上了太后的衣服。而这时，刘娥神智依然清醒。刘娥从太庙出来之后，这身皇帝的衮服就一直没有脱掉，直到病危，她从来没有开口说要将这身衣服去掉，其实刘娥牵衣示人，很可能是想保持这样的服装直到入土。这也算是她人生的最后一个愿望了吧？然而毕竟留下了些许遗憾。当时的仁宗和薛奎，一唱一和地默契配合，连消带打地将她最后的一点执念抹灭于无形。

然而毕竟斯人已逝去，争议和评价却要留于后人。回顾刘娥的一生，不啻一个传奇，从没有一点高贵血统没有一丝根基的最底层到离皇帝只有半步之遥的高位，不但当世恐怕后世都很难复制。然而她对宋朝到底有功还是有过，贡献是大还是小，却众说纷纭。且看宋史评价："当天圣、明道间，天子富于春秋，母后称制，而内外肃然，纪纲具举，朝政无大阙失。"

"无大阙失"，多么巧妙的评价，就是没有大的贡献也没有大的过失，仔细品味，到底是褒还是贬？

确实，论能力，刘娥并无大的创新和改革，然而她能将仁宗生母的秘密隐藏至李氏去世，铁腕可见一斑。对于以后给大宋造成无数灾难的李元昊，很多人说她当政的十年本可先期干掉，然而她却一味守成姑息养奸，实为罪过，不过如果比之赵光义时兵强马壮的宋军都无法根除实力孱弱的李继迁之弱，便可见此责过苛。对于她的人品，有人会说她压制仁宗整整十年，太过残酷，然而天家无情，她一个养母竟然没有为了自己的登基将养子杀死，对比武则天，可见她并不是真的薄情寡义，无怪乎当初她的死敌李迪会在刘娥晚年时说"当初不知皇太后盛德乃至于此"。

不管如何，功过自有人说，仁宗也终于可以开始自己独立自由的生活了。

赵祯亲政

越是竭尽心力想去保守的秘密，往往越难以保守，尤其是那些有违人伦的秘密，更是压得越深爆发得越热烈。这样的秘密如同一颗能够生长的定时炸弹，总有一天会爆炸而且会闹得天翻地覆。时限就是那个用尽威权的人失去威力的那天。

于是，刘娥尸骨未寒，那成功保守了二十多年的秘密就一下子爆发了。

如果能理解一个人对近在咫尺的亲生母亲竟然一辈子未曾说话未曾尽孝，而且这个人现在还掌握着整个帝国的生杀予夺的大权，那就能明白赵祯，这个被无辜地蒙蔽了二十多年的皇帝知道真相的时候的心情了，那不是一边倒地悲痛，而是愤怒。

赵祯立刻派人去查李宸妃的葬地，并派兵包围了刘太后的哥哥刘美的住宅，一旦查出的结果令皇帝震怒，那么刘美的下场可想而知。然而事情并没有赵祯想象的那么残酷。李氏就葬在洪福院。赵祯坐上牛车直接过去，下车直奔棺椁，他要亲眼看看，母亲是否真如八皇叔所说的是"死于非命"。

很多人的命运就在棺椁打开的那一瞬间定格了。他看见自己的生母平静地躺在其中，四周充满水银，身上是太后的衣服，没有半丝受苦的痕迹。赵祯一颗悬着的心落地了，很多人的厄运也一起消散了。

自己是宸妃所生没错，但生母并未死于非命，看来八皇叔所言并不全对，"人言岂可尽信，大娘娘平生分明矣"，赵祯低头叹息，他的担心消除了，包围刘美住宅的士兵撤离了，然而他的心却又重新被痛苦缠绕，"子欲养而亲不待"，不管天子还是人臣，这样的苦痛都难以承受。

或许他真的无法愤怒，在封建礼教之下，主奴之别实在太过森严，奴才的一切都属于主子的，更何况奴仆所生的孩子，即使是大户人家，小老婆所生的孩子都得叫父亲正室为母亲。所谓的夺子之恨，往往很难去恨，因为这就是封建的制度，刘娥并非十恶不赦，她并没有加害皇帝的亲生母亲，甚至连李氏的弟弟李用和，一个流落街头的小工，都被细心找到，一步步扶持，刘娥已经做到了仁至义尽。所以，于礼于法，赵祯无法发泄自己的愤怒。

然而无法公开发泄自己的愤怒并不意味着不能发泄。赵祯一定要找办法替自己死去的生母报仇，让自己能够心安。他首先对刘娥的葬礼不管不问，采取一种无视的姿态；其次即使自己的母亲死了，她也要让她成为太后，享受最高的级别的礼遇。

称病不去参加葬礼可以不过大臣一关，但要违背祖制，在太庙之中来个一帝两后，却不可能得到群臣的同意，即使皇帝又能怎样，也并不能任何事都随心所欲。经过反复拉锯多番较量，君臣各自妥协，终于达成了一项协定。不管刘太后还是李太后，既然没法都去太庙，那就都不去吧。去太庙陪真宗的成了她的第一任夫人——郭太后。那刘太后、李太后怎么办呢？太庙之外再建新庙"奉慈庙"供奉二老，而且不分彼此，主仆关系被一概抹平。这就是赵祯所能做的最大限度的事情了。这也是封建礼教的威力，即使贵为皇帝，即使明知生母无辜受难，生前甚至身后受尽歧视，但身为人子却无法彻底地还给她公道。

这就是明道二年开始的时候发生的事情，历史将一个温和却又真实的赵祯展示人前。然而为母亲争取名分的却不能算是大事，甚至不能算是正事，因为作为一国之主，后边还有更重要的事情要做。

最重要的一项议题就是大政谁属，此时刘娥已死，皇帝长大成人，依照礼法，皇帝亲政自然是顺理成章之事。可是现实往往事与愿违，刘太后虽然死了，后宫却还有不少太妃，刘太后身后竟然留下了书面遗诏，要自己的好姐妹，也就是"小娘娘"杨妃，继续垂帘听政，"保护"她们的儿子赵祯。

于是，刘娥死后的第一次朝会上问题就出现了。文武百官排好队列正要去见皇帝，一个阁门使（负责礼仪传接）拦住了他们的去路：大家别忘了老规矩，要先去朝见太后。

静寂。没有皇帝的明确表态，然而一旦去了，就真的是一去不复返了，以后就成定式了，再次变成太后执政。然而每当这时，总会有能臣想出绝妙的办法。只见一个大臣站了出来，大喝一声："谁命汝来？"只一声，四个字，一切就结束了，那个门格使立马消失，杨太后垂帘的梦就此破碎。看起来这很戏剧化，然而细细想来其实一点都不简单。大喝一声的那个人是蔡齐，御史中丞，这是全体官员的监察者，他也是一个对刘娥不满的刚正不阿之人。最关键的是那四个字，"谁命汝来"，一下子就将对方置于名不正言不顺之地，杀伤力实在太大。

于是，四个字就将一切变得明朗起来，皇帝要亲政，而且皇帝是讨厌刘太后的。于是，大臣纷纷见风使舵，争先恐后地揭发刘娥的不是，每个人的一言一语，一个证据，都在激发赵祯的怨气，将宋朝推向一场清算运动。然而有一个人再次与众不同，他以自己的良知和责任维持着公道，成了风暴之中稳定朝局的中流砥柱，他就是范仲淹。而此时，他才刚刚重返京师。他告诉赵祯，其实刘太后也保护了您十年，多想一下她的好处，过去的事就让它过去吧，现在还有更多的事情要做。范仲淹当年反对刘娥最激烈，遭受打击也最严重，或许他最有资格和机会去复仇和清算，然而此刻他进谏皇帝不再追究前事，赵祯一下子清醒了，于是一切到此为止。

范仲淹为的是良知和责任，一颗至诚的爱国之心，然而早有人为了一己私利，直奔主题，那就是新一届政府的组成问题，他就是吕夷简，原则只有一个，当年与刘太后关系密切的，敌人；反对刘太后的，朋友。这次吕夷简可谓费尽心机，所有重臣的名单由他跟皇帝拟定，吕夷简本人必将成为皇帝一人之下万人之上的显赫权臣。

然而再周密的计划，也抵不过枕边风。赵祯将此事告诉了自己的郭皇后，没想到郭皇后平淡地笑笑："吕夷简不是刘太后的人吗？"是啊！不是刘太后的人他能做到首相吗？原来最该惩罚的人就在自己身边自己还把他当成心腹，还要让一个女人来提醒，自己实在是太愚蠢了。于是，临时做出改动，第二天在朝堂上台上当众宣旨的时候，将吕夷简贬出京师，出判澶州！吕夷简一时间茫然不知所措，直到找到宫里的太监阎文应询问缘由，才恍然大悟。

于是，新一届的领导班子算真正的全是亲信了，他请来了自己的老师张士逊、李迪分别担任宰相副宰相，真正属于赵祯的时代到来了，这一次他成了真正的皇帝，天地之间，乾纲独断，天地终于变得广阔无边。这一年接下来的时光里，他纵情恣意，充分享受着权力带给自己的成就感和快乐。他先是为真宗名臣寇准平反昭雪，赠中书令，复莱国公，接着就将真宗朝的另一位名臣钱唯演逐出京城，调去洛阳。原因很简单，前者是刘娥的死敌，后者是刘娥的亲戚，赵祯在任性地发泄。接下来，早年那段受伤的感情经历需要得到补偿了，他的四周除了太监就是红粉知己，即使是"仁宗"，此时的他也沉醉在温柔乡里了。

第十章　宋夏交锋，逐鹿疆土

党项吐蕃之战

　　回顾一下历史，不难发现，李元昊能够带领党项兴起，除了李元昊自身的雄心壮志杀伐武功之外，时机无疑起了非常重要的作用。两代人不择手段积蓄了家业，之后父亲突然死去，而同时期的宋和辽却承平多年，兵戈废弃，名将凋零，更有幼子临朝，内政混乱等时机，一切仿佛上天注定一样。然而，运气往往也是留给有准备的人的，尤其是留给那些善于发现并抓住时机的人。

　　党项和吐蕃纠缠往复了上百年，却一直难决胜负，而强大的河湟吐蕃更成了党项的心腹大患。这一次，李元昊发现了一个千载难逢的机会，可以一举歼灭河湟吐蕃，奠定党项的千秋伟业。这样的机会往往不是内部力量的突然猛增，而是来自对方的突然松懈或突然元气大伤。

　　宋景祐二年（1035年），吐蕃宰相温逋奇突然发动政变，将唃厮啰赞普及其手下一并关进牢中。吐蕃内乱，而且是赞普和宰相内讧，这样的机会实在千载难逢百年不遇，李元昊立刻抓住时机，派出两万五千铁骑由大将苏奴儿率领，杀赴吐蕃，万务毕其功于一役，彻底消灭吐蕃。然而没多久传来的不是捷报却是噩耗，就在进攻吐蕃的第一天，猫牛城下，苏奴儿全军覆没，连他自己都没逃出来。

　　这一切大大出乎李元昊的意料也发生得太快了。后来才传出消息，原来政变没多久，唃厮啰就被看守他的卫兵偷偷放出。唃厮啰只身出现在民众面前，振臂一呼，说："我是赞普，大家跟我来！"于是一呼百应，吐蕃百姓真的揭竿而起纷纷跟随，宰相温逋奇轰然倒塌。这就是吐蕃的赞普，他的威力绝非皇帝可比，在吐蕃人眼里就是神的化身。于是苏奴儿满心欢喜一相情愿地以为会出现的内乱根本就没有，反而吐蕃人在新赞普的领导下个个斗志昂扬一心杀敌，立马将党项人杀个片甲不留。

　　消息传来，李元昊深感颜面受损，于是决定倾全国之力，率军队亲征吐蕃。然而进攻的速度远不如他想的那样迅速，正如吐蕃远不如他想的那样不堪一击一样。党项军在猫牛城下围攻了一个多月，却没有丝毫进展，眼看着损兵折将贻误战机，李元昊心急如焚，无奈之下，他派人向吐蕃人提出议和，要实现西夏和吐蕃的和平共处。自信而骄傲的吐蕃人竟然相信了，因为他们觉得党项人在城下已经丢下了三万具尸体，久攻无效，求和是最好的出路。于是爽快地答应了。吐蕃人太天真了，他们消息也太闭塞了，根本不知道党项的起家和发展靠的就是这样的阴险狡诈，从李继迁到李德明从未改变，到李元昊了更是变本加厉，损招层出不穷。

　　于是，老实的吐蕃人打开城门，准备美酒准备烹羊宰牛祭天为誓。然而迎接他们的却是党项人的刀剑，党项人杀了过来，猫牛城陷落。首战告捷，李元昊指挥党项士兵马不停蹄地攻陷了吐蕃前王城宗哥城，越过带星岭，直指吐蕃赞普的最新根据地青唐城（今青海西宁）。在李元昊看来，战争的结果已经明了，更可喜的是唃厮啰竟然主动配合，龟缩青唐城，并且把自己在吐蕃各地的精兵全部聚拢在鄯州（今青海西宁境内）挡在自己面前，明显地怯懦偷生，李元昊大喜过望，然而却并未被胜利冲昏头脑，在率军渡过宗哥河的时候，他命人在河的浅水处立上标示，这样不管胜利或者失败，总有退路，如此冷静，不愧为大将风范。

猫牛城的攻坚战再次上演，鄯州城集结了吐蕃最精锐的部队，再加上身后赞普的巨大号召力，这个堪称吐蕃党项决战的战役打得旷日持久，因为党项再也不能故伎重演了。战争消耗时间之长远远超出了李元昊预料，整整二百天虚耗在鄯州城下，吐蕃人坚壁清野，鄯州城久攻不克，李元昊开始意识到问题的严重性了，漫长的战争补给线已经疲惫不堪了，再不退兵，恐怕真要葬身吐蕃了。

看着久攻不下的鄯州城，李元昊也只能悻悻然离开，带兵来的了宗哥河，然而万万想不到的事情发生了，党项大军正要渡河，背后突然有近十万精兵掩杀过来，这分明不是鄯州城里的追兵。仓皇之下，党项士兵哪里有心应战，赶快渡河为妙，争着要从那曾留下的浅水标示处渡河，然而那些标示却早被吐蕃人悄悄移动至水深处，这时出动奇兵攻击，简直就是逼迫党项士兵跳水自杀。

这一次李元昊竟然侥幸逃脱，看着宗哥河中漂浮的数万士兵，还有数不清的粮秣辎重，李元昊心痛不已，他到底小看了吐蕃，有着十万精兵，唃厮啰却始终不用，目的就是在此一击啊！

往往就是这样，名声和威望，地位和声誉都是打出来的，用几近残灭的方法缔造出来的。这样一次近乎全军覆没的教训给党项人的印象实在太深刻了，党项人从此很难再有勇气对吐蕃发动进攻了，他们发现了自己的家底和传统，也不得不正视吐蕃的强大。

于是，直到唃厮啰去世，党项再未敢对吐蕃发起进攻，河湟吐蕃简直就是天生的党项克星。李元昊善于进攻，长驱直入风风火火，战争的速度和胃口惊人，然而唃厮啰却是善守，从他隐忍夺回赞普到取得鄯州之战的胜利，无一不体现着他隐忍的性格，他从不去主动惹人，却总能绝地反击，将惹他的人打得一塌糊涂。有这样的人屹立西部，是党项人的噩梦，但却是遗留的中原子民以及回鹘人的福音，只要有这种均势，就会有和平，就能遏制住党项进攻大宋和大辽的步伐。

然而吐蕃人的痼疾再次上演，与百余年前的致命危机一样，吐蕃再次分裂，而且这次更加致命，没有人敢反抗的唃厮啰竟然被自己的儿子背叛。两个儿子野心勃勃，逃离了青唐城，各自拥兵自重，做得最绝的是二儿子磨毡角，竟然公然默许自己最好的谋士将自己女儿嫁给了李元昊的儿子。

这是公然的叛国投敌，公然的认贼作父。如果在汉文化的背景下，必定又是一场大乱，皇帝亲征，自己儿子又能如何，照样征伐抓来杀掉。然而这里是吐蕃，他的赞普没有动用自己的不世权威前去征讨，而是主动后撤，带领自己的人马将自己苦心经营多年的王城青唐城让出，自己主动后移，一路跋涉迁移到了历精城。一世英明的赞普做出这样的举动到底是出于什么样的原因已经无法考证了，是为了吐蕃的和平发展还是为了残存的父子之情，抑或他确实已经糊涂了？不管如何，天赐良机掉在了李元昊的面前，战场的主动权就此被唃厮啰浪费掉。

历史往往就是这样，除了某个英雄人物的强大剽悍，机遇往往起着无可代替的作用。如果生不逢时，纵使再强大，却也只能处处碰壁。联系辽的建立时耶律阿保机的运气，大宋建国时赵匡胤的好运以及后来金的兴起，铁木真的横扫无敌，无不是因为那些曾经强大的敌手各个承平日久，早已没了昔日的威风。

李元昊没有可能不成功。观察一下唃厮啰儿子引起的内乱自残，大宋赵祯及其臣子的所作所为对他的帮助，就可以看出，命运女神真的太眷顾他了。

朝堂之争

命运女神眷顾的表现，并不一定是自身有什么大的发展，比如天降英才，比如物产丰收等，对于当时宋辽鼎足的局势来说，处于夹缝中的党项自身不出问题，而辽和宋都自顾不暇，这可以说就是最好的时机了。大争之世，最终能否取得胜利、一统天下，其最重要的决定原因可能并不在于做对了多少件事，而在于做错了多少件事，失误越少，最终的胜算越大。

对于党项和唃厮啰之间发生的事情，宋朝是知道的，但也仅仅只是知道而已，并没有采取什么实质性的措施，最多就是来个有名无实的册封，让唃厮啰在西北边疆的位置节节攀升，达到了节度使的级别，但这又能如何呢？

李元昊根本没把这些宋朝分不清支持或反对的暧昧的态度放在眼里，在景祐三年七月，范仲淹第三次离开京城的时候，李元昊已经开始漠视吐蕃的存在，并且连续攻占了瓜州（今甘肃安西东南）、沙州（今甘肃敦煌）、肃州（今甘肃酒泉），至此真正实现了国土内的统一，积蓄着不可一世的力量。

宋朝这种视若无睹的态度，究其原因，一方面由于宋朝对于和平的向往，因为只要有和平发展的环境，只要没有扰乱经济发展的征战，宋朝就能充分利用和平的间隙提高自己的实力；另一方面这种和平让宋朝尝到了甜头，他们也就更希望和平，更想享受温柔富贵的生活，所以尽力避免战争，此外宋朝皇室纷繁庞杂的家务事也使朝廷焦头烂额、头痛不已。

先是丧事，十一月赵祯的养母杨氏驾崩了，这几乎算是唯一一个让赵祯享受过母爱的女人，赵祯自然伤心欲绝，下令厚葬，标准只比当年的刘太后稍差一些。十二月，枢密院也出了缺，李谘驾鹤西归，当年征战党项的王德用取而代之。这些新旧交替倒无关大局，真正有影响的是朝中大臣的争夺，这会使得朝中众臣无心政务，很容易扰乱朝纲。

比如两位首相大人王随、陈尧佐，一到朝堂之上便要争个先手，到底谁大谁小，谁先谁后。论年龄资历，陈尧佐自然在前，他比王随大10岁，又是所有进士的前辈，然而皇帝当年的诏书里却是王随在前，为了位次先后，二人见面就生气，生气就生病，生病就告假，当时人戏称"中书翻为养病坊"。更让人头疼的是，虽然孔夫子反复强调，人年老的时候要戒贪，然而高居相位的重臣们往往对这些教诲充耳不闻，处心积虑为自己的儿孙求肥缺、求荫封，一时间令仁宗皇帝焦头烂额、无计可施。

然而仁宗不愧是仁宗，不但都答应了，还做了另一件举世震惊的事。他看到很多士子连年考试，头发都花白了、人生都荒废了还有很多没有考中，于是特下诏书，如果考试过了一定次数，而且年龄也过了一定年限，就可以免试直接做官了。圣旨一下举国的举子欢欣鼓舞，不论考前是否准备充分，都去参加科举，积累考试次数。考生人数的节节攀升令赵祯也感到了恐惧，于是景祐四年严厉了一次，结果陈尧佐的儿子，韩亿的四个子孙全部命中，这让天下士子极为不满。而皇帝处理的方法更为草率，下次科考，直接陈、韩两家的亲戚门生无论好坏全部降级，本来平静的科场一时间风云变色。

景祐四年的五月，皇子诞生，赵祯得知了这个好消息也很高兴，可是未料皇子降生当日就夭折了，皇帝的心情一下子从天堂到地狱。接下来又是河东地震，死者过万，伤者无算，地震的威力古今同一，但是古人会把地震这样的自然灾害理解成上天发怒，是因为朝堂之上发生了太多伤天害理的事以致上天震怒，降以惩罚警戒。

于是言官们集体上书，矛头直指那些争权夺利、内斗不断、徇私舞弊的老臣们，在一边倒的弹劾声中，有一个人值得关注，这就是韩琦，他现在的职位是知谏院右司谏，一个真正的大人物，而且带有不少的传奇。据说他当年科考的时候，临近交卷，却不小心打翻了墨汁，染污了答卷。在科举考场之上，临近交卷之时，几天的心血突然毁于一旦，换作一个稍微激动的人，都会俯卷而泣，泪水滔滔，然而时年只有十八岁韩琦出奇的淡定，让人再又拿了些纸来，大笔一挥，赶在交卷之前将所有的时文论政及诗词歌赋全部重写一遍，发榜之后竟然还高中一甲进士第二名。除了自身超强的能力外，上天仿佛对他颇有眷顾。金殿唱名，刚刚读到韩琦，司天监太史就冲了进来，说外面天上五彩祥云托日，大吉，预示着国家要有贤臣。

此时的韩琦坐在以前范仲淹所在的位子上，右司谏的职责尽到身前。他把王随、陈尧佐、韩亿这些老臣们相互倾轧争斗、以权谋私等罪行一件件抖落清楚，就开始反问皇帝，您难道要将祖宗留给您八十多年的基业托付给几个庸碌之臣，让他们毁于一旦？并且提议皇帝把他们全部免职，另找能臣忠臣贤臣来代替，而且专门列出了这些臣子的名单，毫不客气，毫不含糊，毫不畏惧，完全是韩琦作风。

然而赵祯已经不再是当年的小毛孩了，他有自己的想法，韩琦的雷厉风行并不一定就能换来皇帝的一个"准"字。韩琦弹劾的老臣虽然被皇帝注意到，免职养老或者外调，但是他推荐上去的能臣贤臣也没有得到任用，这就是赵祯的脾气，也是皇帝想要的面子。

处理完朝堂上的倾轧斗争，皇帝决定祭天祈福，于是仁宗朝最盛大的郊祀大典拉开了。其排场之大，令人咂舌。首先召集众臣群策群力，将祭祀所要用的规格、礼仪、法器一一列出准备，然后各个职能部门开始告诉运转，车服、御马、旌旗、衣冠、饰物、乐器、法器一一预备妥当，并且还要按照事先编制好的《大驾卤簿图》天天操练，确保万无一失。

果然，郊祀那天真的是场面浩大，气势恢宏，各项工作按部就班有条不紊大获成功。赵祯更是当场宣布他要改元"宝元"，这一年即"景祐五年"即成为"宝元元年"。时间实在是太相似了，当年赵匡胤也是在乾德六年的十一月，改元开宝，自此成为一代明主，开一代盛世，看来仁宗也是想奋发了。

更高兴的是，礼仪之大四海宾服，连一向桀骜的李元昊都派人送来贺表，然而打开之后，宋朝君臣愣住了。开篇李元昊即开始追溯自己的历史和血脉，说自己有后魏的皇帝血统，"臣祖宗本出帝胄，当东晋之末运，创后魏之初基"，接下来吹嘘自己英明威武，也是四族臣服，于是音乐、文字、衣冠、礼仪等都改弦更张，于是就顺应天意也在十一月建坛拜天，登基皇位，希望大宋能够成人之美，双方都做皇帝，和平共处，保持沟通交流，开拓新局面。

李元昊先斩后奏，事先未曾告知宋朝便擅自称帝，是可忍孰不可忍！一直装聋作哑的宋朝君臣终于愤怒了。

大战一触即发

李元昊的这封信无疑让两国本就紧张的关系火上浇油。对于宋朝的皇帝来说，悄悄地割地赔款送礼不是问题，然而面子问题确实宁死不能稍稍打破的坚决底线，否则那就只能不惜一切代价，以命相搏了。李元昊的贺表实在是太过分了太无礼了，一波又一波愤怒的浪潮卷向宋朝的都城开封，几乎所有的人都在主张，一定要开战，剿灭这些骄慢无礼的蛮夷。

然而也有人保持着冷静，认为这些夷狄蛮人虽然妄称皇帝，但还是保持着臣子的口气，还是懂些礼貌的，所以不必急于宣战，失了礼仪之邦的大国风范。

于是仁宗一边与朝中大臣商量对策，一边照往例给西夏使者送去了东西。然而谁也没有料到的发生了，西夏的使者竟然拒绝了这些礼物，还把礼品摔在地上，一副不可一世的样子。这一行为彻底激怒了宋朝君臣，曾经征战党项将大败李元昊祖父李继迁的王德用立刻自请为中军将领，要求领军杀入大漠，剿灭李元昊这个叛贼。

然而皇帝犹豫了。距离宋朝上次大战澶渊之役已经过去了整整34年，当年的危机意识和血性早已被磨平，承平日久，大宋上下早已无心思战，在温暖富贵的日子里日渐懒散，也忘却了敌人此时敢于公开挑衅有多强悍。

仁宗的还击办法很有"仁"的特色。第一，就是取消对李元昊的一切封号，但依旧称其为家臣"赵元昊"；第二，关闭榷场，禁止贸易；第三，搜捕西夏探子；第四，派夏竦知永兴军、范雍知延州，加强戒备；第五，追上西夏使者，退还西夏礼物。

这些举措虽然井井有条，却无大用。第一条完全不痛不痒，第二条对西夏稍有威慑，毕竟宋朝物产丰富，而西夏物资短缺，打仗拼消耗的话西夏完全处于劣势。第三点就不说了，亡羊补牢都不算，因为之前的这年五月，李元昊就谎称吃斋念佛，想去朝拜五台山，宋朝热情接待，一路指引，详细讲解，帮助西夏使者画出了沿途的山川风貌地图。第四条将不熟悉战争之道、不知守城防御设施的文官派到边境，又如何能够加强戒备？至于第五条，除了与党项划清界限之外，别无他用。

于是讨论从宝元元年（1038年）一直持续到宝元二年（1039年）年底，几乎所有的人都在叫嚣着剿灭李元昊，杀掉党项全族，就算有零星的反对声，也被淹没在主战的吐沫里。比较有代表的是夏竦和吴育。夏竦以诗文起家，再加上父亲夏承皓壮烈殉国的荫庇，官位扶摇直上。他分析了从李元昊爷爷到现在的军事对比。开国之初百战百胜的队伍都打不过李继迁那样的流氓土匪队伍，真宗朝参加过澶渊之战和辽国铁骑打成平手的军队，却也不能打垮李德明，凭什么现在就如此自信能剿灭李元昊杀灭党项全部？吴育则认为，所谓的取消封号完全没有作用，这种惩罚倒不如对他加恩，去赢得积极备战的时间，但最好的办法也不是加恩，而是"以外臣之礼，羁縻勿绝"，大宋不必出击，只要妥善防守，只要党项军队无法攻入大宋的一寸土地，即可安枕无忧。

然而这样的观点在满朝主战的声音里完全是无稽之谈，受到大家瞩目的是主战派、大宋西北方面禁军副都指挥使刘平的建议，他主张召集鄜延、环庆、泾原、秦陇四路大军二十万，以三倍于敌的兵力，两路夹击，不出一个月，必将大胜。

大家都对刘平的话深以为然，因为刘平的履历太过辉煌，人也足够优秀，不但曾经平叛有功，而且刚直不阿文武双全。对于这样有过实战经验，道德品质又靠得住的人，群臣完全有理由相信他的计划可以为大宋赢得成功

然而刘平作为一个常年驻守边疆的人对西夏的了解实在是太少了，李元昊通过收编回鹘军队，通过掠夺吐蕃战马，他的军队早已经扩充到了五十万，而且有了有了专业分工，有了五个军种，不再是当年只会掠夺不讲策略的土匪军了。

相对于宋朝的犹豫不决，妄图通过取消贸易逼迫李元昊就范的异想天开，李元昊不但野心十足，而且十分决绝，全党项有谁胆敢反对他称帝的，一律格杀勿论。他的叔叔嵬名山遇，可谓智勇双全，忠心耿耿，仅仅是进行了一次劝诫，李元昊就要杀掉他，他提前得到消息逃到宋朝，本来宋军可以抓住他询问西夏的大小国情、山川地形以及进攻西夏所需的一切情报，然而宋朝边将竟然将嵬名山遇驱逐出境，返还李元昊，结果就在边境被杀，让所有人都看到了叛徒的下场，帮助李元昊整肃了军心。

接下来李元昊绞杀了名门望族卫慕氏，虽然李元昊母亲曾是卫慕氏人，但李元昊杀起来毫不吝惜，连成为妃子的表姐一并杀掉，表姐给自己生的儿子也不留下，手段血腥残忍。宋朝指望这

样的嗜血成性的人能意识到自己错误改过自新,将一场大战消弭于无形,实在太过一相情愿、幼稚天真了。

李元昊一不做二不休,见宋朝太过怯弱,竟然一直没有发兵,自己倒等不及了。于是便在宝元二年的闰十二月,给宋朝边境送来了一个锦匣和一封信,锦匣里装的全都是宋朝赐给李元昊的榜书、敕告、旌节,用意很明显,不稀罕宋朝的官,而那封信则更为有名,是一封激怒宋仁宗挑起战争的"谩书",捏造事实,完全没有将宋朝放在眼里,对宋朝进行了彻头彻尾的侮辱,这封信的作用完全发挥出来了,因为不管哪朝哪代,这样的书信都是完全撕破了脸面,再无转圜的余地。

然而李元昊对内没有如此的急不可耐,此时的党项内部并未完全统一,没有多少人愿意跟着李元昊去打仗。百姓思安,没有打仗的时候,每年照样有宋朝的岁币送到,何苦要辛辛苦苦地通过打仗去劫掠财物呢?现在尚未开战,双方的互市贸易就先停止了,生活的不便利已经就显露出来了,何况党项连个吐蕃都一直打不下来,对战面积大过吐蕃数倍,财富多于吐蕃无数倍的宋朝又岂有胜算?然而李元昊自有他的办法,也就是利用天之异象,借助某一次日偏食,宣称"日西先有一珥",而党项在西,此乃必胜之象,给自己的军队鼓舞了一次士气。

就这样,挑动宋朝主动进攻,造成一种外敌入侵不得不去应战的假象,再通过天象来蛊惑民众,李元昊完成了战争的准备,可是也丧失了突然发起战争的攻其不备的优势,而宋朝那些在战争前十分薄弱的防御点,此时都已经得到了加强。宋人并不怯懦愚昧,他们清楚地知道自己的弱点在哪里,证据就是——青涧城。青涧城正处战略要冲,本来前朝有城,名曰宽州,然而却年久失修,早已废弃。然而此时一个绝世名将站出来了,他就是种世衡。

此人是此前叙述过的终南山隐士种放的侄子,然而叔侄大有不同。种世衡敏锐地发现了这个战略要冲,并且上书朝廷请求修建军寨。然而这是一项非常艰巨的任务,需要一边打仗一边修建,更加严峻的挑战是,等城墙和营房修建好之后,大家才发现了当年这个军寨被废弃的原因,竟然是因为城中无水,唯一的办法只能是打井取水,结果千辛万苦,甚至悬出重赏,终于一担土一畚箕的碎石地掏出了汩汩清水,青涧城也因此得名。

这是一座意义重大的军寨,建成之后,立马与金明寨和羌族部落互为犄角,不但在战斗本身上让人胆寒,更在战略上形成威慑。这样一个防守的链条,势必预示着一场旷日持久的恶战。

荣耀三川口

三川口是延川、宜川、经川三条大河的汇合口,紧挨金明寨、保安军,而三川口的下方就是当地首府延州城。

公元1039年十一月,秋风猎猎,李元昊在送出谩书的同时就明白了这次大战已无可避免,于是率军直奔延州境内的保安军。首先杀向宋军的是"五头项四十溜人马",就是本来投降宋朝的那些党项熟户,他们总共有五个头领四十溜的人马。这些人太明白宋军的习性了,觉得宋军贪图享乐,懦弱骄横,于是一开始便争先恐后扑了过来,妄图吓到宋军将士。

然而当天的战斗成了西夏人的噩梦,保安军蜂拥而出,不顾一切地冲击,将这四十溜人马冲杀得不成样子,尤其为首的一个披散长发,头戴青铜面具,勇猛无敌,这员猛将一直困扰了党项人近四年。他叫狄青,面有金印,是个"贼配军",却在后来成就了一段铁血传奇,成为西北边境的宋军之胆。

初战失利,李元昊并不气馁,打马回转,决定去承平砦碰碰运气。这次他不再派这些所谓的头项，而是自己的三万铁骑。砦通寨没有城墙，仅仅是一些栅栏营垒，如何能敌三万铁骑？然而让李元昊惊讶的是里面的宋军竟然像保安军一样冲了出来，而且仅仅只有一千人！这种勇气和魄力效果立显，党项被迅速击溃。然而他们并没有乘胜追击，依旧在砦外列阵，他们在等待刚才措手不及的党项人回来。果不其然，党项果然重新集结缓步回来，宋军沉默迎战，结果这时党项铁骑骚动，阵中前出一人，开始骂阵。结果被宋军将军一箭射中嘴巴。宋军开始集结施压，准备迎接党项人的冲锋，然而等来的却是对方的溃退。

事后得知，原来此时承平砦中主将竟是东京殿前司指挥使大名鼎鼎的许怀德。承平砦不算大，然而李元昊围攻了整整六天，死伤累累，却丝毫没有进展，只得撤退到横山以北。原来在他围攻承平砦的时候，宋军他路已经以围魏救赵之计开始反攻党项境内。

第一次接战，宋军无论是攻还是守全都处于上风，消息传来，举国欢腾，而李元昊也开始重新对宋军进行估算了，在估算之后他便开始重演故伎。

宋宝元三年，公元1040年初，西夏派来了使者，向宋朝求和。鄜延路的最高军政长官范雍十分高兴，他是个文官，从自己所接受的教育来说，当然应该宽容地接受和谈，蛮夷嘛，一时糊涂犯下小错，现在教训之后知错能改，天朝上国自当包容。

胜利者的仁慈开始出现，他让使者告诉李元昊，只要表示出投降的诚意，复合是很有希望的，接着又厚葬那些战死的党项士兵。然后就有大批西夏人过境投降，希望能够定居于鄜延路军事第一重地金明寨。其实他的守将李士彬也是党项人，但父子皆为宋军，忠诚可靠。金明寨有守军十万，号称"铁壁"，李士彬更是被称为"铁壁相公"。其实说他铁面相公也没错，突然有这么多西夏人想来投降，李士彬想都没想直接拒绝，他想将这些人直接分到内陆，化整为零，不管其中是否有诈，一旦分散之后也就兴不起什么波澜了。但他没有这个权限，就上报范雍。范雍大笔一挥，竟然同意了。

范雍的做法实在是文人式的纯良天真，然而更想不到的是李士彬竟然也同意了！他太过自信了，两代守城的自信和开战初李元昊流寇般的表现让李士彬对李元昊充满了鄙视。不就是些叛逃的边民吗？还能折腾出些什么，然而战争的成败甚至身家性命往往就输在一个疏忽大意上。

转眼新年到，李士彬仍然很谨慎，坚持在新年巡军，并在晚上住在黄堆寨，看起来一切正常平安无事。然而警报在第二天凌晨响起，他凭直觉骑马迎战，却发现那是一匹劣马，而不是自己骑惯的良驹，一代名将就这样冤枉地成了俘虏。他坐拥十万精兵，却没能接战就一败涂地。直到被俘，他才发现自己的对手原来就是当年那个摇尾乞降的李元昊，他被自己的自信蒙蔽了双眼，被那些所谓边民给出卖了。

然而名将就是名将，临危不乱，在被捉前，他让自己的心腹部下带着自己的妻子母亲逃往延州，同时并向范雍报告军情，金明寨失守。他的妻子和母亲奇迹般地在混乱中逃出，奔驰二百里路，来到延州。然而范雍一听到这样的消息，立刻惊慌失措。他的城中只有区区几百人，只能命传令兵到处搬救兵。

传令兵奇迹般地跑到了边境线，找到了在土门一带错过李元昊的刘平、石元孙，让他们驰援延州。但是，寒冬腊月天里，刘平军和石元孙的保安军行军数日，肯定疲惫至极，兼且他们的兵马仅仅一万有余，凭区区一万余疲弱之军，可能顺利解延州之困吗？而且传令兵在战役正在进行的间隙中一路顺利地避过漫天的矢石箭雨，通行无阻地传令过来，难道不应该有陷阱的嫌疑吗？然而军令难违，一定要赶赴延州，杀灭李元昊。

终于，越过几乎空无一人的金明寨，留下步兵，率骑兵一路奔驰来到了三川口外围，延州城在望，已经是人困马乏，又风雪来袭，于是只好在三川口以西十里处下营休息。然而此时，刘平又接急报，要他快马加鞭火速入城，并且为了防止党项人趁机浑水摸鱼，要他的部队化整为零，小队进入。然而刘平放进去五十个小队后就发现其中有诈。于是只好稳住骑兵，在营地里休息，等待步兵的到来。可是天亮后步兵竟然杳无音信，只好后撤20里，才遇到了昼夜赶路的步兵。兵力竟然猛增了两千人，这是鄜延路黄德和与万俟政、延州西路的郭遵，终于，在大战之初，他们的兵力又升到了一万。宋军结阵东行，就来到了三川口的五龙川。

雪一直在下，他们碰到了西夏军队，其数量令人瞠目结舌，浩浩荡荡的西夏大军总数至少有十五万人，其中包括七万骑兵。他们与宋军中间隔着五龙川遥遥相对。看起来胜负已经毫无悬念，西夏的军队开始渡河，此时击之中流是宋军唯一的选择了，于是郭遵身先士卒，杀向敌阵。然而敌军人马实在太多，根本难以击溃，最终党项人还是整合好了自己的人马，列阵岸前。这次，党项人派出自己的勇士，指明要和郭遵单挑，郭遵闻声即出，几个回合即将西夏勇士头颅砸碎。

李元昊不存什么幻想，直接以数量取胜。竖起盾牌，缓慢逼近。然而宋军抢先进攻，竟然将西夏军队逼退河中，可是代价巨大，主将刘平脖子耳朵皆被射伤。傍晚来临，已经战斗了整整一天，而连日的奔波也差不多将步兵、骑兵体力消耗殆尽。士兵太需要休息了，况且面对的是十五倍于己的敌军，难道不考虑一下撤退吗？

然而刘平没有想到的是这一切都是李元昊的计谋，就是为了让宋军疲惫不堪，以达到围城打援，以逸待劳的目的。李元昊再次派出骑兵，突击渡河，宋军难以招架，后退二十步，一切就此改变。黄德和在队伍后率先逃跑了，这支本应是生力军的队伍却令逃跑像瘟疫一样传遍全军，宋军一旦溃逃。党项也不再犹豫，乘机掩杀。然而勇将郭遵孤身逆流冲入敌阵，虽知必死，却不惜以死报国，奋力向前，给刘平留下机会和时间。他如有神助，连过敌人陷阱，却不幸死于乱箭之中。

刘平截流了一千人，重新列阵，再次挡在西夏人面前。西夏人震撼了，面对十五万大军，这区区一千人竟然有勇气列阵而立，准备作战。然而对于对手的敬佩却并不能阻止他们前进的脚步。刘平率领这一千多人，跟西夏军整整缠斗了三天。三天之后，西夏军离开三川口，前去攻打延州。刘平率军后撤至西南方一个小山头，立下七座营寨以求自保。又到夜晚，西夏再次派人冒充范雍使者，被识破之后索性劝降，自然也没能成功。天亮之后，李元昊带来人马，四面围山。宋军坚守，全军覆没，无一生还。

西夏人赢了，李元昊却撤退了，他没有乘胜追击攻打延州城。宋人曾说，延州域得以保全，靠的还是刘平的一千士兵，"方贼势甚张，非平搏战，其势必不沮；延州孤垒，非平解围，其城必不守"。

三川口之役，宋军虽败犹荣，而且荣耀至极！

举国思战转茫然

三川口的战斗在当年元月二十四日结束，四天后战报才传由延州传到开封。这是范雍的战报，上面说刘平丧师辱国，阵前叛变。赵祯一听勃然大怒，立马派兵包围刘平家人，老小不容一人漏网。

然而赵祯很快便冷静下来了。他派出文彦博调查情况，他要获得第一手的资料。结果真相大白，黄德和自己逃跑导致军心大乱反而反咬一口，简直是武将之耻。于是为刘平、石元孙、郭遵、王信等人追功赏赐，黄德和则被腰斩。并以此为机，彻底清查责任，该处分的绝不姑息，并且全国动员，增兵派粮，一切以战争为中心，并且广开言路，要让大宋最优秀的人才，去出谋划策夺取战争胜利。然而两三个月过去了，他的大宋让他无比失望和愤怒，堂堂大宋，禁军百万，钱粮无算，却竟然没有切实可行的抗敌方案。

其实他的愤怒从他的处罚里就可以看出来，首当其冲的范雍，竟然只是远离战场，以户部侍郎身份迁到安州。而那些没有提出任何有用意见的人吵起来却个个武艺超群，在最基本的增兵派粮上，朝中大臣略翻史书，就以霍去病、李靖的超人案例来回复夏竦的请求。夏竦自然不甘示弱，又搬来王翦、韩信，这辩论打得赵祯脑袋都大了。最后只好喝令众臣闭嘴，向西北增兵20万，预支军费300万贯。

然而兵粮好征，领导派谁呢？自从澶渊之盟后直到现在，宋朝没打过仗，武将贫乏，且还要提防武将，于是只能用文臣出战，韩琦、范仲淹、庞籍、尹洙纷纷被选中。前线将领定了，后方负责调度后勤的人选谁呢？张士逊政绩不佳，只得退休，大家又想起了王曾，在他的领导下，政府是清廉的，而且他在后勤保障上又有特殊的天赋，起码起到半个萧何的作用。然而不幸的是，他死了。

于是只能起复吕夷简了，仁宗很清楚范仲淹和吕夷简之间的矛盾，于是他先找到了范仲淹，宽慰他说这次你得以起用其实也是吕夷简的功劳。然而范仲淹微微一笑，请陛下宽心，因为他和吕夷简并无私人恩怨，现在肯定国事为重。更让吕夷简想不到的是，范仲淹竟然亲自给他写了封信，希望能与吕大宰相共襄国事。吕夷简大为惊骇，却不知范仲淹已经不是以前的范仲淹了。

整个国家的重心开始向西北倾斜，尤其是宝元三年五月以后，几乎是举全国之力去报三川口之仇，于是在这种形势下，那些临危授命的臣子，如范仲淹、韩琦、尹洙、庞籍、种世衡、狄青等各有用武之地，也有了不同的际遇。

这时的西北第一高官，陕西经略安抚使夏竦可谓轻松非凡，因为他是最上层将领，不需要注意什么细节。在他的手下还没有到位之前，百无聊赖之际他想出了自己的对敌策略——诱敌赏格。将李元昊的项上人头直接标价500万贯。这可是个天价，从开出的那天夏竦就开始做着西夏不战自乱的美梦。然而得到的回答却让他七窍生烟，李元昊亲自回复："有得夏竦头者，赏钱两贯！"李元昊轻蔑的侮辱让夏竦瞬间清醒了过来，对付党项这帮不讲信义的家伙，多说无益，唯有一战。

而这时实心任事的范仲淹来了。现年已经52岁的范仲淹，在经过了几多官场的浮沉之后，早已洗去了当年那股不顾一切一定要清除自己眼中的邪恶势力的意气，他是满怀着治理国家安抚边境的壮志来的，没有半点浪漫的不切实际的想法，现在家国如此，再不小心翼翼脚踏实地，肯定会误了大事。

他的战略方针就这样定了下来，以守为主，先守后攻。于是，他将延州府新配备的18000名新兵分拨训练，而且全面放权，谁有实力谁打头阵。这样充分调动了将军们的积极性，有实力的将领立刻显现出来，比如种世衡，他主管的青涧城防守的原则是重赏之下必有勇夫。不管是何出身，只要武功好，射箭准，就能拿到钱，而且自己开荒经商，甚至联合一切可以团结的力量，比如羌族，来共同对抗敌人。

这似乎又回到了赵匡胤的时代，地方将领开始拥有军事、财政、民政的大权，这在赵匡胤之后的宋朝几乎是难以被容忍的，因为宋朝一直最忌讳的就是地方藩镇。这算是特殊条件下的不得已而为之吧，为了达到目标，方法就不能顾忌太多了。然而这样做的好处却十分明显，曾经在西北边疆最薄弱的延州一代，在此后四年的宋夏战争中，再也没出现过大的乱子，甚至比其他地方都平静。

这样脚踏实地的方法确实有效,然而却有人不屑一顾。他就是韩琦,韩琦生而豪杰,无论面对什么,都敢于亮剑,敢于去进攻,从来都是想做,而且敢于去做,而且最后还总是成功了。他从来不把那些敌人放在眼里,怎能容忍一个区区党项猖狂无比,不仅敢于出战,而且还要追击,打个片甲不留。于是他主管的泾原路一切以实战为标准,军事调动频繁,而且自己也常常纵马疆场,实地体验战场的感觉。甚至还构思着一个宏大的计划,以期到党项的地盘上去,杀灭西夏。

他要的是进攻,西夏人就真的给了他一个机会。在韩琦上任后的120天,公元1040年的阴历九月十二日,西夏人直扑韩琦的泾原路三川寨,宋军纷纷增援,然而增援的都监王珪却反被围攻,突围之后来到镇戎军城下,虽然最后一举打退党项军队,却无法救回三川寨。直到三天以后,才开始重新集结部队攻打三川寨,然而西夏人早已转移了方向,他们进攻镇戎军(今宁夏固原),而只要拿下它,就可以一举夺下渭州(今平凉)、泾州(今泾川),打通关中通道。

战况危机,镇戎军外据点陷落。这时韩琦的智勇就显现出来了,战斗刚进行了六天,韩琦的进攻理念就发挥了出来。他一面调集部队增援镇戎军,一面却集结重兵绕过镇戎军战场,直扑西夏的军事重镇白豹城,这是李元昊打进宋军一系列据点里的钉子,用以掐断西北四路的联系,战略位置极为重要。

宋军极度保密,在月黑风高的凌晨三时发动进攻,六个小时后攻进城中,然后放火烧城,白豹城顿成废墟。撤退的时候被西夏援军赶上,又伏击了西夏军,局部战斗结束,那边的西夏军还在进攻,这边却已破城,形势逼人,李元昊毫不恋战,干净利落地撤退了。

党项人是走了,然而韩琦并没过瘾,他立刻在众人的喝彩声中给皇帝写信,希望能乘胜追击,派五路大军,一举荡平西夏,振作国威。然而,得到的却是一片讽刺和质疑,那些朝中的文官罗列了一系列的危险、困难,甚至怀疑他是另有目的。于是韩琦只好向夏竦求援。夏竦建议他直接去京城跟皇帝面谈。依旧遇到了大臣的质问,但毕竟说服了皇帝,只是计划缩了水,由五路变成了两路,让他和范仲淹一起联合出兵。

韩琦是带着失落回到泾原路的,没想到回来后不久皇帝的新命令就到了,只派一路,让韩琦自己去打。原来是范仲淹一封奏疏就说服了皇帝保持守势,不能轻易出击。韩琦绝不服输,派自己的亲信范仲淹的好友尹洙前去游说,以期能说服范仲淹,助他出兵,共同扫平西夏。然而范仲淹坚持自己的"稳妥"和实干,两人见面不欢而散。韩琦只有仰天长叹,只能把希望寄托在后勤的钱粮供给上,希望庞籍能够多多照顾,但庞籍也只说要供的是西北四路,没法只供韩琦一路。

韩琦显得孤独而又无助,这就是宋夏战争前宋朝的表现和准备,从开始的群情激奋,到后来的无休止的内耗,再到茫然和退缩,宋朝从未想过去全心争胜,剩下的就只有韩琦一人一路与西夏的举国之战了。

悲怆好水川

在韩琦的仰天长啸和孤独等待中,时间溜走了,转眼已经过了他曾经许诺过的出兵日期,公元1041年的阴历二月,他没有等到朝廷旨意的改变,却等来了朝廷的训令:不是说一月出兵吗?怎么逾期不动呢?宋廷的作为十分难以索解,本需五路大军的作战计划,却催促韩琦率领区区一路军队去实施,除了送韩琦的军队于死地绝境,又能有何益呢?

韩琦无可奈何,只好派心腹任福进京解释一下泾原路的现状,然而任福刚出发,李元昊就亲自率军经天都山直杀渭州来。韩琦直接前往镇戎军,挡在了渭州城的前面,并紧急叫回任福,交给他镇戎军里所有的精锐,并让其他名将配合他前去迎敌。

韩琦并不是想和李元昊硬碰硬，他的目的很明确，就是让任福从镇戎军出发，与西夏进犯态势平行，直到羊牧隆城，隐蔽自己悄悄等待，直到李元昊攻城不可疲惫不堪的时候再乘胜攻击。

这是一个看起来温和却杀机四伏的计划，他已经尽自己所能将泾原路的力量发挥到了极致，目的就是让任福带领的机动力量寻找机会以逸待劳。

任福刚取得了夜屠白豹城的胜利，接到出战命令可谓兴奋至极。他率领数千骑兵，杀向怀远寨，第二天到达怀远寨便得到消息，附近的张家堡有西夏军队激战，任福一听便热血沸腾，做了一个勇敢的决定，将韩琦反复叮咛的计划置诸脑后，率领精锐骑兵杀了过去。遇到西夏人后很容易就取得了胜利，西夏人一触即溃，任福大喜过望，率领军队开始狂追。整整追了三天，人困马乏，连口粮都不够了。虽然敌人的逃跑方向和韩琦规定的任福的逃跑方向一致，这样沿途会有很多宋军军寨可以让任福得到补给，然而任福杀敌心切，根本没顾上增加补给。终于，他们到了好水川，任福下令休整。

任福的计划很周全。在他面前就是羊牧隆城，韩琦指定的位置，而自己的援军朱观和武英与自己相距仅五里，而羊牧隆城里的王珪更是一员猛将，自己的得力助手。他和朱观和武英约定明早汇兵一处，一起追击，会合羊牧隆城。

第二天，两军平行运动，并未汇合，为的是快速行军追击西夏人。然而行军路上，他却发现了几只奇怪的盒子，里面有翅膀拍打和哀鸣的声音，于是一起来看，结果盒子刚打开，上百只鸽子腾空而起，鸽声越传越高，越传越远。接着，西夏的军队如同潮水一样漫了出来，为首的是李元昊，带着他的十多万人马，而宋军又和上次三川口一样，面对着近自己十倍的人马。

瞬间的中计，足以让任福明白之前的追击不过是李元昊的一个陷阱，然而也没给他太多犹豫的时间，前锋桑怿已经率军冲向敌阵，仿佛以一片孤叶阻挡西夏军队的滚滚洪流，为任福集结部队列阵迎敌争取时间。然而前锋的力量实在太微弱了，西夏军队淹没了他们，直接冲向了后边任福的部队。宋军的劣势太明显了，他们连基本的阵势还未排列好，甚至连像三川口时那样作为一点障碍的河流都没有。能做的就只有迎战和冲锋，明知结果惨淡却还要苦苦坚持，任福甚至连自己的儿子坠马而死都没来得及看一眼。情急之下，他又命令桑怿和自己的另一个儿子率军冲向高坡，希望居险而守能够有所转机，然而这是西夏人选择的战场，一切退路都已被封死，他眼睁睁地看着他们堕崖而死。面对手下劝他转移逃跑的话语，他悲怆地说道："吾为大将，兵败，以死报国耳！"挺身而斗，奋勇争先，身中十箭，且被一枪刺中咽喉，壮烈殉国。

任福全军覆没，本打算与他汇合的朱观、武英也是几乎在同时在姚家川遭到了伏击，虽然开始还有援兵，但等任福覆没之后，西夏大军开始合围，再无侥幸出现。当天的好水川可谓惨烈，文官如耿傅者，即使没有武官的责任，也一样奋勇，最后壮烈牺牲。姚家川最后只有朱观和一千多个士兵逃出。暮色来临，西夏人渐渐退去，宋军尸横遍野，短短一天，泾原路名将几乎损失殆尽，士兵阵亡过万，甚至比三川口还要惨烈。

最忠勇顽强的当属王珪，他本不必死在这里。他是羊牧隆城的守将，听说好水川激战，立马带兵杀到，然而西夏人的铁桶阵已成，他带着四千人马疯狂冲击，要将任福救出，然而以四千对十万，无异于鸡蛋碰石头，几次冲击没有效果，部下胆怯了，想要后撤，被王珪斩杀。王珪下马东拜："臣非负国，力不能也，独有死报耳！"于是翻身上马，再去冲击，直到铁鞭打得弯曲，手掌流血，依旧死战不退，最后死于乱箭，正可谓力竭而死，何其悲壮。

宋军虽然惨败，但其死战不屈的意志依旧给西夏造成了很大的损失，李元昊是胜了，虽然胜得很心疼，但好水川终究成了宋军的又一次悲怆之地。

惨败的消息传来，朝廷追查责任，韩琦引咎自责，将战败的责任全部揽在自己身上。然而夏竦派人打扫战场的时候，却在任福身上发现了韩琦当时手写的军令，事情算是了然，是任福自己无视命令，擅自行动。然而作为统帅，还是罪责难逃，他被降级处分，免去泾原路主管之职，知秦州。

客观地说，好水川一役是败了，却败得壮烈有意义。纵观整个败后整个事情的处理，仁宗没有处罚任何人，对战死的大将都进行了丰厚的抚恤封赏，算是对他们奋勇杀敌以死报国的精神和表现一种肯定。而在后来的史书中，更是评价极高，比如善于英雄识英雄的蒙古人，曾经在宋史里对他们进行了发自内心的褒扬："好水之败，诸将力战以死。噫，趋利以违节度，固失计矣；然秉义不屈，庶几烈士者哉！"宋朝诸将没有贪生怕死，没有望风而逃，明知是死地却又死战不退，从不畏惧，绝不屈服，为国尽忠，即使败了，也无愧是英雄，无愧为国之烈士。

虽然韩琦的进攻计划遭到惨败，但并不能就此证明范仲淹比韩琦更加高明。其实他们两个做的事情为的是同一个目的，也是在试验着两种方法，更是相辅相成。就在韩琦的泾原路在拼命厮杀的时候，范仲淹也在做着努力。

李元昊对于诈降的把戏可谓是百玩不厌，韩琦往往直接将李元昊的使者踢出门去，然而范仲淹明知没有可能，却也试着跟这些使者周旋。他回信给李元昊，告诉他只有"仁"才能得国，才能守国。然而派去跟随西夏使者谈判的使者去了四十多天，带回的却是一封长达二十六页的国书。李元昊这时已经取得了胜利，对范仲淹就更看不在眼里了。这样一封谩书简直就是烫手的山芋，范仲淹必须交，然而他也明白交上去的后果可怕至极，然而范仲淹聪明至极，当着使者的面将其中的二十页全部烧掉，明确地告诉西夏，不要不知好歹。接下来，自己将剩下的六页重新润色，措辞改变，旧貌换新颜。

然而经过修改后的谩书递交上去，味道还是过于浓烈，大臣皇帝都十分不悦，甚至有人提议以"人臣无外交"之罪将范仲淹处死。然而一个想不到的人出面说话了，他是吕夷简，他认为范仲淹是犯错了，但降职处罚就可以了，没必要如此大动干戈。于是，在同一个三月，韩琦、范仲淹同时被降一级。

这时宋廷陷入了两难的境地，主战的打了败仗，主和的，却也被当头一棒，真是战亦难，和亦难啊！

琉璃堡大捷

七月，理应是个好好乘凉的季节，李元昊偏偏要反其道而行之。这是因为越是敌人没有想到的时候，越是好时候。攻其不备，完全符合兵法，这其中速度很关键。李元昊也深谙此道，就在七月，他突然带兵进攻麟州城。

麟州城歌舞升平，完全没有想到党项人的速度。如果被围，麟州城很快将被困死，好在一个叫王吉的军人以过人的智慧，绕过党项防线，顺利向开封带去消息。开封方面，迅速做出反应，命高继宣火速赶到。高继宣打仗，不按常规和教本出发，随机应变，当他接近党项围军的时候，不顾高速行军的疲倦，决定当夜偷袭围军，袭军在敌阵左冲右突，极为兴奋。李元昊军先是自乱阵脚，然后开始镇定，毕竟袭军是小股力量。高继宣趁敌军镇定之时，迅速撤军。这次偷袭，在恰当的时间开展，又在恰当的时候收阵，非常成功。

高继宣一到达战场，就取得一次胜利，虽然没有真正击垮对手，却成功地达到了削弱李元昊军的士气的作战目的。打一场胜仗算不了什么，能持续打胜仗才是名将，高继宣就是这样的人才。他没有陶醉在小小的胜利当中，而是迅速根据战事需要，广招边民。边民有许多优势，一是他们有对侵略军的仇恨，有着英勇作战的动力；二是他们是当地人，对于当地的地形和环境都十分熟悉。这支边民军被称"清边军"。两千多人的"清边军"，神出鬼没，给西夏军带来了很大的困扰，他们在高继宣的率领下，很快斩首上千。

除外围的高继宣起到极大的牵制、骚扰作用外，守麟州城的王凯也挺过李元昊的进攻。李元昊两线作战，无一获胜。他在八月，突然弃麟州而攻府州。虽然李元昊在通往府州的途中，节节胜利，但府州本身很难打。该城依山临水，一方面易守难攻，另一方面也不缺水。同时，守城的折家军战斗力极强。

府州城的最高头目叫张岊，有勇有谋，年少成名。折家军主将折继闵，英勇善战。李元昊强攻府州，折家军顽强抵抗，牺牲者众。正当寡不敌众之时，张岊及时赶到。在战场上，时间就意味着生命。高继宣把握住了偷袭时间，张岊则把握住了援助时间。这是一场恶战，张岊本人脸部中箭，身受三刀，好在性命无忧。由于张岊的及时赶到，宋军顺利地打退党项军，保住了城池。

兵者诡道。李元昊刚撤出府州，未做休息，突然攻击与麟州、府州鼎足而三的丰州。这一次，他得手了，丰州沦陷。战争是残酷的，西夏军在城中抢掠，并大肆屠城。以丰州为中心，李元昊很快控制了周边的局势，不断积蓄军事物资，而且切断麟府两州的交通运输线。由此，粮食运输对宋军就显得更加困难，也更加重要起来。一场激战又将上演。

但这次战斗与以往不同。这次是野外作战，不再有工事可以保护。两军相遇勇者胜，"清边军"和张岊军共同与党项军作战。张岊这次受伤更为严重，他的头部被箭刺中。天佑英才，他竟然活了下来，甚至也没有感到疼痛。他拔下箭，带着怒火冲向敌阵，士军士气一振，奋勇向前。宋军再次以少胜多，击退党项军，但平静是暂时的，更加危险的时候马上就要到达。

这支军队与王吉军会合后，有六千多人，行到兔毛川，与伏军三万人相遇。以少打多的战役，向来都是千钧一发，拖延不得，动摇不得，必须速战，必须有坚毅的信念。王吉等奋勇当先，擒贼先擒王，对方主将很快丢了性命。没有了指挥中枢，大军便没有了方向，敌军顿时一片大乱。他们丢掉装备，四处逃窜，战役不久便结束了，宋军取得兔毛川大捷，西夏军再遇重创。

但李元昊并不善罢甘休，他继续集结军队，欲将战事打到底。历史就是这么吊诡，它要选中谁很难说，这次被选中的英雄竟然是一个书生。此人名叫张亢，进士出身，做过知州、通判等文职，但宋夏战事给了他一个成为成功武官的机会。像高继宣一样，他也在当地招兵。也许因为他不是军事专业出身，故而作战灵活，加上是个书生，有些远见，才华更是展露无遗。他是个打游击战的高手，把各个地方都变成战场，而且，他给士兵极大的酬劳，而且能够兑现，让这些士兵有利可图。重赏之下必有勇夫，张亢军甚至准备打到李元昊的立足点，毕其功于一役。

这个立足点就是琉璃堡，是李元昊军的物资集散地，守卫森严。如同李元昊军看来强大实则弱小一样，这里的守卫也是一样。李元昊军开战的时候，用的是攻其不备和速度。而现在，宋军要结束战斗，也用攻其不备和速度。

张亢先是派出细作，打探到对方军队涣散的消息。敌军的前线正处于奔波和忍受炎热的境况，而这大后方却正在享受清凉。谁能想到，宋军会选择当年曹操打败袁绍的战法，完全避开与前线队伍作战，走过漫长的路途，直击目标呢？

张亢不是个耽于幻想的文人，他有儒家的经世想法，也能够实干。他带兵连夜行军，并且当夜到达。士兵当然疲倦，但来不及疲倦，因为有一种复仇的怒火燃烧在大家心中。是夜宋军夜屠琉璃堡，许多党项军死在梦中，另一些仓皇逃走。不同于高继宣，张亢偷袭之后，并不撤走，而是在附近扎营休整，以逸待劳；而周边的宋军则不断向这个中心点靠拢，力量越积越大。

李元昊还不甘心，他还想挽回败局。宋军越聚越大，成败就变得更加具有意义。如果消灭这股宋军,就消灭了宋军最大的一股力量。宋军有两面旗,一面是"万胜军",一面是"虎翼军"。"万胜军"养尊处优,战斗力早已下降,"万胜"空有头衔;而"虎翼军"由下层民众比如边民组成,虽然不专业,但战斗力极强。

李元昊准备先吃掉"万胜军",从士气上打倒对手,但他的算盘打错了。李元昊很快发现,这支"万胜军"展现了极强的作战能力,根本不可能轻易打倒。由于他低估这支部队,没有作出充分的作战准备,掉以轻心,以至于感到明显的被动。他万万没有想到,他打的"万胜军"就是"虎翼军"。一介书生张亢,将两面旗对换了一下。孙子有言:"兵者,诡道也。"张亢在此可说是运用得炉火纯青。而其他战场,宋军也节节胜利。李元昊发动了战争,但不过两个月,便被打回西北。

第十一章　庆历新政

辽主耶律宗真遣使南来

俗话说："福无双至，祸不单行。"宋仁宗庆历二年春，西北面宋与西夏的战事还没有结束，从北边又传来了一个让宋朝全国上下都胆战心惊的消息：辽主耶律宗真遣使南来，要求宋朝归还关南十县之地！如果宋朝拒不归还的话，那么辽国只有撕破兄弟之国的脸皮，诉诸武力了。宋辽澶渊之盟后，一南一北彼此倒也能相安无事。自从宋夏开战之后，举朝上下都担心辽国会趁此机会与西夏联合。如果辽国真的从东线配合西夏，那时宋朝将同时面临两大强敌的进攻，说是亡国之祸似乎也并不夸张。

为了让自己的索取变得合法，辽主特意让使臣数说宋朝背盟的举动，其中主要的一点就是宋朝无故在边境增派兵力，挖掘壕沟，修缮城池，这些都是准备开战的举措。辽国使者又说起关南十县的历史，说那原本就是辽国祖先打下的土地，后来虽然失去，但仍然是祖先的遗产。如今的辽主要求宋朝归还关南十县，是辽主对祖先尽孝，也是宋主成人之美所必须尽的义务。至于西夏的李元昊，他娶了当今辽主的姐姐为妻，而且曾经向辽国称臣。就私人关系而言，李元昊是辽主的姐夫；就国家关系而言，辽国与西夏是主人和臣子的关系。如今，宋对西夏开战，事先却不让辽国与闻，实在是对辽国的蔑视。层层的责难，加上自以为得理在先，占据了道义上的制高点，所以辽国使者在朝堂上表现得极为无礼。

这就是1042年的开春，北风突然袭来，让举国上下打了一个寒战。

辽国咄咄逼人的态势并没有让仁宗惊慌。仁宗让宰相吕夷简等人仔细斟酌出使辽国以回答责难的合适人选。吕夷简也摆出一副满心为社稷苍生负责的态度，居然举荐了曾经弹劾过自己的富弼肩负此重任。仁宗固然感到惊讶，但也的确认识到朝廷的朋党之争并没有因此止息，以富弼的魄力和才能固然有很大的胜算能够做到不辱君命，但辽人的威胁也绝不是谈笑之间可以化为乌有的，富弼此去吉凶仍然未卜。仁宗很明白这一点：外交谈判成功的关键是知道对手的底线在哪里。

在富弼即将出使辽国之前，仁宗皇帝召见了富弼。君臣相见之后，仁宗首先询问富弼对辽国的那些责难有何看法？而面对这些责难——其实就是割地的要求、背盟和处置西夏三点——如何才能让宋朝从现在道义上的劣势扭转为优势呢？

富弼知道，站在他面前的皇帝是要对他进行一场临行前的测试，而无论自己对于这三点责难有何看法都只是次要的问题，因为作为大宋皇帝的臣子，出使异邦最重要地就是要做到四个字："不辱君命。"君命固然是皇帝以及列祖列宗的颜面，更关系到整个宋朝士大夫阶层源于文化优越感的自尊和农工商阶层对君父最朴素的爱戴之情。所以对这三点责难的应对必须要有理有力才行。

首先是关南十县之地。所谓关南十县，就是指瓦桥关以南的十个县，是燕云十六州的一部分。后晋高祖皇帝石敬瑭当年曾向辽国第二个皇帝辽太宗耶律德光借兵，而借兵的代价就是割让后晋的燕云十六州给辽国，更为让人意想不到的是石敬瑭居然以儿皇帝自居，以此向比自己年轻的耶律德光摇尾乞怜。

虽然《论语》里面孔子教训弟子要"三年无改于父之道"，《周易》里面也讲要"干父之蛊"（继承父亲遗留的事业），但后晋出帝石重贵在稳坐中原之后，出兵征辽，居然又重新夺回了燕云十六州。当时，耶律德光还在位，自然咽不下这口气，于是派出大军，誓夺回燕云十六州，结果"风萧萧兮易水寒，壮士一去兮不复还"，辽军非但没有夺回燕云十六州，反而被打了伏击，全军覆没，而辽主耶律德光也因羞愧愤恨而亡。

之后，后晋覆亡，燕云十六州又归后汉所有。不过三四年光景，后汉又被后周取代，不过后周并没有获得后汉全部的土地，在后汉北部的土地上，刘旻建立了北汉。北汉据有燕云十六州，背后是得到了辽国的支持。而辽国支持的原因却有一层隐痛。当时辽国还没有建立起完全齐备的政治体制，所以无法统治燕云的汉人，于是用起了以汉治汉的策略，姑且让刘旻再当一回傀儡儿皇帝，代替辽国治理燕云十六州。但北汉刘旻实在敌不过后周世宗柴荣，柴荣即位后，选拔将领，整兵经武，不仅从北汉手中夺回了关南十县，甚至还越过北汉之境攻打辽国，使辽主大为恼火。陈桥兵变之后，赵宋继承了后周的遗产，便也名正言顺地占有了关南十县。

回顾完这段错综复杂的历史，富弼很明白地告诉仁宗：

应对割地，不能与辽国在主权问题上争论不休，因为这个问题是永远没有结论的，所以见到辽主时必须要绕开这个话题。关键点在于关南十县之地并不是赵宋从辽国手里边夺过来的，而是前朝的柴荣从辽国夺得的土地。宋朝从太祖皇帝即位以来就占有关南十县，这自然也是当今皇帝的祖产，如果归了辽国，岂不是要大宋皇帝不孝么？如果硬要宋朝归还，那自古以来燕云十六州还是汉人的土地呢，何不归还于大宋？所以与辽国折冲樽俎，要时刻牢记四字：何惧之有！至于背盟的责难，那就要做到另外四个字：诚不欺你！

当年澶渊之盟是说了双方不得无故在边境增派兵力，宋朝更不能在边境随意挖壕沟以阻止骑兵南下。但如今大宋征兵也罢，挖壕沟也罢，都不是要准备开战，而是因为宋朝是以农耕立国的，这跟草原民族的情势完全不同。

大宋的征兵是有祖制、有家法可据的。当年太祖皇帝询问赵韩王（即赵普）等怎么样才是百世治安之策，韩王等的回答并没有让太祖满意。倒是太祖自己说了出来："可以利百代者，唯养兵也。方凶年饥岁，有叛民而无叛兵；不幸乐岁而变生，则有叛兵而无叛民。"凭这一点就可以看到宋太祖见解的高明：兵民只能分开，不能合一，这样才能相互牵制，拱卫皇权。所以以后的皇帝对此对遵循不疑，一旦有凶荒灾害，朝廷就去受灾地募兵，以兵饷代赈济。这次在边境增兵只是按照祖制将受灾的农户纳入到军队系统里面而已，并不是要整军经武。至于修缮城池和挖壕沟这都是常例，不修城池，人民怎么安居？不挖壕沟，怎么发展农田水利？

关于宋对西夏开战也是迫不得已，西夏是辽国的臣属，难道不是大宋的叛臣？当年太宗皇帝宽容对待请求荫庇的李继迁，加官晋爵，赠予财物土地，如今他的孙子李元昊却不断侵扰大宋边境，难道这不是叛臣逆子所为么？况且宋朝还与辽国是兄弟之国，做兄长的总不能被弟弟的奴才欺侮。

富弼的以上回答让仁宗心里感到很满意，仁宗可以放心地向富弼交底了：避开战，不割地，赠岁币！然后仁宗告诉富弼，这次回见辽主只能携带国书，至于主要任务，表面是要回答辽主的责难，实际上要了解辽国上下对开战的决心有几成。因此，必须摸清辽主的底线在哪里。只要知道这一点，其余的一切都好办。

富弼使辽解宋危

外交对于一个国家来说，就是一个民族追求自身生存空间的政治化表达，所以国力的强弱往往可以决定外交成败的概率。但是，如果纯粹是以力量威吓来角逐利益果实，那么外交不过仍然是停留在野蛮时代的角力而已。因此，外交作为一种政治化的表达，它有一个默认的前提——它只能是文明人的游戏，就在一个瞬间将一个人的平时蓄积转化为折冲樽俎的机敏智慧。所以成功的外交往往让人感到一种诗意的兴奋。

春秋时的行人们（即外交官）早就在外交场合自由引用《诗经》中的句子来应对酬唱了。这种诗意的兴奋虽然只是基于一种客观场景中的彼此和谐，却能让双方互相感悟，互相启发，从而获得一种超越彼疆此界的认同。交流就是这样，大多数情况之下，人们充满了交流的愿望，渴望获得理解，于是便使用各种方式来展现自己。

事实上，富弼把辽主从弯弓掣刀的马背上牵到谈判桌之前的巧妙过程，就是让人感受到一种诗意的兴奋。

当富弼初到辽国馆驿时，辽主的使者就在那里恭候了。这样殷勤地恭候被冠以兄弟之国相亲相爱之名，但这些表面文章只是用来说给人听的，做给人看的，千万不能相信。因为在听到的之外，看到的之余，还有人深沉的用心！就像宋仁宗迫切希望得到辽国人的底线一样，辽国人也需要探查到宋人的底线。这就是外交作为一种文明游戏的有趣之处，除了手法高超，还得有很多偶然的因素掺杂进来，只有这样才能让人对它趣味盎然。

当然馆舍使者的殷勤恭谨只展示了契丹人的一面，第二天，辽国朝堂上的高官们就用他们的杀气腾腾展示了契丹人的另一面。转变的契机，是因为馆舍使者将宋国人绝不肯丢弃关南十县的决心转达给了辽国的贵族阶层。外交对于辽国人来说也不过就是一种文明游戏，既然在文质彬彬的棋盘上无法取胜，那就干脆掀翻游戏的棋盘，直接露出杀气腾腾的本来面目。

面对坚持自己立场的宋使和积极要求对宋开战的本国贵族，年轻的辽主显得有些犹豫不定。外交讹诈显然是失败了，而进攻的准备原本就没有开始，犹豫自然是难免的了。所以，富弼一行前脚刚到馆舍，辽主的使者后脚就紧跟过来，他们的目的很简单，就是要软磨硬泡，让富弼改变既定的立场。可是无论如何，他们都不能让富弼使团在割地问题上产生根本的动摇。《庄子》里面说得好："顺始无穷。"一有了开始就会顺着继续下去的。割让土地是不能有先例的，先例一开，往后就会成为常例！于是，一场对峙就此开始。既然是隐含敌意的对峙，那么一切殷勤和恭谨的待遇自然就不复存在了。

首先打破对峙僵局是辽主。外交讹诈的失败证明了契丹人对外交这种文明游戏的适应程度并不能像他们对骑射那样娴熟。但辽主不甘心，他愿意再"游戏"一次。这一次他直接让富弼等人进入猎场，他要用大辽军队的军威来震慑这些不知道天高地厚的汉人。他原本以为在和富弼并辔同行之时，富弼会露出卑微的可怜状，然而富弼却突然说了一番让他震惊不已的话："战胜则利归诸群臣，而败则君独受其祸！故言战者皆只为自己打算尔。唯和谈与增岁币可使陛下独享其利。"这句话就跟当年鲁肃劝孙权抗战的话同一个道理。只不过孙权因此坚定了联刘抗曹的决心，而辽主却因此放弃了诉诸武力的念头。所以，人主是人主，人臣是人臣，既然大家都是人，那只要是人构成的利益集团，它就永远不可能是铁板一块的，只要善于利用形势，抓住其中的间隙，必然会得到令人意想不到的结果。

至此富弼的外交活动至此可以说是基本成功了，仁宗的九字方针已经实现。而富弼下一步要做的只是回国去将谈判结果写成誓书。按照辽主与富弼的口头约定，誓书的主要内容是三个方面，一是重申澶渊之盟，二是增加岁币，三是不得拓展边界池塘、不得收容叛逃人员、不得无故在边境增兵。最后一条是辽主特意提出来的，提出来的目的无非是将自己曾经拿来进行外交讹诈的借口进行合理化辩解。

回到汴梁城后，富弼即向仁宗复命，仁宗也指示吕夷简等妥善写好誓书。一向习惯疲沓推脱的老官僚吕夷简此次居然提出了一个极富效率的方案：让富弼先行，待誓书写好后，再派快马赶上使团。执宰的方案如此高效自然被皇帝点头通过了。直到富弼一行快到辽国时，携带誓书的快马才追上他们。就算是富弼的行进速度太快了，也不至于到现在才追上吧。经过再三犹豫，富弼打开了誓书，一看之下大惊失色：因为在誓书里面辽主要求增加的"不得无故在边界修缮城池与壕沟、不得容留双方叛逃人员、不得无故在边境增兵"一条并没有出现。

这已经不再是疏忽的问题了，因为写誓书时他曾经明确告知吕夷简辽主的特殊要求。这是朝臣结党分派之下吕夷简对富弼赤裸裸的陷害！富弼愤怒地马上从宋辽边境赶回开封城里。就在仁宗面前，富弼不顾堂堂大臣的体面，更不管天子如天渊静的威仪，直接展开了对吕夷简的攻击：自己无能，却嫉妒别人立功，不仅假公济私谋害大臣性命，甚至视国家信用为无物，欺君害民，其罪当诛。虽然富弼一直在痛陈，可仁宗似乎对此并无任何表示，他只是盯着吕夷简看了一会儿。政敌的责难如刀似剑，皇帝问询的眼神温和却隐藏杀机，吕夷简却无比沉着，看着誓书说："此误尔，当增改。"轻轻六字，皇帝的颜面顺过去了，富弼也实在无话再说。

说改就改，富弼继续上路去辽国完成任务，一场风波就这样平息了。继宋真宗与辽圣宗签订的澶渊之盟后，宋辽再次订立和约，直到辽国灭亡，都始终未有背盟的事情再度发生。这场盟约的签订过程说明了两件事：第一，小人再次战胜了君子，所以对于君子来说，高尚的理想必须学会与现实的政治相妥协，甚至是苟安。一言以蔽之，就是《庄子》里面所说的："内抱不群，外欲混迹。"第二，不论是外交还是战争，争的都是生存权。只要保持不间断的物质交流，草原民族被汉化是早晚的事情。草原艰苦飘荡的生存环境可以锻炼出坚韧的民族个性，但是贪婪和享受也永远是人的本性，与其违背它，不如顺着它，用种种声色欲望来笼络控制从而达到自己的目的。一言以蔽之，就是《老子》里面所说的："吾之大患，以吾有身。"

定川之败

宋辽重订盟约之后不久，辽国就开始向西夏发难。因为就是在这个时候，辽国兴平长公主已经亡去的消息适时地从西夏传到了辽兴宗的耳朵里面。两面受敌的情形一下子从宋国变成了西夏。虽然李元昊多少感觉到形势的紧张，但他很快就冷静下来，因为他也明白他的那个年轻的小舅子现在正处于血气方刚的年纪，而且掌握着一个由草原蛮荒之地兴起的民族的最高统治权，一面是年轻人高傲不可一世甚至有些狂躁的荣誉感催动着建功立业雄心的辽国之主，一面却是饱受昔日子摧残，一旦锦衣玉食之后就髀肉复生、坠入被欲望层层包绕的汉化"迷楼"的契丹贵族阶层。

所以在那个君臣天下一体理念指导下建立的王朝体制里永远没有什么是铁板一块的，它存在着君王个性（特别是年轻君王的"雄心"）和集体惰性（源自于趋利避害的生理本能）之间的矛盾，后者是不可能被驯服的，或者说就算是被驯服了也只是暂时的，比如汉武帝、唐太宗，开国之君大多归于此类；而更多的历史现象是前者被后者彻底同化，亡国之君大多归于此类。至于那些介于开国和亡国之间的君主，大都站在祖辈开创的基业上想拼搏一番再铸辉煌，也都曾经与那种弥漫的官僚集团的惰性抗争过，而结果又大多是被后者彻底击垮，就比如本文所说的辽圣宗。

李元昊一旦觑出此中的门道，就明白了：要想扭转自己的劣势没有别的办法，因为拼实力的确不是大辽的对手，所以他必须把辽兴宗耶律宗真"服侍"好，只要自己服软，让耶律宗真内心里充满建功立业的荣誉感，然后再赠送大量金银珠宝和西夏美女，自然就可以让胜利者由发狂到眩晕，再到雄心消退、腐化堕落，还原出他本来就是普通人的真实面貌，从此国势就只可能向着下坡路的轨迹滑落下去，西夏就可以乘机而起了。

可以说，李元昊分析得非常正确，而且这是很有预见性地战略分析，因为之后的事实完全是沿着这个轨迹进行下去的，越过了激动狂躁的青年时期，耶律宗真很快就现出了再普通不过的一面，直到下一个狂躁周期爆发时（辽道宗耶律洪基征服女真的失败已经埋下了辽国灭亡的祸根），辽国离亡国已经不远了。

事实上，雄心万丈的李元昊也不过只是一个普通人，他继承了祖父和父亲的基业，更顺着自己的人生躁动时期大发光辉和威武，可是综观李元昊一生，将自己的狂躁转化为奋斗的力量也不过就是十几年的时间，最后也未见李元昊有大举动的开疆拓土，西夏的版图也还大致是李继迁、李德明在位时的规模。而在对辽对宋取得胜利之后，李元昊也未免于沉迷女色，国家被一群小人掌握，不仅自己不得善终，西夏国势也就此走上了下坡路。总而言之，三个普通人统领下的三个国家除了国势继续走下坡路之外没有别的进境。

扭转形势之后的西夏很快又将战争的矛头指向了大宋。仁宗庆历二年，李元昊再次进犯大宋的西北州路。这次，宋朝也做好了积极应战的准备，西北四路中范仲淹、韩琦、庞籍统领不变，而泾原路则由王沿、葛怀敏指挥。泾原路因为在西北边防上的重要性，所以中央派出了禁军精锐部队负责防御，并且派出禁军将领葛怀敏来指挥对敌。

在派出葛怀敏之前，宋仁宗亲自召见了这位葛怀敏——真宗时代名将葛霸的儿子。其实，范仲淹早就对此人有过评价："猾懦不知兵。"可宋仁宗就是很信任此人，甚至还把他调到了泾原路。可见，仁宗原是要指望这位将军成为葛霸第二的，未料到葛怀敏极为不争气，反倒让自己的父亲成了马服君第二。

具体的作战情况是这样的：王沿下令葛怀敏迎敌之后，葛怀敏立即带领七万大军出发，到了预先划定的驻扎地点瓦亭寨之后，葛怀敏却下令继续前进直到与李元昊大部相遇，之后葛怀敏分兵四路（葛氏自统一路），意图合围李元昊军。而李元昊军显然发现了葛怀敏的企图，自然不会坐以待毙，所以西夏军相应地调整了作战策略，派出小队人马进攻四路中西水口方向的刘湛部。而葛怀敏正在战场上急切地寻找敌军主力决战，得此战报，自然令所部向刘部靠拢，结果又突然得到战报，西夏主力又出现在定川砦。于是，葛怀敏又命令四路人马齐聚定川砦，准备决战。到此为战争的第一阶段。

这一阶段，宋军由上风转为下风，统领大军的将领只知道寻找敌军决战，反而被敌军牵着鼻子走，表明战场的主动权开始逐渐被李元昊军取得。从这一点上完全看得出，葛怀敏的统军谋略何等的低劣，大好的形势就这样被浪费掉了。之后，宋军急切地与西夏军决战，初战就派出最精锐的五千番落骑兵，以五千敌十万，而且是锐气正盛的敌军，怎么可能胜利呢？失败后，宋军军心动荡，在定川砦中龟缩不出，李元昊军实现了对宋军的合围。至此，宋军败势已现。这就是战争的第二阶段。

在这一阶段里葛怀敏最无能之处就是不懂得"慎重初战"。初战对一场战役极为重要，特别是不考虑敌我情势就盲目地损耗精锐部队的初战只会损害士气，动摇军心。一个军队里面的精锐部队不仅仅是战斗力的体现，更是战斗意志的体现。《老子》说："哀兵必胜。"意思就是要激发军队的战斗意志。葛怀敏却恰好相反，怎么能说知兵之将？

此时战争进入相持阶段，一般来说，进入这个阶段，对战争双方来说都是损耗巨大的时期，因此这个阶段也是战场上变数最多的时期，也是最考验将帅智力和心性的时期。王翦灭楚之战、官渡之战、夷陵之战、朱元璋灭陈友谅之战都是利用这个阶段实现了转败为胜，当然这是与统兵者优秀品质紧密联系的。

比如官渡之战时的荀彧。当时袁曹两军相对峙于官渡一线，曹军前线战力已经不支。于是曹操想撤退到许昌。假如曹操就此撤退的话，那就真是兵败如山倒，恐怕历史上也不会再有什么魏武帝了。就在这当口曹操接到了荀彧的一封劝谏信，内容很简单，就八个字："情见势竭，必将有变。"意思是说，战场的情形都已经完全表露出来了，双方都无法再进行大规模的战略拓展，所以形势是在稳定之中拖延，而这样拖延下去的结果就是拼实力，倒不如趁此机会放手一搏，发动奇兵突袭，这样才能彻底扭转战局。就这一点儿提醒，"变"的具体内容就被曹操构想出来了：夜袭乌巢！

在战争相持阶段，夏军先与葛怀敏部交战并没有获得胜利，之后与曹英部战斗，趁着一场偶然的大风夏军获胜。随后，这场战争终于表现出了戏剧性的地方。在围困的第十天，葛怀敏决定弃砦、弃兵，率领十四员大将和一万士兵，分批趁夜色逃出定川砦。战争的最后阶段里西夏军队轻而易举地消灭了全部十四员大将和这一万士兵，留在砦里的六万士兵倒是不知道怎么回事战争就结束了。

这就是好水川之后，宋夏之间又一场大战，虽然同样是宋军失败，却败得太过于儿戏。它失败的结果又引起了宋朝高层的激烈变动，吕夷简下台，庆历君子们开始执政，继续推动着历史。

葛怀敏似乎就是宋版赵括。《宋史》上说他为人"善候人情"，可见这是一位圆滑世故、八面玲珑的纨绔子弟，毫无敏智勇谋、运筹帷幄的大将之风，从开战之初，他仓促躁进，盲目寻找敌人主力进行决战，初战失利后军心动摇之下，不能稳固军心，一味龟缩不出，之后又身为主将，弃军逃亡，置大军于上无主将，外有敌军的覆灭之境。据史书记载，宋仁宗在召见葛怀敏时赠送了他一副曹武穆公（曹玮）的遗铠。这副遗铠里充溢的宋代军人的荣耀在被葛怀敏辱没了之后，最终再也没有机会出现在中国历史上。

庆历新政论

庆历新政的诸君子里面名士居多，欧阳修的《朋党论》震动一时，在此之前还有一篇影响力稍逊的《庆历圣德颂》。此文作者石介就是著名的宋初三夫子之一。

石介一生厌恶西昆体文人空洞华丽的靡靡之音，《庆历圣德颂》之所以影响力不及《朋党论》，一方面因为《朋党论》是翻案文章，而且直接把批评的对象指向君主。而《圣德颂》，一不翻案，二不抗君，老老实实地向古人学习，《圣德颂》就是向唐朝那位喊出"天王圣明兮，臣罪当诛"的韩愈学习的（韩愈曾经写过《元和圣德诗》用来赞颂唐宪宗削除军阀的功绩）。

石介在这篇颂诗前面的序文里把自己写作的原委写了出来，自称是为了颂扬宋仁宗圣明，让奸臣夏竦无法充任枢密使。

当时正值庆历三年，三月二十一日，宋仁宗大朝群臣，宣布新的人事任命，拜章得象和晏殊为相，同时拜夏竦为枢密使。吕夷简以司徒官罢归。到了第二天，再拜贾昌期为参知政事，富弼为枢密副使。再过了四天，任命欧阳修、余靖、王素为谏官。之后的十一天里，御史台和知谏院两大体系连续上了十一道奏疏，结果是夏竦被罢枢密使，而杜衍上任，范仲淹与韩琦也出任枢密副使。过了五天，再任命蔡襄为谏官。半个多月的时间里宋朝中高层大臣进行了一场全面洗牌。全面洗牌的结果是君子党全面获胜，小人退隐，天下一片太平，为庆历新政的顺利实施铺平了道路。

主持新政的君子党是以范仲淹和富弼为核心，他们在对抗西夏的武力侵扰和辽国的外交讹诈中都建立了极大的功勋，这使宋仁宗看到了一个机会——振兴宋朝的机会。不过庆历年间的这场革新与几十年之后的王安石变法有着截然不同的目的，而触发革新变法的用心也因此彰显出本质的区别！当然这其中君主的不同起着很大的作用，仁宗与神宗的个性差异对这两场政治变革影响颇深。

中国历代文人都很推崇司马迁的《史记》。其中一个重要原因是由于它产生的年代早故而从文字到篇章的设计都保存着最初的意图。后人可以通过阅读《史记》了解书中记载的历代君王的最真实面目，这一点是后来史书做不到的。司马迁在《史记》里面所建立的纪传体模式，其实是以君主的行动作为整个国家力量与意志最初的源泉，所以君主的言行代表甚至预言了一个国家即将昌盛或衰落，这一点很符合所谓"文史星历近乎卜祝之间"的太史公的本色。

在《史记》中，司马迁对汉武帝的批评是毫不客气的，《武帝本纪》里记载的大部分是汉武帝迷信荒唐的一面，屡次受骗于诸多方士，甚至还将自己的女儿嫁给了方士。在《汲黯列传》里面，司马迁更是将汲黯批评汉武帝的话记录了下来："陛下内多欲而外施仁义。"内多欲而外施仁义，可以说是对汉武帝一生最准确的评价。

所以那个曾用美人计除掉董卓的王允会在杀蔡邕时骂《史记》是谤书，而王允此骂却证明了《史记》千古一直书的本质，也证明了太史公司马迁作为中国历史上最伟大的历史学家之一，身上那九死不悔、秉笔直书而足以光耀万代的灼灼光辉。可是之后的诸朝正史虽然大多承袭《史记》体例，却少有能够沿袭司马氏严谨治史的精神。

譬如《通鉴》，世称之为《史记》之后又一部伟大的编年体史书，但是它除了袭取编年的体例之外，实在无法与《史记》相比，因为《通鉴》未能栩栩如生地呈现所载人物的真实面貌。到了近代，编纂型史学的传统基本上断了，研究型的史学大兴，历史学者大多埋首于细枝末节的问题的考证讨论，却少有学者会利用这些成果为影响深远却又隐身于层层迷雾之中的皇帝们做一番整体描画。

目前可见的史书和研究著作都没有完整而清晰地对宋仁宗的真实面貌做出描述，导致对于庆历新政的总结和评价缺少足够的论据。其实宋仁宗无非是一个平常不过的人，他比较熟悉儒家著作，明白文化的重要性，对于儒家的君主理想也很尊重，这是无法与唐宗宋祖盛世明君相比拟的，也正是他无法与其相比证明了他个性略带懦弱缺少魄力。

研究中国文化史的刘子健先生曾说过，宋代以后中国文化的重心下移，所以庶民中很多习俗都能按照儒家之观念的观念来，但是那些高层分子则重视权势名利，终于是"往虚伪"那方面走了。值得深思的是谁有这么大的力量开启了这样一种风气呢？其实，还是中国那句古话："上若行之，下必效之。"这个时代的特色就是赵氏家族的"家法"（或曰"家政"，或曰"祖宗之法"）影响国家政治和社会风气的结果。

赵匡胤兄弟的出身是很低微的，所以他们兄弟一方面真心优待士大夫，一方面又着力要把权力的继承者都培养成儒家文化修养很高的人。与之相应带来的结果，一方面是文化素养高、文质彬彬的人领导着国家，国家的心胸、气象、创造力等软国力的确很强，但是这些皇帝无一不是生于深宫，长于妇人之手，逐渐促成了皇帝本人懦弱的个性，于是整个帝国呈现出懦弱的国风，乃至懦弱的民风！这就是中国的帝王政治，君主与臣民是一体的，不是悬隔的，君主是大脑，臣民是手足，大脑里凡事都胆小不前，手足哪敢有向前的机会呢？

宋仁宗是一个懦弱的人，但是再懦弱的人也不甘心让自己的懦弱被人们哄传。所以，一旦出现了范仲淹和富弼这种人，他就觉得原来所谓的西夏和大辽也不过如此，大宋中兴有望、一统天下有望！这种希望恰恰被君子党们逮个正着，于是大肆上书陈言先王先帝的光辉业绩，让仁宗开始飘飘然，以为置一盛世无非"朕一语之功耳"。事实上，君子们这样的怂恿足以使得任何一个平凡人都"雄心勃勃"，何况一国之君！于是，仁宗就带着新奇和激动批准了革新的进行，不过守旧派的大臣却不会让皇帝如此轻易地实行新政，所以亦会想尽办法对推行革新的君子们进行打压。

第一次朋党之争

自古以来，君子皆以不结朋党相号召，古语云："君子喻以义，小人喻以利。"又云："君子之交淡如水，小人之交甘如醴。"为谋私利拉帮结伙者都被视为小人，可宋仁宗时代的君子们却不同，他们结朋，而且目的高远，为了振兴赵宋；他们不仅结朋，还专门写文章辩明他们结的朋党与小人之党不同。写这篇文章的就是仁宗朝的大文豪欧阳修。这篇文章一开始就向皇帝说明了君子之朋与小人之朋在道义与利益上的不同，接着又说"小人无朋，唯君子则有之"，因为小人以利合，也会以利散，所以为朋是暂时的，是虚伪的，唯有君子之朋才是真朋，所以人君最大的任务就是要退"伪朋"，进"真朋"！文章的主旨发扬蹈厉，一番千古之定案，向宋仁宗发出了君子朋党的宣言。

庆历三年吕夷简在众君子的攻击下退位了，庆历新政就此展开，但吕夷简倒了，可他的势力还在，于是一场较量就此展开。吕夷简系的官僚狠狠地抓住范仲淹和富弼不放，说他们在君臣之中结党，触动了仁宗的敏感神经。就在四五年前，仁宗还专门下诏要求群臣不要结党。而现在群臣之中就有人结党，仁宗怎能不气恼。于是，范仲淹、欧阳修等新政官员纷纷被贬。

不过仁宗皇帝还是一个主观上很期望有所作为的皇帝，这样一来贤人退、小人进，国政又陷入一片昏沉无力的僵局，但仁宗很快又把范仲淹和欧阳修召回，请他们继续把新政推行下去。仁宗召见了范仲淹、欧阳修等人，敲了敲警钟："朕听闻自古都是小人才结党，难道还有君子结党的么？"欧阳修不忿之下挥就了这篇《朋党论》。

所以，不知道事情原委的人可能以为这是六一居士又在看书时触发了思古幽情，于是写篇文章发发牢骚。可是了解事情原委的人就明白这篇文章的重量了。历史是复杂的，是因为参与历史的人是复杂的，台上台下，人前人后，最难捉摸的就是人心。

意大利人马基雅维利曾在《君主论》里面说过，站在山巅的人观察平原，站在平原的人仰望高山，他们描绘出来的风景都不是真实的，因为他们的想法从来都不是一样的。皇帝的想法自然和普罗大众的想法不一样，可历史上往往有人喜欢用自己的心理去揣测皇帝的想法，认为自己是君子、是忠臣，皇帝只要不暴虐，听忠言，就是圣明之君，王道之治指日可待。这就是站在平原上人看高山的想法。最有名的例子就是宋江，《水浒传》里的宋江是下层百姓按照自己的心理需要塑造出来的宋江，宋江可以不真实，但这种心理却是真实存在的。现代人可能会奇怪为什么《水浒传》中只反贪官不反皇帝，可是生活在君主专制体制下的古人会觉得这非常自然，因为他们是平原上的人，只能仰望高山，所以他们从来没有想过皇帝也可以反，只认为亡活在天地里面，天是不可以反的，那皇帝肯定就不能反！

欧阳修也是这样一个站在平原上来仰视宋仁宗这座高山的人，他只是知道要辨君子小人，辨忠奸，可他从来没想过，站在高山的仁宗是怎么看待站在平原上的他的。对于皇帝来说，他不需要大臣们能力怎样，至少这不是第一位要考虑的因素，他首要考虑的是家族的长久统治，祖宗传下来的江山不会被别人取代，所以结朋党的人就是不能重用。

而小人比君子厉害的地方就在这里，他们往往不务正业，混迹于鸡鸣狗盗之徒中间，不思整顿朝纲、勤奋报君，一味走旁门左道揣摩上意。其实辨别谁是君子谁是小人很容易，遇事先揣摩上意者是小人，先考虑于国有利有弊者则是君子；但要辨别也很困难，那些真正能够上位，手握重权可以做一些利国利民之大事的，又有哪个是不会揣摩上意的呢？

欧阳修的《朋党论》轰动一时，却也为庆历新政埋下了失败的祸根。因为它让庆历新政的领导人宋仁宗意识到，那些有才有德的臣下也会结党，而且还敢如此理直气壮地结党。这是埋在皇帝心里的一颗定时炸弹，随时可以因为外在机缘的导引爆炸。

爆炸的结果就是庆历新政在不到一年的时间里土崩瓦解，众位君子到底还是没能"格君心之非"。其根本原因还是上文提到的"高山——平原"格式塔心理。其实，关于庆历新政失败的原因，与其说问题更多在于王朝体制或阶级观念，不如说问题的根源在于宋仁宗到底是一个什么样的人。

中国历史后半期的谥法很奇妙，宋元明清各有一位"仁宗"，对比之下他们都有一个强势的父亲（仁宗还有一个刘太后，元仁宗有强势的哥哥武宗），他们强势的父亲或哥哥曾经把这个帝国推向顶峰，却又在后期松弛懈怠，最后将一个烂摊子般的国家丢给继任者龙驾宾天，他们的下一任皇帝又都是熟悉儒家经典而个性软弱，重新收拾这团乱局。

对于"仁宗"们来说，他们没有祖辈与父辈的才具和魄力，所以不可能在继位初期有大的作为，但正是因为这样，废除前代的一些弊政才有了可能，所谓"人者事海，能以不生波澜为上"，因为他们了解人性的好逸恶劳，所以史书上才会强调要"与民休息"。可一旦与民休息，他们就不甘心生活在前任强势者的阴影之下，于是想有所作为，可作为的结果又都是那样事与愿违。

从他们的普通而又不甘普通的个性来说，他们得这个"仁"的谥号在皇帝里面还是比较公允的。普通的人，普通的时代，普通的想法，可下边的人就是认定了这是一洗官僚们往日积弊的最好时机，于是进忠进智，敦促天下由此而进入三代王道之治，不论是庆历的诸君子，还是神宗时的王荆公，皆是如此。

第十二章　政局渐稳，虎狼环伺

辽夏之战

虽然宋太祖霸气十足地吼出一句"卧榻之侧岂容他人酣睡"，但是两宋前后三百余年，却从未一统天下。所以作为宋朝的最高决策者，宋仁宗必须要时刻关注他的老朋友耶律宗真和李元昊在干些什么。北宋面临的是一个西夏、辽国环伺在侧的"复杂局势"，这种三角关系构成了11世纪中国历史的一条主线。

辽夏之间的关系在庆历年间遇到了大麻烦。在农业社会，人口就是最重要的资源，辽国和西夏都是地广人稀的国家，要收税就得有人种地，有人放牧。因此麻烦就来了，辽国境内有很多已经在辽国境内生活了数代之久的党项族人。但是李元昊不断鼓动这些党项人逃跑到西夏境内去。到了庆历四年，西夏更是公开号召他们叛逃。辽国当然要进行镇压，西夏居然越界作战，一举杀掉了辽国的招讨使。这样耶律宗真不得不还击，以树立大国的威信。辽与西夏的战争也就箭在弦上不得不发了。

西夏此时不仅面对着辽国的强大武力威胁，与北宋的关系也处于非常微妙的状态之中。虽说宋夏和约已经签订，但是双方在边境上的争夺始终在暗地进行。而此时边境上的宋方大将正是一代名将种世衡，元昊在这位名将面前就讨不到多少好处了。

前文提到过种经略用反间计除掉了元昊的大将野利旺荣。旺荣虽然被元昊冤杀了，但他的弟弟野利遇乞仍然为李元昊信任，遇乞亲自担任西夏皇宫所在地天都山统领，号称天都六王。这一次，种世衡决定再用一次反间计除掉遇乞。

其实，野利遇乞本身就不够懂得避嫌的道理，自己的哥哥已经因为"投敌叛国"被杀掉了，怎能还如此招摇呢？庆历三年的除夕，遇乞就犯下了一个大错。

这年遇乞亲自领兵巡视边境，深入到了宋朝境内，三四天后才返回。元昊的奶妈与遇乞关系不好，于是奶妈向元昊进谗说遇乞去投敌了，并且和宋朝商量好了进攻西夏。元昊本来就疑心重，再加上奶妈的谗言，于是心里对遇乞的怀疑就越来越大。

种世衡应该在西夏部署了不少谍报人员，很快就得知了这个消息，马上就决定再用一次反间计。他先派人偷了元昊赐给遇乞的宝刀，然后大张旗鼓地宣布，遇乞已经被元昊害死了，为了纪念他，要亲自在边境上祭奠。

在某个夜晚，种世衡在边境的原野上亲自设祭，他点起熊熊火光，并且将祭文写在一块木板上，祭文情真意切，历数他和遇乞的深厚友谊，对遇乞没有完成反夏大业深表痛惜。火光招来了西夏骑兵，种世衡在"逃走"之时，将祭文投入火中，又将宝刀"失落"。于是祭文和宝刀就"不幸"被西夏人拾到，交给了元昊。

接下来的事情就再简单不过了,遇乞步他哥哥后尘,也死在了种世衡的反间计之下。遇乞一死,党项族中重要的野利部落就一蹶不振,而且西夏将领人人自危,对西夏打击是相当大的。

种世衡确实是谋略家,反间计用了两次,除掉了西夏两员大将。可惜他留下来的故事并不多。《宋史》上对他评价极高,说:"平夏之功,世衡计谋居多,当时人未甚知之。"可见还有很多妙计因为涉及机密都没有被记录下来。不过,种世衡也是抓住了元昊疑心过重这一点,才能故技重施,成就大功。

不过,元昊最后的悲剧不是因为军事,而是因为女人。

元昊的皇后野利氏(野利旺荣和野利遇乞的妹妹)为他生了三个儿子。长子早死,次子宁令哥是太子。元昊为宁令哥娶了没咩氏,后来没咩氏被元昊看中了,便将她纳为妃子。遇乞被他杀害之后,他本想安抚遇乞的妻子没藏氏,未料没藏氏也长得十分美貌,他又与其私通,还生下了一个儿子谅祚。所谓"祸起于萧墙之内",悲剧就这样埋下了伏笔。

当然此时辽夏之间的战争才是元昊面临的当务之急。

宋庆历四年,辽兴宗起兵17万,御驾亲征西夏。皇太弟耶律重元、北院枢密使韩王萧惠为先锋。辽可不是宋,契丹也是草原上的铁骑,再加上西夏国土大部分地区都是戈壁草原无险可守,一直进到贺兰山。而元昊也明白这个道理,因此他开始压根就没有正面抵抗,直接把主力退缩在贺兰山以北。

到了这个时候,元昊已经退无可退了,这一战是无可避免,一战之下西夏大败,元昊投降。

元昊在宋辽两大强国之间摸爬滚打了这么多年,自然明白保全自己最重要,留得青山在,不愁没柴烧。堂堂大夏国的皇帝亲自赶到辽兴宗在河曲的御营,摘掉王冠,脱去龙袍,忍受无数的屈辱,卑躬屈膝地向辽兴宗求和。

现在机会摆在了辽兴宗面前,要不要借此机会彻底消灭掉这个隐患?恐怕任何一个政治家都会给出肯定的答案。对于政治家来说,失败并不耻辱,主动放弃成功的机会才是真正的耻辱。遗憾的是,辽兴宗竟和元昊把酒言欢,接受了元昊诚挚的歉意,达成了和平共识,然后放元昊走了。

辽国的先锋韩王萧惠先想到要斩草除根,不能就让元昊这么走了。于是没等辽兴宗下令便带领自己的前锋部队追了出去。可辽兴宗还在犹豫,一方面不想反悔得这么快,另一方面又觉得萧惠真有道理,两难之下,他做出了第二个错误的决定,没有全线追及,而是留下了他的中军,只让萧惠的前锋追击。

元昊知道,直接正面交锋,自己也打不过萧惠。因此他且战且退,边撤退边坚壁清野,放火焚烧草原,甚至连兴庆府等重镇都放弃了。辽国人的第三个错误是让元昊牵着鼻子走,而未顾及自己的后勤是否跟得上这样的追击速度。

最后辽国人吃不消了,元昊抓住机会,再次要求和谈吧。如果换了宋朝,估计不会上元昊的当,元昊的讲和就是个拖字诀,拖到对方兵困粮绝。可是辽国人又上当了。他们坐等元昊来议和,没想到自己实在是高估了元昊的信用,元昊带领党项大军又杀过来了。

虽然这一仗元昊并没有占到便宜,但元昊的反复无常彻底激怒了辽国人,萧惠的大军不顾一切的追击元昊。根据以往的战绩,很难预测西夏能否取胜,但老天帮了元昊,一场沙尘暴过去,辽军全军覆没。元昊一鼓作气,直杀到辽兴宗的大营,辽兴宗仓促出逃。这是辽国立国以来最为惨烈的一仗。

辽国强大的外表被撕破了,契丹铁骑一百五十年的辉煌从此开始无可避免地走向终结,像任何一个曾经强大的帝国一样,在剩下的日子里,辽国将会继续面对无尽的阴谋、叛乱、动荡。

王则之乱

到庆历五年，宋仁宗赵祯已经在位22年了。

仁宗朝是强人辈出的时代，除了一代政治女强人刘太后，本朝的吕夷简、范仲淹、富弼、文彦博等都是一代名臣，神宗、哲宗朝的王安石、司马光、吕公著、吕公弼也都是仁宗朝开始在仕途上缓缓晋升的。所以苏东坡感叹道："仁宗之世，号为多士，三世子孙，赖以为用。"

但是在这些强人背后，仁宗皇帝本人被耀眼的光芒所掩盖，他的所思所想始终隐藏在层层迷雾之下。

按照传统的标准，宋仁宗当然不是一个坏皇帝，甚至可以说是一个相当不错的皇帝。《宋史》对仁宗朝的评价不错，认为本朝虽然也有一些弊端，但是仍然是治世。朝廷上也不是没有小人，但是还是好人更多。君臣上下都是很宽厚的，正是仁宗朝奠定了宋朝三百年的基业。

史书上对仁宗最好的评价就是宽厚。他在辽夏战争爆发的前夕完成了与西夏的议和，没有趁辽兴宗征发西夏时趁火打劫。在庆历党争中，似乎也一言未发，只是在最后阶段出手，驱逐了新政派，但是要注意他仅仅是将他们贬到地方，并没有施加更大的压力，何况富弼、韩琦最后又都回到了中枢。

他仅仅是无原则的宽厚吗？庆历党争中，他的表现上文已经分析过了，下面可以看看他的"对外政策"。

对西夏议和从表面上看似乎是一桩亏本的买卖。每年岁"赐"西夏绢13万匹，银5万两，茶2万斤；另常"赐"银2万两，银器2千两，细衣着1千匹，杂帛2千匹，茶1万斤；恢复互市榷场。而西夏方面，仅仅是对宋称臣，并送还在三川口战役中被俘的石元孙。

但是，如果不与西夏达成和平协议，而是配合辽国进攻西夏，对宋又有什么好处？如果辽国战胜，大宋的北方边界从此只有辽国一家独大，宋将要独自面对辽国的压力，南宋就是因为帮助蒙古灭了金国，蒙古无后顾之忧之下才挥师攻宋，继而灭亡了宋朝。可是如果西夏战胜，与辽国结盟攻打西夏的大宋就必须面对西夏军挟胜而来的雷霆攻势。

因此，选择在西夏最困难的时候完成和约，无论西夏是输是赢，都不会再有理由对宋朝动武，暂时的屈辱反而换取了利益的最大化。宋仁宗看到了三国体系的稳定性，在这个微妙的三国体系中，如果任何一方都没有足够的实力消灭另外一方，那么最好的方面就是维持中立，继续保持这个体系。这就是政治的平衡法则。

解决了西夏的战事，又平息了国内的党争。接下来的三年，仁宗皇帝大概是在平静中度过的。这三年中对帝国影响最大的事情是一件喜事。

仁宗没有儿子，在宫中收养了一个宗室子弟，名叫宗实，小名叫十三。高皇后的外甥女滔滔也在宫中长大。于是皇帝做主，十三和滔滔两个孩子结为夫妻。当时号称"皇帝娶媳，皇后嫁女"，为一时盛事。只是当时并没有很多人意识到这两个孩子对于帝国命运的影响。

平淡的生活持续到了庆历七年十一月。这一年发生的叛乱，使得另一位名臣登上了权力的顶峰。

这次的叛乱发生在河北贝州，主角是一个叫做王则的军人。宋代之所以要养活庞大的军队，目的就是预防叛乱。在宋太祖看来，自古有叛民而无叛兵，遇到灾荒，与其让百姓流亡，还不如招来当兵。可是军队一旦叛乱起来就比百姓更加具有杀伤力，自然这次军队的反叛后果是相当严重的。而王则煽动群众依靠的是从黄巾军到太平天国屡用不爽的法宝——宗教。王则借用佛教，宣称自己是弥勒转世，再大造图谶祥瑞一类的神异之物，吸引了大量的信徒。最后在庆历七年十一月二十八日这天，趁着宋朝例行的冬至郊祀，攻占了贝州城。

大宋对待内部的叛乱是毫不含糊的，很快派出了在宋夏之战中成名，时任枢密直学士、左谏议大夫、知成德军、权开封府的尹明镐，率领十万禁军开赴贝州平叛。遗憾的是，尹学士这次面临的情况是一次攻守战役，贝州城城防坚固，而对手又是一支正规军。于是尹明镐失败了。

尹学士失败了，真正的主将就要登场了，他就是文彦博。这位以沉稳持重、公正无私的名臣历仕四朝，执掌大宋的中枢五十余年，到八十一岁高龄还被司马光推荐第三次入相，平章军政重事，在朝野看来，文彦博就是稳定公正的象征。他虽然没有范仲淹、王安石的名声，但正是他的智慧，保证了大宋四十余年的太平。

文彦博是山西人，正如他的名字一样，温文尔雅却在平和中正中有一股让人不得不服的力量。他不是道德家，他明白目的必须是正当的，但手段却不妨灵活。

在宋夏三川口之战中，那个著名的临阵脱逃的黄德和就是被文彦博处斩的。临斩之时，朝廷又派了一位御史，说要将黄德和带回东京受审。文彦博清楚，朝中有人庇护黄德和，一回东京，他的这条命就算保住了。文彦博当时只是一个殿中侍御史，却当机立断将黄德和斩首。朝野震动，文彦博顿时名声大振。这是文彦博很正气的一面。

此外《宋人逸事汇编》中还记载了这么一件事，文彦博在成都作知府的时候，大概年轻，有时不免"宴饮狎妓"，在宋代这根本算不上什么问题。不过还是有人告到仁宗头上，说他不理政事，行为不检。于是仁宗就让回乡探亲的御史何圣暗地查访。文彦博有个幕僚叫做张少愚，同何御史是同乡，于是主动前往汉中迎接何御史。他乡遇故知，自然要饮酒取乐，酒席之上，一位美丽的妓女出现了，何御史为妓女起名"杨台柳"。张少愚主动题诗一首："蜀国佳人号细腰，东台御史惜妖娆。从今唤作杨台柳，舞尽东风万万条。"一夜风流之后，何御史继续上路。

到了成都，文彦博自然也要隆重接待这位朝廷大员。酒宴之上，让何御史吃惊的事出现了，这位"杨台柳"又出现在了舞蹈的队伍中，她唱的就是那首柔情缱绻的诗。这时候文彦博在旁一言未发，这件事就不了了之了。

正是这种正直和灵活，使得文彦博在朝中能够坚定的站稳脚跟，又保证了自己的良好声誉，带领大宋王朝度过了一次又一次危机。

到了王则之乱的时候，文彦博已经官居参知政事了，但他在政坛仍然默默无闻，因为庆历新政之前，政坛可谓群星闪耀，文彦博很难脱颖而出。不过，就像对西夏的战争让范仲淹、韩琦登上权力的顶峰一样，贝州的叛乱也是文彦博的一个转折点。

文彦博主动请命，出任河北宣抚使兼体量安抚使，尹明镐改任他的副手。他和尹明镐采用挖地道的方法攻城，一面佯攻城北，一面暗自在城南挖地道。庆历八年的闰正月初一，地道终于挖通了，200名军士趁城北大战激烈，从地道攻入城南。历时66天的王则之乱画上了一个句号。王则被押往京城，肢解而死。王则的死，换来了文彦博的崛起。当月文彦博官拜同中书门下平章事，正式成为仁宗朝的又一位名相。

李元昊自食恶果

庆历八年，李元昊种下的种子终于结出了恶果。

李元昊此时已经站在了他人生最辉煌的顶峰。偏居西北的党项部落，在他的统领之下，已经成为辽、宋之间举足轻重的力量，中原大国、塞北铁骑都在元昊面前铩羽而归。回纥已经成为过去，吐蕃诸部也已经被死死的压制在河湟以外。

不可否认，李元昊确有雄才大略，但是他站得越高，就会越彻底地忘掉自己缺乏的谨慎和内敛。他是李继迁的孙子，他没有经历过中原王朝微妙残酷的宫廷斗争，没有读过华夏典籍，也不知道历代层出不穷的父子相残。他的阴鸷、猜忌与残酷使他的臣子对他噤若寒蝉。他在豪饮取乐、纵马放歌的时候，也许不知道有多少人在暗中期盼着他的死亡。

李元昊也许从未想过，在战场之上运筹帷幄、挥斥方遒的自己竟然会被一段小小的风流韵事推上穷途末路。上文提到过，李元昊在杀死野利遇乞之后，又与遇乞的遗孀没藏氏私通，庆历七年，没藏氏为李元昊生下了一个男孩，取名"谅祚"。

此时，西夏的太子仍然是宁令哥。太子可以说是天下最为尴尬之人，虽然离至高无上的皇位只有一步之遥，但命运仍然掌握在皇帝的手中，而且对皇帝的威胁比其他任何人都要大。作为太子，就要谨慎，就要坚韧，就要忍受朝野上下的怀疑，忍受各种各样的流言飞语。只有在这种微妙的权力平衡中坚持到最后，才能跨过最后一步，登上无数人梦寐以求的宝座。

不过，宁令哥面对元昊这样的父亲，以及他刚出生的弟弟，显然做不到这样的淡定了。他忘不了是他的父亲，将自己的妻子变成了继母，忘不了自己的两个兄弟就死在父亲手中，也忘不了自己的两个舅舅野利旺荣和野利遇乞、叔祖嵬名山遇都是因为父亲的一丝猜忌就死于非命。更何况，他看得很清楚，父亲对于没藏氏和宁令两岔的喜爱，自己母亲野利皇后的地位早就岌岌可危，自己的命运已经到了千钧一发的地步。

但是面对元昊这样一个西夏国内绝对的政治强人，宁令哥不敢做出直接谋反的事情来，宁令哥也并不是隋炀帝、唐太宗一类的强势人物。首先元昊一直控制着兵权，宁令哥没有自己的武力后盾。其次，宁令哥在朝中似乎没有自己的班底。正是这两点，也许如果没有另一个人的出现，宫廷政变未必会发生，即使发生，也不会是以这样一种滑稽得让人怜悯的方式结局。

这个人就是元昊现在最宠爱的情人没藏氏的哥哥没藏讹宠。没藏讹宠沾了妹妹的光，此时荣升国相，在西夏一人之下万人之上。但是没藏讹宠很清楚元昊的猜忌和好色，他不敢肯定元昊不会在未来的某一天，对自己的妹妹弃如敝屣。而一旦这一天到来，没藏氏的末日也就到来了。何况，没藏氏此时并没有光明正大的身份，皇后仍然是野利氏，太子仍然是宁令哥。如果元昊寿终正寝，宁令哥具有合法的继位权，如果是这样一个结果，恐怕没藏家族不会有好下场。因此在没藏讹宠看来，要保证自己的地位，他面对的其实是两个敌人，宁令哥是敌人，元昊同样也是。

此时，对于没藏讹宠来说，最好的方案就是怂恿宁令哥去刺杀元昊，只有这样，自己的地位才能确保无虞。宁令哥如果刺杀元昊成功了，他可以宣布宁令哥是弑父凶手，大逆不道，然后将自己的外甥谅祚扶上太子之位。如果宁令哥刺杀失败，他就将宁令哥交给元昊，换取元昊的信任，凭借此功，谅祚也能当上太子了。这几乎是个万无一失的计划。

没藏讹宠要想成功说服宁令哥去刺杀元昊，要解决的问题有两个：第一，要让宁令哥对元昊有刻骨的仇恨，相信只有杀掉自己的父亲才是唯一的方法，这一点其实不用废多大力气，因为宁令哥已经在元昊的逼迫之下面临绝境。第二，要让宁令哥真正有信心、有理由去实施这个计划。宁令哥此时的年纪并不大，元昊本人也只有45岁，让一个从来没有做过真正决断的人去杀自己的父亲，一位强悍的君主，宁令哥初次听到这个建议时，一定吓得脸都白了。

没藏讹宠的计谋正在于此。他要将自己装扮成宁令哥的同盟，他告诉宁令哥，元昊的残暴不仁已经激起了朝野的普遍愤怒，而自己也心惊胆战。如果宁令哥肯去刺杀元昊，他会做后应。一旦成功，皇位就是宁令哥的，自己会带着妹妹离开国都。一旦失败，自己也会保护宁令哥安全离开。

宁令哥轻易地被没藏讹宠说动了，甚至没有考虑到他的敌人其实有两个，元昊的威胁是潜在的，没藏氏才是有动机对付自己的人。但是他相信了没藏讹宠没有任何实际承诺的话，决定动手了。宁令哥所谓的动手是真的亲自动手，甚至连一个帮手都没有。

庆历八年的正月初一，按照惯例，皇帝要接受百官朝拜。史书记载这一天日色阴沉，太阳被血红色的云彩遮盖住，黯淡无光。这是凶兆，预示着国家将有大变。元昊当然是毫不在乎，他一向都很自信。

新年一直要延续到正月十五，这期间的宴会是少不了的。元昊继续毫无戒心地在醇酒美女中消耗自己最后的时光。正月十五又是一个欢庆的节日，元昊欢饮到深夜，他已经醉得意识模糊了。朦胧中，他觉得累了，于是蹒跚地走回了自己的后宫，这是外人不得入内的。

宁令哥趁着四下无人，拿着宝剑悄悄走到父亲身后，对准父亲的头劈了过去。元昊虽然酒醉，但毕竟是戎马倥偬四十年，听到宝剑的呼啸声，下意识地回头躲避。宝剑机会贴着元昊的脸颊擦了过去，脑袋虽然保住了，但元昊的鼻子被削去半边，顿时血流如注。

宁令哥最后的机会来了，他以为自己终于可以跨过那最后一步，登上皇帝宝座。只是他不知道，自己的"盟友"没藏讹宠已经在宫中埋伏了侍卫。也许没藏讹宠早有吩咐，要等元昊受伤之后再动手。元昊的鼻子被削掉之后，侍卫出现了。宁令哥惊慌失措地逃离了宫中。没藏讹宠当即将逃往自己府上的宁令哥太子擒住，并带人进入宫中将太子的母亲野利皇后一并抓住。并以最快的速度将他们杀掉。没藏讹宠的毫无顾忌是因为他已经知道了元昊的伤势，知道这位西夏最伟大的国君已经见不到第二天的太阳了。

李元昊还是留下了遗言，他将皇位传给了自己的从弟委哥宁令。这是个名不见经传的人物。但元昊没有想到的是，皇位要么靠实力，要么靠名望。正是因为当年祖父李继迁能够安抚各部，所以他的父亲李德明才能幼年即位并受到各部的尊崇。而李元昊已经将自己的妻子、儿子、亲信一一杀死，一个既无名望，又无实力的堂弟，又怎么能获得拥戴呢？

于是西夏一代强人李元昊最后的遗言被没藏讹宠置之一笑，太子宁令哥弑父已经被诛，没藏氏的儿子谅祚继承了皇位，没藏讹宠以国相的身份总揽朝政，从此西夏开始了外戚专政的循环。

宋仁宗遇刺

李元昊的死，对仁宗来说当然是一个好消息，但是仁宗皇帝恐怕在一段时间内还没有心情为此感到高兴。因为就在元昊去世后的第三天，他遇到了大宋开国以来几乎从没有过的事——皇帝遇刺。

庆历八年正月十八日夜里，四个刺客手持兵刃，翻越宫墙，一路上没有遇到什么阻碍，一直闯到皇后居住的福宁殿门前。直到此时他们才被人发觉。一名宫女听到了动静，出来察看究竟，被刺客砍断了手臂。

此时，整个宫内外只有宫女和太监，而仁宗皇帝生于承平之世，长于深宫之中，暴力流血事件对他来说只是奏章上抽象而遥远的东西。于是当他听到宫门外的喊叫声，竟然还想打开宫门看个究竟。

关键时刻曹皇后起到了决定性的作用。作为名将曹彬的后人，皇后临乱不惧、指挥若定，她坚定地拉住了自己的丈夫，要求太监宫女们紧闭宫门，不许任何人出去，同时命令太监从侧门去找都知官王守忠，让他带兵救驾。另外还命令太监宫女提水备用，因为刺客如果找不到皇帝，很可能会放火焚烧宫殿。

果然，不久之后刺客便放火了，火一直烧到帷幔之上。幸好宫内早有准备，火很快就被扑灭。此时护驾官兵也赶到了，当场杀死了三个刺客，另一个刺客且战且退，逃到了宫城的北楼。

仁宗皇帝和曹皇后脱离了险境，但是对于这样一起严重的政治事件，必须追查刺客的身份。于是，很快就查出了三个被杀的刺客分别是崇政殿的亲从官颜秀、郭逵、孙利，另一个逃走的刺客则是亲从官王胜。

想要知道幕后的主使者，就必须要抓到活口。但是，从捉拿王胜开始，这件案子开始变得微妙起来。成百上千的官军竟然一拥而上，将王胜斩成了数截，此案顿时陷入了僵局。

接下来的事情就更加微妙了。无论从哪个角度讲，行刺皇帝都是大案一件。但是夏竦居然提议，这件事应该大事化小，内部追查，不能全面调查。他认为如果大张旗鼓地调查，会使心存叛逆者感到恐慌，让国家不安定。更加奇怪的是，仁宗皇帝竟然接受了夏竦的建议，宣布由侍御史和宫中太监主持调查此事，外朝大臣不得参与。

最后的处理意见是，皇城司也就是负责皇宫保卫的相关人员全部流放。但是因为当天夜里的值班宿卫首领杨景宗是杨太妃的从兄弟，仁宗为人宽厚很重感情的。为了保住杨景宗，他亲自出面驳回了御史台的奏疏。而总管大太监杨怀敏也被仁宗赦免。最后，北宋历史上这一次刺驾案件，就这么不了了之，草草收场。

如果仔细分析一下这个行刺案，四个并不强悍的刺客，跑到帝国的中心去刺杀皇帝，显然并不是一次精心策划的行动，似乎主使者并不真正想要皇帝的命。而刺客都是宫内的官员，对于皇宫的守卫情况非常熟悉，从这一点来看，策划者很可能也是宫中的人。仁宗皇帝为什么要压下这个案子，将其低调处理呢？最大的可能就是仁宗皇帝已经知道主使者是谁，他清楚自己有能力控制这个主使者，也明白这个主使者不会真正危及自己的生命。

究竟谁是这个主使者？有人对此作出了一些猜测，最大的嫌疑犯应该是从这件事中获得了最大收益的人。

首先是曹皇后，她的果断坚定在这次事件中起到了最关键的作用，但是这次事件的发生地就是曹皇后的寝宫。虽然在调查的过程中，有人借此攻击曹皇后，但是以仁宗的宽厚，是不会相信这种攻击了。不过这足以说明，曹皇后并不是此事的最大受益者。

真正受益的是一位并不显赫的人物——张美人。张美人本出身于小官员家庭，父亲早死，她幼年就做了歌姬。但她不是一般的歌姬，而是宋太宗最小的女儿，仁宗的姑姑，魏国长公主家的歌姬。正如汉代的卫子夫一样，在仁宗去姑姑家串门的时候，发生了一次美丽的邂逅，于是张美人从此成为仁宗生命中最重要的人之一。

虽然张美人在宫中的地位并不高。但是她对仁宗有着他人所不及的影响力，某种意义上说，她的话能够决定大宋的命运。譬如一代名臣文彦博，以他自己的能力和品行足以位列三台，但是他的另一个身份却很少有人提到：他是张美人的干伯父，张美人的父亲曾是文彦博手下的门客。能力加上关系，成就了文彦博的相位。

行刺事件过后，仁宗皇帝向满朝文武隆重宣布：张美人立下的最大的功劳，当歹人来袭时，张美人紧紧地守护在皇帝身边，是她挽救了大宋。这是再明显不过的信号。夏竦何等聪明，立即建议"讲求所以尊异之礼"，经过翰林学士的指点，同中书门下平章事陈执中才明白这是暗示要给张美人晋级。但是皇后在前，皇后不赏，却独尊美人，岂不是尊卑无序。陈执中不敢在史书上留下骂名。于是在夏竦的建议之下，张美人经过多年的蛰伏，终于一鸣惊人，平步青云从美人升到贵妃，地位仅次于皇后。

张美人是此次事件的最大受益者。而步步紧跟皇帝的夏竦却被贬出了京城，理由是京城的天

空没有云彩,而且发生了五次地震。既然夏竦是举世闻名的奸人,那这肯定是上天在警示皇帝。所以夏竦就不明不白地离开了京城,去河南府就任知府。

通过这次行刺事件,仁宗皇帝成功地推出了张美人,如果没有这次事件,张美人恐怕永远都难以爬到如此的高位。再联系到前面对刺客的灭口事件,以及仁宗的低调处理,答案便呼之欲出了。

文彦博在这次事件中,似乎一言未发。可能他已经从张美人处得知了事情的原委,不要过于积极,这本就是一次演习,就让皇帝用自己的方式把这个游戏完成吧。夏竦就是跟得太紧,也许引起了仁宗皇帝的怀疑,才丢掉了枢密使的职位。

不过,这些都只是猜测,没有真凭实据,事情过去很久之后,殿中丞吴奎还上书要求彻查此事,仁宗皇帝仍然只是不了了之。正如前文所说的,仁宗皇帝将自己隐藏在宽厚仁慈的面纱之下,让人难以看清楚他在错综复杂的事件背后究竟扮演了什么角色。

包拯上位

政治的复杂性在于任何一个事件都会产生微妙的连锁反应。庆历八年正月的行刺事件,除了使得张美人成功上位外,文彦博也同样从中受益。

夏竦下台之后,同中书门下平章事陈执中也跟着下了台。陈执中本身就不是一个有权威的官僚,此前中枢成员实际掌握话语权的是自负干练又颇有城府的夏竦。夏竦去职,本来就没有实际责任的陈执中也就该让贤退位,于是命中注定要成为一代名相的参知政事文彦博登上了相位。

文彦博上任后遇到的头一件大事,就是震惊全国的黄河改道。庆历八年六月初六,黄河在今天的濮阳决口,从河南内黄和河北大名之间北上,由海河入海。此次黄河改道带来了深重的灾难,黄河下游扫过了一个扇形区域,滔滔黄水经过之处,农田屋舍毁于一旦,饿殍万里。

有人认为,只有当面临灾难和战争时,才能考验国家的动员能力和整个行政系统的效率。那么庆历八年的河患,就是对宋朝官僚系统的一次检阅,从中可以看出宋朝大臣们的逻辑思维和执行能力。

前任宰相贾昌朝此时正在大名府,他提出建议,认为应该军队和民工把决口堵上,让黄河回故道。另一位前宰相丁度则针锋相对地提出了自己的观点,认为根本没那么多的人力物力用于治理黄河,使之回归故道,与其劳民伤财,还不如顺其自然,就让黄河北流入海。这只是两个方案,还有人提出,应该扩宽黄河的一条支流,加速河水下泄,这样既省工又省力。

当然还有各种各样的观点,方案都是好的。但是遇到这样一次百年难遇的机会,人人都想提出自己的见解,在若干年后的治河史上留下自己的大名,于是治河的事情就在争论中一拖再拖,一直拖到12年后黄河再次决口。

黄河决口是风云际会的庆历年间的最后一件大事。1049年仁宗改元皇祐。皇祐二年,一位直到今天还声名卓著的人物出现在了京城的政治舞台上。

这位千古名人就是包拯,现代人里没听说过范仲淹、王安石、苏东坡的人也许有,但是不知道包青天的很少见。历代的小说戏曲已经把包拯清正廉明、断案如神的形象深深刻进了中国人的脑海里。

其实,历史上的包拯与戏剧传说里包青天的形象相去甚远。首先,包拯并不黑。其次包拯也不是由嫂娘抚养长大的。最后,包拯并不是以断案成名的,除了一个普普通通的耕牛案之外,还没有什么证据表明他有什么过人的断案能力。澄清了包拯最出名的三项事迹,下面开始讨论包拯以及他所代表的一类官僚。

包拯中进士是在天圣五年，这一科出了韩琦、吴育、文彦博等名臣，他们先后进入中枢，执掌帝国的命运。不过包拯在中进士之后，以侍奉父母为由，辞官不做，直到几年之后，父母相继离世，他才出任知县。此后，由于他的至孝和清廉所带来的名声，包拯的升迁速度非常快。皇祐二年（1050年），包拯升任天章阁待制，开始了自己的谏官生涯。正是在这个位置上，他开始博得后无来者的名望，也为皇帝和宰相们增添了无穷的烦恼。

谏官，顾名思义，就是专门负责提建议的官。这种官员没有实际负责的事务，他们可以根据古老的经典、崇高的道德对一切看不过眼的事务提出批评。谏官是所谓的清望官，只有包拯这样名声极好的人才能享此殊荣。不过，官场上的规律是，只要做事就必然有错。谏官没有行政责任，所以谏官从理论上、从道德上提出的批评几乎永远没有错。即使谏官的建议不被接受，也无损谏官的名望，这反而能为他博取更大的名声，就像前代的魏征一样。因此谏官只需要寻找自己的批评目标就可以了，哪怕这个目标是皇帝本人。

包拯的第一个目标就是新近上位的张贵妃的伯父张尧佐。张尧佐并不是张美人的亲伯父，只是堂伯父而已。不过张贵妃自幼丧父，真正的亲人恐怕也只有这样一个堂伯父。于是随着张贵妃的晋位，张尧佐平步青云，到了皇祐二年，他已经升至帝国三司使，掌握了整个帝国的财经大权。

在包拯这样的道德本位者看来，凭裙带关系就能升到如此高位，简直是对帝国根本政治原则的羞辱。在包拯眼里，要打倒的除了张尧佐之外，还有和张贵妃有连带关系的一切官僚，只有这样才能真正做到大快人心。

谁沾了张贵妃的光？自然是当朝宰相文彦博大人。文彦博本就是张贵妃的干伯父。而且很久之前，就有一则朝野尽知的逸闻。当年文彦博还在成都府当知府时，一年上元节，张贵妃身穿名贵的四川特产灯笼锦，光芒四射，惊艳全场。仁宗很好奇，就问这件衣服从哪里来的？张贵妃倒也没有隐瞒，老实地答道，文彦博送的。

当然包拯不可能直接就攻击文彦博，而且只凭包拯一个人也不够。谏官一般都是发挥人数优势，集体上书。不要说张尧佐本就有点名不正言不顺，即使是完人，面对这样持续不断的攻击，皇帝也只能让他下台。

包拯们的攻击终于奏效了，张尧佐被免去三司使。还没等到谏官们欢呼胜利，下一个消息就让他们更加吃惊，也更加愤怒。张尧佐虽然被免去了三司使，却被改命为宣徽南院使等高官，两个儿子又被赐为进士出身。让谏官们愤怒的是，这些荣誉头衔都是他们奋斗一生也不一定能得到的，张尧佐居然一夜之间就实现了无数士人一辈子的梦想。

是可忍孰不可忍，于是谏官们继续奋斗。此时包拯已经升到知谏院了，作为谏院的长官，更是责无旁贷。亲自再次上书弹劾张尧佐，上书的内容近乎漫骂。御史台也参与了进来，御史中丞王举正以辞官要挟，要弹劾张尧佐。

仁宗当然还是一如既往的宽厚，雪片般的奏章都被他压下了。

台谏的正人君子岂能轻易善罢甘休，最后出场的是殿中侍御史唐介。唐介的矛头终于直接对准了文彦博。在奏章中，唐介批评文彦博出任宰相是靠了张贵妃，为相期间把持朝政，百官敢怒不敢言。

仁宗终于被激怒了，批评文彦博是一方面，这封奏疏摆明了就是批评自己听信张贵妃的逸言，不能齐家治国啊。不过仁宗仍只是把宰相们和唐介一起召到大殿，讨论这件事。宰相们面面相觑，当年灯笼锦事件已经闹得天下皆知，还有何可言。唐介愈发固执了，他坚持站在大殿上，皇帝不让文彦博下台，他就不离开。

整个事件最后的结果是：唐介因为在朝堂上胡闹，受到了一定的处分，不过从此声名大震，成为士人心目中敢于和歪风邪气作斗争的榜样。文彦博也第一次罢相。没有办法，在宋代，只要得罪了台谏，无论有没有真凭实据，都要下台。当然没有原则的夏竦是个例外。

梁适升官

在宋朝，重文轻武是祖宗留下的金令，多少勇士男儿在宋朝都只能在一群书生后面唯唯诺诺。一个武官想要宏图大进，就必须把自己打扮得文绉绉的，这样一来，阳刚之气自然要大大缩水。

但任何时代都有聪明人，纵使在死灰一样的制度下也能演绎自己人生的精彩。譬如梁适。

梁适的父亲是前翰林学士梁颢。翰林学士几乎每天都和皇帝见面，梁适小时候也喜欢写文章。一次偶然的机会，神宗皇帝看了梁适的文章，说了一句话："梁颢有子矣。"这一句话，年纪轻轻的梁适，就当上了秘书省的正字。

在京城里悠闲的过了几年，梁适觉得自己的远大抱负与京城悠闲的日子好像背道而驰，于是做了一个重大决定——外放。

在外地历练了几年后，积累了足够的政治资本，梁适开始寻找进京的机会。在中国，有很多这样的例子，在并不平坦的仕途大道上，出京城是为了以后更好的进京城，当然，仕途无常、风云变幻，这样的成功率不是百分之百，所以也有一些人就再也回不来了。不过，梁适运气还是很好的。

梁适是个有心人，做事清醒明白，任延州知州时。他请假回家乡为父亲修墓，路过开封城时，梁适决定进城去想办法让自己留在京城。

此时庆历新政已经夭折，皇帝突然发现原本自己信任，满口仁义道德的大臣们，在新政中丑态百出，有点心灰意冷。这时候突然冒出这样一个人，顿觉眼前一亮。国家需要人才，于是梁适被留下，当上了翰林学士。

不过梁适虽然有才，却没有参加过科举，春风得意的新任翰林学士居然没有参加过科举，这让他的同同僚们很看不过眼。于是，梁适被迫再次离开京城，到澶州去当知州，后来又到了秦州，一步步离着京城越来越远，可是这时他的好运气又来了，在地方的历练成了他的优势，他又被召回了京城，进入了审刑院，任枢密副使。

梁适在枢密副使的位置上做出了两件事。第一件，包拯和张尧佐在郭皇后被废事件中产生了严重的分歧，就在两边争得你死我活之际，梁适说："台谏论事，职耳。尧佐恩实过，恐非所以全之。"

前半句把台谏官安抚了下，他们是很出格，可都在职责范围之内。后半句给皇帝也下了台阶，两边都不得罪，更巧妙地同时站在了两边。既是好臣子，又是好同事。

接下来机会来了，来自北方的辽国，辽主耶律宗真写信给仁宗，希望两国都更改国名，辽国称为北朝，宋朝称为南朝。

这样一来，辽国与大宋一南一北，完全没有尊卑大小，名字虽小，尊严事大，况且改国名这事也很大，事关国本，皇帝和大臣自然不能答应，但辽国毕竟还是不好惹，朝堂上纷纷议论之下竟然没有一个好的主意出来。

梁适表现的机会来了。他义正词严地指出，宋朝之所以名为大宋，是上天的意思，任何人都没有权力去更改它，辽国也一样，名字都有祖宗的法制，怎么能随便乱改呢？大家都暗暗称是，问题得到了圆满解决，梁适关键时候起了关键作用。于是，宋朝回信拒绝辽国的提议，梁适也被立刻升为参知政事。

参知政事，顾名思义也就是参加和知道国家政事，最多不过是副宰相，这对于一心望向权力顶峰的梁适来说，肯定是不能满足的，于是他开始开动脑筋向那个一人之下万人之上的高位进军，他仔细观察着，盘算着，思考着，他需要一个机会，或者准确地说是一个工具，一枚棋子。

这个机会或棋子就是狄青。狄青打了胜仗，应当封赏，可是此时他已经是枢密副使了，再升只能把"副"字去掉。庞太师站出来反对，依据仍是宋朝重文轻武的传统。比如开国的慕容延钊，纵然夺得荆湖方圆百里的土地，太祖皇帝也只是赏钱而不升官；曹彬平南唐，开疆拓土，功勋可以说是开国第一，但也只是赏钱而已，而狄青的功劳根本无法与与之相比。

对于狄青的处境，梁适从中看出了自己的机会，他站了出来，反驳庞太师，理由是不久前文彦博平叛王则，只收贝州，就做了宰相，现在狄青平复了两路叛乱啊，功劳大极，为何不能成为枢密使？

庞太师不甘示弱，又提出武将需要限制等理由回击，梁适更是步步紧逼，如果有了这么大的功劳都不被封赏，以后谁还肯为国家卖力呢？

然而传统的力量是无穷的，尤其是祖宗留下的法则。皇帝听从了庞太师，狄青没有升官，只是得到了大笔赏银。

事后，梁适仍然不肯善罢甘休，为此他做了三件事。

第一，他给皇帝写了封密折。为狄青叫屈，并且警告说，时代变了，现在是国患当头，是需要武将的时候，待狄青太薄，小心冷了军队的心；

第二，他写信给狄青，内容是自己和庞太师争论的来龙去脉，一方面讨好狄青，另一方面也是激怒他，让他自己能够主动积极去争取，最好同自己站在同一条战线上；

第三，梁适聪明地找到了内线，这是所有宰相成功的必经之路。他就是内侍省押班石全斌。石全斌是皇帝面前的红人，说话很有分量。梁适请他为狄青在皇帝面前美言，事成之后，他保举石全斌去做观察使。

果然，仁宗有了不同的想法，他本就要重赏狄青，当初他写给狄青的嘉奖信里就提过，自己绝对不会像曹操或者李存勖那样只说不做空头承诺赏罚不明的君主。而发生了这么多事，他也开始明白，现在这个年头，必须对武将好一点。否则，当辽国、西夏兴兵攻宋时，谁来保护大宋的基业呢？

于是几天之后，赵祯突然召集群臣宣布重大任命，狄青升为枢密使，副枢密使是孙沔，而太监石全斌领观察使的俸禄。

庞太师还想用缓兵之计，为寻找转机寻求时间，于是对对仁宗说，明天回复行吗？不行！你们就在殿门阁内商议，朕在殿内等候。

看来这次皇帝是铁了心了。梁适对这个结果十分满意，因为狄青上台高若讷下台，直接关系的却是自己的目标，从此以后，他的宰相之路，开始畅通无阻了。

第十三章　整改国制兴变法

"身心俱病"的宋英宗

在中国古代封建社会，"不孝有三，无后为大"，在民间尚且如此，何况皇室。宋仁宗的后半生一直都为大宋王朝的继承人问题烦恼不堪，嘉祐元年（1056年）之后，赵祯的身体状况急转直下，他的健康问题让宰执集团的大臣们担心不已。倘若皇帝大行之后皇储未立，势必引发出一场宫廷内乱，而这种皇储之争却是他们无法控制的，到时候天下大乱，他们有何面目见先帝于九泉之下。

在这之后，当朝重臣欧阳修、韩琦、司马光等人就先后向仁宗皇帝进言，劝他早立皇储。每况愈下的身体也让仁宗感到了事情的严重性，嘉祐七年，他经过重重考虑决定立他堂兄之子，他的养子赵曙为皇太子，封钜鹿郡公。

嘉祐八年的一个平静的夜晚，宋仁宗赵祯在完成了他的历史使命之后悄然离开了人世。然而这个夜晚注定又是不平静的，他的突然崩逝给北宋王朝带来了新的考验。

宋仁宗的死发生在夜深人静之时，由当时的仁宗皇后后来的太后曹氏封锁消息，再加之宰相韩琦的处变不惊，皇帝崩逝的消息在凌晨才传出宫外。这一切都是为了防止皇权的旁落，在皇帝崩逝的消息传出之时，皇太子赵曙已经赶到皇宫。

然而面对即将到来的皇位的时候，后来的英宗赵曙反应却失常了。当时宰相韩琦手捧黄袍，请赵曙即皇帝位。他礼节性的推辞之后转身想要离开这是非之地，仿佛这里的一切都与他无关。然而皇位必须要有人继承，韩琦等人努力了这么久等的就是这一天，他们不会这么轻易地让赵曙离开这里。在众人的坚持和努力之下，赵曙终于勉强地穿上了黄袍。

继位仪式在继续进行。面见百官之时，赵曙的表现更加失常，他面无表情，神情呆滞。在先帝灵前未流一滴泪水，对曹太后也出言不逊。曹太后当年亲自抚育他，后来又助他登上皇帝的宝座，他却当着群臣的面说出"太后待我无恩"之言。

嘉祐八年的十一月，是为大行皇帝举行葬礼之日，但让人意外的是，作为继承人的英宗赵曙却称病留在了宫中，并未参加宋仁宗的葬礼。仁义道德尚存，知谏院司马光为了使赵曙明白自己的行为不合伦常已经触怒了太后和群臣，如果事情再不加控制地发展下去，他的行为将不为天下人所容。司马光在调查了太医院近期的诊脉记录，发现皇帝"六脉平稳，体无内疾"之后，要求惩处太医院的医生。

赵曙屈服了，他出现在大行皇帝的灵堂之上。这时与他同在的还有宋仁宗的遗孀曹太后。丧礼之上，所有人都为仁宗皇帝的去世痛哭不已，只有赵曙面无表情，史书上对他的记载是"卒哭"。

"卒哭"，就是结束哭泣的意思。在中国的传统丧礼之中，哭是对逝去的亲人表达追思和内心伤痛的一种方式，然而到了赵曙的时代，哭与不哭已经不是衡量一个人孝敬和痛苦的标准了。作为一个皇帝来说，他的举动不仅不符合常理，甚至丧失了一个国人应有的传统礼仪道德。不知道赵祯在天之灵看到他的这些行为，是否会为他当初的立储决定感到悲哀。

在现实之中，仁宗的遗孀曹太后却真真实实沉浸在痛苦之中。她对赵曙的表现及其失望，她开始怀疑自己当初的决定是否有误，这时是不是该另选仁德之人来治理这个国家。但宰执集团并不这样想，英宗由他们的支持而立，一旦被废，他们马上就会从当初的拥立功臣变为现在的无德无才之人。为了打消曹太后对英宗的疑虑，消除她心中废帝另立的想法。首相韩琦带领宰执集团面见太后，韩琦对太后称现在皇上龙体有恙，一切都是无心之过，请太后不必过于在意。欧阳修也附言道，太后仁圣之德，天下皆知，如今皇上身体不适，太后应对他多加关心多加包容。

曹太后毕竟是妇人，再加上她内心善良，对权力本无太多贪恋之意，她后来将大权归还英宗时也可见一斑。在宰执集团的苦心劝说之下，仁宗丧礼这件事也就不了了之。

这样一来，所有的人都认为皇帝病了，而且病得不轻，这也当时能给出的对英宗这些反常行为最合理的解释。然而透过历史的蛛丝马迹，还是可以看到一些历史的真相，虽然这有可能只是冰山一角。英宗真的病了吗？仅仅以身体之"病"就能解释赵曙这一系列的反常行为吗？他是身病还是心病？

宋朝的十八个皇帝中有八个因没有亲生儿子而由旁系继承皇位，赵曙的皇位得来似乎也不超出常理。英宗赵曙，原名赵忠实，因为仁宗无子，幼年时他以皇子的身份入宫，作为皇位的继承人之一教养。他的经历和他的父亲赵允让如出一辙，唯一不同的是赵允让最后没有继承上皇位，而赵曙却在仁宗死后登上了大宋皇帝的宝座。

寄养的生活是非常痛苦和难耐的，何况他并非宋仁宗亲生的儿子，如果仁宗一直没有儿子他也是有继承皇位的希望的，但一旦嫡系血脉的皇储诞生，他就将放弃现在的皇子生活离开奢华的皇宫。可以这么说，赵曙在继位之前就是活在巨大的希望和失落之中的。皇宫的生活虽然富足，不用为生活琐事担忧，但内心的压力却是巨大的。身在宫闱，每一天都步履维艰，稍有不慎，不但皇位不保，甚至都会有性命之忧。他就在这样的希望和担忧之中慢慢成长了起来，在他的心中一直存在着一个阴影，那就是他的父亲赵允让。他不希望他像自己的父亲一样在一辈子的惊喜和恐惧之中最终与皇位失之交臂，以失落来终老一生。

仁宗去世之前的赵曙克己守礼，淡泊名利。可是在继承皇位之后一切都不一样了，他对待下属和侍者不再像以前那样宽容，对自己的养父母也不再孝顺。是什么让这个原本乖巧守礼的皇子在如此短的时间的迅速转变？这一切都和他的"心病"有关。他在得到皇位的巨大惊喜和恐慌之中迷失了自己。是的，现在他是大宋的国君了，天下属于他，这个国家的一切都由他主宰，命运终于掌握在了自己的手中。他虽不是仁宗的嫡亲血脉，但他却摆脱了那个巨大的阴影，他等待了这么多年终于等到了这个皇位，不用再恐惧，不用再纠结，而他的父亲赵允让，他可悲的一生却被这样的阴影所埋没。这种复杂的心情让赵曙接到皇位时不知所措，那么他后来的一切失常表现也就有了解释，不然，身体的病痛是无法让一个原本知书达理的人失去作为人最基本的礼仪和道德的。同时，这样的心理状态也是他后来在"濮议"事件中固执己见的一大原因。

富弼隐退

英宗赵曙就以这种独特的方式登上了皇帝位，虽然赵曙一直处于生病的状态中，但是国家还在运转，朝政还需要处理，朝中虽有韩琦、欧阳修等人辅国，但也还需一位地位尊贵的人来统领大局，毕竟赵氏家族的最高权力是不容外人侵犯的。于是，继刘娥之后，宋朝第二位垂帘听政的太后站到了前面，这就是宋仁宗的皇后，现在的太后曹氏。

历史在渐渐向前发展，宋英宗的病似乎随着时间的流逝也逐渐好转起来。为了使英宗明白他所犯的错误，重新以正确的态度治理国家，尽好一个皇帝的职责，朝中大臣们开始了对他的劝说。他们开始向皇帝详述"孝"的含义，自古以来，滴水之恩，当涌泉相报，何况父母之恩；纵然父母不慈，天下无不是的父母，何况当今皇太后有恩于他。首先，仁宗立皇太子之时曹太后有居中之助，其次，仁宗驾崩之时，是曹太后紧封锁消息，皇位才未旁落。太后如今体恤皇上身体，以尊贵之身为朝政垂帘，怎能说太后对陛下无恩呢？

在众人的苦心劝说和传统道德礼仪的谴责之中，赵曙似乎终于有"所悟"了。情况一有所好转，宰执大臣们考虑是时候到了新皇亲政之时了。但是权力自古来都是放之容易收之难，现在太后垂帘听政，大权在握，把这治国大权收回又谈何容易。

事实却不像他们所想的那样，曹太后并不像之前的太后刘娥一样，对皇权有留恋之意，垂帘听证是当时的朝政所需，这时还政于英宗她也觉得是理所应当，并不需要发生太大的争端。关于这个还政的过程，历史上有许多不同的版本，实际上无需把事情看得太过于复杂，以曹太后温婉和顺的性格，她也不会留恋权位。倘若她真想继刘娥之后做第二个掌权的太后，她当初就绝对不会容忍赵曙的种种失常行为也不会宽容对待赵曙对她的出言不逊和对仁宗的不孝。

由于英宗身体逐渐好转，公元1064年，也就是宋英宗治平元年的春天，英宗皇帝乘辇到相国天清寺、醴泉观祈雨，他这一举动在获取民心的方面收到了非常良好的效果。祈雨之后，他又慢慢开始处理一些简单的政事，他对这些奏章的处理也得到了垂帘听政的曹太后的认可。宰执们意识到，还政的时机开始成熟了。

正史记载里的还政过程非常简单。一次朝会之后，首相韩琦向曹太后辞相，希望太后允许他到外地任职。这只是一种委婉劝她撤帘还政的方式，曹太后身处宫廷多年，以她的政治经验岂能不知，于是她对韩琦说："相公安可求退？老身合居深宫，每日在此，甚非得已，且容老身先退。"遂将朝政归还英宗。

赵曙亲政之后，开始大肆封赏周围的人。他让自己的亲属搬入皇宫，给自己亲近的臣子加官晋爵，并开始打击以前对他不利的官员。除此之外，他对曹太后的态度也没有丝毫改变，两宫一直都处在不和的状态之中，这对国家十分不利，更让朝臣们尤其是以韩琦为首的宰执集团非常担忧。

面对英宗朝的这种状态，朝臣们分流了。"非孝子不明君"，"百善孝为先"，一个人如果连"孝"都做不到，那何谈治国平天下，何谈至君尧舜，造福天下万民？更何况赵曙身为皇帝，他如此这般的行为怎能为天下臣民做出表率？这时，许多朝臣却选择了沉默，朝政如此，做与不做又有何干系，他们虽然对皇帝的行为颇为不满，但又不想因为这件事触怒龙威影响自己的政治前程，沉默当然是最好的选择。但韩琦、欧阳修等人还是选择了无条件支持英宗，毕竟皇帝是他们拥立的，事情到了这个地步只有尽力辅佐他，否则他们不仅前程会受到影响，还会在史书上留下骂名，这也和他们当初劝谏曹太后的初衷是一样的。

这时，宰相富弼已经服完母丧回到了朝廷，这位谦谦君子面对朝政和宰相韩琦对英宗的绝对附和，展现出了一个君子应有的道德和风度。富弼的一生都清醒地保持了自己独立的人格和谦谦君子之风，即使在后来王安石变法时期，他虽然不支持新政也没有选择加入党派斗争的行列，而是选择了默默地离开权力争夺之地。

富弼回来了，但朝政已经和仁宗朝时的大相径庭，韩琦也已不是"四真在朝"时的韩琦，面对朝政，他只能选择独自斗争。在他服母丧之间，韩琦已经从他离开时的枢密使晋升为首相，大权在握，再加之他独断专行的性格，迟早有天会建立"一言堂"，所谓"一言堂"，就是一人专权，他说的话无人敢违抗。

此时身为枢密使的富弼并没有接受皇帝的恩赏，而是接连上书求皇上以"孝"为先，善待曹太后，只有这样才能得到支持，才能获得民心，即使英宗置之不理，他还是始终坚持着自己心中的信念。在后来发生的任守忠事件中，他与司马光没有站在皇帝的一边，而是据理力争，最终战胜了韩琦等人，英宗和曹太后的关系才趋于缓和。治平元年的十一月，首相韩琦上书英宗，希望在陕西路招募义勇来抵抗西夏的入侵，这次招募的规模加大，几乎三个青壮年男子就要有一个去西北边疆服役，陕西各路，除了商、虢两州之外，共刺勇156873人。很明显，这个决定是非常不明智的，宋朝自从在西北同西夏开战以来，民生凋敝，仁宗末年又水旱灾不断，这时给百姓雪上加霜很容易激生民变。除此之外，这也侵犯了以富弼为首的枢密院的权利，这样看来，首相韩琦是想利用这次机会来确立自己的权威，巩固自己首相的地位。

宋朝在皇帝以下，中央行政体制主要包括宰辅和中央行政机构，这个系统非常庞大和复杂，目的为了权利之间的相互制约，防止一人专权。由首相领导，副宰相和枢密院的正副长官合称"执政官"，共同辅佐皇帝，在宋朝这个系统称为"宰执"。在神宗改制之前，宰执大臣领导的中书门下和枢密院合称二府。而枢密院是宋朝军事权利最高机构，韩琦这么做很明显是侵犯了枢密院的权利。即使如此，最后韩琦的这个募军计划还是实行了，无数的百姓作为权力斗争的牺牲品走向了西北战场。

面对如此混乱的朝政，富弼隐退了，因为权力会让人失去理智，而富弼为朝政着想也不想在这个权力场所斗争下去。"道不行，乘槎浮于海"，富弼一连上了二十余疏辞官，最后失望地离开了京城开封这个是非之地。

濮议之争

公元1063年，英宗朝发生了一件大事，这也是宋英宗在他执政期间做过的最轰轰烈烈的事情，这就是历史上著名的"濮议之争"。这样的礼仪之争在现代人看来简直就是一场闹剧，但是古代人却为此乐此不疲，在几百年后的明嘉靖朝也上演了一场轰轰烈烈的议礼运动，也就是明朝历史上著名的"大礼议"事件。

自古，非嫡系血脉的继承人都会面临着一个巨大的尴尬，即认已去的大行皇帝为父，那自己的生身父母置于何地？宋治平二年四月九日，英宗下旨礼部及待制以上所有官员集体讨论他的父亲、两位正夫人，以及他的生母仙游县君任氏的名分问题。而在此之前，宰相韩琦就给英宗上过书，言"礼不忘本，濮王德盛位隆，理合尊礼，请下有司议定名称"劝他考虑给生父"议名"之事。英宗的生父赵允让是仁宗赵祯的堂兄，生前被封为濮安懿王，但现在赵曙已经贵为九五之尊，一个濮安懿王的封号显然不能表达赵曙对于生父的爱戴和追思。

在赵曙的心中当然是希望将父亲赵允让的身份定为"皇考"的，但这却不符合儒家礼制。于是关于濮安懿王名分的确立问题引起了朝廷的纷争，面对这一敏感事件，朝臣又一次分流了。除韩琦、欧阳修等人继续选择支持英宗皇帝外，大多数臣子还是站在传统礼仪道德的一边，对于给予赵允让"皇考"身份这一做法是持否定态度的，如果赵曙称赵允让为"皇考"，那仁宗和曹太后又将置于何地呢？司马光也上书以汉宣帝与汉光武两个非嫡系血脉继承皇位的人为列，请求英宗效仿古人之法，不要坚持追封名分之事。一旦濮王被称亲，英宗必然要失大义于天下，对于日后管理朝政会产生很大的阻碍。

这是一件非常难处理的事，然而皇上却下令群臣讨论，他想要的结果不过就是确立自己和生父的关系，这在普通人家是一件再普通不过的事，然而对于皇室却有着至关重要的联系。这个身份关系到皇室的荣辱，皇位的尊严。群臣认为就血缘关系来看赵允让是仁宗的哥哥，那么赵曙既然已过继为仁宗之子，那么就理应称他为"皇伯"而不能称"皇父"，这个说法平心而论还是很公道的，这样的称呼也有利于收服人心，为以后的政治统治打下基础。而韩琦、欧阳修等人认为根据《礼记·丧服记》里有"为人后者，为其父母服"一言，出继之子，对所继所生都应称父母，"皇伯"之说根本毫无根据，依"礼"驳回。

中书省下令太常寺重新议定濮安懿王的身份。事实上，这是一个巨大的陷阱，太常寺只不过是中书省领导下的一个小部门，太常寺官员所议定的相当于就是中书省的意愿了。然而太常寺卿范镇却选择坚持了自己的道义，依"礼"将"皇考"说驳回，举朝上下，除了韩琦等人都认为"皇考"说不妥。一直就为英宗即位以来的行为耿耿于怀的曹太后听闻此事之后非常愤怒，她亲自起草了诏书，指责韩琦等宰执大臣扰乱朝政，明确反对将濮王称为"皇考"。

"濮议"事件发生了一个月之后，开封城下起了大雨，暴涨的水流淹没了开封府大街小巷，甚至向皇宫漫延，在这场大水丧生的百姓和军官不计其数。古人敬畏天神，即使是尊贵的皇帝，面对天灾也要反省自己的执政方式是否利国利民，是否由于自己不当的行为触怒了上天。

于是宋英宗害怕了，他颁布了罪己诏，开始反省自己的言行，并开始听取臣子的进谏。但是在大雨消退之后，英宗固执的性格又驱使他回到了礼议事件中。因为群臣的反对，英宗将台谏官和御史台的不少官员都派遣出使辽国，而敢于说话的司马光却破例升为龙图阁学士，每日陪皇帝读书，不再让他插手政事。

剩下的台谏官以吕诲为首，把蛊惑皇帝之罪指向了首相韩琦，"观韩琦之才，未如霍光、李德裕、丁谓、曹利用，而骄恣之色过之。"他们以微薄的身份对抗宰执集团，朝廷此时乱成了一片。

最后还是以英宗的胜利结束了这场斗争，曹太后有旨——濮安懿王、谯周夫人王氏、襄国夫人韩氏、仙游县君任氏，可令皇帝称亲。濮安懿王称皇，王氏、韩氏、任氏并称后。这时，英宗也下诏道，"称亲之礼，谨遵慈训；追崇之典，岂易克当？"他最终没有接受让生父赵允让称"皇考"，但保留了称亲的建议，以茔为园，即园立庙，并封濮王之子宗朴为濮国公，管理祭祀之事。"濮议之争"结束后，英宗找来韩琦等人商议接下来如何安抚百官的情绪。到了捍卫自己利益的时候了，倘若吕诲等言官无罪，那么当初一直支持英宗的韩琦、欧阳修等人不就成为有罪之人了吗？事到如此，韩琦只对英宗说"臣等是奸是邪，陛下自然知道"一句，再无他话，欧阳修则让皇帝自己定夺是留御史还是留一直对他忠心不二的宰执大臣。犹豫再三，为了不失去宰执集团的支持和辅佐，最终这件事还是以吕诲等三人同时被贬官，离开了京城开封而告终。

让后人产生疑惑的是当时曹太后一直都因英宗不尽"孝道"而与之不和，最后又因何不顾群臣的反对，同意了"皇考"之说的呢？对于此，历史上有很多不同的说法。一说，这份诏书乃是曹太后酒后误签。另一说则称，是曹太后身边的宦官受韩琦等人委托劝太后借此机会与皇上修好，最终说服了太后，这些都不得而知。曹太后诏书一下，这场在英宗朝维持了十八个月的"闹剧"终于结束了。

儒家学说发展到了宋王朝，就已开始僵化了。韩琦等人在"濮议"上支持英宗，从父子血亲的角度来看本来毫无非议。但考虑到英宗即位以来种种行为，他的"濮议"的坚持就蒙上了一层阴影，既然他对父母如此孝敬。仁宗和曹太后对他有抚育之恩，又为何对养父母如此不逊？况且赵曙身为国君，不以大局为重，就因"名分"这样的事情就引得朝臣内讧，贻误政事。英宗朝士大夫因"濮议"之事互相攻击，把"濮议"这样一件小事认定为是一件天塌了一样的大事，整个朝廷为之混乱，远比当西夏进攻，死人千万，丧师失地还要重要。通过"濮议之争"可以清楚地看到北宋士大夫阶层勇于发生政治内讧的特点。而这一特点也体现在了接下来在神宗朝发生的重大事件——熙宁变法之中，并一直延续到了宋朝灭亡。

宋神宗的理想

公元1067年，也就是宋治平四年的冬天，在轰轰烈烈"濮议"过去之后，身心疲惫的英宗赵曙病倒了。继他即位之时生的那场"病"来说，赵曙这次是真真实实的病危了，而此时，他才年仅36岁，正当盛年的他即将在病榻上悲惨地度过他的余生。

治平四年的十一月二十一日，宋英宗的病情突然加重。在当时的首相韩琦的坚持下，奄奄一息的英宗握笔在床沿写下了七个字，"立大王为皇太子"，这是指将他的长子赵顼立为皇储。当时大学士张方平奉命拟写遗嘱，见英宗所写之事，又请奏道："立嫡以长，想圣意必属颍王，还请圣躬亲加书明！"于是，全身无力的英宗又提笔加写了"颍王顼"三字，于是英宗长子、颍王赵顼被立为皇太子，这也就是后来的宋神宗。

十五天后的正月初八，宋英宗赵曙因病薨逝于福宁宫，后葬于永厚陵。在首相韩琦的主持下，年方二十的颍王赵顼登上了皇帝的宝座，是为宋神宗，尊皇太后曹氏为太皇太后，皇后高氏为皇太后。北宋王朝在这一刻迎来了神宗的时代。

宋神宗赵顼，英宗的长子，即位之前即被封为颍王，他出生时"祥光照室，群鼠吐五色气成云"，可见这孩子是被上天眷顾的。这是历史记载中惯用的手法，皇帝的出生都会带有祥瑞的征兆，证明他的出生是不平凡的，他的人生注定会有所作为。这样例子数不胜数，宋神宗也是一样。

赵顼的成长过程是非常特殊的，由于他的父亲赵忠实，也就是后来的英宗不是仁宗赵祯的亲生儿子，所以年幼的赵顼没在皇宫里长大，更没有受过皇子必备的传统教育。他在自由的环境中慢慢成长起来，长成了一个不带迂腐之气，性格独立的青年皇帝。再加之他不在皇宫长大，受到的拘束也相对较少，比起其他的皇子，他更了解民生疾苦，更想造福天下万民。

所谓"子不类父"这样的现象在中国历史上比比皆是，宋神宗的性格和他的父亲赵曙完全不一样，这在他其后的统治过程中可以明显看出。神宗不想像他的父亲英宗那样无所为，在年轻的赵顼心中，一直都有个远大的理想，就是让宋朝在他的手中摆脱百年以来所受的屈辱，收复失地，恢复开国时的气象，而自己也成为千古明君，青史留名。他的一生一直都把国家利益放在第一位，尤其是平民百姓的利益，这不止是在宋朝，在中国的整个历史之中都是极其少见的。

神宗即位三天后，三司使韩绛上书言，国库入不敷出，已经造成了严重的亏空。宋神宗大吃一惊。那么这个巨大的亏空是怎么形成的呢？首先，宋朝繁冗臃肿的官僚机构和军事制度给北宋的经济造成了过重的负担，再加上自与西夏开战以来，庞大的军用开支占用了国库相当一部分，更何况每年朝廷还要送给西夏国一笔十分丰厚的岁币。如此一来，国库已然空虚，支撑国家运转已然勉强，何谈再有其他作为？就拿英宗治平二年为例，年总收入是116138400两，而支出却达到了惊人的238064300两，收支不平衡，已经出现严重的财政赤字。

面对如此局面，年轻的宋神宗百思不得其解，然而朝政还需处理，国家的运转，民生、军事等各个方面都需要钱财,但如何为国库增收是当务之急。自古以来增加钱财无非两途,一是开源,二是节流。于是神宗下旨,自皇帝始,朝廷上下谨当节俭,英宗的葬礼规模在一定的条件下被削减,他更减少了他登基赐给臣下的恩赏钱。"节流"他已着手去做,至于"开源",刚即位的宋神宗虽然血气方刚,志向远大,对此却是有心无力。

要治理好一个国家,首先要了解这个国家的运转状况。英宗的丧礼过后,神宗下令臣下进言,围绕的中心是"论仁宗、英宗两朝积弊。"这已属老生常谈,臣下们纷纷上书言事,但基本都是官面文章,不痛不痒,击不中要害。对于这个问题,仁宗、英宗时的朝臣应当最有发言权,他们是英宗给儿子留下来的辅国之臣,神宗此时遇到问题必然要垂问他们。然而,首相韩琦这时却提出了"辞官",熙宁元年(1068年),韩琦以使相身份出判相州,离开了他战斗多年的开封。韩琦走了,朝中的老臣剩下了司马光。此时,司马光上书认为要除仁、英两朝积弊,要点在于"官人、信赏、必罚"三点,神宗对此也很赞同,于是继续向他询问具体政策,并请司马光帮助他改革政治,造福百姓。这时,司马光让神宗失望了,他虽然有想法,但对于实际操作却没有具体且行之有效的办法。

在司马光之后,前朝宰相富弼又回到了开封。这位谦谦君子在英宗朝混乱的朝政打击下离开了权力斗争的旋涡,神宗即位,广开言路,他似乎又看到了新的希望。国有明君,自然值得他出山辅佐。虚心求教的宋神宗马上接见了他。富弼以他多年的政治经验告诉年轻的神宗,为君之道在于隐藏自己的喜好,如果城府不深,臣子就会为了迎合君主的喜好搜刮民财,取悦主上。这一点在古代很多皇帝身上都得到了验证,不少皇帝也因此在历史上留下昏君的骂名,后来的宋徽宗赵佶喜好花鸟鱼虫,就有花石纲、艮岳、九鼎等耗费民财的物件,都是当时的臣子为迎合徽宗喜好的东西。后来的事实证明,宋王朝灭亡原因这也占有不少的成分。但关于富国图强,富弼认为神宗临御未久,当布德行惠,不应轻易言兵,更不能草率想要改变祖宗法度,这样只会贻乱天下,失去民心。

司马光、富弼等元老重臣的温和治国方略远远满足不了年轻的神宗急于想创造一番事业的热情。宋神宗想改变国家积贫积弱的现状,成就千古伟业,但满朝上下却找不出一人能帮助他实现富国强兵的大计,这让他很是苦恼。

正在宋神宗为寻找不到改革人才所困扰的时候,一个人即将从遥远的江南而来,来帮助神宗完成心中的远大理想,同时,也是他,为北宋历史抹上了浓重而又神秘的一笔。

一代名相——王安石

王安石,字介甫,小字獾郎,晚号半山,抚州临川县人,生于宋真宗天禧五年(1021年)十一月十二日辰时。由于晚年封荆国公,又被世人称为"王荆公"。王安石是中国古代著名的文学家、思想家、改革家。一生因熙宁变法受到不少的争议,列宁称他为"中国十一世纪伟大的改革家"。除在北宋政坛闻名之外,王安石在文学方面也成就颇高,他的诗作"学杜得其瘦硬",善于用典,长于修辞,著有《临川先生文集》《唐宋百家诗选》《诗义钩沉》等书,与韩愈、柳宗元、欧阳修、苏轼、苏辙、苏洵、曾巩等七人并称"唐宋八大家"。

王安石从小就热爱读书,读书过目不忘,天赋极高,由于他出生于官吏家庭,从小就受到良好的家庭教育。他的父亲王益是宋朝时的中下层官员,他的一生都在大江南北辗转为官,因此王安石从小就跟随父亲遍游天下。由于他漂泊五湖、四海为家的成长经历,王安石从小就看尽了北宋王朝的利弊兴衰,再加上他父亲早亡,也养成了他独立、坚韧、勇于担当的性格。

少年的王安石遍游名山大川，恃才傲物，一心要以诗赋博取功名。后来他受欧阳修、范仲淹等名臣的影响，开始钻研道德文章，立下了"矫世变俗"之志。

庆历二年（1042年），21岁的王安石考中了进士，从此开始了他的仕宦生涯。他之后所走的官场道路非常独特，在北宋一朝甚至可以说是绝无仅有的。他考中进士之后，一直在远离京城的地方做着不为人知的地方小官，曾担任过官厅公事、江东提点刑狱等官职。王安石在地方任职期间，就为当地的百姓做了不少好事，他带农民修建河堤水堰，改善农田水利。还将官库中的储粮低息贷给青黄不接的农户，帮助农民度过灾荒。他在期间所著的学术文章也颇得当时一代文豪欧阳修的赞赏，一时名满天下。

嘉祐三年，王安石终于来到了京城开封，这时他的官职是三司的度支判官。在这之后，他又进入馆阁，官至知制诰。他在做度支判官的时候，怀着满腔热情，给当时的仁宗皇帝上了《上仁宗皇帝言事书》，以此来针砭时弊，希望能够有所作为，但他这封包含了自己政治主张和改革建议的奏疏并没有得到皇帝和朝廷的重视。在后来的知制诰任命期间他也只是参与起草诏书并兼任纠察京城开封的刑事案件之职。嘉祐八年，王安石因服母丧辞官回到了江宁府。治平二年，朝廷下诏起复王安石，但他没有接受，而是选择了继续留在江宁。

神宗即位后，由于他做皇子时的幕僚韩维的推荐，他先是让王安石出任江宁知府，后又提拔他担任翰林学士兼侍讲之职。其实在神宗即位之前，他就对王安石和他的政治主张有所了解，他曾经读过王安石所写的《上仁宗皇帝言事书》，十分赞赏他的才华。

王安石和与他一起进翰林院的司马光相比，更刚强、更倔强。当时神宗下旨，升司马光为翰林学士，司马光以他不会写"四六文"推辞皇帝的赐官。神宗知道这显然是推辞，以司马光的文笔，四六文自然不在话下。由于神宗的坚持，后来司马光也就接受了翰林学士的职位。对比来看，王安石起初曾被授予修起居注，他连写了14道奏章拒绝升官。后来小吏将任命的诏书送来，甚至跪下请他接下诏书，但倔强的王安石硬是把诏书给送了回来，二者相比可见王安石的倔强。

宋神宗一心想变法图强，在当时只有王安石是最好的人选。神宗准备让王安石出任宰执主持变法，却遭到了朝中老臣们的反对。韩琦、富弼、唐介、吕诲等人都认为，王安石的政治主张太过理想化，且他为人不够豁达，性格固执，处事又不够稳健，难以与人相处，帮助管理朝政尚可，但根本不适合做宰执大臣。

年轻的神宗有着似乎与其年龄不符的"小心谨慎"，他并没有直接听信韩琦等人之言，放弃启用王安石的想法，而是多次接见王安石，与他探讨治国之道。王安石的才华是惊人的，神宗后来称赞他是本朝的"圣人"，王安石一直以来的政敌司马光后来也有"介甫（王安石字）独负天下大名30余年，才高而学富，难进而易退，远近之士识与不识，咸谓介甫不起则矣，起则太平可立致，生民咸被其泽矣"之言。

王安石受到神宗召见之后上《本朝百年无事札子》，全面总结并批评了宋朝前期的政局，经过多次的接见和探讨，神宗终于认同了王安石的政治主张。熙宁二年，王安石出任参知政事，北宋朝著名的熙宁变法即将拉开历史的帷幕。

拉开新法的帷幕

新法的目的在于"富国强兵"，而他在宋神宗心中扎根的根本原因却在于军事。军事问题凝聚了宋以来100余年所有中原人的沧桑与苦痛，宋朝自幽燕之役、雍熙北伐以来就一直没能扭转令人感到屈辱的外战记录。但神宗想要改变这个不堪的现状，是他公开承认宋太祖赵光义是死于契丹人的箭伤，在这之前，这是一个人人明白却不能说的"秘密"。宋神宗不想像真宗和仁宗两朝一样用金钱去买所谓的和平，更不愿与侵占自己国家领土，残害自己子民的边境异族"称兄道弟"，他心里清楚金钱不能买宋代万世的"和平"，他要在他的时代夺回燕云十六州，荡平西夏吐蕃，让宋朝拥有如汉唐一般的恢弘气象。

年轻的神宗曾经身穿战甲去后宫参见他的祖母曹太后，身为武将之后的曹太后见神宗如此装束状百感交集，顿时热泪盈眶，不能自已，可见屈辱的外交给宋朝带来多少的痛苦。

然而要打仗必须要有强大的财力支持，以神宗朝现在的经济状况根本无法支持收复边疆这样的大战。想要扭转当前的经济状况，为国库增收从而支持以后必然要开始的战争，办法如前面所提到的无非两种，一是开源，二是节流。当时大部分朝臣都是主节流之法，变法之前河朔地区发生重大的水灾，宰相曾公亮提议省免郊祀典礼时对大臣的赏赐，当时很多人都赞成这一点，就连当时的翰林学士司马光也不例外。而王安石却认为国用不足是理财不慎造成的结果，这样做只是杯水车薪，不能从根本上解决问题。王安石认为"善理财者，不加赋而国用足"，但这一观点遭到了许多臣子的反对。司马光认为王安石"不加赋而国用充足"的说法只不过是变相抢夺民财，盘剥百姓，在他之前，武帝朝的桑弘羊就曾用过，后果低劣不堪，根本不值一提。

王安石"不加赋而国用足"的想法确实是超出了时代的限制，自然不被当时的时代所理解。王安石更认为法家的"经术"是用来治理社会的妙药良方，纵观前朝历史，以"法"治国而强盛起来的例子不在少数，迂腐之人不会用"术"，才会认为"术"是害人之物。宋神宗自幼好读《韩非子》，对法家"富国强兵"之术有浓厚的兴趣。一次，神宗向王安石询问如何才能治理好天下？王安石答曰："择术为先。"他向神宗进言，希望他效法尧舜，做一代明君，造福天下苍生。王安石的治国想法和他内心强大的抱负契合了。

"变风俗，立法度"是王安石认为的治国首要任务，"变风俗"，儒家学说最大的目的就是让风俗纯朴；"立法度"，儒家从来都是以笼统的仁义道德来"治国"，是从来瞧不起法家之"术"的。从现实角度来说，法家的学术是有重要的治世意义的，但在宋朝儒学盛行，甚至已经到了开始僵化的地步，普遍认为"韩非险薄，无足观"，法儒根本不相融，要以法家之术进行变法谈何容易？

况且变法涉及内容之深，开展过程之艰难都是难以估计的，处理每一个问题都必须小心谨慎，稍有不慎，就会满盘皆输。更重要的是如何才能让每一个官员和百姓都能理解新法并实实在在的去实施它。如若不然，神宗朝的变法将会像20多年前的庆历新政那样，有计划却实施不力，最后变的一无所成。

宋熙宁二年，宋神宗任富弼为首相，王安石为参知政事，开始变法。神宗这样的安排是有他的用意的。由于王安石和新法在当时并不得人心，神宗任富弼为首相，希望以他三朝老臣的威望来镇抚局势，安定人心，而变法的具体内容和实际操作都由王安石来领导完成。这样的安排不仅有助于朝局的稳定，新法的推行，也可以在一定程度上保护王安石，给新法推行一个良好的政治环境。

宋熙宁二年二月，神宗为变法特别设立了"制置三司条例司"。顾名思义，它以国家的财政总署三司省为根基，是专门制定户部、度支、盐铁三司的条例部门，由参知政事王安石和枢密院院事陈升之主持。在这之后，王安石又向神宗推荐了吕惠卿、章惇、蔡确、曾布、沈括等他认为对新法有帮助的人参与并协助变法。

这些人中较为著名的有后来的权相吕惠卿和领导平定荆湖叛乱的章惇。吕惠卿，字吉甫，生于公元1032年，泉州晋江人。他年轻时在真州做过推官，后被调进京城。一日，他和王安石偶然见面，两个人在政治上聊得非常投机，王安石因此推荐他进入变法集团，成为王安石变法的中坚力量。史书记载在熙宁变法推行的过程中，"事无大小，安石必与惠卿谋之"。后来吕惠卿极大地影响了变法，在历史上骂名不断，这或许也是王安石事先料想不到的。章惇，字子厚，福建浦城人，是吕惠卿的同乡，他也是在历史上颇有争议之人。

既然万事俱备，改革就指日可待了。然宋朝泱泱大国，国事千头万绪，改革将从何入手呢？俗话说"万事开头难"，只有选取了最稳定、最有效的突破点，迈出最稳健的一步，才能为日后新法的全方位展开铺平道路。

熙宁二年七月，经制置三司条例司议定，颁布了新法第一条法令——"均输法"。"均输法"的内容很简单，即由朝廷拨出五百万贯钱和三百万担米作为起始的周转经费，由发运使根据京师库藏和各地物资的实际情况来购买政府所需要的物资。与此同时，将各地多余物资由政府进行统一销售，这样不仅可以增加国库的收入，更可以有效地稳定物价，同时也减轻了农民肩上的负担。它既迅速地让皇帝、官员和百姓看到了新法的效果，又没有触动以农业为根基的中国古代国家最大的命脉。

那么"均输法"出台的原因又在哪里呢？

作为北宋王朝的国都，整个开封府的繁荣很大程度上都取决于周边小城镇、农村的供给，这是一个不变的道理，即使是现在社会也是如此。在太祖赵匡胤时期朝廷设立了发运司，由发运使来负责淮、浙、江、湖等六路的漕运，把全国各地的物资运往开封。但由于发运司作为一个执行机关本身的权力不足，执行调运任务时受到各方面的牵制，供需得不到有效地调和，漕运也因此发生了混乱。往往开封府需要的东西运不来，不需要的又积压成山卖不出去，再加之地方对一些物资强制性的进行摊派，宋朝的百姓对此的压力都很大。

针对这个制度的弊端，"均输法"适时地出台了。在新的法令之下，发运司的权力大大增强了，具体来说就是现在由发运使亲自去了解开封和全国的物资状况，并由它来决定具体物资的运输，收上来的物资由朝廷向官员、市民等人发售。具体由原开封府度支判官、陕西转运副使薛向担任发运使，实施"均输法"。

"均输法"一颁布就引发了不少非议，这应该也是变法派事先就预料到了的。由于它由国家来承担物资的运送和销售，就在一定程度上打击了自由经济，触犯了商人的利益。宋朝的商业尤为发达，商人，尤其是大商人的利益和封建官僚以及贵族有着割舍不断地联系，商人的利益被触动，毫无疑问的也就在某种程度上影响了官僚贵族的享受。"自均输法实行，豪商大贾皆疑而不敢动。"苏轼之后，苏辙、冯京、谢景温等人不断地对"均输法"展开政治攻击，认为其扰乱秩序、法术不正，理应废除。而事实上，"均输法"确实有利于国家商业的稳定，更有利于国库的充盈，这和新法"富国强兵"的宗旨也是相吻合的，王安石等人在当时推出这个法令也是可以理解的。

拨开"青苗法"的疑云

在"均输法"之后，同年九月，又一项新法出台，这就是历史上非常著名也引发争议不断的——"青苗法"。"青苗法"的出台，开始触及了维持中国最基础的命脉的农业。

"青苗法"也称"常平新法"，简单来说，就是国家以储藏的粮食为成本，每年分两季向缺粮缺钱的农民发放贷款，并收取一定的利息。农民所贷之款同夏秋两季所缴纳的农业税一起交还给朝廷。

北宋以前的隋唐两朝，盛行的是"常平仓"。就是由国家出面，在农作物丰收的时候出钱稳定市价收购，防止谷贱伤农；一旦灾年出现，国家就把收上来谷子以较为低廉的价格卖给缺钱缺粮的农民。很显然，这是一项利国利民的好政策，毫无盈利性质，如果国家财力雄厚可以支撑，造福百姓，博取民心，又有哪位君主不愿意去做呢？有一利必有一弊，有这么多的好处，贪官污吏们又怎会甘心把这些粮食白白发放给毫无地位的平民百姓。由于官员的腐败，"常平仓"法的实施并不像他预想的那么好，不少人利用这一政策为自己牟私利。在北宋的财政制度中，凡是考取功名的，出家为僧为尼的人和家庭都无需向朝廷缴纳税款，也无需服兵役等一系列徭役。如此一来，沉重的税务和徭役负担都加在了穷苦的农民身上，加上官员和富商勾结贪污，农民没有了粮只能向民间的高利贷借款，而在宋朝民间的高利贷利息居然已经高达到了月息六分，年息七十二分的程度。

　　"青苗法"的具体实施方法是将全国各地广惠仓、常平仓里的粮食都由朝廷收集上来，兑换成现钱，在河北、京东、淮南三路，分夏、秋两个季节，由国家出面把钱贷款给青黄不接的农民，让他们度过危难。在庄稼收成以后，加两成的利钱将这些所贷钱粮归还给朝廷。

　　北宋立国百余年来，农业、工商业和手工业都迅速发展，与此同时北宋政府长期实行"不抑兼并"的国策，大地主、大商人的势力日益膨胀，矛盾急剧上升，"青苗法"的出台必然会触动到地主、商人和官僚们的利益。不出所料，"青苗法"刚出台，又立即遭到了反对。反对派的官员认为平民百姓不善管理，就会见钱眼开，到时候朝廷贷给农民的款在收取的时候就会有很大的问题，而"常平仓"法施惠于民，百利而无一害，应继续沿用。然而宋神宗一心想要收复失地，统一河山，本来国库已经入不敷出，再继续实行"常平仓"法，庞大的军费又从何而来呢？"青苗法"以国家的名义贷款给百姓，既可以帮助百姓度过危难又可以收取利息，对于国库增收有着不可估量的作用。况且"常平仓"法使得宋朝腐败加剧，兼并日益严重，"青苗法"的出台正好可以适当地缓解这一局面。

　　想法是好的，但"青苗法"在后来的实施过程中却出现了问题，很多事实也不断证明，往往一些好的想法都是在操作上出了问题才导致失败。为了缓和当时的矛盾，经朝臣研究商讨，原定将在河北卖"度僧牒"的钱作为启动资本在陕西试行青苗法，不动用国家的粮食储备。但后来在具体实施过程中不仅动用了广惠仓、常平仓里的粮食，试行范围更是超越陕西，扩大到了河北、京东、淮南三路。而此时变法派与守旧派的对抗，骤然上升到水深火热的程度，守旧派认为王安石"大奸似忠，大诈似信，外示朴野，中藏奸诈……"。

　　"青苗法"出台之后，变法派吕惠卿作为王安石的得力助手，被晋升为太子中允、崇政殿说书，能够直接和神宗每日讨论时政，交换关于新法的意见和看法。而这时首相富弼却以年老多病为由向神宗提出了辞官还乡，富弼是反对变法的，当初神宗任他为首相，为的就是用他的威望平息众怒，来缓解变法所受到的压力。富弼走后，王安石终于被推到了前台，反对派以前所未有的声势开始一轮又一轮地攻击变法，新法压力倍增。

　　一日，吕惠卿在崇政殿为神宗讲述"先王之法"，他认为事物一切都在变化发展，礼法也有一个不断完善的过程。根据《周礼》，"先王之法"中在每年正月的布法象魏，周王巡视天下，刑法轻重缓急的改变，这些都是"先王之法"的变化。如今实施新法，是时事所趋，且新法的推行于国于民都有利，并没有违反"先王之法"。而以司马光为首的反对派却认为吕惠卿这是曲解经义，"先王之法"从来都是不可变的，一旦改变必将受到上天的惩处。这显然是针对新法进行的辩论，只是以说《周礼》为幌子而已。接下来，司马光发动百官弹劾"制置三司条例司"，认为治国应以儒家之"德"来服众，不应贪图小利而放弃大义，以"奸邪"之法来迷惑君主，应该重效古人之法，废除新法。

斗争在继续，改革也在继续。在"青苗法"颁布后的十一月，"农田水利法"也出台了。"农田水利法"鼓励官民积极去开垦荒地、兴修水利。地方官府更要把本辖区内所有荒地的情况调查清楚，方便"农田水利法"的施行。果不其然，守旧派又以"道义"的身份站了出来，司马光就多次写信给王安石劝他不要一意孤行，放弃变法，更在信中列举出王安石"侵官、生事、征利、拒谏、招致天下怨谤"的罪名，认为新法再不废除，国家将会形成"父子不相见、兄弟离散"的局面，到时候天下大乱一发不可收拾。王安石在给司马光的回信中写道："人习于苟且非一日，士大夫多以不恤国事，同俗自媚于众为善。"坚持自己变法的态度。

但自古以来，哪一项改革没有经历流血和斗争呢，熙宁年间的新法也是一样，纵使阻碍重重，王安石还是坚持着，他始终认为变法改革是改变宋朝朝局的唯一至途。然而理想总是来源于现实而高于现实的，从大名府寄来的一封奏折给新法带来了现实的考验。

这封奏折由前朝宰相韩琦所写，他在奏折中用事实向神宗描述了"青苗法"在实施过程中所出现的弊端。首先，韩琦提出"青苗法"在执行时与它发布时所说的条例根本不符。"青苗法"在颁行时强调严禁任何摊派，但在实施过程中却出现了严重的摊派行为。其次，他认为农民生活殊为不易，一旦粮食歉收，还不上朝廷的贷款，必将受到严刑峻法，到时必将激起民愤。"青苗法"看上去给国库增加了收入，是缓解农民压力的好政策，实则是害国害民的邪政。

这时年轻的神宗似乎忘记了变法的宗旨——富国强兵，农民只是税收的一小部分，更大的部分在于城镇的富户。王安石认为新法本身就是济贫困、抑兼并的，不然在既要改变民生的情况下又要筹集庞大的军费任神仙也做不到。事实上，神宗对新法的怀疑和动摇是因为政治经验不足。事物总是存在着两面性的，就如同新法，给空虚的国库带来了收入，给穷苦百姓带来了福利，必然会损害另一个阶层的利益，韩琦等人只是站在官僚阶级的角度看到了新法对自身利益的损害，却没有告诉神宗新法的好处。

然而政治经验不足的宋神宗面对韩琦的奏折第一次内心动摇了，他开始怀疑他所支持的新法是不是正确的，难道他原本认为利国利民的新法在现实中却在残害自己的子民？内心的恐惧是强大的，熙宁三年的二月，宋神宗亲自下令废除了"青苗法"。五月，撤销了为新法的制定和推行而成立的"制置三司条例司"，将其职权全部收归中书省执行，宰相王安石也因病离开了朝廷，新法暂时陷入了一个被动的局面。

新法的复苏与深入

在"青苗法"废除的日子里，宋神宗虽然对此疑虑重重，但小心谨慎的他似乎明白不能只听信韩琦等人的一面之词而将自己苦心经营的新法毁于一旦。从来没有离开过开封城的神宗秘密地派了两个亲信太监，张若水、蓝元震离开皇宫深入民间，到实地去调查"青苗法"到底实施的如何。张若水、蓝元震回京之后向神宗报告说民间"青苗法"推行的很好，韩琦奏折中所谓的"摊派"之说更是不存在，后来神宗也的确承认派了两位内侍出京调查青苗法的施行状况。

宋熙宁三年十二月，王安石与韩绛升为宰相，这样一来，可以说是赋予了王安石对新法的完全施行权。神宗此时更颁诏天下，命各地查处阻挠推行新法，对新法施行不利的人，对这些人都严重究办。而在这之前，一项新的法令——"保甲法"颁行了。"保甲法"规定：相邻居民十户组为一保，五十家为一大保，五百家为一都保，实施刑事连带责任制；每户抽出一人参加官府组织的军事训练。在这之后，宋朝只要发现有一小股或兵或匪的造反者，都得动用京城禁军出去平叛的状况改变了。各地居民自己组织民兵队伍担任自己所在区域内的治安工作，从而代替了原来的地方军队，不仅节约了军费还有效地维护了地区治安。此后，"保甲法"推行全国。

"保甲法"颁行之后，宋朝军队的数量在逐渐减少，这样军队每年的耗费也就相对减少了，"保甲法"的推行给宋朝多年以来"冗军"的局面带来了清新的空气。再加上以民为兵，国家和百姓的战斗力都大大增强了，这对今后出战西夏和辽国都有很大的帮助。此时反对派却以让农民练兵会耽误农业生产，减少粮食产量，更会危害国家治安。一旦农民暴乱，正规军队又减少了，根本无法控制局面为由来攻击"保甲法"。但事实证明，"保甲法"确实是行之有效的一项政策，在"保甲法"颁行之前，宋朝大小叛乱屡禁不止，自从有了"保甲法"，终神宗一朝，再没有任何叛乱发生。

自此，新法重新上马之后又进一步深入了。在"保甲法"法进行的同月，"免役法"又颁行了。"免役法"又称"募役法"，它规定农民可通过向政府缴纳免役钱来免除他原有的差役。除农民外，原来没有差役的各类民户，包括官户，仕宦人家等都须向国家缴纳数额为免役钱百分之五十的钱款。这部分钱叫做"助役钱"，钱收上来之后，国家用它来专门招募人员担任原本百姓要服的兵役。"免役法"还规定，为了防止灾年收不上"免役钱"，征收时除了每年须交的固定钱外，再多收两分，称"免役宽剩钱"。

在"免役法"之前，宋朝行使的都是"差役法"。"差役法"规定把宋朝国民按家产的数额分为九等。在这九等国民中，后五等比较穷困的无须为政府当差，而上四等人家由于经济较为宽裕，须要为政府分忧，为国出力。上四等人家为政府当差的称"衙前"，这些人分散在政府的各个部门干一些杂事，例如管理政府收上来的物资等。而"衙前"是没有收入的，完全是义务劳动，这都无关紧要，可怕的是一旦失职就要受到严厉的惩罚。但宋朝上四等人家里，许多家庭都是无需服役的，如出家人、女户、单丁户等，如此一来，"衙前"的任务基本上都是由三、四等户来承担。长此以往，百姓的压力非常大，他们除了要承担生产劳作等任务之外，还要无条件地为政府服务，这样一来，民间的生产力发展被严重地制约了。

"免役法"出台以后大大改变了这个局面，百姓们只需缴纳一定数额的免役钱，就可以免除差役，用这些时间和精力来发展生产，创造收入；国家收了免役钱后招募人员当差，社会上的闲散人员就减少了，也有助于社会治安改善。而且，具体工作人员由政府统一招募，工作效率也得到了极大地提高。

但"免役法"的推行又触动到了官僚集团和社会上层人士的利益，因为"免役法"规定，除了农民之外，一切民户，当然包括从前不必缴纳役钱的富户和官僚家庭，都需缴纳"助役钱"。士大夫认为"役人之不可不用乡户，犹官吏之不可不用士人。"就连当时的庆历名臣文彦博也劝说神宗皇帝，说："祖宗法令具在，各项完善，倘若擅自改变，恐怕会失去民心。"年轻的神宗却认为"民为重，社稷次之，君为轻"，只要是对百姓有利，新法就可以推行，况且士大夫阶层受孔孟礼义教导，更应放弃自身的利益，为民着想。但事实上，不是所有士大夫都像神宗皇帝那样仁慈且胸怀苍生的。纵观历史，中国自有科举以来，有多少人走上仕途真是为了心中造福苍生的理想。对于大多数人来说，孔孟的仁义道德只是进入仕途的一件工具，毕竟天下不是自己的，还是当官享乐来得重要。这也是王安石后来要改变科考制度，整顿吏治，改变宋朝官场风气的一大原因。

宋熙宁四年五月间，开封府辖区内的东明县居民来到开封府大衙哭诉"免役法"推行以来给他们生活带来的困苦。由于当时开封府府尹的不闻不问，一千多名百姓居然冲进了宰相王安石的私宅。这件事让整个开封沸腾了，御史中丞杨绘上书弹劾王安石等人利用新法盘剥百姓，使得百

北宋卷 终结乱世，以文驭武治国

姓无路可走这才来到京城告状，这严重影响了社会治安，如此下去，全国即将动乱，新法当立即废除！但经过调查，事实是东明县的县官贾藩擅自修改了东明县的户籍等级，使原来的下等户都变为了上四等，这样百姓交不起"助役钱"才来东京告状，而且乡民集结来到开封后，他就逃离职守了，这并不是"免役法"本身的问题，而是有人在利用新法来抨击变法派。

由此可见，新法在当时的推行是多么困难。尽管如此，在宋神宗和王安石的坚持下，它还是缓步向前走着。其实从变法开始到现在，不难看出变法过程中出现的问题，很多都和下层人员的实施不力有关，官员的反对和自身的腐败给新法带来了层层阻碍。

针对这些问题，熙宁四年的二月，王安石提出全面改革科考制度。这是一项至关重要的决定。当时宋朝的官员，无论是中央的还是地方的，许多人都在反对新法，这给新法的制定和实施带来了极大地不便。变法急需人才，然而只有王安石、吕惠卿等人是万万不够的。科考制度改革后，诗赋不再成为考试的重点，当时参加科举要考的是经义、论、策等，这些都是可以体现一个人具体的治国才能的。除此之外，朝廷还特别设立了法律专科以此来吸纳更多的有才之士。

熙宁四年十月，王安石改变了原本的太学教育制度，开始实行"三舍法"。这项制度将全国各地选送的太学生分为外舍生、内舍生和上舍生三等，进行层层选拔，上舍生考试名列上等的可以直接授予官职。后来在熙宁六年的三月，朝廷在国子监设立了"修撰经义所"，王雱（王安石之子）和吕惠卿参与修撰《诗义》和《书义》，王安石撰写《周礼义》，后经王安石亲自修改定稿，合称《三经新义》。《三经新义》发行之后神宗非常高兴，赐予王安石尚书左仆射兼门下侍郎的头衔，这部书在后来作为教科书颁行太学，并以它作为以后科举考试的标准。

这些法令都丰富了科举选拔官员的形式，也提高了选拔出来的官员的能力，为新法日后的推行起到了不小的作用。

第十四章　脱离现实的熙宁变法

军事梦想的开端

毫无疑问，变法的目的是为了"富国强兵"，解决困扰宋朝多年的军事问题，这也是宋神宗即位以来心中最大的理想。新法自推行以来，确实为国库扭转了局面。

就在此时，军事问题终于浮出了水面。

这时有人向宋神宗上了一份奏章——《平戎策》，上奏章的人名叫王韶，也就是后来助神宗一举收复河湟之地的洮河安抚使，是他，帮助神宗开始了重振天朝神威的道路。

王韶，字子纯，江州德安人。他用他在西北边疆十年游历的经历向神宗上了历史上著名的《平戎策》，在这封奏章中，王韶指出了宋朝在神宗时期甚至延续到后几代皇帝的军事发展方向。王韶在《平戎策》中提出了他的军事构想，即"欲取西夏，必先复河、湟。"以河湟之地控制宋朝的西北门户，以断西夏右臂。在此之后收复吐蕃，使西夏陷入孤立无援之地，最后一举出兵平复西夏，统一大业指日可待。

那么河湟之地又在哪儿呢？首先，河，是指河州，即现在甘肃省临夏市的东北部；湟，是指湟州，即现在青海省的乐都，在河湟之间，还有洮州（今甘肃临潭），鄯（今青海西宁），兰州（今兰州市）等。当时宋朝的西北边界是秦、凤四州，它的西面分别是成州、阶州、洮州，而洮州南面是四川，北面是河州以及湟州。河湟地区不比西夏穷山恶水，"所谓湟中、浩亹、大小榆、枹罕，土地肥美，宜五种者在焉"，河湟之地土地肥沃，有地可供耕种，有民可供役使，一直以来都能够自给自足。

追溯历史，可以发现在唐安史之乱之前，河湟之地都是属于是汉人的。西汉时期，武威之南的洮、河、兰、鄯等地都是大汉王朝的属地，并且这种情况一直持续到了唐朝。唐朝的安史之乱时，吐蕃乘中原内乱，侵占了河湟之地，河湟自此就归吐蕃所有了。历史发展到了神宗朝，这时的河湟吐蕃正处于分裂之中。河湟吐蕃的赞普唃厮啰由于生前和两个儿子失和，磨毡角和瞎毡离开父亲，分别出走宗哥城、龛谷。唃厮啰病死后，由他第三个儿子董毡局继位。由于父亲生前两位兄弟的分裂，董毡在继位后只拥有黄河以北的土地，实力大不如前。分裂后的吐蕃一盘散沙，宋朝已经无法用它的力量再牵制西夏，此时正是收复河、湟的大好时机。

再来看这时西夏的情况。英宗朝的西夏在李元昊死后，由他的小儿子，夏毅宗李谅祚统治。夏毅宗即位之时，朝政由他的母亲没藏太后和舅父掌控，后来李谅祚通过重重阻碍终于亲政。大权在握之后，他废皇后没藏氏（其舅没藏讹庞之女）而立梁氏为皇后，一面大力推行汉礼，一面开始着手整顿军务，并不时的对宋朝和吐蕃进行军事侵扰。但由于宋朝方面态度强硬，西夏又不能放弃与宋互相通商的机会，在边境没有得到多少便宜的李谅祚又开始与宋朝修好。宋治平四年

（1067年），李谅祚因病而亡，庙号毅宗。夏毅宗英年早逝，由于即位的新皇年纪还小，西夏的政权又从原来的没藏氏手中落入了当时的太后家族梁氏手中。被外戚专权，似乎是西夏一直以来都无法摆脱的噩梦。由于梁氏本身是汉族，掌权之后为了得到国内党项人的支持，推行的是绝对的"反汉"政策。对内，他们废除了夏毅宗生前制定的汉礼，恢复了党项族的蕃礼；对外，他们为了巩固自己在西北的地位，眼光落到了正在分裂的河、湟之地。在这种情况下，如果西夏乘吐蕃内乱首先攻打下河、湟，宋朝就将失去这个天然屏障，直接受到西夏的威胁，陷入战争的被动地位。

因此，收复河、湟势在必行。所谓"得其力，不畏其变"，王韶的主张是先收河—湟，再收编当地的吐蕃和羌人，由他们来开发河、湟之地，并将当地的军事力量收归宋朝所有，以此来牵制西夏，达到一石二鸟、一举多得的效果。

王韶的主张很快得到了宋神宗和王安石的支持。为了收复河、湟之地，神宗提拔王韶为西北秦凤路、洮河司主管，由他统领收复全局。此时为了给战争筹集军费，"市易法"出台了。

熙宁五年三月，朝廷在开封府设立"市易务"，从内库里提100万贯钱作为本钱，由政府接管京城内外的各种物资的买卖，负责收购各地的滞销物品，等到市场缺货时再出售；商人可以向"市易务"抵押资产，以每年百分之四十的利息购买"市易务"收购上来的货物来进行销售。这项法令先是在开封试行，后又推广到杭州、扬州、广州等经济发达的城市。"市易法"和之前颁布的"均输法"如出一辙，从某种层面上来说，是对"均输法"的深入。但由国家垄断市场，商人和自由贸易被严重限制了。

然而即将开始的战争急需大量的资金，除此之外，别无他法。倘若朝廷无力支持边疆的战役，一旦战争失败，新法收不到成果，必然受到反对派更加猛烈地攻击，到时必将被废除，之前所做的一切努力都将付之东流，而神宗和王安石心中的理想也终将化为泡影。到时候，宋朝的局面又将回到仁、英两朝的状态，用金钱去买屈辱的和平，每天为边疆之事担惊受怕，或许，还会比那更糟。新法的各个部分环环相扣，任何一个环节都不能出现差错。

于是，新法再继续向前推进，守旧派也在继续反对。为了支持新法，在这期间宰相曾公亮被贬，范镇被贬，后来的大文豪苏轼因为反对新法也被贬官杭州，言官吕诲为反对新法病死，而司马光离开了开封到洛阳去完成他的史学巨著——《资治通鉴》。改革的道路被肃清了，这样看来，似乎改革派在为了自身的利益打压异己，然而历史上没有不流血、不对抗就成功的变革，这样做也是为了推行新法最迅速也是最行之有效的办法。

熙河开边

一切准备就绪，收复河湟之地近在眼前。

当时的河湟吐蕃以河州为中心，势力已经扩大到了岷州。而岷州的东边就是宋朝的秦州，在这个范围内除了吐蕃人，还有许许多多的羌人，情况十分复杂。

熙宁四年，王韶带领军队来到了秦州边境，但他没有立即开始对河湟吐蕃的战役，而是带了几个骑兵跨越了宋朝边境，来到了吐蕃的青唐（今青海西宁）。在青唐，盘踞着当地势力最大的吐蕃人——俞龙珂。当时因为俞龙珂势力庞大，河湟地区的羌人与西夏人都想尽办法拉拢他，王韶骑马径直来到了俞龙珂的营帐，对他晓以利害，用自己的胆识和才能征服了这个异族人。不费一兵一卒，俞龙珂就率部族归宋，并来到开封接受神宗皇帝的召见。因俞龙珂十分敬仰宋朝的龙图阁学士包拯，因此上奏神宗皇帝道："我生平听说包中丞包大人为官清廉，赤胆忠心，而且善断奇狱，是朝廷的忠臣良将，请陛下赐臣包姓，略表臣对包中丞的仰慕之心。"神宗答应了俞龙珂的请求，赐予他包顺之名。

收服俞龙珂之后，王韶的目光瞄准了当地的羌人，他决定先消灭会给将来打击吐蕃时带来麻烦的其他阻碍。为此，他带兵迅速侵入了位于秦州以北，洮水附近的抹邦山、竹牛岭一带的羌人聚居地。到了开战之地后，王韶选择了迅速进攻，但当地地势险要，地形显然有助于羌人。宋军此时想在山底摆开阵势，以守为攻，但遭到了王韶的反对。他带领部队主动向山上进攻，羌人此时也展开了强烈的反击。宋军攻到半山腰时，地势越来越险，敌人越来越多，眼看就要抵挡不住了。此时的王韶眼见形势于宋军不利，遂亲自披上盔甲，凭借他的能力和一往无前的精神率领宋军强攻上了山顶，大败当地的羌人，"获首领器甲，焚其族帐。"

大败羌人之后，王韶面临了新的危机。此时的吐蕃人感觉到了危机，听闻羌人被宋军消灭的消息之后，河州方向的吐蕃之王木征火速派来了援军。在这种情况下，王韶命自己的部下景思（名将景泰之子）立率领西军精锐在竹牛岭为他作掩护，而他本人则率领主力人马转向西方的武胜。

武胜是个非常重要的军事据点，也是与吐蕃之战的契机所在。在武胜附近，王韶和吐蕃的援军相遇了，一番激战过后吐蕃军的首领瞎药大败，率军逃跑。宋军趁胜占领了吐蕃人的据点——武胜堡。大胜之后，王韶在那建城，武胜堡改名镇洮军，从此归宋朝所有。

武胜大败瞎药之后，转年二三月间，王韶率部主动出击并攻占了河州路上的必经城——香子城。之后，他又乘胜直接杀向河州，目标是河湟吐蕃首领——木征。十一月，王韶一战击败木征，夺取了河州城。此战胜利的一大原因来自于武器的精良，历史发展到了宋朝，出现了几样新式武器，其中威力最强的就是神臂弓。

称它为"弓"其实并不精确，确切地说，它是"弩"的一种。神臂弓以㮕为身，檀为筲，铁为登子枪头，铜为马面牙发，麻绳扎丝为弦，弓身三尺二寸，弦长二尺五寸，箭木羽总长加在一起只有数寸，射程三百四十余步，发射后"入榆木半笴"，足以显示它的威力。神臂弓最后的制作图本在《永乐大典》，但是尽管有图也有具体数值，宋朝之后却再也没有人能够复制它，神臂弓是宋朝所独有的，是宋朝人智慧的结晶，也在军事史上成了一个神话和传说。

有了这样精良的武器装备，再加上王韶千辛万苦训练出来的优良部队，宋军在西北横扫吐蕃军，所向披靡。但事实并不像想象的那么简单和轻松，熙河之役比想象的要艰险万分。在收复河州之后，被打败的木征又转战回到了香子城，把被宋军占领的香子城又收入吐蕃人的囊中。王韶立刻回军，费尽千辛万苦夺回香子城，而此时刚占领的河州又被木征重新占领了。

如此一来，前面的努力全都付之东流，熙河之战陷入了被动之中。面对这样的局面，王韶又一次展现了他的杰出的军事才华。经过冷静思考，他决定先放弃河州城，而选择在香子城就地驻扎，并以香子城旧城为中心开始扩建，巩固了香子城的地位。香子城建成之后，他又派出了部队打通了四方的粮道，又亲自率军直接到了河州后方斩杀吐蕃人三千多，占领了踏白城，对河州城形成全方位的包围。

为了一举歼灭木征的军队，王韶率领宋军来到洮州，翻越了露骨山，光复了洮州城。将木征的弟弟巴氈角从洮州赶了出去，切断了他对河州的支援路线，这样就在收复河湟之前，把吐蕃的后路斩断，为以后的战争铺平了道路。完成了这些之后，王韶立刻集结大军杀向河州。由于军队力量悬殊又失去了后方支援，木征军大败，宋军一举收复河州。捷报传到开封之后，宋神宗在紫宸殿接受群臣祝贺，兴奋不已的他亲自解下腰上所围腰带当堂赐给王安石，这就是有名的"玉抱肚"，王韶也被升为左谏议大夫兼端明殿学士。

熙宁六年的春天，结束了战斗的王韶来到开封向宋神宗汇报河州之战的成果，并向神宗请示下一阶段的战争目标和计划。更重要的是他要向上级请示关于在河州之役中逃跑的木征将如何处理，如果不迅速将他的残余势力解决，寒冷的冬天一旦过去，木征势必将联合河湟吐蕃董毡卷土重来，到时候后果不堪设想。

一切正如王韶所料。天不遂人愿，在他回京的日子里，河州的吐蕃残余势力又开始对宋军发动了新一轮的进攻，这次由吐蕃将军鬼章率兵两万杀向河州。当时河州驻守的兵力不足一万，又地处荒原，难以求取后方支援，情况十分凶险。面对这种情况，只能殊死一战才能丞救河州于万一。所谓"先发制人，后发制于人"，当时的河州守将景思看到向河州开来的吐蕃军队，立即率领六千人马冲出了城池，直击吐蕃人。景思立把部队分成了前后左右四队，然而在紧急关头，后军李棨居然避战溃逃了，这给宋军带来了严重的打击，一时死伤无数。由于宋军兵力与对方差距过大，战况急转直下，一战之后，守将景思立阵亡，将军王宁战死，韩存宝、魏奇重伤。

首战失利之后，宋军只得退回河州城内，转攻为守，开始等待后方的支援。河州被围后，朝廷乱成了一锅粥，大臣们为是战是和吵得不可开交。反对派建议宋神宗马上放弃河州，放弃收复河湟之地，派出使者与吐蕃谈判恢复和平，并把熙河开边所收复的土地悉数送还吐蕃。宋神宗当然没有听取他们的意见，河州之地是用多少将士的鲜血换来，如此轻易奉还，天下将置宋皇于何地，大宋颜面何存？

情况如此危急，刻不容缓，神宗即刻命王韶和太监李宪星夜兼程，赶回熙河挽救危局。回到熙河之后，王韶马上命镇洮军撤围，由他带领两万精兵先扫荡结河，后越过河州，夺回了失守的踏白城，再次把吐蕃的后路切断。在踏白城之西，王韶和鬼章相遇了，激战之中鬼章部被斩千余人。河州之围解除，熙河又重归宋朝所有。吐蕃首领木征终于率众归降，改名赵思忠。河州大捷的消息传到开封，宋神宗大喜过望，即刻给王韶加官晋爵，封他为观文殿学士兼礼部侍郎，随后又追封为枢密副使。王韶因"献奇计，奏奇捷，受奇赏"，在当时有"三奇副使"的美名。

熙宁四年至六年，宋洮河安抚使王韶率军攻占熙、河、岷、宕、洮、叠等州，招抚了河湟吐蕃三十余万人，为宋朝开拓疆土两千余里。在这之后，朝廷将王韶收复的这一地区设为"熙河路"，史称"熙河开边"。王韶收服熙河的壮举为宋朝守住了国家的西北门户，有效地控制了西夏对宋朝的威胁，自此，宋神宗的军事理想被激活了。

荆湖平蛮

在王韶收复河湟的同时，熙宁年间的宋朝还在经历着其他的战争，例如荆湖北路，西南夷的叛乱。当时宋朝的长沙以西，邵阳北面，以梅山为首的一大片区域内生活着大批的少数民族，大小叛乱屡禁不止，被称为"禁梅山"，是汉族人的禁区。这片土地让朝廷烦不胜烦，自太宗赵光义以来就一直是宋朝的一块心病。

宋熙宁五年七月份，有消息传到开封，城梅山一带的少数民族内部发生了叛乱。当时梅山许多人都不满自己部族首领的残暴统治，因而要求归附宋朝，做宋朝的子民。而此时正是王韶攻克武胜的关键时期，两地同时开战，西北的压力必然会增大。再者，朝廷有如此庞大的财力支持这样的大战吗？战争一旦失利会给宋朝带来怎样的恶果？但是梅山内乱，这是平定这块多年未果的乱地的大好时机，这次机会一旦丧失，平定这些少数民族又不知道要等到何年何月。因此，王安石顶着反对派巨大的压力派自己的亲信章惇前去梅山平叛，收服当地的蛮族。

章惇奉命率领军队来到了荆南。到达目的地之后，他先派了两个特使去梅山招抚当地愿意归降的蛮人。但事与愿违，招抚特使因为对当地妇女的不敬惹怒了当地的蛮族而被杀害，一时间，双方的矛盾被激化了。朝廷钦派的特使居然被杀，此事如果不严肃处理，大宋颜面何存？原定的招抚计划不得不改变，性格倔强凶狠的章惇没有听取王安石"勿轻动"的命令，立刻率军分三路杀向了梅山，结果大败蛮族，懿、洽、鼎三州之内的蛮族都落荒而逃。

"将在外君命有所不受"，章惇把朝廷的命令抛在了脑后，乘胜不断地向蛮族地区进攻。由于他的一路胜利，梅山峒蛮最大的氏族苏氏抵抗不住，主动向宋朝归降了，平蛮之役取得了实质性的成果。随着梅山苏氏的投降，梅山峒蛮族14800余户，26万多亩山田划入了宋朝的户籍。为了安抚归降的蛮族，朝廷下旨他们的赋税减半，且每年只需缴纳一次税款，并且在当地建立了学堂，让蛮族学习汉族的诗书礼仪，以教化来收复人心，从而达到一劳永逸的效果。

梅山苏氏归降之后，章惇并没有停止对蛮人的收服，他的目光又投向了南北两江。两江当地的峒蛮都是聚族而居，北江有彭师晏一族，手下有二十个土州，而南江有向永晤、田元猛、舒光秀三族，舒、田两部共有土州八个，向氏有土州五个。但这三族各自为政，联系很少，还不时地为争夺地盘和权力互相厮杀，这样混乱的情况给章惇平定南北江减少了阻碍。

章惇来到南北江后经过研究当地的情况，决定对这些蛮族分而治之。由于北江彭氏势力最大，他首先招来了北江首领彭师晏，晓以利害，劝他主动归顺朝廷，不要做无谓的抵抗。自从章惇军来到当地之后，彭师晏也领略到了他的厉害与手段，于是率部族归顺了宋朝。到达京城之后，神宗封彭师晏为礼宾副使、兼京东州都监。彭师晏归顺后，熙宁六年十月，南江蛮向永晤、舒光银两部都归降章惇，至此，南北江的缺口终于打开。

但此时南江田元猛依旧不服章惇，始终不肯归顺。章惇大怒，率大军开往田氏所辖之地。

田元猛抵挡不住，大败而逃，于是章惇乘胜夺取了懿州城池。剩下的蛮族见田元猛大败，心生恐惧，都争先恐后的归降孙超。至此南北两江峒蛮都已平定。史书记载"章惇经制湖北蛮夷……沣、沅、辰、靖之间，蛮不内扰，而安化、靖州等地，迄今为文治之邑"，平蛮之战，章惇功不可没。

在章惇平蛮的同时，荆湖的西边，四川边缘地区也发生叛乱了。泸州的两个酋长晏子和斧望个恕聚集了大批蛮人，打算在淯井入侵内地。

宋朝派经验丰富的熊本前去泸州平叛，熊本在西北边防做过转运使，也在四川做过通判，对西南蛮夷很熟悉，懂得如何以最快的速度最好的方法收服们。熊本上任之后，也没有立刻展开斗争。经过调查，他得知，蛮人之所以如此张狂，动作如此迅速，都是因为当地的百姓之中出现了"奸细"。因此，他下令先把淯井附近村子里给夷人做向导的一百多个村民抓起来以通敌罪直接处斩，将斩下的人头悬挂示众。熊本的举动让泸州方向的蛮族大为所恸，在这样的局势威逼下，剩下的人也很快归降了。

和章惇平定南江时的田元猛一样，泸州的酋长柯阴居然公然反抗熊本。熊本立刻命部下王宣招集晏州降军和黔州义军共同讨伐柯阴。柯阴遂率领全族顽强抵抗宋军，结果被宋军打得一败涂地。柯阴被熊本打得无路可逃，丢下兵器向宋朝投降，将所有的土地、人口、财物、兵器、战马等都悉数交归宋朝。大势所趋，柯阴归降之后，斧望个恕把他的儿子乞弟主动送到了熊本身边充当人质，带领他的部族归降宋朝。此后，泸州的平蛮之战势如破竹，淯井、长宁等各部夷人都争相归附宋朝，立誓不再叛乱，永为汉官奴。熊本平叛还朝后，神宗慰劳他说："卿不伤财，不害民，一旦除去百年的祸患，有功于国家不浅！"遂赐予他三品官职，升为集贤殿修撰。第二年，熊本又奉命去平定渝州酋长木斗，收服渝州五百余里土地，并在渝州建立了南平军，这些都是后话。

在战争进行期间，为了解决军马供应不足的问题，熙宁五年的五月，开封府开始施行"保甲养马法"，"保甲养马法"内容是把原来的官方牧监养马改为为民户养马，即居民如果自愿为国家饲养军马一至二匹（马匹由官府提供），来供应战争的需求，即可免除一定的赋税，但养不好也会受到相应的惩罚。次年推行于北方诸路。同月还开设了"武学"，为国家培养专业的军事人才。

在"保甲养马法"颁行后的八月，朝廷在北方地区开始推行"方田均税法"，重新调查核实了居民的田亩拥有数，并按照土地的肥沃状况均定了居民所要缴纳的田税。随后，又出台了"免行法"和"军器监法"。

和"保甲养马法"一样，"军器监法"也是为战争直接服务的政策，朝廷在开封设立专门的军器制造管理机构——"军器监"，由这个机构负责军器的研发与制作，统一管理全国武器生产制造，从而提高并保证军器的质量。除此之外，军器监还直接管理一个有八千多名工人的军械作坊，负责生产重要的兵器。

熙河、荆湖、泸州战争的胜利给多年委靡不振的宋朝带来了新气象，也让神宗和天下人看到了新法的成果。神宗终于对王安石和新法深信不疑。除了战争成果以外，新法推行的五年来，宋朝的国库一转仁、英两朝入不敷出的局势，收入成倍增长。全国各地共垦田数计四百六十多万顷，"起熙宁三年至九年，府界及诸路凡一万七百九十三处，为田三十六万一千一百七十八顷有奇"，生产力得到了发展，粮食产量逐年上升。

熙宁变法的弊端

时间转眼到了宋神宗熙宁七年，公元1074年。熙宁变法从开始到现在已经过去了整整五年的时间，并且取得了较为丰硕的成果。与此同时，王安石在这个时期也达到了他一生政治生涯的巅峰，可以说是一人之下，万人之上。

在变法改革期间，无论是因为对新法的不理解还是出于保护自身的利益，反对派从来没有停止对王安石和新法的攻击。为了给改革提供一个良好的环境，守旧派的欧阳修、韩琦、富弼、司马光、文彦博等朝中老臣都因这样那样的原因离开了开封。

除了朝堂之上，后宫也在反对着新法。如前所述，新法的不少政策，如"均输法""市易法"都在不同程度上损害了大小商人的利益，这也间接影响到了贵族的享受，但更重要的原因要追溯到熙宁五年的八月。当时新法出台的一项法令叫"免行法"，它规定城市商业和手工业各行在每月缴纳一定数额的"免行钱"后，就无需再向政府直接供应原来所要缴纳的各种硬性摊牌的物资。王宫贵族的物资供给从来都是民间无条件供给，后宫当然也不例外。但"免行法"一行，后宫原本奢华无度的生活必然受到了影响，王公贵族再无任何理由向民间征收自己所需要的物资，为此叫苦不迭。

当时的太皇太后曹氏，太后高氏都多次向神宗诉苦说新法的弊端。一日，宋神宗到后宫去给曹氏和高氏请安。曹氏对神宗说："我以前只要听到民间有疾苦之事，都会向先帝诉说，他也都会采纳我的意见，现在也当如此。如今哀家听闻朝廷现在推行的'青苗法''助役钱'等都不合理，百姓苦不堪言，就连国家政事，也比不得前些年了。祖宗留下来的法度，虽不能说是尽善尽美，但也不能轻易更改和废除，必须要十分审慎小心，才可以更改一二。应该将这'青苗法''助役钱'些法令罢免，恢复祖宗的法令，以保天下太平。"神宗对祖母说："'青苗法''助役钱'这些都是利民之举，如今天下太平，并没有什么疾苦事。"曹氏接下来又以保护爱惜王安石为由让神宗把王安石暂时出京补外职，但遭到了宋神宗的反对。这时旁边的岐王也忍不住劝说哥哥道："太皇太后所言不假。望皇上三思而后行。"神宗心烦意乱，怒道："朕坏天下？汝自当之！"意为，如今天下不太平都是神宗一人之错，既然如此，这个皇帝岐王自己来当好了！岐王听皇兄此言，诚惶诚恐，当场失声痛哭，说道："何至于此呢？臣弟也是听得民间疾苦不得不说罢了。"

岐王之后，神宗的母亲高太后亲自出面了，她流着泪向神宗哭诉道，王安石败坏朝政，贻乱天下，如果不将其罢免，天下就要大乱了。按宋朝制度，皇族不许干涉朝政，这些后宫贵族的举动显然跨越了自身的职权范围。由于自己的利益受到了损害，但是许多皇族都非常痛恨王安石，后来就出现了著名的"宣德门打马"事件。皇族的这些举动给宋神宗留下了阴影，连自己至亲至敬的人都如此反对新法，变法改革难道真的有错吗？

自熙宁六年始，宋朝北方大旱，七八个月间滴雨未下，继而发展到了全国。大旱带来了大灾，无数的灾民像潮水一样疯狂地涌入了开封等大城市，一时间饿殍遍野，民不聊生。天象如此，刚沉寂了不久的反对派又开始以"天变"攻击新法。远在洛阳的司马光向神宗皇帝上书，历数王安石和新法六大罪状，直指新法害国害民。

大旱在继续，宋神宗的心也在一天天下沉。早在熙宁六年的时候，正当王韶、章惇、熊本在边境上连战连捷之时，华山地区就发生过严重的地震。当时还在朝的老臣文彦博就以"天变"提醒过神宗，新法的推行有可能会触怒老天。而如今，天又大旱。"天变"之说和后宫皇族对神宗的哭诉使年轻的神宗心灵发生了震动，他开始写罪己诏颁布天下，以此来求得上天的原谅。

这时，发生了一件事情，这件事犹如最后一根稻草，彻底压垮了神宗皇帝的心灵，也压垮了如火如荼的新法，更直接造成了王安石的第一次罢相。

事情的根源是一幅图，这幅图的作者名叫郑侠。

郑侠，字介夫，福建人，英宗治平年间进士。他曾是王安石的学生，因为他的才能王安石非常器重并曾多次提拔他。变法改革开始后，郑侠由于与王安石政见不合而成为新法反对派一员，他更曾多次向他的老师王安石直言新法的诸多弊端，但都没有得到王安石的回应。

熙宁六年的大旱发生后，此时身为监安上门、光州司法参军的郑侠眼见无数流离失所的灾民来到开封城。心中的痛苦让他把所有的仇恨都强加到新法之上，认为新法误国，现在连老天都看不下去了。郑侠将灾民涌入开封的情景绘成画卷，并写了奏章建议神宗皇帝废除新法。他甚至说只要新法废除，十日内如不降雨，就将他斩首示众。

这幅《流民图》和郑侠所写的陈述新法弊端的奏折绕过中书省，由银台司直送到了宋神宗的手中。郑侠在他的奏折中写道，"自去年以来，中原大旱，滴雨未降，农作物全部枯死，农民颗粒无收，百姓流离失所，到处逃荒。而官府却乘机增加赋税，收敛钱财，百姓已经被逼到绝路，生不如死……这一切都是新法不当造成的恶果，如今上天都发怒了，首相王安石难辞其咎。只要皇上下令罢黜王安石，上天一定会收回对宋朝的"惩罚"，降下大雨，缓解旱情。"宋神宗看到郑侠的奏折和《流民图》震惊了。他对此感慨万千，彻夜不眠，陷入了深深地反思和自责之中。他原来的想法是通过新法造福百姓，而在郑侠的奏折和图画他的百姓并没有因为新法过上安定富足的生活，而是在灾难和饥饿中苦苦挣扎，这样变法于天下、于百姓又有何意义？第二天清晨，沉思了整晚的他没有和任何人商量，临朝之时就颁下诏书，命开封府向百姓发放免行钱，废"青苗""方田""保甲"计一十八事，将推行了五年之久的变法几乎全部废除。

郑侠上《流民图》三天后果然天降大雨。大雨刚下，旱情得到了缓解，宋神宗忐忑的心情似乎在慢慢平定，几天之后，他又宣布除了"方田均税法"之外，新法都将恢复。

新法废除不到几天又被恢复，变法派本来应该松了一口气。但此时的王安石却提出了辞官，他真的是累了。在这五年中，他不仅要为新法出谋划策，还要每日每夜不停地和政敌进行斗争。虽然神宗一直表示是支持他的，但他在实际行动中却一再动摇。当举国都笼罩在天灾的愁云惨雾之中，满朝都在用"上天警示"来攻击新法时，神宗又开始怀疑新法。由于神宗的动摇和朝臣对新法的"讨伐"，身心疲惫的王安石决定辞相。他连上了四封奏章辞官，宋神宗颁下诏令，命王安石继续留在京城出任太师、太傅等职位，但生性倔强的王安石拒绝了皇帝的好意。宋神宗多次挽留不住后，不得已同意让王安石辞去相位，出任江宁知府，但允许他随时入朝议事。

自然灾害本来与人的思维意识没有任何的联系，更是人力所不能避免的。但在古代，由于科学不够发达，那时候的人并没有认识到这一点。中国自古有"天人合一"说，皇帝既贵为天子，理应按照上天的指示来统治国家，造福百姓。如有违逆，上天必有所警示，这就是古人眼中的天灾，这也是当时大家都普遍认同的真理。这些自然界灾害一旦发生，都和皇帝与政治等脱不了干系。

然而王安石的思维似乎超越了时代，并不认同这一点，所谓"天变不足畏，祖宗不足法，人言不足恤"，只要尽人事就可以，天灾就算在尧、舜、禹、汤这样的仁君时代也在所难免，都只是些自然现象，无需太过担心。所以当神宗因天旱的恐慌而向王安石提出对新法的疑问时，王安石说，此乃细故，益修人事。而神宗却坚持认为，"今取免行钱太重，人情咨怨，至出不逊语。自近臣以至后族，无不言其害。两宫泣下忧京师乱起，以为天旱更失人心"，是新法实施不利才受到老天的惩罚。超出时代的结果就是不为时代所认可，和新法一样，王安石的这种言论在当时的反对派眼里简直是"乱臣贼子"之言，王安石这番超越时代的话在当时不能给年轻的神宗脆弱的心灵带来任何的安慰，既然如此，留在朝廷又有何用？

宋熙宁七年四月底，第一次罢相的王安石带着家人，轻车简行，悄悄离开了京城开封，回到了江宁。

吕惠卿夺权

王安石的离去并不代表宋神宗对新法的放弃，从他登基至离开人世，他对新法自始至终都是坚定不移的。

改革仍在继续。王安石走后首相由"传法沙门"韩绛接替，由"护法善神"吕惠卿担任参知政事之职。这两个人都是新法的核心人物，再加之当时改革已经基本步入正轨，由他们接替王安石留下来的工作，神宗还是颇为放心的。韩绛和吕惠卿基本上是继续遵循王安石离开之前的政策继续推行新法。

但事与愿违，在王安石罢相之前，改革派内部紧密团结，小心谨慎地工作，积极地应付反对派的政治进攻。然而，王安石一走，许多事情都改变了原来的面貌，更严重的是改革派内部此时已经发生了混乱。

曾布，字子宣，南丰人，是大家很熟悉的唐宋八大家之一曾巩的弟弟，也是王安石在朝时改革派的重要成员。变法初期，由于他对当时改革的见解独到，非常受宋神宗和王安石的赏识，到王安石第一次罢相时，曾布已经官至三司使，成为神宗朝的计相。王安石离职后，曾布却一反常态，转而开始攻击新法。

首先，他上书弹劾掌管市易务的官员吕嘉问在实施新法的过程中在原有的基础上增收了"免行钱"，违反了朝廷的法令。在这之后，他又上疏称"免行法"和"市易法"这两条法令极不合理,民间对此已经怨声载道,建议皇帝废除这两项法令。曾布的奏疏一上,处事谨慎的宋神宗立刻派宰相吕惠卿去调查此事。

由于曾布和宰相吕惠卿从前在一些事上有所过节,这件事刚好成为吕惠卿报复曾布的借口。经过调查和审判,结果是两个当事人曾布和吕嘉问都被贬到外地为官。从这件事上可以看出吕惠卿的处事方式,他绝不是像王安石那样和善宽容、不计前嫌的宰相,公报私仇、借刀杀人在他心中也不是绝对不可以的。他借这件事直接确立了他在王安石走后的改革派中的重要地位,而在他之上的首相韩绛是一位以大局为重,非常沉稳的人。现在吕惠卿大权在握,韩绛根本不是他的对手。后来吕惠卿权力激增,形成了自己的势力团体,韩绛的首相之职根本形同虚设,名存实亡。

曾布事件之后,宋神宗向全国颁布诏令,"间有未安,考察修完,期底至当。士大夫其务奉承之,以称朕意。无或狃于故常,以戾吾法。敢有弗率,必罚而不赦",称前首相王安石的离职与新法的本身毫无关系,新法将继续进行,绝不会废除。正当吕惠卿摩拳擦掌准备干一番大事业的时候,让人为之胆寒的"天象"又一次发生了变化。全国大旱之后,京城开封天气又出现了异常,刮起了前所未见的大风,并下起了雨夹土。

难道是上天又一次对神宗发出了"警告"?不管是不是真的,郑侠又一次出现了。继《流民图》之后,针对吕惠卿等当朝重臣,他又向神宗皇帝上《正直君子邪曲小人事业图》。所谓"正直君子邪曲小人",具体是用唐朝著名宰相魏征、姚崇、宋璟、李林甫等人来影射现在宋朝的几位当朝宰相,以吕惠卿比小人,以冯京比君子,以古讽今。在奏章中郑侠还指明吕惠卿是隐藏在王安石背后的奸邪之首,应当铲除,让天下恢复太平!他还建议神宗皇帝任用冯京担任宰相之职,并推荐了元绛、王介、孙永等人,认为他们都是大仁大义之人,可以代替吕惠卿等奸臣担任宰执大臣的重任。宋朝一直以来奉行的都是言论的绝对自由,所谓"言者无罪",所以郑侠在上《流民图》的时候基本没有受到惩罚,朝廷只是以"擅发马递"的罪名对他略施惩戒。但发生了这次的事件后,以吕惠卿的为人,他绝不会像王安石那样轻易放过郑侠。不久之后,郑侠被罢免职务,并发配到了边远的汀州进行编管,终身不得再入仕途。

郑侠被流放了,但吕惠卿仍没有收手。紧接着,他又借郑侠之事迅速打击了自己以前的政敌——王安国(王安石胞弟)和冯京。最后,冯京被罢免参知政事之职,出知亳州;王安国被罢除秘阁校理,从此放归民间。

打击政敌,排除异己之后,吕惠卿开始了自己的变法征程,他先是补充了"免役法",规定由朝廷来确定物品的价值,从而来估算出百姓的家产,再由此分出等级以家产的百分之二十来征收赋税。并且这项法令还规定,倘若有百姓向朝廷隐瞒家产被人告发就将受到严厉的惩罚,而检举揭发之人将得到朝廷的奖赏。这就是所谓的"手实法"。

熙宁七年九月,朝廷针对军事,又颁布了"将兵法"。在这里,首先要了解一下宋朝的兵制。早在宋太祖赵匡胤建国时期,为了防止兵卒骄惰,因此规定了禁军分番的制度,即后来的"更戍法"。在这以后,宋朝就一直沿用此法,从未更改,目的是为了防止武将拥兵自重,发生叛乱,因此用兵将分离的方法来控制武将的权力。但有一利必有一弊,这种方法虽然制约了武将的兵权,却导致了兵不知将,将不知兵,大大削弱了将军对部队的领导力和军队的本身的战斗力。而且宋朝的军队是没有退役制度的,一旦入伍,无论有没有战争发生,终身都靠国家供养。宋朝军队本身就数量庞大,再加上这样的制度,每年耗费的军费就是一笔不小的花销。神宗的前几朝虽然军队连年不出征打仗,但所需的军费却在连年上涨。这也是困扰宋朝"冗兵""冗费"局面的根本原因之一。为了调整这种现状,新颁行的"将兵法"改变了宋朝兵将分离的状况,由朝廷从禁军中派出将领训练地方军队,并驻守在各地,每"将"所辖兵力几千人至一万人不等,设正将和副将各一名。同时还推行了"省兵并营"的政策,将军队中的老弱病残裁去,精简了部队人员。自此,"免为民者甚众,冗兵由此大省"。"将兵法"推行之后,一改军队指挥体制和编制体制,也初步改变了"以文制武"的旧制,"武不如文"的情况也得到了改善。

吕惠卿的权力随着时间的发展在日益膨胀,他疯狂打击异己的行为引起了朝中大臣的强烈不满。韩绛等人向皇帝上书,请求将王安石复职,只有这样才能控制住吕惠卿的不法行为。

与此同时,吕惠卿的眼光也落到了王安石的身上。由于王安石罢相后,神宗仍旧允许他随时入朝商议朝中大事,这样随时就可能威胁到他的地位,于是吕惠卿开始想办法来彻底的摧毁王安石对他地位的威胁。这年的冬至日,当时宋朝依惯例在年底要释放一些有罪在身的官员,来显示皇帝对天下臣民的慈爱,这个传统来也一直延续到后来的各朝各代。吕惠卿借此机会向神宗请示封王安石为节度使,但这样一来,王安石就成了待罪之人,吕惠卿打击王安石之心显而易见!御史台蔡承禧也以吕惠卿徇私舞弊,有意建立自己的朋党,窃取国权为由,上书弹劾了他。最后吕惠卿因为贪污夺田案被罢官逐出了京城。

而这时沉静了多日的辽国又骚动了,辽国的巡视兵居然已经跨过了拒马河,宋辽边境岌岌可危。要宋朝在西北开战的同时的同时要抵抗辽朝根本不可能办到,再加之东北的军备不足,军队战斗力也极具下降,防线基本已经溃烂,如果这时朝中发生内乱势必影响军政大计。情势危急,熙宁八年二月,在第一次罢相十个月后,王安石受神宗皇帝起诏,离开江宁府,星夜兼程,七日就回到开封。神宗封王安石为同平章事,再次恢复首相之职。

第十五章 国无宁日

分水岭之争

宋熙宁七年（1075年）二月，自富弼32年前确定宋辽领土之后，辽国又向宋朝派来了使者商讨土地问题。辽国使臣萧禧带着辽国皇帝耶律洪基的信函来到宋朝，称"只为河东地界，理会来三十年也，至今未定叠"，希望双方能商讨重新划定两国的边境线。辽国使者还指责宋朝"不顾睦邻之大体"，在辽国境内的蔚、朔、应三州营修戍垒，止存居民，给辽国带来了极大地威胁。确实，自熙宁变法以来，宋朝国力大增，熙河开边、西南平蛮都大获全胜，还逐渐开始恢复加强对东北的防务，辽国感到了宋朝的强盛给他们带来的危机，因此派来使臣商讨边境问题，先发制人。

宋辽两国国界的划分，当时在太行山以东，以白沟（今海河及其支流拒马河的故道）为界，所以白沟又被称为界河。因为有天然的河流作为边界，在地图上十分明显，相对西界来说，这段边界上引发纠纷较少。而在太行山以西，则以山峦为界，地形十分复杂。为了避免不必要的纠纷，宋辽两国就在界山上留出数十里的空地，当时被称为"禁地"、"草地"或"两不耕地"，双方军民都不得进入。尽管在划分国界时规定双方都不得进入"禁地"，但如此大的一片荒地无人耕种，岂不可惜？所以宋辽关于河东地区的边界一直都纠纷不断，最早可以追溯到仁宗庆历年间。而这次发生的河东边界交涉，也是基于上述边界纠纷之上的。

辽国使者的到来使整个朝廷发生了恐慌，宋神宗立即派少常少卿刘忱和秘书丞吕大忠陪同辽使萧禧前去和辽国使团谈判，所谓"虏理屈则忿，卿姑如所欲与之"，考虑到辽国的强大和宋朝现在的状况，神宗认为一切都要顾全大局，以和为重。宋朝使臣到了谈判地点，经过几天几夜的商讨，最终谈判的焦点落到了地图上的一个地方，那就是著名的——分水岭之上。

在谈判事件发生之后，宋朝方面除了派出谈判使团之外，另由韩缜携带宋朝国书前去辽国面见耶律洪基，但韩缜到了辽国之后并没有见到耶律洪基，由于宋辽双方有"使者留京不得过十日"的规定，多日无果之后，无奈之下韩缜只好返回中原。

这时远在洛阳的老臣韩琦听闻此事，马上向神宗皇帝上书言道，辽国之所以会对宋朝重新挑衅，其根源都是在王安石和新法之上。王安石在朝时推行的一系列政策，例如与高丽修好，在东北边境线上广种榆树和柳树等，都严重威胁了辽国的安全。只有将新法全面废除，才能再次与辽国修好，朝廷才能恢复原来的平稳，天下才能太平，这也是当时众多朝臣的想法。这个看似为国为民的想法遭到了已经回朝的宰相王安石的否定，面对辽国人的恬不知耻、贪得无厌的行为，王安石认为绝不能示弱，只有坚决抵抗，给予反击才能控制他们的嚣张气焰，一味地求和根本解绝不了问题。况且据他所知辽国现在实力已经大不如前，自顾不暇，只要积极备战，击败他们也不是不可能的事。

分水岭谈判在继续进行。辽国方面要求以分水岭作为两国新的交界线,以"蔚、应、朔三州分水岭上土垄为分",而宋朝却坚持在原有的基础上作出一些让步,但全然按照辽国之言是万万不能答应的。辽国坚持以自己的判定方法来确定国界,同时还在边境增加了兵力,以此来威胁宋朝。而辽使萧禧强留在京城开封,大大超过了"使者留京不得过十日"期限,辽国似乎摆出誓不罢休的强势态度。由于双方意见不合,再加上以"分水岭为界"的提议既无历史文据又无勘察结果,辽所指的分水岭之上又无明显的标记可以用来划分,谈判进行了很久就陷入僵局,搁置了下来。

在这样的压力下,宋朝方面并没有放弃抗争,这时宋朝方面派出沈括和李评为回谢使,出使辽国。沈括,杭州钱塘人,北宋著名的科学著作——《梦溪笔谈》的作者,处事稳妥细致,而且精通地理,没有人比他更胜任土地谈判这个任务。在出使之前,沈括来到枢密院查找资料,希望能够找到反驳辽国无理之举的罪证,"功夫不负有心人",他终于在枢密院的案牍之中发现了辽方"议地畔书,指石长城为界,距黄嵬山尚有三十余里"的无理罪证。回谢使到达辽国之后,辽朝提出黄嵬山、天池子两地本属辽境,应当物归原主等一系列无理要求。满腹诗书的沈括据理力争,迫于无奈,最终提出了一个中和的方案,但遭到了辽国的强烈拒绝。感到屈辱的辽国又恬不知耻地原有的基础上增加了新的要求,宋朝必须割让更多的土地才能满足他们。

最终为了挽回暂时的和平,缓解国内和西北边境的压力,宋朝又一次退让了。熙宁八年十一月谈判有了最终结果,根据《资治通鉴》记载,宋辽两国国界划分如下:

东水岭一带从雁门寨北过分划;西陉地合接石长城处分划;瓦窑坞地合案视分水岭处分划;麻谷砦水窗铺当拆移。

如此一来,宋朝几乎失去了北疆天险,但历史上所说的是王安石委曲求全,割让出宋朝东北七百里国土,最终导致北宋灭亡的说法也是不足取的。毕竟王安石一直是坚持用武力抵抗辽国,变法期间也一直致力于加强东北边防。再者按照时间推算,这时王安石已经罢相离开了开封。在这里有必要提一下沈括,回京之后他因谈判有功被神宗拜为翰林学士他更将出使辽国一路所见风土人情绘成《使契丹图》,上交神宗。后来通过实地勘察,他又花十二年绘制了《天下郡国图》,这幅图是当时最严密最精准的全国地图。沈括晚年的时候,在润州梦溪园将他一生研究的成果都记载下来,这就是流传后世的《梦溪笔谈》。《梦溪笔谈》凝聚了沈括一生的心血,由于这本书,中国古代许许多多的科技发明都被记录保存了下来,例如北宋著名的活字印刷术就被记载在这部书里。沈括在科学方面所做的贡献,在北宋历史甚至是在中国历史中都有着不可忽视的价值。

到此为止,分水岭之争终于告一段落,祸不单行,南方又发生了动乱,交趾郡王李乾德率军入侵了。

第二次罢相

交趾自宋太宗赵光义时期封国之后,一直以来都是宋朝的属国,连年向朝廷进贡。第一任国主黎桓死后,由其子黎龙铤接位。黎龙铤后被弟黎龙廷所杀,真宗时,交趾大校李公蕴杀国君黎龙廷自立,宋真宗封李公蕴为交趾郡王。李公蕴做了交趾王之后,王位代代相传,到了神宗朝,交趾王为李公蕴的子孙李乾德。章惇、熊本平蛮之后,李乾德深感威胁,于是决定先发制人,攻打宋朝。

当时的情况是交趾方面的六万军队分两路开始对宋朝进行侵扰。一方面，交趾的水军已经渡过北部湾占领了钦州和廉州，另一方面陆军已经到了广南西路的重镇——邕州，形势十分危急。此时朝廷方面的军队还未到达，邕州知州苏缄带领两千余人死死守在了邕州城。这场守卫战打得十分惨烈，缺钱缺粮缺兵，后来还出现了干旱和瘟疫，一个多月里双方都损失惨重。由于寡不敌众，邕州城最终还是被交趾军队攻破，知州苏缄全家都在战争中死去。

面对这样的情况，王安石亲自拟定了《讨交趾诏》，派出武将郭逵带领宋朝军队去广西平乱。当时的广西全境只有军队几乎不到一万人，根本无法抵抗交趾的入侵，交趾军队在广西境内肆虐横行，军民伤亡极其惨烈。郭逵到达广西之后相继收复了邕州、廉州、钦州等失守的城池，并率领宋军一举攻入了交趾境内，大败交趾人的象兵部队。李乾德的军师刘纪被活捉，交趾太子李洪真战死，宋军所向披靡，占领了广源州、门州等地。交趾王李乾德抵抗不住终于向宋朝方面投降，这次的战争以宋朝绝对的胜利而终结。战败后的李乾德不久就遣使向宋朝入贡，并将他侵略宋境以来所掠夺的兵民财产都悉数上交朝廷。神宗将顺州及其余二州六县的土地都赐还给交趾，李乾德对此感激不已，发誓从此再不反叛了。

战争过去之后，朝廷内部又发生了混乱，令人失望的是，朝廷没有如神宗所料在王安石归来之后就步入正轨，内部政治斗争仍然在继续。首先，原首相韩绛开始因为吕惠卿的打压倍感屈辱，王安石回朝之后，他又因与王安石政见不能统一因而向神宗皇帝辞官。另一方面，王雱、吕嘉问、吕惠卿等人相互攻击，吕惠卿因贪污案离开京城。神宗面对变法派内部如此内讧，渐渐对王安石失去了从前的信任，变法改革危机重重。

屋漏偏逢连夜雨，在如此关键的时局下，沉寂了多时的"天变"又一次出现了。熙宁九年十月，彗星的光芒划破了宋朝的天空，天象如此，反对派又站了出来，称"闻民间殊苦新法"，新一轮的攻击就此又拉开了帷幕。连续经历了大旱、大风、土夹雨的宋神宗又一次恐慌了，他担心地向王安石垂问"天变"的原因。而此时的王安石相比第一次罢相时的他更加心力交瘁，这年的六月，他的儿子王雱因为改革派内部的互相攻击，因病离开了人世，王安石为此痛苦不已，精神受到了严重的打击。如今改革派内部得力之人基本都因为政治斗争离开了王安石，朝局如此，他一个人已经是无力回天了。其实在第一次罢相的时候神宗与自己之间就出现了裂痕，这时反对派又开始对他进行政治攻击，宋神宗与他共同经历如此多的考验，天象一变，他还是开始怀疑他，质疑变法。受着多重打击的王安石又一次向宋神宗请求辞相。

而此时神宗的心情也是复杂的，他始终不明白为何他一直认为利国利民的新法却从来得不到朝臣的认可，自变法推行以来，朝廷就一直处在混乱当中，再加上天象频繁地变化让他原本就紧张不已的内心压力倍增。一直信任的王安石带领的变法派如今内讧如此，让他不得不开始怀疑王安石对他的忠心。这次没有过多的挽留，神宗同意了王安石辞相，再次回到金陵去做一个地方官。王安石退居金陵之后，开始潜心于学问的研究，"青山缭绕疑无路，忽见千帆隐映来"，从此再也不过问政事。

罢相之后，远在江宁的王安石也没有被神宗所忘记，熙宁十年神宗皇帝赐他为集禧观使，到了元丰元年又封王安石为尚书左仆射、舒国公等职。元丰三年改制时，王安石又被封为荆国公。事实上，这些职位和荣誉对于离开朝政之后的王安石都无关紧要，这些都是后话。

改革仍在继续

王安石走了，宋神宗失去了最得力的助手，改革的使命落到了他一个人的肩膀上，今后的路将要由他独自去行走。让人欣慰的是王安石的努力让神宗朝的局势得到了很大的改观，回望过去的几年，变法改革虽然引起了不少争端，但事实证明国库确实是比神宗即位时充盈了不少，熙河也已经收复，南方的叛乱经过几次的平定也恢复了平静，西北军也在逐渐强大。面对渐渐好转的态势，神宗所要做的就是维持下去，这时变法已经可以从开始的激进逐渐转向平稳的道路了。

这时的宋神宗经过初期的改革斗争已经羽翼渐渐丰满，由他独立支撑起这个帝国的时候到了，他将从王安石的庇护之下走到前台，亲自主持变法。为此他特意将年号从"熙宁"改为为"元丰"，以此显示一个新的时代，属于他的时代即将到来。

王安石离开后宋朝的宰相之位空缺了，神宗必须再次寻找一个有德有才的人接替王安石的位置来帮助他处理朝政。神宗的目光开始在整个宋朝徘徊，最终落在了一个叫吴充的人身上。

吴充字冲卿，建州浦城（今属福建）人，和前首相王安石是儿女亲家。吴充为官多年，也是宋朝的老臣了。不料吴充上任之后居然向神宗皇帝建议，把反对派司马光、韩维等人起复回朝共同治理朝政，他的建议显然是想要废除新法，把宋朝的政治拉回原点，司马昭之心路人皆知。他的建议遭到了蔡确等人的强烈反对，蔡确马上上书神宗，弹劾吴充利用私权想要毁掉神宗一手创建的新法和这么多年以来的良好局面。新法一旦废除，朝局必将动荡，到时候天下百姓就会苦不堪言，而皇上也会因此失去好不容易获得的民心，吴充其心可诛！坚持新法的宋神宗当然不会轻易听取吴充的意见，把自己多年的政绩毁于一旦，他罢免了吴充，另选"三旨宰相"王珪接替吴充之职，但王珪为人胆小怕事，明哲保身，一味地顺承帝意，实际的重担还是由皇帝一人担任。

宋元丰年三年，太皇太后曹氏突然病倒，且病情十分严重。宋神宗自幼就与祖母感情深厚，太皇太后一病，神宗为此担心不已，在繁忙的朝政中还每日抽空去探望。一日，神宗和太皇太后的弟弟曹佾一起去慈寿宫探望曹氏的病情，坐了一会儿之后，神宗向祖母请示因有政事需要处理，先行告退，实际是想让祖母与他的弟弟说说知心话。但在神宗还未离开慈寿宫之时，曹氏就对弟弟曹佾说道："今日皇上带你入宫，是因你与哀家有姐弟情分，骨肉至亲。如今哀家有疾在身，皇上才格外开恩，许你进宫探望哀家。皇家内院不是你久留之地，你还是快走吧。"

原来太皇太后一直都不许曹佾入宫，更不许曹氏家族干预国政，曹佾听姐姐如此吩咐，于是立刻退出寝宫。太皇太后的病情随着时间的流逝日益加重，神宗衣不解带，通宵守候在祖母病榻前，神宗这样的举动令曹氏感动不已。然而生死由天，并不是人力可以控制的，曹氏也知自己命不久矣，于是命宫女扶她打开一个小箱子，将一叠奏章亲自递与神宗，命神宗等她辞世后再看，还吩咐他不许因奏章之事而开罪于人。在这之后，太皇太后又提笔写下"博爱亲民"四字，赐予神宗，希望他爱能够惜子民，造福苍生，做一代明君，遂与世长辞。

曹氏过世后，神宗伤心不已，他打开祖母给他留下的奏折，大惊。这些都是当年仁宗皇帝立父皇作皇太子之时，群臣劝谏仁宗的奏章。神宗见状，放声大哭，他与曹氏虽不是至亲血脉，倘若当年不是皇祖母扶持，他与父亲怎会有今日？于是尊谥为慈圣光献太皇太后，继而进封曹佾为中书令。

太皇太后的丧事操办完毕，转眼间就到了六月。为了改变宋朝多年以来的"冗官""冗费"局面，宋神宗以《唐六典》为依据开始着手整顿宋朝的官僚体系。自宋太祖赵匡胤建国以来，宋朝为了制约官员的权力，设置了许多部门来互相牵制。权力确实是被制约了，但官员和行政部门过多造成了职权分配不均，许多职位根本就是尸位素餐，国家行政机构过于庞大，到11世纪中旬宋朝全国官员总数量已超过2.5万名，有些官职没有定员，根本是徒有虚名而已。并且官员除薪金及俸禄以外的一切费用都由国家负担，包括服装费、生活费等。加之官员之间中官僚主义作风日益严重，办事效率和活力都严重下降，"冗官""冗费"成为宋朝官僚制度的一块毒瘤。

尽管如此，太祖以后就根本没有人去触动过他。宋神宗进行这次改革的目的就是精简国家行政机构，改变宋朝官场委靡不振的不良现状。

元丰三年八月，宋神宗开始着手于中央官制的改革，根据《唐六典》，颁行三省、枢密院和六部的新官制，并下令命翰林学士张璪与枢密副承旨张诚共同办理此事。神宗下旨规定以阶易官，凡旧有虚衔，一律罢去，改革后的阶官为二十五阶，比原来的四十阶少了十七阶，等等。这样一来，宋朝的官制有了很大的改变。宋神宗在元丰年间的官制改革，在一定程度上改变了宋初以来混乱的官僚体制，使宋朝"冗官""冗费"的局面得到了极大地改观，同时也奠定了北宋后期甚至延续到南宋的官僚基本制度。神宗的这一举动也充分表现了他坚持新政，继续变法改革的心愿和决心。

除了改变官制之外，神宗在军事等各方面都在进行着变革，王安石走后，新法并没有堕落下去，而是以新的姿态在一步一步向前走着。

正当宋朝借着改革变法在逐渐强盛的时候，西夏方面却发生了一件大事，正是这件事促使后来宋朝与西夏的战争。

夏毅宗去世之后，年仅8岁的皇子李秉常即位，即后来的夏惠宗。由于新皇帝年纪太小，西夏此时的政权落入了太后梁氏的手中。逐渐长大的李秉常想夺回属于自己的权力，但是由于太后掌权太久，怎肯轻易将这大权交出呢？为了夺回皇权，李秉常决定向宋朝请求支援，他下令西夏废除番礼，实施汉礼，以此来向宋朝表示友好。他还向宋朝派去使者，称倘若宋朝支持他夺回皇权，他愿意将黄河以南属于西夏的土地——富饶的河套平原都拱手让给宋朝。面对李秉常的示好，宋朝也作出了相应的举动，宋神宗一方面派出使者去西夏谈判，一方面开始积极备战。但此时，李秉常废番礼，向宋朝示好的举动让梁氏家族非常不满，想要夺权的举动已经为他的母亲梁太后所察觉了，她非常愤怒，于是下令把皇帝赶出皇宫，关押在木砦。

李秉常主动对宋朝示好，如今西夏国发生内乱，宋朝正好借此机会一举消灭西夏，牵制辽国和吐蕃，一显大宋国威。更何况河湟之地已经收复，王韶在《平戎策》中所说的收复西夏的时机也已经成熟，这是一个千载难逢的好机会，宋朝无论如何都不能坐视不管。此时孙固上书言道道："常言道，'出兵易收兵难'，陛下应当小心审慎，此时万万不能轻言用兵！"神宗听孙固言后默然了，但这时的辽国已经在东北边境蠢蠢欲动，宋朝如果不及时采取措施收复西夏，难免辽国不会先入为主。到时候，辽国和西夏结为一体，对于宋朝的军事威胁将空前增长，后果不堪设想。基于上述原因，神宗皇帝决定派兵西征，收复西夏。

大军出征必须有一有才有德之人作为主帅，于是孙固又向皇帝请奏道："陛下将命何人作西征军统帅呢？"神宗说已命李宪作为主帅，他参加过熙河开边，想必会比其他人更有经验。孙固听神宗如此说就再无他话了，神宗于是颁下诏书，命李宪、高遵裕等五路并进。高太后听闻此事，连忙劝说神宗道："且还是收回高遵裕一路吧，别路怎样哀家不知。但高遵裕万万难以担此大任，派他出征势必贻误军事，望皇儿三思。"神宗不解，高太后又说道："他乃我从夫，哀家深知他的为人。他别事不提，就只一样，气量狭小，是绝不能容忍别人的功劳盖过他的。"对于高太后的劝说，神宗没有考虑，后来也正是因为高遵裕气量狭小，不容刘昌祚功盖于他。于是在攻打灵州之时大失良机，导致宋军在灵州一役中惨败而归，这些都是后话。

元丰四年七月，宋朝派出军队共计35万，由参加过熙河之役的太监李宪为主帅，开始兵分五路（李宪熙河路，高遵裕环庆路，刘昌祚泾原路，王中正出河东路，种谔出鄜延路）进攻西夏。这几乎是神宗朝以来规模最大的一次军事行动，宋神宗几乎为这场战争赌上了自变法以来的全部成果，此战如果收不到预期的效果，神宗将要背负千古骂名，因此，他身上的压力是巨大的。

西征大军由太监李宪、王中正和外戚高遵裕带领,浩浩荡荡向西行去,一场大战即将拉开帷幕,而前方仍是一个未知数。元丰四年八月,平定西夏的战斗打响,为了牵制西夏的主要兵力,由最左翼的李宪部首先发起进攻。八月中下旬,李宪出兵熙河,开始向新城挺进。

在宋夏两国的边境线上两军相遇了,熙河兵团大败西夏骑兵,斩杀西夏兵两千余人,并且占领了西夏建在女遮谷的军需仓库,宋军初战告捷。为了使熙河兵团按神宗的设想起到牵制敌人的作用,大战之后,李宪在附近的兰州城建立了宋军的军事据点来吸引西夏的主力部队。不出所料,不久之后,西夏的援兵赶到兰州,把兰州城重重包围起来。宋神宗军事布局的第一个目标达到了,由于西夏主力军团被李宪牢牢牵制在兰州,到了九月,西征大军对西夏展开了史无前例的猛烈进攻。

好消息一个接一个地传来,首先是种谔的鄜延军先发制人,在米脂城附近的山谷大败西夏梁永能的骑兵部队,俘获西夏枢密院七名将领,斩杀敌人八千余人,获得的战利品不计其数。梁永能战败逃跑之后,米脂城投降。在这之后,种谔又率领鄜延军攻占了银州和夏州,向盐州方向前进。鄜延军攻下盐州之后,直接向灵州杀将而去。接下来,熙河兵团开始向西夏的核心天都山(李元昊所建,原西夏皇宫所在地)挺进。李宪部在天都山和西夏精锐部队展开生死较量,最终攻占下了天都山,一把大火将李元昊当年所建的西夏皇宫烧的飞灰湮灭、片瓦不留。

梦破永乐城

宋元丰四年十月,结束了外围战斗的宋军开始进攻西夏的军事重地——灵州城。西夏的灵州城城高三丈,以黄河作为护城河,及其险要,易守难攻,而担任这次主攻任务的是刘昌祚的泾原军和高遵裕的环庆军。但出乎意料的是沿葫芦川北上的泾原军在突破西夏部队时却没有遇到前来接应的环庆军,如此一来,围攻灵州城的计划被打破了。计划赶不上变化,面对这样的局面,刘昌祚没有惊慌,立刻带领自己的部队抵抗西夏强大的骑兵部队长达四个小时,并占领了鸣沙川里的西夏军需库,开始向灵州挺进。这一战,显示出了刘昌祚强大的军事才能。就在刘昌祚准备一举攻占灵州的时候,消失多日的高遵裕却突然出现。心胸狭窄的高遵裕为了阻止刘昌祚在他前面立功,因此下令泾原军停止战斗,由他来和西夏谈判,天赐的战机就这样失去了。

泾原军和环庆军汇合之后,主将高遵裕否定了刘昌祚围城打援,即先控制住黄河渡口,切断西夏的后援,使灵州城不攻自破的战略思想,并将刘昌祚的部队调出来去担任防守的任务,而由他亲自率领环庆军去攻打灵州城,建此大功。而此时西夏的援军部队在大将仁多零丁的带领下已经从黄河渡口火速赶来灵州。仁多零丁的部队突破了宋军的防守,居然越过了高遵裕的环庆军,直接冲进了灵州城,灵州城的防守顿时变得坚固起来,如此一来,宋军有主动变为被动,围灵州城十八日,久攻不下。而这时,宋军的粮道也被西夏部队切断,西北苦寒,又没有粮草,经过几轮激战,宋军终于不敌仁多零丁的部队,节节败退。原本可以一举夺下的灵州城就在高遵裕的胡乱指挥下白白丢失了。接着,仁多零丁率领西夏军挖开黄河,冬天刺骨的冰水瞬时间灌入了宋朝的军营,宋军大批将士被冻死溺死,仅有一万三千余人生还。无奈,宋朝只得兵败退军,整个西征之战到灵州战败,宋朝共计损失兵力近20万,财力上的损失就更不必说了。

灵州战败的消息很快传到京城开封,宋神宗闻讯为之大惊。主力军居然战败,这是他万万没有料想到的结局,西征之举原本是一举收复西夏,成就他中兴理想的大好战机。宋朝举国出兵却换来这样的结局,多年以来变法的成就,为此战付出的财力、兵力、民力全部付诸东流。"厥后兵不敢用于北,而稍试于西,灵武之役,丧师覆将,涂炭百万。帝中夜得报,起,环榻行,彻旦

不寐。"这是史书中关于神宗此时此刻的记载。

然而此时的宋神宗必须担当起一个国君的责任，前方将士都在苦苦等待他下一步的军事部署。在痛苦的思考之余，他下令李宪退兵，寻找战机，再图进取。事实上，经过元丰西征，西夏虽然在灵州之战中将宋军打得一败涂地，但西夏本身也元气大伤，不少城池被攻陷，野战军也受到重创，甚至连天都山皇宫都被宋军烧毁，军民死伤无数……大战之后，西夏国内乱成了一锅粥，由于宋朝多次的猛烈攻击，几轮大战之后，西夏百姓流离失所，国内经济混乱不堪，西夏的军事、经济等各个方面都由于元丰西征而从强盛转向衰弱。

而宋朝方面，虽说由于高遵裕和王中正这两个都非将才的外戚和宦官贻误了战机，使得河东军、泾原军和环庆军都大受损伤，但李宪的熙河兵团和种谔的鄜延军都屡战屡胜，在创下了不少战绩的同时也保存了军队实力。西征之举没有因为灵州一战告败就停下脚步，冷静后的神宗发现除了灵州战败之外，此次出兵西夏并不是一事无成。

宋元丰三年三月，种谔率领鄜延军攻击宥州，一举拿下了横山之上的葭芦寨，战争获得了转机。此战一胜，为灵州战败消沉了多日的宋神宗大喜过望，随后又同意了种谔在西夏修建城池，以静制动，拖垮西夏的方案，此时沈括也建议在夏州以西八十里筑城。于是神宗立即派出了太监李舜举、给事中徐禧前往西北帮助种谔建城。

徐禧此人，"少有气度，博览周游"，因为熙宁初年作《治策》二十四篇被当时的宰相王安石赏识，才得以进入朝廷为官。宋神宗也对他的"才华"也非常敬佩，因此才派他来西北协助种谔完成建城大计。但事实上，徐禧只是个志大才疏之人，他只会纸上谈兵，胸中却无一点真正的谋略，怎能在如此关键的时候担此大任？神宗派来官员协助种谔原本是一件好事，然而事情的发展总是无法估计的，连宋神宗可能也没有想到事情坏就坏在了这个叫徐禧的给事中身上。

徐禧一来到西北就开始了自己的视察，视察完之后，他并没有按照原先计划帮助种谔开展银、宥、夏、盐、兰等州的城市建筑工作，他认为这样的消磨将要耗费巨大的财力物力，根本没有任何意义。事实上，在种谔的构想中就是要以这样的方式慢慢拖垮西夏的兵力，如今，西夏国力大伤，宋朝又占领了军事制高点——葭芦寨。如此一来，就可以在西夏人不能反抗的情况下慢慢蚕食掉他们的领土，最后一举收复西夏。这样的方法虽然不能迅速收到成效，却是当时最有效最稳妥的办法，这也是事先征得了神宗皇帝同意的。

然而徐禧的到来把原定计划全部打乱了。他对种谔说："银州虽然地据明堂川和无定河的交汇之地，水源充足。但银川旧城的东南面已经被河水淹没，且西北又是天堑之阻，不可驻兵在此。且旧城破败如此，在此建城，必将耗费大量财力和人力，会给朝廷带来过重的负担。"因此，他认为应该放弃在银川建城的想法，而在永乐川建立强大的军事据点，和葭芦寨遥相呼应，以此来牵制西夏。而种谔与沈括都认为永乐川三面绝崖，易攻难守，地势虽然险要却无水源，大军驻扎在这里，人和牲畜饮水就是个极大地问题，根本不宜筑城。心高气傲的徐禧此时怎么能听得进劝告，为了实现自己的军事计划，他将种谔排挤出鄜延军，自己接替了主帅的位置，带领三十万军队，开始在永乐川修建巨大的城池。经过一个多月的努力，一座宏伟坚固的城池修建起来了，此城"地形险固，三面阻崖，表里山河，气象雄壮"，宋神宗赐名为"银川寨"。永乐城建成之后，徐禧、沈括等人就带领部队返回了米脂城，只留下鄜延副总管曲珍带领八百余人在永乐川进行守卫。

西夏人听闻永乐城建起来的消息，顿时大惊。他们深知永乐川险要的军事地位，怎么能容忍宋军在他们境内修建如此庞大的军事建筑，不久之后，西夏倾尽全国余力，二十多万步兵军团星夜兼程开到了永乐川，战斗即将打响。

没有了种谔的鄜延军失去了以往的战斗力，再加上徐禧的指挥不当，放弃了先发制人的机会。再加上永乐城内又没有水源，在三十万西夏军队的包围下，顿时变成了一座孤城，西夏方面提出除非把兰州、米脂等城归还西夏，否则绝不退兵。这时上天给了永乐城三个机会，但都被庸碌不能的徐禧一一丧失，神宗用人如此，看来永乐城的惨败也应属天意了。

一开始沈括向徐禧建议弃城诱敌；大将高永能建议主动出击，攻敌于不备；曲珍也建议收兵入城以避兵锋，后建议保存实力进行突围。但这三个建议都被固执无能的徐禧否决了。正在此时，城外的水源又被西夏夺取，此时天降大雨，永乐城多处出现城溃。面对这样的绝境，九月二十日深夜，永乐城在西夏军队的强攻下沦陷了，鄜延军三万多将士战死，徐禧、李舜举、高永能等人都死于乱军之中，只有四位将军免于一死，永乐城内的百姓和民夫也死伤无数。

宋神宗听闻永乐城失守的消息后又一次惊呆了，他本以为灵州一败之后宋朝就已扭转局势，没想到，万万没有想到，永乐城一战居然将战斗力如此强大的鄜延军全部摧毁。宋朝在他之前，还没有如此惨烈地败过，他为此在朝堂之上失声痛哭，就如同西征开始时他所想的一样，此战如果不利，他就将成为宋朝的千古罪人。自登基以来，他就怀着巨大的理想要收复西夏，平定辽国，他要让宋朝在他的手中振兴起来。为此，他顶着巨大的压力支持王安石推行变法，在这个过程中他年轻脆弱的心承受了多少苦痛和抗争，为的就是西征的胜利的一天，为了这次的西征，他动用了自熙丰变法中筹建起来分五十二个军用物资库。可如今，他的强国计划刚走出了第一步就要以失败告终，一切梦想都将化为泡影，西征一战耗费了变法多年以来积攒的国力，宋朝为此死伤了多少百姓，这些都是他一手造成的，他又有何脸面见九泉之下的列祖列宗。几次大战之后西夏也元气大伤，不久之后，西夏方面派出使者前来讲和，宋朝只得按照旧历，对西夏数"赐"岁币，继续用大笔的银钱来换取屈辱的"和平"。

壮志未酬身先死

宋朝的对外战争一直以来似乎有个"怪圈"，往往是初战告捷，连战连胜之后就进退维谷，最终大部分都以惨败告终。宋神宗多年的军事理想在永乐城大败之后破灭了，在这之后他的心情一直都郁郁寡欢，不久就染上了疾病。

这一日，皇后向氏看神宗心情阴郁，闷闷不乐，便邀皇帝与她共游御花园，希望以此来排遣神宗心中的烦闷。不料园中景致不但提不起神宗的兴致，对景伤情，反而给他徒增感伤。回到后宫之后，神宗便头疼发热，感染了风寒，太医诊治了多日也不见好转。元丰七年的秋天，宋神宗在一次宴会上突然把酒杯都打翻，全身抽搐，已露出重病的征兆。元丰八年的正月，宋神宗病情加重，卧床不起，随后病情一直未见好转，反而越来越重。三月，在位17年的宋神宗带着深深地遗憾、痛苦和对自己的谴责离开了人世，带着他深深地无奈何和失望离开了这个纷争不断的世界，这时他年仅38岁，谥号体元显道法古立宪帝德王功英文烈武钦仁圣孝皇帝，后葬于永裕陵。

"老臣他日泪，湖海想遗衣"，这是一代名相王安石听闻神宗的死讯，泪流不止，提笔为神宗皇帝作了一首哀悼诗。王安石回想过去，这位壮志未酬的皇帝曾经与他并肩作战多年，与他一起共同抵抗反对派的攻击。即使他在变法的途中几次动摇，对他也有所怀疑，但他对新法的坚持，心怀苍生，至君尧舜的理想无时不在感动着王安石。神宗的英年早逝带来的必然是变法的破败，不出王安石所料，神宗一死，新法就被全面废除。而他，不久之后也因抑郁之症，一病而亡。王安石死后，谥号"文"，后来的哲宗皇帝赵煦追赠他为太傅，并命大文学家苏轼撰写了《王安石赠太傅》的"制词"。

神宗死后，即位的是他的第六个儿子——后来的哲宗赵煦，改元"元祐"。由于当时赵煦的年纪过小，不能处理朝政，由神宗的母亲，后来的太皇太后高氏垂帘听政。宋神宗的死使变法派失去了最强大的靠山，由于高太后一向反对新法，对儿子推行新政本来就非常不满，也曾经多次极力劝阻过神宗。哲宗即位之后，高太后立即召回了司马光等反对派旧臣前来辅政，废除了熙宁新法中的大部分措施，这就是历史上著名的"元祐更化"。新法在哲宗朝的废除，实际上是即庆历新政之后北宋改革又一次向士大夫和贵族阶层的投降。北宋的历史在神宗去世之后回重新到了起点，在这之后又将开始朝新的方向发展，这些都是后话。

熙宁、元丰年间的新法就这么轰轰烈烈地来了又去了，关于历史上这场著名的改革，关于宋神宗和王安石，关于变法派和反对派，历史上的争议一直数不胜数。

首先，应该清楚的是变法的根本阻力来源于它的根本目的，那就是战争。宋朝的历史发展到了神宗朝，已经形成了一个基本的模式。由于宋朝前期在边战一败再败的屈辱历史，后来的皇帝只要能够用其他方式维系和平，根本不愿轻易言战。以当时士大夫的角度来看，他们所奉行的是孔孟之法，战争劳民伤财，有违圣贤之道，不到万不得已万万不能为。而年轻的神宗却不满于现在的状态，一心要改变这一格局，于是他找到了与他志同道合的王安石，变法改革开始了。这样的举动自然受到士大夫阶层的反对，他们认为国家本来相安无事却主动去引发战争，打乱国家的正常的运转，根本是王安石利用新法迷惑皇帝想要一人之下，万人之上。他们却没有看到，如果放任边疆不管，养虎为患，终将酿成大祸。用金钱维系的所谓和平又能撑得了几时呢？战争是一时的，而宋朝以后的太平错过了这个时期却是用钱再也换不回来的。

从这个角度来看，变法是势在必行的，在宋朝当时的情况下，神宗不找王安石也会找其他人。至于怎样变法，有两条道路可选，第一条是急变，第二条是缓变。宋朝如此庞大的一个国家，要对它进行彻底的变革谈何容易，事情宜缓不宜急，王安石原本的想法也是如此。改革艰难，举步维艰，一个不小心，就会举国大乱、民不聊生。然而战争所迫，必须为国库快速增收。不得已，神宗和王安石才选择了这样如此凶险的变革之路，熙宁新法涉及内容之广，在农业、商业、军事、教育等各个方面，都远胜范仲淹当年的庆历新政，只是因为当时军事这个亟待解决的原因而操之过急，因而利弊互见。

变法者注定是孤独的，新法一开始就不出所料地受到反对派声嘶力竭的攻击。王安石和变法派内部所受到的压力是不可估计的。新法的基点是在有利于百姓的同时通过各种途径为国库增收来支持未来要发生的战争，这样势必从各个方面损害了士大夫阶层的利益。站在自己的利益角度，士大夫阶层一边以皇帝不是在与平民阶层统治国家，而是在与士大夫阶层统治国家，所以不能为了平民百姓而损害士大夫的利益为由阻碍着新法的推行，一边又没有发挥他们自身原本应有的帮助皇帝治理国家的作用，而是为自己的享乐在贪污腐化。

自登基始，锐意进取的宋神宗就一心想通过变法实现他心中远大的理想。终其一生，他都在不懈地坚持着新法，从未放弃。但他在新法的实施过程中一次又一次的动摇和犹豫，这又是为什么呢？事实上，年轻的他政治经验太浅，又太过于追求变法自身的完美。试想，一场变革怎么可能不改变一个国家原本平静的波澜不惊的状态就取得成功呢？他不明白，没有一场变法是在平静中度过，没有一场变革是不用付出鲜血和生命的。在新法给宋朝带来新气象的同时，他也不断地在怀疑。

至于改革派和反对派，改革派本身推行新法站在现代的角度上这是没有什么可非议的，但新法在实施过程中出现的一系列问题却在某些程度上否定了新法本身。在后来，新法派内部互相攻击，使变法集团成了一盘散沙，也是新法运动不够成功的一大原因。而反对派站在绝对对立的一面对新法横加指责,进行全面的否定。两派的斗争使得新法的推进阻碍重重,发展到了后来,利益之争已经超过原本道德礼义的底线,而新法的成败也演变成两派斗争的幌子,开始慢慢违背了它一开始"富国强兵"的初衷,逐渐演变成宋朝历史上最大的党争。这不得不说是变法带来的消极作用了,政治斗争的最终的结果是两派俱伤,宋朝的政局从此也陷入一片混乱,这样不仅新法的实施没有得到有效的推行,更严重的是影响了国家的运转。

宋朝的变法从一开始就建立在一个堕落腐化的士大夫阶层之上,所以它的失败从某种角度来说也是必然的,前朝的庆历新政的失败就是一个鲜明的例证。士大夫阶层的腐化不仅是造成变法图强之举失败的根本原因,从更深的层面上来看,这也是宋朝内外困顿如此,委靡不振如此的根源之一。

一代名相王安石,治世才华无双,为人勤俭且无奢欲,为当世所赞扬。他帮助神宗皇帝锐意进取,推行变法,但因时代不容,用人不当等多种原因,两次罢相,为之倾尽一生心力的变法最后也以失败告终。王安石本人在神宗一朝也被反对派贴上了"变乱祖宗法度,祸国殃民"的标签。就连后来的宋高宗为了开脱皇室对"靖康之耻"的历史责任,也把"国事失图"的原因上溯到了神宗年间的王安石变法,认为是熙丰年间的新法改革加速了北宋的灭亡。站在客观的角度,应该重新审视这个时代的巨人,正如蔡上翔在《读通鉴论》中所言,"荆公之时,国家全盛,熙河之捷,扩地数千里,开国百年以来所未有者。南渡以后,元祐诸贤之子孙,及苏程之门人故吏,发愤于党禁之祸,以攻蔡京为未足,乃以败乱之由,推原于荆公,皆妄说也。其实徽钦之祸,由于蔡京。蔡京之用,由于温公。而龟山之用,又由于蔡京,波澜相推,全与荆公无涉。"王安石顶着时代巨大的压力,为天下为百姓的利益推行新法,变法的失败是历史的局限,而不应是他个人的过错。纵观北宋历史,王安石的才华,他的"天命不足畏,人言不足恤,祖宗不足法"的超越时代的大无畏精神也值得当世人欣赏和赞扬,不愧"一代名相"之称。

神宗赵顼,英宗赵曙之子,自幼"好学请问,至日晏忘食",一生致力于变法图强。神宗在位十七年,"不治宫室,不事游幸",用王安石为相,推行变法改革。自熙宁变法以来,中央和地方财政得到了极大地改善,平民百姓的生活也得到了极大地改观,北宋学者陆佃有言,"造元丰间,积粟塞上,盖数千万石,而四方常平之钱,不可胜计"。宋朝一直以来委靡不振的军事也在他的手中得到了很大的提升,熙河开边、荆湖平蛮、大败交趾、重创西夏都是他一丝不可磨灭的功绩。神宗即位时,宋朝内忧外患已是积重难返,再加上他政治经验不足,用人不当,才造成了对西夏战败的局面。年轻的神宗多次摇摆于新旧两党之间,王安石的两次罢相,除了反对派的攻击,神宗对保守派的妥协也是不小的因素。最终新法失败,他也因此英年早逝,但不能否认他确是北宋为数不多的有抱负、有作为的皇帝。

第十六章 女中尧舜高太后

起复司马光

宋神宗强国的努力在现实面前灰飞烟灭，旨在富国强兵的变法沦落为互相倾轧的道具，外族的入侵加剧了大宋帝国的危势。面对这一岌岌可危的烂摊子，神宗仰天长叹，叹命运之不济，悲时局之不幸。他彻底失望了，身心俱疲的他早已丧失了斗志，这个皇位对他来说已没什么可值得留恋的了。一切显得太过匆忙，以至于他还没来得及选定下一任皇位的继承人。

皇太子赵煦，是神宗皇帝赵顼的第六个儿子，不谙世事的他就这样糊里糊涂地被推上了皇帝的宝座，看似最简单却也是最合理的原因：在现存的皇子中，他年龄最大。这一年，他仅有10岁，还是一个孩子，哪懂得什么所谓朝廷大事，更谈不上理政的能力。赵煦在位的第一个年号称作"元祐"，意思是说他和他的祖母高太后一同执政，但是实际上一切的军政大事的最高决策权却全掌握在高太后手中。堂而皇之，铁腕女人高太后便开始了九年的垂帘听政。

《续资治通鉴》评论她："临政九年，朝廷清明，华夏绥害。杜绝内降侥幸，裁仰皇亲私恩，文恩院奉上之物，无问巨细，终身不取其一，人以为女中尧舜"。

一介女流之辈，竟能被冠以"尧舜"之名，可想而知，她的历史影响力不是可以简单地一笔带过的。

高氏的曾祖父是宋初名将高琼，祖父是名将高继勋，母亲是北宋开国元勋曹彬的女儿，姨母是宋仁宗皇后曹氏，可谓身世显赫。自小在宫中长大的她经历了许多重大的宫廷事件，见识相当不凡，决非普通女子可相提并论。一介女流之辈拥有优厚的家世背景，再加上自己的不凡才识，身居皇后的高位，再加上当时的形势，自然会有一番非凡的作为。

高太后垂帘后，"以复祖宗法度为先务，尽行仁宗之政"，养民生息。她治下的九年，百姓安居乐业，呈现出一片繁荣和谐的景象，史称"元祐之治"，堪比汉朝的"文景之治"和唐朝的"贞观之治"。

高太后虽从小养尊处优，却不奢侈铺张。她崇尚节俭，以朴实著称，"恭亲见度越前古"，常教育皇帝说："一瓮酒，醉一宵；一斗米，活十口。在上者要尽量减少浪费，提倡节俭。"高太后的衣饰常用布衣，不用丝锦；宫中膳食，只用羊肉，因为羊吃草，不吃粮食，而牛因能耕田，则严禁食用。

高太后的弟弟高士林曾很长时间在朝廷做官，但一直都没有得以升迁。作为皇后的弟弟，英宗觉得很过意不去，于是想为高士林升官。高太后谢绝了英宗的美意，她说弟弟士林能够在朝为官，对他们家来讲已经是一种恩典了，做官凭借的是个人的能力，切不可碍于自己皇后的身份而成为家人升官的捷径。神宗为表孝心，几次要为高氏家族修建府邸，高太后认为太奢侈无论如何都不肯答应。她最后接受了朝廷赏赐的一片空地，但由高家人自己出钱建造房屋，没用国库一文钱。高太后贵为一国之母，却深明大义，不滥用权势，实在是难能可贵。

如此清正廉洁的一位皇后也难怪被后人奉为"女中尧舜"，足见其治下朝政清明。虽然谨慎细心是女人的一种特质，但养尊处优、身居高位的高皇后仍能事无巨细地打理自己生活的琐事和朝中大事，并且拥有公私绝对分明的处世态度，实在是可以令世人大加赞赏的。

历史是相当复杂的，很难用好或坏将某一个人物简单地加以定性。虽然高太后的清廉是经过历史见证的，在高太后执政期间，朝政也是比较清明的。然而，仅仅如此还不能就将高太后归为一个有作为的统治者。因为此时的宋朝正经历着历史上最激烈、最残酷的党争。党争涉及人员众多，历时长久，从元祐时期一直到宋哲宗亲政后，朝野人士从保守派到变法派，都不可避免地卷入到这场没有硝烟的"战争"中。

高太后是个不折不扣的死硬守旧派，在政治上极为盲目和固执。神宗在位时，就以"祖宗之法变不得"为由，对变法横加阻挠，还曾与仁宗皇后曹氏一起在神宗面前哭诉王安石变法败坏祖宗家法，苦害天下百姓。高太后已经习惯了高高在上的地位，极力反对一切变法革新。如今高太后辅佐孙儿主持朝政，大权在手，有关变法的一切将被无情地撕成碎片，一切革新也将灰飞烟灭……

高太后垂帘听政，急需要得力的助手，满朝的文武百官没有一个能入高太后的眼，于是，她突破了朝中的范围，将眼光抛到了在野人士，归隐西京洛阳的司马光。

对王安石变法，司马光始终感觉有些不妥，从始至终他都坚决反对。但是王安石背后有神宗的强大支持，而自己只是一个并无多大权势的文官，并无多大发言权，如果在朝堂上反对变法，无异于以卵击石。深谙世事的司马光很有自知之明，他并没有顽固地同改革派斗争下去，没有伺机报复和恶意中伤对手，相反，他选择了回避和退让。处在这种时局中，很多事都没有必要太过较真，急流勇退也未必不是明智之举。于是司马光主动向朝廷请命，辞官回乡，归隐山林，不再过问朝中之事。

"故人通贵觉相过，门外真堪置罗雀。我已幽慵僮更懒，雨来春草一番多。"既然朝廷不容他司马光，他缘何自讨没趣，自寻烦恼，"我以著书为职业，为君偷暇上高楼"，这或许是司马光的一种韬光养晦之举，隐居山林也许真的很惬意，司马光这一隐就是15年。

不过，神宗皇帝的驾崩，使政治极为敏感的司马光觉察到自己的政途将出现一个转机。虽然司马光15年来一直归隐山林，但他始终没有忘记关注当下的国是，朝廷下一步的走向他已心知肚明。果然不出所料，高太后垂帘听政后的第一件事就是召回反对变法最坚决的司马光。司马光不负太后所托，果断地采取各种措施来平复在他看来已经失范的朝廷秩序。他立即打出"以母改子"的旗号，全面废除新法，也就是历史上著名的"元祐更化"。

司马光不顾当时的时局一味地废除新法的各项措施，不可避免地引起了当时支持变法的人的反对。一时之间形成了守旧派和改革派激烈的争论，朝政一片混乱。

司马光将新法废除殆尽后去世，早就乡居的改革派的精神领袖王安石也于同年驾鹤西游。一时间，守旧派和改革派群龙无首，国家政权出现了真空状态。高太后始终是守旧派一方的后台，司马光深得高太后器重，是高太后的股肱之臣，高太后对其信任非常，并委以重任。司马光死后，她仍在执行司马光推崇的许多措施，并起用大批反对新法的官员如文彦博、吕公著、范纯仁和吕大防等人，又将支持变法的官员吕惠卿、章惇等人逐出朝廷，从而激化了统治集团内部的斗争。

当年神宗富国强兵的希望早已被这些利欲熏心的臣子们抛之脑后，变法沦为两党互相倾轧

的工具。而掌权的高太后也没有采取措施去调和两党之间的矛盾,她所做的只是一味地支持守旧派。

哲宗艰难的成长之路

有人说,中国的历史属于男性。因此,女人,尤其是好女人,永远也进不了中国的历史。中国传统的儒家文化要求女人必须遵从三从四德,不可抛头露面,相夫教子是她们的本分。中国的封建社会是一个男权至上的社会。但在这样一个男权至上的社会中,总有那么一些女人不安本分,挑战传统的权威,高太后便是一例。

似乎高太后一开始本不愿与儒家传统相对抗,但在那样的时局中,这对她来说简直是一种幻想,因为她的脑中并非是传统的伦理纲常,而是对权力的渴望。

哲宗只是一个孩子,没有能力掌握朝政大权。这似乎是高太后垂帘听政的最好的也是最合理的理由。高太后一开始似乎在竭力维护一个安于本分的好女人形象,在哲宗即位时,就一再表示她性本好静,垂帘听政实在是出于无奈。哲宗年纪小,不谙世事,作为奶奶的她不得不为自己的孙子妥善地安排朝中大事。就这样无奈的高太后将朝廷大权紧紧地握在自己的手中,表面上总是为自己的无奈寻找托辞,但心中却是无限欢喜。在高太后垂帘听政时期,朝中大事事无巨细都由她与几位大臣处理,此时的哲宗倒是成了局外之人,对朝政几乎就是毫无发言权。大臣们也认为,哲宗年纪尚小,根本就不懂得如何处理朝政,理应由太后来辅助幼帝管理朝中大事。这样在当时的宋朝大臣似乎只知有太后而不知有哲宗,每次上朝,大臣们向来是向太后奏事的。高太后也没觉得有什么不对,俨然一副宋朝女皇帝的模样。每次上朝,哲宗总是与高太后相对而坐,大臣们每次向太后奏事的时候,根本就不会转身向哲宗汇报,以至于哲宗根本看不见朝中大臣的正面。当时的辛酸苦楚和无奈也只有哲宗自己最清楚了。身为一国之君,哲宗并无实权,实乃有名无实的傀儡皇帝。

如果说哲宗年龄小,没有能力处理朝政是高太后垂帘听政的原因,也是说得过去的,历朝历代辅政的女人也屡见不鲜。等皇帝长大成人,自然应该把朝政大权归还给皇帝本人。然而,很多时候往往事与愿违。人一旦安于某种状态,再去做某种改变就会存在一定困难。高太后虽然不是皇帝,却身居皇帝的高位已达数年之久,尽管是垂帘听政,但的的确确在行使着皇帝的权力。直到哲宗已经长到17岁,权力欲极强的高太后仍然将朝政大权握在自己的手中不肯归还,积极地听政。而大臣们似乎也已经习惯了高太后听政,忽视了已长成大人的哲宗,对这种状况没有丝毫的不满,依然有事先奏太后,有宣谕必听太后之言,也不劝太后撤帘。

这时的哲宗已经不再是之前的小孩子了。在古代社会,一个17岁的普通孩子完全可以被看做是成年人了,更何况是一国的君主呢?17岁也是一个敏感的年龄,是人成长的一个重要阶段。哲宗已经长大了,有自己的想法,也有能力来掌管朝政了,在他的内心深处早已受够了这种傀儡的状态,他需要得到别人的重视,需要实现自己帝王的价值。

然而高太后和大臣们从不提起还政之事,在他们的眼中,哲宗只是个孩子,不过是挂了个皇帝的头衔而已,不会有多大作为的。或者说,是他们一直就希望哲宗是个孩子,不需要太大的作为。

在处理朝廷大事方面,哲宗似乎是被忽略了帝王的身份,但是在高太后在哲宗的教育方面不敢有丝毫的放松。一国之君应该有什么样的学识和素养,高太后是心知肚明的。毕竟是一国的君主,怎可不学无术,岂不贻笑大方?

作为一个帝王，从小接受到的教育可以说是相当严苛的，哲宗也不例外，他从小就受到大臣既恭敬又严肃的教育。"近朱者赤，近墨者黑"，环境对一个人的成长有着不可小视的作用，高太后也深刻地意识到了这一点。由于从小就住在宫中，能与宋哲宗接触较多的是侍读大臣。高太后就是想通过大臣们从小对哲宗点点滴滴的教育，使哲宗成为一个恪守祖宗法度、通晓经义的皇帝。因此作为侍读大臣，无论是学问上还是人品上，都必须得是超群拔俗之辈，吕公著、范纯仁、苏轼和范祖禹等人就曾担任过哲宗的侍读大臣。

另外，哲宗的日常生活也受到高太后的严格地约束。为了避免哲宗过于沉溺女色，误了朝政，常常令哲宗晚上在自己榻前阁楼中就寝，还为其安排了20个年长的宫嫔照顾他的起居。高太后的所为虽是为一代帝王着想，但实际上等于限制了他自由活动的空间。

高太后采取这些措施，本意是为了照顾和保护神宗，但她的方法却有失得当，或者可以说是过于严苛，这使年轻的哲宗感到窒息，无形之中加重了他的逆反心理。太后的对于这些，始料不及，这都是后话。

高太后是一个铁腕女人，垂帘听政，一手包揽政务，难怪后人称她为"女中尧舜"。在哲宗的教育与生活等方面，这个做奶奶的也考虑周到，方方面面都为哲宗安排妥当。年少的哲宗只能被动地去适应奶奶为自己施加的高压政策，实属无奈之举。如果说，高太后只是针对哲宗本人还说得过去。然而，这位心思缜密的女人不光要对哲宗施压，就连哲宗的生母朱德妃也不放过，这实在让哲宗难以忍受。

朱德妃出身寒微，幼年时的经历极为坎坷，其生父早逝，母亲随后改嫁，当时跟随母亲的德妃并不受继父的喜爱，出于无奈，她只得寄居在亲戚家里。她是作为秀女被选进宫里的，刚开始只是神宗的侍女，后来生了赵煦、蔡王赵似和徐国长公主，身份才有了改变，但是直到元丰七年才被封为德妃。

朱德妃性情温和，对高太后向来是毕恭毕敬的，按说高太后也就没有必要对她施加什么压力了，然而或许是出于某种隐忧，或许是担心赵煦母子联手威胁到自己的地位，总之，一切潜在的可能性必须得扼杀下去。高太后对赵煦的生母朱德妃进行了非常严格，甚至可以说是苛刻的控制。赵煦以身为帝王的身份，朱德妃却未能母凭子贵，仅被尊称为太妃，更难以忍受的是每天必须看太后的脸色行事，整日如履薄冰，尽管不去争不去计较，但还是躲不过被排挤，个中的辛酸苦楚更无人倾诉，真是"哑巴吃黄连，有苦不能言"！

元祐更化

一提到中国的文人，脑海中浮现的往往是"百无一用是书生""手无缚鸡之力"这种文弱书生的形象，这使人们往往无法将中国的文人看做是一个独立的阶层。书生们满肚的伦理道德似乎仅仅是将他们与村野农夫区分开来的一种标志，却无法当做维护自己独立性的武器。

政治和党派总是连在一起，可以说这在中国的古代社会中是一个很可悲而又普遍的现象。熟读圣贤之书的书生们费尽千辛万苦跻身官员的行列，不可避免地也要沦入这一怪圈之中。"成者王侯败者寇"，几乎很少有坚定而公正的理性标准，多数是偏执而不公正的感情界限，翻翻史书就可以看明白这一点，一朝天子一朝臣，顺我者昌，逆我者亡。在激烈的政治角逐中很难容忍一个人保持独立的人格，尽管出淤泥而不染是中国文人的美好愿望，但如果这样便必然会失去在现实社会中实现抱负的机会，因为这毕竟只是遗世独立的幻想，而非经世济民的哲学。处在当时的社会背景下，残酷的现实表明如果不投靠某个政治集团，就必然会失去政治靠山，也就意味着失去个人的前途。

宋朝也不例外。高太后是一个不折不扣的守旧派人物，当年神宗还在世时，王安石刚开始推行变法，就遭到了高太后的强烈反对。她以"祖宗之法变不得"为由，对王安石变法横加阻挠，还拉上曹皇后一起在神宗面前哭诉，企图用眼泪唤起神宗的同情，而当年的神宗对变法强国是抱有极大期望的。

风水轮流转，锐意变法的神宗英年早逝，继位的哲宗年纪尚幼，高太后的垂帘听政给旧党带来了希望。这个曾经在神宗面前痛哭流涕的女人的脸上终于露出了灿烂的笑容，这个笑容是发自内心的，却包含了复杂的内容——大权在握，谁敢不服！

高太后垂帘的第一件事便是召回守旧派的领袖人物司马光，当年他败在王安石手下就是因为缺少一个政治靠山，现在有太后作后台，做起事来自然得心应手，一场激烈的政治斗争在历史的舞台上拉开了帷幕。

首先是领导班子的改头换面。一朝天子一朝臣，当年为神宗服务的新党们显然不能得太后的欢心，现如今旧党这边风光无限好。司马光得到起用，吕公著得以晋升，孙珏、刘挚、苏辙、王岩叟等人官复原职，并发起了对新党的围攻，今天你奏一折，明天我参一本。

语言的力量是强大的，再正直的官员也受不了这番的鼓噪，更何况高太后本身就对新党充满了厌恶之情。旧党们终于得逞了，宰相蔡确被免职，贬出了京城。

守旧党当然不会就此善罢甘休的，他们一定要将变法派置于永不能翻身的境况之中。为了进一步打击变法派的势力，他们把吕惠卿、章惇等人定为王安石的"亲党"，又把安焘等定为蔡确的"亲党"，将他们全部赶出朝廷，不许他们再入朝为官。真是墙倒众人推，此时新党竟在朝中无立足之地！

真是三十年河西，三十年河东，司马光升任尚书左仆射兼门下侍郎，吕公著升任门下侍郎，李清臣、吕大防升任尚书左右丞，李常升任户部尚书，范纯仁升任同知枢密院事……好不风光！新党罢黜，旧党上位，一切都进行得那么顺利，接下来的计划实施起来也就更得心应手了。

保甲法被废除了，方田均税法也被废除了，募役法也不应该继续了……就这样，王安石经营十年的富国强兵的政策，就被司马光给彻底摧毁了，只花了不到一年的时间。

王安石远在江陵，对司马光大张旗鼓地废除新法之举别有一番感触。时过境迁，物是人非。现在司马光在朝廷中可谓是举足轻重，自然可以为所欲为，王安石区区一个被贬谪居的臣子能将他奈何！

成者王侯败者寇，这在任何朝代都是真理，王安石对此也是深有体会。终于，王安石恨恨地告别了这个时代，变法皇帝在九泉之下再见到这个执拗相公，想必会有一番感慨。

司马光算是一个成功的臣子，他鞠躬尽瘁，把要废的新法废除了，军政大权也从新党中全部夺回来了。司马光的过度操劳换来了政治上的胜利，也耗尽了他毕生的精力。这位老人同样已经是灯枯油尽，走到了生命的尽头。

在官场的争斗中，利益总是高于一切，一定要学会明哲保身。事实证明了司马光是深谙其术的，在明知自己力量不足以对抗对手的时候聪明地退了出去。而王安石就没那么聪明了，他在自己得势的时候，致力于变法，无形之中极大地损害了不少人的利益，却不知道给自己留条后路，以至于最后惨遭打压，含恨告别了这个世界。

政治本身就是一个旋涡，没有永远的常胜将军。想要在这个残酷的官场上有自己的一席之地，就要讲究策略。每个人的一举一动在不经意的时候都已经被别人放在了心里，同在天子脚下，不会有真正的朋友，只有永恒的利益。

在这场利益之争中,王安石和司马光两个人,无论是在智慧、才识学问还是个人修养上,都是中国历史上的顶尖人物,如果他们能够联合起来齐心辅佐君王,大宋王朝一定会是另一番场面。但是,他们因治国的理念不同,演绎的却是一场利益的争斗。这是他们两个人的悲哀,也是大宋王朝的悲哀。

哲宗陨落

或许赵煦注定就是一个苦命的人,虽然论身论地位,无人可以与他相提并论。但是,很多时候物质的丰盈不能抵消精神上的空虚。当还处于懵懂年龄的时候,哲宗完全是糊里糊涂地被推上了皇帝的宝座,从此就一直是在祖母高太后的阴影下做徒有虚名的皇帝,就连自己的婚姻大事也得受制于高太后。终于等到高太后去世,自己亲政,可以发挥自己的才干大干一场了,谁能想到他竟是这样的短命!一切都是如此的短暂,一切都是那么的措手不及,快得让赵煦毫无准备,也让大宋朝不知所措……

二十几岁理应是一个人风华正茂的年龄,朝气和活力应当是处在这个年龄段人的标志。然而宋哲宗的生命在这时走上了下坡路。哲宗的健康状况急剧恶化,从少年时起积累的老病复发了。赵煦是个早熟的孩子,小小年纪便做了皇帝,接管整个大宋的江山。然而他这个皇帝做的特别不顺心。10岁到19岁对一个孩子正是长身体的最重要的阶段,可是哲宗的心理一直是出于一种压抑、甚至是仇恨的状态,这种负面情绪摧毁了他的身体。据记载,哲宗少年时有宿疾,时常咯血。身为一国君主,经常咯血,这是何等的大事,理应动用全国的力量为皇帝治疗。然而高太后掌握着朝中的大权,她竟严令不许病情外传;不准请医生;咳嗽时不许用唾壶,要用手帕接住,之后内侍藏起来,不许任何人知道。自幼体弱多病的哲宗似乎注定了在生命的旅途中不会走得太远。

元祐八年的九月,垂帘听政的高太后终于撒下了手中的权力归天了,但即使是在弥留之际仍然没有忘记告诫哲宗:"先帝后悔变法,为此甚至流出了眼泪,这件事我是非常清楚的。老身死后,一定会有很多人蛊惑皇帝,你一定不要听他们的。"高太后去世之后,18岁的哲宗开始了亲政,大权终于掌握在自己手中了,终于不再受制于高太后的高压政策可以随心所欲地治理江山了。

赵煦亲政后,翰林学士范祖禹曾经连上几道奏折,请求皇帝能够坚持元祐时期的政策。但是赵煦置之不理,不顾元祐大臣的阻止,提拔了原先侍奉他的几个宦官。正当他为朝廷缺少和他意志相投的大臣而苦恼时,吏部杨畏就举荐章惇、安焘、吕惠卿、邓润普等人,并讲述了宋神宗建立新政的本意和王安石变法的益处。哲宗很是信服,当下任命章惇为资政殿学士、吕惠卿为士大夫、李清臣为中部侍郎,邓润普为上书右丞。高太后在弥留之际对赵煦说的话显然是跟随着她的遗体被埋葬了,赵煦已然长大成人,九年的压抑让他对高太后和她手下的那帮大臣产生了不满的情绪,领导班子的改头换面或许只是赵煦释放不满情绪的开始。

不久,赵煦就将元祐九年改为绍圣元年,正式打出了继承宋神宗事业的旗号,从此朝局呈现出了显著的变化。十几日间,元祐年间被贬黜的变法派分子回到了朝廷,而曾经在高太后垂帘听政时期曾经风光一时的守旧大臣们则罢官的罢官,免职的免职,旧党在朝堂上的势力几乎被清除殆尽。变法派在哲宗的支持下,再度掌握政权,展开了对保守派的反攻,逐步恢复新法。

本身就满怀不满和压抑情绪的哲宗再在一帮报复心极重的大臣们的鼓动下很难保持头脑清醒,就这样,朝廷的悲剧在不断地上演着。此时的变法派已经全然没有了当年富国强兵的宏伟之志，只想报复打压侮辱自己的守旧派大臣。而哲宗是站在他们这一边的，一切实施起来会相当顺利。于是御史中丞黄履、张商英、来之劭等上疏，论司马光擅自更改先朝之法，实属叛道逆理，罪名昭著。宋哲宗就追夺司马光、吕公著死后所赠谥号，毁坏了为他们立的碑，保守派的吕大防、刘挚、苏辙、梁焘等人被贬官。随后，宋哲宗下诏："大臣朋党司马光以下，各以轻重议罪，布告天下。"次年八月，宋哲宗又下诏吕大防等人永远不得任用及恩赦。公元1097年，再次追贬司马光、吕公著及王岩叟等已死诸人官职。吕大芳、范纯仁、苏辙等人流放到岭南。

堂堂一国君主，并没有将心思完全地放在如何治理江山社稷上，而是不断地对一个已经毫无地位的党派继续毫不留情面地进行打压，甚至早已死去的敌人都不能幸免。试问这样的一国君主如何能将自己的江山治理得井然有序，百姓安居乐业呢？这些负面的心态也给哲宗本来就状况不佳的身体增加了负荷。

最终，新党肃清了政敌，赵煦树立了皇帝的威信，然而，朝廷似乎没有就此安静下来，一波未平一波又起！就像当年的保守派一样，当他们共同的敌人被打倒，内部就开始分裂。宰相章惇原先主张文彦博以下三十人，都流放到岭外，中书侍郎持异议，以为流放累朝元老，将使舆论震动，不利于朝廷和社会的安定。宋哲宗采纳了李清臣的建议，重罪数人，其余不再问罪。这样，章惇和李清臣开始不和。公元1097年，李清臣被弹劾，出知河南府。杨畏在元丰时是变法派，元祐时曾一度附吕大防，高太后死，最先主张复新法。右正言孙谔说杨畏是"杨三变"，杨畏因此落职。孙谔论免役法，主张兼采元丰、元祐时期的政策。蔡京说孙谔想要给元祐大臣申辩，孙谔又因此罢职。

变法派刚刚在朝堂之上有了一席之地，还没有完全稳住自己的阵脚，就开始内部互相恶意攻讦，其后果相当严重。变法派本来势力就薄弱，内部分裂，更加削弱了。大臣之间的恶意中伤使朝廷没有安宁之日，也徒增了哲宗的烦恼。

后宫也不平静，孟皇后被废了，刘氏最终被册立为皇后，能将心爱的人册立为后也不失为一件美事。然而天有不测风云，皇子赵茂刚出生两个月就不幸生病夭折了。丧子的痛苦又将哲宗折磨的身心俱疲，本来身体状况欠佳的赵煦终于没能挺过去，也得了一场病，竟致卧床不起，不能视朝。元符三年（1100年）正月初八，驾崩于福宁殿。赵煦在位，改元三次，共5年，有9年由高太后垂帘听政，自己掌权仅6年而已，终年只有25岁。

纵观赵煦短暂的一生，10岁做皇帝，宣仁皇太后、嫡母神宗向皇后、生母神宗朱德妃对他的管束颇为严厉，后来长大成人，依然身不由己，处处受高太后掣肘。直到高太后去世，赵煦大权在握，再也不受管束，他立即反弹，不仅在政治上一反高太后的做法，排斥旧党、废止旧法、起用新党、推行新法，而且在生活上也肆无忌惮，纵欲无度。

朝廷的反复，后宫无休止的争斗，丧子的痛苦……一系列的事情轮番袭来，就是铁打的身子也经不住如此的折腾。赵煦的死不是突如其来的，每一步都有预兆，只是赵煦没有足够的认识罢了。

第十七章 风流天子

徽宗登基

随着赵煦的英年早逝,哲宗的时代算是走到的尽头。哲宗不是一个奋发努力的天子,至多算是一个守成的皇帝。对哲宗来讲,生命的旅程才刚开始不久,难免会觉得甚是可惜。然而,从另一种意义上讲,他所统治的王朝基本上已经没有回旋的余地了,资质平平的赵煦根本无力回天了,假设赵煦能继续长久地坐在皇帝的宝座上,谁也不能保证大宋的江山也会牢牢地掌握在他的手里,他这一走也不能不说是一种摆脱,对这已经不可收拾的烂摊子的摆脱,或许也摆脱了亡国之君的骂名……

此时的宋朝已经走上了穷途末路。撇开朝廷内的派系争斗不说,单就周边的形势来讲,就足足让人捏一把冷汗。北宋与当时北方及西北地区兴起的辽、西夏等政权的矛盾日益尖锐,到了哲宗时辽和西夏不断强大,已经形成了与北宋对峙和并立的局面。北宋已经到了内忧外患危机四伏的地步了。

哲宗死后无嗣,国一日不可无君,为大宋皇位寻找合适的继承人被提上了日程。大行皇帝无子,嗣君只能在赵煦的兄弟中遴选了。端王赵佶,是神宗赵顼的第十一个儿子,哲宗赵煦的弟弟,依宗法礼制,赵佶本没有继承皇位的机会,但是由于哲宗没有子嗣,向太后力主,几位大臣附和,赵佶才入主金銮殿,坐上了龙椅,成了天下的主人。风流才子错位做了皇帝,成了北宋的亡国之君。

赵佶生于元丰五年(1082年)十月十日,据说在他降生之前,神宗到秘书省巡视,在东厢房偶尔看见一幅挂在墙壁上的长轴李后主的画像,"剑气人物俨雅,再三惊叹,而徽宗生。生时梦李后主来谒,所以文采风流,过李主百倍"。这种天与神授的迷信传说,自然不足凭信,但从宋徽宗身上,也的确可以看到李后主的影子,尤其是在书画方面,赵佶更是表现出非凡的天赋。

北宋是一个文人占优势的社会,重文轻武的偏好从北宋建立之初就明显地表现出来。出身高贵又极具才气的赵佶于是轻而易举地在众皇子之中崭露头角。刚满一岁时,赵佶就被神宗封为镇宁军节度使、宁国公;哲宗即位后,又晋封其为遂宁郡王;绍圣三年被封为端王;绍圣五年,加封为司空,改昭德、彰信军节度。

赵佶从小便聪颖非凡,深得哲宗的好感,获得了向太后的宠爱。在她的眼里,赵佶是孝顺和聪明的。在她的坚持下,风流倜傥的端王赵佶做了皇帝。天下人没有想到,向太后更没有想到,她亲手推开了北宋走向灭亡的这扇门。

向太后力主之下,群臣终于同意拥立端王即位,于是向太后传旨召端王赵佶进宫。就这样,一切行礼如仪,赵佶在哲宗的灵柩前宣布即位,是为宋徽宗,这年赵佶19岁。

徽宗即位之初，没有从政经验，况且他以庶子身份承继皇位，深恐不能镇压四方，不得不请向太后垂帘听政。向太后似乎与高太后不同，55岁的向太后对政事根本不感兴趣，认为天子已立，她便可以颐养天年了。但赵佶不是一个有主意的人，虽然满腹文采，却无治国之能，几次三番请向太后垂帘，向太后也觉得不好再继续回绝，便勉强答应了下来。不过她已声明，她不会像先朝的宣仁皇太后那样终生垂帘听政的，待朝廷一切工作走上正轨之后，她便要还政于皇帝。

任何一位君主执政之初都会有一腔强国的热情，徽宗也不例外。徽宗在即位之初，曾经打算励精图治，把江河日下的宋室江山恢复为太平盛世。尽管宋朝弊端甚多，积重难返，但徽宗并没有退却，清人王夫之也说："徽宗之初政，粲然可观。"尽管徽宗最终成为了亡国之君，但他执政初年的清明政治仍然应该得到肯定。

宋徽宗即位之初，便大刀阔斧，整顿朝纲。亲贤臣，远小人，刚登基的徽宗头脑还是相当清晰的。即位一个月之后，他便果断地任命大名府知府韩忠彦为礼部尚书，真定府知府李清臣为礼部尚书，右言臣黄履为资政殿大学士兼侍读。这三人朝野有口皆碑，为人正直，因言事不合被贬出朝堂，这次又都被徽宗破格提拔。徽宗的这一做法深得大臣们的一致称赞，连向太后也认为徽宗用人取舍皆合公议。

朝廷上有人责备司马光为奸，而天下人皆曰忠；而当今宰相章惇，朝廷上认为是忠臣，而天下人都称之为奸贼，京城中流传说："大惇、小惇（指御史中丞安惇），祸及忠臣。徽宗在藩邸时，就知道章惇是奸邪之辈，他即位时，又是章惇跳出来反对，早已心存不满。1100年九月间，章惇任哲宗山陵使时将哲宗灵柩陷于泥泞之中，直到第二天才从泥泞中抬出，言官们以此为由，说章惇对哲宗的在天之灵大不敬，徽宗顺水推舟，把章惇贬出朝廷。章惇当权之时，对旧党进行疯狂地打击报复，数百人被他撵出京城。现在，他也走上了被贬之路。

虚怀纳谏、广开言路对帝王来说是一件不容易办到的事，像唐太宗这样的明主还发誓要杀掉魏征这个田舍翁。徽宗在执政之初，在纳谏这一点上，与唐太宗颇有几分相似，从谏如流，决不拒人于千里之外。可惜的是，徽宗是一个亡国的君主，执政之初再怎么从善如流也无法抵消之后的罪责，曾经的明智之举也慢慢地被人们淡忘。

在徽宗的鼓励下，上疏言事的人愈来愈多，朝廷中也形成了一股颇为活跃的气氛。而且大臣们争论的内容渐渐地集中到了对神宗、哲宗时变法、废法的评价上。之前高太后垂帘听政与哲宗亲政时期，在党派问题的处置上有明显的失误，导致宋朝很长一段时间内派系斗争严重，而且呈愈演愈烈之势。而现在，当时的党争问题又摆在了徽宗面前，徽宗会怎么处理呢？

聪明的徽宗灵活地处理了这一问题。经过反复透彻的思考，徽宗即向全国颁布了诏书，表明了自己对元丰、元祐两党之争的态度。徽宗即位之初对人对事皆以是否合乎情理与是否合乎事宜为评判标准，不偏不倚。他希望做到物尽其用、人尽其才，这是徽宗刚开始执政时抱有的美好愿望，可以看出当时的徽宗是多么积极上进，并努力做一个有作为的君主。

赵佶即位之初，确实表现出了英主之象，大刀阔斧进行改革，去奸佞，任贤人，广开言路，积极纳谏，俨然是一个中兴的皇帝。但是历史证明，这只不过是徽宗"新官上任三把火"的表现而已，徽宗只是把火苗给燃了起来，却并没有继续添柴，火苗便慢慢地灭了下来。

蔡京入朝

赵佶达到了自己的目的，终于登上了皇帝的宝座。当他第一次坐上金銮殿的宝座接受百官的朝拜时，受人敬仰的那种无限的自豪感油然而起。"普天之下，莫非王土，所有的人都要臣服于朕,唯朕的马首是瞻",赵佶心中暗暗窃喜。

皇帝是最高权势和地位的象征,但它绝不仅仅是一种荣耀,它承担的更多的是对天下苍生的一种责任。赵佶刚执政时,信心百倍,斗志昂扬,致力于做一个有作为的皇帝,他激浊扬清,整顿朝纲,功夫不负有心人,他的做法得到了大家的认可,满朝文武官员无不对徽宗的赞誉有佳。在他们眼里,徽宗是一位明君,积贫积弱、党争不断的宋朝似乎有救了。

可惜这种局面并没有持续多久。一来是徽宗太年轻,政治上显得稚嫩,没有经验,容易被权臣所左右。向太后垂帘时,倾向于旧党,因此韩琦之子韩忠彦得以顺利升任左仆射(宰相)。但是为时不久,向太后便宣布还政,又过了一段时间,便驾鹤西去,旧党顿时失去了依靠,抵挡不住新党的凌厉攻势。二来韩忠彦、曾布分任左右仆射,忠彦"柔懦,事多决于布,布犹不能容"。群臣又多倾向于曾布,排挤韩忠彦,韩忠彦虽位在曾布之上,却事事受掣肘,无所作为。朝堂之上的大臣们本来共事一君,但内部的争夺排挤却永远不断,历朝历代都是如此,更不用说在党派分明的宋朝了。曾布为了扩大自己的力量,壮大在朝廷的声势,使出浑身解数来排挤韩忠彦。再正直的大臣也受不了这样的攻击,不久,韩忠彦受到左司谏吴材的弹劾,说他变更神宗的法度,驱逐神宗时人才,而韩忠彦为人木讷,不善于言,终于被排挤出朝廷。

党争中的大臣们是可怕的,对权势与利益的渴望迷乱了他们的心性,使他们费尽心思去打击政敌,争得自己在朝堂上的一席之地;这些大臣又是可悲的,因为在对他们行为评价没有一刻客观公正的标准,有的只是皇帝的偏好和势力的强弱,如果有强大后台,便会掷地有声,倘若形单势薄,即使言论再有建设性,也是白费唇舌,甚至还会招来不必要的麻烦。

每个人在说话做事时都会有自己的喜好,这种喜好往往会在不自觉中显露出来。徽宗虽贵为一国之主,但也实属常人,自然也会在朝中大臣的影响下表露出个人的偏好。在他登基的第二年,徽宗改元崇宁,"崇宁者,崇熙宁也。"熙宁是神宗的年号,改元是明白无误地表示要恢复神宗之法。不久之前徽宗还振振有词地宣布"无偏无党,正直是与",现在却急转直下,开始支持变法,持续了那么长时间的党争不是那么容易就能平息了的。徽宗那昙花一现的改革,还没见到成效,便被送入乌有之乡了。

曾布算不上是一个正人君子,更不是一个可以倚重的大臣。他排挤走了韩忠彦,气度狭小,大权在握,专横自恣,这样一位大臣在朝廷之中绝对是一大祸患。虽身居要职,却不尽一个臣子的责任,一心想的是在朝中培养自己势力,谁与他的政见相左必会遭到打压。心机比任何人都重,整人的手段也比任何人都残忍。

谓物以类聚,人以群分,臭味相投的人之间必然是存在某种不可名状的吸引力。曾布在排挤正直大臣的同时,却对一个人进行大力提携,这人正是祸国殃民、导致北宋覆亡的罪魁祸首蔡京。

蔡京是熙宁三年(1070年)的进士,当时正值王安石变法方兴未艾之时,神宗赵顼视王安石为股肱,新党人士当政,于是蔡京便加入了新党;元丰八年(1085年),神宗去世,他已经爬到权知开封府的位置,有了参与朝廷高层政治活动的资格。

世事总是让人难以预料,新党的好日子并没有长久。随着高太后的垂帘听政和司马光的上台,蔡京马上意识到新党的气数到头了,他必须改头换面了,于是便转而投向了旧党的阵营。

没想到哲宗绍述时,朝政又是另一番景象,蔡京也迅速地更换了脸谱,又以新党的面目出现,当上了户部尚书,成了章惇眼中的红人,官至翰林学士承旨,有可能跻身执政大臣的行列。谁知又发生了变故,章惇最终被曾布击败,逐出京城,最终客死他乡。

蔡京是聪明绝顶的人,见风使舵,紧跟形势走的技艺使他在官场内游刃有余。正是凭借这一能力，在朝廷中的几次大起大落，他都能逢凶化吉，有惊无险，后来竟成为一人之下万人之上的宰相，这实在不得不令人瞠目结舌。

章惇遭贬，蔡京也跟着倒霉，被撵到杭州闲居去了。蔡京虽然到了杭州，但并未从此沉沦，他时刻都在寻找机会，企图东山再起。

琴棋书画样样精通的赵佶虽做了皇帝，但仍没有失掉艺术家的本色。在杭州设了个访求古玩书画的明金局，并派宫里的宦臣童贯专门负责这项工作。精明的蔡京得到了这个消息，不禁暗自窃喜。蔡京很快与童贯拉上关系，帮他弄了不少名人书画精品，而且蔡京本人能书善画，是位不折不扣的才子，他的书法在当时冠绝一时。他利用自己的特长，特地绘了一些屏障、扇带，委托童贯转呈给赵佶，并深得徽宗的称赞。再加上童贯为蔡京说好话，徽宗便有了起用蔡京之意。不久，蔡京被起用为知定州，又没过多久，改任大名府。

曾布与韩忠彦在朝廷上的争权夺利，这对蔡京来说是一个东山再起的绝好机会。在曾布与韩忠彦的对抗之中，韩忠彦明显处于下风。韩忠彦的权谋之术远不及老谋深算的曾布，于是韩忠彦就想到了一个以暴制暴的办法，曾布靠"绍述"迎合赵佶，韩忠彦想找一个更能"绍述"的人来制服曾布，于是他想到了蔡京。此时曾布也在向赵佶举荐蔡京，因为蔡京是主张绍述之人，有他的帮助，一定可以轻而易举地击退韩忠彦。

然而两个人都过于低估了蔡京的能力和野心，都只是想利用蔡京作为打压对方的工具，殊不知蔡京个奸诈之徒，工于心计、心狠手辣、睚眦必报。韩忠彦本想找一个助手，却病机乱投医，引狼入室，为自己找了一个掘墓人。曾布想找一个帮手，却找来一个过河拆桥的人。

就这样，臣子们的相互排挤给蔡京提供了契机，精通琴棋书画技艺的徽宗为蔡京搭建了桥梁，大宋的君臣们共同成就了蔡京。当然，最重要的还是蔡京本人了，练就一身见风使舵的本领，善于察言观色，投机取巧，从而在官场上游刃有余，任何一个有可能飞黄腾达的机会他都不会放过。就是这样一个工于心计的奸诈小人，最终掌握了宋朝的大权，并将大宋王朝引向了灭亡。

宋徽宗任用奸臣

德才兼备的人是人才，这种人可以将自己的聪明才智毫无保留地奉献给国家，辅佐君主治理朝政大事，将人才善加利用，必定能造福国家；有德无才的人顶多是个庸才，一生无所作为，但也不至于祸国殃民；而有才无德的人却相当可怕，本身极具才气，极其聪明，但聪明和才气完全不用到正道上，而是将才智集中在钩心斗角、争权夺利，一旦处于某个高位或拥有某项权力，这种人对社会对国家的危害性是远不可估量的。

蔡京在宋朝就是一个有才无德的之人，早年的蔡京发奋学习，与莘莘学子一样，试图通过读书科举这一途径来求得功名。功夫不负有心人，熙宁三年（1070年）蔡京考中进士。可以说，蔡京是个不折不扣的才子，书、画、诗、词无所不能。就连号称"米癫"的大书法家芾也对他的书法赞不绝口。现代人认为"苏黄米蔡"宋四家中的"蔡"，是指蔡襄，其实在当时"蔡"指的是蔡京，不过因为众所周知的原因，人们用蔡襄取代了蔡京。

宋徽宗在当时也是一位琴棋书画样样精通的才子，与蔡京两人正好有共同爱好，若不是一为君、一为臣，或许能够成为一对诗酒相交、书画相携的知己良朋，然而造化弄人，才子抛掉了才子的风流倜傥，转入仕途开始了暗无天日的钩心斗角。

蔡京是个绝顶聪明的人，也是个贪欲极强的人，为达到自己的目的可以说是不择手段。他是一个十足的察言观色的骑墙派，很会投其所好，在他的眼里，根本就没有耻辱与原则之说。

蔡京原是王安石变法时的新党分子之一，但在司马光执政时，当时是开封府知事的蔡京却是第一个响应废除新政、恢复旧法的高官；即使是免役法他都毫不留情面地废止，俨然一副忠贞的旧党成员模样。哲宗亲政，章惇做了宰相，蔡京又借弟弟蔡卞的关系，成为新党的忠实门徒。章惇下台后，蔡卞受到波及，蔡京难脱其咎，削职于杭州。但蔡京是一个很懂得钻研的人，他一直在留意当权者的动态，准备伺机而动。

赵佶的艺术造诣很高，现在存世的画有《芙蓉锦鸡图》《池塘晚秋图》等，都是公认的珍品；他的字体初学黄庭坚，后来受另一大书法家薛稷的影响，逐渐推出新意，形成了别具一格的"瘦金体"。这个擅书画、喜诗文的才子皇帝在登基之前，还经常邀请名士到自己的府上高谈阔论，酒过数巡后，各自即兴挥墨，或弹或唱或画。

这时右相曾布与韩忠彦意见不合，明争暗斗，曾布欲利用蔡京打击韩忠彦，向徽宗推荐蔡京。崇宁元年（1102年）三月，蔡京被召入京师，任翰林学士承旨兼修国史。不到三个月，出任尚书左丞一职。一个月后，即崇宁元年七月，出任尚书右仆射中书侍郎，终于爬上了宰相的职位，有了皇帝的宠信，独揽朝廷大权，这时候他的奸诈丑恶已为世人所知。

蔡京上任的第二天，就奏请赵佶禁用元祐法规，改用王安石的新法，恢复了一些旧的制度沿革和机构设置。蔡京又借打击"元祐党人"为由，排斥异己，结党私营，所有与他政见相左的人全部被贬官。他诬陷守旧派的司马光、文彦博、吕公著等210人为奸党，赵佶接受蔡京的建议，亲笔写下"党人碑"，刻石立在皇宫的端礼门，碑上的名单全是由蔡京确定的。由于童贯对蔡京有援引之功，所以蔡京便请皇帝下旨命童贯先后出任制置使、节度使，领枢密院使，执掌兵权，权倾一时，成为中国历史上权力最大的宦官之一；而与蔡京不和的官员，都在不同程度上受到打击和迫害。蔡京为了进一步巩固自己的地位和增强自己的权势，在京城附近的几个州，都屯有两万精兵，由手下亲信掌管，归自己所用。

精明的蔡京彻底摸透了徽宗对声色犬马的嗜好和粉饰太平的虚荣心理。对于权力欲极强的蔡京来讲，为一个荒于政务的君主服务绝对是一件好事。徽宗的无所作为正好给这位权臣提供了谋权的可乘之机。徽宗懈怠政事，这位老奸巨猾的臣子非但不加劝阻，反而有机会就极力恭维、奉承皇上，纵容徽宗为所欲为而将朝政多托付给蔡京处理。蔡京凭借其善于奉迎的功力，在官场上游刃有余，他先后四次担任宰相，共计长达十七年。他和宦官童贯、杨戬、李彦、梁师成、高俅、权臣王黼、朱勔等人，相互勾结，贯通一气，控制朝廷，为讨得宋徽宗的欢心，搜刮百姓钱财，倾力供徽宗玩乐。宋朝的江山在这些奸臣贼子的祸害下迅速走上了没落之路。可怜的宋徽宗还将这位祸国殃民的贼臣视为自己的股肱之臣，殊不知，蔡京是大宋江山最大的一条蛀虫。

徽宗自即位初到崇宁元年初，两年多的时间里本是励精图治的，可是这种光景仅仅持续了两年。他见自己的政权已经稳固了便开始起用奸佞小人，以"革弊布新"为名，排挤政敌，开始贪图安逸，走上了荒淫无耻、祸国殃民的罪恶之路，而且在这条罪恶的道路上越走越远。

生于忧患，死于安乐。此时的宋徽宗把一切政事几乎全部交给了蔡京，他太过于相信蔡京了，或者说他根本就不了解蔡京是一个什么样的人。蔡京欲望大得足以吞进整个大宋的江山，然而徽宗却一点都没有意识到。

赵佶每天做的只是安于修炼自己的琴艺，与人切磋一下诗词，每天都可以与自己心爱的人共享美好的时光，放纵自己的欲望，沉溺于骄奢荒淫之中，全然忘了自己还是宋朝的君主，当初致力于做一个有作为的皇帝的壮志荡然无存，认为"忠心耿耿的蔡爱卿会帮朕将朝中的一切大小事务处理得妥妥当当，朕完全可以高枕无忧了"。殊不知，他这位忠心耿耿的蔡爱卿在一点点地吞噬他的江山，正在断送大宋的前程，在浑然不觉中慢慢将一项亡国之君的帽子扣在了他的头上。

大太监童贯

奸臣当道，宦官掌权，而皇帝则处于尸位素餐的位置，这也就预示着这个王朝已经接近尾声了。北宋灭亡的钟声似乎已经敲响了，沉溺于声色犬马的宋徽宗却全然不知，在他的眼里，蔡京永远是他最忠诚的宰辅，永远是他最得力的助手，有了这位蔡爱卿，徽宗便可高枕无忧。殊不知，这位徽宗心里最为忠诚的大臣正在将他和他的江山推向无底的深渊。

"子系山中狼，得志便猖狂。"蔡京本是贬谪之人，现在大权在握，便有计划、有组织地迫害忠良，打击异己，任用奸诈的小人，在朝廷中培植自己的爪牙。童贯就是他的爪牙之一。

童贯刚入宫之时，在宦官李宪门下供职，并且跟随李宪学习宫里的规矩。可以说李宪是童贯在宦官这条道上的启蒙老师。李宪在神宗朝曾在西北边境上担任监军多年，颇有些战功，因此在朝中有一定地位。童贯与一般目不识丁的太监不同，他读过4年私塾，有些文字功底。再加上童贯跟随李宪出入前线，对军事也有一些了解，而且他曾经十次深入西北，对当地的山川形势相当了解。这些资本足以使他在宦官中出类拔萃，可是童贯在入宫20多年间并没有获得多大的成就，也没有走上多高的位置。李宪对其似乎并无特别的恩惠，倘若历史继续以此向前发展，也许童贯就像众多身边的太监一样——默默无闻地老死宫中。可是历史选择了赵佶做了皇帝，一切就大有不同了。

皇帝至高无上的地位为赵佶"追求艺术"提供了便利条件，坐稳皇帝宝座后的第二年，赵佶就利用命人到苏州和杭州添置了造作局和明金局，并征集了工匠数千人，琢磨雕刻象牙、犀角、金银、玉器，编织竹藤、装裱书画、针织刺，等等，总之让他们为皇帝提供各种奢侈品。这也就为童贯在仕途上的上升开辟了一条道路。徽宗任命童贯为供奉官，南下苏州、杭州，为徽宗收集奢侈品。虽然供奉官的官职并不高，但是由于与皇室所需物品的采购密切相关，可从中获得不少好处，所以算得上是个美差。可是童贯并没有满足于捞取好处，尽管他只是一个宦官，却有着更长远的打算。他想好好利用这次难得的机会出人头地，童贯的人生从此有了质的飞跃。

童贯一生充满传奇色彩，他身上的几个头衔是后来的太监们无法超越的。他不仅是中国历史上获得爵位最高的宦官，还曾手握军权，长时间掌握重兵，出使过其他国家，并曾被册封为王。这些诱人的权势就算是一个正常的官员都很难得到，但是宦官出身的童贯却做到了。徽宗给了他机会，蔡京成了他的垫脚石，他的宦官生涯便有了另一番景象。

童贯的平步青云起源于杭州，他在杭州主持明金局时，蔡京正赋闲于杭州，精明的蔡京巴结上了这位徽宗身边的红人，并且通过童贯的协助与徽宗建立了联系，并得到了徽宗的赏识，迅速从一个被贬谪的官吏走上了前途无量的仕途。两个臭味相投的人聚在了一块，再加上无心政事的徽宗，宋朝的江山在一步步地被腐蚀。

有了童贯的协助，再加上自己善于见风使舵的本领，蔡京顺利地成为了徽宗的股肱之臣。吃水不忘打井人，蔡京如今能获得显赫的地位与童贯的协助是密不可分的。对于蔡京来说，童贯对他有知遇之恩。为报答童贯的这种恩情，蔡京极力推荐他担任军事要职。对一直苦苦寻找升迁之路的童贯来讲，蔡京的举荐起到了莫大的作用，于是童贯的仕途之路也越走越宽。

崇宁二年，徽宗为耀国威，计划征讨西北羌族，收复青唐，开疆拓土。蔡京抓住这次机会，极力推荐童贯。徽宗听其言，任命童贯为监军。就这样童贯走马上阵了，并非凭借自己的才能，而是蔡京的感恩之情。刚刚上任的监军童贯也在极力寻找机会好好在徽宗面前表现一番，试图证明自己并不是徒有其职。童贯奉旨来到熙州，与主帅王厚、副帅高永年调集十万人马，准备开赴西北。当童贯的队伍行进到湟川时,汴梁的太乙宫不幸遇到火灾,迷信的宋徽宗认为这是不祥的征兆,是上天反对他出兵的提示,于是他马上传信给童贯,命他停止前进,火速返回。此时的童贯正头脑发热,哪里甘心放弃这么一个绝好的自我表现的机会,铁了心要显摆一下自己的军事才能。他看罢手谕马上折起来塞到靴筒里不加理会。

童贯带领大军继续前行。在真刀实枪、箭矢横飞的战场上平时耀武扬威的童贯立刻现了原形,他虽任监军,对用兵打仗却是一窍不通,敌军戒备森严无法进攻时,他全然不知所措。幸亏主帅王厚身经百战,有勇有谋,和副帅高永年配合密切,兵分两路攻击羌人,全军士兵同心协力,奋勇杀敌,终于大获全胜。

捷报传到京城,徽宗欣喜异常,在徽宗眼里,没有比初战告捷更好的消息了,这场战争的胜利似乎让徽宗看到了希望,因此他不仅没有怪罪童贯没有执行诏令,反而以战功封他为入内皇城使、果州刺使,并命他继续西征,攻打青唐。

虽然第一战取得了胜利,但童贯并不懂军事,没有真正的指挥才能。如果没有王厚的正确筹划以及高永年、辛淑献、冯贯等足智多谋的将领们的全力配合,后果很难想象。接下来,在这几位将领的指挥下宋军很快占领了惶城、宗哥城、都州、廓州、洮州等地。大将刘仲武立下不小的战功,不但收复了积石军,还招降了羌人首领臧征扑哥。可是童贯却将战功统统记在了自己的名下,并上报朝廷为自己邀功,宋徽宗晋封他为校检司空、宁军节度使。

得宠的童贯逐渐飞扬跋扈,居"功"自傲,权力欲越来越强,不仅企图独揽军政大权,还企图左右皇帝的命令,将提拔他的蔡京冷落到一边。蔡京自是深受打击,逐渐显露出对童贯的不满。当徽宗授予童贯开府仪同三司时,蔡京拒不奉诏,但这并没有影响徽宗的决定。

如此行事的童贯也知道众人对自己多有不满,于是他暗中派方劭探听消息,倘若有人听见有人议论他的罪过就第一时间向他汇报。可时间一久,猜忌心过重的童贯对方劭越来越不放心,所以又命人暗中监视方劭,生怕方劭把听来的话再传出去,为了除掉心里的隐患,阴狠的童贯居然找了个罪名,把方劭处死了。

童贯绝对是一个小人,无才又无德,却在仕途上走得相当顺利。对他来说自己赶上了好时代,昏庸的徽宗给他打开了方便之门,一丘之貉的奸相蔡京为他铺平了成功之路。然而,大宋朝江河日下的趋势是不可阻挡的,童贯的好日子也不会太久了。

落败宣威城

当一个朝代内部弊病不断的时候,外来的忧患也会接踵而至,正所谓"福无双至,祸不单行"。如果遭到了蛀虫的严重腐蚀,内部结构会遭到严重的损害,外表看似强大,实则不堪一击,或许在偶尔一两次与外来力量对抗时侥幸能取胜,但毕竟只是暂时的。一旦被人认清真正的实力,真正能存活的时日也就不远了。大宋江山滋养了许多的蛀虫,这是一批不知天高地厚的蛀虫,似乎还觉得自己不可一世,殊不知自己在啃噬着宋朝的江山,将大宋一步步拖入无底的深渊。

蔡京当权,把持朝政,可谓野心十足。他下令改盐法、茶法,铸当十大钱,并下令全国各地的金银,全部收归大内,并在京师创设军器库。聚敛是为了示富,创设军器库是为了炫耀军威。他还推荐王厚、高永年为边帅,计划收复湟中地区。

湟中位于黄河上游,汉代为羌族聚居之地。宋初,吐蕃占领了这片地区,成青唐。神宗时,王韶收复湟中,设湟、廓、鄯三州,陇拶兄弟降宋后,对宋廷非常恭顺。吐蕃大酋溪巴温之子溪赊罗撒却挑起事端,导致整个吐蕃各部落四分五裂,人心不安。多罗巴拥立溪赊罗撒为主,盘踞在西蕃。

这只是吐蕃的一次内乱，既没有挑衅宋朝，也没有扰边害民，对宋朝没有构成任何威胁。然而蔡京得知吐蕃发生内乱，却极力主张对吐蕃开战。当然，精明的蔡京并不是为了朝廷的利益，而是有自己的盘算。自从执政以来，蔡京除了迫害异己、结党营私、挑起朋党之争外，没有干过一件对朝廷有益的大事，长此以往难免会引起别人的非议。为了巩固自己在朝中的地位和保持皇帝对自己的信任，他必须干出一番成绩来。对吐蕃用兵确实是一次好机会，相对来说，吐蕃的实力较弱，胜算的机会比较大。而徽宗赵佶也是一个好大喜功的人，也赞同对吐蕃用兵。就这样，君主和大臣的想法不谋而合，下一步就是付诸实施了。

曾经帮助过蔡京的宦官童贯受命出任西北监军。童贯领命而行，来到了熙州，与主帅王厚、副帅高永年调集十万人马开赴西北。尽管童贯对领兵之事一无所知，但王厚和高永年算是骁勇善战，大破羌酋多罗巴。王厚攻占湟州，飞骑向朝廷报捷，赵佶得到捷报后大喜，命令王厚继续西行。宋军很快占领了惶城、宗哥城、都州、廓州、洮州等地。大将刘仲武不但收复了积石军，还招降了羌人首领臧征扑哥。

蔡京抓住了这次机会，终于建立了军功，他被有生以来的第一次胜利弄得晕了，吐蕃不是宋朝的对手，那西夏也不会强到哪里去吧。于是蔡京保荐童贯出任熙河、兰湟、秦凤路经略安抚制置使，刚上任，就准备向西夏开战。蔡京命驻扎在熙河的王厚招降西夏将领仁多保忠。王厚认为仁多保忠虽有归顺之意，但其部下不附，招抚无益。蔡京责备王厚办事不力，命他继续劝降，王厚无奈，派他的弟弟与仁多保忠联系，没想到弟弟在途中被西夏人抓去了，劝降的计划泄露了。为以防万一，西夏主将仁多保忠换了防地。王厚具实向蔡京汇报，说劝降仁多保忠已经没有任何意义了，即使他来降，也只是单枪匹马，于国事无补。

哪知蔡京贪得无厌，勒令王厚一定要仁多保忠归附宋朝。他还下令边关官吏，只要能让西夏将领来投降，都给重赏，还特别命令陶节夫在延安招降。蔡京的命令激怒了西夏人。西夏人一面向辽求援，一面派兵进攻镇戎军，杀戮数万口，又与吐蕃首领赊罗撒合兵进逼宣威城。

宋知鄯州高永年出兵抵御，兵行30里，没有发现敌情，眼见天色将昏，便下令择地扎寨，除了哨兵外，旅途劳累的士兵全都安然入梦。谁知夜半时分，突然胡哨齐鸣，羌兵的大队人马赶来，高永年从梦中惊醒，还没来得及拿起武器，就成了羌兵的俘虏，所部宋军，全部被击溃。已经降宋的吐蕃族首领也起兵反叛，一时之间，人心惶惶，一夕数惊。

消息传到东京，赵佶闻讯，龙颜大怒，派御史侯蒙到秦州拘捕五路将帅刘仲武等18人。侯蒙来到秦州，刘仲武等人已自穿囚服听命。侯蒙看到这些镇守边关的将领一夜之间成了罪人于心不忍，便让他们如实汇报，看是否有挽回的余地。等调查清楚之后，侯蒙上奏说："汉武帝杀掉王恢，不如秦穆公赦免打败仗的孟明；楚国大将子玉因战败而自缢，晋国君臣兴高采烈；孔明身亡蜀国而被魏国轻视，往事历历可鉴戒。如今羌人杀掉我朝一名都护，而使十八名大将受株连而死，这种做法无疑是自残肢体，身体怎能不痛！"

这一番发自肺腑的谏言感动了徽宗，徽宗看了侯蒙的奏疏，恍然大悟："想我朝已失去一员大将，倘若再将这十八名将领处决，岂不损失更大？"于是将刘仲武等释放，只有王厚一人因逗留不进，贻误战机，被贬为郢州团练使。

蔡京好大喜功，急于贪功，全然不顾当时的实力，对于这次大败负有不可推卸的责任。虽然他在对吐蕃的叛乱中恰如其分地把握住了时机，取得了一次小胜，但不能就此而高估了自己的实力。作为一朝的宰相，理应顾全大局，然而，急于邀功请赏的蔡京全然不顾国家的利益，执意按自己的喜好行事，导致了一发不可收拾的后果。

宋朝积贫积弱的状况从一开始就已经存在了，作为统治阶层应该再清楚不过了。皇帝昏庸，奸臣当道，小人误国，宋朝一直在走下坡路，或许这就是封建王朝的一个恶性循环，一个毫无国家观念的宰相，一帮投机取巧的小人，在他们的眼里，或许早已经不知道朝廷为何物，君主有何用，自己的利益才是至高无上的。

然而，殊不知，臣子的命运是与朝廷的命运连在一块的。皮之不存，毛将焉附，蔡京一干人等在侵蚀着宋朝的江河，也在断送着自己的前途，这位精明的宰相怎么会不清楚这些呢？

蔡京没有为大宋的江山社稷着想，故意去招惹西夏，结果把对方惹急了。宋朝积贫积弱的状况彻底暴露于人前，原来宋朝只是空有一副好皮囊，并无实物。从此，宋夏边境之间的战争连绵不断，因为西夏认为立鼎中原的宋朝根本就没什么可怕的。再加上辽国的帮助，他们的挑衅就更加肆无忌惮了。宋朝华丽外表下的虚弱本质渐渐地暴露出来，宋徽宗在宫中安逸的生活也接近了尾声。

花石纲之祸

"玉京曾忆昔繁华，万里帝王家。琼林玉殿，朝列笙琶。花城人去今萧索，春梦绕胡沙。家山何处，忍听羌笛，吹彻梅花。"好不凄凉的一首词。这是宋徽宗赵佶亡国被掳后，囚在极北苦寒之地五国城时所作的。从高高在上的一国之君沦为为人不齿的阶下囚，前一分钟还享受歌舞升平，后一分钟就成为阶下之囚，个中的辛酸苦楚或许只有这位亡国的君主自己心里最清楚了。

仅就才学而言，徽宗实为不世出之大才，一生书、画、词、乐舞等样样皆精、各有建树。如果赵佶仅仅是一个无干政事的闲散宗室，可以悠然地置身于自己的艺术事业中，泼墨赋诗，填词作画，忘情于山水之间，倒也过得闲适优雅，不失为中国的文丛艺林树一枝奇葩。可惜他是一国的君主，倘若每天还只是沉溺于诗词书画，纵情山水之间，必然会使朝政荒废。正如元相脱脱所慨叹的那样："宋徽宗诸事皆能，独不能为君耳！"

如果徽宗仅仅是沉溺于发挥自己的才情中，或许也不至于有顷刻间山河易主，亡国被掳，葬身北国之耻。徽宗风流蕴藉，即位前就喜欢玩弄花石，如果这仅作为徽宗的一项个人爱好，也不至于会造成多大的影响。然而当这项爱好被一些小人加以利用，所造成的影响就非同一般了。正因为如此，徽宗这一爱好，给老百姓带来了深重的灾难，并埋下了亡国的祸根。

1101年，为了修景灵西宫，朝廷派人从江苏苏州、浙江湖州开采了四千六百多枚太湖石，这些千奇百怪的石头立即引起了这位少年天子的浓厚兴趣。不过当时他只是刚登大宝，不便过分搜求，惹人物议。虽然只是区区几千块石头，但从千里迢迢的江南运往京师，也破费了一番周折，这便是运花石纲的滥觞。

善于逢迎巴结的蔡京看到赵佶垂意奇花异石，暗中指使市井无赖朱冲、朱勔父子取浙中珍异进贡。赵佶见后大喜，索性成立专门机构苏杭应奉局和花石纲（运送花石的船队，一队为一纲）。从此以后，从东南巧取豪夺来的奇花异石便源源不断地运到汴京。

朱勔是蔡京在杭州时结识的一个无赖，他是江苏苏州人，其父朱冲狡狯有术数，与蔡京有过交往。蔡京曾到苏州，准备建一座寺庙。寺院的僧人向蔡京保举朱冲，朱冲答应一定可以完成任务。几天后，朱冲请蔡京去工地视察，建造所需的砖石和数千根巨木堆积如山，蔡京非常满意，命朱冲监督这个工程。朱冲同儿子朱勔共同督造蔡京交办的这一工程，只用了一个月的时间便完工了。一年之后，蔡京奉召还朝，就把朱冲、朱勔父子一道带回京师，安置在童贯军中。后来经过蔡京的一番操作，朱冲父子，居然摇身一变，成了朝廷命官，父子二人也就成了蔡京的心腹。

蔡京工于心计，喜欢揣摩徽宗的心意，见其垂意于花石，便暗中嘱咐朱充父子采集苏州珍玩，随时进献。朱充果然干练，第一次就寻觅到三株高达八九尺的黄杨树。黄杨树是一种比较稀有的植物，它生长十分缓慢，据说每年只张一寸，闰年不长。宋代的人又经常用到黄杨树，使这种珍贵的木材更加稀少。徽宗对朱充的做法非常满意，后来，朱充又送上了几件奇珍异宝，于是徽宗对他更加赞赏。

有其父必有其子，朱勔继承了他的父亲的特点，也是一个善于逢迎的小人。他知道徽宗喜好奇花异石，于是每年都从户部领取数百万贯钱币，在江南采求花石。他还在手下养了一大批耳目，专门负责在民间采集奇珍异石。凡是民间的一棵树、一块怪石，只要是值得把玩的，他就让人贴上封条，指为贡品，让那家人小心保护，等着搬运，稍有不慎，便以大不敬之罪论处。他这种做法搞得百姓怨声载道，苦不堪言。可是此时利欲熏心的朱勔眼里哪还有百姓，一心只想要为自己的功名富贵寻找机会。

开始时徽宗还是比较谨慎的，不敢过分张扬此事，运送花石纲的动作不大，只是从东南地区运送。然而到了1105年，徽宗似乎肆无忌惮起来，开始大规模运输花石，还设立了专门搜集贡品的机构，以朱勔领苏、杭应奉局及花石纲于苏州。宋朝将大宗运输的货物称为"纲"，朱勔向京师运送奇石异木时，将十艘船编为一组，运送的是大宗货物，货物又是花石，所以将这些货物称之为"花石纲"。

人的贪欲会不断地增大，尤其是所要的东西在不断地得到满足的时候。徽宗的胃口越来越大，越来越肆无忌惮，官员们也十分配合徽宗，不断地满足徽宗对奇石的需求。其实更重要的是，他们试图以花石来迎合徽宗以求得功名富贵。因此，从东南巧取豪夺来的奇花异石源源不断地运往汴京，好一片繁忙的景象。可想而知，身居皇宫的徽宗得到如此之多的奇珍异石，他的内心是多么的欣喜。然而，宋朝的百姓又会怎么样呢？"一花费数千缗，一石费数万缗"，可真是苦了大宋的百姓们，不得不为徽宗的这种钟情于奇石的爱好付出沉重的代价。

石头愈供愈多，式样也愈来愈奇。久而久之，不仅是东南进贡花石，就连中原地区也有人进贡花石了。如此看来，进贡花石俨然成了一股风气，大臣们显然是跟从这股风气而行动，投徽宗之所好，试图通过徽宗对自己进贡的石头的赏识而得到加官晋爵。

朱勔在太湖发现了一块巨石，长、宽、高各两丈有余，为了运这块巨石，朱勔专门打造了一艘巨船，沿途中凿去城墙、毁掉桥梁、堤岸不计其数，历经几个月才将巨石运抵东京汴梁。巨石抵京后，由于城门不够高，巨石无法进城，竟拆掉城门，才将石头运进城。赵佶见到这块石头，欣喜若狂，特赐役夫每人金碗一个，朱勔的四个仆人被封官，朱勔本人被封为节度使。而且，徽宗竟将这块石头封为盘固侯，真是滑天下之大稽。

徽宗的眼里只有那些从全国运进来的所谓的奇石，而官员的心中只是希望自己进贡的奇石能博取徽宗的一笑以便加官晋爵，没有人顾及这所有的一切都是建立在百姓的痛苦之上的。

花纲石的征发，前后持续了20多年，使东南地区和运河两岸的许多民户家破人亡，百姓怨声载道。花石纲之祸，给北宋的人民带去的是无尽的灾难。

赵佶在宫内把玩着各地官员呈上来的石头，内心十分的高兴，自己的喜好得以满足。官员们也内心欢愉，尽管过程是辛苦了点，采集石头需经过一番努力，运送石头也不容易，沿途还有不少的坎坷，但却是值得的，换来的是徽宗的赏识和功名富贵。百姓们却苦不堪言，或者被拆了房子，或被毁了院子，一切都被破坏的体无完肤，还不敢有半句怨言，稍有不慎，可能连命都保不住了。

兴，百姓苦；亡，百姓苦。

第十八章 亡国之政

推崇道教

宋朝的皇帝当中，最为迷信宗教的也是宋徽宗。道教本是中国土生土长的宗教，它形成于东汉时期，是中国传统道家思想和神仙方术相结合而成的一种宗教。中国自汉唐以来，佛、儒、道逐渐合一。严格意义上讲，儒家算不上是宗教，而是一种思想。

传统的儒、道、佛三家是有明显的区别的。儒家注重的就是修身养性，讲求舍生取义，不信鬼神；道家则认为人可以长生不死，修炼成仙；佛教尊崇终极的人文关怀，认为人有来世，灵魂可以投胎转世。

圣人以神道说教，中国古代的皇帝对各路宗教，一般都是支持的。道家的思想跟皇帝的思想更符合，因为道家认为，人可以修炼成仙，之后就可以长生不老。而皇帝已经坐上了龙椅，之后当然希望自己可以长生不老，长久地统治天下。自古以来，崇尚道教的皇帝不在少数，就连一代明君唐太宗李世民也信奉道教，寻求神仙方术，求长生不老。

宋朝从太宗赵光义时就开始崇奉道教，而到了真宗时期这种崇道之风更加盛行。太宗崇奉道教更多的是出于对自身利益的考虑。太宗继兄长之位，因为并不光明正大，倍感人们舆论的压力。为了平息社会上的各种言论，宽慰大臣与百姓，于是他就编造出了一个莫须有的道教神灵"翊圣"降临的神话，以证明自己继承大统是君权神授，以此来掩人耳目。真宗即位后，虽然也信道教，但并没有沉溺其中。与太宗不同的是，他崇奉道教并不仅仅是为自己考虑。"澶渊之盟"后，宋辽双方化干戈为玉帛，约定从此不再兵戎相见，真宗与大臣们商量，想利用道教神灵来"镇服四海，夸示夷狄"，这是出于政治上的需要。

徽宗赵佶信奉道教，源于求子。另一方面也是出于政治的需要，北宋后期，由于徽宗耽于安逸，沉湎于酒色，重用奸佞，盘剥百姓，导致民不聊生，方腊、宋江等纷纷揭竿而起，此时北方的金、辽、西夏等强敌又虎视眈眈，这些给北宋造成了极大的威胁，为了解决这内忧外患的局面，徽宗不是从自身找原因然后再采取一些实实在在的措施，而是把道教当成了一根救命的稻草，举国上下迅速掀起了一股信奉道教的风潮。

大观元年（1107年）徽宗御笔亲批道士的地位在僧人之上，道姑的地位在尼姑之上。而在此之前，僧道地位则是平等的，是徽宗硬是把道教抬到了佛教之上。第二年的二月，徽宗又下诏颁布《金箓灵宝道场仪范》于天下，以便道士学习。

徽宗对道教的信仰可谓是到了一种痴迷的地步。他大肆修建道观，政和四年（1114年）又以天神降临为由，御笔钦定每年的十一月五日为天佑节，以纪念天帝降临京师上空，庇佑天下苍生。政和六年，徽宗又心血来潮，跑到玉清和阳宫，下诏在全国各地洞天福地修建宫观，塑造画像，让全国百姓顶礼膜拜。

道教经典在徽宗的时期受到了格外的重视。老子所著的《道德经》虽然只有五千余字，但一向被视为道教的无上经典，只是世间仍然以《老子》称之，与其他诸子并列。徽宗认为这样并不妥当，体现不出道教的崇高地位，于是他大笔一挥，改成《太上混元上德皇帝道德真经》。这样一来，就没有任何著作能与《道德经》相匹敌抗衡了。徽宗又下诏改变《史记》一书中的列传次序，将老子的传记与韩非分开，单独成篇，并列在《史记》众列传之首。

徽宗认为朝廷各级官员均有品级，道士也应该有级别，于是他又规定设置道阶，共二十六等，品级与朝廷命官中士大夫至将仕郎大体相当。为了提高道士的文化素质，他命诸路监司在本路选宫官道士十人，送往京师左右街道录院，学习道教有关礼仪。学成后仍回原道观供职，相比之下，佛教徒就没有这样的待遇了。

全国各地都建有天宁万寿观，其地位已经升至各教司之首，但徽宗仍觉得不够气派，将其都改名为神霄玉清万寿宫，在殿上设置长生大帝君神位，供四时祭祀。天下僧徒如愿改换门庭，皈依道教者，予以鼓励，凡愿披戴为道者，立即赐予度牒、紫衣，任何人不得刁难。徽宗对道士的优待达到了异乎寻常的程度，甚至把显示皇家雍容华贵、从不轻易授人的玉方符、金方符也破例赐予道士。道士们就这样拥有了这种犹如持有尚方宝剑的符牌，他们所到之处都犹如皇帝亲临。

道士既然如此受徽宗的推崇，道士自然也就身价倍增。有些甚至已成为炙手可热的人物。

道士刘混康曾建言徽宗修建艮岳，这样后宫一定可多生皇子，这个建议果真应验了，自此徽宗对其宠爱有加。一人得道，鸡犬升天，刘混康既已得宠，他的徒弟们便依仗权势，为非作歹，使得百姓苦不堪言，有冤无处诉。

道士李德柔能诗善画，尤其画的人物惟妙惟肖，他常常出入公卿之门。徽宗崇信道士，道观装饰得如同宫殿，得柔独漠然视之，其他的道士都认为他很吝啬。徽宗知道这件事后，认为是因为他很贫穷，便赏赐给他500万，让他作斋房，德柔不得已接受了，但是仅用这些钱造了一轩，并取名为"鼠壤"。徽宗知道后大笑，御书金字为榜。后来李德柔因为讥诮神霄宫而被逐出京师。这样看来德柔是比较正直的道士。

当一个人觉得精神上空虚，面对现实感觉无能为力时，他很可能会寻求一种超自然的东西来满足自己的这种空虚，向上天来寻求解决问题的办法。对皇帝来说，道教是比较适用的。在皇帝眼里，道教能帮助他们长生不老，延年益寿，能帮助他们永远保住自己的皇位。

徽宗是空虚的，尽管在物质上他永远不会缺乏，想要什么都唾手可得。但实际上徽宗空虚在他空有一个皇位，却被权臣蔡京把持朝政，一切军国大事蔡京掌握了更大的决定权。大宋江山江河日下，朝政腐败，权臣当道，内部农民起义不断，边境也不断受到侵扰。虽然徽宗昏庸无能，但他毕竟也是一国之君，对于朝中大事再不管不问也是有所了解的。

无可奈何的徽宗将希望寄托在宗教上，然而，徽宗没有把握好度，他做得太过火了，反而激起了民怨，并加剧了宋朝的灭亡，这或许是徽宗始料未及的。

失败的外交

从宋徽宗的个人爱好回归到残酷的历史史实当中，不得不重新谈起宋朝的边患。这一次，宋徽宗忆起了太祖、太宗一直念念不忘的燕云十六州。

自古以来，燕云十六州就是中原的重要领土，五代时后晋的石敬瑭为了换取辽国的支持，不惜把燕云十六州慷慨地割让给了辽国，自己也心甘情愿地当起了耶律德光的儿子，也就有了历史上臭名昭著的"儿皇帝"这一称呼。

在中原的当权者看来,自己的土地落在蛮夷人的手里毕竟不像话。因此,中原王朝一直力图收复这块失地。955年,后周世宗柴荣倾力北伐,但是仅仅收回了瀛、莫、易三州。北宋初年也曾下了收复的决心,但也未达到目的。979年太宗率师北伐,败于高粱河,986年太宗第二次北伐,又败于岐沟。从此以后,便深沟高垒,不再进攻了。

自从燕云十六州归辽之后,中原王朝不仅丧失了抵御游牧民族南下的屏障——长城,而且燕云十六州成了辽人牧马南下的根据地。自燕京到黄河之间平坦如砥,有利于骑兵驰骋,使宋人无险可守。

阿骨打建立了金国之后,屡次打败了辽国的进攻。这个消息传到宋朝后,宋徽宗觉得这是一个好机会,很想乘金人崛起并屡败辽兵之际,收复燕云地区,一雪当年的耻辱,完成困扰了先帝悬而未决的难题。

女真人是中国最古老的民族之一,世世代代都居住在黑龙江下游、松花江、乌苏里江流域与长白山地区。隋唐时期被称为黑水靺鞨,刚开始是隶属于渤海,后来渤海被辽灭亡,女真人就一直在辽的统治之下。

政和三年(1113年),女真首领完颜阿骨打的兄长完颜乌雅束病死,阿骨打继位,他没有向辽国报丧,而是自称都勃极烈,并出兵攻辽。1114年,阿骨打在松花江畔召开誓师大会,与会者达2500余人,他祷告天地之后,便起兵攻辽。

政和五年正月,阿骨打正式称帝,建国号大金,阿骨打更名为旻。完颜阿骨打即完颜旻,也就是金太祖。这一年十一月,辽天祚帝亲征,却被阿骨打打败了。第二年金军便占领辽的东京辽阳。1117年金军又败辽军于蒺藜山,占领了显州及附近的州县,这时辽河以东及西南一带尽入金军的版图。

这些徽宗看在眼里,喜在心上,他认为金强辽弱,正好是插手燕云、收复失地的绝好机会。徽宗本人也是好大喜功、虚荣心极强的人,再加上蔡京、童贯一干人等的蛊惑,他心中蠢蠢欲动,决定大干一番。

政和元年九月,童贯奉徽宗之命出使辽国,在返朝的途中结识了燕人马植。童贯对其一见如故,很是器重。马植这个人才能平平且品行恶劣,但是他对童贯表明自己有良策可灭辽,此人的豪言壮语深得童贯的欣赏,于是童贯将他领回了宋朝,并亲自为其取名李良嗣。

在童贯的荐举下,李良嗣向徽宗全面地介绍了辽国的危机和金国的崛起。在李良嗣看来,辽必定会走向灭亡,宋朝应该抓住这一千载难逢的机会。毫无主见的徽宗哪受得了这般诱惑,他完全被李良嗣的这番言论所迷惑,当即赐李良嗣国姓赵,并授予了他官职。徽宗幻想着可以侥幸灭辽,一举收复燕云失地,成为名垂千古的明君。从此,宋朝开始了联金灭辽、光复燕云之举。

徽宗结金图辽的消息传出后,引起了朝中部分大臣的反对,认为徽宗这种投机取巧的做法不可行。宋金联盟虽然短时间内可以对辽构成极大的威胁,但一旦灭辽,万一金掉过头来打宋朝,到时候就后悔也来不及了。

当是只有童贯、王黼、蔡攸等一帮奸臣竭力支持徽宗的做法。此时徽宗一心想光复燕云十六州,做一件光耀史册的事,哪里还听得进任何反对的意见,更没有心思去权衡利弊了。

1120年,宋金终于达成了协议:宋金联合攻辽,金兵负责攻打辽的中京大定府,宋朝攻取燕京析津府;宋金灭辽之后,宋朝将原本进贡辽国的"岁币"转交给金国。这就是历史上著名的宋金"海上之盟",一个不平等的协议就这样签订了,徽宗还不知道就是这一纸条约将宋朝带上了一条不归之路。

宣和四年（1122年），金兵先后攻陷了辽国的中京、西京等地，逼迫辽国天祚帝仓皇西逃，辽国一时朝中无人，面临着亡国的危险。一些辽国的贵族就拥立幽州留守耶律淳为皇帝，勉强维持了辽国的统治。匆忙之间，徽宗派童贯与蔡攸带兵进攻燕云一带。童贯、蔡京只是平时善于阿谀奉承的一帮鼠辈，对带兵打仗几乎是一窍不通。宋辽两军一交战，宋军就被打得落花流水，被迫撤逃。宋朝与辽的第一战就这样宣告失败了。

宣和四年四月，金军进攻辽西京大同府后，辽天祚帝逃入了沙漠，辽朝基本灭亡。六月，耶律淳病死，徽宗见有机可乘，又急忙派童贯、蔡攸帅兵进攻幽州。原本以为此战必胜的宋军却又被辽军大将萧干的部队打得落花流水，宋军又一次惨败而归。

宋朝出兵，完全没有一点军事战略与战术可言，就如同儿戏一般。宋军更多的是寄希望于侥幸取胜。这犯了兵家的大忌，侥幸根本不可能取得军事上的胜利。金人对北宋朝廷的腐败和军事上的弱点有所察觉，所以决定加以利用。

宣和五年春，徽宗派赵良嗣作为使者访金，金太祖对待使者态度极其傲慢，他责问赵良嗣，当初宋金两国联合，为什么"到燕京城下，并不见宋军一兵一骑"。当论及土地问题时，金太祖又违背了以前的约定，不同意将营州、平州、滦州还给宋朝，而只愿意归还当初议定的后晋石敬瑭割给辽朝的燕京地区，他为此辩称营州、平州、滦州三地是后唐刘仁恭献给契丹的，并非金国胁迫割让的。金人的态度强硬，虚弱的宋朝没有一点办法，只能屈辱的接受。

几经交涉，金国才最终才答应将后晋割给辽朝的燕京及其附近六州之地归还给宋朝，条件是宋朝除了要把每年给辽的岁币如数转交给金，还要每年再添加一百万贯的"代税钱"。而且又不要银钱，而是改为与银钱价值相等的货物作为代税钱，货物的种类必须是由金方指定，宋方不得讨价还价，否则即以断交相威胁。

尽管条件极为苛刻，徽宗还是毫无羞耻地完全妥协了，他答应了金人的条件。宣和五年（1123年）四月，童贯、蔡攸奉徽宗之命代表朝廷前去接收燕京地区。待童贯等人到达燕京地区时，这里已是一座空城了，所有的人口、金帛早已被撤走的金兵掳掠一空。面对如此的空城，童贯、蔡攸还朝后，竟还上了一道阿谀奉承的奏章，称燕京地区的百姓感恩戴德，箪食壶浆夹道欢迎王师。

收复燕云后，徽宗十分得意，自以为建立了千秋万载的功劳，他大赦天下，命王安中作"复燕云碑"树立在延寿寺中以纪念这一功业。

徽宗在每年向金朝大量纳贡交租的情况下"收复"了燕云地区的七座城池，这样的收复代价是极为巨大的。本来就积贫积弱的宋朝现在变得更加虚弱了。昏庸无能的赵佶似乎没有觉察出任何的异样，只当是自己完成了祖宗的未竟之业，朝廷上下文武百官也都沉浸在胜利的喜悦之中。

此时的金朝，因为每年都可以得到宋朝进贡的大量的钱财，这使它变得日益强大起来。金国看到北宋的政治如此的腐朽，所以在灭辽之后不久，就对宋朝发动了声势浩大的战争。

徽宗怎么也不会想到，他正在用自己国库的银子为自己培养一个强大的敌人，给了北宋致命的一击。

北宋王朝的末日即将降临了。

方腊起义

君，舟也；民，水也。水能载舟，亦能覆舟。历代王朝，君民关系始终是一个敏感的话题。可以说，民众是一个王朝统治的基础，处理好与民众之间的关系对于巩固统治是格外重要的。许多王朝的统治者也都十分重视这一个问题，尤其是在王朝建立之初，大多数君王都会采取休养生息的政策以安抚人民，巩固统治。然而，随着王朝统治的巩固，民众的安抚问题又往往最易被忽视。尤其是在王朝末期，土地兼并严重，赋税增加，大兴土木，征用劳役等方面都会搞得生灵涂炭，民不聊生，这也就往往容易激起民众的反抗，最终爆发农民起义。

这是封建统治秩序中的一个怪圈，王朝初期安民抚民，渐渐出现百姓安居乐业的盛世局面，而到了王朝的末期就是扰民乱民而激发起农民起义，似乎每一个王朝都无法摆脱这一现象，许多封建王朝都是伴随着农民起义的爆发而宣告了统治的结束。

宋朝也没能摆脱这一怪圈。就在徽宗、蔡京等人轻歌曼舞、宴安逸豫之时，老百姓却食不果腹，家徒四壁，两者形成了鲜明的对照。尤其是受花石纲之扰最严重的东南地区，百姓们倾家荡产，十室九空，那里饿殍遍野，为了求得生存，人们不得不铤而走险，纷纷揭竿而起。宣和二年（1120年）十月，睦州青溪人方腊登高一呼，顿时便群起响应，很快便汇成了一股声势浩大的起义洪流。

青溪位于浙江省的西部，那里山明水秀，物产丰富，有漆、楮、杉材之富，许多富商巨贾都来此收购生漆、木材。漆是青溪最主要的出产，也是两浙主要的贡品。即使这样从北宋初年到中叶，每年供漆也不过几十万斤，最多时也不过几百万斤。但到了崇宁年间，上供的数量逐渐增加，自从朱勔主持苏州应奉局后，数量又剧增，到了宣和年间，每年供漆已达到千万斤。帮源漆作为漆中上品，更是被搜刮得点滴不剩。

方腊祖籍安徽歙县，后迁居于睦州青溪。平时依靠家中漆园的出产，日子还算过得宽裕。面对造作局多次的巧取豪夺，方腊是敢怒不敢言。但自从朱勔办了花石纲以后，官府几近劫掠，方腊实在是忍无可忍，便以杀朱勔为名，号召人们杀尽贪官污吏。众人一呼百应，于是在漆园誓师，准备揭竿而起。

从此，方腊担任了这支声势浩大的起义军的最高统帅，他自称"圣公"，建元永乐，设立官制，封赏将士，俨然一个朝廷一般。将士们带着各色头巾作为标志，附近一带的百姓都害怕了，也都纷纷响应方腊参加了起义军。在很短的时间内，起义军就聚集了几万兵马。方腊之所以能在短时间内能召集如此多的人，让民众一呼百应，除了与当时官府的残酷压榨使百姓苦不堪言以外，就是，方腊利用了民间摩尼教的影响来组织和发动民众。

该教主张"是法平等，无分高下，"信教者都是一家，同时还主张不喝酒，不吃肉，所以官方称他们为"吃菜事摩尼教"。摩尼教主张节省钱财，教友中实行钱财等多方面的互助。明教的理念更符合当时百姓的愿望，所以他有着无数的信徒，并举行了不少活动。方腊本人是摩尼教的信徒。他到处传教，利用这些教义来吸引百姓，使他们认识到生活的不平等，借此来团结积聚起义的力量。

方腊起义受到了人民群众的热烈拥护。起义军所到之处，凡捉到贪官污吏一律处死，决不饶恕土豪恶霸，起义军也对他们实行坚决的镇压，毁其宅院，没收其家财并分给穷苦的老百姓。另一方面，起义军纪律严明，对群众秋毫无犯，起义军每到一个地方，老百姓总是像接待亲人一样，主动为起义军烧火做饭，替伤员治伤，端茶倒水，竭尽支持，军民之间的感情极深。

方腊起义之处，地方官吏也曾上报过太宰王黼要求筹备出师北伐，然而王黼认为，东南百姓闹事不足为患，责令地方官员自行弹压。王黼擅作主张，没有将两浙地区的农民暴乱向赵佶汇报，赵佶还以为天下太平，依然沉浸在歌舞升平之中，过着花天酒地的放荡生活。

方腊起义后，当地官员派兵全力镇压，皆因不敌义军而兵败。在很短的时间里义军获得了一系列的战斗成果，自身获得了很大的发展。不到三个月，起义军便控制了睦州、歙州、衢州以及

周边的几十座县城,并在不久之后又打下了杭州,这时起义军的人数已在数百万之上了。

义军的发展远远超过了朝廷的想象,原本在朝廷眼里不成气候的农民作乱如今已经成为宋朝统治的威胁,它来势异常凶猛。东南是朝廷的财源之地,当徽宗得知他的财富之源出了问题时极为震惊。于是被迫下罪己诏,将心爱之造作局、花石纲一律废除撤销。为重新安定民心,他宣布免除起义地区三年田赋,想以此瓦解起义军的斗志。同时他遣童贯为"江淮荆浙宣抚使"令其帅西北劲兵15万南下,还从湖南调集人马前往协同作战。

方腊原以为北宋政府短时期内难以出兵,谁知朝廷为了联金灭辽,西北军已经移至河北集中,粮草军需也已齐备,而赵佶又果断地罢了北伐之议,命童贯率兵南下,这些致使起义军根本来不及占领镇江、江宁以控制长江天险。宋军渡江后,一路进攻杭州,另一路则指向歙州。方腊起义军势单力薄,与官军殊死搏斗,最终也没逃过失败的结局。在连连失利后,方腊不得已只好放弃杭州,撤回青溪,但仍继续坚持战斗。起义军退守帮源洞后,仍没有放弃对宋军的殊死抵抗,但由于物资供给不力,战斗力逐渐下降。宋军最后攻入洞中,方腊不幸被捕并很快被押往汴京,不久就被处死了。

宋徽宗果断迅速地平息了内部的农民起义,在农民起义的面前,宋朝的官员们具有了清醒的头脑来制定合适的对策,军队也显示出了英勇的战斗力。

奇怪的是,为什么在西夏、辽、金等国不断侵犯宋朝的边界时,宋朝的官员们则总是会决策失误、宋朝的军队又是如此不堪一击呢?在造反的群众面前,政府表现出来的是一种强大的控制力,不惜一切代价将农民的叛乱压制下去。而面临少数民族政权进攻时,这种强硬的控制力仿佛一下子消失了,朝廷更倾向于寻求一种息事宁人的方式,呈现给外来侵犯民族的完全是一种软弱的姿态。或许在徽宗和大臣们的眼里,群众永远是最大的隐患,安内永远重于攘外。

方腊义军失败了,一曲悲壮的历史剧就此落下了帷幕,但它给了宋朝沉重的一击。徽宗看到了人民的力量,于是下令将所有收买花石、造作供奉之物及有关机构一律废除。如果以后还有人以供奉名义盘剥百姓的一律以违背御笔论罪,朱勔父子、弟侄等也因此丢掉了官职。

草莽英雄宋江

福无双至,祸不单行。宋徽宗年间,朝政腐败,徽宗天天吃喝玩乐,过着骄奢糜烂的生活,把朝廷的大权交给了以蔡京、童贯为首的奸臣。朝廷内外的各级官员穷奢极欲,贪污腐化成风,对平民百姓的剥削压迫极为严重。各地百姓实在是忍无可忍,纷纷揭竿而起,反抗宋朝的腐朽统治。

南方的方腊起义正如火如荼地进行着,北方的人民也受够了官府的残酷压榨。以宋江为首的36名好汉,在梁山打起了替天行道的旗帜,誓为人民杀尽天下的贪官污吏。

一提起宋江,或许大多数人的第一反应是《水浒传》中一百单八将的领头。然而,《水浒传》只是一部文学著作,其历史的真实性还有待于进一步的考证。

宋江是郓城人,从小就饱读诗书,他满腹经纶,有经天纬地之才,他存着入将之志,满怀报国之情。他曾在郓城县任押司,是一个低级官吏。本想着凭借科举可以进入仕途,在朝求得一官半职,实现其治国平天下的宏图大志,无奈生不逢时,科考黑暗,他曾经连续几次参加科举考试,虽然他文章写得很好,但总不被录用,以至于后来他对科举考试丧失了信心,不得不在县衙寻求生计,做了个小小的官吏。

正如《水浒传》中所描述的一样,宋江性情十分豪爽豁达,他为人慷慨,喜欢结交江湖上的朋友，自己虽然不富裕，却仗义疏财，慷慨解囊，经常拿一些散碎的银两接济孤弱贫寡之人和落难的江湖人士，被人称为义薄云天的"孝义黑三郎"。人们还送给他一个美称：及时雨。

在县衙任职期间，由于宋江意气用事，他私自放掉了关在县衙大牢中的犯人，还扯上了一件人命官司，因此被抓入大牢，并被判杀头之罪。宋江是一个朋友义气很重的人，平时广交朋友，因此危难之时，这些朋友也救了他一次。一帮江湖好友劫了法场，使宋江逃过了一死。为了逃避官府的追杀，大家一起上水泊梁山落草为寇。这是一帮草莽英雄，他们不同于一般打家劫舍的土匪盗寇，他们主张替天行道，劫富济贫，因此也就有了梁山好汉一说。

宋江的起义是以梁山泊为根据地的。梁山泊是郓州西南方那个环绕在梁山周围的一个大湖泊。在梁山周围生活的人基本上都是些以捕鱼、采藕和割蒲为生的人。他们没有什么其他的生活来源，他们生活的十分艰苦，有时甚至连基本的温饱都无法解决。可是，北宋政府为了维持庞大的军费开支及向辽、西夏交纳"岁币"银帛，对这里的贫苦百姓也不放过，他们加重剥削，除了原来交纳的赋税外，又一下子增加了十万余贯的税收，这对贫苦的百姓来讲，无疑是雪上加霜。人们交了朝廷的赋税之后，连起码的生活都无法保障了。更可恨的是地方官员为了增加收入，在梁山泊周围设卡征税，无论捕鱼还是采藕，只要是在梁山泊附近生活的百姓，都要按人头交税。哪怕是遇上水旱灾害，就算是颗粒无收也不能免除。

荒淫无度的皇帝，穷奢极欲的官员，层层的封建剥削，使北宋的百姓陷于水深火热之中。人为刀俎，我为鱼肉。此时北宋的百姓就像是案板上的鱼肉，处于任人宰割的状态。人的忍耐能力是有限的，一旦突破了有限的界限，所发挥出来的爆发力则是很难控制的。宋徽宗没有意识到这一点，官员们也没有意识到这一点，依然我行我素，欺压百姓，终于使形势变得一发不可收拾。江浙一带的方腊起义已经让朝廷忙得焦头烂额，哪知北方另一拨以宋江为首的起义又给朝廷平添了许多的烦恼，此时的宋朝似乎已经被搞得分身乏术了。

北方的农民起义是在宋江的领导下进行的。宋江能成为了义军的领袖，很大程度上与宋江本人有关。一方面，宋江个性直爽，讲究江湖义气，从小就有报国之志，而此时的大宋朝廷对百姓的欺压太甚了，官府横行霸道的行为激怒了宋江，仗义行侠的他决定替天行道。另一方面，刚开始时，宋江一直参加科举考试，只是由于科举实在是太黑暗，自己无法得到重用，空有一腔报国之志，英雄却无用武之地，这也是出于对科举仕途的一种无奈和愤恨。

既然朝廷已经黑暗腐朽至此，那也就没有存在的必要了。这样的朝廷只会危害百姓不会造福人民。何不一举推翻它，解救百姓于水火之中呢？忍无可忍的宋江就这样积极为起义做准备。他到处招兵买马，打造兵器，购置战船，打出了"替天行道"的口号，决意与官府势不两立。

与方腊的义军相比，宋江所带领的起义军人数其实不多，据史书记载，仅有36人，作战的规模也不大，但确实可以称之为精英部队。宋江的这支义军的战士作战十分勇敢，多次以少胜多，打败官府的军队。仅仅用了几个月的时间，这支军队就攻克了郓城县、兖州府、青城府。所到之处，义军大开粮仓赈济百姓，发放银库的银两救济百姓。宋江义军还击杀了贪官，惩治了土豪劣绅，他们深得百姓的喜欢。宋江的这支军队，也受到了百姓们的热烈拥护。

随着宋江起义规模的壮大和起义的节节胜利，徽宗开始害怕起来。照这个势态继续发展下去，后果将会不堪设想。江浙一带的方腊已经将朝廷搅得不得安宁，宋江的义军又让徽宗和大臣们感到十分的头疼。毕竟军力是有限的，一时还不能够调集有效的兵力去对付宋江一伙，而且以硬碰硬不见得是一个好方法，搞不好会两败俱伤。于是，经过多方考虑，北宋政府希望能招抚宋江这支义军，他们企图降服宋江，保得天下太平，但是此时正处于优势地位的宋江哪吃这一套，他继续替天行道。既然软的不行，徽宗只好来硬的了，于是1120年，北宋政府派曾孝蕴为青州知州，决定武力镇压这支义军。

宋江的起义军毕竟只是一批草莽英雄，没有受过什么正规的军事训练，没有严明的军事纪律，只是凭一时的激愤而群起反抗，匆忙行事。而且他们的武器装备也十分的简陋，人数又不多，显然不足以与政府的正规军队相抗衡，之前的优势地位也渐渐地不再持续了。在以曾孝蕴为首的官兵的围追堵截下，宋江义军被迫撤离了自己的阵地，转而向南发展。在转战的途中，他们不断地与朝廷军队发生冲突，就这样失去了自己阵地的起义军的战斗力也在不断地减弱，最终因寡不敌众，宋江义军失败了。

草莽英雄宋江战败之后，在走投无路的情况下，他率领义军的余部投降了朝廷，接受了朝廷的招安。具有讽刺意义的是，宋江被派到江浙地区镇压方腊起义。起初打着"替天行道"口号的宋江此时或许已经忘了当时的使命，成了为朝廷卖命的工具。

重金赎回空城

燕云十六州始终是宋徽宗的一块心病，他一定要把它们拿下，基于这样的一种思想，他一意孤行，不顾国家的财力和人民的承受能力，不惜血本收复燕云十六州，为此他付出了沉重的代价。

自古以来，人们都是有一种领土的情结。一旦占领了某一区域，便会划疆而治，由此表明其领土的不可侵犯。不管是先秦时期的各个诸侯国，还是进入了封建王朝时期的各个朝代，都有自己的政治版图，有自己的边界线，任何其他的民族都不得任意侵犯。

自古以来燕云十六州就是中原地区的重要领土，他被后晋的石敬瑭割给了辽国，虽然许多中原王朝的统治者都试图收回这一地区，但一直未果。

徽宗当权之后，燕云地区是他的一块心病。自从继位以来，他一直没有什么作为，只是整天沉迷于酒色之中，徽宗也想作出一点成绩来，为自己树立一些威信，收复燕云十六州绝对是一个不错的选择。

燕云十六州一直游离在北宋的疆界之外，被辽人控制着，几位先帝一直都在致力于这一地区的收复却都没有成功。倘若徽宗一举收复此战略要地，一雪当年之耻，这绝对不失为一件建功立业的要举。更为重要的是，此时阿骨打建立了金国，并屡次打退辽国的进攻，辽国的实力必定要受到极大的削弱，何不把握住这一时机一举收复失地呢？

此时在徽宗和大臣脑海里出现的景象是：辽国被金国人打得极为虚弱，以至于无法继续抗衡来自宋朝的军队，他们乖乖地将燕云十六州完璧归赵了。

事实上瘦死的骆驼比马大，尽管辽国的军事实力受到金兵的重创，但是与积贫积弱的宋军相比，还是处于强势地位的。

宋朝从中期以来一直就是积贫积弱的状况，朝政腐败，贪污腐化严重。更重要的是，宋朝一直以来更重视内部的叛乱，大批的禁军都用来保卫中央和地方，而在边界的军事防御上一直都处于松弛的状态。宋徽宗太高估自己的能力了，他沉浸在自己的美梦中无法清醒过来，直到战败的事实摆在了他的面前，他才知道原来辽国依旧很强大，单凭一己之力根本不足以对抗，更谈不上的收复燕云地区，他必须得另寻他法。

徽宗的朝政被童贯一类的奸诈臣子所掌控，他们企图投机取巧，妄图不费宋朝的一兵一卒而恢复燕云地区。童贯此时又结识了一个奸诈小人，声称自己有灭辽的良策，这所谓的良策就是联合金国共同攻打辽国。徽宗一直急于要收复燕云地区以完成先帝的夙愿，也好在史册上，为自己写上重重的一笔。再加上童贯等人的极力赞成，于是徽宗也就欣然接受了这一建议，与金国联盟共同对辽，以求光复燕云地区。

然而，虽然与金国结下了同盟，但毕竟要各自分头行事。虚弱的宋朝在攻打辽国时屡战屡败。宋朝根本不是辽国的对手，尽管辽国的军事实力已大为削弱了。金国将这一切都看在了眼里，原来盘踞在中原地区的宋朝只不过是一只纸老虎，是如此的不堪一击。宋朝的军队只是一群无用之人。金国对此心里面有数了。

最终，辽国敌不过金国的进攻，灭亡了。宋朝立即派人去金国索要燕云十六州，因为盟约是这么写着的。此时的金国已经认清了宋朝虚弱的本质，金太祖完颜阿骨打的态度十分傲慢，指责道，当初规定宋朝攻打燕京，可是堂堂中原王朝竟没能攻下，这实在是说不过去。如果宋朝如此虚弱，又有什么能力来管理燕云十六州呢？金国心里清楚，以现在宋朝的实力根本就不是金国的对手，当初的盟约就算不遵守宋朝也没有什么办法，倒不如借此机会狠狠地宰宋一刀，看看宋朝还能维持多久。

此时的徽宗一心只想收回燕云地区，于是命人多次与金国交涉。几经交涉之后，金太宗最终决定把燕云十六州地区归还给宋朝。条件是，宋朝必须把每年给辽国的"岁币"如数送给金，另外每年还要一百万贯的"代税钱"。如此来看，这原本是属于中原领土的十六州就成了由朝廷出钱买回来的。

对于如此不平等的协议，徽宗最终还是选择答应了这些条款。或许在徽宗眼里，这些钱算不了什么，重要的是燕云十六州，徽宗的目的达到了，燕云十六州终于由他收回了。

然而，当童贯、蔡攸率军进入燕京时，却发现一片狼藉，此时的燕京已全然不同于以往的燕京城了。燕京城在金军统治的半年期间，几乎家家户户都遭到了洗劫。在他们撤退时更是将燕京一带的人口、金帛等全部掠走，只留给大宋一座空城。然而，这似乎并没有让朝廷觉得不高兴。相反，童贯、蔡京等人上了一道阿谀奉承的奏章，极力夸赞徽宗此举是何等的英明，还谎称燕京地区的百姓夹道欢迎王师。

燕云十六州收回来了，但是宋朝为此付出的代价却是十分沉重的。燕京地区已经被破坏得十分残破，满目疮痍，百姓们流离失所。行乞街头者比比皆是，社会秩序也极为混乱。宋朝本身已经被贪官奸臣搞得乌烟瘴气，再加上这么一个烂摊子，凭空又增添了许多负担。而且这个烂摊子还是花了大价钱才赎回来的，可怜的宋徽宗还以为自己立了多大的功业，殊不知正是他又将宋朝向灭亡的边界推进了一步。

张觉事件

国力是衡量一个国家是否强盛的重要标准。只有真正的强国才有真正的立足之地，才能取得真正的发言权。那是一个以实力论成败的年代。

积贫积弱的北宋在当时根本就谈不上有什么实力。就北宋内部而言，皇帝昏庸，沉溺于声色犬马，歌舞升平；奸臣当道，祸国殃民，道路以目；迷恋道教，大兴土木，赋税沉重，盘剥百姓，农民起义频繁爆发，国内秩序极为混乱。就外部来说，边境危机不断，少数民族政权迅速崛起并屡次进犯，严重威胁了北宋的生存。由此可见，无论是从内部还是外部来看，可以说，宋朝都面临着生存的危机。

少数民族政权的崛起，尤其是金国的逐渐强盛，直接对宋朝构成了一种威胁。在处理与金国的外交方面，宋徽宗和他的臣子们都是不折不扣的失败者。他们不懂得如何同敌国进行交涉，

如何最大限度地维护本朝的利益，这一群目光短浅的乌合之众几乎断送了北宋王朝的命运。燕云十六州的收复就是很好的一例

宋徽宗一心只想收回这块游离于中原之外的领土，也好为自己建立千秋万载的功业。那些大臣们更多的是讨好徽宗，只要是徽宗想的必定是正确可行的，定当全力支持。这一系列的事可以说是宋朝自己给自己挖的陷阱。

金国对宋朝提出的要求，可以看出它的目的已经赤裸裸地显露出来了：辽国已经被灭了，下一步就要收拾宋了。精明的完颜阿骨打懂得事情要一步一步地办，切不可急于求成。他一直都在筹划着如何攻打宋朝，他一直在寻找机会。可怜的宋朝对虎视眈眈的金国毫无提防，殊不知他们的无心之举便会招来杀身之祸。

张觉是平州人士，辽国人，进士出身，曾任辽国兴军节度副使。张觉因平定平州地区士兵的叛乱，并杀死了节度使萧谛里，而被推举为当地的知州。可以说张觉是一个有胆识的人，当他得知辽朝天锡皇帝耶律淳病死后，辽国的大权落在了萧太后手的中，他深感辽朝的气数已尽，于是他抓住时机，招兵买马，据地称雄，俨然成为了一方天子。

此时的辽国已经抵不过金军的进攻了，金军顺利地攻下了燕京城，阿骨打向辽国旧臣萧公弼了解了张觉的情况。在萧公弼的眼里，张觉就是一个狂妄自大的人，尽管自恃一方领地，拥有数万兵马，但仍不足为惧。他手下的兵马并没有经过正规的军事训练，而且武器装备简陋，粮草不足。萧公弼建议金国招降张觉，先稳住他们以后再另行处置。完颜阿骨打接受了萧公弼的建议，授张觉为临海军节度使，仍然知平州事。后来金国将平州改为南京，张觉被加封为同中书省门下平章事，留守南京。就这样，张觉算是接受了金国的招降，开始为完颜阿骨打效命了。

但张觉骨子里仍然是一个辽国人，他甘心背弃辽国而为金国服务吗？

在张觉的心里，正是金国害得辽国灭亡，辽国的人民流离失所，他对金更多的是仇恨。尤其是当他看到金军在燕京地区的所作所为时，更加的愤恨。"虽然辽国已经败落，但我决不可因此而自甘堕落，复兴辽国，成为一名再造大辽的功臣才是我真正的宿命。"但是张觉心里明白，金军势力太强大了，自己恐怕不是他们的对手。有人建议他投奔宋朝，倘若以后金军来攻，他可以凭借着平州地区的兵力和宋人的外援，击退金兵的进攻。张觉认为言之有理，于是决定叛金投宋。

张觉的这一举动说明他是一个有勇无谋的人，他没有经过细致谨慎的调查就轻易地决定叛金投宋。他以为凭借宋朝的军力和他在平州的军力就可以对抗金国，他把一切都想得太简单了，殊不知此时的宋朝只是空有一副华丽的外表，内部已经虚弱得不堪一击了。张觉的这一举动带来的后果是他无法预料的。

张觉派人到宋朝表达了他想要降宋的意愿。当宰相王黼得知张觉要归附宋朝时大喜过望，认为这是一件天大的好事，竭力主张徽宗接纳张觉。朝中的许多大臣也都极力赞成，唯独赵良嗣觉得有些不妥。赵良嗣看来，张觉原本已经降金，如今又叛金降宋，倘若接纳张觉，他日金人未必不会以此为借口进攻宋朝，到时候就会后患无穷了。

然而，目光短浅的徽宗哪里会想到以后会发生什么事，他只会贪图眼前的蝇头微利，认为张觉的归附必定会壮大大宋朝的实力。于是徽宗下诏，接受了张觉的投降。盲目自大的徽宗异想天开的以为凭借张觉军队的加入和宋朝的军队就能将铲除金国的军事威胁。

张觉原本是投降于金的，而今又转而投降于宋，宋朝也接纳了张觉，这怎能不引起金人的愤怒？完颜阿骨打死后，金人处理完他的丧事便开始着手处理张觉一事。金国派出三千兵马攻打平州。张觉是一个不怎么懂战术的莽夫，他被金军的假象所迷惑，最终战败而归。而且张觉的弟弟、母亲、妻儿都被金军掠去。金军竭尽全力的攻打平州城，平州陷落之后，营、滦两州也相继落入金人的手里。

至此，金人仍不满足，向宋朝索要张觉本人。宋朝本想蒙混过关，哪知金人狡猾至极，宋朝无法应付过去。为避免再次挑起宋、金之间的战乱，宋徽宗密令处死张觉和他的两个儿子，将他们的首级一并交给了金人。

可怜的张觉，就这样惨死了。张觉没有看清宋朝虚弱的本质，本以为找到了东山再起的靠山，哪知宋朝竟是如此的昏庸无能、不堪一击。他就这样白白地葬送了全家人的性命，真是可悲。张觉一事让在宋朝任职的辽国将军们十分寒心，他们认为宋朝实在是太薄情寡义了，为保全自己的利益不惜出卖友人，这样的朝廷怎么值得他们为其卖命呢？

铁骑南下

赵佶自幼就养尊处优，衣食无缺，过惯了安逸放荡的生活。他没有治国的政治才能，治理国家、管理文武百官无疑是增添了他的烦恼，对他来说是一种负担。不可否认，他是一位才子，琴棋书画无所不通，这才是他的兴趣。因此，尽管成了一国之君，他依然我行我素，荒废朝政，朝廷大权旁落在奸臣宦官手中。就是在这样一位皇帝的手中，北宋走上了它的不归之路。

金军攻打北宋是早有预谋的。在宋金联合攻打辽国的时候，宋朝的虚弱本质就已经暴露无遗，那时金人看在眼里，喜在心上，也就一直在暗暗盘算着。随后，北宋为从金人手中赎取燕云十六州，又付出了极大的代价，金人也清楚地知道宋朝人坚持不了多久了。大批的银两落入了金人的手中，充实了金人的国库，宋徽宗还有什么呢？

张觉的事件又搞得朝中大将们人心涣散了，将军们都没心思死心塌地地为朝廷卖命了，认为自己哪天也会落得与张觉一样的下场。可怜的徽宗这次真是玩火自焚，赔了夫人又折兵。金人暗自窃喜，他们还在一直在寻找机会，认为是时候吃掉这块觊觎已久的肥肉了。在这个弱肉强食，适者生存的时代，这是一个永恒不变的真理。

宣和七年（1125年）十月，金太宗正式下令攻打宋朝，而且金军为此次攻打宋朝做了一番准备，从将领的任命到具体的战略上都做了精心的部署。一切准备就绪后，金兵就浩浩荡荡地出发了，在金太宗的眼里，此战必捷。

兵临城下，大敌当前，江山危急之时，宋朝又是一种什么样的状态呢？荒淫无度的徽宗此时依然丝毫没有一点危机意识。整天还是舞文弄墨，吟诗作对，把玩古玩，纵情声色犬马，全然不知现在已经大敌当前了。在赵佶的眼里，燕云十六州已经成功收回，并且已经与金人达成了协议，每年给金人送去大量的财物，宋朝境内应该是一片和谐的景象。

昏庸无度的徽宗哪里知道这只是假象。真是当局者迷，旁观者清。然而徽宗手下的大臣们依然是在徽宗面前阿谀奉承，欺上瞒下，谎报实情，使徽宗自以为是一代明君，沉浸在盲目的喜悦之中。这一切，都为金军的入城创造了条件。金军马不停蹄地为攻打宋朝做准备，他们的目标就是攻占北宋的都城汴京，俘获宋徽宗。这真的成了一件关系北宋生死存亡的大事。

金国的军事准备到底还是引起了宋人的注意，地方官已经意识到了问题的严重性，他们不敢怠慢，加紧上报了朝廷。但是朝廷上下的官员无不浑浑噩噩，没有理会这件事。事态继续朝着严重的方向发展，金国正在集结兵力，寻找合适的机会打算南下，河东宋朝的守臣已经提醒过童贯了。可自视过高的童贯竟满不在乎。之后又不断传来关于金人的消息，说金军正蓄势待发，粮草兵力全都准备好了，一切已经就绪了。直到这个时候，童贯才真正意识到问题的严重性，匆忙派

马扩、辛兴宗为使节同宗翰军队的商量交割蔚、应两州的事情，并派出人去打探关于金兵进攻的消息。

宋人要求金人归还蔚、应两州地区，没把宋朝放在眼里的金人非但没有答应归还，还要宋朝割让更多的土地，双方最终也没有达成协议。在金人的眼里，此时的宋朝只是空有一副好皮囊，完全不是自己的对手，完全没有必要与宋朝讨价还价，如果宋朝人识相，自己就不用动用一兵一卒获取自己想得到的利益，如果宋朝人非要以卵击石的话，一定让宋朝败得惨不忍睹。

大敌当前，宋朝人真是慌了手脚，本以为朝廷已经与金人结盟，作为兄弟之国的金国怎么会如此的不厚道，竟对自己的盟友反戈一击。金人此时开出了条件，宋朝人如果不想与金国兵戎相见，应该立刻割让河东、河北地区，宋、金以黄河为界限，分地而治。如果宋人不肯答应金人的条件，恐怕只有在战场上一决高下了。

金人的狮子大开口，着实把宋朝人吓了一跳，将黄河作为宋、金两国的界限，就意味着宋朝一下子损失了半壁江山。平时趾高气扬、嚣张跋扈的童贯一下子慌了，大脑一片空白，他深知事态已经严重到不在他的控制范围内了。虽然之前他也曾经历过一些战争，但每次都可以侥幸蒙混过关，这次却不行了，这关系到了大宋的生死存亡。贪生怕死的童贯此时脑子里的第一反应就是赶紧逃走，既然形势已经无法逆转，何必白白赔上自己的性命。所以作为朝廷派往西陲的最高军事统帅童贯就这样弃大队的兵马于不顾，自己逃跑了，他的行为导致军队群龙无首，马上陷入了混乱的状态。

所有的一切都让金军的进攻变得极为顺利。军心涣散的宋朝军队基本上已经失去了战斗力。宗望率领的东路军基本上是兵不血刃地攻陷了清化县、檀州、蓟州、松亭关、石镇门、野狐关、古北口等地，顺利地抵达燕山城下。

燕京知府蔡靖急忙命令郭药师带兵御敌。此时宋朝已经军心尽失，不管是将领还是官兵都已经无心抵抗了。一方面是张觉事件之后，宋朝的将领已经不再信任徽宗了，现在做出的抵抗仅仅是流于形式，勉强应付一下；另一方面，宋朝的败局已定，在他们看来，没有必要为这么一个腐朽的朝廷作出无谓的牺牲。郭药师就是一例。他已经完全没有斗志了，昔日的常胜将军此时也吃了败仗，并投降了金军。郭药师投降金军之后，被宗望任命为燕京留守，在郭药师的帮助下，金军更加了解了宋朝的虚实，并且很快平复了燕山府所属的州县。

燕云地区是徽宗花了大价钱从金军手里赎回来的，在还不到十天的时间里，这一地区又重新落到了金军的手里，这一切对金军来说，几乎没有费多大的气力。

东西两路金军联合夹击，将宋朝逼上了一条不归之路。童贯弃师逃跑，郭药师叛国投敌，宋军上下毫无战斗力，大片大片的领土就这样落入金人之手。宋徽宗慌了，前一时期还歌舞升平，现在却是大敌当前，他面临的是国破家亡的危险，等待他的是亡国的结局。此时的宋人已经无力抵抗了，金人也不接受与他们讲和，徽宗很无奈，但却无力回天，皇帝之位他再也不能继续坐下去了。

徽宗逃亡

几乎每一朝代的皇帝在继位之初都会有一番宏图大志，满心欢喜地想要为自己的子民作出一番贡献，将朝政治理得井井有条，使百姓安居乐业，境内一片盛世的景象。然而，很多时候往往是事与愿违，历代的皇帝有几个能称得上是盛世明君呢？又有几个朝代能真正出现百姓安居乐业的盛世呢？美好的愿望人人有之，但理想与现实往往存在一定的差距，不是每一位君主都具备像汉武帝、唐太宗那样的才智的。既然无大治，大可安分守己，尽力而为，也不会祸国殃民，贻害百姓。怕的就是一位资质平平、贪图享乐的皇帝，偏偏又养了一批祸国殃民的奸臣，毁了朝政，也毁了百姓。

可以说，宋徽宗是北宋历史上最昏庸无度的一位君主，他的昏庸无度直接将北宋逼上了穷途末路，宋徽宗也因此戴上了亡国之君的帽子。

当金人挥师南下，宋朝溃不成军，大面积的疆土沦落到金人的手中之时，徽宗清醒过来。金人真是背信弃义了，当初的"海上之盟"对这帮蛮人来说没有丝毫的约束力。谁能料想到他们竟然这般薄情寡义。现在什么都晚了。战场上兵戎相见，宋军敌不过骁勇善战的金人。宋徽宗也曾派人游说过金人，企图与金人议和，但是纵然使者口若悬河，金人却也不理不睬，他们现在的目的就是攻进汴京，俘获宋徽宗，灭亡宋朝。

宋徽宗真的没办法了，他惶然无计，一筹莫展，只得招来大臣宇文虚中共同商计。宇文虚中认为，国事现在已经颓废到这个地步，皇帝应该下"罪己诏"，以改弦更张，革除积弊，或许只有这样才可以挽回民心，使宋人同心协力，团结起来共同抵御外敌的入侵。

罪己诏也就是皇帝自己给自己降罪，承认自己在位期间治理无度导致了现在这样的局面，公开向天下的百姓认错。公开向天下人下罪己诏是令皇帝十分难堪的一件事，这完全背离了徽宗平时喜欢听阿谀奉承之言的风格。可是现在朝廷处于极其危难的时候，徽宗也没有其他更好的办法了，于是就采纳了宇文虚中的建议，并让他起草罪己诏书。

宇文虚中花了一夜的时间，替徽宗拟好了一份罪己诏书，并在第二天便昭告了天下。这是一份极为沉痛的诏书。古语有云：鸟之将死，其哀也鸣；人之将死，其言也善。在这江山和生命朝不保夕的时刻，徽宗坦诚了自己多年的错误。他承认二十多年当政以来自己的种种昏庸无度的行为祸害了大宋的江山，祸害了黎民百姓。承认他在位期间，奸臣当道，小人得志，大兴土木，横征暴敛，使百姓处于水深火热之中。为了表示自己的诚心，徽宗在诏书中信誓旦旦地表示，从现在开始他将大力整顿吏制，废除苛虐的政治，以安抚天下苍生。徽宗为了表示自己真的是想要彻底悔过，他还付诸了实际行动，下令废除诸局以及西城所，并将它们所管的钱物都一并付与有司；将以前没收的原来属于百姓的土地还给之前的租佃人，裁减宫廷的费用和侍从官以上的俸禄，总之，一切不得人心的弊政基本上都被革除了。

人非圣贤，孰能无过？知错能改，善莫大焉。在金人兵临城下的危难时刻，徽宗终于意识到自己的荒淫无度了，正是他的所作所为把好好的大宋江山拖进了无底的深渊。徽宗现在虽然认识到自己的错误，但一个罪己诏就能将他所做的一切给抵消了吗？就能挽救现在的局势吗？就能弥补他给宋朝百姓带来的灾难吗？答案是否定的。早知今日，何必当初。这一纸罪己诏又岂能将金军送回自己的老巢而还宋朝一个安宁呢。

一切依然照旧，金军的铁骑越来越近了。金军南下的消息使汴京城内人心惶惶。朝廷大臣们此时也是茫然不知所措，他们明白此时的形势已是无力回天了。所以他们只顾忙着尽量遣散自己的家属，运送自己的财物。满朝的大臣基本上都是酒囊饭袋，在欺压百姓方面可谓手段各式各样，但是在大敌面前，一个个都束手无策。只记得三十六计走为上策，都在忙着溜之大吉。徽宗也没办法了，皇帝之位是保不住了。在徽宗的脑子里，他想得更多的是禅让皇位以保全性命，将这个无法收拾的烂摊子交给太子处理。皇帝官员上下逃跑蔚然成风，整个宋朝乱成了一团。

在逃跑之前，赵佶还是把京城安顿了一番，他任命皇太子为开封牧。在宋朝，开封牧或开封尹不属于常设官职。在北宋历史上，只有太宗、真宗曾任开封府尹，后来都登基称帝了。现在徽宗下诏命皇太子为开封府牧，还下诏赐予排方玉带，徽宗此时的用意已经非常明显了。

就在宋朝上上下下乱作一团之时，金国又派使者带来了一封书信，一下子又使原本紧张的气氛多了几分火药味。原来这不是一般的书信，这是一封声讨宋徽宗的檄文，檄文里尽是指斥徽宗的内容，而且言语十分激烈。赵佶看后，十分震惊，之前还犹豫不决的他这时已经有了主意，"既然朕这么不得人心，又被金人说得这么一无是处，就没有必要再留在这个位置上了，让有能力的人来力挽狂澜吧。"徽宗决定让太子监国，自己向东南方向逃跑。

消息一传出，太子少卿李纲便去找给事中吴敏商量此事。李纲认为，现在情势危急，金军兵临城下，面临的是国破家亡的危险，此时皇帝却要弃城而逃，让太子监国，收拾这一烂摊子，就现在太子的地位而言恐怕难以服众。在李纲看来，在国家面临生死存亡的危难时刻，如果不另立年号，恐怕不能扭转颓势。也就是要徽宗将皇位传给太子。吴敏觉得李纲言之有理，次日便将李纲的话原原本本地告诉给了徽宗，还附上了李纲的一封血书。

其实徽宗已经知道自己没有办法挽救当前的局势了，金军兵临城下，他想到的只是逃跑保命，现在对他来讲没有什么比保住自己的生命更重要了，包括皇位。既然大臣们都有此意，他也正好来个顺水推舟，将皇位让给太子，也好落得一身清闲。于是，此时的徽宗没有丝毫留恋做了20多年的皇位，他拿起笔，迅速写下了诏书，正式将皇位传给皇太子。

皇太子赵桓得知父皇将皇位传给自己的消息，没有一点欣喜之色。的确，能成为一朝天子是人人梦寐以求的事情，但现在的形势却大不相同了，金兵的铁骑已经踏进宋朝的疆土，他们就是冲着京城来的，他们的目的就是取代宋朝。徽宗和大臣们绞尽脑汁也没有想出办法解决的问题的方法。在这个宋朝形势告急的情况下，徽宗唯一的计策就是尽快逃离这已处于水深火热情况中的京城，把赵桓硬生生地拉到了皇位上去应付这千疮百孔的局面。

第十九章 靖康之难，北宋覆灭

金国崛起

"搏风玉爪凌霄汉，瞥日风毛堕雪霜。"这首诗是金国的一位诗人用来描述海东青扑击天鹅的场面。诗人表现出的是一种对海东青以小制大、坚毅勇猛的赞誉之情。海东青是古肃慎的最高神，有可能不存在，也有可能是早已经灭绝了的一种大鸟。

女真称号的来源或许与海东青有莫大的关系，女真人身上有着一种类同于海东青的一种精神，坚毅勇猛、奋飞不止、搏击长空，正是这样一种精神不断发展壮大着女真族。

女真是中国最古老的民族之一，过去世世代代居住在东北地区，靠河流而居，在黑龙江下游、松花江、乌苏里江流域还有长白山地区都可以追寻到他们的踪迹。虽然是个少数民族，却与中原地区的政权有着密切的联系。隋朝时被称为黑水部，其首领曾派使者到隋朝进贡。在唐朝时改称黑水靺鞨，贞观年间，唐太宗在攻打高丽时曾得到过靺鞨的帮助，开元年间设黑水都督府，双方之间的朝贡不断。到了五代时期，才开始称为女真。

任何一种力量的发展都不能受到忽视，新事物总是在发展壮大的，或许刚开始并不起眼，但是随着时间的流逝，很有可能就成为一股不可忽视的力量，女真族就是这样在不知不觉中壮大起来，在他们的骨子里有一种海东青的精神，这种精神在发挥着相当大的作用。

聚居在东北地区的女真族，虽然与中原政权有着这样或那样的联系，但基本上是出于一种和平相处的状态

五代时期，战乱不断，政权更迭频繁，契丹首领耶律阿保机趁中原王朝——唐朝衰弱之际在北方建立了一个辽政权，女真开始分裂为南北两个部落。辽国凭借自己强大的军事力量将女真一部分大宗大族迁到了辽河流域，并将他们编入了辽人户籍之下，被称为熟女真，直接接受辽国的统治，剩下的一部就是生女真。生女真各部大的有数千户，小的只有千余户，他们自己推选酋长，各为为政，互不干涉，过着渔猎、渔牧、采集的原始生活，没有被纳入辽国的统治范围。生女真人的生活不受辽国的统治，相对来说比较自由，发展的空间也相对较大，为以后的崛起准备了条件。

完颜部就是生女真族中较大的一个部落。辽国试图将生女真族控制在自己政权统治之下，就试图以完颜部为切入点，进而统治整个生女真部。辽国君主拉拢完颜部酋长乌古乃，封他做生女真节度使。从此以后，乌古乃就自己设置了衙门，打造武器，训练军队，使生女真部逐步强大起来。到了辽天祚帝时，完颜盈哥做了女真的首领，他的侄子完颜阿骨打辅佐他处理事务，此时女真部的势力更加强大起来。

随着女真族势力的强大，越来越不满于受辽国的统治。而且当时的辽国已经呈江河日下之势

了，政治腐败、民生凋敝，但是此时的女真人还没有十足的把握，他们在寻找合适的时机。

完颜阿骨打是一个强势人物，他的上台给女真部落打开了一片不一样的天地。宋政和三年（1113年），女真首领完颜乌雅束因病去世，作为弟弟的完颜阿骨打就顺理成章地继承了兄长的位置，成了女真人的首领。完颜阿骨打对辽国人采取的是一种强硬的态度，他不想再受制于辽国人的统治。所以，完颜乌雅束死后，他决定不向辽国报丧，并且在没有经过辽国人同意的情况下继位，自称都勃极烈，俨然一个独立政权的样子。完颜阿骨打的做法激怒了辽国的统治者，辽天祚帝派人前来责问，没想到完颜阿骨打拒绝接见辽国的使者，他的这一做法完全同辽国撕破了脸面。

当然这一切都不是偶然发生的，辽国仗着自己建立了政权，自恃兵力强大，就为所欲为，欺压女真族人。长期以来，女真人一直处在辽国残酷的压迫之下，不敢反抗。现在时局大不一样了，完颜阿骨打成为了女真人的首领，他是一个铁骨铮铮的硬汉，哪里受得了辽国人对自己的族人这般欺凌。况且，辽国境内政治腐败，军队战斗力下降，精明的完颜阿骨打对此有所了解。他继位之后，便率领自己的族人，起来反抗辽国的统治。

于是在政和四年（1114年）九月，完颜阿骨打在松花江畔，群集族人，召开誓师大会。祷告天地，鼓舞士气，起兵攻辽。第二年的正月，阿骨打正式称帝，建立金国，阿骨打就是金太祖。

刚开始，辽国以为女真人虽然磨刀霍霍，但毕竟只是一个小部落，不会成什么大的气候，也没有太放在心上。直到金政权建立以后，辽国意识到了问题的严重性，一山岂能容二虎，金国政权的建立直接威胁到了辽国的统治。此时的辽国不想大动干戈，辽天祚帝曾派家奴给完颜阿骨打，试图说服他使金国作为辽的附属国，但是被完颜阿骨打拒绝了。双方多次信件往来，辽在信中要求金国投降，金在信中也不甘示弱，要求辽国答应金国开出的条件。经过几番的书信交流，丝毫没有达成一致。

既然书信交流没有结果，那就不浪费时间了，完颜阿骨打认为，反正已经与辽国撕破了脸，就没必要在迟疑了，孰强孰弱，便在战场上一争高下。于是，完颜阿骨打就率领强悍的女真人，向辽国发起了猛烈的进攻，直捣黄龙府。军队战斗力虚弱的辽国人哪里是这帮强悍女真人的对手，节节败退，很快，黄龙府便落入了女真人的手里。

在女真人的全力支持下，再加上完颜阿骨打杰出的军事才能，金军一路势如破竹，胜利在望。此时的辽国军队节节败退，溃不成军，金军乘胜追击，杀掉辽军无数，夺得粮草辎重、兵械、战马，不计其数。就在辽金两军激战时，饶州的渤海人也趁机起事，辽不得不派兵镇压乱民。此时东京辽将高永昌乘机起事，率兵攻入东京，拥兵自重，自立为大渤海皇帝。天祚帝曾试图将他招降，高永昌哪里肯听。

辽军节节败退，溃不成军，根本无力抵抗来势凶猛的金军，气势磅礴的金军已经占据东京、黄龙府、辽东、长春两路，此时天祚帝已经陷入了四面楚歌的境地。

在那个以实力论英雄的年代里，谁掌握了军队，谁才是中原的霸主。辽天祚帝不得不承认完颜阿骨打的强大，大片的领土落入金人的手里，而他们曾经是唯他马首是瞻的。世事难料，如今天祚帝为了保命，不得不四处逃亡，寻求东山再起之机。

宋金灭辽

从秦始皇建立大一统局面以来，在西部和北部这一漫长的边境线上，冲突与争端似乎就没有终止过。代表先进文明的中原王朝和野蛮落后的游牧民族之间的关系永远不会仅仅停留在和平相处这一单一的层面上。拥有先进文明的中原王朝想要凭借其文化的博大精深使一切蛮族臣服，而生活在边陲之地的游牧民族则会不满足于自己狭小的生活圈子，时不时地袭扰一下中原王朝的边境。于是就产生了中原王朝与游牧民族的正面交锋，这种交锋几乎贯穿了中国千年的历史，从来都没有中断过。

有宋一代，从建立之初到最终的灭亡，多个政权并立的错综复杂的局面始终存在。在这一历史时期，南部有大理，西部有西夏，北部有辽、金政权的存在，以及后来强大的蒙古政权。宋朝内部积贫积弱，而外部又面临着外族的威胁，对风雨飘摇的大宋朝廷来说无疑是雪上加霜。宋朝初年，国力还算强盛，对付游牧民族的侵扰还算得上是游刃有余，然而到了徽宗时期，事情就没那么简单了。一方面，宋朝的虚弱在日渐严重，另一方面，游牧民族的成长却又相当迅速，对宋朝的威胁渐渐超出了他们的控制范围，徽宗的不幸也就慢慢开始了。

北宋刚建立初期，最让皇帝头疼的是北方的契丹和西北的西夏。其实西夏势力较弱，还不是北宋的对手。哲宗在位时，西夏就与北宋的部队交战过几次，但频频受挫，于是偏安一隅，不再主动干扰中原王朝的边界了。但是契丹就不一样了，契丹是一个骁勇善战的民族，在五代时期势力就比较强大。后晋的石敬瑭就为了讨好契丹人，将燕云十六州地区拱手相送，还做了耶律德光的"儿皇帝"。北宋初期宋太宗在位之时，契丹军队屡屡打败宋朝军队，声势大振，随着契丹人典章制度的日臻完善，仁宗期间，契丹人就建立了政权，国号为辽，与北宋呈对抗之势。

马上得天下，但不能马上治天下，治理一个国家远比建立一个国家要难得多。人往往都会有一种惰性，一旦安于某种状态，就容易由于过度放松而丧失进取的精神。契丹人建立了辽国，就居功自傲起来，认为自己不可一世，于是就沉湎于安逸的生活，以至于导致战斗力大打折扣。这时候，他们的东北方向上一个劲敌在悄然成长，这是辽国人万万没有想到的。

女真首领完颜阿骨打不满辽国对女真的欺压率众起兵反抗，并于政和五年（1115年）打建立政权称帝，国号为金，就这样，在中原王朝北宋的边界地区，辽国和金国就与北宋形成了抗衡之势，对北宋构成了极大的威胁。一山不能容二虎，可就现在的形势来看，不止两只老虎在虎视眈眈地盯着对方，而是三方都想独占鳌头。一场以实力论英雄的较量即将拉开帷幕。

得知金国政权的建立后，宋徽宗深知政权并立的局面会对自己的统治带来极大的威胁，于是非常着急，一直在苦苦寻找良策。

金国成立以后，积极地对辽国展开了军事进攻，辽国的东京、上京、中京纷纷陷落，眼看辽国的半壁河山沦落到金人的手里，辽天祚帝也在苦苦向各方寻求援助。

得知金军大举攻辽，辽军节节败退的消息，宋徽宗和大臣们欣喜若狂，认为事情有了转机。原来徽宗一直希望收复燕云十六州，也在寻找收复的良策，只是苦于辽国的兵力强大，一直没能完成这一夙愿。金军的进攻让徽宗看到了希望。"既然辽军是如此的不堪一击，我朝如若能与金人结成联盟，共同打击辽国，照目前这种战争的态势辽国必败无疑。到时候既能为我朝清除一个劲敌，又能收复丧失已久的失地，岂不两全其美？"徽宗把事情想得太简单了，幻想着靠投机取巧地做法解决所有的问题，他错了，他的这种荒诞的想法将宋朝导向了一发不可收拾的局面。

宋徽宗派赵良嗣为使者，向金国表达了想要与之结盟的意愿。经过协商，宋金最终达成协议，金人表示愿意与宋朝联合夹攻辽国。双方约定，金攻取辽国的中京大定府，宋攻取燕京析津府。共同灭辽之后，燕云十六州地区归宋，其余归金国所有。

在南北夹击的情况下，辽国最终投降，辽国灭亡了。在对辽作战的过程中，宋朝的表现实在是太差劲了，几次对辽的作战中，几乎没有取胜的。宋军虚弱的本质完全暴露在金人的眼里。虽然事先已经订立好了盟约，声明打败辽国后将燕云十六州归还给宋，但现在金人完全不把宋人放

在眼里了,态度发生了极大的转变。最终金人仅归还燕京及蓟、景、顺、涿、易六州给宋朝。而且金人在撤离燕京地区时,把城内的金帛财物、官员百姓洗劫一空,仅仅将一片狼藉的空城留给了宋朝。宋徽宗又不得不为了维持这座空城的发展投入了大量的人力物力,但是宋徽宗似乎没有意识到自己的损失,他和官员们一直沉浸在收复燕京地区的喜悦之中,完全忽略了自己为这座空城所付出的巨大代价,也没想到宋朝马上就成了金国的下一个目标。亡国的钟声敲响了。

金人打败了辽国,又从宋朝得到大批的财物,实力大增,欲望也大增。此时,宋金的矛盾也凸显了出来。宋徽宗宣和五年,金太祖完颜阿骨打去世,他的弟弟完颜晟继位,也就是金太宗。在金国服丧期间,原来已经降金的辽国将领张觉叛金降宋,而且宋徽宗接纳了张觉的投降,引起了金人的极大不满。金国就以此为借口,攻占了太原,并夺取了之前归还给宋朝的燕京,并准备一举攻破宋朝的都城汴京俘获宋徽宗。

气势汹汹的金军着实把宋徽宗吓了一跳,未曾料想到昔日的盟友反戈一击,冲着自己来了,自己哪里是这般野蛮人的对手。此刻徽宗能想到的就是逃之夭夭,保全自己的性命。

慌乱之中,徽宗将自己做了20多年的皇位传给了儿子赵桓,自己逃离了这个是非之地。赵桓由此继位,也就是后来的宋钦宗,改元靖康。但是简单地换国主,易年号就能阻挡金军南下的铁骑吗?此时的金军的大队人马已经渡过了黄河,朝京城汴京袭来,宋朝的江山危在旦夕。

宋钦宗临危即位

出生于帝王之家的男孩们大都会有皇帝梦。历朝历代皇子之间为争夺皇位而骨肉相残的事件也数不胜数。然而,宋徽宗的儿子赵桓似乎不是这么想的。虽然他接手了大宋的江山,一夜之间从战战兢兢的太子摇身一变成为一国之君,是多么荣光的一件事。但他一点都高兴不起来,毫无准备的赵桓是硬生生地被拉上龙椅的。

赵桓曾经幻想过做皇帝,毕竟自己是正宗的皇太子,而且一做就是14年。十四年的准备,十四年的等待,这对于一个储君来说是必要的,但也是相当漫长的。毕竟人生弹指一挥间,能有几个十四年。但是,赵桓万万没有想到,他登上皇位的情形与他想象中的差了十万八千里。没有大臣们的簇拥,没有百姓的欢呼,有的只是金军兵临城下的剑吟马乱和无数伤者的哀哀呻吟。他面对的是一个千疮百孔的烂摊子,以至于他的父皇因无力收拾残局而匆忙出逃保命去了。国不可一日无君,于是徽宗在临走之前颁布了传位诏书,赵桓就这样被大臣们硬生生地拖上了金銮殿,披上了龙袍。没有皇位之争的血腥,只有赵桓的万般无奈。

临危受命,赵桓就这样被逼上了皇位,也成了北宋最后一位皇帝。

宣和七年(1125年)十二月,赵桓正式即位,是为宋钦宗。赵桓即位之后,在崇政殿召见群臣,大赦天下。新官上任三把火,尽管现在的局势相当危急,但是既然已经接替了皇位,就必须为自己树立起皇帝的尊严。

一朝天子一朝臣,既然徽宗已经正式退位了,那随之而来的就是更换官吏了。官吏的重新任免或许能为朝廷注入一些新鲜的血液。于是钦宗任命李邦彦为龙德宫使,蔡攸为太保,吴敏被封为门下侍郎。赵桓还立太子妃朱氏为皇后。朱氏被封为皇后之后,她的父亲武康节度使朱伯才也得以恩荫,被封为恩平郡王。还有李纲被授兵部侍郎,耿南仲签书枢密院事。

部分朝廷官员的重新任免无疑对钦宗在宋朝树立自己的威信有一定帮助。但是,钦宗似乎没有魄力进行大刀阔斧的改革,他只是更换了一下朝中的大臣,这种换汤不换药的方式对濒临亡国的宋朝所起的作用是微乎其微的。如果在危难之际受命的钦宗是一位英明的君主,或许宋朝还能够起死回生。然而赵桓不是，他和他的父亲徽宗一样，都资质平平，没有什么杰出的治国之才，这也就注定了当上皇帝的他不会有什么惊人之举，在挽救宋朝危局方面也没有太大的作用。

钦宗继位之际，正处于金国大军浩浩荡荡南下之时。对于稍微有点常识的皇帝来说，当务之急就是想办法阻止金兵南下。然而，这位于危难之际被逼上皇位的钦宗同样是一个昏庸怯懦之辈。他认为以当前宋朝的军队完全不是金人的对手，与金军交战完全是自讨苦吃，战败是必然的结局。既然战也没有用，何必再浪费国家的一兵一卒，还伤害了与金人的和气。如果中原王朝能降低姿态，与金人握手言和也未必不是一件好事。

面对金人的进攻，钦宗竟然没有一点抵抗的勇气，首先出现在他脑子里的想法竟然是向金人乞和。这位可怜的皇帝在登基之初所面对的就是一个千疮百孔的烂摊子。虎视眈眈的金国大军声威浩荡地滚滚而来，仅凭国内虚弱的兵力想要与金人论高下，基本上是天方夜谭。当宋朝还与金国是盟友的时候，辽国的军力十分虚弱，可宋朝却仍然敌不过虚弱的辽国，就连国势衰退、实力空虚的辽国都打不过，更何况是蓄势待发的金国呢？

既然金人是冲着宋朝的江山来的，恐怕此时向金人乞和也不能满足他们的欲望。但是钦宗不明白这个道理，其实徽宗在位时已经向金人议和过，但是被倨傲的金人冷淡地拒绝了。可是这没有给钦宗丝毫的启示，在他看来，父皇与金人议和的失败是由于金人已经完全不信任父皇了，最好的证据就是金人曾派使者送来一封指责徽宗的信件，将徽宗说得一无是处。而他就不一样了，毕竟是宋朝的新皇帝，完全可以换取金人的信任，与金人言和，使宋朝免于金人铁蹄的践踏。

这真是一种美好的愿望，钦宗太不了解金人了。他们看中的是大宋的江山，他们想要的是宋朝的土地、财物和人口，多少年来，他们一直都是生活在一个狭小的圈子里，慢慢地成长壮大，日渐增长的不仅仅是他们的实力，还有他们的胃口。曾经欺压奴役过他们的辽国而今已经成了手下败将，于是他们又将目标转向了中原王朝——大宋。占据中原的大宋根本不值一提，它已经虚弱的不堪一击了，这对胃口大开的金人来说真是一个绝好的机会。

赵桓沉浸在乞和的美梦之中，气势汹汹的金人就快要杀过黄河了，赵桓依然没有心思去考虑如何迎战以保卫江山。他派给事中李邺出使金营，代表他这个宋朝的新皇帝请金人停止前进，使两国重修于好。

看到李邺送来的投降书，金军确实为之一动，但经过再三考虑，金军没有接受。仔细对比双方交战的实力，很明显是金处于优势地位。宋朝的军队基本上没有什么战斗力，不堪一击，宋朝的军事防务也形同虚设，金军大可挥师南下，不必担心会遇到什么障碍。钦宗皇帝也与徽宗强不了几分，不会有什么惊人之举。总之，宋朝就是一只纸老虎，根本就没有言和的必要。

钦宗求和的美梦就这样破碎了，金军没有看在这位新皇帝的面子上而化干戈为玉帛，依然大军南下。钦宗没有办法了，不得不整军备战。于是赵桓派河东制副使何灌率领两万禁军增援浚州，与梁方平协同作战守卫黄河大桥，意图借黄河之险将金军阻止在黄河北岸。

就算宋朝派出去的是一支正规的军队，也未必能成功地将金军拦在黄河以北，更何况何灌带领的这两万禁军是一批根本就不会打仗的农民，是临时被召集起来凑数的，没有什么组织纪律性，也没有经受过特殊的军事训练。这样的军队在战场上的表现可想而知了。

宋军出征的那一天，京城上下一派欢腾。百姓们对这批即将上战场的士兵寄予了厚望，希望他们能全力抵挡住金军南下的态势。然而，百姓们真是高估了他们的军队，这些临时征调的士兵真的能与虎视眈眈的金军相抗衡吗？

第一次开封围城战

北宋真是一个多灾多难的朝代，每一代皇帝都有诸多的烦心事，而且祸患似乎愈演愈烈。从北宋中期开始积贫积弱的局面就越来越严重，而且党派分立，奸臣宦官掌权，朝政一片混乱。事情往往是由内而外发生的，内部的状况不断，必然会削弱抵抗外敌的能力。终于，内部混乱的状况终于为北宋王朝招来了劲敌。

来势汹汹的金军给了已经摇摇欲坠的北宋致命一击。金人的目的就是直捣北宋的京城汴京。金人扬言要攻占汴京，俘获皇帝宋徽宗。昏庸无能的徽宗被虎视眈眈的金军吓怕了，他对自己统治了二十年的烂摊子实在是无能为力了，于是匆匆传位于太子赵桓。徽宗的仓皇出逃，使京城里变得更加混乱。资质平平的钦宗丝毫理不出头绪。

求和不成，战又不胜，赵桓此时真是无奈了，到底该怎么办呢？

太宰白时中谏言说，此次金人来势太过凶猛，照目前情形来看，根本就没有什么好的办法阻挡金兵南下，因此建议钦宗暂时躲避一下，以免落入金人之手。宰相李邦彦也认为留在京城实在是太过危险，主张钦宗暂时出去躲一躲。

贤臣的作用在国家危难的时候往往会更加明确地表现出来。一个贤良的大臣往往会在国家危难之际竭尽自己的才智来挽救国家，拯救江山和百姓于危难之中。可是钦宗时的大臣在金兵来犯之际，首先想到的竟是让皇帝出逃保命，而不是考虑怎样才能更有效地组织兵力来抗击金军。

钦宗赵桓同徽宗一样，也是一个怯懦无能、优柔寡断的人，本来就是被生拉硬拽才坐上皇位的，极不情愿接手这么一个烂摊子。当他听到几个大臣建议他暂时出去避一下时局的想法时，他异常高兴，这个想法正说中了他的心意，他也想象他的父皇一样，抛开这一烫手的山芋逃之夭夭，以免自己落入贼人之手。

可是兵部侍郎李纲站出来反对，他极力主张抵抗金军的进攻。李纲是政和二年（1112年）的进士，为人正直，徽宗在位时曾因得罪过徽宗而被贬到地方上去。金兵对北宋发起进攻的时候，李纲又被召回京师出任太常少卿，掌管朝廷的礼乐郊庙事务，是一个纯粹的文官。现在大敌当前，李纲不能眼睁睁地看着宋朝的江山和百姓遭到金人的践踏，坚决要求抵抗。他认为徽宗将大宋江山托付给了钦宗，现在钦宗没有理由弃之于不顾。许多大臣认为，依照现在的形势，京城基本上已经守不住了，没有必要再苦苦战斗了。李纲认为如果京城都守不住了，恐怕天下就没有守得住的城池了，他还建议白时中等宰相应该担当起抵御金人入侵的重任。在白时中看来，当此之时抵抗必死，不如走为上策。李纲见无人敢担当这份责任，于是自告奋勇地向钦宗表示愿意统兵御敌，以死报效朝廷。

赵桓见李纲不顾个人生死，愿意领兵保卫京城，当即任命李纲为尚书右丞、东京留守。李纲临危受命，积极部署兵力，表明誓死要保卫开封。虽然李纲一片赤心，发誓与北宋共存亡，但是钦宗看来，李纲仅有一片赤诚之心根本于事无补。他的心里依然很害怕，准备收拾东西想要逃走，李纲费尽了九牛二虎之力才说服钦宗皇帝放弃出逃。

天下兴亡，匹夫有责。受命于危难之际的李纲深知朝廷所面临的局势，不敢有丝毫的怠慢。就在李纲加紧部署的时候，金军的铁骑已经抵达城下。金军对宋朝发起了异常猛烈的进攻，好在李纲上任后严密设防。积极地进行军事部署，并且在李纲的带领下，宋朝都城的军民团结一致，进行了比较有效的抵抗和还击。

虽然李纲只是一个并不精通战术的文臣，但在他的带领下，宋军战士发挥出了极大的战斗力，多次重创金兵。金军虽然攻势凌厉，但始终不能在军事上占到多大的便宜。由此可以证明，宋朝的军队还是有潜力的，如果有一个英明的将领与士兵同仇敌忾，全力以赴，将生死置之度外，宋朝还是有可能取得军事上的主动权的。李纲的例子就是一个很好的证明。

可惜宋钦宗赵桓不是一个有胆识有魄力的人，在他的眼里金军是不可战胜的，他已经多次领教过金兵的厉害了，不相信仅凭宋朝的军力就能挫败金军。他想得最多的就是向金军求和，以保住自己的皇位。怯懦的宋钦宗从开封保卫战一开始，就暗中接受李邦彦割地求和的建议，并派使者赴金营谈判。

由于李纲的坚持抗战，金军屡屡受挫。这时钦宗又谈起了议和之事，金军统帅斡离不（即完颜宗望）派使臣吴孝民入城，与宋朝议和谈判。金人要求以黄河为界、赔偿军费等条件，还要求宋廷另派大臣前往议和。

钦宗以为事情应该很容易就解决了，金军已经同意谈判了，一切也应该结束了吧。哪里知道金人欲壑难填。他们以攻破宋朝都城相讹诈，提出了更为苛刻的撤军和议和条件：宋必须一次给金黄金五百万两，白银五千万两，绢彩万匹，牛马万头；割让太原、中山、河间三镇；宋主尊称金主为伯父；必须以亲王、宰相各一人为人质。

主战派李纲当然不同意金人提出的这些苛刻条件，但贪生怕死的钦宗已经顾不上这些了，而且朝廷上的众多大臣都同意与金军议和了事。其实在对金作战的过程中，在李纲的带领下，宋兵是处于优势地位的。但是钦宗却怎么都不相信，一心认准了只有接受金人提出的条件才能真正求得安宁。就这样，宋朝在自己占优势的情况下，与金人缔结了城下之盟。

战和之争

当一个国家或一个民族遇到外敌入侵的时候，最应该做的就是团结一切可以团结的力量，同仇敌忾，共同抵御外敌的入侵。只有这样才有可能保卫自己的国家和民族免遭践踏。如果在这种危急关头，还不能将所有的力量集中起来，只会让入侵者有机可乘。

自宋朝中期以来，宋朝积贫积弱的局面就已经暴露无遗了。北宋丞相王安石为挽救宋朝积贫积弱的局面还试图进行变法，然而效果似乎不太明显，反而引发了北宋后期无休止的党争，这一切都是在王安石预料之外的。越到北宋的晚期，政治局面越混乱，难以掌控。皇帝昏庸无能，奸臣宦官当道，周边少数民族政权纷纷建立并对北宋的统治构成威胁。面对金人的入侵，徽宗无能为力了，不得已丢下自己的江山保命去了。到了钦宗即位以后，大宋的国力已经被侵蚀殆尽、所剩无几了。

徽宗逃跑，钦宗继位并没有减缓金军南下的脚步。作为一国之君，不管有没有用，面对侵略者的铁蹄都应当坚决抵抗。如果钦宗是一个明智的君主，他登基的第一件事应该是竭尽全国的人力、物力和财力共同抵御金人的南下。然而钦宗没有做到这一点，他只是想与金人求和，而不想动用一兵一卒就能侥幸躲过一劫。事实证明了他的想法是错误的，傲慢的金人已经认清了宋朝虚弱的本质，他们要的是宋朝的江山。宋人不肯拱手相送，他们便武力夺取。

毕竟朝中还有抵抗的大臣，李纲就是典型。李纲虽然只是一介文官，但在民族危亡之际他所表现出来的"宁与国家共存亡"的那种视死如归的精神不得不让人敬仰。而且在李纲的严密组织下，宋朝军队有效地抵抗了金人的进攻。如果钦宗此时肯正视抵抗的成效，积极支持李纲的防御，也许北宋最后的结局不会那么悲惨。但是多疑怯懦的钦宗始终认为自己不是金人的对手，在自己占优势的情况下以极为惨重的代价与金人签订了屈辱的城下之盟。钦宗为了使金人退兵，几乎每日都要给金人运送金帛，就是有一些美味佳肴也要送给金人品尝。价值连城的珍奇古玩也必须得献给金人。但是金人的欲望就像是个无底洞，永远都没有办法满足。

金人无休止的贪欲和为所欲为的行为激起了宋人的愤怒。李纲一直是主战派，在他看来，金人没有想象中的那么可怕，他们只是虚张声势而已，总起来算也不过六万人，其中有大半是契丹、渤海的杂兵。真正算得上精兵的也不过只有三万人。而宋朝的兵力可以集中二十余万，倘若组织有序，完全可以击败金人的。钦宗认为李纲分析得很有道理，决定对金人发起进攻——劫金人营寨，打算生擒完颜宗望，救回为质的康王赵构。但是由于用人不当，使消息泄露，这次进攻以失败告终。

宋兵劫营失败，这一举动激怒了金人。金人派使者到宋人军营里去责问。李邦彦当着钦宗的面对金人派来的使者说这次劫金营的行动完全是个人所为，与朝廷没有任何关系，还提出捆绑李纲交给金人处理，金人反而不领情。为了使钦宗处置李纲，宰执、台谏谎奏西征勤王之师和亲征营司兵马全部被金人歼灭。没有经过任何调查的钦宗就这么轻易相信了，他大为震惊，立即就罢免了李纲，废行营使司。

在奸臣当道的时代，正义的一方总是不得志。就是在这大敌当前的时刻，朝廷上下也没有将力量集中起来共同商议对敌之策。这些奸诈的大臣生怕金兵对朝廷不利，赶忙把责任推得一干二净，装出一副被害者的模样。

李纲带领宋军抗击金军是卓有成效，深得人心的。当得知李纲被罢免的消息时，太学生陈东率领诸生上书，强烈要求恢复李纲的职务，罢免李邦彦，不期而集的军民达数万人之多，声势极为浩大。

这时候正好赶上李邦彦退朝，聚集起来的群众看到李邦彦，怒火中烧，大声斥骂这个祸国殃民的大奸臣，还向他投掷瓦砾，无奈李邦彦吓得四处逃窜。给事中吴敏让这些学生赶紧离开，但是学生们充耳不闻，继续制造声势，愤怒的学生还打死了十几个平时作恶多端的宦官。事情似乎越发的不可控制，激愤的学生完全不害怕朝廷。殿帅王宗楚唯恐会激起民变，只得向钦宗奏请恢复李纲的职务，以尽快将这种势头控制住。此时的钦宗骑虎难下，不得不恢复了李纲的职务，李纲应诏入城，钦宗任命李纲为右丞、京城四壁守御使。就这样在太学生们的压力下，李纲又重新走马上任了。

从金军南下之时起，好像朝廷内部就没有消停过。就钦宗本人而言，就在战和之间摇摆不定。没有主见、性格懦弱的钦宗完全不相信宋朝的军队可以敌得过虎视眈眈的金军。他从一开始，想得更多的是对金人妥协，能够继续维持苟延残喘的统治。因此到了后来当金人同意议和的时候，尽管开出的条件是如此的苛刻，钦宗依然是全部接受了。或许在他看来，与金军议和、答应他们开出的条件，顶多是多赔些财物，毕竟钱财乃身外之物，重要的是结果，可以阻止金军南下的趋势。

面对金人的进攻，朝廷的大臣也迅速分成了两派——投降派和抵抗派。可以看出，在宋军失利之后，朝廷内部的投降派立刻抬头。投降派们认为战则必败，将希望完全寄托在议和上。一有机会就打击排挤以李纲为首的主战派，将责任全部推到李纲等人的身上。在国家濒临灭亡的紧要关头，有限的人力和智力还不能够一致对外，给虎视眈眈的金军留下了可乘之机。

是战是和，这个问题曾经困扰过许多朝代的君主。究竟什么是衡量这个问题的标准，恐怕只有置身于那个时代的背景才能考量。宋钦宗时期，贪婪的金军咬住大宋这块肥肉不松口，将宋廷逼入了一个死胡同。对宋廷来说，只有竭尽全力进行最后的反抗或许还能绝地逢生。只可惜当时懂得这个道理的人太少了，至少钦宗和那些投降派始终没有想通。

六贼的下场

宋徽宗赵佶当皇帝时，宠爱奸臣宦官，尤其是人称"蔡京六贼"的一帮人搞得朝廷上下不得安宁，百姓们对他们也是恨之入骨。而现在的形势急转直下，面对金人咄咄逼人的进攻，徽宗丢下烂摊子跑到江南避难去了，将大宋的江山交给了他的儿子赵桓。

在被金军围困的无奈之际，被吓破了胆的赵桓又是送金银，又是割地，使尽浑身解数，经过一系列的途径，金人终于退兵了，尽管宋人蒙受了巨大的耻辱，也丧失了大量的钱财。不过金人目前确实撤军了，赵桓可以舒舒服服地过几天安稳日子了。自从赵桓登基以来，就没有过上几天好日子。兵临城下的金军搞得他疲惫不堪，现在看来总算是有点着落了。

然而，一波未平一波又起。有谣言传来，在江南避难的太上皇徽宗不甘寂寞，在童贯等一伙人的怂恿下，想要在镇江复位。不管这个消息是否可靠，赵桓听到这个消息后十分恼火。在国家危难的紧要关头父皇扔下这个烂摊子就跑了，现在时局刚一稳定，他就想重新回到皇位上，世间哪有这么便宜的事呢？

徽宗在惶急之中将皇位传给了太子，之前曾掌握了20多年的权力一下子就丧失了，心中难免会有巨大的失落感。徽宗禅位时曾表示过不再干预朝政，但他俨然还把自己当成是一国之君，钦宗心中难免大为不快。金人此时已经暂时退去，京城也算安定，于是有人提议将徽宗接回皇宫。

钦宗心里有数，徽宗回到宫里未必不是一件好事。现在真正的皇帝是他，只要徽宗回宫，他对徽宗及其身边的大臣都能有效地进行控制。于是赵佶回宫了，仍然住在龙德宫，遵守他的诺言，不再过问政事。

其实在徽宗宣布退位的第四天，就有人上书钦宗，请求诛杀蔡京、王黼、童贯、梁师成、李彦、朱勔六贼，历数这六贼的种种罪行，朝野一片赞同。赵佶的退位使围在他身边的这批奸诈小人一下子失去了靠山，朝中许多大臣都已经对这六贼的行为看不惯了，而今六贼没了后台，大臣们便群起而击之了。

赵桓早在做太子的时候，就已经对这些人十分不满了。他们结党私营，残害正义之士，贪污腐败，使朝廷上下一片乌烟瘴气。只是苦于当时自己是太子，说话没有多少分量，而这六人又深得徽宗的宠信，根本无力将他们扳倒。而今自己身登大宝、大权独揽，完全可以按照自己的意图办事了，这些祸国殃民的贼子们的好日子也就到头了。

靖康元年（1126年）正月，钦宗下诏将朱勔放归田里，将王黼贬黜为崇信节度使副使，将李彦赐死。

几天之后，钦宗下诏指责梁师成与王黼朋比为奸，贬为彰化节度使。梁师成接到被贬诏令以为徽宗对他格外开恩，免他死罪。未料当他行至八角镇时，开封府的差人追了上来，给他送来了赐死的诏书。这个横行于朝廷数十年的权奸终于为他的罪恶付出了生命的代价。

在众人的要求下，钦宗又贬蔡京为秘书监，贬童贯为左卫上将军。在徽宗当政的20多年中，蔡京权倾朝野，依靠徽宗的宠幸，在朝廷里作威作福，呼风唤雨，堪称政坛上的不倒翁。而童贯身为宦官，在徽宗朝竟掌握朝廷兵力多年，并与蔡京狼狈为奸，其罪恶也是罄竹难书。

其实徽宗朝时，这两贼作恶多端，权倾朝野，大家都是有目共睹的。宋朝落到今天这个地步当然与他俩脱不了干系。钦宗对他们的处置似乎太轻了，虽然被贬官，但只是异地安置而已，对他们来讲也没有受到什么实质性的打击。朝廷上下的文武百官和天下百姓对这个处置的结果十分不满意。为安抚民心，消减民众心中的怨气，钦宗下诏将蔡京在衡州安置，童贯移郴州安置。

仍然有人认为，蔡京在朝廷执掌大权时作恶多端，祸国殃民，对他的惩罚实在是太轻，不能与他在朝廷的所作所为成正比，必须加重对他的惩罚。在朝廷的一片咒骂声中，蔡京继续被贬黜，最终，赵桓将蔡京贬至现在海南省的儋州。

蔡京受到了朝廷的处罚，他的两个儿子也没能幸免于难。赵桓下令将蔡京的两个儿子蔡攸、蔡绦赐死。

树倒猢狲散，墙倒众人推，曾经权倾朝野的一帮祸国殃民的奸臣们如今得到了应有的惩罚。可谓多行不义必自毙。之前把持朝政，无人敢在朝廷上多说一句话，而今赵桓不断地对蔡京等人进行贬黜，言官们也纷纷站出来弹劾他们，就算是曾经为蔡京办过事的小官员们生怕自己受到牵连，也匆忙站出来纷纷揭露蔡京的罪行。

曾经叱咤朝野的不倒翁蔡京此时已经全然没有了当日的威风。当日的风光与现在的惨淡形成了鲜明的对比。官职没了，家没了，财产没了，就连自己的儿子也被赐死了。在被押往儋州的途中蔡京的心里想了很多，这位已经80岁高龄的人在生命的最后阶段受到了沉重的打击，这完全怪不得旁人，他必须为自己当年的所作所为付出代价。一路的老泪纵横也换不来上天的怜悯，一路上的凄凉悲惨也只有他自己知道了。由于路途遥远，天气炎热，路上想要购买饮食器用时，小贩们得知他是奸相蔡京时，竟不肯将东西卖给他。他看到的是百姓眼中无比的仇恨，这又怨得了谁呢？

一路的恐慌与颠沛流离终于使蔡京身染疾病倒下了，他深知自己已经走到了生命的尽头。终于在七月的一天，他没能坚持下去，结束了他可耻的一生。

蔡京死了，钦宗又下令杀童贯，作恶多端的童贯也没能逃过一劫，也为自己的行为付出了生命的代价。

就这样，一个接一个，蔡京六贼最终都没落得一个好下场，祸患一时的奸臣宦官们终于没能逃过制裁。这些奸佞的罪恶实在是数不胜数，诛杀六贼对于安抚当时的民心还是起到了一定的作用。然而，这似乎太晚了，北宋王朝现在留下的只有一副空皮囊了。

第二次开封围城战

在任何时候，国与国之间的对抗都不可能凭借妥协投降换取一世的安宁。以实力论成败，胜者为王，败者为寇，只有在双方势均力敌的情况下，才有可能达成协商的共识。在金人的眼里，宋朝的军队完全是不堪一击的，再加上腐败的朝政，他们可以说是战则必胜。宋人企图用妥协政策来解决宋金之间的争端只是一厢情愿罢了。他们以为对金人完全妥协，满足金人开出的一切条件，就可以保住江山，避免金人继续南下，这样的想法实在是太天真了。

为了求得金人撤军，宋朝付出了太多太多，从宋人手里得到了大量好处的金人，也小小地满足了一下宋人的愿望。然而宋钦宗倾尽全国的财富去讨好金人，换来的却只是一时的安宁。这种安宁的环境实在是太宝贵了，因为它是那样的短暂。或许在金人眼里，承诺根本就算不上什么，利益永远是摆在第一位的。

金军虽然退出了京师，但他们并没有因此而停止对北宋的攻击。靖康元年（1126年）八月，金太宗决定再次对宋朝进行大规模的进攻。金太宗任命完颜宗翰为左副元帅，完颜宗望则被任命为右副元帅，二人分别从西京、保州南下，目标就是汴京开封。

宗翰率领的西路军从西京出发，直扑太原。此时的太原因为金军长达八个月的围困，城内已经箭尽粮绝了。战士们先吃牛、马、骡等牲口，牲口吃完了以后只能靠弓箭的筋、和皮甲来充饥。许多军民战死、饿死，剩下的也已经饿得连武器都拿不起来了，状况十分凄惨。在金军的猛烈进攻下，宋军最终没有保住太原，九月初三，太原失陷了。但宋将王禀仍然率领疲惫不堪的军民同金人展开巷战。王禀宁死不做金军的俘虏，最后纵身跳入汾河，以身殉国。

太原失陷，消息传到京师，朝廷上下全都震惊了。金人退出京师也没多少日子，这么快就给宋朝杀了一个回马枪。金军势如破竹，步步紧逼，宋朝的江山告急。此时的宋钦宗和朝廷官员在干什么呢？面对咄咄逼人的金军，这些身居朝堂的人竟然又为是战还是和的问题吵了起来。主战派有徐处仁、许翰，他们认为在这江山危急的时刻必须破釜沉舟，全力抵抗金人的侵袭。而耿南仲、唐恪则认为金人来势汹汹，战则必败，议和才是最好的办法。吴敏之前一直是主站派，此时他却也站出来反对作战。宋钦宗本来就没有什么主见，也没有什么主政的经验，现在大敌当前，朝廷上下又战和不一，钦宗也不知所措了。已经赋闲在家的老将种师道立即上奏钦宗，指出此次金军南侵势力庞大，恐怕不是轻易能应付了的，因此一定得做好迎战的准备。

但是怯懦的钦宗在登基之初就认为金人兵力庞大、势不可当，一直抱着求和的想法。因此，这次金军又一次南下攻宋，宋钦宗依然寄希望于割地求和。他又与主和派站在了一条战线上，认为只要将太原、中山、河间三镇割给金人，他们自然就会退兵。他们哪里知道，区区的三镇之地怎能满足金人的胃口，金人看中的可是大宋的江山。

金人依旧照原计划行事，势如破竹，其锐气不可挡。金军即将度过黄河南下，消息一传来，宋钦宗立即派康王赵构和王云为割地求和的使者，前往金营。

同意与宋人和谈其实只是假象，只是为了麻痹宋朝，金人依然在加快南侵的步伐。完颜宗翰自从攻占了太原以后，继续挥师南下，势如破竹，攻占平阳，占领隆德府，一路长驱直下，向黄河边挺进。

康王赵构奉命去金营谈判，走到磁州时，磁州知州宗泽正率领军民备战。宗泽认为金军不讲信用，此去可能会凶多吉少，他劝康王不要去金营，当务之急应该是起兵援助京城。

金人南下的趋势锐不可当，到了十一月下旬，有两路金军先后到达了东京，一时间，大兵屯集，黑云压城，东京汴梁陷入万分紧急的境况。汴梁城内的军民面临的是死亡的威胁。此时赵桓慌了手脚，平时一味主张求和的他没有想到金人的步伐如此之快，一下子就打到家门口来了。完全处于被动局面的赵桓在金人强烈的攻势下只好硬着头皮应战了。他一面将守城的七万士兵分成五军，一面又命大臣们出谋划策，击退金人的进攻。

然而，就在这生死存亡的紧要关头，军国大事却还是被视作儿戏，朝廷在慌乱之中病急乱投医，什么人都敢用，也因此上演了极其荒唐可笑的一幕。

有一个名叫郭京的人自称神通广大，会"六甲法"的法术，可以凭借他的法术招来天兵天将，轻而易举地生擒敌人元帅，消灭敌军。他向赵桓保证，只要给他7777个人，他就可以凭借他的法术退敌。昏庸的宋钦宗竟然相信了这一江湖骗子的术数，决定用郭京的天兵天将与敌人决一死战。

不久，一切准备就绪，郭京发功的日子到了，他命令撤走城上所有的守军，以免有人偷看，导致法术不灵。施展了法术之后，他命人大开城门，命他的六甲神兵出城迎战。这些所为的神兵不过就是临时凑起来的一群乌合之众，连普通的士兵都不如，哪里有什么刀枪不入的法术。这些神兵最后的结局就是全部被金人歼灭。幸好城门及时关闭，金人没能趁势侵入城内。这位郭神仙见大事不妙，找了个借口就溜走了。就在此时金人攀城而上，发现城墙上竟没有守兵，就这样，苦苦坚守了一个多月的京城，让一支荒诞的神兵给毁了。

一个江湖骗子，轻易地葬送了三千里大好河山。一切都晚了，金人的铁骑已经踏进了开封，大宋江山保不住了。

宋都开封自五代后建立，中原王朝惨淡经营了两个世纪。北宋自宋太祖赵匡胤建国以来，历经9世，近170年江山社稷，就这样毁于一旦。一个刚刚兴起的游牧民族政权就这样将一个中原王朝击败了。

屈辱求和

金军的铁骑踏进了东京汴梁城，北宋真的要亡国了。

金人成功地打开了开封府的大门，宋钦宗慌了手脚，只能赶快派宰相何㮚去金营求和。与宋朝君臣无耻媚金的丑态相比，开封府城内的百姓则表现得英勇多了。京城虽被攻破，但城内的百姓却不甘心做亡国奴，他们没有向金人妥协，而是继续战斗。数以万计的军民自发地组织起来，共同抵抗金人的入侵。群众力量是不可小视的，军民联合起来共同战斗，杀死了前来议和的金使，有三十多万人主动要求发给武器来对抗金人。金军将领下令纵火焚城，百姓蜂拥而至，以至于金兵在城上不敢下来。

金人有些害怕了，经过这一次的进攻，金军的兵力也已受到了不少的损失。现在虽然已经攻入汴京城了，但是军队需要整顿，士兵需要休养生息。可是此时汴京城内数十万的百姓气势汹汹，一旦全部投入反抗金军，金军很可能会陷入不可自拔的状态。当务之急只有依靠大宋朝廷来共同对付百姓的反抗了。

金人对大宋朝廷还是比较了解的，知道他们一直都想议和，于是金军故伎重演，又一次提出议和，宋钦宗和大臣们又从中看到了希望，命令军民停止抗战，向金人投降乞和。

得知金人同意议和的消息，宋钦宗欣喜若狂。立即派何㮚与济王赵栩前往金营中议和。宋钦宗奉上投降表，表示正式向金人投降。金将完颜宗翰、完颜宗望认为，占领宋朝的京城还不能够完全满足他们，擒贼先擒王，他们还想俘获诱擒北宋皇帝，于是便说："自古以来，有南就有北，二者是缺一不可的。只要你们答应割地，议和就不成问题，不过条件是必须让太上皇亲自前来议和。"何㮚回朝廷后，就将金人开出的条件转告给了钦宗。钦宗说："经过这么一劫，太上皇是又惊又忧，大病一场，哪里还经得起这么一番折腾呢？倘若一定要去，那就我亲自去吧。"

不得已，赵桓率何㮚、孙傅等人硬着头皮来到金营里议和。宋钦宗送上降表，并屈辱地下跪。金人自视强大，态度傲慢，对宋钦宗百般刁难。无奈钦宗只能忍气吞声，任金人凌辱。

金人此次完全是漫天要价，实质上就是要灭了北宋。完颜宗望提出割让两河之地，并索要金一千万锭，银两千万锭，帛一千万匹。迫于金人的淫威，无奈的宋钦宗只得答应了金人提出的条件。宋钦宗回到东京时，百姓夹道欢迎。一想到自己在金营里受的屈辱，想到自己堂堂一国之君竟落得如此田地，还得看这帮蛮夷之人的脸色行事，忍不住号啕大哭起来。

既然金人已经开出了条件，而且钦宗也不得不答应了，那就必须付诸实施了。赵桓命何㮚、陈过庭、折彦质等人为割地使，分别到河东、河北给金人割让土地。还派人到各个州县，通知地方官投降金国。

对于金人索要的金帛问题，宋钦宗也是丝毫不敢怠慢。为了给金人筹集钱财，宋钦宗大肆搜刮民间金银。但是当时的开封府城中已经被搜刮殆尽了，赵桓便命令不管是宗室、权贵、商人，还是娼妓，甚至还包括僧道，都必须出资犒军。名义上是出资犒军，实际上是公然抢夺，稍有反抗者，便会被官府关押。开封府内被搞得一片狼藉。除了索要金银之外，金人又向宋廷索要一千五百名少女。一时间，钦宗命人到处去搜捕年轻的女子，搞得百姓不得安宁。许多少女不甘受辱，自杀而死。由于金人索要少女人数较多，钦宗一时难以凑齐，赵桓便让自己后宫的嫔妃、宫女抵数。

在金人与在自己的子民面前，宋钦宗完全是两种不同的姿态。他慑于金人的压力而百依百顺，想要求得金人的谅解，而对自己的子民则毫无爱护之心，将金人带给宋廷的灾难完全转嫁到百姓的身上。金人想要挖空宋人的一切，于是漫天要价，百般刁难，将宋朝的百姓折磨得苦不堪言，几乎将宋朝洗劫一空。金人想要什么，赵桓就得及时送上什么。但是，宋朝的供应能力毕竟是有限的。现在的京城汴梁已经被金人掠夺一空了，即便是挖地三尺，也没有办法满足金人的要求。金人哪里肯就此罢休，扬言要再次纵兵入城抢劫，又一次要求钦宗入金营商谈。

尽管钦宗心里一百个不愿意，但他终究不敢违抗金人的旨意。靖康二年（1127年）正月时日清晨，钦宗拖着沉重的步伐准备再一次跨入金营，乞求金人作出一些让步。赵桓刚一出朱雀门，就被闻讯赶来的数百万百姓团团围住，仿佛生离死别一般。赵桓身上寄托的是百姓的希望，然而这个责任是如此的巨大，对手是毫无诚信的金人，赵桓心里根本就没有底，只有无尽的辛酸苦楚。

赵桓抵达金营后，受到了苛刻待遇。他被囚禁在几间简陋的小屋子里，屋外还有重兵把守，完全失去了活动的自由。堂堂大宋天子，竟成了金人的阶下囚。金人扣留了钦宗，声称金银帛数一日凑不齐，就一日不放钦宗回宫。在金人的强大的压力下，宋廷再一次对北宋的百姓进行疯狂的掠夺。无能的朝廷在强大的金人面前，只会将自己所受的委屈强加给黎民百姓。

但是，宋朝已经没有多少油水可供压榨了，宋朝官吏所搜集的财物与金人的要求还差十万八千里。金人没有就此善罢甘休。既然没钱了，总该有其他东西吧！祭天礼器、图书典籍、大成乐器，等等，都成了金人的囊中之物。人也没有放过，技工、妇女等都惨遭掠夺。

宋朝君臣对金人俯首帖耳，唯命是从，反而更加助长了金人嚣张的气焰。灭宋，是金人的既定方针，不管宋人如何地委曲求全，最终也难逃一劫。金人算是认准了宋朝人无能虚弱的本质，在金人眼里，灭亡宋朝就如同探囊取物一般容易。宋朝人几乎已经被他们榨取干净了，或许就没有再继续存在的价值了。

靖康之变

宋朝沦落到这样的境地其实是意料之中的事。在那个以实力论英雄的年代，成者为王败者为寇的现象司空见惯。一边是杀气腾腾的游牧民族，一边是日薄西山的中原王朝，孰强孰弱自然很清楚。不过宋朝最终的结局实在太过凄惨了，百般地委曲求全最终也没讨得金人的满意，数不胜数的金银财物、人口甚至是土地都双手奉上了，金人仍未改其既定的方针，一味地隐忍退让反而使敌人变本加厉。北宋王朝的气数尽了。

怒发冲冠，凭栏处、潇潇雨歇。抬望眼，仰天长啸壮怀激烈。三十功名尘与土，八千里路云和月。莫等闲、白了少年头，空悲切。

靖康耻，犹未雪；臣子恨，何时灭？驾长车，踏破贺兰山缺。壮志饥餐胡虏肉，笑谈渴饮匈奴血。待从头、收拾旧河山，朝天阙。

这是靖康之难后南宋抗金英雄岳飞留下的一首词。靖康耻，犹未雪；臣子恨，何时灭？靖康之难给宋朝广大军民带来的是深重的灾难和难以磨灭的耻辱。

此时的宋廷已经完全丧失了主动权，煌煌帝都已经落入了金人手中。可怜的宋廷完全成了案板上的鱼肉，不得不受金人摆布。

靖康二年（1127年）二月初六，对于大宋王朝来说，是一个耻辱难忘的日子。金人废除钦宗和徽宗为庶人。当钦宗被迫脱去龙袍时，随行的李若水抱住钦宗不让脱，还大骂金人，金人恼羞成怒，将他折磨至死。

金人的既定目标是灭亡大宋江山，宋朝是赵家人的天下，当然赵家人就难逃此劫。钦宗已经成了金人的阶下囚，金人也不会轻易放过上皇徽宗和其他皇室成员。

二月初七，金人又传来旨意，让太上皇徽宗和太后等人出城前往金营，美其名曰使一家人早日团聚。宋朝大臣莫不放声大哭，大臣张叔夜认为，金人诡计多端，钦宗皇帝已经一去不复返，此次金营之行一定是凶多吉少，太上皇万不可前往。他表示，愿意率领众将士誓死保卫上皇突围。怯懦的宋徽宗哪里有这般胆识，他当政期间就没有对抗金军的气魄，更何况在现在国破家亡的悲惨时期。他没有这个胆量，金人说什么他就会做什么，而今金人让他去金营，他也不敢耽误。只是他可能还不明白金人真正的意图。金人就是想将皇室子孙一网打尽。赵佶和太后乘坐牛车缓缓驶出了龙德宫，驶出了京城，走上了有去无回的不归之路。

几乎所有的皇室子孙都没能逃得过此劫。金人拟定了一份赵氏宗室的名单，就这样，赵佶的儿子、帝姬、嫔妃、驸马等还有赵桓的太子、嫔妃以及所有赵氏宗室的人几乎无一幸免。而且全城搜捕宗室的工作也展开了。开封府尹徐秉哲命令坊巷五家联保，不得藏匿皇室成员。在短短的几天时间里，共抓获皇室三千多人，并将他们的衣袖绑在一起，相互挽行至金营。

北宋就这么灭亡了，而且结局如此惨不忍睹。东京汴梁被金人轻而易举地攻破了，国土沦陷，财富、人口几乎被洗劫一空，皇室子孙也都成了金人的阶下囚。宋朝的江山成了金人手中的玩物。然而，金人毕竟是一帮蛮夷之人，他们虽然是胜利者，却在面对大片被占领的土地时表现出了茫然。这是他们一手造成的，他们的铁骑踏过之处一片荒凉。财富被洗劫一空，中原境内完全是一片狼藉的景象，而统治这片领土的赵家人也都成了他们的阶下之因。当务之急就是为中原王朝寻找一个异姓统治者。

经过众人的推选，张邦昌成为金人的锁定目标。张邦昌曾经与康王赵构一起在金营做过人质，对金人摇尾乞怜，极尽谄媚。所以在金人眼里，张邦昌似乎是一个不错的人选。三月七日，在金人的主持之下，为张邦昌举行了册命之礼，就这样，在金人的支持下，张邦昌建立了一个傀儡政权，国号大楚。

金人在扶植张邦昌建立傀儡政权的同时，也没有忘记对北宋人民的掠夺。金人所到之处，无不烧杀抢掠。金人的野蛮行径给广大人民带来了深重的灾难。

或许在金人看来，他们已经得到中原王朝的一切了。宋朝的领土现在驻扎着金人的军队，宋朝的财富也被他们搜刮得一干二净，宋朝的皇室也成了他们的阶下囚，一切都是那么顺利。整个中原王朝完全被他们颠覆了，金人如释重负，松了一口气。于是在靖康二年的三月底，金人开始撤离东京汴梁，已经成为金人俘虏的徽宗、钦宗二帝以及后妃、皇子、帝姬、驸马等四百七十余人，宫女、教坊乐人等三千余人，被分为七批先后押解北上。

上皇赵佶、郑太后以及亲王、皇孙、驸马、公主、嫔妃等在内的一批人，由完颜宗望负责押解，沿滑州北上；另一批赵桓、朱皇后、太子、宗室以及大臣何栗、孙傅、张叔夜、陈过庭等人由完颜宗翰负责押解，沿郑州北上。各路人马约定在燕京齐会。当然，被金军掠去的还有朝廷各种礼器、古董文物、图籍、宫人、内侍、倡优、工匠、技工等人，北宋王朝的府库蓄积为之一空，这就是历史上有名的"靖康之变"。

徽宗这批人分乘近千辆牛车，就这样在金人的驱使下从青城出发了，凄风苦雨，凄凄惶惶，受尽屈辱折磨，这一路的辛酸苦楚也只有他们自己最能体会。早知今日，何必当初。今日的被掳完全是由昔日的昏庸导致的。生于忧患，死于安乐，这是亘古不变的真理。身为一国之主，只是享受作为帝王的荣华富贵，而置人民于水生火热之中不顾，是为天理所不容，最终也就换来如此凄惨的下场。

徽宗赵佶是一个失败的君主，他本没有什么治国之能却担当了皇帝的重任，这是一个彻头彻尾的错误。北宋的衰落，赵佶难辞其咎。他必须为北宋的灭亡承担大部分的责任。贪图享乐、宠信宦官、重用奸臣、搜刮百姓、招致农民起义、不抵抗少数民族政权的进攻……这一切他都脱不了干系，也都证明了他作为一个皇帝的失败。

在被金人押解北上的途中，想必这位皇帝想了很多。本是一位才子，却错位当了皇帝，误的不仅仅是他自己，也误了一国百姓和一个王朝。

徽、钦二帝之死

彻夜西风憾破扉，萧条孤馆一灯微。

家山回首三千里，目断天南无雁飞。

这首《在北题壁》是宋徽宗在做囚徒时留下的一首诗，寥寥二十八个字深深地抒发了徽宗一腔欲说还休的伤怀悲怆。身为一国之君，而今却落入敌人之手，流落异乡，飘零无依，内心的辛酸苦楚又有谁能真正体会呢？昔日的荣华富贵、养尊处优的宫廷生活而今都已是过眼云烟。金人的铁骑已经踏遍了大宋朝的领土，如今迫于金人的威逼只得北上。

在金人的驱使下，徽宗、钦宗一行分乘牛车，从青城出发，开始了凄惨漫长的北上之行。身为阶下囚的徽宗一行人，在被押解北上的途中受尽屈辱折磨，徽宗见到韦贤妃等人乘车先行而去，也不敢吱声，不觉五脏俱焚，潸然泪下。徽宗的嫔妃曹才人如厕时，竟然被金兵趁机奸污。当他们行至相州时，正好赶上下大雨，车棚渗漏，没办法避雨，宫女们到金兵帐中避雨，又遭到金兵的奸淫，很多宫女被糟蹋至死。徽宗看到这些，只能长吁短叹，却也无能为力。在北上的途中，食物严重匮乏，再加上风雨的侵袭，饿死的宋人屡见不鲜，实在是惨不忍睹。

徽宗一行渡过黄河，来到浚州城外时，金兵阻拦百姓观看，只允许卖食物的小贩接近。当小贩们得知坐在囚车上的是徽宗皇帝时，不禁动了恻隐之心，纷纷送上炊饼、藕菜等食物。却不知当徽宗接过他的子民送上来的食物时，心里会作何感想。曾经身为人君的他，心里几时有过他的子民。为了满足自己的一时之欢没少剥夺他的子民。而此时的百姓似乎都忘了当时徽宗在位时的荒淫无度，纷纷赠上食物。当他看到由于他的荒淫无度导致金人的攻入而身陷水深火热之中的百姓们，他的心里又会是怎样的一番滋味？如果徽宗当时能稍微在意一点他的子民，也不至于落得如此悲惨的下场吧？

在北上的路上，金人丝毫不敢放松警惕。为了防止宋人救走宋徽宗，金人对他严加防范，每到太阳落下宿营休息的时候，金人就以牛车的前辕相向，呈三面环绕之状，每一面都有金兵防守。

在北上的途中，金人时刻都在使徽宗难堪。当他们行至中山府时，金军故意让这个已经废黜了的天子喊话，劝守城的官兵投降。守将在城墙上看到这一场面忍不住痛哭流涕。他们昔日高高在上的君主如今竟落得如此下场，将士们的心里酸楚至极，但没有听从这位昔日君主最后的命令。

徽宗出发时，被迫头戴毡笠，身穿青布衣，骑着黑马，由金人随押，一副飘零落魄的样子。一路上受风霜之苦也就罢了，还要忍受金军兵将的侮辱。曾经身为一国之主的赵佶，全然没有了

往日的威严。在经历了国破家亡之耻后，昔日的徽宗全然不见了，历经家国之变的赵佶内心更多的是无奈与惆怅。真是世事难料，优雅安逸的生活犹如昨天发生的事一样历历在目，而今却沦为金人的阶下之囚。这种巨大的反差使赵佶认识到了现实的残酷。

一路从青城出发，预定集合的目的地到了，徽宗、钦宗二人也终于见面了。这一对苦命的父子，见面就抱头痛哭，悲愤不已。徽宗还以为生活可以就此安定下来了，但是金人哪会这么便宜了他们。九月份，金人下令，徽宗父子要继续迁往更远的上京。原来金人认为，此时中原王朝南宋已经建立，而且势力渐强，金人生怕他们会想办法营救徽宗父子。一旦徽宗父子被夺回，他们在同南宋的交涉中就会失去讨价还价的筹码。不得已，徽宗父子不得不再次承受颠沛流离之苦。

建炎二年（1128年）八月，徽宗、钦宗两位皇帝终于抵达了上京，这一段艰苦的征程总算有了结尾。目的地到达了，可是金人也不会让他们过上安稳的日子。金人让他们穿上孝服拜祭阿骨打庙，这被称为献俘仪，实际上金人是借此来羞辱北宋的君臣。然后，金人又逼着徽宗父子到乾元殿拜见金太宗。堂堂中原王朝的皇帝也会有这样的下场，在金太宗的眼里，这两位手下败将无疑是宋朝的两大祸害，正是这两个昏庸无能的昏君将宋朝的江山拱手让了出去。为了羞辱这两个皇帝，金太宗封徽宗为昏德公，钦宗被封为昏德侯。此外，皇室的其他人也遭到羞辱，韦贤妃以下的三百余人入洗衣院，朱皇后由于不堪受辱，最终投水而死，男子则被编入兵籍，为金军卖命。

然而，上京依然不是他们的最终目的地，之后，徽宗父子又由上京转到了韩州，之后又由韩州迁到了五国城，在辛酸艰苦的路途辗转中，钦宗一直陪伴着徽宗。如果硬要在他们艰苦的旅程中找一点欣慰，那就是这对苦命的父子之间的亲情了。在这国破家亡之际，父子双双沦为金人的俘虏，这仅存的父子之情就显得格外珍贵。皇城的深宫大院，激烈残酷的皇权之争早已将这种亲情磨没了。倘若不是在这极为艰难的时刻，他们永远体会不到这种相依为命的感情。

五国城是一个荒凉偏僻的边陲小镇，这是他们路途的终点，这对苦命的父子终于不用继续再被驱赶着前进了，可以有一个稍稍安定的生活了。喜好读书的徽宗虽然身处异国，衣不蔽体食不果腹，但仍然没有忘记读书，有时候竟然到了废寝忘食的地步。有一次他读了唐朝李泌的传记后，知道李泌为国尽忠，复兴社稷，后来竟被奸佞嫉恨。徽宗读后感悟颇深，他醒悟了，只不过一切都太迟了。在他当政期间，宦官奸臣当道，忠良被害，当时的徽宗并没发觉有什么不妥，直到北宋的江山落入金人之手，他被劫掠到这样一个天寒地冻的北国之地，他才悔悟。

徽宗一直居住在南方温暖之地，北国的冰天雪地让他十分难以适应，然而他忍受的不仅是身体上的痛苦，更是心理上的痛苦。绍兴五年（1135年）四月二十一日，徽宗终于没能继续坚持下去，病死在了这荒凉的五国城。与钦宗相依为命的父皇就这么撇开他走了，钦宗痛不欲生，身心受到了极大的刺激。今后的日子对钦宗来说是极其难熬的，绍兴二十六年（1156年），57岁的钦宗因患风疾，也死在了五国城。偏僻的五国城，就这样成了北宋最后两位皇帝的葬身之地。

北宋的两位末帝就这样草草结束了他们的一生。在他们的一生里，被刻在历史里的不是他们执政时期的辉煌，而是他们被俘之后的落魄。他们不只输掉了大片的疆土，赔上了黎民百姓，输掉了自己的名誉，更是赔上了整个北宋王朝。

南宋卷

偏安南隅，中兴无力崖海沉沦

第一章　泥马渡康王，卷土重来

失宠的韦氏

夕阳西下，宫中的庭院里有一女子独坐在花旁看似赏花，实则时不时向宫墙的那一边张望。距她不远的地方还立着一个七八岁模样的小男孩怯怯地凝视着那女子的背影。

女子姓韦，其名已无从考证，是宋徽宗的妃子，而那个男孩便是徽宗的第九子——未来的宋高宗赵构。韦氏虽清秀丽雅，温柔体贴，善解人意，然而后宫之中哪一个女子不是沉鱼落雁、闭月羞花，哪一个面对皇威时又敢不温柔、不体贴。况且韦氏是宫女出身，地位卑微，没有靠山又没有过人的才华，能够被风流倜傥的宋徽宗看上已经是上天的恩泽，只是连这恩泽也是别人施舍的。

选秀入宫时，与韦氏一起进宫的宫女乔氏姿色非凡，能歌善舞又冰雪聪明。初入宫中，举目无亲的两人很是投缘，从此情同姐妹，甚至这两人互诉她们的鸿鹄之志，约定"苟富贵，无相忘"。

过了不久，乔氏凭其资质被宋徽宗看中。不出半月，乔氏就被封为贵妃，韦氏则跟随乔贵妃，到其身边做了宫女。宋徽宗每天来看望乔贵妃，二人卿卿我我，不过却从来没有正眼看过韦氏。韦氏对于乔氏得到的宠爱艳羡不已，却也无可奈何，整日黯然神伤。

当然，乔贵妃并没忘记二人当初的誓言，看韦氏可怜，就找机会向徽宗推举了韦氏。徽宗初见韦氏并没有什么好感，不过自己的爱妃开了口，怎好好弗其美意。况且这后宫嫔妃甚多，多她一个韦氏也不多，就满口答应并临幸了韦氏。

就这意外的恩宠，让韦氏踏上了权贵之路，谁能想到韦氏就这么怀了龙种。不过，韦氏怀孕这个消息在宫中并没有引起多大的反响。一来，这韦氏并不得徽宗的宠爱，二来，后宫嫔妃如云，皇子公主几十个，不像现在的独生子这般受重视。可谁又会想到，正是别人的不在意让这么一个不受人重视的小宫女日后成为南宋开国皇帝宋高宗赵构的母亲，被封为显仁皇后。

转眼间，一年过去了，韦氏住的宫殿仍旧冷冷清清，只有稀稀零零几个宫女进进出出，徽宗再也没有踏进这里的门。韦氏整日神色黯然，她唯一的精神寄托就是腹中的孩子。只是近一个月来，韦氏的眉头越皱越紧，心中更是忐忑不安。人曰十月怀胎，然而，这胎儿在腹中已经十一月有余依然迟迟不出，宫中太医也无从解释。此刻宫中之人对韦氏的关注骤然间多了起来，与其说关注韦氏，不如说对这个迟迟未出生的婴儿充满了好奇。流言飞语不绝于耳，更有甚者说这孩子生出来定是个妖孽，定会祸国殃民。韦氏本是木讷之人，又不得徽宗宠爱，纵有百般不顺心，也不敢有丝毫的反驳，心中千言万语无人诉说，她只得终日以泪洗面。纵然流言闹得沸沸扬扬，徽宗始终未来望一眼他的这对妻儿。

这日韦氏对贴身宫女讲，昨儿她做了个梦，梦见太阳跑到她的怀里来了，说罢苦笑一声。这宫女却扑通一声跪下：娘娘您这是生贵子的吉兆啊。在相信种种征兆的古人看来，梦日月入怀正是帝王出生的征兆。

就在赵构出生的那天，东方的天上一道白光闪过，云气五色，蔓延数里。随即，韦氏的宫内传来了婴儿响亮的哭声。韦氏的孩子出生了，她生了个皇子，这是徽宗的第九子。徽宗听闻这孩子出生前的不平常，恰逢无事，便匆匆赶来为这孩子起名赵构。韦氏喜极而泣，她想抓住皇子这根救命草，以后的日子就好过多了。一旦自己苦尽甘来，以前受过的苦又算得了什么呢。只是韦氏这如意算盘打得并不怎么如意，赵构这根救命草在其还没有登上皇帝的宝座之前形同虚设，并没有给韦氏带来什么恩惠。

宋徽宗后宫充沛，皇子公主众多，所以即便韦氏生下了皇子赵构也没有因此提升自己的地位，得到徽宗的宠爱。虽说母凭子贵，只是在这后宫之中皇子众多，韦氏自然不能如愿。而赵构则因为母亲韦氏身份地位低下，没有受到充分的重视。这对母子相依为命，在宫中步履维艰，虽不逍遥，却也相安无事。

白驹过隙，转眼之间赵构已经6岁了。韦氏照例每日出来赏花，只是她面容忧伤，神色忧郁。懂事之后的赵构终于明白这其中的缘由，母亲不是出来赏花的，而是在一天一天等着父皇。他们母子俩听着隔壁乔贵妃的宫殿里传来的阵阵欢声笑语，心里百感交集，真不是滋味。纵使万般的无奈，又能够怎么办呢。

在母亲的等待中，赵构一天天地长大。这日，乔贵妃的宫殿里载歌载舞，欢乐充斥着每一个角落。只是这墙欢喜那墙忧，那天是韦氏的生辰。没准皇上会记得，没准皇上会驾临，韦氏抱着这样侥幸的心理早早地起来梳妆打扮。就连6岁的赵构也说，母亲今天真好看。母子二人站在院子中依旧赏花等待。不过，只等来一阵秋风吹散了盛开的牡丹。红颜易老，怎禁得起时光的蹉跎。6岁的赵构不能走进大人的世界，但他知道，母亲在等待父皇。

夜色来袭，6岁的赵构蹑手蹑脚地向乔贵妃的宫殿走去，心中还怀着犹豫。那里的欢声笑语让他知道父皇在那里。他伏在门框，缩头探脑地向里张望。父皇对他来说太陌生，他不记得怎么被发现，也不记得怎样提醒父皇今天是母亲生辰的消息。6岁的赵构唯一记得的就是父皇当时的表情，他的父亲神情凝固，如梦初醒。半晌，摸着赵构的脑袋，说："构儿先回去，我这就去。"赵构开心地回去了。

听闻徽宗要驾临，宫里上上下下手忙脚乱，大摆酒宴，忙得不亦乐乎，一改往日的沉闷，洋溢着欢快的气氛。韦氏尤其高兴，再次梳妆打扮。只是徽宗塞上牛羊空许约，韦氏南柯一梦空欢喜。入夜了，徽宗还是没有来，宫廷之中的叹息，年复一年的悲凉。

在这样的环境中，赵构一天一天地长大。母亲的遭遇，让他在感情上跟徽宗是比较疏远的。幼年的经历，在他幼小的心灵上刻下了深刻的阴影，这些都无不影响着他日后的人生经历和态度。

15岁那年，赵构被晋封为康王，此时的赵构俨然是一个文武双全的翩翩少年了。《宋史》记载，赵构"资性朗悟，博学强记，读书日诵千余言。挽弓至一石五斗"。对于一个生长在皇室之中，受教于妇人之手并不受人重视的皇子来说，实属难能可贵了。对于这样一个勤勉的少年，如果有机会他必定能够出人头地。四年后，一个改变赵构命运的机会出现了。

死里逃生的赵构

御书房内鸦雀无声，钦宗满怀着期待地用锐利的目光从每一位亲王的身上扫过。只是依旧无

人说话，御书房内静得可怕，一切仿佛静止了一般。片刻，钦宗满目的失望，气氛紧张尴尬。此刻召开的是皇族会议，成员为钦宗的13个弟弟。

金军此次南下意在攻其都城开封，一举灭掉大宋，这不是一些小恩小惠所能打发得了的。金军逼近开封时，李纲挺身而出，亲率将士，把攻城的金军击退。而带领金军攻打开封的将领是斡离不，斡离不见李纲把京城的守备设施布置得十分严密，一时难以攻克，就采取两面战术，以攻战为主，以议和为辅，一面积极备战，准备再一轮攻打开封，一边又派使者给徽宗送去议和的情报。

听闻金有议和的迹象，这对于恐金的钦宗来说，无异于抓住了一根救命稻草，他紧急张罗议和事宜，唯恐金变卦。最终议和达成，无非割地赔款。钦宗自然是全盘接受，只是有一点令钦宗头痛不已。斡离不要求徽宗以宰相、亲王为人质护送金军过河，这点把钦宗给难住了。宰相好说，以皇上的威严随便拉个人，他不敢不从。不过，这亲王的人选着实难以确定，谁都知道此行凶多吉少。作为长兄又怎么好以皇帝的权威来命令弟弟去冒险，这真是把钦宗给急煞了。心中焦急万分的钦宗，下令召开皇族会议，希望有人自告奋勇，挺身而出。

"皇上，臣弟愿去。"这句话犹如黑暗之中的一道曙光，使得所有人的目光都转向了大步流星走来之人。此人正是康王赵构，这个一向处事低调的亲王，在此时赚足了众人的眼光。钦宗自是激动万分，他对这个皇弟的关心一向不多，没想到今日康王能够主动请缨，这让钦宗刮目相看。

"九弟，此去金国九死一生，你可要想好了"。钦宗自是要客气一番，"他日你平安归来，朕封你为太傅，加节度使。"说罢，钦宗从御座上走下，紧紧握住赵构的手，他终于卸下了心中的重担。"臣身为皇子，理当为江山社稷尽一份力，为皇兄分忧解难。"赵构说得义正词严，不卑不亢，令在座的亲王汗颜。钦宗更是几近哽咽。"朝廷若有用兵之机，勿以一亲王为念。"赵构最后一句话，更令在座各位唏嘘不已。

明日启程的圣旨已经传来。

赵构回到府中告别了爱妻柔福，又到宫中拜别母亲。韦氏在宫中依旧不得徽宗宠爱，她只有赵构一个孩子，若是赵构一走，就真是孤苦一人无依无靠了。况且，这一去回来的几率又未从可知，韦氏自然不希望赵构去冒险。赵构自小与韦氏相依为命，韦氏知道赵构凡事都有自己的主见，脾气又倔强得很，规劝是没有用的。韦氏一番嘱托，呜咽不已，泪送赵构离开。

父皇自然也是要拜别的，站在这个既陌生又熟悉的人面前，赵构没有太多的话语，只希望徽宗能够善待母亲。面对这个自己不曾给予关怀的儿子，徽宗当然会满足赵构这小小的心愿。徽宗当即下旨封韦氏为韦贤妃，并让其寝宫紧挨徽宗寝宫。没有了后顾之忧，赵构也就了却了心愿。他环顾宫殿，他甚至不知道这是不是自己待在皇宫里的最后一天，面对未来，他心中一片茫然。

这天，宋钦宗率文武百官为赵构一行送别，同行的宰相是张邦昌，这年赵构才19岁。

来到金军大营后，赵构每日诵书练武，神态坦然，若无其事，一切仿若在自己府邸。史书记载"金帅斡离不留之军中旬日，帝意气闲暇"。与此形成鲜明对比的是，那宰相张邦昌却是个窝囊至极之人，他整日哆哆嗦嗦，畏首畏尾，真是丢尽了大宋的脸面。几天下来，宰相张邦昌已经把自己折磨得不成样子。

金军统帅斡离不对宋人十分看不起，他几次想要给宋人下马威，吓唬吓唬他们，却都被赵构从容应对，反倒成了斡离不自讨没趣。

这日，斡离不看到赵构在射箭，不禁来了兴致。以斡离不对宋人的了解，宋人大多重文轻武，武功稀松。斡离不怀着看好戏的心态，悄声走向前去。但看那赵构将弓竖起，拉弓扣弦，连发三箭,三箭竟围着靶心成品字形排开,再看那号,竟有一石五斗。这让斡离不目瞪口呆,一个19岁的亲王能有这么大的本领,真是稀奇。这个赵构肯定不是宋朝亲王,宋廷竟如此欺骗他们,弄了个将门虎子来冒充亲王,实在是太过分了。斡离不心理上受了巨大的打击,愤然离去。

赵构在金营之中不卑不亢地应对着斡离不的诘难,而宋廷内部却正在激烈的对峙之中。因金兵入侵,宋朝各路勤王兵马都云集京师,将军姚平仲认为应该趁着金兵刚刚班师回营,还未站稳脚跟,夜袭金营一举把他们消灭。这一提议,得到了部分朝中大臣的支持。只是,钦宗犹豫了,一来金国兵力强盛,钦宗害怕金兵卷土重来;二来他的九弟还在金营为人质,这一出兵必定会把赵构逼上绝路。但是,要成就大业的心愿让此刻的钦宗热血沸腾,他下旨让宋将姚平仲率军袭金营。

金国能这么迅速打到开封,自然早在开封城内安插了卧底。夜袭金营的消息很快就传到了斡离不的耳朵里,斡离不很快做好了应对之策。结果可想而知,宋军惨败。这件事惹恼了斡离不,他把赵构和张邦昌找来质问。"邦昌恐惧涕泣,帝不为动"这更增加了斡离不的疑虑了,"斡离不异之,更请肃王。"

赵构的五哥肃王赵枢来了,肃王签了割三镇的条约后留在金营成了人质。赵构被遣回,他的从容不迫使其逃过一劫。在金国做人质的这段经历让赵构对金的了解加深了,这对他日后的人生态度产生了极大的影响。

赵构平安回到宋朝,让徽宗和钦宗都非常高兴。钦宗兑现了当初的诺言,晋封赵构为太傅,加封节度使。这对于一个仅有19岁的皇子来说,确实是意外的收获。

金国如约退兵了,宋朝也要履行承诺割三镇。但这三镇可是北部边境的屏障,一旦被金国占领,京师开封不保,从今往后金兵入开封如入无人之境。听大臣再三陈说三镇的重要性后,钦宗头脑开始冷静下来,后悔当时头脑发热。

割三镇的问题严重威胁到皇室的安全,可不能大意,三镇是万万不能放弃的了。这样一想,钦宗一刻也不犹豫,立即调集禁军大举支援三镇。这让金大怒,金国再度挥师南下。同样的结果,宋廷既不能攻又不能守,金军直奔开封而来。

宋钦宗唯一的能耐就是议和,但是这次金国似乎更不好打发。宋钦宗思索不能随便派个人去,他为表大宋诚意,决议找个亲王去议和。钦宗的脑海中浮现出赵构,唯有赵构。对,赵构是最佳人选。"须康王亲到,议和乃成。"皇帝下令,赵构只能听命前往。赵构这一走,就终生再也没有回开封,也正是这样,才使得他躲过了靖康之乱这一劫。古人讲因祸得福,这一点在赵构身上得到了应验。

这一次,赵构携带衮冕、玉辂等皇家礼器前去孝敬金太宗,跟赵构一起出使的是刑部尚书王云。只是此次,赵构一行并没有到达金国,赵构的命运也因这次出使彻底改变。

泥马渡康王

康王赵构和王云一路北行,经滑州、浚州,很快赶至相州。相州知府汪伯彦劝说赵构此行生死难料,不要去金兵那里。对于汪伯彦苦口婆心地一番劝阻,赵构十分感激。不过,虽然赵构明白到了金国必定又是一场灾难,但是不去无法向皇兄交差。他几经思忖后,觉得与匡家社稷相比,自己的生死应该要置之度外。思及此,赵构慷慨激昂地一往直前,毫不踟蹰。

不出几日,赵构一行就到了磁州。正值金秋,金军粮足马肥,恰是出兵的好时期。宋朝主战派和议和派还在激烈的斗争,宋军哪里还有心思去防御,更不用说备战了。对于金国来说,此时不战，更待何时。金国没有错过这绝好的时机。很快，斡离不和粘罕率领的东路和西路金军如秋风扫落叶一般，以掩耳不及迅雷之势逼近开封，对皇城形成合围之势。战争进行到这里，金国哪里还有和谈的意愿，赵构更是命悬一线。

磁州知府乃老将宗泽，宗泽向赵构分析朝中内外的情况，力阻康王赵构不要继续北行，"肃王（赵枢）去不返，金兵已迫近，出使又有何益？"赵构也觉得非常有道理，他思量再三又想及皇兄不顾及自己的性命，两次将自己送往虎口的事情，心中倍觉委屈。

恰在此时，赵构随从在王云所带行李中发现了一顶金人经常戴的"番巾"。这件事让赵构十分震惊，王云的行囊中为何会有金人所用之物，莫非这个王云是金国奸细。赵构在心中将王云途中表现一点一点过滤，并没有什么破绽。不过，王云极力督促自己加快北上行程的一幕幕在眼前闪过，让赵构意识到了问题的所在。这一想，将赵构吓出了一身冷汗，金国的奸细居然就在自己身边，而且位及刑部尚书。赵构当下决定拒不北上。

赵构的这一决定至关重要，这是赵构从康王一直走到了南宋的开国皇帝——宋高宗的起点。试想，如果赵构就这么一路向北，他的结局会是怎样。从他的父皇和皇兄的结局不难得出结论，中国的历史又将是另一番模样。

听闻捉到金国奸细而赶来的磁州百姓，对金人痛恨不已，在宗泽的默许下，磁州百姓将王云拖出去活活打死。赵构亲眼目睹了这一幕，这让他见识到人民群众力量的伟大。这一幕也让他意识到如果能够运用这样的力量，什么样的大业成就不了？

随着金军的临近，磁州日益危险。"且闻去年斡离不自遣康王归国后，心甚悔之，既闻康王再使，遣数骑倍道催行"。听闻大宋康王赵构逃走，斡离不急忙派军来追，途中被宗泽拦住，两军相遇一通厮杀。康王赵构则马不停蹄，直往南跑。开封是回不去的，只能往南跑了。赵构的决策十分英明，一来他抗旨拒不北行贸然回去无法向皇帝交代，二来开封正在金军的包围下，回去凶多吉少。在金国做人质的日子让赵构知道金军人强马壮、彪悍凶残。以今日之宋军是难以阻拦的，而今之计唯有快马加鞭、飞速前进。果不其然，金军冲破了宋军的防线，直奔赵构向南追来。

很快，赵构行至夹江边，他只见江水滔滔，大浪拍岸，无船无渡。前有江水当道，后有追兵，真是进退两难。偏在此时，他胯下之马竟口吐白沫，被活活给累死了。可谓是屋漏偏逢连夜雨，一连串的打击，使得赵构面江长叹"天要亡我，一切听天由命吧"。赵构一面这样想着一面抬起头来，他看见夕阳西下，江中波光粼粼，无限美好，又想到自己命不久矣，更加惆怅。

金军铁骑从远处传来，这一刻的赵构想到"大丈夫终有一死，何惧也"。他的心里渐渐平静，随即看到右方有一座古庙，就走了过去。赵构抬头一看首先映入眼帘的是庙门旧匾上的五个金字，字迹模糊，依稀可见，书曰"崔府君神庙"。他再往里一看，这庙破旧不堪，不过这五个字确是金字，这让赵构诧异。

赵构走了进去，庙中空无一人。刚刚一番疾跑让他精疲力竭，他找个地方坐下稍作休息。片刻之后，他环顾四周，只见正对庙门的是一尊菩萨像，因长时间没有修整，破旧不堪，墙上的壁画几不能辨认。中国人大都有这样的思维，穷途末路之时，多寄托于神灵的庇护。只见赵构撩起衣裙，在菩萨面前祈祷，恳请菩萨保佑他能脱此大难，日后必定积德行善，保境安民，重修庙宇。而后，行礼叩首，虔诚至极。再看菩萨旁边，乃一匹泥马。这泥马栩栩如生。赵构走过去绕马一周，手拍马背，心想："马儿，马儿，奈何你只是一匹泥马，若是能载我过江那该多好。"赵构这样想着，苦笑一声，摇头长叹。

金军马蹄之声已隐约可见，赵构知道此次已是穷途末路，厄运难逃，索性也不做最后的挣扎了。他坐在菩萨像前的蒲团上，闭目养神。这时，他忽闻马啼，赵构诧异地睁开眼来。只见那菩萨旁边的泥马竟成了活生生的真马。庙外已见火把点点，耳闻马蹄哒哒，金军已至。回过神来的赵构来不及多想，立即上马提起缰绳飞奔而出。赵构喜形于色，心想真是天助我也。但那马却直奔江边而去，任凭赵构使出了所有的法子也不能使其改变方向。

"马儿你若是诚心要救我就不要往江边跑了，那江宽有数丈，大风大浪，又无船，咱们是过不去的。"赵构心中想到。但那马丝毫不理会赵构所思径直向江边奔去，赵构的心情从死里逃生的喜悦又回到了面临死亡的绝境。

到了江边，赵构抱着必死无疑的决绝，闭上了眼睛。眼见金军追来，这千钧一发之时，那马长啸一声，跳入滚滚的江水之中。死都不怕了，还有什么可怕的。赵构睁眼一看，只见周围波涛汹涌，自己依旧骑在马背上，长袍已经被打湿，冰冷的江水一波一波向自己扑来，生死关头哪里顾得了这些，赵构紧紧抓住缰绳。不消半个时辰，人马都已站在岸上了。

赵构这下彻底松了一口气，对岸的火把点点，还清晰可辨，金军自然是追不过来的。赵构忍不住仰天大笑，他想着前一刻自己还站在死亡线上，差一步就见了阎罗王。思绪回来，再看那马时，那马竟化成了泥巴。赵构怀着感激之情朝那滩泥巴拜了三拜，转身离去。这真是"天枢拱北辰，地轴趋南曜。神灵随默佑，泥马渡江潮"。这一经历让赵构终生难忘，赵构当上皇帝之后，曾多次派人去修缮崔府军神庙，并亲自去参拜。这都是后话。

赵构一路奔波，不知应该在何处落脚。相州知府汪伯彦听说了此事，亲自带领兵马来迎接赵构，在这落魄之时，汪伯彦如此待他，无异于雪中送炭。赵构把这份恩情暗暗记在了心里，汪伯彦日后的锦绣前程与这事不无关系。

赵构凭借泥马的相助躲过了一劫，走上了复兴宋室之路。这个故事渐渐在民间流传开来。赵构本就庶出无缘皇位，但靖康之变中金人把赵宋皇室的龙子凤孙全部掳走，使得赵构因祸得福，成了唯一的幸存者。历史选择了赵构，而"泥马渡康王"的传说又给赵构真命天子的身份增添了一份神秘色彩。

蜡丸里的圣旨

赵构、汪伯彦一行回到相州。赵构最终在相州安顿下来，过了几天逍遥自在的快活日子。几天前那段惊心动魄的经历让他惊魂未定，唯有放纵才能释放内心的恐惧。两次出使的经历让他骤然成熟，如果说此前的赵构棱角分明，那么这段经历就是一块磨石，将他的棱角磨平。对于今天的赵构来说"初生牛犊不怕虎"的气魄已不复存在，"为宗社大计，岂应辞避"这样的誓言已再不可能由心发出。此段经历令赵构的人生观和价值观发生了很大的改变。

在赵构逍遥自在之时，皇都开封已被金军围得水泄不通。金军看开封城内军民积极准备防御不敢贸然攻城。金军以议和为诱饵，一方面向宋廷勒索钱物，一方面又要钦宗下诏让宋朝军民停止反抗。徽宗、钦宗被困在城中，焦头烂额，犹如热锅上的蚂蚁。这二帝不想办法积极防御，仍寄希望于议和。金军此时得天时地利，怎肯议和。这钦宗真是病急乱投医，他整日唉声叹气，一切都是枉然。

这日，钦宗吃斋念佛，请求所有神灵相助，保佑皇城避此大难。这时他灵光一现，突然想起自己的九皇弟赵构来。钦宗心中顿生一计，城外还有九弟，倘若能够跟九弟取得联系，九弟率兵与朕内外夹击，这金兵两面受敌，开封之围不就迎刃而解了。想到这里，钦宗不禁欣喜若狂。黑暗就要结束，黎明终将来临，胜利的曙光似乎已经在钦宗的眼前闪烁。钦宗自信满满，他孤注一掷把所有的希望都寄托在赵构身上。

只是他的九弟赵构能否背负起他的期望？钦宗忽略了人的成长，这时的赵构已不是热血青年。事实证明，钦宗的唯一赌注押错了人，诚如钦宗把赵构送入虎口一样的决绝，赵构也断然抛弃了自己的家人。这让人感叹，皇室中人的冷漠，生于皇室到底是福是祸。

人在困境之中，总能发掘出难以想象的潜质。终于，钦宗想到了方法联系赵构，他将诏书藏到蜡丸里，然后命人从金军围困的开封城的城墙上逃出将诏书递给赵构。这送信之人也倒有本事，在金军的眼皮子底下溜出开封城，把藏在蜡丸里的诏书交给了赵构。

赵构得了诏书，钦宗任命他为天下兵马大元帅，招募军队，北上解开封之围。赵构明面上高高兴兴地谢主隆恩，心里却是冷哼几声，心想钦宗在危难之时，才想到了自己，可是要他赴汤蹈火之时怎么没有顾及亲情呢。毕竟是圣旨，既然皇命在身，纵有千般个不满，总要做出个样子来。

靖康元年（1126年）腊月初，赵构立即着手准备在相州建立大元帅府，从此大元帅府成为赵构的最初革命根据地。无粮无钱，招兵买马是个大难题。钦宗只是给赵构天下兵马大元帅这样一个空头衔，朝廷没有拨款，行事极为不利。赵构在相州吃喝还需要汪伯彦的救济，泥菩萨过江自身都难保了，可想而知，这兵不好招。况且如果临时抱佛脚，将百姓训练成军人，一时半会也难以办到。

此时金兵已经占领开封以北大部分地区，宋军溃败不已，各路宋军失去方向，战斗力急剧下降。只有把这些残军收集起来才能应付敌军，所以，赵构命人在各地发布檄文，尽量收集残兵。几日后，军容渐盛有六七万人的规模。此刻汇集于赵构身边的有宗泽、岳飞、张俊、苗傅、汪伯彦、耿南仲等人，这些人中不乏对战争充满恐惧者，这些害怕战争的人注定了矛盾的发生。不管对战争充满了怎样的恐惧，国家有难仍要万死不辞。只是指望这临时招来之人去解开封之围，无异于以卵击石，有去无回，白白送死。赵构实在不想去开封涉险，无奈宗泽等人力劝，出兵已是无可奈何之事。

赵构看出兵之事已经没有商量的余地，迫不得已整装待发。这时，钦宗的第二封诏书到了，依旧是封在蜡丸里。书曰："金人登城不下，方议和好，可屯兵近旬毋动。"赵构看罢诏书，心中大喜，正合其意。赵构赶紧欢天喜地谢主隆恩，与上次不同的是，这次是发自内心。

赵构正得意时，宗泽等人提出了疑问。宗泽认为这是金人的诡计，这蜡丸诏书的真伪还未可知。"金人狡谲，如此作派分明是想延缓勤王之师罢了。君父之望入援，何啻饥渴！元帅宜急引军直趋汴梁，以解京城之围！"这话说得诚诚恳恳，合情合理。当此之时，金军已经包围开封数日，眼看就要攻下，金军占尽这等优势，怎么还会想着议和？一举攻下开封所得，比跟宋议和所得简直无法比拟，这笔账金人算的自是清楚。这道理赵构懂得，只是赵构打着自己的小算盘，权衡出兵利弊，还是保全自己才是上上策。只是宗泽一班人看不懂赵构的心思，只想着忠君报国，着实倒尽了赵构的胃口。这时，汪伯彦站出来说出了赵构的心声。汪伯彦认为，京师现在已经在金兵的包围之下，敌强我弱，如果现在贸然出兵，惹怒了他们，破坏了议和，不但会使康王陷入危险，还会让徽宗和钦宗惹祸上身。汪伯彦这话说得慷慨激昂，似乎也有几分道理。既然宗泽认定了蜡丸诏书是假的，就不能口说无凭，要拿出证据来。不能只听一面之词，况且他们要依旨行事，若这诏书是真的，还硬要出兵，他们不是要落个抗旨不遵的罪名吗？汪伯彦据理力争，抗旨不遵，这罪名扣得可真是够大的，若当真如此，多少人能够承担得起呢。这时，军中多数将领都开始倒向汪伯彦这边。双方争执不下，赵构在两派对峙的过程中，始终一言未发。他的心中自然是要偏向汪伯彦这一边的，可是，无法明说。

南宋卷 偏安南隅，中兴无力崖海沉沦

赵构犹豫不决，宗泽和汪伯彦两派都在等着他拿主意。"容我考虑考虑，再做决定。"赵构抛下这句话闭门不出。这一考虑就考虑到了金兵攻破开封城，宋徽宗和宋钦宗两个皇帝以及后宫妃子、宗室都被俘虏并被押往金国，开封城被搜刮一空，北宋政府土崩瓦解。此时的赵构还沉浸在这强大的震撼之中，依旧没有任何的实际行动，宗泽仍坚持出兵，想要接回二帝，这一提议赵构哪里还敢不答应。就给宗泽三千兵，让他打前锋，独自引兵先行。

宗泽率领三千人，一路血战，连战连捷，十三战皆胜，气势磅礴。他的壮举打得金人一听宗泽之名就害怕。然而宗泽势单力薄，怎能与金军抗衡。宗泽多次上书赵构请求支援，都未得到赵构的响应。没有支援，势单力薄的宗泽终究败下阵来。

此时的康王赵构，手中已经握有重兵十万余人，成了皇室中硕果仅存的一位。金军忙着攻陷开封后的善后工作，无暇顾及赵构，只是通过被他们俘虏的钦宗给赵构发了几道诏书，要赵构入京。赵构自然不会羊入虎口，所以他跑到山东济州去避难去了。

以汉治汉

开封被破，徽宗、钦宗被俘，一时国中无主、朝中无人，中原大地上的北宋王朝灭亡。这时，金人离开故土也已有数月，思乡之情让他们归心似箭，无心留恋中原。长期的作战，使金军的战线拉得太长，后方还有藩国作乱，兵力尚不足以应对。对于金人来说，最有效的做法就是赶紧从中原脱身。可是，要是就这么走了，那之前的心血不就付之东流了，得想个可靠的万全之策方可。金人对如何统治中原地区，实在是完全没有经验。一场关于中原地区如何管理的激烈争论在金国内部展开来。

作为金国的最大功臣，斡离不此时意气风发，说话也分量十足。他建议让辽国的降臣来统治中原，毕竟这些辽人久沾汉气，况且这辽人也曾统治过幽云十六州，虽经验不足，总比金人有些基础。这一提议，得到了众多大臣的支持，可是问题来了，谁愿意接这个苦差。凡是有点脑子的人都清楚，这金人在中原地区一番烧杀抢掠，弄得宋人国破家亡、民不聊生，北宋军民对金人恨之入骨。金人一走，谁留在这里这人头肯定落地。这费力不讨好的活，谁愿意干？谁敢干？此时有人推举萧庆。萧庆并不傻，如果能管理这么大的中原地区，权利着实不小，的确有不小的诱惑力。可是要拿项上人头去冒险，那可是得不偿失的，萧庆坚决不干。萧庆不干，推说自己能力不足以胜任这么大的差事，却把刘彦宗推上了浪尖。刘彦宗乃货真价实墙头草一颗，典型的汉奸。刘彦宗本是汉人，是辽国降金的汉将。没想到刘彦宗也坚决不干，一大堆的理由，说得头头是道。既然人家不干，总不能强人所难吧。

金军统帅本想快快了事，尽早打道回府，这事迟迟定不下了，个个急得焦头烂额。最后，金国的将领又把这烫山芋扔给了宋朝的大臣，让他们自己推选出人来做皇帝。

宋朝大臣知道金人把徽宗、钦宗和赵室皇族掳走，必定是不会让他们回中原了。这时，金太宗的诏书到了，他宣布将徽宗、钦宗贬为庶人，废掉赵氏，另立新君。此消息一传出，朝野一片哗然。宋朝的大臣哪里肯答应，他们表现出了强烈的民族气节。带头反对的，竟是那个被后人唾骂的大奸臣秦桧。此时的秦桧年轻气盛，义愤填膺。他接二连三的给金国上书，反对废除赵氏，将个人生死置之度外。他的作为把金人惹恼了，金人把他抓了起来带回金国。后来，金国大将完颜昌觉得秦桧还算义气，也有一些小聪明，就把他留在了自己的身边。纵观秦桧的一生，令人不禁感叹此时非彼时，时事催人变。此时的秦桧不管出于什么样的动机，面对强势的金人叉贵，能够挺身而出，就足以让人钦佩。随着人生阅历的增加，秦桧逐渐形成了一套以自保为主旨的求生法则，由着本能，背着人性的谴责，自得地走到人生尽头。秦桧反对不得，宋臣侍郎李若水仍不死心，连续上书，一心以赵氏为宗。斡离不此时归心似箭，哪里容得了他这般放肆，命人将其拉出去，暴打一番。李若水慷慨激昂，痛骂不止，毫不低头。斡离不被气得气不打一处来，命人将其断手割舌，最后将其凌迟处死。李若水死得壮烈且惨烈。斡离不接连处置了秦桧和李若水，他这是杀鸡给猴看，看谁还敢不听指挥。

斡离不使的这招真是恰到好处，宋人看了这般情况，谁还敢有非议。金人要废掉赵氏已经是铁板钉钉的事情了。金人坚决废除赵氏，无非是害怕日后赵氏复兴，威胁其统治。他们另立他姓做皇帝，不过想找个能任他们摆布的傀儡替他们统治中原地区。宋臣摸清了金人这以汉治汉的心思，但这大逆不道，诛灭九族之事谁要承担。一旦答应无异于拿着自己的性命开玩笑嘛，没有人敢往刀刃上撞。金人也犹豫不决，一时没了主意。

此时，东京那边传来了消息，金主完颜吴乞买（即完颜晟）下诏立张邦昌为新皇帝。消息一出，众大臣顿时松了一口气，只要这炸弹不在自己头上开花那就完事大吉。

这个张邦昌就是此前跟随康王赵构到金国去作人质的大臣。在金国，张邦昌小心翼翼，不求有功但求无过，唯金人是从，以动不动就抹眼泪的功夫赢得了金人的同情。张邦昌胆小如鼠又循规蹈矩，应该很好掌控，以他来作为统治中原的一颗棋子这倒不失是个合适的选择。况且金都空虚多时，北部还有外邦的威胁，得赶紧从中原撤兵来保金都安全。金太宗这样想着，当即决定立张邦昌为新皇帝。于是，张邦昌就这样被"荣幸"地选中了。

张邦昌意外地被天上的馅饼砸中，被砸得眼冒金星，晕头转向，这是他始料未及的。等他清醒过来，不由得老泪纵横。这张邦昌当然不傻，他"拒不受命"。但是又不敢跟金人正面起冲突。不知如何是好，张邦昌愁眉苦脸。干脆三十六计走为上计，张邦昌一咬牙，躲了起来。

金人终于等到一切办妥，正收拾行囊，打道回府，听闻张邦昌玩起了失踪的把戏，这张邦昌真会给人添乱，斡离不立即派人去搜寻，数日搜寻都没有结果。金人不得不使出了绝招，金人放出话来，如果张邦昌拒绝当这个皇帝，他们就屠城，从大臣开始，然后再杀百姓，将开封城内杀得片甲不留。听此消息，朝廷内内外外，还有开封城的老百姓绝不容许发生这样的事，他们对张邦昌展开了一次大规模的搜捕，终究还是把他给揪了出来。开封一城的命运在张邦昌的手里攥着呢，张邦昌这个时候怎么能够临阵脱逃，弃百姓于不顾呢。

这样一来，张邦昌纵使有天大的本领也插翅难逃。他就这样以"视死如归"的精神做了"皇帝"，当了汉奸。

靖康二年（1127年）三月七日，金人在中原大地上建立了大楚政权，立张邦昌为皇帝，统治黄河以南地区，以南京（今北京）为都城，暂住开封。

当上皇帝的张邦昌整日战战兢兢，如履薄冰。他生怕一不留神，脑袋搬家。张邦昌不接受百官的朝拜，当宰相王时雍率百官坚持朝拜时，张邦昌转过身去面向东坐着，古有"南面为君，北门为臣"的说法，张邦昌非要面向东坐着。另外张邦昌不敢坐龙椅，在龙椅旁另置一张椅子，接受百官的朝拜，百官行礼之后他一定要站起来还礼。这真是历史上最累的皇帝了。张邦昌还不自称朕，手诏都叫"手书"。任命官员都要在前面加一个"权"字，意思是暂时这么办吧。大内中各个房门，全部上锁锁住，然后贴上"臣张邦昌谨封"的封条，俨然把自己当成赵氏的一个守门人了。这皇帝当得可真是窝囊，自然不得人心，也不会有什么号召力。

金人载着劫掠的人和财物高高兴兴回老家享福去了。张邦昌却无心做皇帝，他躲在皇宫里时刻都在谋划怎样把皇帝这个位子让出去。

赵构即位，大势所趋

金人满载而归，张邦昌终于盼到金人离开了。他在金人的眼皮子底下，畏首畏尾，如履薄冰，那日子简直就是煎熬。坐在皇帝的位子上，也让张邦昌寝食难安。一个让贤的计划在张邦昌心中酝酿，金人一走，机会来了。

金人占领开封以后，中原宋朝军民深受金人压迫之苦，展开了各种形式的反抗活动。金人把主要精力都用于对付这风起云涌的反金斗争，根本无暇顾及张邦昌的伪楚政权。

张邦昌这皇位坐得实在不怎么安稳，以至于夜不能寐。这样心惊胆战地过日子，不折寿才怪。大楚政权是金人所立，宋朝军民百姓对金人那是恨得咬牙切齿。此时金人已经忙得不可开交，哪有工夫顾及他张邦昌。虽说张邦昌是迫不得已被推上皇位，愤怒的军民百姓哪还会顾及这么多，金人一走，张邦昌必定成为出气筒。以现在形势看，一些官员已经拒绝接受张邦昌的号令了，那嚣张的气焰，张邦昌哪里能承受得了。

张邦昌毕竟是传统封建观念体制教育出来的书生，自有着浓厚的正统观念，如今的所做所为完全违背了他的价值体系，背着良心的谴责，张邦昌生不如死。张邦昌左思右想，得把这位置赶紧让出去才是上策。

张邦昌一番思考后物色到人选了，一个合情合理的人选，他想到了孟氏。

孟氏是北宋哲宗的皇后，它因为得罪了皇帝，出家做了道士。在金兵围攻开封的时候，所住的宫殿恰逢失火，就暂住到其弟家中，使得金兵俘虏宋朝宗室时得以幸免。正是这场大火挽救了她的性命。就这样，这个已经不问世事的妇道人家又重新被推上了历史的舞台。

张邦昌认为这孟氏虽不姓赵，但她毕竟曾经是赵家的正牌媳妇，把政权还于她，由孟氏垂帘听政，这也说得过去。

孟氏的出现为张邦昌暗无天日的日子点亮了一盏明灯，张邦昌还政于赵氏，安然退出。

张邦昌的大楚皇帝就做了33天，皇后孟氏入朝，恢复元祐的年号，中原政权又一次变革。

将一个王朝的复兴寄托于一个妇道人家，自古是没有先例的，尤其是在这样一个男权主义的封建社会更是不被允许的。孟氏垂帘听政只是权宜之计，长久之计就是要找一个真正能继承大统的合适人选，这就让人自然而然地想到康王赵构了。其实在大楚建立伊始，就有好多宋臣身在曹营心在汉，时刻伺机倾覆大楚，重建大宋王朝。门下省的吕好问就曾经向康王赵构上书，要求赵构理朝登基。只是康王赵构没有作出答复，令其好生失望。

此时，在济州避难的康王赵构看金人从开封撤兵，就又回到了大本营相州，屯兵，养精蓄锐。开封城内发生的一切，赵构只是冷眼旁观，不曾插手。此时康王已经手握重兵，并且是徽宗众多皇子中仅存的一位，这就决定了光复大宋的重任只能由赵构来承担。

这时赵构需要站出来，必须要站出来坐上皇帝的宝座，承担起重建国家的使命。当皇帝不仅是他的权利，更是他的义务。

张邦昌在还政于赵氏之后，感觉前途一片黯淡，仍旧是睡不踏实。他思量着，要找个可靠的靠山。他看众大臣都拥护康王，对政治的敏感驱使他走向了赵构，事实证明抱住了赵构这棵大树，确实是好乘凉。

张邦昌亲自去见赵构，一到赵构府邸就痛哭流涕，他把自己怎么着被逼迫不得已登上皇位，登上皇位之后的种种不悦，通通一把鼻涕一把泪的从头道来。然后他又信誓旦旦地说自己对赵氏绝对没有亵渎之意，对赵氏是如何的忠心耿耿，说得可怜兮兮，说得赵构都不忍心责罚。临走张邦昌还把刻有"大宋受命之宝"的传国玉玺献给了赵构，赵构推辞一番，终不抵张邦昌的坚持，最后以代为保管的名义收下。张邦昌后来又派人送去了亲笔书信，书曰：

"乃眷贤王，越居近服，已徇群情之请，俾膺神器之归。由康邸之旧藩，嗣我朝之大统。

"汉家之厄十世，宜光武之中兴；献公之子九人，唯重耳之尚在。兹为天意，夫岂人谋。

"尚期中外之协心，同定安危之至计……"

张邦昌力劝赵构继位，他说赵构即位完全是大势所趋，众望所归，顺应民意的体现。他把赵构比喻成历史上有名的中兴之主光武帝和晋文公，给赵构戴了一顶高帽，这个马屁拍得恰到好处。张邦昌在处理这件事情上，表现得毕恭毕敬，这不仅使他获得了赵构的同情，保住了脑袋，还使得他在赵构那里谋得了一份太宰的好差事，当然这里面还包含着赵构对张邦昌让位于己的感激之情。

孟氏垂帘听政后，响应朝中大臣的号召，正式下旨给赵构，让他"由康邸之旧藩，嗣我朝之大统。"朝中大臣也纷纷上书给赵构，要其继承大统。

靖康二年（1127年），五月初一，赵构在南京应天府即位，改元建炎，史称南宋，赵构即宋高宗。这一年赵构刚刚满20岁，年仅20岁的他就这样接下了重建一个国家的历史使命。

赵构虽然有过自己做皇帝的念头，但并没有准备充分。这突如其来的变故让他措手不及，既欣喜又不安。赵构被推上皇帝的龙椅之时，一切仿佛还在梦中，他一觉醒来美梦成真，已经是皇帝了。这变化太大，使得赵构难以接受，然而，他也知道皇位不是轻易坐的，不久，他就发现这里面的玄机。

原来众大臣心中想把赵构仅仅当个替代品。钦宗被金人掳走，金人傀儡张楚政权横行，此时朝中无正主，秩序混乱。先以赵构当政，从而昌盛大宋休养生息。待到有朝一日，大宋国盛民富攻取金国，再迎回徽宗、钦宗。到时候，二帝再登宝座，赵构功德圆满，再做回康王。

虽然赵构登基之时，自称"权听国事"自愿当个代理皇帝，不过那仅仅是谦虚之词。若是真的把他当成代理皇帝，他心中自然不甘愿。因此当宰相李纲劝说高宗尽早出兵将金人打回东北老家，收复中原失地，迎回徽宗、钦宗的时候，赵构才会犹豫不决。赵构手握百万大军，仍以种种理由按兵不动，就是因为他不知道自己应该如何自处。赵构不断地自问，他日钦宗归来，要何以自居？这是一个相当尴尬的问题，不好解决。既然难以解决，最好的办法就是避免问题的产生。没有前面的假设，麻烦就自然而然地消失了。赵构这样想着，皇位也坐得踏实了，赵构的一件心事解决了。

南宋第一丞相

金军撤退以后，留下的是一个一无所有的国家。而成为高宗的赵构不过一个刚满二十岁的少年，他如何能在这满目阴霾的局面中独自撑起一片天空，变成了一个迫在眉睫的问题。特别是他高宗的皇位"名不正言不顺"，而他人本人亦无所凭依，没有可信之人的辅佐，也没有充足的钱财收买人心。

况且天下刚刚大乱平静，生灵涂炭，他必须首先要稳定人心，找个有威望的大人物来帮自己。高宗盘算着，直至李纲之名走入他的脑中。其实高宗对李纲的初始印象并不怎么好，在他看来李纲本是一介书生，却总想着打打杀杀。甚至在开封被金人围困的时候，李纲亲率军民抵挡住了金人的进攻，取得了东京保卫战的初步胜利。不过，恰恰是李纲的行动使得他在军民中的声望大大提高，声震一时。高宗觉得此人是可用之才。

事情紧急,让高宗来不及多想,立即召被贬在外的李纲回南京,并任命他为尚书右仆射兼中书侍郎。这就使得李纲成为南宋第一丞相,万人之上,一人之下。不过事实证明赵构错了。李纲之名之所以兴盛,是因为他有一颗坚定抗金的心。在李纲成为丞相之后,他一如既往,坚定不移地走着抗金大业的道路。这与高宗志不同道不合,李纲的作为与高宗的本意背道而驰,这君臣二人的合作注定了不能长久。当彼此失望之时,他们的关系也就走向破裂,甚至反目为仇,只是这都是后话。不过,此时的高宗迫切需要李纲的帮助,并且对其满怀希望。

听闻李纲被任命为右丞相,黄潜善和汪伯彦两人坐不住了。他们两人自认为为高宗的登基大业立下了汗马功劳,跟高宗又是患难之交,平素两人又颇得高宗喜欢,这左右丞相之位毋庸置疑要由他们来坐的。突然半途杀出个程咬金,怎能不叫人气愤。两人上书进言:"李好用兵,今召用,恐金人不乐。"

高宗当然也考虑到了这点,只是当务之急是要重建大业,笼络人心,而李纲颇得军民百姓之心,如今之计非用李纲不可。黄潜善和汪伯彦两人没有摸清高宗的心思,更不知高宗重用李纲的深意。

不过,高宗也没有完全弃二人于不顾,不久,黄潜善即当上了中书侍郎,汪伯彦为同知枢密院事,位在李纲之下。但是二人心中还是不服,可是皇上之令,两人敢怒不敢言。

朝中反对李纲为相的不仅是黄潜善和汪伯彦二人。右谏议大夫范宗尹说李纲徒有虚名,任他为相恐怕会有"功高震主"的危险。御史中丞颜歧也上书反对重用李纲,说李纲"为金人所恶,虽已命相,宜及其未至罢之。"颜歧还拿张邦昌和李纲作对比,指出"张邦昌为金人所喜,虽已封三公郡王,宜更加同平章事,增重其礼。"这种说法听了真是让人哭笑不得,颜歧这种完全只顾金人喜好不顾国家安危的嘴脸赫然显现。

高宗听大臣们这么一说,思前想后,不无道理。金人听闻自己建立的大楚政权,被张邦昌拱手让人已经很是恼火。如果再次惹怒了他们,金人卷土重来也未尝可知。但是转念一想,对于他来说,攘外必先安内,皇位不稳,朝不保夕,还是先把自家的事情办妥再说。高宗一咬牙,没有理会这些反对的声音,还是决定任用李纲,这真如史书所说"李纲之用舍,系一时之轻重。"

颜歧是忠实的议和派,他的进言没有达到阻止高宗任用李纲的决心,这让他非常不安。他知李纲一来,必定会怂恿高宗出兵,与自己对着干,这于己非常不利,如今之计就是得想个法子阻止此事发生。既然高宗劝不动,就从李纲那边下手。颜歧命人将他的奏折送给正在赶往应天府的李纲,清楚地告诉他朝中众多大臣并不欢迎他,让他最好有自知之明,知难而退,这样对彼此都有好处,否则后果自负。

而李纲刚接到赵构手谕,受宠若惊,没想到新皇这么看重自己,他认为自己施展才华的机会到了,就日夜兼程赶往南京。没想到却收到颜歧的威胁书信,顿觉惆怅不已。原来新皇任用李纲为相,只是他一人独断,朝中竟有这么多大臣反对李纲。

一时间,李纲不知如何是好,在去与不去之间取舍难定。去,怕有性命之虞;不去,怕辜负皇恩。这时李纲手下也劝他还是不去蹚那浑水得好。但是"国家艰危至此,岂是臣子避嫌疑、自爱惜之时!皇上对我知遇如此,得一望清光,推心置腹,即便将来退归田里,死且不朽。颜歧之言何足恤?"思及此,李纲再也不犹豫,加快了北上的步伐。

李纲没有理睬朝中大臣的阻挠,毅然上任就职。他到达这日,高宗亲自迎接,以示重视。李纲看皇帝如此待己,感动流涕。随后君臣二人把酒言欢,共缅往事。趁着酒酣耳热之际,高宗诉说了登基后的种种不顺,为博得李纲同情。李纲看高宗对己如此掏心掏肺,自然不会让皇上失望。怀着极大的热情,李纲连夜将自己的治国方针总结为十个方面,翌日就上书了。

李纲这十个方针，概况总结起来就是议国事、议巡幸、议赦令、议僭逆、议伪命、议战守、议本政、议责成、议修德。高宗看后，认为这话虽多，但是总的来说就那么两件事情，不过是杀张邦昌和练兵北伐，迎回徽宗和钦宗。这是李纲为高宗制定的一个立国方针，仔细看来，这十个方针战略虽有些过于武断，但也不无道理，如果高宗能够抛去种种顾虑，认真实施，那当金人再次入侵之时，就不回落得狼狈出逃的局面。只是高宗此时所想，仅仅在于怎样建立他皇帝的权威，坐稳皇位而已。

第二章　偏安南隅避金国

夕罢免，良相成平民

　　高宗不顾阻挠，固执地任命李纲为相，李纲把这份知遇之恩记在了心里，不辱使命，上任伊始就呈上了治国十大方针战略。不过当这十大方针被呈到高宗手上的时候，高宗非常失望。李纲所讲不过两件事——杀张邦昌和练兵北上，报仇雪恨，迎回二帝，只是这两件事都不是高宗乐意所为。

　　张邦昌在还政于赵氏以后，高宗认为他"知己达变，勋在社稷"，特别给予优渥的待遇，后来又将他晋封为太傅。以如此快的速度高升，这在外人看来十分不可思议的。不过在高宗看来，如果张邦昌贪恋皇位，自己根本不可能有机会登机，面对让位之举，高宗对张邦昌充满了感激之情。再者金人喜欢张邦昌，而他赵构还没有站稳脚，如果想与金议和，最好以张邦昌为中介，毕竟熟人好说话。李纲不明白高宗的这些心思，一心想要治张邦昌于死地，以泄心头之恨。

　　李纲对张邦昌的恨源于他自己坚持抗金，又忠于钦宗。而张邦昌既做了金人的走狗，又坐上了钦宗的位置，完全是跟李纲唱反调，走的完全相反的路子。其实在这点上，如果只是一味地斥责张邦昌是一个叛国贼，未免不客观。张邦昌虽然当了金人的傀儡，但也是出自无奈。一城军民百姓的性命掌握在他的一念之间，他能做什么样的选择？保持自己的名节，然后置一城军民百姓的性命于不顾？若是这样的话，那他更是千古罪人。李纲这么坚定地要处死张邦昌，确实有些刚愎自用。李纲说的种种原因，并没有打动高宗让他下定决心处死张邦昌，不过最后一句话却真正触动了皇帝的心弦。

　　李纲说："陛下欲建中兴之业，而尊僭逆之臣，以此显四方，其谁不解体……如此，何以励天下士大夫之节？"要中兴宋朝大业，却任用张邦昌这样的叛逆之臣，给予其他退休功臣这样的待遇，老百姓辛辛苦苦抗金仍旧一无所得，天子臣民谁还会依附这样一个是非颠倒的朝廷。高宗一听这话，陷入了沉思，这话的确有道理，为区区一个张邦昌而失德于天下，真是得不偿失，看来，张邦昌是非杀不可。虽然张邦昌于高宗有恩，但是为了千秋大业，只有委屈他了。

　　当高宗做出杀张邦昌的决定时，张邦昌还舒舒服服地活在得意之中，最后，连头怎么落地的都稀里糊涂。在皇权社会里，一个人的生死就在权威的一念之间，令人不得不叹息。

　　李纲所说第二件事，更是说到了高宗的痛处。

　　徽宗、钦宗之事，是高宗永远的伤疤。高宗所想不过是希望天下人，以他为真命天子，效忠于他。另外，他自幼与母亲相依为命，不受重视，跟徽宗、钦宗，感情疏远，在前往金国做人质这件事情上，甚至是对他们充满怨恨。如今李纲又一心为徽宗、钦宗，弃高宗于不顾，怎不令后者厌恶。只是李纲所说又合情合理，攻打金人收复失地，迎回徽宗、钦宗为父兄报仇，这是高宗

的本职。所以，高宗无言反驳，只得听其所言，命其练兵。

李纲"募兵""买马""募民出财助军费"忙得不亦乐乎，李纲为高宗的信任感激涕零，现下是其知恩图报的时候，当然会尽其所能，大展身手。李纲的所作所为确实卓有成效，南宋的军纪得以整顿，军队实力增强。然而，有得必有失，李纲所为，必然会引起一些人的不满。

谏议大夫宋齐愈就对李纲招兵买马，令百姓捐资的做法颇有怨言。一则招兵之事，使得士兵增加，为了满足新增士兵吃饭，穿衣，又要支出更多的军饷。新朝刚立，战争此起彼伏，加上刚被金人搜刮朝廷一穷二白，哪里有这么多的钱。再来买马之事，钱的问题暂且不提，就算朝廷有钱，该去哪里买马呢？西夏的马是很好，可是人家不卖给宋朝，宋朝的马拉到战场上，根本就是无用武之地。最后说说让百姓捐资之事，百姓如今自己的温饱都解决不了，怎么还有钱财捐献出来。要是把百姓逼急了，他们又要造反。此三事在此之时，不是长远之策，虽一时得以实行，后患无穷。

宋齐愈就把自己的看法写成奏折，想要呈给高宗。正是这份奏折，要了宋齐愈的性命。这奏折未到高宗手中，阴差阳错被李纲所得。李纲大展宏图之时，突然出来一个挡路虎，这是李纲不能容忍的，况且李纲手握大权，根本不需要容忍。就找了一个机会将其处死。

高宗对李纲所做的这两件事万分不满。相处数月以后，高宗越来越清楚地看到，李纲所想与自己存在的差异，李纲与自己渐行渐远，后来的又发生了两件事情使得高宗对李纲彻底失望。

一是都城问题。李纲力主高宗回銮开封，认为"宗庙社稷之所在，天下之根本"，旧都开封不能放弃。开封对高宗来说，那里有太多不美好的回忆，况且，开封距离金人那么近，金人以前能够攻破开封，就能再次攻破开封，想起父兄的那段经历，高宗就胆战心惊，绝对不能重蹈覆辙。在高宗的心里，距离金人越远越好，惹不起还躲不起吗？回开封之事，他心中十万分的不乐意。

李纲看劝说高宗回銮开封已不可能，就让一步。说，不回开封也行，最起码也要在中原定都。"自古中兴之王，起于西北者则足以据中原而有东南，起于东南者则不能复中原而有西北。中原一失，东南不能必无其事，虽欲退保一地而不可得也。"李纲的一番苦心并没有留住高宗，后来金人一来，高宗就一路南逃，最后退避东南而自保。果如李纲所说，东南一隅的南宋终其一朝也没有收复失地，只是苟延残喘，抱一隅而以为天下。

二是对金人的态度问题。金人听闻张邦昌被宋廷所杀，以此为借口再次引兵南下。高宗不敢迎战，想要退居东南，与金议和，以求安稳。李纲养兵千日用兵一时，当然主张开战。李纲以"偷安于一时，忘祸于其后"力劝高宗不可怯战怕事。高宗与李纲在对待金人态度上的差异，使前者对后者越来越不耐烦。

就这样，高宗对李纲的耐心已经到了极点，恰在此时，黄潜善、汪伯彦和张浚弹劾李纲滥杀无辜"有伤新政"，整顿朝纲又"独断专行"，给李纲加了十几个罪名，要求罢免李纲。李纲在朝中已左右树敌，自知无法前行，就提出了解甲还乡的要求。高宗借此机会，罢免了李纲，李纲这个宰相仅仅做了75天。俗话说道不同不相为谋，李纲所走的道路完全超出了高宗所能容忍的范围，最后被罢免也是意料之中。

书生抗金，皇帝担心

李纲为首的主战派被排挤出南宋小朝廷后，以高宗为首的投降派本以为朝中不会再有异样的声音，可以照着自己的性子为所欲为。谁知年近七旬的老将宗泽，这时又举起了鲜明的抗金旗帜。这真是一波刚平,一波又起。可想而知,高宗自然不会给宗泽好脸色看。

宗泽本乃一介书生,是宋哲宗元祐年间的进士。他进入仕途之后,虽关心国事,一心想为朝廷做点贡献,却因长期得不到重用而郁郁寡欢。金人进入中原以后,朝廷连连打败仗,后又完全寄托于议和。宗泽见此情形悲愤不已,感慨于朝中无将,遂弃笔从戎,刻苦钻研兵书,苦练武艺,以"老当益壮,自任以天下之重"的满腔热情投入到抗金大业之中。宗泽虽最后未完成他的抗金大业,郁郁而终,但正是抗金的英勇胆识成就了他,使他名垂千古。

靖康元年(1126年),金人围困开封。宗泽在屡次劝说高宗率兵北上解开封之围未果后,他独自率领两千余人北上解围,一路连战连捷,打了十三场仗,皆胜,金兵闻其名而胆战。但是终因孤军奋战缺乏支援,寡不敌众,败下阵来。后在襄阳任职。

南宋建立以后,宗泽仍坚持抗金,建炎元年(1127年)六月因李纲的极力引荐,高宗任命他为开封府尹,后又加任东京留守。

经金人洗劫的开封城,早就生灵涂炭,一片狼藉,民不聊生,匪盗盛行,社会秩序混乱。一切都乱套了,哪里还有什么章法。要整治这样一座城市,真是无从下手。

宗泽知道金人在攻打宋朝之后获得了莫大的好处,在其休养生息,得以喘息之后,必定还会卷土重来。因此,做好开封府的防御工作是当务之急。宗泽上任伊始就"缮城壁,浚隍池,治器械,募义勇。"

他在开封城的四侧,各派防御大臣,分工合作,负责守卫一定的区域。又在城郊险要地带,"据形势立坚壁二十四所于城外,沿河鳞次为连珠寨"。这二十四座壁垒,各派兵数万把守,沿黄河修筑的纵横交错的连珠寨,也分兵把守。同时,还挖掘了深宽各丈的壕沟,并在壕沟外栽上密集的树木,以此来阻止金兵的进攻。这样就建立起了牢固的军事防御体系。如此牢固的防御体系,金兵打来,一时半会也不会攻破。外部防御准备就绪,就要关起门来搞建设了。

开封城的军队多是临时招募而来,没有接受过正规的训练,不仅纪律性差,武器装备也差。单单依靠这样的军队保卫开封抵挡金人的入侵,恐怕难成气候。如今之计,就是要大力扩充军备。此起彼伏的两河义军抗金斗争,让宗泽看到了人民武装的力量,若是这股力量能够为己所用,那抗金旗开得胜的把握就更增一分。因此宗泽组织军民制作兵器的同时,还积极联络两河坚持抗金的义军。著名的红巾军和八字军就被宗泽收服,另外还有王善、丁进等众多义军首领也投奔了宗泽。

红巾军是以河东广东乡村地区为根据地的一支抗金队伍,他们头戴红巾,以游击战术袭击金军。经常出其不意攻其不备,打得金人措手不及,然后,神不知鬼不觉地消失。金人急得抓耳挠腮,却找不到他们的大本营。

有一次,红巾军偷袭金军统帅粘罕的营寨,几近将粘罕活捉。粘罕一直认为红巾军人数少纪律松散,没有把他们当回事。此次红巾军在太岁头上动土,急煞了粘罕。粘罕命人大力搜捕红巾军,企图一举将他们消灭。

许多无辜的平民百姓被杀害,粘罕这种宁可枉杀一千,不可漏一人的做法,激起了更多人的反抗。致使更多的人加入红巾军,红巾军的队伍不断壮大。南宋一些朝廷命官也害怕碰到红巾军,因为红巾军也以打击宋廷卖国贼为己任。

八字军是王彦领导的一支义勇军,活跃在太行山一带。太行山一带地势险要,抗金斗争非常艰苦,王彦和士卒同甘共苦,为表忠心,都在脸上刺上了"赤心报国,誓杀金贼"八个字,所以被称为八字军。古语讲"身体发肤,受之父母",况且,在古代只有犯了案子被发配边疆的犯人才会在脸上刺字,八字军如此,可见其将金人赶出中原,保家护国的决心。

王善本是河西一带的匪寇，有部下七十余万人。对于宗泽来说，能将这么庞大的一支力量组织起来，共同抗金，这是一个极大的挑战。宗泽不顾手下将领的劝说，冒着九死一生的危险，单枪匹马到王善的大本营，成功劝说其归顺，从此这七十余万人听从宗泽的调遣。

金人听闻张邦昌被宋廷赐死，哪里咽得下这口窝囊气，于建炎元年（1127年）九月再度挥师南下。此次南下分中、东、西三路大军，依其规模和范围来看，金人此次是倾尽所有，有克中原、灭南宋之势。三路大军势如破竹，一路南下，中原地区除开封外竟被全部攻下。

这时的高宗不是积极备战，做好防御准备，而是抛下他的臣民百姓南逃扬州避难。真是有其父必有其子，高宗走了跟他父亲徽宗同样的路数。

镇守开封的宗泽，以其坚固的防御和正确的战术取得了东京保卫战的胜利。金军数月攻取开封不下，阻碍了南下的进程，此时的粮草供应也不足，就于建炎二年（1128年）撤兵了。

在此期间宗泽上疏高宗请求后者回銮开封，前前后后有24次，这就是著名的《乞回銮疏》，但是宗泽的一片爱国之情并没有得到高宗的回应。

宗泽抗金雪恨，一心为朝廷，高宗并不这么认为。功高震主，这是历代皇帝担心的事情。宗泽的成就天地可鉴，声望日益增高。宗泽现今手握重兵，跟群众走得相当近，在王云被活生生打死的时候，高宗就亲眼目睹过人民群众的力量。万一有朝一日，宗泽要造反，这不是轻而易举的事情吗？另一方面，宗泽跟李纲一样，终日以迎回徽宗、钦宗为己任，这更是高宗所忌讳的。宗泽的存在，对高宗来说始终是一个隐患。

高宗不仅没有理会宗泽一道一道的奏折，对他更是日渐疏远。宗泽肚里没有那么多弯弯肠子，也摸不清高宗的心思。当初满腔的热情终究冷却，大志未酬的宗泽对高宗彻底失望，不禁悲愤交加，积怨成疾，疽发于背，病倒在床。

宗泽自知时日不多，将众将唤来，说，"我以二帝蒙尘，愤愤至此。汝等如能歼敌，则我死亦无恨！"这算是交代遗言了，宗泽至此仍念念不忘抗金大业。待诸将退出，宗泽长叹一声自语道："出师未捷身先死，长使英雄泪满襟。"最后，这位年近70岁的老将，连呼三声"过河"而去。

"过河"而亡论

高宗得知金军南下的消息，并没有进行积极的防御工作，而是悄悄制订了完整的逃跑计划。他事先将元祐太后孟氏送往扬州，自己则准备择机而逃，不过，在高宗退避江南之意刚出时，太学生陈东和欧阳澈就上书劝说企图阻止皇帝逃跑。

此时的高宗身边净是一些贪生怕死的逃命之徒，坚定的主战派李纲已经被罢免，而老将宗泽正远在开封，与金人打得不亦乐乎。没有这两个拦路虎，高宗自认为逃跑之事可以没商量地一致通过。

谁知在这节骨眼上突然冒出来两个不知死活的人，惹恼了生气中的老虎。高宗看了他们两个的上书，板着脸生气，恨不得杀之而后快。只是太祖皇帝有遗训：不杀士大夫，不杀上书言事者。高宗不想破坏祖训，只好耐着性子好言相劝。

不过，这二人既不识抬举，又不知好歹，竟再劝高宗罢免黄潜善、汪伯彦，更请高宗回銮开封，御驾亲征，迎回二帝。两个太学生的作为无异于火上浇油。金人骑兵又不是没有见识过，这哪里是宋军舞刀挥枪所能够抵挡的，两个太学生让高宗亲征赴险，这不等于蚍蜉撼大树，简直就是自不量力。难道羊入虎口就是他们希望看到的结果，这一群人太没有良心了。黄爱卿与汪爱卿平日最得高宗宠信，自从有这两个心腹，什么事情都好办，可是如今却让高宗罢免他们，明明就是居心叵测。再者，若是将父兄迎接回来，赵构哪里还有立身之地。

高宗越想越气，身为臣子不但不能为皇帝解忧，反而处处与皇帝作对，心中生了杀念。再加上黄潜善平素就与陈东积怨，这时又在高宗旁吹起了耳边风，高宗就下令将二人诛杀，开了杀士人的先例。高宗还宣称"有敢妄议惑众阻巡幸者，许告而罪之，不告者斩"。此事一开，谁还敢进言，那就是死路一条。这样高宗身边就真的只剩下主和的贪生怕死之辈了。高宗逃跑的障碍去除，路铺平了。

高宗终究是逃跑了。建炎元年（1127年）十一月，高宗一行乘船赴扬州。高宗自知逃跑之事不得人心，但是不逃跑只有死路一条。宋军根本无法与金兵相抗衡。他不想重蹈父兄的覆辙，只能匆忙逃窜。高宗为求良心安宁，到达扬州后下诏罪己，说自己来扬州只是暂避一时，等时局稍稍稳定，就立马快马加鞭回京城。明眼人都能看得出来，高宗这话说得自己都心虚，这不过是为自己逃跑开脱的证词罢了。

高宗逃到扬州不由得长舒一口气，心中觉得安全多了。自从离开开封，高宗就一直过着颠沛流离的日子。高宗经常想，自己的命太苦了，同样是皇上自己只能颠沛流离的逃命，整日担惊受怕会不会被人从皇位上掉下来。经历了那么多的朝局大变，此刻在高宗心里，任他战火纷飞，任他田园荒芜，这些都不再重要，及时行乐才是人生的真谛。扬州确实是一个可以行乐的地方，这里繁花似锦，这里温柔富贵，无须理会北方的金人和战争。

开封，宗泽正亲领士卒浴血奋战了数月。数月的攻取，金人仍不能打开开封坚固的防御壁垒。金人出兵已有时日，此时也几近弹尽粮绝，一番烧杀抢掠后，撤兵回府。

身在扬州的高宗听闻金人撤兵，心头的大石头终于落地。李纲被罢后，高宗任黄潜善为左相，汪伯彦为右相，黄、汪二人如愿以偿，二人辅政，朝政可想而知，当然不会有什么大的作为。宗泽多次上疏高宗乞求回銮，高宗都弃之不理，年近七十的宗泽满怀忧郁，抑郁而终。高宗派杜充接替宗泽职务，杜充是坚定的高宗跟随者。自杜充上任之后，他将宗泽所筑的防御设施肆意破坏殆尽，又将义军遣散，令开封官兵失去了抵御能力。金人一走，以高宗为首的投降派自以为可以高枕无忧，过起了花天酒地的日子。

只是高宗并不知道，金人正在策划又一次的南下，这一次他们的矛头直指高宗，一场更大的灾难向高宗扑面而来。

建炎二年（1128年）年底，金人看宗泽已死，开封的防御设施已经瓦解，南侵再无所顾忌，就再次大举进犯中原。真是滑稽，让金人为难的开封防御，竟然是被宋人自己销毁的。有这样的朝廷命官，宋的命运已经注定。此次，金太宗下了一道讨伐高宗的诏令，要对高宗"穷其所往而追之"，搜山检海抓高宗的行动悄然展开。

金军依旧是势如破竹，毫无抵抗力的宋军被打得落花流水，溃败不已，纷纷逃命。金军渡过黄河，一路南下，眼看就要打到扬州城了，战报传来之时，高宗正在寝宫淫乐，对于战报他将信将疑，他心想扬州在长江以北，怎么会这么快就攻到这里。可是他哪里知道南宋不曾积极防御备战，对于自己的军队几斤几两还不清楚，金军会打到扬州只是时间早晚的问题而已。

金军距离扬州只有十几里的路程了，一遍一遍的战报提醒着高宗，金人来了。这个消息犹如晴天霹雳让高宗从梦中惊醒。金军大军在即，由不得高宗不相信了。噩梦来了，高宗的逃亡之旅又拉开了序幕。此刻吓得魂飞魄散的高宗，什么也顾不得了，心中想到的唯一念头就是赶紧逃命。他推开怀中美人，穿上衣服，出了殿门，骑上快马狂奔而出，这些动作一气呵成。狼狈不堪地逃出扬州，乘船渡过长江，然后直奔镇江。

金兵到来,一国之君的高宗,却做了第一个从扬州逃跑的人。高宗置天下人于不顾,完全不怕天下人取笑,也许正因为长期习惯了逃跑,练就了厚脸皮。这真让人感慨,上行下效,其君如此,其臣子的作为就可以想象了。

高宗此次出逃,仓促而惊慌,只带着几个贴身的近侍,连宰相大臣都未来得及通知。皇帝的快马奔出扬州城时,有人认出了高宗,便向黄潜善和汪伯彦汇报,此时这两人刚从寺院听经回来,正大摆筵席,吃喝玩乐得性起,一听金兵逼近,皇上已经逃跑了,这两人顾不得君子风度,小人嘴脸立即暴露无遗,这两人立即策马而出,直奔长江方向而去。

金军到来之际,这就是南宋君臣的所作所为。金人来了,消息在扬州城传开来,只是皇帝跑了,宰相也跑了,军民百姓都没有了指望和寄托,都纷纷逃跑。这样一来,整个扬州城就乱了,好不容易从城门逃出,到长江边上。这时,一声"黄老爷",让百姓的焦点都聚集在了一个叫黄锷的官人身上,愤怒的百姓蜂拥而上,将其践踏而死。可怜了冤死的司农卿黄锷,百姓平时很少见到大人物,听到有人喊"黄老爷"还以为这个黄老爷是黄潜善。百姓对黄潜善和汪伯彦这两个奸臣痛恨不已,本想出口恶气,却让他逃过一劫,让这个倒霉的黄锷当了替死鬼。

聚集在江边的人越来越多,可是,这个时候当然不会有那么多的船渡江。没有了出路,只能等待厄运的到来,这时金军也已经赶到江边,没有逃走的军民百姓手无寸铁,只能是被挨打的份,百姓死伤无数。

幸好天公作美,这时天上下起了倾盆大雨,狂风巨浪,船根本无法行驶,金人面对这样的情景,束手无策。金人在扬州城又是一番烧杀抢掠,满载而归。

高宗在镇江喘息片刻,等从扬州逃出的官员赶到,率领这些人,又是一路南逃,直到杭州,才安顿下来。

苗刘兵变

高宗一行一路南下,到达杭州安顿下来。杭州毕竟在长江以南,金人又不习水战,要过江恐怕有些困难,这样高宗与百官在杭州暂得一时安宁。

俗语讲亡羊补牢,为时不晚。依照常人的思维,高宗体验了这样一次又一次惊心动魄的逃亡经历,本该吃一堑长一智。他既已安顿下来,当务之急就是整顿朝政,训练士卒,以做好防御准备。只有这样才能未雨绸缪,防患于未然。可是南宋的这帮君臣,就是那么的屡教不改,那么的毫不争气,一旦脱险,立马忘了逃亡的耻辱,全身心投入到歌舞升平,风花雪月中去了。

如果一个朝代不能在自己的亲身经历中吸取经验教训,还能指望它从漫长的历史中得到前车之鉴么?一路坎坷,依旧一无所得,这个王朝注定成就不了什么大器。

高宗宠臣黄潜善、汪伯彦二人在难逃途中充分发挥毫不为人,专门利己的精神,使其名声远扬,臭名昭著。军民百姓恨之入骨,恨不得杀之而后快。为了顺应民意,御史中丞张澄上书说,黄潜善、汪伯彦二人平时作恶多端,引起民怨"致陛下蒙尘,天下怨怼,乞加罪斥"。高宗自知南逃不得人心,此时又成了孤家寡人,此时若是继续任用这二人,那就更成了众矢之的。为了宋朝兴复大业,这两人是非罢不可。高宗好生安抚后,忍痛将此二人罢免。然后任用朱胜非为宰相,王渊为枢密院使兼御营都统制总揽朝政大权。朱胜非与王渊二人,在高宗从扬州出逃之时起,就寸步不离,一直跟随左右,对高宗嘘寒问暖,可谓高宗的患难之交。所谓患难见真情,高宗对此二人充满感激之情。从扬州到杭州一路下来,二人取得了高宗的绝对信任。

王渊执掌军事大权的消息传出,众将士一片哗然。王渊虽然年轻时屡立战功,但是此时非彼时。这时的王渊不仅视财如命，贪婪无度，还贪生怕死，平日里结怨甚多。

不仅如此，王渊还结交宦官康履、蓝珪等人。此次王渊能够升任枢密院使兼御营都统制，与康履在高宗耳边吹风有莫大的关系。康履、蓝珪等人身为宦官，却屡次干预朝政，使朝政朝着不正常的方向发展。史载康履、蓝珪"凌忽诸将，或踞坐跷足，立诸将于左右"可见他们二人的权势之大，这就使得"诸将多奉之，而台谏无敢言者"。这样一来，宦官更加嚣张，长此以往，宦官专权的局面，必然引起一些人的不满。只是，康履、蓝珪整日在高宗身边，高宗对他们又十分信任，稍微不慎得罪了他们，他们给穿个小鞋，就要吃不了兜着走。不满归不满，却也奈何不了他们。

历史上，宦官惹祸，由来已久。自从秦第一宦官宰相赵高起，东汉有张让为首的十常侍宦官群，唐有高力士、李辅国之流，宋有童贯，明有王振、刘瑾、魏忠贤之辈，清有安德海恃功骄横。宦官专权无不朝政混乱，人民疾苦。高宗身边之康履、蓝珪虽然没有酿成大祸，但此二人存在，总是让人如鲠在喉。

众将士对宦官本来就有很多的不满，而王渊不仅自身劣迹斑斑，还与康履、蓝珪诸人关系密切，更让将士不满。此刻这样一个贪生怕死之徒竟被任命为枢密院使兼御营都统制一职，此职位，可是统领御林军，掌握着军事大权，对南宋的生死至关重要。这样一个人担当如此大任，将士们自然不服，自古上梁不正下梁歪，这么一个满身铜臭的人，只会把士卒带坏而已。因此心生愤怒的士卒越来越多。苗傅、刘正彦两人此时挺身而出，经由二人一番慷慨激昂的演说，不满气氛完全被调动起来，群怨达到高潮。苗傅与刘正彦二人自认为战功显赫，却仍为七品芝麻小将，这是严重的赏罚不公，愤怒到极点的二人已经失去了理智，在这两人的主导下，一个密谋悄悄酝酿。

这日，退朝后的王渊正沉浸在自己的美好前途中，突然，横空直降出一群士卒，二话不说，将王渊绑了起来。王渊一看领头的是苗傅和刘正彦，顿时六神无主，王渊与这两人结怨甚深，若落得他两人之手，肯定没有活路。正如王渊所想，他们没有给王渊说话的机会，刘正彦上前一步，挥刀就砍下了王渊的脑袋。

苗傅与刘正彦本是一介武夫，没有什么政治头脑，二人本想王渊既除此事就了了。这时，军中有人喊"杀宦官，杀康履，杀蓝珪"。这一喊，众将士杀机又起，气氛高昂。苗傅和刘正彦看局势已经不在自己的控制范围之内，况且回头无岸，后悔也来不及了，只能一不做二不休，带领士卒，提王渊人头直奔高宗的宫殿而去。之后，众将士杀红了眼，有仇的报仇有冤的报冤，众多宦官都被诛杀，唯独不见康履、蓝珪，这两个是他们的重点目标，不杀掉他们众将士哪里肯罢休，杀戮还在进行中。

下朝后疲惫不堪的高宗此时正在寝宫休息。他听闻外面隐隐有喧哗声，皱着眉头起身想要训斥。只见近侍慌慌张张地跑进来，高宗知事情不妙，听来人汇报完外面事情缘由。高宗心道，大事不好，竟不知如何是好。这时宰相朱胜非也赶来高宗的寝宫，高宗稍作喘息，思绪镇定下来，总这么等下去也不是办法，但是此时张俊、韩世忠、吕颐浩等大将都远在他处，确实是没有将领可以调遣。君臣二人商量着要出去与苗傅、刘正彦谈判。

君臣二人走上城门楼。苗傅、刘正彦带领士卒赶紧行礼山呼万岁。自称"不负国家，止为天下除害耳"，然后把将士对王渊和宦官的不满倾吐给高宗，并要求高宗交出康履、蓝珪。康履、蓝珪二人跟随高宗多年，感情自然深厚，高宗把他们当成说心里话的朋友，信任有加。若要高宗交出二人，高宗心中万分不舍，可是看如今这个形势，倘若违背将士们的意愿，恐怕会有杀身之祸。人不为己天诛地灭，高宗这时候也顾不得他人的性命，决定先保全自己再说。命人将此二人送下城，这二人当即被拦腰斩成两半，那场面，太血腥了，高宗实在不忍心看，背过身去掩面而泣。

害已除，这下苗傅、刘正彦他们总该满足了吧，高宗的想法太简单了。谁知他们二人竟然要逼高宗退位。苗刘二人说高宗无才无德，不思进取，还宠小人罢良臣，根本没办法担当皇帝这一重担，不如退位。苗傅、刘正彦一面逼迫高宗让位给三岁的独子，一面又拉出元祐太后孟氏辅政。他们又拿徽宗、钦宗出来说事，质问高宗"渊圣归来，当何以处之"这下可是要了高宗的小命，高宗不再是掩面而泣而是欲哭无泪了。尽管元祐太后一直反对高宗退位，拒绝辅政，但是大兵当前，刀枪无情，能奈他们如何。

如苗傅、刘正彦所愿，一切按着他们的思路运行着。高宗退位，成了宋朝历史上最年轻的太上皇。皇太子被推上皇位，太后垂帘听政，改年号为明受。自此，朝中一切大权都操纵在苗傅、刘正彦手中。

苗傅、刘正彦正沉浸在开国功勋的美梦之中。对于这二人来说能够掌握一朝的军政大权，还真是新娘子坐花轿头一遭，他们满心的好奇与惊喜。有如此大权，当然要尝试一下，操纵权势的乐趣。从他们的自身经历中，他们知道一个人一旦手握重兵那就成了危险人物，因此他们的第一次权力体验，是拿军权在握的张浚开刀。一道圣旨，罢免了张浚的军政大权。

张浚此时已经耳闻京师发生兵变的事情了，正准备组织军队军平叛，此圣旨对张浚来说等于一纸空文。这时，韩世忠、吕颐浩也整军赶往京师平叛。

苗傅、刘正彦一看势头不对，立即又请出高宗，恭请高宗复辟，然后一番好言相劝。高宗经历了生死大浪，此时倒是异常镇定，不动声色。心想如今这些人小人得志，有朝一日等他有了兵，这些人就等着受死吧，嘴上却说，你们知错能改，善莫大焉。

诚如高宗所想，张俊、韩世忠、吕颐浩大军一到，高宗就下旨讨逆。苗傅、刘正彦一路逃跑，但终究为韩世忠所获，被诛杀是必然的结果。

武将韩世忠

当张浚接到苗傅、刘正彦控制的明受天子发去的诏书，将其贬职之时，驻守盐城的韩世忠也接到了圣旨。与此不同的是，韩世忠被升职了。韩世忠听闻京师兵变，正要整兵去救驾，这个节骨眼上接到明受天子的诏书，顿觉这事有蹊跷，不是想象中的那么简单。原来，苗傅与刘正彦，得知在外将领要进京救驾的事情，恐怕势单力薄，不能应对，就想以升职来拉拢韩世忠，让其站在自己的阵营这边。与此同时，张浚的书信来了，韩世忠一看，是要其进京平叛的。韩世忠这下犹豫了，鱼和熊掌，不可兼得。站在这岔路口，要怎么抉择。

高宗虽然不思进取，只知一味南逃，但是毕竟是皇室血统，终究是太年轻，以后的日子还长着呢。苗傅、刘正彦二人此次兵变也是为宗庙社稷，但是他们的做法确实有不妥之处，况且，让一个三岁的孩子继承大统，只能是任人摆布，成就不了大业，若他日江山落入他人之手，祖宗创下的基业就要毁于一旦。另外，据韩世忠观察，苗刘二人，有勇无谋，不过是等闲之辈而已。思及此，韩世忠不再犹豫，立即率兵出发，直奔京师。

韩世忠的这一抉择关系甚重，不仅高宗的性命在他手里攥着，南宋江山也在他的手里攥着。如果他当初做了不一样的决定，结局就会大为改变。

韩世忠最先率领大军进入临安城，高宗亲自出来迎接。苗傅、刘正彦一伙看大势已去，纷纷外逃。韩世忠率军诛杀为首叛军，将投降叛军收为己用。最后，苗傅、刘正彦也被韩世忠擒拿，并手刃二人。

高宗对韩世忠这次的护驾感激涕零,从此信任有加。他亲自题写"忠勇"二字绣在军旗上赠予韩世忠,又授检校少保、武胜、昭庆军节度使。

韩世忠在平定苗刘兵变中立下了汗马功劳。史载韩世忠,字良臣,是陕西延安人,身材魁梧,风度翩翩,两眼炯炯有神,是个美男子。韩世忠在村子里远近闻名,不仅仅因为是个美男子,更因为他是个"异类"。此人年轻时有力拔山河之气概,天不怕地不怕,没有被驯服的马驹,他毫不犹豫地大胆骑上去,让人惊绝。同时韩世忠还有着年轻人的特点,爱打抱不平,遇到不平事总要插一脚,就连官府也没有被他看在眼里,搞得官府很是头痛,常被划入黑名单。

年轻时候的韩世忠喜欢喝酒,经常喝得不省人事,但是这人酒品又不怎么好,稍有不顺就要起赖皮,跟人打起来,因为是家里的老五,被人戏称为泼韩五。曾经有个算命的先生给他看面相,说他将来必定名扬万里,位至三公。韩世忠一听,顿时来了气,他现在这个样子,连份正经的工作都没有,吃饱都是问题,还能位至三公,这明明是哄小孩,成心给他难堪,想罢,就把这个算命先生狠狠地揍了一顿。韩世忠这泼皮无赖的形象赫然显现,只是,谁都没有想到,就是这么一个不良少年,若干年后,能够声震金人,一时成为南宋的顶梁柱,千年以后,仍能够名扬千古。

关于他还有一个神奇的故事。这韩世忠年轻时家境贫穷,连个像样的睡觉的地方都没有,再加上平时不注意个人卫生,就得了皮肤病,生了一身的癞疮。冬天还好,夏天就有一阵阵的恶臭,熏得人都不愿意与他靠近。

某个盛夏的一天,天气炎热难当,韩世忠闲来无事,就一个人跑到河里去游泳了,却被一条巨蟒给缠住了。这蟒蛇有碗口般粗,长约数丈,若是平常人早就被吓得哭爹喊娘了,韩世忠却镇定自如,握拳拼命往蛇头上连打数拳,硬是把这巨蟒活生生打死了。韩世忠将这蟒蛇缠到脖子上,往家走去,一路上围观的人惊叹不已,对这个年轻的少年刮目相看。韩世忠回家后,将蟒蛇剁成数段,煮着吃了,那个时候,解决温饱都是问题,能吃上肉更是奢侈。如此美味,让韩世忠回味了好久。说来也奇怪,韩世忠自吃了蟒肉之后,那一身的癞疮竟离奇般的好了,这可真是因祸得福。没有癞疮的韩世忠,英俊潇洒,俨然一个美男子。

这年韩世忠18岁,因为他只身斗巨蟒的事迹,韩世忠大名远扬。此时,恰逢西夏来犯,韩世忠就参了军。

崇宁四年(1105年),韩世忠随军抵抗西夏的侵犯,韩世忠打先锋,一路过关斩将,打败西夏军,取得了绝对性的胜利。只是,这次战功并没有给韩世忠带来什么实质性的荣誉。因为当时的韩世忠只是一名小兵,跟朝廷权贵没有什么交情,所以上报战功时,被操纵政权的大宦官童贯所怀疑,最后"止补一资"。后来,韩世忠在战争中屡立战功,但是只是得到一些小恩小惠,仍没有得到升迁的机会。在那样一个社会,没有关系,前途道路就要相对坎坷,锋芒将露之时,往往就被那些心怀鬼胎之徒扼杀,除非天眷英才。

不久,韩世忠果真得到了上天的眷顾。宣和二年(1120年),江南发生了方腊起义,王渊领兵平叛,以韩世忠为副将,此二人一举击败了起义军。韩世忠又率几人,乘胜追击,在山谷中将方腊及其妻儿和军师一举捕获。韩世忠之名被报上朝堂,众人始知韩世忠。韩世忠因此次战功官至承节郎,这虽然只是一个低级武官的职称,但是已经仿若甘露一般给久旱的韩世忠带来了希望。此时的韩世忠已经不再是那个泼皮无赖了。多年的历练,让他从心智上更加成熟,素养上更有内涵。他的追求不再是停留在吃饱喝足那样的层次了,守边卫国,大展宏图,才是他一生的奋斗目标。

但是，韩世忠并没有在北宋的舞台上伸展拳脚，北宋的历史以徽宗、钦宗被俘结束。随后，高宗登基建立南宋。朝代的更替没有改变韩世忠的追求，韩世忠一路征战，投入南宋的抗金潮流中。只是，抗金成就了他，也伤害了他。宋本就有着重文轻武的倾向，金人入侵迫不得已重用武将，但是宋朝却从骨子里对武将充满着极其的不信任，当武将功成名就，手握重兵又违背了朝堂的意愿的时候，结局已经注定。

南宋卷　偏安南隅，中兴无力崖海沉沦

第三章　安天下梦碎

天下之大，何处安身

靖康之变之后，韩世忠看徽宗、钦宗被俘，金人仍旧不停南下骚扰，就率军跟随高宗一路南下。高宗登基之后，任命韩世忠为光州观察使、带御器械。高宗一行为躲避金人，逃到扬州，只是，高宗在扬州过得并不怎么安稳，金军统帅完颜宗弼再次率军大举南犯。高宗又是一路南跑，跑到了建康，暂时安顿下来。韩世忠对高宗一路只知道逃命的行为非常不满，但是慑于权威，只能忍耐。

金人渐渐逼近的消息一个一个传来，高宗终究是坐不住了。这日，高宗招来群臣，商量保命之策。逃跑还是主旋律，只是高宗不知这次该跑向何处。宋土之大，哪里才是安全的安身之地？其实高宗早就有了自己的小算盘，他想去杭州并且执意要去杭州。不过除了几个心腹的赞同，他还需要得到其他大臣的支持。开个会议，就算是走一下形式也好。一片沉寂，大臣们都在揣摩主子的心思，片刻，讨论热烈展开，提议要去湖南长沙的也有，福建的也有。高宗充满期待的脸顿时冷了下来，群臣一看形势不对，顿时沉默寡言。

朝堂下一个人早就听的不顺心了，他心里愤愤难平，此人正是韩世忠。作为一名武将官职又不高，在这样的场合韩世忠本来是没有发言权的。但是，义愤填膺的他，此刻已经将生死置之度外，顾不得那么多。"国家已失河北、山东，若又弃江、淮，更有何地？"这话掷地有声，韩世忠慷慨激昂，驳得众大臣哑口无语，羞愧难当。高宗脸色微缓，他也知道韩世忠所说无误，他的心里何尝没有打败金人的激情，但是在当前，他把现实看得更加清晰。

金人南下，掳走徽宗、钦宗，大宋百万大军眼睁睁看着，却置之不理。徽宗、钦宗以正统登上皇位，这百万大军对此尚且如此，那么他高宗一个本来无缘皇位，被多人质疑的人，更无德无能让他们心甘情愿为之效命。高宗的祖先告诉他要重文轻武，高宗的经历又让他明白，军人是靠不住的。在高宗的眼里，军人关键时刻不但会弃主子于不顾，还可能会背后插刀，威胁到自己的生命安全。所以，高宗从来不会把自己的生死大计寄托在军人的身上。

梦想跟现实的差距很远，高宗选择现实，因此他还是决定逃，保命才是最重要的。活着才是一切的根本，只要留得青山在不愁没柴烧，即使不得人心，即使被人唾弃。高宗要逃跑的坚定也让一些摇摆着的大臣定下心来。对于那些大臣而言，他们一切以皇帝为宗，皇帝要逃，他们当然竭尽全力追随。其实，朝堂上跟高宗抱着同样心态的人不在少数。

当朝堂上的重量级人物坚定了要逃的信念的时候，韩世忠的痛诉也就被完完全全忽略了。因此当他再请迁都长安的时候，朝臣一致反对。金人入侵长安首当其冲，高宗逃都来不及，哪里还会自动送上门。依南宋的不抵抗政策来看，若是迁都长安确实无异于羊入虎口，自投罗网。韩世忠是希望高宗皇帝能够站在第一线积极备战，鼓舞士气。如果士卒备受激励，那么抵挡住金人南下，也是有可能的。而且迁都长安有利于保住中原地区，可谓是一箭双雕，一举两得的好主意。不过，韩世忠的一切都是徒劳的，指望一群贪生怕死的君臣抵抗金人，结果可想而知。

高宗看韩世忠抗金决心坚定，金人又渐逼渐近，他派韩世忠去抵挡一阵子，心想这未尝不是一件好事。于是他就认命韩世忠为浙西制置使，分兵八千余人给韩世忠，命他镇守镇江。镇江为长江天险，守住此地，至关重要，韩世忠在此驻防建堤，练兵抗金。

高宗率领朝臣到杭州并没有安静多久，金人"搜山检海抓高宗"的计划就出炉了。金人不费吹飞之力就掳走徽宗、钦宗，灭亡了北宋，从中获利颇多。高宗建立南宋以后，金太宗想要依葫芦画瓢、他认为只要抓住高宗，宋军就无以为宗，灭南宋就轻而易举，指日可待了。只是金人几次南下，高宗都是一路南逃，抓住他并不容易。这次由完颜宗弼统领的金兵南下，矛头直指高宗。

金人终究破了杭州，高宗已经见识了完颜宗弼的厉害，哪里还敢怠慢，一路先是逃往浙东又跑到温州，最后由温州逃到大海。完颜宗弼这次是吃了秤砣铁了心，一心要抓住高宗立功，知道高宗逃入海中，他就命人备了船只，准备渡海捉高宗。

高宗本以为逃到海上就会得以安全，万万没有想到金人敢下海。幸好金军士卒大都是北方人，根本不习水战，晕船晕得厉害，更甭说是在船上打仗了。恰逢梅雨时节，雨说来就来，上一刻还是晴空万里，这一刻就是大雨滂沱，顿时海上雾茫茫一片，方向根本就分辨不清，晕头转向的金人被高宗随行的将领数次击退。

完颜宗弼知道此次入海捉高宗是以己之短攻彼之长，根本行不通，他迫不得已放弃追拿高宗。正是这场雨救了高宗一行的性命，完颜宗弼（即兀术）没有追到高宗，又是孤军出师多日，士卒思乡心切，于是金人准备班师回朝。

这次南逃，高宗可是吃尽了苦头。高宗逃到明州的时候，有个士卒拿着刀闯入高宗的寝宫要刺杀高宗，幸亏护驾及时赶来，高宗才幸免于刀下。高宗惊魂初定，就把身边众多的士卒遣散。把这些人留在身边太可怕了，说不定某一天就会让自己的脑袋搬家，高宗一想到此就吃不好，睡不着，还是把他们遣走得好。最后高宗的身边就只剩下三千多人，留下的这些人都是高宗的亲信卫兵和随身护卫。至于那个要杀高宗的士卒，可能出于对高宗一路南逃的愤怒，也可能出于对自己前途的绝望，也可能有什么冤屈得不到伸张，具体原因已经无从考证了。

从温州逃亡海上的时候，在高宗等人面前又出现了一个新问题，船只不够用。因为船只不够用，一部分人必定要留下来，但是留下来的很有可能会成为刀下亡魂，所以任谁都会争先恐后的上船。可是，人多船哪里能承受得了。因此当权者就站出来，只允许士兵带两名家属，违者斩立决。哪一个士兵能够眼睁睁地看着自己的亲人送命，因此众多士兵就到高宗那里去请愿，高宗知道金人此次目标是自己，本来就一肚子委屈，心烦意乱，士兵这个时候又捣乱，这下更是惹怒了他，亲自披挂上阵，镇压请愿的士兵，不久就平息了这次事件，得以上船入海。

对待金人高宗从来都是小心翼翼，不敢打不敢骂。但是对待自己的属下，高宗一点都不含糊，绝不手下留情。如果高宗能拿出这样的胆识气魄去抵挡金人，何苦落得这样一路南逃的下场。

由于时间仓促，此次南逃高宗一行没有准备充足的粮食。后来，船上的粮食吃没了，高宗就只能忍受饥饿，皇帝尚且如此，那些臣子可想而知了。有时候实在是忍受不住，也顾及不了金人在岸，就停船上岸乞讨。一代皇帝，落得如此狼狈的田地，这不得不让人感叹。

完颜宗弼想要打道回府，却是遇到了意想不到的麻烦。

黄天荡大破金军

完颜宗弼率领金军捉高宗未果，迫不得已只能班师回朝。途经之处又是一番大扫荡，金军将金银珠宝、丝绸玉帛这些能带走的尽其所能全部带走，不能带走的一把火烧掉，纵火屠城。一时间生灵涂炭，满目苍夷。富庶的江南让没有见过大世面的金人乐开了花。最后，怎样将这大包小包的战利品带回去竟成了问题，完颜宗弼无奈之下决定走水路。这对不习水性的金人来说，确实是无奈之举。但是想到这么多的战利品都要归自己所有，还是要咬牙挺住。

完颜宗弼在回京途中听属下来报，说有宋将在镇江积极备战，准备抗金。完颜宗弼一听，心里松弛的一根弦立刻紧绷起来，这可不能大意。他马上去派人打探消息，探子禀明此人是宋将韩世忠手里只有八千余人。听到这儿，完颜宗弼绷起来的弦又松了下来，韩世忠此人根本没有听说过，看来没有什么名气，再说韩世忠只有区区八千人，而大金有精兵十万人。金军南下，势如破竹，所向披靡，南宋百万大军都无可奈何，韩世忠这区区八千人又能如何，不过是他完颜宗弼手心里的一只蚂蚁，要他今晚死，他就活不到明天。

完颜宗弼信心十足，一副胸有成竹的样子，完全没有把韩世忠当回事。完颜宗弼怎么也没有想到，他这次遇到了一个令他终生难忘的劲敌，前方等待他的将是一场噩梦。

南宋百万大军，此时站出来阻挡金人的只有韩世忠领导的八千人，这不禁让人疑问？君臣贪生怕死，上行下效，如此南宋怎么能够成就大业。只求偏安一隅，苟延残喘尚且不能的局面，怎么能唤醒这些人沉睡的心灵。

镇江是长江天险，过长江必经镇江。韩世忠积极备战，打探到了金人军情。知道完颜宗弼此刻率领十万大军，正往镇江进军。两军力量有着天壤之别，要凭力量制胜恐怕困难重重，只有运用计谋，出其不意攻其不备。韩世忠知道，完颜宗弼到了镇江之后肯定会派人登山观察地形，如果他能预先设下埋伏将这些人一举击毙，必定能给金人一个很好的下马威。

想到如此妙计的韩世忠立马部署，他吩咐下属说："此间形势以金山龙王庙为最，敌人必定登临窥视我军。你连夜带200人往金山设伏，100人埋伏于庙内，100伏人于岸边，以江中鼓声为号，岸边伏兵先包抄山顶，然后庙内伏兵再杀出，定能将敌酋擒获。"韩世忠安排300精锐，执行此次任务。宋军300人在山上严阵以待，金人一到，就将他们杀了个措手不及，打了个漂漂亮亮的胜仗。

此役中只有一人逃脱，后来才知，逃跑的正是完颜宗弼，这不禁让宋将捶胸顿足、后悔不已。若是此时将完颜宗弼一举抓获，可就是另一番情形了。试想，金人没有了统帅，那就等于没有了方向，成了一团乱麻的金军，背负着大包小包的财宝，思乡心切，又不习水战，纵使人数众多，也成不了大气候。

完颜宗弼回到营中，刚刚的一幕在眼前久久不能散去，要不是自己跑得快，就命丧宋人之手。完颜宗弼气愤难当，一拍桌子，此仇不报非君子，发誓要杀韩世忠报仇。

第二日，双方水师在江中大战。此战，宋人虽只有八千人，但是个个都是忠勇之士，他们所配备的战船先进，都是一些大型战舰。金人数量虽多，但是在水中根本就是泥菩萨过江，自身难保，另外，金人的船只都是一些临时招募来的渔船，这根本没法跟大型战船相比。金军士卒死伤惨重，落水淹死的、被箭射死的不可胜数。只是由于金兵数量多，不断的又补充上来，双方大战数个回合，仍然是胜负难分。

这个时候，韩世忠的妻子梁红玉挺身而出，冒着生命危险亲自擂鼓助威。在古代，打仗擂鼓不仅仅能够振奋士气，更是布阵、指导进军方向的一种方式。因此在这次战斗中，梁红玉起了至关重要的作用。这个故事后来被屡屡传唱，还被编成了戏剧《梁红玉擂鼓战金山》。梁红玉一出，金人就扛不住了，败下阵来。

数日过去，完颜宗弼有些稳不住阵脚了，将士们归心似箭，这仗却迟迟未结。完颜宗弼一生争强好胜，此刻却不得不放低身段，派使者去找韩世忠求和。使者说，只要能放金人过江北归，这一路所抢来的财宝，都留给宋军。

尽管当时宋军的军饷并不充足，韩世忠仍旧断然拒绝，韩世忠所要并不在此，就算把金山银山摆在他的面前，他也不会为之所动。

完颜宗弼这下没有辄，揣摩着韩世忠的心思，莫非他是嫌这些财宝不够，听闻宋朝没有什么良马，宋人一直觊觎金人名马，就要把名马献给韩世忠，韩世忠依旧断然拒绝。完颜宗弼这下糊涂了，猜不透韩世忠的心思。

无奈，完颜宗弼亲自来找韩世忠谈判，韩世忠义正言辞的提出"复我疆土，还我两宫，则可以相全"。完颜宗弼万不得已才来服个软，没想到韩世忠如此不识抬举，竟然提出如此苛刻的条件。一旦答应了他的请求，金人这些年的努力都成了枉然。更何况完颜宗弼即便一人之下，万人之上，也不是金太宗，这话他说了也不算啊。完颜宗弼无功而返，还差点被韩世忠一箭射死。

战争依旧进行着，金军节节后退，最后被逼进了黄天荡，黄天荡是个死水港，金军前不能进，后有宋兵围堵，被困在这里，左右为难，插翅难逃了。谈判又不成，这可急煞了完颜宗弼。

天无绝人之路，这完颜宗弼命不该绝，正当他一筹莫展的时候，有个当地人，贪图金人财物，就给完颜宗弼出了个主意。

原来，这个黄天荡以前有一条河道，是通往长江的，只是，这条河道现在被淤泥堵住了，若是将这条河道挖通，就能够成功脱逃。完颜宗弼命人日夜挖掘，终究是挖通了。

韩世忠正计算着时日，金人粮食不多，被困数日，总有弹尽粮绝之时，韩世忠正等待这样的时机，虽多日未见金军有什么动静，也未采取其他行动。韩世忠的大意，让完颜宗弼成功脱逃。

听闻完颜宗弼逃走，韩世忠一惊，他来不及多想，立即率军乘船来追。完颜宗弼自知宋人战船先进，被追上是早晚的事情，两军必定还是会有一战。但是以当前形势看，金人战败还是很大的可能。有了前次的经验，完颜宗弼想要找个熟悉水战的人讨个良策才好。

完颜宗弼在外贴出了榜文，重赏募集水战良策。这榜文一出还真有人来献策。完颜宗弼一听大喜，就命人照办。他命人将小船只连在一起，在上面铺上木板，这样船就稳多了，跟在陆地上无异。另外宋军的战船是以船帆扬风前进，若是船帆着火战船就没有办法前进。这个方法正是针对宋人的弱点，结果可想而知，宋军大败，完颜宗弼乘机脱逃。

这次黄天荡大捷虽然没有彻底消灭金军，但是韩世忠以区区八千人对抗完颜宗弼十万大军，并将他们围追堵截在黄天荡四十八天之久。这不仅大大助长了宋军的士气，更是给金人当头一棒，他们再也不敢轻易南下了。韩世忠也以此役名扬南宋，流传千古。

将相失和

韩世忠黄天荡一战，以区区八千余人，重创完颜宗弼的十万大军，虽败犹荣。至此之后，金军再也不敢轻易南下，宋高宗也率领群臣结束了流亡的岁月。他们一行回到杭州安顿下来，就再也不肯北上了，正是"暖风熏得游人醉，直把杭州作汴州"。高宗在杭州站住脚，稳定下来，自此南宋偏安东南一隅的局面正式形成。

完颜宗弼狼狈逃回老家，让金国上下唏嘘不已。完颜宗弼本来在金国声望极高，备受尊敬，可从大宋回来竟落得如此下场。如此看来，宋军不能小看，并不像传闻中的那样弱不禁风，不堪一击。金廷从失败中认真总结经验教训，改变了以往的进军战略。

金军中以北方人占绝大多数跟南宋打水战，根本就是以卵击石。不过，金军以骑兵为主，骑兵的战斗力很强，只要在平原地区作战就能够更好地发挥实力。以己之长攻彼之短，这才是制胜的秘诀。金军因此就制定了一个由西往东打的战略方针，选定川陕地区为突破口。

刚刚稳定下来的南宋政权，面临金人的又一次进攻。高宗没有想到金人这么快又卷土重来，顿时乱了手脚。当他听闻金人此次目标是川陕地区，让他暗暗松了一口气。上一次的搜山检海抓高宗，吓破了高宗的胆。四年颠沛流离的逃亡生活让高宗心惊胆战，深受伤害，想到那段往事，就犹如一场噩梦，那样的日子，高宗再也不想经历。

此次金人进犯，高宗不敢大意，要派个值得信任的人去主持川陕事宜。谁是合适人选这是一个问题，高宗一路南逃，身边能够信任的人寥寥无几。这时，高宗想到了张浚。自靖康之变之后，此人就一直追随高宗。苗刘之变的时候张浚与韩世忠率先领兵入京救驾，才使得高宗得以保全性命，并重登帝位。此人不仅仅是开国功勋，更可谓是高宗的再生父母，高宗对他信任有加。此次到川陕抗金的重任高宗就交给了他，任命他为川陕宣抚处置使外加一些便利条件，例如允许他不经上奏就有权利罢免和任用当地的官员。张浚得此殊荣，对高宗那是感激涕零，暗下决心一定要知恩图报，不负众望。

临走的时候张浚对高宗暗许誓言："臣为陛下前驱清道，明年上元佳节，泥丸君臣东京相会。"张浚的志向不可谓不大，那么他能否如愿以偿，高宗在拭目以待，群臣百姓也在拭目以待。

此时镇守川陕的大将是曲端和吴玠。金军南下伊始，曲端就在关陕地区招兵买马，整治军队。他的军队，军纪严明，公私分明，平时又注意安抚地方百姓，因此在这个地区曲端颇有威望。吴玠是曲端的副将，作战有勇有谋，屡立战功。当地人评价他们二人，"有文有武是曲大，有谋有勇是吴大"，这二人本是一对完美的黄金搭档，但是在权利斗争中没有永远的朋友，再加上二人在作战方针上存在着较大的分歧，二人关系出现裂痕，正一步步走向失和。

张浚到该地区后，想要迅速建立起自己的威望，他知道曲端的声望很高，才能又极强，就想拉拢他，将他收为己用。但是曲端久经沙场，作战经验丰富，自然会有些恃才傲物。再加上他本是这里的顶头上司，突然冒出来一个人骑在了自己头上，他自然心中不服。心高气傲的曲端本来就对文人领兵极其看不上眼，这时的反感程度就更加不言而喻了。这张浚是进士出身，本是一介书生，偏偏跑到武将里面插上一脚，领兵打仗经验不足这是必然的，古人对他的评价是"忠有余而才不足，虽有志而昧于用人，短于用兵"。

张浚想以升职来拉拢曲端，但曲端对张浚不冷不热，还表现得十分反感，并以无功不受禄断然回绝了这样的好机会。张浚弯下身段去讨好曲端，却是热脸贴人家的冷屁股，此番碰了一鼻子灰的张浚跟曲端结下了梁子。拉拢曲端不成，张浚把眼光又瞄向了吴玠。听闻副将吴玠与曲端二人矛盾重重，张浚认为这是一个拉拢吴玠的好机会。就在这样的节骨眼上，张浚提拔吴玠为统制后来又将其升职为秦凤路副总管兼知凤翔府。见张浚如此看重自己，吴玠当然能看清他的心思。

吴玠虽然在曲端手下成长，但这时候有了更好的机会摆在眼前，傍上张浚这棵大树前途毋庸置疑会更光明。况且此时曲端、吴玠二人的矛盾已经达到了水火不容的程度，这些都把吴玠推向了张浚。而曲端、吴玠二人在张浚挑拨下关系彻底破裂，并达到了势不两立的程度。

大敌当前，宋军内部却发生严重的分裂，将领为个人的一己私利而闹得不可开交，这军队就

如同一盘散沙，团结的起来的可能渺茫，宋军前景让人堪忧。如果在这样的关键时刻他们之中某一个人能够以大局为重，发挥廉颇、蔺相如精神，尽弃前嫌，那又将是另一番景象。

金军已至，作战计划却迟迟未定，内部的分歧仍未解决。张浚立功心切，要集全力正面出击，曲端认为金军骑兵强大，不应正面攻击，最好的战略是据城坚守，打小股的游击战。二人毫不相让，张浚位高权重，临来之时又得高宗的特殊照顾，当即就把曲端贬职。曲端当然不服，口无遮拦的说，张浚此仗必败。张浚哪里容得下他如此看不起自己，二人又是一番理论，严重到以项上脑袋为赌注，二人立下军令状，发誓谁输了就要摘谁的脑袋。

毕竟是书生，脑袋里满是迂腐思想，这张浚在战前竟然还给金军下了战书。此时金人驻扎在陕西富平，统帅是完颜宗弼。完颜宗弼此番前来是作为先头部队，来查看宋情，主力部队是远在绥德的完颜娄室，此刻正在赶来。完颜宗弼接到战书，莞尔一笑，这高宗聪明不到哪里去，怎么派了个呆瓜来打仗，战书完全置之不理。

这张浚发战书发上了瘾，一封接着一封，只是完全石沉大海，得不到任何回音。张浚急了，完全搞不清楚是什么状况。他转念一想，一定是完颜宗弼怯战了。上一次黄天荡大战，宋军把他打得屁滚尿流，狼狈逃走，此番不敢前来了。这样想着，张浚更是扬扬自得，金人不过如此而已。张浚这番是犯了兵家大忌，轻敌。完颜宗弼自知实力不足，正焦急地等待完颜娄室赶来，哪里是怯战。

如果张浚这个时候能抛开所谓的儒家道义，攻其不备出其不意，就算不能够一举拿下，也会给完颜宗弼以重创。只是张浚的书生意气使他错过了大好时机，完颜娄室一到，金军实力大增，这个时候对宋军是大大不利。

一切都按照着金人的步伐顺利前进，宋军完全处于被动状态。宋军以步兵为主，金人的骑兵冲进宋营，犹如秋风扫落叶，片刻间宋军四十万大军所剩无几，死的死，逃的逃。张浚还没有回过神来，就已经惨败，最后还是在部将的保护下才得以保全性命。

张浚战败之后后悔不已，他也认识到自己在作战上确实是存在问题。事实证明曲端是对的，这个时候他想到那个军令状，顿时出了一身冷汗。但是大丈夫一言九鼎，驷马难追，难道他张浚要命丧这个军令状。吴玠看出了张浚的心思，他当然不允许这样的事情发生，曲端在，自己的好日子就不长了。

吴玠眼珠一转，顿来一计。吴玠告知张浚，曲端手下部将张中孚、赵彬投奔金人，是曲端所蛊惑。张浚一听也不细查，就以谋反罪将曲端收押，把他交给了康随。康随本是曲端部下，因犯事被曲端处以军法，对曲端恨之入骨。曲端交于他，自然不会有好果子吃，竟被康随活活折磨致死。

曲端死了，没有死在抗金战场上，却死在了自己人的手里。这不得不让人反思，大宋不是没有名将，而是容不得名将。

刘豫对金

金军数次南下，吞辽，灭北宋，重创南宋，仅仅十几年的时间而已，一个强大的帝国就横空出世。这一切都来得太突然，金人还没来得及做好万全的心理准备，眨眼之间从地上飘到天上去了。

金人虽然凭借他强大的铁骑兵，所向披靡，但不得不说在文化体系上，他们不能跟辽国相比，跟宋相比更是小巫见大巫。自始至终，他们都保留着传统的游牧民族的习性。

此时，金人面临着许多亟待解决的问题，偌大的被占领地区，如何统治是个问题；被占领地区人民的反抗，如何镇压是个问题；金兵的厌战情绪，如何缓解是个问题；金国内部矛盾，如何解决是个问题。一系列的问题摆在面前，金廷焦头烂额，擅长打仗的金人宁肯领兵打仗也不愿意坐在这里苦思冥想。

偌大的被占领地区，金人根本无法统治，也不会统治，这使得他们虽然夺占了这些地区，却无法在这些地区立足。金人在占领区实行的是最野蛮的屠杀政策，每占领一个地区，总要先搜刮金银珠宝，绫罗绸缎大抢特抢，然后大包小包的带回家去。若是遇到抵抗和不合作就烧光、杀光，有时候还掠夺人口带回去当奴隶使用。也许是他们看不顺眼宋人的穿着打扮，也许是为了推广他们的民族文化，总之金人要求被占领地区的百姓按照他们的穿衣风格穿衣，按照他们的发型剃头梳辫子。

毋庸置疑，金人的举动自然会遭到强烈的反对，宋人受儒家道义影响深远，在宋人眼中身体发肤受之父母，因此"头可断，发不可去"者大有存在。结果可想而知，这样的统治方法根本无法实施，只能成为一纸空文。金人的剃发令以失败告终，古人讲以史为鉴，金人的子孙却没有做到这点，几百年后，仍旧故技重施，终究还是同样的结局。

金人的烧杀政策，激起了当地人民的强烈反抗，相当一部分人加入到了抗金大潮中，各地的抗金义勇军组织纷纷成立。人口众多，力量强大，影响深远的有王彦领导的八字军，还有河东红巾军和河北五马山起义军，金军统帅完颜宗翰就曾差点被红巾军活捉。在金太宗的营寨内，被俘虏去做奴隶的中原人，也发起过起义。尽管被占领地区人民的抗争没有取得大的实质性胜利，却在一定程度上牵制着金人的兵力，分散了金人的精力。这对于四处征战的金人来说无异于后院起火，让前线打仗的金人片刻不得安宁。

金兵吞辽、灭北宋轻而易举，举国欢庆。可是到了后来，情况大变，金兵几次南下欲捉高宗灭南宋，都未果。几次还打了败仗，吃了苦头，狼狈北逃。随着宋人抗金越来越带劲，金兵的路走得越来越坎坷，死伤越来越惨重。金国人民对于这样的结果无法接受。金人本来数量就少，不断的征兵，又不断传来噩耗。看着自己的同胞有去无回，谁还愿意上战场，虽无富贵，但是能活着，那比什么都好。士兵越来越难征，军队战斗力迅速下降。

金国内部，派系众多，每位将领都在寻找机会，拉帮结派，扩大自己的势力，完颜宗弼集团、完颜宗翰集团、完颜昌集团等众多派系林立。派系争权夺利，也是矛盾重重。

建炎二年（1129年）金军进攻山东，不日山东就被攻下，经营山东的是完颜昌。山东能这么快被金人拿下，与当时任济南最高长官的刘豫有着莫大的关系。

刘豫此人"世业农，至豫始举进士，元符中登第"。刘豫出身贫寒，这不是他的错，但是他贫且无志，品行不端，史书记载"豫少无行，尝盗同舍生白金盂，纱衣。"古人讲三岁看老，由一个人小时候的品行能看到他长大之后的发展，这话在刘豫身上得到了很好的验证。

此次，刘豫任济南也是迫不得已而为之。听闻山东地区盗寇猖獗，刘豫很是害怕，这些盗寇天不怕地不怕的，说不定哪天脑袋会被他们给搬家，因此刘豫不愿意到这个地方来上任，就上书请求到东南地区就职。可惜，统治者无视他的请求，刘豫只能不情不愿的去上任了。

金人一到，刘豫立即着手准备抗敌。但是，这个时候完颜昌使出了一招让刘豫再也无抵抗之力了。完颜昌这狠毒的一招不过是利益。金人多次南下，知道此次南宋并不是那么好对付，就改变了方针战略，采取"以和议佐攻战，以僭逆诱叛党"来引诱宋臣叛变。"以汉治汉"之策又一次实行，刘豫成了一个实验品，而且是一个成功的实验品。

完颜昌透漏，若是刘豫投降，可以让他做第二个张邦昌，这诱惑实在是太大了，刘豫家族

世代为农，能当个土皇帝，那也是风光无限好。刘豫招架不住这样的诱惑，吃了秤砣铁了心要投降。只是，刘豫要投降，似乎只是一相情愿，这边还有拦路虎，他手下大将关胜就是其一。

关胜忠勇善战，屡克金军，金人多次想要活捉此人。刘豫心想若是把关胜捉了送给金人，又是大功一件。刘豫是关胜的顶头上司，关胜对他当然没有防备，刘豫轻而易举将他拿下送给完颜昌。刘豫卑鄙小人的嘴脸一览无余，无怪乎此人会名扬千古，只可惜是遗臭万年。关胜已除，济南的百姓这一关也要过，刘豫好说歹说，百姓就是不跟着他做恶人。刘豫没有办法，就只好顺着绳子爬到了城外，刘豫距离叛徒的路越来越近了。

刘豫这叛徒当得并不十分容易，完颜昌虽然对刘豫许了承诺，但那只是没有兑现的空头支票。在这个问题上，完颜昌说了不算，更何况这空头支票不只是刘豫有，另一个宋朝叛臣折可求也攥着一张呢。刘豫要让这事铁板钉钉，还要花点心思。刘豫倾其所有，拿出所有的金银珠宝，让他的儿子给完颜昌送去。收了人家的礼，总要替人办事，完颜昌果真不负所托，在完颜宗弼面前极力说刘豫的好话，完颜宗弼思考再三，答应了此事。刘豫当汉奸这事在其不懈努力下，终于大功告成。

建炎四年（1130年），金人册封刘豫为子皇帝，国号大齐。金国规定，刘豫要"奉金正朔""世修子礼"，刘豫点头哈腰全盘答应，乐颠乐颠的当起了这个儿皇帝。刘豫的这个傀儡政权，在名誉上统治着中原地区，成为宋金之间的一个缓冲地带。

刘豫的大齐政权，实际上是宋金对峙的一个产物。那个当上皇帝而扬扬自得的刘豫，只不过是金人统治中原的一个工具。

伪齐国灭亡

金人虽对"以汉治汉"不怎么熟稔，但却玩上了瘾。金人先是建立大楚，立张邦昌为帝，可惜他们不能慧眼识人，张邦昌不过是个扶不上墙的阿斗，把大楚管理得一塌糊涂，最后竟然将大好河山拱手让给了高宗，让高宗白白捡了个便宜。张邦昌办的这事，对于金廷来说无异于放虎归山，后患无穷。高宗接了江山，那就是有去无回，金人几次南下都被打得狼狈北归。金人后悔莫及，只可惜金人并没有在这次经历中汲取经验教训，又一次故技重施。若干年后，金人拥立刘豫建立大齐政权，管理长城以南黄河以北的地区，相当于整个中原。那么金人这步棋走得怎么样呢？

刘豫当了叛徒之后，对金那是死心塌地，毫无二心。曾经与刘豫同朝共事的一个官员劝刘豫"勉以忠义，开陈祸福，使归朝。"刘豫沉思片刻，长叹一声说，"使豫自新南归，人谁直我，独不见张邦昌之事乎，业已至此，夫复何言！"张邦昌的结局历历在目，刘豫若是跟他做了同样的决定，一定也会落得张邦昌同样的下场。

前面已经讲到，金人以一城百姓的性命相威胁，张邦昌心不甘情不愿地登上大楚皇位，后来又主动让贤投奔高宗。结果张邦昌依旧被人唾弃，至死都没有得到宋人的宽恕。张邦昌如此，况且自己更甚，这皇位是自己争取来的，宋人如何对自己那是可想而知。血淋淋的前车之鉴明摆着，刘豫想想就心惊胆战，不能不为自己的未来担心。因此刘豫对宋朝从来都不抱任何的希望，他断然拒绝了劝降，一心一意为金人卖命。

刘豫明确了前进的方向，就义无反顾地走了下去。只是有些人仍然不死心，仍然不识相的劝说刘豫弃暗投明，不过这些人都没有得到好下场。沧州进士刑希载希望刘豫回头是岸，劝他"遣使密通江南"。刘豫刚刚下定的决心哪里容得下他这样挑战，毫不手软，命人将他押到市井，斩首示众。刘豫之残忍可见一斑。如此，谁要是再劝就是拿生命开玩笑了。一日，刘豫出门，碰到一醉汉，这醉汉认出了刘豫，指着刘豫的鼻子破口大骂，"刘豫，你是何人？要做官家，大宋何负于你？"刘豫哪里容忍旁人如此待己，当即拔刀将此人的脑袋砍了下来。可怜这人还在醉酒之中，就丢了性命。从此没有人再自找死路了，刘豫忠心耿耿地做起了汉奸。

刘豫的努力，金人看在眼里，金朝大臣李肇星曾评价刘豫"大齐虽号皇帝，然只是本朝一附庸，指挥使令，无不如意。"改头换面的刘豫原来也可以这么忠心，可以这么尽职尽责，这不得不让人感叹，与在南宋做官时相比，真是有着天壤之别。

宣和元年，刘豫时任河北提刑，金人刚到河北，刘豫就扔下属下和百姓，自己一个人到真州逍遥快活去了。建炎二年，刘豫任济南知府，金兵进犯，稍加诱惑，刘豫当即杀关胜、扔百姓，一个人投降去了。前前后后，时隔不久，人的变化就如此之大。这里面也许既有个人品行问题，也有主子魅力关系。

刘豫这皇帝做得像模像样又称职，自认为尽心竭力，没有辜负金国的期望，便开开心心享受开来。只是他没有意识到，宋、金两朝却在这期间发生了微妙的变化。

刘豫大齐政权建立后，高宗南宋政权出乎意料地深入人心了。其实，个中缘由不难想象。在此之前，朝臣百姓中认为高宗的皇位来路不正的大有人在，南宋主战官员李纲、宗泽、岳飞都是以收复中原，迎回二圣为己任，可见在他们心中，要效忠的仍是在金营的徽宗、钦宗而非高宗。高宗一路南逃，沿途观望的将领也不在少数，他们之所以袖手旁观，里面掺杂的部分原因就是没有把高宗当回事而已。此时突然横空出世冒出来一个刘豫大齐政权，这大齐还是宋人强敌金人所建，与高宗相比，这刘豫简直要低到尘埃里了。高宗的皇权法统一下子光辉四射，照亮了世人的眼睛。那些还在观望的军阀终于没有等来真命天子，便逐步向高宗靠拢，一股强大的力量逐渐形成，一盘散沙，终将团结。

金人内部一场争论下来，阵营越来越分化。原来，拥刘豫为大齐皇帝这事只是完颜昌和完颜宗翰二人的一相情愿。这事引起了朝中大臣的普遍不满，特别是一些辽国投金将领，他们对于这种不按劳分配的行为不仅嗤之以鼻，更是满肚子牢骚。辽投金久矣，一些将领也是忠心耿耿，浴血奋战，屡立战功，却仅得一些赏赐。这刘豫何德何能，一入金，就得到了皇帝这样的美差来做，金廷如此，不能服众。什么都不是却被派上用场的刘豫得到了金国众人的质疑，他的位子岌岌可危。

刘豫知道金廷让自己存在的价值，所以总要做出个样子来让他们瞧瞧。但是事与愿违，刘豫几次出兵不是要求金的支援，就是遭遇滑铁卢。绍兴四年（1134年）九月，刘豫率军南下，在大仪镇被韩世忠击败，十二月，金、齐联军进犯淮西，在庐州遭遇岳飞军队的痛击。绍兴六年（1136年），刘豫率30万军队分三路进攻两淮，东路军遭到韩世忠重创后又在藕塘受到张俊部将杨沂中的围攻，双方激战后，杨沂中取得了藕塘之战的胜利。刘豫一连串的失败让他备感受挫，金人对他似乎也失去了耐心。恰在此时，发生了一件让刘豫遭受又一次打击的事情。

一日，一名金人在大齐境内拾得一个蜡丸，蜡丸内一封书信。他打开一看，被信上内容吓得惊骇不已，连忙把它交给金国权贵。金廷紧急召开会议，原来，这信竟是张浚的亲笔书信，信中希望刘豫能够诱金兵南下，消耗体力，然后一举将其消灭。"如能诱致，使之疲敝，精兵健马，渐次消磨，兹报国之良图，亦为臣之后效。"金人万万没有想到一直忠心不二的刘豫竟然还有这样的花花肠子。不过，单单凭这封书信就断言刘豫要叛变的事实也未免太武断了。

恰在这个时候，刘豫派遣韩元英来金请兵，宋军北上，刘豫请求支援，这一下，一切仿佛尘埃落定，稍微平定的愤怒情绪又被调动起来了。这刘豫当真要造反，废刘豫之事已在商议中。

其实这事还真是冤枉了刘豫,刘豫这时正丈二和尚摸不着头脑,还蒙在鼓里呢。这一切都是张浚的计谋,金人大意中了他的圈套。张浚派人带着他的亲笔书信入齐,故意将其遗失,被金人发现,以便达到离间刘豫和金人的目的。

张浚的离间计,确确实实起了至关重要的作用。只是刘豫还想做最后的挣扎,他上书请求立其子刘麟为皇太子,遭到了拒绝。如此看来,废刘豫之事,没有回旋的余地了。

一切如同预想的那样,刘豫被废。被废的刘豫跑去完颜昌那里哭诉,完颜昌送给他几句话,驳得刘豫面红耳赤,再也无话可说,"汝不见赵氏少帝出京日,万姓然顶炼臂,号泣之声闻十余里,今汝废在京,无一人怜汝者,汝何不自知罪也。"

刘豫如一个历史长河里的小丑粉墨登场,又黯然退场,徒留下千古骂名。

南宋卷　偏安南隅，中兴无力崖海沉沦

第四章　秦岳奸忠的角力

乡兵小卒

　　金人搜山检海抓高宗未果，便准备带着搜刮来的金银财宝打道回府。不管怎样，也算满载而归，金人倒也觉得值得。不过一到镇江，他们就再也开心不起了。扼守长江的韩世忠在此等候他们多时。性命攸关的关键时刻，保命要紧，无奈，士卒只能恋恋不舍地扔下战利品，硬着头皮上战场。一心想要回家享受的金人哪里能有什么战斗力，竟被逼进黄天荡死港，两军相持四十八天，金人仍未得通过。最后张榜求计方得逃出，逃出后，调转方向，又回到建康。

　　遭遇韩世忠拦江重创的金兵，此时实力是非常薄弱的。宋军若是在此时乘虚而入，打金军一个措手不及，定会将其一举消灭。面对如此好的战机，南宋高级将领竟然无动于衷，白白错失了大好时机。

　　自金兵南下，南宋将领多数拥兵自重，只是观望，没有实质性的举动。金人骑兵虽强，但是远离大本营，供给缺乏，又不适应南方环境，其实力相当有限。宋军数量众多，又在本土，若是能够团结起来，一致对敌，何至于被金兵打得狼狈流窜。对于南宋大部分的官员来说，在没有触及他们的利益之前，他们所做的只是袖手旁观，自保是一切的根本。但是他们忽略了一点，如果没有南宋，他们将无以依靠，他们忘记了，皮之不存毛将焉附的箴言。

　　此时，有个小将自金兵从黄天荡逃出，就一直领兵尾随。只是那群狼狈的金兵一路只顾逃命大意没有察觉。此人正是抗金名将——岳飞。

　　岳飞，是河南汤阴人。传闻岳飞出生的时候，恰逢一只大鹏落在他们家的房顶上，长鸣一声，展翅高飞。因此，他的父亲就给他取名岳飞，取字鹏举。

　　靖康元年（1126年）枢密院官员刘浩招募士卒，岳飞就应征入伍。他最初在相州参加了大元帅府的军队，因为作战英勇屡立战功，被提拔为秉义郎。高宗在应天府称帝不久，金军南下，朝中君臣准备迁都南逃。岳飞对这一可耻行为强烈不满，虽是一名小将，却呈上《南京上皇帝书》，洋洋洒洒几千字，斥责高宗和朝中大臣，并要求高宗"亲率六军"收复中原。"陛下已登大宝，社稷有主，已足伐敌之谋，而勤王之师日集，彼方谓吾素弱，宜乘其怠击之。黄潜善、汪伯彦辈不能承圣意恢复，奉车驾日益南，恐不足系中原之望。臣愿陛下乘敌穴未固，亲率六军北渡，则将士作气，中原可复"。岳飞性情耿直，心中所忿只想一吐为快，却没有顾忌后果。结果可以想象，岳飞被"夺官归田"，给他定的罪是"越职言事"。因为不识时务，岳飞又成了一介草民，一切还得重新开始。

　　岳飞又一次参军，入了王彦领导的八字军。此时岳飞更是胆识过人，他曾单枪匹马入金营，杀金将黑风大王而回。在跟随王彦收复新乡后遭遇金军，为金军所击败，岳飞与王彦作战方针上出现分歧。王彦作战保守，在岳飞缺少粮草时又不及时供应。"二帝蒙尘，贼据河朔，臣子当开道以迎乘舆。今不速战，而更观望，岂真欲附贼耶！"岳飞心急气盛，领兵负气离开。毕竟还年轻，岳飞出走后，弹尽粮绝又无依无靠，而王彦却越来越受到高宗的重视，势力越来越大。平静下来，好汉不吃眼前亏，岳飞决定服个软，就赶往王彦军营负荆请罪。王彦还算大度，没有动用私刑，而是把岳飞交给了主帅宗泽。

宗泽早听闻岳飞名气，看他虽是一员小将却是有勇有谋，对他极为赏识，就把岳飞留在了自己身边，任命他为都统制。岳飞虽"勇智才艺，古良将不能过"，但是却不按章法出牌，打仗很是随心所欲。宗泽本是一介书生，后来依兵书自学兵法，打仗很讲究布阵，但是岳飞却恰恰与之相反，宗泽看不下去了，就狠狠地教训了他一顿。岳飞却说："阵而后战，兵法之常，运用之妙，存乎一心。"宗泽一听，心想，这小子还真有自己的一套，认定他非池中之物，对他更是赏识。

宗泽一心报国却被统治者所忽视最后愤愤而终。他死后，高宗宠臣杜充接管了宗泽的职务。这个杜充是个十足的草包，他接任东京留守职务后立即进行了大刀阔斧的改革，不仅将宗泽辛苦建立起来的东京防御体系破坏殆尽，还将宗泽招抚的抗金队伍纷纷遣散，自己则成了一个光杆司令。杜充的这些做法，引起了众多将领的不满，纷纷愤然离他而去。正因如此宋军的战斗力显著下降，根本无法阻止金人的进攻。

金人一到，杜充立马倒向金人阵营，金人不战而胜。金人承诺给杜充一个中原皇帝做做，让他当第二个张邦昌。对此，杜充满怀希望的等待，不过是一张空头支票。刘豫登上皇位后，杜充的希望彻底破灭，后来还被人告发完颜宗翰以"阴通南宋"的罪名将他抓了起来。经历一番严刑毒打，杜充哭爹喊娘大呼冤枉。自作孽不可活，杜充得此报应，都是自找的。

金人轻而易举渡过长江，宋军溃败不已。溃败中，有一支小队且战且退，细看才发现领军竟是岳飞。宗泽死后，岳飞成为杜充手下的大将。岳飞对杜充的所作所为实在是看不起，但是身为属下又实在是不能做什么。此次金军南下，杜充手下大军，只有都统制陈淬率三万去抵抗，岳飞也参加了此次阻击战。一场大战下来，两军实力相当，但是，金军支援不断，宋军将领却个个贪生怕死，不敢蹚这趟浑水，眼不见为净，能躲多远就躲多远。孤军奋战，纵使再勇猛也难逃溃败的命运了。陈淬战死，岳飞率残部转战到宜兴境内。

在宋金抗争中，时常可以看到这样的情况，宋军中有少数将领奋勇杀敌，能与金人打个胜负相当，可是到最后，往往因为得不到支援，孤军奋战而失败。这里面的蹊跷让人想破脑袋也想不明白，打退金人，重获安宁，这可谓是当时众人心中所想，可是宋军却总是以旁观为乐。可以想象，以宋军之庞大，若是能团结一致，可以说是无往不利。可惜太多的宋军将领却不明白其中的道理。

岳飞在宜兴召集残兵败将，练兵抚民，静待时机，以求给金军出其不意的打击。机会终于等来了，金军北归途中，好容易从韩世忠的围堵中逃出的金军被岳飞发现。岳飞率军从宜兴出发，一路尾随。

完颜宗弼率军从镇江狼狈退回建康，此次战败，他实在是不敢大意了，立即着手建康城的防御工作，扎营结寨，开凿护城河。不过，这些都是虚张声势，完颜宗弼被韩世忠打怕了，哪里还敢久留江南，所做这些无非是为北逃所做的掩饰。高宗听说了这个消息后，以为完颜宗弼这么做，是要跟他高宗耗上了，要久留江南等待时机卷土重来。刚刚得到喘息的高宗哪里容许这样的事情发生，他就赶紧招兵准备抵御之策。可是，众将都被金军吓破了胆，哪里敢去冒险。宋金两军就这么相持着。

岳飞率军来到距离建康城不远的地方，驻扎下来。他了解到金人想唱一曲空城计认为这是一个绝好时机，就想主动出兵攻打，可是上级竟迟迟不下命令。将在外，军令有所不受，岳飞再也等不及了，便率军直入建康，果真把金人打了个措手不及。这时建康府通判钱需率领乡兵，从侧面袭击金军，金军两面受敌，狼狈从建康城撤出，建康城这个军事重地被收复。

北伐艰辛

岳飞建康一战，崭露头角，使其名声大震，岳家军的大名也不胫而走。金人狼狈北逃的喜报传来，高宗欣喜不已，他决定亲自接见岳飞，并封岳飞为通泰镇抚使兼泰州知府，使其归于张浚名下。

照理说，岳飞一举成名天下知，本应享乐去。但是，非凡人自有非凡处。对于此事，岳飞有自己的想法，岳飞认为镇抚使这样的官职对于自己是不公平的。因为，在南宋担当镇抚使官员，一部分是英勇抗金，屡立战功的将领，另一部分是那些本是盗寇头目，后来被招抚归顺朝廷的人。岳飞在收复建康城中立下大功，却跟一些投诚的山贼一起被加封，这实在让他愤愤难平。

另一方面，岳飞希望自己能够站在抗金战争的最前线，真刀实枪的跟金人拼命。依高宗的旨意，他只能退居幕后管理那一隅之地。岳飞对此是万分不乐意的，他因此犹犹豫豫，迟迟不愿去上任。最后，岳飞就给高宗上表，请求高宗给予自己招兵买马的权利，独立成军，以完成收复中原大业。岳飞所上表中是这样写的：

照得飞近准指挥，差飞充通泰州镇抚使，仰认朝廷使令之意，除已一面起发，前赴新任外，契勘金贼侵寇虔刘，其志未艾，要当速行剿杀，殄灭净尽，收复诸路；不然，则岁月滋久我，为患益深。若蒙朝廷允飞今来所乞，乞将飞母、妻为质，免充通泰州镇抚使，止除一淮南东路重难任使，令飞招集兵马，掩杀金贼，收复本路州郡，伺便迤逦收复山东、河北、河东、京畿等路故地，庶使飞平生之志得以少快，且以尽臣子报君之节。

岳飞想以母亲、妻子为人质，来换得高宗的信任和支持，给予他自主招兵买马的权利，以实现他收复中原的志向，尽到作为臣子的义务。岳飞精忠报国的一番苦心，好生让人感动。不过这样的忠心却没有打动高宗，高宗对于岳飞的这份申状置之不理。

有如此忠臣，高宗却弃之不用，而是宠幸杜充、秦桧之辈，这不得不让人怀疑高宗在用人方面的能力。但是，高宗曾经也非常想给予岳飞重任，对他寄予厚望。此二人有过一段和平共处的日子，高宗对于岳飞的军事才能是十分赏识的。这样来看，高宗并不是真的不能慧眼识人，而是故意为之。如此看来，高宗是有他自己的想法。

岳飞上表的诉求，触及了高宗的大忌。高宗一直不愿意北伐，他认为北伐成功，中原失地得以收复，固然是好。但是北伐成功后，徽宗和钦宗得以归来，高宗应该将他们安置在何处，高宗又以何自居，这件事情很难处理。朝中大臣的那点小心思高宗是了如指掌的，依现在的形式来看，一旦徽宗、钦宗归来，高宗肯定要退位，这可不是他所希望的，他当皇帝虽然窝囊，却也是乐在其中。

再来，北伐一旦失败，高宗又要开始流亡的生活。曾经四年颠沛流离的生活，让高宗体会到了生活的艰苦，高宗再也不想屁股后面有人死缠烂追。情况严重的话，还有可能被金军追着打回来，半壁江山不保那也未可知。总之，高宗认为，要想保得东南一隅，要想保得皇位稳定，北伐绝对是下下策，不到万不得已之时，北伐这招是绝对不能够使出的。

在高宗的心里早有了上上策，那就是他一直倡导的跟金议和。高宗一直在为这样的目标奋斗不息，只要达到这样的目标，不管金人开出什么样的条件也是在所不惜的。北伐阻止了议和的实现，高宗很谨慎地绕过了这步棋。

在高宗的心里，还有一样事情比金人更可怕，那就是农民起义。王云被乱军殴打致死的阴影一直跟随着高宗，后来洞庭湖地区的钟相、杨幺农民起义更使他目睹了人民群众的强大和可怕。因此高宗从来都是站在人民的对立面，更不敢发动群众，跟他讲相信群众，依靠群众，那完全是扯淡。因此，岳飞上任后高宗交给他的首要任务就是去镇压农民起义，以稳固南宋政权。

综其所想，高宗所顾及的不外乎自己的皇位稳固问题，管它什么国破家亡，管它什么民间疾苦，这些都统统靠边站，不在考虑范围之列。

宋朝的地方将领，大都拥兵自重，肯为高宗出力的不多。高宗自己可以支配的军队更是少得可怜，高宗想要收回兵权又没有足够的资本。若是他将地方将领逼急了，轻者要造反，重者要威胁到他自己的性命，未免得不偿失。所以高宗一直都在寻找自己的心腹将领，宗泽军事才能不错，可惜一心想要北伐，收复失地，迎回徽宗、钦宗，这样的将才只能采取打压之策，视情况而用。杜充虽绝口不提北伐之事，可惜才能有限，忠诚不够，最后竟然向金人投降。张俊、韩世忠、刘光世这三人倚老卖老，高宗对他们是完全压不住阵脚。

高宗一心想要培养能够为己所用的将才，当他看到岳飞的时候，见他智勇过人不由眼前一亮，这就是高宗久盼之人。高宗便立即对岳飞大力笼络，迅速提拔，给予重任，可惜这次高宗还是失望了。岳飞上任伊始就上书表明自己北伐的决心，又一次触及了高宗的伤处。

其实在高宗在应天府登基不久，岳飞就曾上表表达过类似的意见。没有想到多年的历练还是没有让岳飞变得识时务，也无怪乎高宗对此置之不理。

一代名将

岳飞这位后起之秀为高宗立下了汗马功劳，高宗对岳飞也是另眼相看，宠幸有加。这两个人在相识伊始，就对彼此充满了好感，如同磁石一样相互吸引着。

高宗身边一直缺少值得信任的心腹将领，当看到岳飞，见识了岳飞的军事才能的时候，高宗心动了，并认定了他，之后为拉拢他而不懈努力。加官晋爵，促膝长谈，委以重任，这都源于高宗对岳飞的信任有加。

岳飞声名鹊起，不过这些远远还达不到岳飞所要。岳飞要实现自己抗金恢复中原的志向还需要高宗的支持，为此他不惜以母亲和妻子的性命相抵押。岳飞是出了名的孝子，岳飞能以其母为质，这就充分表明了岳飞精忠报国的信念和决心。

出于对彼此的需要，高宗与岳飞才能够惺惺相惜，牵手共创大业。不过一旦双方志向不同，不消几年，高宗就亲自下令砍了岳飞的脑袋，这真是让人惋惜。

刘豫大齐政权建立以后，在宋金之间建立了一个缓冲地带，使得两军在一时之间保持了一个互不侵犯的局势。其实，金人黄天荡一战，确实是被吓破了胆，再也不敢轻易南下了。高宗南宋政权终得一时平静，但南宋内部问题却丛生不断起来。当前亟待解决的重大问题就是地方游寇和农民起义，这两股力量严重威胁着赵宋政权的稳定。

绍兴元年（1131年），李成拥兵十万叛乱，成了南宋的心腹大患。高宗要平叛，却一时找不到合适的人选。大臣范宗尹提议派韩世忠去，韩世忠自从平定苗刘之变之后，屡立战功，高宗甚是倚重，韩世忠是个合适的人选。但是，高宗认为韩世忠是个有为将才，若是将他调离京师，南宋小朝廷就没有人压得住阵脚了，坚决不同意把韩世忠调走。最后他任张俊为江淮路招讨使将岳飞的部队也归于他的名下，由他指挥。

李成所率部队本是一支游寇，在建炎三年被刘光世打败后接受招抚，高宗任命他为舒州镇抚使。可惜李成接受招抚以后，本性未改，不断叛乱，他重操旧业，到处劫掠。李成的一个谋士，劝他"顺流而过江陵，号召江浙，一贯天意"，李成犹犹豫豫，虽然没有及时采纳，但是显然已经动心。李成趁金人南下，占领了江淮数郡土地。李成之意，如司马昭之心路人皆知了。李成要自立朝廷，南宋自然不能容他。

岳飞的部队率先赶到，此时，江州城已经被李成部将马进攻破。岳飞部队退居洪州，张俊也率军赶到。马进与张俊所率士卒，相持半月之久，两军谁都不敢率先出兵。这是两军的耐性战，张俊表现得战战兢兢，惶惶恐恐，马进乐不胜收，认为张俊怯战。又这么耗了半月，马进实在是等不及了，就命人送来大字书信，等于下了战书。张俊一看，心里窃喜，马进如此心高气傲，骄兵必败，就恭恭敬敬地写了一封回信，信中用语也是小心翼翼，一副可怜样子。马进看了回书，乐的屁颠屁颠，更加不把张俊放在眼里。岳飞这边却有所行动了，他率军给马进一个出其不意的打击，在张俊密切配合下，将马进打了个措手不及，狼狈逃走，却为追兵所杀。李成看马进兵败，就率领余部投奔刘豫，成了刘豫的爪牙。

张俊班师回朝，岳飞便留在洪州平叛李成余部。岳飞此次可谓收获颇丰，被任命为神武右副将军，高宗命令原洪州知府任士安的兵马都交给岳飞统率，因此岳飞实力增加了不少。除了这些实际的恩惠外，岳飞还得到了名誉上的奖励，高宗亲自书写"精忠岳飞"制成军旗赠给岳飞。岳飞意气风发，十分感谢高宗的知遇之恩，心中更是坚定了自己精忠报国的信念。

建炎四年（1130年）孔彦舟镇压湖湘地区农民起义军。领导人钟相和钟子昂被杀害、杨幺接管了他们的职位，在洞庭湖地区建立了大楚政权，自称"大圣天王"又一次举起了起义的大旗。

杨幺公然建立政权，高宗不能容忍。高宗慌忙调兵镇压，屡次镇压，屡次失败。最后，高宗想到了岳飞，他忙将岳飞招来，命他去洞庭湖镇压。岳飞在接到这一重任以后，立即向高宗写了一份奏章，提出了一份周密的作战计划。

绍兴四年（1134年）岳飞到洞庭湖以后，采取分化瓦解的战略，先是招降杨幺亲信，然后来个里应外合，一举将其打败。杨幺被捕，不肯投降，投水而亡。在镇压过程中，岳飞多次告诫士兵，不可滥杀无辜。此次岳飞收编精兵五六万，岳家军的实力大增，名声大震。

这边战事刚刚结束，岳飞被任命为镇南军承宣使、江南西路舒蕲制置使兼黄复州汉阳军德安府制置使，高宗命其收复襄阳地区。

襄阳地理位置重要，是保护长江中游的一个屏障。没有襄阳，秦岭、淮河一线的防线就得不到巩固。襄阳在刘豫手中，始终让高宗坐立不安，所以襄阳地区的收复问题终将会被提上日程。此时的岳飞，屡战屡胜，无往不克，高宗十分器重。南宋武将之中，没有人能跟岳飞一样得到这样的殊荣。收复襄阳事宜，高宗首先想到的就是这员爱将，此重任非岳飞不能胜任。

岳家军乘船北上，当船行至江心时，岳飞对同行人讲"飞不擒贼帅，复旧境，不渡此江！"可见岳飞对此次渡江北上，凯旋信心之大。岳飞确实有这个资本夸下如此大口，岳飞兵力虽然不多，但是平时训练极其严格，士卒个个都练就了一身的本事，再加上作战纪律森严，鲜少出现畏战逃跑的情况。另外，岳飞指挥注重战术，灵活多变，时常打得对方措手不及，一头雾水。

岳飞首战告捷，胜在郢州。金齐联军守军将领是荆超，荆超也是一员猛将。他听闻宋军将领是岳飞，平素也听闻过岳飞的英勇事迹，认为此战非同小可，不可大意，就亲自披挂上阵。只是岳家军的气势根本无法阻挡，片刻间，就把金齐联军打得落花流水，溃不成军。

岳飞率军一路往襄阳奔驰，守卫襄阳的是李成。李成曾经见识过岳飞的厉害，自是十分谨慎，精心布置了防御体系。岳飞上次让李成脱逃，这次下定决心要给予重创。岳飞与将领张宪和徐庆密切配合，一起发起进攻，势不可当，李成狼狈而逃，金齐联军顿时溃散开来。

襄阳六郡不出三个月，被岳家军收复。高宗听闻此捷报，不由得一惊，然后兴奋地手舞足蹈。他万万没有想到，岳家军竟有如此破竹之势，高宗对岳飞的信任又提升了一个档次。

高宗当即提升岳飞为清远节度使、湖北路荆湘潭州制置使，后来又晋封为武昌开国侯。当着群臣的面，高宗给予岳飞史无前例的评价"有臣如此，朕复何忧，进止之机，朕不中制"。后来又把岳飞拉到寝宫，无比信任的委以重任"中兴之事，悉以委卿"。

可以说，这个时期高宗与岳飞君臣二人的关系已经到了亲密无间的地步。只是物极必反，随着二人的相互了解，达到顶峰的信任却逐渐滑向起点。

精忠岳飞

这年秋天，岳飞入朝觐见高宗，高宗亲自给岳飞题词"精忠岳飞"四字，制成旗帜赐给岳飞。朝廷任命他为镇南军承宣使、江南西路沿江制置使，不久又改任神武后军都统制，仍保留制置使职务，李山、吴全、吴锡、李横、牛皋等部都受他的管辖。

伪齐政权倚仗着金兵南侵，派遣李成攻破襄阳、唐、邓、随、郢等州及信阳军，洞庭湖的杨幺也企图顺流而下，李成则打算从江西陆路进攻，一直杀向两浙，与杨幺会合。高宗命令岳飞迎击。

绍兴四年（1134年），朝廷任命岳飞兼任荆南、鄂、岳州制置使。岳飞上书天子说："襄阳等六郡是恢复中原的关键，我们只有先攻下这六郡，解除心腹之患，才可恢复中原。李成远逃后，再在湖湘等地增派兵力，用来歼灭全部盗贼。"高宗将岳飞的建议告诉赵鼎，赵鼎说："岳飞是最了解长江上流利害得失的人，这一点尚无人能比。"于是授予岳飞为黄州、复州、汉阳军、德安府制置使。岳飞乘船渡江到了江心，转回头告诉部下说："岳飞我要是不剿灭贼寇，此生不再渡长江。"进抵郢州城下，伪齐大将京超号称"万人敌"，凭借城墙坚固抗拒岳飞。岳飞亲自擂鼓助战，军队士气振奋，收复郢州，京超投崖自杀。之后，岳飞一面派张宪、徐庆去收复随州，一面亲自率部去收复襄阳。李成率领人马迎战，左翼靠近襄江，岳飞笑道："步兵本适于在险阻之地作战，而骑兵则精于平原之战，可李成今天正好相反，左翼骑兵排列在江岸，右翼步兵排列于平地，就算拥有十万之众又怎么能成功呢？"他命令王贵率领长枪步兵进攻骑兵，又命令牛皋率领骑兵进攻李成步兵。两军交战之后，李成军的战马应枪倒毙，后面的骑兵被挤入江中，步兵死亡无数，李成连夜逃走，襄阳终于回到官兵手中。伪齐刘豫派兵增援李成，并让他驻守新野，岳飞和王万两面夹击，击败李成。

岳飞上奏说："金人现在贪财好色，他们已经骄傲自满，意志薄弱；刘豫虽然忘了臣子本分建立了伪齐政权，但当地人民却心系故国，时刻没有忘记宋朝。假如派出精兵二十万，长驱直入，直捣中原，那么驱除金人，收复故土，实在是易如反掌。襄阳、随州、郢州土地都十分肥沃，如果实行营田，好处很多。等到粮饷充足之时，我就率领军队过江剿灭敌军。"当时朝廷对深入北方的举动十分重视，再加上营田的确是一个好办法，因此支持这些观点的人多起来了。

岳飞进军邓州，李成和金将刘合孛堇排列营寨抵御岳飞。岳飞派遣王贵、张宪带兵出击，敌军溃退，只有刘合孛堇一人逃跑了。李成的党羽高仲退而保守邓州城，岳飞率军一鼓作气攻下邓州城，活捉高仲，收复邓州。高宗闻报，喜形于色地说："我早就听说岳飞治理军队有方，纪律严明，没想到攻城破寨他也这样有办法啊。"岳飞又收复唐州、信阳军。

平定襄汉地区之后，岳飞辞去制置使职务，请求朝廷重新派人治理该地，但朝廷没有批准。赵鼎上奏说："湖北鄂州、岳州是上流最重要的地区，皇上派岳飞屯驻鄂州、岳州，这样不仅江西可以倚仗他的声威，湖、广、江、浙也可以获得安定。"于是朝廷将随、郢、唐、邓四州和信阳军合并为襄阳府路，划归岳飞管辖，岳飞则移驻鄂州，被封为清远军节度使，湖北路、荆、襄、潭州制置使，封爵为武昌县开国子。

兀术、刘豫联合包围了庐州，高宗命令岳飞火速前往解庐州之围。岳飞率军赶往庐州，伪齐已派遣五千名铁甲骑兵，兵临城下。岳飞军队旗帜飘扬，金兵一见"岳"字旗和"精忠"旗，便胆战心惊，刚与宋军交战便大批溃逃。这样，庐州之围得解。岳飞上奏说："襄阳等六郡的民户缺乏耕牛和粮食，请求朝廷适当地把官钱借贷给他们，免除他们以前拖欠的公私债务，并更改考核州官政绩优劣的标准，以招集流亡百姓归业的多少作参考。"

绍兴五年（1135年），岳飞到朝廷觐见高宗，高宗封岳飞母亲为国夫人；授予岳飞镇宁、崇信军节度使，湖北路、荆襄潭州制置使，并进封爵位为武昌郡开国侯，又任命他做荆湖南北、襄阳路制置使，神武后军都统制，命令他招捕杨幺。岳飞的军队大都是西北来的将士，不擅长水战，岳飞说："打仗哪有什么定势、常规可循，只要灵活运用，善于因地制宜，哪有不胜利的道理。"他先派遣使者前去招谕杨幺。杨幺部下黄佐说："岳节度使号令如山，如果跟他对着干，只有死路一条，我想还是投降的好。节度使诚实而讲信义，必然会好好对待我们。"于是投降。岳飞上表朝廷授予黄佐武义大夫，自己单人独骑视察黄佐的部队，拍着黄佐的背亲切地说："你是知道逆顺好坏的人，如果能够立功，他日封侯拜相也不在话下。我打算派你返回洞庭湖中，看到杨幺军中可以制服的就擒获他，能够劝降的就劝降他，你愿意做这件事吗？"黄佐感激涕零，发誓效忠南宋。

当时张浚以都督军事身份来到潭州，参政席益告诉张浚，他怀疑岳飞玩忽职守，放纵贼寇，并想上奏朝廷。张浚说："岳飞是忠孝之人，用兵有深机，我们不知他的谋略，怎么能随便议论呢？"席益非常惭愧，不再提及此事。黄佐袭击周伦营寨，杀死周伦，又把统制陈贵等人生擒活捉了。岳飞向朝廷报告了黄佐的功绩，黄佐被升为武功大夫。统制官任士安不服从王瓌的命令，军队因此而没能战胜杨幺。岳飞鞭打任士安，并命令他引诱起义军，说："三日内如果无法平定起义军，我要你项上人头示众。"士安到处散布消息："岳太尉二十万大军来到了。"起义军见到只有任士安一支军队，集中兵力向他进攻。岳飞早已设置了伏兵，战斗危急之时，伏兵四起，救下士安，击溃起义军。

恰好这时朝廷召张浚还朝做防备金军秋季南侵的工作。岳飞从袖中拿出一幅小图给张浚看。张浚准备等到来年再商议破杨幺事宜，岳飞说："我们已经有了破敌之策，都督只推迟几日回朝，八日之内即可破贼。"张浚问道："这也太容易了吧？"岳飞答道："王四厢用官军攻打水寇当然很困难，而我用水寇攻打水寇自然就很容易。水上作战是敌人的长处，而对我们来说是短处，以己之短攻敌之长，就算能够胜利，也会损失惨重。如果利用敌将使用敌兵，离间敌人，使其各个孤立，如同断其手足，然后用官军乘机进攻，八天之内，必然能俘虏敌人各位首领。"张浚听了这话，点头答应过几天再起程。

于是岳飞到鼎州去，属下黄佐招降了杨钦，并带了来见岳飞。岳飞高兴地说："杨钦勇敢善战，他既然投降，贼寇内部心腹已崩溃了。"然后上表朝廷，授予杨钦武义大夫，并对之给予厚待，之后仍把他派回湖中。两天后，杨钦说服余端、刘诜等前来投降，岳飞假装大怒骂杨钦说："贼寇还没有全部投降，你为什么又回来了？"于是杖打杨钦以示惩罚，再次命令他回到湖中去。这天夜里，岳飞指挥军队突袭敌营，杨幺军队数万人不得已，只得投降。杨幺依仗险固地势，不

肯投降，在湖中驾船行驶。他的船以车轮击水，船速飞快，并在船旁设置撞杆，官船只要迎上去便被撞得粉碎。岳飞命令砍伐君山上的树木制成巨大的木筏，把湖汉港湾堵住，又用腐木乱草投入上流让它们顺着水势向下流去，选择水浅的地方，派遣善于叫骂的士兵挑逗起义军，引他们上当来追。起义军听见谩骂，大怒不已，果然中计来追，但腐木乱草积堵了水道，车船的水轮受阻不能前进，被困在那里。岳飞迅速派兵出击，起义军奔逃到港湾中，又被木筏阻拦。官军乘着木筏，张开牛皮革以遮挡弓矢石块，举起巨大的木头撞击敌船，敌船全都被破坏了。杨幺跳入湖水中，被牛皋捉住斩首。岳飞杀入敌营，余下的起义军首领以为岳飞为天人，行动如此神速，惊叹不已，全部投降了官军。岳飞亲自巡视各个营寨，嘘寒问暖，殷勤抚慰，起义军中老弱病残者留在田里耕作生产，年轻力壮的登记在册，编入官军。岳飞果然于八天之内平定了起义军，应了前面已许下的诺言。张浚叹服说："岳飞真是神机妙算啊！"当初，起义军凭借天险扬言说："要打我们，难于上天！除非是天兵天将在世。"到这时，人们才相信了岳飞的预言。这场战斗缴获敌船千余艘，鄂州水军也因此强大，成为沿江水军中最为强大的一支。朝廷诏令岳飞兼任蕲、黄制置使，岳飞以眼疾为由请求辞去所任职务，朝廷没有批准，加升他为检校少保，进封爵位为公。岳飞率军回到鄂州，朝廷又任命他为荆湖南北、襄阳路招讨使。

绍兴六年（1136年），太行山忠义社梁兴等一百多人，久仰岳飞忠义之名，率领军队前来投奔。岳飞入朝觐见高宗赵构，上奏说："自从襄阳被收复以来，并没有设置监司机构，因而所属州县也无法按察管理，请任命一些官员。"高宗接受了他的意见，任命李若虚为京西南路提举兼任转运使、提点刑狱，又下令湖北、襄阳府路自知州、通判以下官员，交由岳飞一手管理，可视其贤能程度或罢免或提升。

图复中原

张浚到长江与各位大帅会面，对岳飞和韩世忠两人赞不绝口，称赞他们可以担当大事，随即命令岳飞在襄阳屯驻，以便抓住有利时机收复中原山河。说："这可是你们平生之志啊。"岳飞率军移居京西，改任武胜、定国军节度使，并任宣抚副使，设置宣抚司于襄阳。朝廷命令岳飞前往武昌调动军队。高宗下旨时，岳飞正在家中为母亲守丧。接到诏书，岳飞丧期未满，但他也只能以国事为重，应召复职。在高宗催促下，岳飞回到军中。朝廷又命令岳飞负责河东路事务，兼管辖河北路。岳飞先派遣王贵等人进攻虢州，将其攻克，缴获粮食十五万石，收降敌众数万人。张浚说："岳飞计划宏远，现在伊水、洛水之间的地区已接到了他的命令，那么太行山一带的山寨村落，一定会有许多人拥护响应。"岳飞派遣杨再兴进兵至长水县，每战必胜。中原地区民众响应，归附岳飞。岳飞又派人焚烧敌蔡州粮草。

九月，刘豫分别派遣儿子刘麟、侄子刘猊分路进犯淮西地区，宋刘光世准备放弃庐州，张俊打算放弃盱眙，同时上奏要求朝廷召岳飞率军东下，想让岳飞部队抵挡刘豫的精锐部队，保全自己。浚上奏说："岳飞的军队不能动，假如他的军队一动，襄汉地区便没有什么保证，局势将很难控制。"高宗担心张俊、刘光世难以抵挡敌军，命令岳飞东下。岳飞六年之中破曹成、平杨幺，都是炎炎夏季用兵打仗，致使眼生疾患，到这时病情更加严重了。但岳飞接到诏令的当天便率军启程出发，还没有赶到淮西，刘麟军便被击败。岳飞奏章到朝廷，高宗对赵鼎说："虽然刘麟兵败并不值得高兴，但各位将领的忠义之心可见，这一点值得庆贺。"于是赐给岳飞书信，说："敌军已离开淮河地区，你不必继续前进，敌人或许乘机进犯襄、邓、陈、蔡，应从长远出发，制订好计划。"岳飞于是回师撤军。当时伪齐政权纠集了军队，对唐州虎视眈眈，岳飞派王贵、董先等人去攻打敌人，烧毁敌人大营。又上书给高宗，想夺取蔡州，以它为后方，进军收复中原地区。但高宗不同意这个计划。岳飞只得下令王贵等人撤回。

绍兴七年（1137年），岳飞入朝见高宗，高宗从容问道："你有良马吗？"岳飞回答说："我有两匹马，每日吃掉几斗草料豆子，饮掉一斛泉水，但如果不是精料洁水便不吃不饮。带上鞍甲奔跑，开始时与常马无异，并不快，但百里之后就会越跑越快，从午时到酉时，再跑二百里也不在话下。卸下鞍甲依然气不喘汗不流，好像没事一样。这是因为它能吃能喝但又不乱吃滥饮，力量充足而不逞一时之快。这才是能行千里，不畏险阻的好马。不幸的是它们相继死去了。现在的马匹，每天吃的草料超不过九升，而且吃的东西和喝的东西从来不挑，有吃有喝就行，缰绳还没有拿好，就开始跑了，才跑了一百里，便热汗淋漓，累死累活的样子。这是它吃喝不多容易得到满足，喜好逞能卖弄而容易失去力量的原因啊。这只不过是个庸才而已。"高宗称赞岳飞回答得好，说："你今天的话比从前大有长进。"任命岳飞为太尉，接着任命他为宣抚使兼营田大使。岳飞跟随高宗来到建康，高宗把王德、郦琼的军队归入岳飞麾下，并诏令二人像服从皇上的命令一样，来听从岳飞的命令。

岳飞曾经数次面见高宗，与他商讨收复中原的策略。又手写奏章说："金人之所以在河南扶植刘豫，大概是企图残害中原，用中国人自己打自己，自相残杀，粘罕趁此机会休整，整顿兵马，寻机进攻。我希望陛下给我一些时间，让我在恰当的时候率领军队直取汴京、洛阳，并占据河阳、陕府、潼关，再以此来号召，让五路叛将重新归顺。叛将一投降，再派官军前进，敌人必然放弃汴京逃往河北，京畿、陕右地区可以全部收复。然后分兵进攻濬州、滑州，经营两河地区，这样我们就可以生擒刘豫，消灭金人。国家的复兴大计全都系于此举。"高宗回答说："有你这样的大臣，我真的很安慰。你自己把握进退的时机吧，我不从中干预。"又把岳飞召到寝宫对他说："这是中兴宋朝的大事，一切事情都交给你了，你可以放手去干。"于是命令岳飞管辖光州。

岳飞正在计划大举北伐之时，恰逢秦桧主持和议，于是下令王德、郦琼的军队不得隶属岳飞统辖。朝廷诏令岳飞到都督府同张浚商议军事，张浚对岳飞说："王德这人在淮西军士中有威信，现在我想提拔他做都统，并且让吕祉以都督府参谋的身份统领这支部队，你觉得怎么样？"岳飞回答说："王德同郦琼向来不相上下，一旦提拔王德位于郦琼之上，那么必然会引起纷争。而吕祉对军队事务不是很熟悉，恐怕难服众人。"张浚说："张宣抚这人怎么样？"岳飞回答说："他为人残暴而缺乏智谋，尤其为郦琼所不服。"张浚又问："那么杨沂中又怎么样？"岳飞回答说："杨沂中并不比王德强，也未必能统御这支军队。"张浚不高兴地说："我知道现在就剩下你一个能人了。"岳飞说："都督郑重其事地征求我的意见，我不过是直言相告，哪里是想争夺这支人马的指挥权呢？"当天便上书朝廷，请求朝廷解除自己的兵权，回家服丧，并让张宪代理指挥军队，自己则步行回家，在母亲墓旁建了一座小屋，继续服丧。张浚又气又恼，奏明朝廷让张宗元任宣抚判官，监督岳飞的军队。

高宗多次下诏催促岳飞回军复职，岳飞极力推辞，于是高宗便命令岳飞的幕僚到岳飞守丧的地方，以死相求岳飞回去复职。六天后，岳飞才答应，并赶往朝廷请罪。高宗安慰他后派他回部队。监督岳飞部队的张宗元回来后报告说："岳飞的军队将领团结和睦，士兵骁勇精锐，人人心怀忠孝，这都是岳飞平日教育得好啊！"高宗十分高兴。岳飞上奏说："从前我在皇帝寝宫，听陛下的高论，以为陛下决意北伐，怎么到现在还不见动静呢？我军北伐顺天意，得民心，出师有名而士气高涨，顺天道而必然强大，金军则出师无名，士气低落，违背天道则必然虚弱，请皇上诏令我出师北伐吧！这样一定会取得胜利。"又上奏："钱塘地处偏僻的海边，决非用武之地，希望陛下在上游建都，学习当年光武帝的做法，亲率大军，赶往前线，使全军将士知道陛下的意图志向，这样人人会拼死效命。"高宗没有答复岳飞。不久郦琼叛变，张浚后悔未听岳飞之言。岳飞又上奏："臣愿带兵北进，屯驻在淮甸，伺机讨伐郦琼，一定可以平定叛乱。"高宗没有答应，诏令他驻军江州作为淮浙地区的后援。

岳飞通过侦察得知刘豫与粘罕十分要好，而兀术却讨厌刘豫，正好可以离间他们而后采取行动。这时士兵捉到了兀术的一名间谍，岳飞假装责备他说："你不是我军中的张斌吗？我以前派遣你到齐国去，约定引诱四太子兀术出来，但你一去不回。我前一阵再次派人去齐国询问，齐国也已答应我，约定今年冬天以联合进犯长江为由，将金国四太子诱到清河。你所送的书信竟没有送到，为什么要背叛我？"金的间谍怕被杀掉，就假意认罪。岳飞便写了一封秘信藏在蜡丸中，信中说明了与刘豫合谋要杀兀术之事，告诉这个间谍今天且饶了他，让他将功补过，再去伪齐送信，询问何时用兵，并且割开敌探的大腿把蜡丸藏进去，告诫他不得泄露。敌探回到金国后，立即把蜡书交给兀术，兀术见信大吃一惊，忙把此事报告给金帝。金朝怀疑刘豫暗通南宋，就废掉了他。岳飞上奏："应该乘金废掉刘豫的大好机会，打他个措手不及，长驱直入收复中原。"但没有得到朝廷的答复。

绍兴八年（1138年），岳飞回军鄂州。王庶到江淮地区视察军队，岳飞给王庶写信说："我希望可以在今年出师北伐，如果行不通，我就只好交还符节请求回老家去颐养天年了。"王庶对北伐热情支持。这年秋天，岳飞奉召前往行在杭州，高宗命令他到资善堂会见皇太子。岳飞退下后高兴地说："复兴国家的斗争有新的主人了，看来中兴大计，很可能就要由他来实现了。"适逢金朝派使臣前来准备归还河南失地，岳飞上奏说："我们不能相信金人，也不能对和议抱太多希望，在这件事上丞相恐怕有些处理不当，要叫后人耻笑了。"秦桧因此怀恨岳飞。

绍兴九年（1139），由于收复了河南的失地，朝廷大赦天下。岳飞上表朝廷以示感谢，同时奏折中流露出不满"议和"的意思，其中有"燕云之地唾手可复，雪耻复仇报效国家"等语。朝廷授予他开府仪同三司，岳飞极力推辞不受，说："在今天的形势下，我们要有危机感，决不能以为安枕无忧了，我们应时时有忧患之心，而决不应庆贺，应该训练军队，谨慎戒备以应付突然事变，而不能论功行赏，让敌人取笑。"高宗三次诏命他都不接受，后来在高宗温和地劝慰下，他才接受。正巧碰到朝廷派人朝谒先帝陵墓，岳飞上奏请求带领轻骑跟随使者去为先帝扫墓，其实他想借机侦察金朝虚实，然后制定北伐的方略。又上奏："金人没有任何理由请求和解，其中必然有诈，名义上把土地归还我们，实际上不过是暂时寄放在我们这里罢了。"但由于秦桧上奏高宗不准岳飞前往，岳飞终未成行。

直捣黄龙

绍兴十年（1140年），金军进攻拱州、亳州，刘锜向朝廷告急，朝廷命令迅速出兵援助，岳飞派遣张宪、姚政率军去增援。高宗亲自给岳飞写信说："你全权安排对金作战的计划吧。我不会在朝廷对你遥加控制，横加干预。"岳飞于是派遣王贵、牛皋、董先、杨再兴、孟邦杰等人，分道出兵，进攻西京、汝州、郑州、颍昌、陈州、曹州、光州、蔡州等地；又命令梁兴带兵渡过黄河，联络抗击金军的忠义社，一同攻取河东、河北各州县。又派兵去东面援助刘术，往西面援助郭浩，自己率领主力一路北进，对中原地区紧密关注。大军即将出发时，岳飞秘密上奏说："我们应首先确定太子，这是国家的根本，这样才可以安定人民，而且也可以表示我们并没有忘记复仇雪耻的决心。"高宗得到奏章，对他的忠心大大褒奖了一番，授他为少保，河南府路、陕西、河东北路招讨使，不久改任河南、北诸路招讨使。不久，岳飞派出的各处将领先后传来捷报。岳飞大军进至颍昌，命众将领分路出战，而自己则率领轻骑兵在郾城驻扎，军队士气高涨，气势如虹。

兀术极为害怕，与龙虎大王商议对策，认为其他宋军将领都容易对付，只有岳飞难以抵挡，打算引诱岳飞军前来，集中兵力决一死战。朝廷方面听到这个消息，非常害怕，就诏令岳飞小心谨慎，要保住军队。岳飞说："金人已无计可施了。"于是天天出兵挑战，不断辱骂金军。兀术大怒，会合各方兵力，包括龙虎大王、盖天大王和韩常的军队，逼进郾城。岳飞派遣儿子岳云率领骑兵直穿金军阵中，警告他说："不能取胜，我先杀你！"双方激战数十个回合，金军伤亡惨重。

当初，兀术有一支精锐部队，每人都身穿重甲，再用皮绳连在一起，每三人一组，称为"拐子马"，宋军对"拐子马"不能抵挡。这次战役，兀术出动一万五千名骑兵。岳飞命令步兵用麻扎刀冲入敌人骑兵阵中，只管砍敌人的马腿。拐子马是用皮绳连接，只要一匹马倒下，其他两马就再难以行动。宋军努力杀敌，金军大败。兀术大哭道："我自海上起兵以来，都是用拐子马取胜，今天完了！"兀术增兵前来，正与岳飞部将王刚所率的五十名侦察敌情的骑兵相遇，王刚奋力斩杀敌军将领。当时岳飞出来观察战场情况，只见黄沙蔽日，遂亲自率领四十名骑兵突入敌阵冲杀，将金军打败。

当郾城之战再次获胜时，岳飞对岳云说："金人屡战屡败，他们一定不甘心，会回师进攻颍昌，你应当赶快领兵去支援王贵。"果然如岳飞所料，不久兀术率军进逼颍昌，王贵率领游奕军、岳飞率领背嵬军同金军在城西大战。岳云率八百名骑兵冲至阵前与金兵决战，步兵在左右翼攻杀敌人，杀死兀术女婿夏金吾、副统军粘罕索孛堇，兀术逃走。

梁兴与太行山地区的抗金民兵和两河地区的英雄豪杰联合在一起，屡败金军，威震中原。岳飞上奏："梁兴等渡过黄河，那里的民众都愿意归附朝廷。金军屡吃败仗，当地老百姓受金军胁迫要向北迁移，这正是中兴宋朝大业的好机会。"岳飞在距汴京四五十里的朱仙镇与金兀术对峙，双方摆开阵势，准备大战，岳飞派遣勇将率领背嵬军五百名骑兵奋勇冲击，大破金军，兀术逃回汴京。岳飞命令陵台令巡视察看皇室陵墓，并加以修葺。

早在绍兴五年，岳飞就派梁兴等人集结两河地区的义士，广布皇上的恩德，山寨中的韦铨、孙谋等人收缩兵力固守堡寨，直等宋军一来便开寨迎接，李通、胡清、李宝、李兴、张恩等人也率领部众前来归附。岳飞已了解了金军的虚实，山川地貌也尽在心中。磁、相、开德、泽、潞、晋、绛、汾、隰等州府的所有地区，都约定日期同时起兵，与宋军互相呼应。他们都以"岳"字为号，打出旗帜。父老乡亲们给岳飞的部队送粮送物，成群结队在道路两旁，焚香祝祷，迎候宋军到来。自燕京以南，人们拒绝执行金朝的命令，金兀术想强制男人参加金人军队，以此来抵抗岳飞，使他失去兵源，但河北地区的人民没有一个服从这个命令的。兀术于是哀叹说："自从金朝在北方建立以来，从没有遭到过像今天这样的挫败。"金朝将领乌陵思谋一向以"凶悍多谋"著称，但此时也不能使他的部下俯首帖耳地听命于他，只得劝说他的部下说："现在不要轻举妄动，等岳家军到来时就投降吧。"金军统制王镇、统领崔庆、将官李觊、崔虎、华旺等人都带人来投降，以至于金禁卫龙虎大王的下属忔查千户高勇等人，也都秘密地从北方来投降宋军，旗号也换成了岳家军的。金军将领韩常率领五万人想投降。岳飞十分高兴，对部下说："一鼓作气，直打到金军的老窝黄龙府，那时我们大家开怀痛饮，一醉方休！"正当岳飞指日之内就要渡过黄河北进时，秦桧却企图放弃淮河以北地区，向台谏官授意，要他奏请高宗命令岳飞班师回朝。岳飞上奏："金兵已锐气全失，只知抛弃辎重物资北逃，两河地区的英雄豪杰也极力与我军配合共同杀敌，全军将士誓死战斗。大破金兵指日可待。这样的机会要好好把握，怎么能轻言放弃呢？"秦桧知道岳飞北伐意志坚决不可改变，于是先请求高宗让张俊、杨沂中等人率军回师，然后以"岳飞孤军深入无援兵"为由，请高宗下令班师，一天之内竟然连下十二道金字牌。岳飞愤慨难当，泪如雨下，朝东方拜了又拜说："十年的努力，一时全毁了。"岳飞率军南撤，百姓拦道痛哭道："我们运送粮草以迎接官军，金人全都知道。您一走，我们一定会被金军杀害的。"岳飞也悲痛流泪，取出皇帝诏旨对他们说："我不能违抗圣旨擅自留下。"哭声震撼原野，岳飞为了等百姓迁移，延迟了五天。跟随他迁移到南方去的百姓多如集市上的人群，岳飞急忙上奏高宗，用汉水上流六个州府的空闲之地来安置他们。

正当兀术准备放弃汴京北逃时，有一书生拦住他的去路，说："太子不必撤走，岳少保将要退兵了。"兀术问道："我十万大军被他区区五百名骑兵打败，汴京的百姓日夜盼望他前来，怎么能够守得住呢？"书生回答说："自古以来没有奸臣在朝内专权，而大将能在前线建立功业的先例。岳少保自己的性命都不知是否能保住，还提什么建功立业呢？"兀术恍然大悟，于是留在汴京，没有北撤。岳飞大军南撤后，原来所收复的州县，立即又全部丧失。岳飞极力请求解除自己的兵权，高宗没有批准。岳飞从庐山起程拜见高宗，高宗向他问话，岳飞除了拜谢圣主之恩外，别的话什么也不说。

绍兴十一年（1141年），间谍报告金军分路渡过淮河南侵，岳飞请求与各位将帅的部队会合，打退敌人的进攻。兀术、韩常和龙虎大王率军迅速来到庐州，高宗催促岳飞率军队去救援，前后写了十七封信。岳飞估计金人集中全国兵力南犯，敌人后方必然兵力不足，如果直接攻打，金军必然疲于奔命，可以等敌人自取灭亡。当时岳飞正患风寒咳嗽，却带病坚持战斗。又担心高宗急于求成，于是上奏："我军如果直捣敌人空虚地区，一定能取得胜利，如果由于敌人正在附近，没有时间考虑远方的战事，我准备请求亲自到蕲州、黄州，以商议进攻退敌事宜。"高宗看到岳飞奏章十分高兴，赐给岳飞书信说："你正患风寒，仍然为我领军行动，为国家而忘记自己，像你这样的忠臣还有谁呢？"岳飞大军进至庐州，金军闻风而逃。岳飞回军舒州等待命令，高宗又赐给岳飞书信，称赞岳飞谨慎小心，不擅自进退的得体行为。兀术攻破濠州，张俊将军队驻扎在黄连镇，不敢前进；杨沂中中了金军埋伏而失败，高宗命令岳飞率部救援。金军听说岳飞来到，慌忙逃走。

册立太子

这日，隆祐太后醒来精神恍惚，昨日的梦惊了她一身的冷汗。隆祐太后思前思后仍觉此事事态严重，还是告知高宗为好。隆祐太后亲自去高宗的住处，这让高宗顿觉事情不平常。太后说道："我昨儿做了个梦，梦到太祖了，太祖说当今皇帝无嗣，应把皇位归还。"太后语重心长，但说起来仍心有余悸，高宗沉默不语，满脸的不悦，但是当着太后的面，又不好发作。

当今皇帝高宗乃是宋太宗赵光义的后代，众人皆知北宋江山是由太祖赵匡胤开创的。其实到现今为止，对于赵匡胤为什么传位于其弟赵光义而不传子这个问题仍旧没有定论。这就给人留下了想象的空间，各种各样的说法在私底下流传，有一种说法占据了众人的思想，那就是赵光义的帝位是阴谋篡夺而来，他不仅弑兄夺位，还谋害了他的两个侄子——赵德昭和赵德芳。

恰逢高宗膝下无子，唯一的儿子在南逃过程中生病受惊吓而死。他因为生理和心理上的创伤丧失了生育的能力，由此引发了将皇位归还赵匡胤后裔的说法。

高宗年轻气盛，后宫嫔妃无数，但始终不见哪个嫔妃传出喜讯，这不能不引起朝臣的猜测。

当今圣上是否还能诞下皇嗣这个问题时刻萦绕在众臣的心头，一年一年的等待，始终没有结果。高宗也是愁眉苦脸，密诏众御医诊治，三餐不断补药，但要想重振往日雄风的愿望依旧渺茫，高宗不能生育之事虽秘而不宣，但此时在群臣之中已成为心照不宣的事实，只是碍于权威，避而不谈此事。事实依旧摆在那里，即使不提及也是高宗的一块心病。

天下之大，有谁敢冒此大韪，触犯权威，往枪口上撞。不过，朝廷之中，还真出了这么两个人。此二人一是娄寅亮，一是岳飞，前者委婉，后者耿直，注定二人迥异的命运。

绍兴元年（1131年），高宗路经绍兴府，在此停留数日，上虞县丞娄寅亮乘机呈上一份奏折，他的奏折是这样说的"欲望陛下于'伯'字行下遴选太祖诸孙有贤德者，视秩亲王，使牧九州，以代皇嗣之生，推处藩服……庶几上慰在天之灵，下系人心之望。"奏折中提议从宋太祖第七世孙"伯"字辈后裔中挑选一人暂时作为高宗的继承人，以等待高宗的子嗣出生，这样既可以告慰太祖的在天之灵，又可以堵住悠悠众口，赢得好声望。

娄寅亮之意可谓道出了众人心声，但他也自知此事乃高宗大忌，所以他尽量以最委婉的说辞，最能令高宗接受的态度，将事情的前因后果娓娓道来。尽其所能不伤高宗自尊，又为他留有余地。呈上奏折的娄寅亮战战兢兢，此事稍有不慎就是灭族之灾。

年方25的高宗乍一看此奏折，眉头紧锁，此事正说到高宗的痛处，真是哪壶不开提哪壶。但静下心细想，娄县丞说得也不无道理，逃避总不是办法，现实总是要面对的，此事躲得过初一躲不过十五。"以待皇嗣之生，退处藩服"这话更是打动了高宗。高宗反复思考之后，认为形势逼人，如今之计只能用此法应付了事。娄寅亮一直悬着的心终于回归原位，他的以死相谏也给他带来了回报，高宗一高兴就把它提升为监察御史。

高宗回到京城后，就将朝臣找来商议此事，朝臣看高宗亲提此事，也不再避讳，顺水推舟，一致通过。

在绍兴二年（1132年），赵匡胤的第七世孙赵伯琮为高宗相中，将其收养于宫中。30年后此人登上了皇帝宝座，是为孝宗。

此后五年，立嗣之事就鲜为人知，直至绍兴七年（1137年）岳飞又将此事提上日程，由此引发了一连串的事宜。

岳飞虽以领兵起家，却也是文武双全。他对政治的敏感度不高，但也不是个政治盲。他知立嗣一事对于高宗来说意味着什么，却仍旧是义无反顾，上书请高宗立赵伯琮为太子。此时年仅30的高宗，对于自己能够拥有亲生骨肉之事还未完全绝望。岳飞一路征战，正值赢得高宗的绝对信任之时，一提此事无异于一盆冷水，高宗的满腔热情顿时冷却下来。高宗再次看到二人完全不在同一战线，关系破裂在所难免。高宗，岳飞两个同一时代的年轻人渐行渐远。

其实，岳飞所想完全没有私心，一切都是出于对当时形势的考虑，刘豫的大齐政权不仅没有给金国带来预期利益，反倒成了金廷的一个包袱。金廷这招臭棋的副作用越来越明显，于是有意将其废除。而金人的下一步计划就是打算把钦宗的儿子放回，此人是钦宗的正牌皇子。金人欲以他为帝在中原建立傀儡政权，来跟高宗的南宋政权相抗衡。在讲究正统的封建社会，这个回来的皇子将会比高宗更有资格继承大业。这对于刚刚稳定的南宋政权来说无疑又是一次挑战，这无异于火山喷发，一切很有可能又重回混乱。

岳飞请立太子之事，意在告诉金人南宋政权已经步入正常化轨道，不容让他人破坏，更不会因前朝太子的归来而有所动摇。高宗完全没有领悟岳飞的一片苦心，更以武人参政为由责难于他"卿言虽忠，然握重兵于外，这类事体并不是你所应当参与的"。

岳飞所奏之事不仅未得采纳，更得一番训斥，自是怏怏不快。高宗对岳飞的信任也开始逐步走下坡路，他意识到岳飞所忠于的并不是他高宗，自己的法统地位仍得不到承认。得到法统认同是高宗终其一生所求，如今却遭自己信任的心腹大将岳飞如此践踏，这是高宗所不能容忍的。

岳飞不明高宗之意，高宗无视岳飞之忠心，这两人注定走不到一起，此事也为岳飞的杀身之祸埋下了隐患。

两面奸臣秦桧

建炎四年（1130年）在涟水巡逻的守军看到一家老小形迹可疑，遂将他们拦住询问。此人名秦桧，他自称是钦宗时候的御史中丞，靖康之乱时被金人俘获，随徽宗、钦宗一起被押往金营。他在金营备受凌辱，因不堪金人虐待，遂冒着生命危险，杀死了监视他们的金人，夺取了船只携带家人归来。

秦桧一把鼻涕一把泪，将他们的遭遇描绘得惨不忍睹，再加上旁边一家人相拥而泣的精彩配合，让守军将领十分同情他们的境况，几近相信秦桧所说。但是守军将领多年的职业素养，让他又不得不提高警惕，情绪当即稳定。

宋金两国正闹得不可开交，他有如此大的本事能够躲过守军携带一家人顺利安全归来，这不得不让人怀疑。他们万一是金人派来的奸细，那就麻烦了。一系列的疑问让他产生了怀疑，这些怀疑也不无道理，进退维谷的守军最后将他们送往南京，等待高宗定夺。

秦桧，江宁人，曾入太学学习，拜奸相汪伯彦为师，后成为汪伯彦的得意门生，有其师必有其徒。秦桧年少时就工于心计，善玩阴术。在太学学习时，得"秦长脚"这样的绰号，因为他表面上与人和和气气，是个典型的笑面虎，背地里却总爱打小报告，挑拨离间。

徽宗政和五年（1115年），秦桧中进士，一个算命先生看了他的面相后，对人讲"此人他日必定误国害民，天下同受其祸，其权愈重，其祸愈大"。若干年后，秦桧专政相权，他飞扬跋扈，残害忠良，力主议和，致使南宋统治恐怖至极，真是印证了此话。

金兵南下，无奈之下徽宗传位于钦宗。朝臣分化，主战派和主和派争持不下。秦桧权衡利弊，游离于主战派和主和派之外，这样对任何一方都不得罪，反倒是成了两派争相拉拢的香饽饽。秦桧在两派斗争中渔翁得利，最后任何一派得势或者是失利，都于己无碍，秦桧这一招确实是高明。但是任何权术都有破绽，终有马失前蹄之时。

金人攻下开封，掳走了徽宗、钦宗，为防止赵氏东山再起，金人欲立张邦昌为帝。正统观念根深蒂固的众朝臣义愤填膺，纷纷反对，身为御史台长官的秦桧被推到了浪尖上。此时的秦桧，退也不是，进也不是，左右为难。箭在弦上不得不发，不得以秦桧向金人上书反对立张邦昌为帝。此次秦桧上书，仍发挥了其左右逢源的心计，秦桧知道这个节骨眼上上书必然会惹怒金人，唯有从金人利益角度出发，将其害降低到最低限度。秦桧的上书俨然一副金人军师的嘴脸，分析了立张邦昌为帝的不可行之处，博得了金人的好感。

金廷虽未采用秦桧的意见，但是完颜宗翰对其非常赏识认定秦桧为可用之才，遂携其一并北上。秦桧审时度势认为好汉不吃眼前亏，就跟随完颜宗翰入了金营，随即向金人伸出了橄榄枝表现出了极大的忠诚，对金人之命更是言听计从。

秦桧溜须拍马屁的功夫炉火纯青，一番马屁拍下来，令金太宗云里雾里，倍感舒适。太宗一高兴，就将其赐予其弟完颜昌。秦桧自是感恩戴德，更是尽力出谋划策，以报知遇之恩，此后，秦桧完全变成了金人的走狗。

由此种种，完全能够看出秦桧是个墙头草类人物，其价值观念里根本没有民族意识，所思所想全然以个人利益为出发点。如果说秦桧前期是以自保为宗旨,那么当权倾天下的他能够操纵南宋政权之时,将一朝君臣百姓玩弄于鼓掌之间祸国殃民的行径,却是十足一个败类所为,是世人所不能容忍的,更使其遗臭万年。

金人几度南下欲抓高宗不能,又被宋军重创,狼狈北逃。面对宋朝军民突然爆发出来的实力,让金廷意识到灭南宋之事不是轻而易举就可以办到的。他们必须改变策略,于是"以和议佐攻战,以鉴逆诱叛党"的口号闪亮出炉。

里应外合那是最好的策略,若在宋廷之内安插一内奸,那是最好不过的了。可要找这么一个合适人选却是不容易的。正当金国朝臣一筹莫展之时,秦桧挺身而出,他信誓旦旦一副胸有成竹的气势,那架势似此重担非他不能担当。秦桧经受住了金人的考验,金太宗认为其忠心可鉴,谋略有余,值得信赖,遂将其遣送入宋。

秦桧入朝,很快得到高宗信任和重用。其实朝中对他身份持怀疑态度的不在少数,害怕他是金人派来的奸细,却也提不出有力的证据,但宁可信其有不可信其无。高宗却不管这一套,因为秦桧此次归来,为高宗带来了福音。

秦桧自谓入金多时,听闻金人有议和之象,并一手承担下议和事宜。对于议和,高宗一直心向往之,只是事与愿违,他几次伸出橄榄枝都被金人无情的以炮火回应。高宗一度垂头丧气,秦桧的归来为他点燃了希望之火。此时的秦桧宛若一根救命稻草,任谁反对,高宗也会紧抓不放。高宗声称"桧朴忠过人,是一个难得的佳士,朕喜得之而不寐。"高宗真是"慧眼识人",当秦桧收揽大权,凌驾于皇权之上之时,高宗这个无权皇帝真是欲哭无泪,因为这一切都是他亲手造成的。

秦桧先是被任命为礼部尚书,却辞而不受。此乃秦桧的一点小伎俩,秦桧要放长线钓大鱼,意在谋取更高的职务。高宗一听这话,顿时来了气,秦桧是何许人,竟如此不知好歹,但是求人办事,正所谓人在屋檐下,不得不低头。高宗压下一肚子的怨气,好言相劝,又以高官相贿赂,秦桧心里乐开了花,表面却不动声色,几番推辞后应允。不久,秦桧就被升为参知政事,此乃南宋副宰相,其升职之快,真是前所未有。

这日,已经位高权重的秦桧心中算计起来,位高才能权重,金人赋予他的使命时刻敲击着自己,独揽朝政大权那样才好办事。在短期内再往上爬实在是不容易,更难办的是,如今高职无缺,没有人下来,就没有机会补上去。

秦桧眼睛一转,顿生一计,他想到了范宗尹。此时正在家中品茶的范宗尹不知是否感到后背一阵阴风。就这样一双罪恶的双手已经伸向范宗尹,秦桧对范宗尹之职觊觎已久。

范宗尹本是秦桧的同窗好友,在秦桧归来众臣对其怀疑之时,范宗尹极力为其辩护,秦桧入朝伊始,范宗尹也十分照顾。可是防人之心不可无,范宗尹如此待秦桧,秦桧却不念旧情,向高宗参奏其私下斥责当今圣上滥赏无度,更是居心叵测。高宗时值宠幸秦桧,听信其言,将范宗尹罢免。秦桧顺理成章坐上了宰相之职,这样,大权在握的秦桧肆意妄为,无往不利,高宗也与议和之路渐行渐近。

完颜昌里外不是人

秦桧独步青云,步步高升,为金人灭南宋大业效犬马之劳。大金帝国内部却分裂了,投降派与主战派争权夺利,陷入了前所未有的混乱之中。

金太宗完颜吴乞买死后,皇帝之位就成了空缺,确立皇帝之位的人选就被提上了日程。做

皇帝君临天下，唯我独尊，自然有许多人觊觎。但是要登上大宝得有相当的势力和实力才能镇得住。使得许多人虽然心向往之却没有这个福分，此时在金国内部能得此气势的有三个人，金太宗的长子完颜宗磐和金太宗的兄弟完颜宗翰以及完颜阿骨打的长子完颜宗干，这三人可谓势均力敌，互不相让。若等到这三个人分出高低，不知道要到猴年马月。外敌当前，内部政权的稳定显得尤为重要，皇帝人选的确定成了当务之急。这时需要一个当机立断之人站出来，主持大局。

时势造人，完颜合剌不由分说被拉了出来，此人是太祖完颜阿骨打的孙子，在其叔伯争执不下之时，完颜合剌乘此缝隙当上了皇帝成为金熙宗。三人相争却让完颜合喇得了好处，真是螳螂捕蝉黄雀在后。三人都未得志只有闷着一肚子的怨气，无话可说。

金熙宗是个和平主义者，又深受汉文化的影响，他对完颜宗翰三番两次出兵攻打宋朝极为不满。手握大权的他在掌权后，第一个被用来开刀的就是完颜宗翰，他清除完颜宗翰也可谓是杀鸡骇猴。他的举动让那些主战派从此倒是收敛了不少，主和派得势。完颜宗翰这个一生征战无数，立下汗马功劳的开国功臣从此退出历史舞台。

完颜宗翰一死，金国大权就落入完颜昌的手中。完颜昌乃是金太宗吴乞买之弟，他早年跟随完颜阿骨打南征北战，是与完颜宗翰齐名的开国功臣。完颜昌是个极具战略眼光之人，从之前所做几件事情中便可以略窥一二。

北宋灭国之初，完颜昌认为汉地与金地差异显著，若直接对中原统治恐怕是经验不足，就提出了"以汉治汉"这一政策，在中原地区扶植金人傀儡。他的这一政策得到了金廷上下的支持，金廷先立张邦昌大楚政权，后拥刘豫大齐政权。

秦桧到金以后，完颜昌又独具慧眼相中秦桧，后又将其放归南宋，让其作为内奸。秦桧到了南宋以后，如鱼得水，步步为营，为金廷推波助澜，里应外合，其势可抵千军万马，完颜昌眼光之独到可见一斑。秦桧还自完颜昌那里学来了"南自南，北自北"的理论，后来经过自己的精心改造，以"南人归南，北人归北"的方案呈给高宗，甚得高宗之心，使得高宗对秦桧顶礼膜拜，更是欣喜万分。

正是在"南自南，北自北"理论方针的指导下，"天眷议和"力排众难，终得圆满。然而，塞翁失马焉知非福，完颜昌这步棋走得大失民心，无论对于金国还是对于南宋，都是后患无穷。最后完颜昌因此命丧黄泉，这真是得不偿失。完颜昌的一片苦心，终究无人理解。

大金立国仅仅十几年而已，竟然以迅雷不及掩耳之势吞辽灭宋，其气吞山河之气概完全不在金人预料之内。这出乎意料的战果可喜可贺，不过在这光鲜表面的背后也是问题丛生。

首先，连年的征战花费巨大，再加上对军功的滥赏无度，造成国库空虚；其次，金军南征北战占领大片土地，却由于对这些领土的经营管理经验不足，致使这些地区起义不断，威胁金人统治的稳定；再次，多年战事不断致使人疲马乏，士卒激情冷却，怯战情绪逐渐滋生，甚至一些家庭以假死来逃避征战，宁可苟且偷生，也不愿意上战场。可见，不少士卒已经视打仗为虎狼，害怕至极。既然如此，何不如休养生息，待政权稳定，士气恢复再战，这样方可起到事半功倍之效。

可以说完颜昌的出发点是好的，当然这里面也存在着一己私利。完颜昌打算将宋人旧地河南、陕西归还，高宗之南宋政权必定会知恩图报，他从而取得南宋政权的好感，又有秦桧的里应外合，掌控南宋指日可待。这样一来，他在金廷中的地位必定又上一个新台阶。

思及以上种种，完颜昌认为议和之事势在必行，在没有得到金熙宗授权的情况下，他就派使臣乌陵思谋到杭州商量议和事宜。乌陵思谋是议和界的元老级人物，完颜昌派他去，足见其诚意。高宗派秦桧主持议和事项，王伦为传声筒来往于宋金之间。漫长的议和之路开始了，从完颜昌在金主政的绍兴五年（1135年）到天眷议和促成的绍兴九年（1139年），前前后后四年，这场议和长跑终于落下帷幕。

合约一出，宋金举国哗然，反对之声一浪高于一浪，那么这到底是一份怎么样的合约，竟得如此多的唾弃。该合约概括起来就三项主要内容：

一 金退还陕西与河南两地；

二 南宋皇帝向金称臣，以江南王自居；

三 南宋每年向金纳银二十五万两，绢二十五万两。

对于宋金当权者来说，此合约的签订是周瑜打黄盖，一个愿打一个愿挨。但宋金两朝内部的反对之声却一浪高于一浪。

在金国来看，完颜昌办了一件吃力不讨好的事情。金人争论的焦点聚集在退还陕西、河南两地上，完颜昌一时成了金人得而诛之的卖国贼，就连他的弟弟完颜勖也公开反对他。陕西、河南地理位置极其重要，可谓中原地区的门户，金人士卒抛头颅，洒热血才将两地攻下，可以说这两地是用鲜血换来的，得来实属不易，如今竟然轻而易举将两地归还，怎能不引起公愤。但是事已至此，木已成舟，纵使有再多的不满也只能压在心里，况且完颜昌的支持者完颜宗磐手握军事大权，谁不服，恐怕就是下一个倒霉的目标，现下只能抱着"我以地与宋，宋必德我"的希望安静等待。

完颜宗弼左等右等，仍不见南宋"德他"。他一生心高气傲，怎么能容忍人如此待他，此时恰逢有人向金熙宗密告完颜昌与完颜宗磐密谋勾结南宋，金熙宗也不细查便下诏捉拿，完颜宗弼正值有气没地发，此时逮到了出气筒，把气都出在了完颜昌身上。完颜昌以叛国、私通南宋的罪名被诛杀。

完颜昌一生戎马，劳苦功高，风光无限，最后竟落得如此下场，让人惋惜。

南宋这边，和议一经拍板，即引起了南宋朝臣百姓的强烈谴责。群臣的上书犹如秋日的落叶，纷纷压在高宗的案几上，"物议大汹，群臣登对，率以不可深信为言。"

金人以和之一字得志于我者十有二年，以覆我王室，以弛我边备，以竭我国力，以懈缓我不共戴天之仇，以绝望我中国讴吟思汉之赤子，以诏谕江南为名，要陛下以稽首之礼。自公卿大夫至六军万姓，莫不扼腕愤怒，岂肯听陛下北面为仇敌之臣哉！天下将有仗大义，问相公之罪者。

这是当朝大多数大臣的想法，不过，身为皇帝的高宗铁了心要议和。不管怎样的风吹雨打，高宗这一信仰始终未变，群臣的反抗在高宗置之不理中无疾而终。

第五章　议和以保安逸

天眷议和，高宗的苦心谁领会

完颜昌派乌陵思谋使南宋，可谓是向高宗伸出的橄榄枝，这让高宗喜出望外。自高宗登基以来，他尝尽了被金人穷追不舍的苦滋味，对议和之事可以说是觊觎已久，但无论高宗怎样的望眼欲穿，金人毫不理会，这让高宗备受打击。现在金人竟然主动将高宗盼望已久的好事送上门，高宗自然是欣喜若狂。尽管议和之事八字还没有一撇，高宗抱着只要金人肯议和，一切都好商量的心态，坚信议和之事不成问题。在高宗看来，只要能议和无论对方提出什么样的条件，高宗都准备全盘接受。

既然议和之事有了苗头，那么秦桧就要派上用场了。秦桧此时正处于人生的低谷期，正憋着一肚子闷气，在下层民众中转悠。

秦桧入朝伊始，就步步为营，不断高升，不久就被任命为同中书门下平章事兼知枢密院使，至此秦桧入朝不过十个月而已。可此时与秦桧同掌相权的是吕颐浩，吕颐浩在朝中颇有威望，党羽众多，极具实力，二人同为相，这就限制了秦桧的任意妄为。秦桧想尽一切办法想将其清除，就向高宗建言说，周宣王的时候，为中兴大计，内修政治，外攘强敌，才得边境稳定，国强民富，现今若二将也能内外分责，则中兴指日可待。高宗正值宠幸秦桧，中兴之心又迫切，遂欣然答应，以吕颐浩专营军事，秦桧当然是总揽朝政。

如此一来，朝中大事就不在吕颐浩专职范围，更为重要的是吕颐浩专营军事，所以常常在外，秦桧专擅朝事，可以不受约束。如此一来，秦桧就大权在握了。

常在河边走哪有不湿鞋，秦桧之所以深得高宗之心，主要是因为秦桧给高宗带来了议和的希望。可是，高宗左等右等，等来的却是完颜宗翰大举进攻川陕，完全没有要停火的意思。欺骗、绝对是赤裸裸的欺骗，认识到这一点，高宗再看秦桧就不那么舒服了，横眉竖眼，颐指气使，对秦桧的溜须拍马，谄媚至极更是感到厌恶。

屋漏偏逢连夜雨，恰在这时，殿中侍御史黄龟年上书弹劾秦桧，说他自从当了宰相以后，根本没有把国家的安危放在心上，只是利用手中权力去结党营私，作威作福。秦桧这样居心叵测之人，跟王莽、董卓之流是一类人，另外更为人不耻的是，秦桧表面上对皇帝很顺从，可是背地里却搞阴谋，这可是犯下了欺君大罪。对秦桧失去好感的高宗毫不犹豫将其罢相。

爬到顶峰的秦桧，万万没有想到在这关键时刻功亏一篑。一脚被踢到半山腰的秦桧，欲哭无泪，只能重整旗鼓再次奋斗。

事态的发展总是出人意料，历史并没有让秦桧等太久。当金国政权掌握在完颜昌手中的时候，秦桧的机会来了。完颜昌力主议和，向宋伸出了和平之手。完颜昌对秦桧非常赏识，要促成今后的议和非秦桧出马不可。秦桧再次出山，东山再起。到绍兴八年（1138年）秦桧已被任命为右丞相，重新掌控了南宋的朝政大权。

高宗提拔秦桧为右相，又派王伦使金商议议和之事，一切忙碌而紧张。高宗却忙得欢天喜地，不亦乐乎。

虽然高宗吃了秤砣铁了心要议和，但他却面临着朝廷内部反对派的巨大压力。群臣的上书，军队的暴动，百姓的怨言，"物议大汹，群臣登对，率以不可深信为言。"这一切都把高宗搞得头痛不已，多数群臣的意见是"金人以和之一字得志于我者十有二年，以覆我王室，以弛我边备，以竭我国力，以懈缓我不共戴天之仇，以绝望我中国讴吟思汉之赤子，以诏谕江南为名，要陛下以稽首之礼。自公卿大夫至六军万姓，莫不扼腕愤怒，岂肯听陛下北面为仇敌之臣哉！天下将有仗大义，问相公之罪者"。

尤其是时任枢密院副使的王庶反对最为激烈，他连续七次上书，认为金人"无故请和者谋也"，更是几近指着高宗的鼻子大骂，"今虽未能克复旧疆，銮舆顺动，而大将互列，官军屯云，百度修举，较之前日，可谓小康。何苦不念父母之仇，不思宗庙之耻，不痛宫闱之辱，不恤百姓之冤，逆天违人，以事夷狄乎"！

高宗气急败坏，他哪里容得下他的下属如此侮辱与他。不过高宗并没有降罪于王庶，反而予以重任，让他跟秦桧一同会见完颜昌派来的使臣乌陵思谋，商谈议和事宜。高宗这一计谋可谓高明，王庶气得七窍冒烟，几近昏厥。

高宗气坏了王庶，却还是阻挡不住那些反对的声音，韩世忠上书指出，金人议和意在动摇南宋的民心"分我兵势"，兵部侍郎张焘和吏部吏郎晏敦复等联合上书共同反对指出"今日屈己之事，陛下以为可，士大夫不以为可，民庶不以为可，军士不以为可，如是而求成，臣等窃惑之"。当然反对的声音里不可能少得了岳飞，岳飞先是把秦桧骂了个狗血淋头，"权臣谋国不善，恐怕会被千秋百代所讥恨"。杨沂中的军队中也发生了骚乱，强烈反对议和之事。

面对群臣百姓的谴责，高宗毫不动摇。他对群臣更是动之以情，晓之以理，他可怜巴巴的对群臣讲，"先帝梓宫，果有还期，虽待二三年尚庶几。惟是太后春秋高，朕旦夕思念，欲早相见，此所以不惮屈己，冀和议之速成也"。高宗搬出他的母亲，以思母心切为由，希望博得同情。这时秦桧更是煽风点火，拍起了马屁，高度赞扬了高宗这一孝心，"屈己议和，此人主之孝也。见主卑屈，怀愤不平，此人臣之忠也"。看群臣仍不为所动，高宗最好拿出了最后的挡箭牌，"若使百姓免于兵革，得其安生，朕亦何爱一己之屈"？他赵构是为天下百姓着想才这么做的，众臣还能有何话说？事实上，无论高宗怎么说，悠悠众口是堵不住的。

无论高宗说的再怎么冠冕堂皇，都抵不过他心里的那点小九九。议和之事，不过是出于此才成为高宗的毕生追求。

高宗分析当前形式，他认为虽然岳飞领导的岳家军势如破竹，正以高宗难以相信的速度数战数捷，但是兵无常胜，一旦岳飞失利，高宗将何以依靠。现下，南宋就一个岳飞能够身先士卒，屡战屡胜，所以高宗不能将身家性命和大宋江山全部寄托在他一个人身上，高宗不敢冒这样的险。所以尽管高宗对岳飞很赏识，一旦他阻挡了高宗的议和之路的时候，高宗也就毫不犹豫将其剪除。

另外，南宋内乱刚刚平定，内部依旧危机四伏，若是继续北伐，高宗唯一想到的结局是由于政权的不稳定直接导致自己的皇位难以保障，哪一天被赶下台这也未可知，所以攘外必先安内才是上上策。

还有一件事情一直是高宗的心病。每一场胜仗都让高宗不得不去重揭伤疤，那就是钦宗。若

得钦宗归来，高宗将何以自处。既然此事难以解决，那就不要让其发生，这是高宗任何时候都想到的最好办法。

高宗很现实，他的野心不大只求偏安江南。可惜事与愿违，事情顷刻之间又发生了变故。

顺昌大战

天眷议和之后，金国内部的权利格局又发生了重大变化。完颜昌因卖国行径而众叛亲离被调往燕京在南宋降臣杜充手下供职，不久就被人告发叛国，暗通南宋。金熙宗下诏捉拿，完颜宗弼将其逮捕，以"与宋交通，倡议割地"的罪名满门抄斩。完颜昌一派被完颜宗弼很快铲除，金熙宗很快任命完颜宗弼为大元帅，这样完颜宗弼就独揽了全国大权。

完颜宗弼对于议和之事本就心存异议，现在又将河南、陕西两地归还南宋，更是窝了一肚子火，掌握大权的他首先要做到，就是要撕毁这一合约。

金熙宗与完颜宗弼商议，打算将宋使臣王伦扣留。只是这王伦人脉极广，金熙宗身边的一小卒将此事告诉了王伦，生死攸关的时刻逃命要紧，什么也顾不得了，王伦连夜逃回南宋，高宗对这个不幸的消息半信半疑。天眷议和前前后后有四年，在高宗看来，金此次是非常有诚意的，不会临时变卦反悔的。再加上秦桧在旁煽风点火，一副胸有成竹的样子，煮熟的鸭子难道还飞了不成。就这样沉浸在偏安一隅美梦中的君臣二人，怎么也不相信金人要停止议和的事实。

其实这也不难推测，当下金人当权人物由主和派的完颜昌换成了主战派的完颜宗弼，其对宋战略当然也会因之而改变。高宗、秦桧二人不能与时俱进，仍死守议和，只会落入挨打的局面。

历史长河中，部分领导者的一言一行竟能影响一个朝代的历史进程，甚至存亡。试想完颜昌未死完颜宗弼未废议和，那对于金对于南宋来说将是另一番怎样的模样。尽管英雄史观应该批判，但不得不承认某个人物在历史中不可替代的作用。从某种程度来说，历史是因人而异，因时而异。

当群臣得知王伦带回来的消息时，长叹一口气，议和之事终究是不顺天意的。天意如此，高宗还能奈他如何，局势的变化令群臣在长叹一口气的同时又警戒起来，既然战事不可避免，那就要及早做好军事防御准备。于是，群臣立刻上表高宗，希望岂能做好军事防御。

然而，此时的高宗、秦桧对于议和之事仍不死心，他就派王伦使金，查探详情。王伦知此次凶多吉少，恐怕会有去无回，哪里敢去，可若是抗旨不遵，同样也会死得很惨。王伦认为对待在气头上的高宗还是不要惹他的好。他只能犹犹豫豫，磨磨蹭蹭，心不甘情不愿地去了，跟预料中的一样，王伦一入金便被完颜宗弼拘留。高宗仅存的一点希望像泡沫一样渐飞渐远终究破灭，群臣再次上书劝其准备战事。

正使王伦为金人所留，又闻见金人尽诛往日主议之人，且毁前约，以此事重有邀索，国事之大，无过于此。

盖和战两途，彼之意常欲战，不得已而后为和；我之意常欲和，不得已而后有战，战非我之意，不能以相异也⋯⋯然则和之必变，可立而无变，无是道也。

金国并没有给高宗太多思考的时间，等高宗清醒过来完颜宗弼的大军已经开进了开封。这时，高宗、秦桧君臣一时不知如何是好，等反应过来下诏驻防外地诸将，作好应战准备，金人已攻下开封，重夺河南陕西等地，金人能如此之快地夺回此地，全仗宋人的不设防。

金人此次南侵，可谓是倾全国之力。金军兵分四路准备将宋一举拿下，一次性解决所有问题。完颜宗弼自知金廷内部已矛盾重重，必须速战速决，剪除外患，方得国家稳定。南宋这边却没有任何的设防，高宗为表议和诚意，在中原诸城不许士卒戍防。

金人入中原如入自家之地，中原诸城基本上都是开门投降缴械，一路几乎没有遇到抵挡，完颜宗弼春风得意，他本人也没有想到此次南下竟如此顺利。

当势如破竹的完颜宗弼松懈下来的时候，一个拦路虎出现了——顺昌。此时驻守顺昌城的是刘锜，此人是高宗新任命的留守，他没想到上任伊始就遭遇金人侵犯。顺昌是两淮门户，顺昌一失，两淮必定失去屏障，难以保全，两淮一失，那么江南不保，因此保卫顺昌迫在眉睫。

刘锜率领的士卒，乃是王彦领导的八字军。八字军擅长打游击战，顺昌与金一战中就充分发挥了游击战术的优势。刘锜预测完颜宗弼会派侦察兵去查看顺昌形势就事先设下伏兵，准备活捉侦察兵。果不其然，侦察兵到城界侦查，被刘锜一举抓获，经严刑拷打，终于有俘兵吐露金人军事机密。

知己知彼百战不殆，掌握了金人军事情报的刘锜根据金兵弱点，制定了作战计划。先是派一千多人夜袭金营，给金人当头一棒，这措手不及的一击打得金人疑神疑鬼，恐慌至极。

金人最让人惧怕的就是他们的骑兵，宋人以步兵为主，两者相比优劣可见一斑，况且此次完颜宗弼率十万大军，而刘锜军不过一万八千人，其所处劣势之大前所未有。凭蛮力取得顺昌保卫战的胜利希望渺茫，唯有靠智慧，才能取得胜利。

此次刘锜在马身上大下工夫，他先让士卒事先炒好黑豆，作战时在城墙上将黑豆撒下，这样一来，金人骑兵的马闻到豆香必定一心吃地上的黑豆，金人骑兵如何吆喝都无济于事。就在此时，打开城门让宋军士卒一涌而出，个个手拿大刀，大刀不是挥向金人士卒而是砍向马腿，弄得人仰马翻，又相累及。金人早晚会消失战力，死伤者无数，使得金军不得不撤退。刘锜就这样打了一场漂漂亮亮的以少胜多的战争。

刘锜整顿军务，准备乘胜追击，正在此时高宗的圣旨到了，要求刘锜"择机班师"。刘锜万般无奈，不得抗旨只得班师回城。

金人如此欺负人，高宗秦桧君臣二人仍没有下定坚决抵抗的决心。其实，若是此时宋军能够乘胜追击，将金人赶出中原那也不无可能，只是这一切都只是假设。南宋再次坐失良机。

"顺昌之役，虏震惊伤魄，燕之珍宝悉取而北，意欲捐燕以南弃之，王师及还，自失机会，可惜也。"

金人都打到家门口了，高宗秦桧之辈，仍以不抵抗来面对，不知有何居心。此时的高宗让人摸不着头脑。他既然下诏开战就该痛痛快快地打，可是他所做乃是见胜就收，士卒用怆命换来的胜利不过是高宗拿来议和的筹码而已。

十年之功毁于一旦

完颜宗弼的大军到达开封，收复河南、陕西等地的时候，高宗还做着议和以偏安一隅的美梦。被惊醒的高宗一时惊慌失措，竟不知如何是好。群臣纷纷上书要求高宗尽快调军迎战，高宗才如梦初醒，紧急下诏抵抗金军。沉浸在议和美梦中的高宗无论如何也想不明白这议和之事怎么就会功亏一篑。他视完颜宗弼是罪魁祸首，高宗把所有的责任都推到完颜宗弼身上，对完颜宗弼恨得咬牙切齿，唯除之而后快，就颁布了一道通缉完颜宗弼的诏令：

"兀术不道，戮杀其叔，举兵无名，首为乱阶。将帅军民有能擒杀兀术者，见任节度使者，除枢柄；未至节度使者，授以节度使。官高者除使相，见统兵者除宣抚使。余人仍赐银绢五万匹两，田一千顷，第宅一区。"

宋史原来超好看大全集

恼羞成怒的高宗不管怎样气急败坏，唯今之计就是迫不得已接招了。南宋武将里就数岳家军士气最盛，要岳飞上战场那是在所难免，可是，很不凑巧的这个很能干的名将正在和高宗闹脾气。

天眷议和的消息传来，岳飞非常愤怒，紧急上书强烈反对这一议和：

"臣愿定谋于全胜，期收地于两河。唾捶燕云，终欲复仇而报国，哲心天地，当令稽颡以称藩。"

高宗正沉浸在天眷议和成功的喜悦之中，岳飞却如此令人扫兴，高宗心情舒畅，自然不会跟他一般见识。几日过后，朝廷见议和之事办妥当，便大摆庆功。高宗为使议和慰藉人心，便大赦天下，还给朝臣封官，岳飞被升为从一品开府仪同三司。按理说，既得朝廷封赏，应大谢皇恩浩荡，高高兴兴上任赴职，但是岳飞就是这么的不识抬举，他以无功不受禄为由，拒绝接受这样的封赏，他更是要请求辞官回家。岳飞如此胆大妄为，竟然敢公然违抗皇命，这深深地伤害了高宗的自尊。高宗赌气顺水推舟，默许了岳飞的请求。

在如此千钧一发之际，哪里还有时间去计较个人恩怨，高宗俯下身段向岳飞伸出和解之手，岳飞一心以国家为重，本是大气之人，两人遂摒弃前嫌，重修旧好。破镜虽重圆，但毕竟已经不是原来的模样，这两个人终究是有了隔阂。

岳飞一心北上抗金而未得高宗应允，此番完颜宗弼倾全国之力气势汹汹而来，岳家军自是鼓足了干劲要与金军一争高下，岳飞更是跃跃欲试，激动不已。

岳飞接到高宗命令他出兵的诏书后，制定了一个明确的进军计划，此计划按照岳飞本人收复失地，重整河山的宏图大志而制定，即一路北上，直取开封，并由开封北渡黄河，直捣中原，目标在于收复河朔大片失地。岳飞此计划不可谓不大，只是高宗的胃口却没有这么大，这大大超过了高宗的食量，高宗自是不能容许。

岳飞领导岳家军，一路北上，战战告捷，到绍兴十年（1140年）六月中旬，岳飞已率领主力抵达河南。然而，一心偏安的高宗对北上并没有那么大的决心，还徘徊在战与和之间，寻找一个用筹码换回议和的时机。因此当岳飞屡战屡胜，将完颜宗弼打得节节后退的时候，高宗认为这个筹码已经够大了，足以换回议和，便见好就收，要岳飞班师回朝，给岳飞送去班师谕旨的是李若虚，谕旨的内容大致是这样的：

凡今日可以乘机御敌之事，卿可一一筹划措置，先入急递奏来。据事势，莫须重兵守持，轻兵择利，其设施之方，则委任卿，朕不可以遥度也。盛夏我兵所宜，至秋则彼必狙猘，机会之间，尤宜审处。

高宗之意，虽说的含蓄，但已经能够一目了然。岳飞正值意气风发，眼见距离开封越来越近，破开封指日可待，高宗的谕旨却如此不合时宜的到来。岳飞不能理解，中兴之望在即却要退兵，岳飞想破了脑袋也无济于事。进还是退，岳飞犹豫了，想一想中原在金人压迫下受难的百姓，他憧憬一下把金人打回老家收复失地。面对前方的一片光明，岳飞不再踌躇，断然拒绝受命，况且，将在外，君命有所不受。岳飞一番思想斗争下来，再次坚定了北上的目标。

李若虚也是慷慨之士，他看岳飞如此忠勇备受感染，当即表示，"事既尔，势不可还，矫诏之罪，当由我承当。"就这样两个大义之士惺惺相惜，一拍即合。岳飞心怀感激，带着坚定的信念，按照原定的计划，朝着心中的志向前进。

依旧是一路北上势如破竹，郑州、洛阳这两个重地相继被收复，颍昌大战更是战果硕硕。但此时的岳家军却因为作战范围分布广，兵力甚是分散，完颜宗弼看准了时机，把握战机准备给岳家军一个有力的重创，以挽回败局。不过，完颜宗弼的如意算盘打错了，岳家军虽是孤军深入，

但其战斗力却不容小觑。

这日,完颜宗弼率领主力部队倾巢而出,直逼郾城。郾城是岳家军的指挥中心,其重要性可见一斑,若是此地失陷,岳家军的指挥系统就瘫痪了。此次前来,完颜宗弼做好了充分的准备,他以一万五千骑为前锋,此一万五千人不是普通的士兵,乃是金军精华中的精华,前锋之后是十万金军,后面还安排了盖天大王完颜宗贤的后援军。

与此庞大阵容相抗衡的岳家军那真可谓是一支孤军,只有背嵬军和一部分游奕军。岳飞知道两军交锋,若是一番蛮打,岳家军肯定是要吃败仗的。岳家军只有凭借其高昂的士气和巧妙的战术方能与金军相抗衡。

这场战争极其激烈,两军死伤无数,横尸遍野,岳家军凭其有进无退的精神勉强获胜,此次胜利,得来实属不易。

完颜宗弼倾全国之兵力仍然不能将岳家军打败,他终是见识了岳家军的战斗力之强。完颜宗弼虽然被气得脸色发青,却也不得不佩服,仰天长叹,发出"撼山易,撼岳家军难"的感慨。

岳家军之屡战屡胜,多次以少胜多,源于其将领治军有方,赏罚分明。岳家军的将领又严于律己,每次作战,都能够做到身先士卒,士卒有了明确的目标和榜样,所爆发出来的战斗力可以以一人敌数人。

不管岳家军有多强的战斗力,若缺少友军的配合和支援,抗金大业终究会功亏一篑。因此岳飞多次向高宗请兵,"速赐指挥,令诸路之兵火速并进",但岳飞注定是要失望的,岳飞等来的是高宗的班师诏,一天之内用十二道金牌发出的班师诏。这十二道金牌有如泰山一般压在岳飞头上,岳飞知道高宗以金牌发班师诏的意义,如果继续抗旨不遵就性命难保,但若是班师,那十年所求就前功尽弃。此时各路军,有如张浚、王德、杨沂中都收到班师诏而班师回朝,岳飞知道自己已是孤军难战,大呼"十年之功,废于一旦"后无奈班师。

岳飞"十年之功,废于一旦",让人无限遗憾,倘若没有那十二道金牌,倘若朝中多几位岳飞般的将领,倘若朝中将领能够万众一心,只是万般倘若抵不过一个现实。十二道金牌透露了两个人的心事,高宗一心偏安,注定要走议和之路,岳飞一心北伐收复失地,坚持走抗金之路,两人注定会分道扬镳,渐行渐远。

君臣二人收兵权

高宗没有坚定抗金的决心,在外冒着性命危险打仗的将领士卒拼死拼活所得的胜利成果,只是高宗用来与金议和的筹码。此刻高宗、秦桧君臣二人见筹码已经赚足,就又动起了小心眼。

岳飞、韩世忠都是难得的将才,高宗不得不承认。每当金兵一来,高宗首先想到的就是此二人。这二人也不负众望,率领他们的岳家军、韩家军屡战屡胜,打得金军闻风丧胆,听其名而士气减三分。岳飞、韩世忠二人以战功威望日盛,然而显赫的战功却给韩世忠和岳飞带来了麻烦,甚至是杀身之祸。

前方捷报一个一个地传来,岳家军、韩家军正以每战必胜的气势不断北上,高宗的眉头却越皱越紧,萦绕在高宗心头的不是胜不胜的问题,而是此二人声望日高。他日若是飞扬跋扈,那就逃出了高宗的掌控,这二人手握能打的岳家军、韩家军,若是他日自立为王,朝中没有将领能敌。这两人的存在始终是个问题,此问题不解决,高宗寝食难安。高宗有这样的想法也不无道理,前车之鉴就明摆着,昔日太祖赵匡胤本是后周手握重兵的武将,后来在陈桥驿举兵而黄袍加身,若是此二人如法炮制,那高宗的皇位就难以保障了。高宗绝不允许武将夺权这样的事情发

生，唯今之计，就是防患于未然。

秦桧犹如高宗肚子里的蛔虫，立刻高宗心中所想。他给高宗献计，收了二人的兵权，以解后患之忧，此计正合高宗心意，于是一场收兵权的阴谋由高宗、秦桧暗地里展开。

外患未除，高宗、秦桧二人却要收兵权。这兵权一收，就会引发一系列的连锁反应，主将一走，必定引起士卒恐慌，军队战斗力势必会下降。不过，高宗、秦桧这二人对这些根本毫不在意，他们在乎的只有议和。

其实，高宗、秦桧要收岳飞、韩世忠兵权还处于另一层面的考虑。高宗一味地向金人卑躬屈膝，一直以来都不得民心，朝廷上下和百姓的反对之声不绝于耳。但是，对于高宗来说文臣、百姓的呼声虽大，仅是雷大雨小不足为惧，令高宗不安的是武将，武将手握重兵，物极必反，万一他们哪一天忍受不了了，一不顺心，来个"陈桥驿兵变"或是"苗刘之变"，高宗是承受不起的。

武将之中，数岳飞、韩世忠的兵力最强。岳飞几次北伐将金人打得狼狈北逃，其实力可见一斑，再加上岳飞一心抗金收复失地，从来都是反对议和的，更甚者，岳飞曾几次违抗君命出兵，如此不受约束，日后难保不成大祸。相比之下，韩世忠也不是一盏省油的灯，他不仅激烈反对议和，还曾经企图伏击来议和的金国使者，如此大逆不道之事，险些酿成大祸，惹怒金人，破坏议和美事。

高宗想及此，心惊胆战，收兵权之事越快越好。高宗有些迫不及待了，但是事出无因总不好，总得找个恰到的契机。

恰在此时，金军进犯柘皋，高宗暂且将收兵权之事放置一边，当务之急是先将进犯的金军击退，若金军占得太多的优势，高宗就失去了和谈的资本，那议和之事也渺茫了。金军一来，高宗不得不想到岳飞，一连给养病中的岳飞送去十七道命令。事态紧急岳飞哪里还顾得患病在身，立即抱病出兵，宋军将领还有张浚、刘锜、王德、杨沂中。这几人却在这危难时刻只懂得计较个人得失，都想独揽成功，造成各自为战，柘皋之战勉强得胜。

柘皋之战的胜利的捷报传来，高宗灵机一动，认为这是一个收兵权的大好时机。大敌当前，高宗不是一心想着怎样保家卫国，收复失地，仍沉浸在个人利益得失之中，长此以往，南宋的中兴大业能何时了。

其实，仔细回顾高宗的种种表现，中兴只是外人强加给高宗的一个负担，也许高宗从来没有想过中兴之事。高宗没有野心，他只想议和，只想在江南暖风中安安静静地享受一隅之安。中兴只是岳飞、韩世忠之辈的志向，高宗背负不起，唯有令众人失望。

高宗把握住了这次机会，他以为柘皋之战中的功臣行赏赐的名义，下诏武将到杭州受封，岳飞、韩世忠、张俊都在其中。

韩世忠、张俊二人不久就到了杭州，岳飞却迟迟未到。此时他正远在鄂州，到杭州恐怕还要几日。岳飞是这次会议必不可少的人物，岳飞不到，高宗、秦桧的计划便不能如期举行。秦桧暗道失策，此计划的失策之处在于没有考虑到路上行程问题，应该让他们同一日入朝才好，因为等待岳飞到来的这几日实在是不怎么好过。

一方面高宗和秦桧要担心岳飞识穿了他们君臣二人的阴谋，岳飞不来或者察觉后发生兵变这都不是他们想要的看到的结果，可是除了战战兢兢等待之外又别无他法。另一方面他们还要非常镇定地安抚到来的将领，其实这镇定都是假装来的，面临这些将领一次又一次的质问，他们一次一次地说谎又圆谎，这么惴惴不安地过了五六日，岳飞风尘仆仆地赶来。

高宗没有给岳飞喘息的时间，立马召见了岳飞、韩世忠、张俊三人。第二日，韩世忠、张俊被升职为枢密使，岳飞被升为枢密副使，这三人看似被升职，实则是被剥夺了领兵实权，岳飞、

南宋卷 偏安南隅，中兴无力崖海沉沦

韩世忠如此百年不遇的将才就这样被高宗搁置起来，真是可悲可叹。

高宗此举一是将兵权收归自己，二则是向金人显示其诚意，最令金人头痛的岳飞、韩世忠手中已经没有兵权，议和之路也就更好走了。

岳飞被收了兵权，但他在军中拥有无上的威望，况且士卒见主帅未归，便人心浮动，还发生了小规模的暴动。这对高宗的打击很大，便一直寻找机会，树立一下权威。

被剥夺来了兵权的岳飞和韩世忠，不哭也不闹，完全一副悠然自得的样子，对于国事，他们根本不愿意触及。其实，这恰恰是反映了他们对于高宗、秦桧君臣二人的彻底失望。

高宗、秦桧以抗金所得战果为条件向金靠拢企图再谈议和之事，但是岳家军和韩家军的存在始终是一个障碍，所以要使议和之路更顺畅，必须将其彻底摧毁。

高宗、秦桧所凭战果大都是岳家军、韩家军所建，现在竟然为了投降大业要将此战斗力极强的二军摧毁。岳家军、韩家军不是为金人所破，却要亡在他们拼死拼活效忠的主子手中，这不得不让人痛惜。

韩世忠是军界元老，战功显赫，声望极高，在苗刘兵变之中曾护驾有功，为高宗所赏识，在黄天荡大破金军，给金军以致命打击。此刻在杭州的韩世忠全然不知一个为他设计的阴谋正在悄然进行中。一心想要树立威信，摧毁岳家军、韩家军的高宗、秦桧君臣二人一直没有找到机会给岳飞、韩世忠一个下马威，既然没有机会，那就只能制造机会，高宗、秦桧二人打算采取各个击破的方针，先是瞄上了韩世忠，这个高宗的救命恩人。

高宗将岳飞和张俊调到韩世忠部去视察，已经被高宗收买的张俊在秦桧的示意下欲瓜分韩家军，岳飞断然反对并派人快马加鞭将此事告诉韩世忠。秦桧、张俊看瓜分韩家军的阴谋败露，便又收买了在韩家军中打工的胡纺，让其诬告韩世忠手下将领耿著意图谋反。他们这样做的目的无非是想将此事扩大，然后牵连到韩世忠，栽赃陷害忠臣。

秦桧、张俊的阴谋终究没有成功，韩世忠因为岳飞的帮助逃过一劫，正因如此，秦桧、张俊对岳飞的仇恨更上一层，一场生死大劫正等待着岳飞。

岳飞身死

因为岳飞的快马书信，使得秦桧、张俊瓜分韩家军，栽赃陷害韩世忠的阴谋未得逞。气急败坏的秦桧、张俊二人对岳飞恨得咬牙切齿，收拾韩世忠不成，就转嫁到岳飞和岳家军的身上来。上一次失败的教训不得不吸取，细致周密的策划是必不可少的，一场针对岳飞的栽赃陷害的阴谋私底下酝酿开来，这场阴谋的背后支持者是高宗，秦桧充当了刽子手的角色，张俊等人则是帮凶。

到杭州视察回来的岳飞，对高宗之辈的行径越来越不耻，只是人在屋檐下，不得不低头。此番岳飞回来，遭遇了重重麻烦，他正不知不觉地一步步走向高宗、秦桧君臣二人设置的陷阱内。

其实，高宗下定决心要置岳飞于死地，还有一个更重要的原因，那就是完颜宗弼的授意。高宗命秦桧向金国乞和，完颜宗弼爱理不理，认为宋人根本没有诚意。秦桧这下急了，皇天在上，南宋最高领导人一心议和，又是命将领班师回朝，又是收兵的，这要再说宋没有诚意，那真是比窦娥还冤枉。完颜宗弼又讲怎样被岳飞打得叫天天不灵，叫地地不应，这宋人的诚意让人大失所望。秦桧心领神会，原来事情的症结在于此，这全都是岳飞这个战争狂惹的祸，看来岳飞非除去不可。

秦桧将事情的原委添油加醋地向高宗一一汇报，高宗把事情看得太简单，认为岳飞一除，议和大业就无阻碍了。一心议和的高宗当然不会因为岳飞而任其议和大业半途而废，想方设法要除去岳飞成了当务之急。

完颜宗弼这招借刀杀人的计谋完全是抓住了高宗的胃口，以议和诱其杀岳飞，以高宗求议和之迫切，不管完颜宗弼提出怎么样尖酸刻薄的条件，高宗绝对会毫不犹豫地答应。从前面天眷议和中可以略窥一二，即使是称臣，即使是屈己，高宗也在所不惜。区区一个岳飞算得了什么，高宗绝对不会眨眼。完颜宗弼这一招可抵千军，不知后来完颜宗弼是在洋洋自得还是后悔没有早点走这步棋，这样不知道可以省下多少力气，可以挽救多少金人的性命？

一路劳顿刚回杭州的岳飞，来不及休息，就被高宗紧急召见，原来岳飞遭到右谏议大夫的弹劾：

"今春敌寇大入，疆场骚然，陛下趣飞出师，以为犄角，玺书络绎，使者相继于道，而乃稽违诏旨，不以时发，久之一至舒、蕲，匆卒复还。

"比与同列按兵淮上公对将佐谓山阴不可守，沮丧士气，动摇民心，远近闻之，无不失望。"

万俟卨所说两件事，一是岳飞在受命支援淮西时，延误时间，没有按时到达；二是撤除淮东防务，动摇了民心。

其实，这个万俟卨是秦桧的死党，此次弹劾岳飞完全是秉承高宗的旨意，但岳飞忠心为国，能有什么罪证，秦桧动员其爪牙也找不出个令人信服的证据。既然找不出确凿的证据，那就只能吹毛求疵，鸡蛋里面挑骨头，再者就是栽赃陷害了，这是秦桧惯用伎俩。

万俟卨所奏二事，其一可谓吹毛求疵，岳飞赴淮西，动作是慢了些，原因有二，一是岳飞正值患病，二是张俊以军中缺粮草为理由，阻止岳飞进军，以独享战功。所奏二事其二可谓栽赃陷害，当时主张放弃楚州，撤销淮东防务的明明是张俊，这事完全是扣错了帽子。

继万俟卨之后，在秦桧的指示下御史中丞何铸也相继上书弹劾岳飞，其内容无非还是以上两条罪状，只不过是新瓶装旧酒罢了。

岳飞万万没有想到自己忠心报国却成为众矢之的，对朝廷绝望的他再也没有待下去的勇气了，便向高宗请辞，归隐庐山中。纵使已经罢免了岳飞的职务，高宗、秦桧二人仍然不死心，一不做，二不休，结果了岳飞的性命他们才肯罢休。

从岳飞之处下手似乎困难重重，不是轻而易举能够办到的，对此秦桧很是花了一番心思，然后把突破点转到岳飞其子岳云和爱将张宪这边来。

秦桧以威胁、利诱为手段收买了岳家军都统制王贵和副都统王俊。王贵此人与张宪感情一向不融洽，更因犯事遭岳飞处罚。王俊则是因受到岳飞训斥，而对其怀恨在心，又一心想攀结权贵，便抓住了秦桧这棵大树。

秦桧指使二人诬告岳云、张宪密谋发动兵变，并煞有其事地捏造出一些书信为证据。岳云、张宪被抓了起来，投入狱中，无论怎样严刑拷打，此二人俱不承认谋反之事。岳飞是光明磊落之人，其子、其爱将也绝对不输于他，其精神同样令人钦佩。没能将岳云、张宪屈打成招，秦桧便又想到了另一招，诏岳飞前来对证，以便将其一网打尽，秦桧这一步走的不可谓不狠毒。此时在庐山赋闲的岳飞对于岳云、张宪下狱之事完全不知。秦桧派杨沂中到庐山请岳飞来对证，岳飞对于当前面临的形势完全不知，认为清者自清，上天自有公道。岳飞欣然前往，到杭州当日，便被捕下狱了。

高宗将此案交予大理寺审理，主审官是御史中丞何铸。何铸此人曾经受秦桧之命弹劾岳飞，但在审理岳飞一案中，被岳飞父子反驳得无话可说。他反复询问仍找不到任何岳飞谋反的蛛丝马迹，又被父子二人的忠心所打动，便向秦桧汇报，岳飞父子是被冤枉的极力为其辩护。秦桧一番辛苦却落得这样的结局，哪里肯善罢甘休。他明确告诉何铸，将岳飞置于死地，是高宗的旨意，如此赤裸裸的意图，何铸应该心知肚明了，但是这何铸就是如此不识时务，对秦桧一甩袖子，不干了。

何铸这个御史中丞的位子自是做不得了，再次的审讯，主审官成了万俟卨，万俟卨既是秦桧的爪牙，所做当然一切遵从秦桧旨意。没有证据，那就制造证据，一切仿佛按部就班，顺理成章。岳飞此时终于明了，高宗——那个自己无比效忠，用性命去保护的人，要他死。既然如此，再多的辩解已经没有任何的意义了。便写下"天日昭昭，天日昭昭"八个大字，含恨而去，而岳云、张宪也相继被斩首。

此时的韩世忠已经辞官在家，不理朝政。他听闻岳飞冤死，气冲冲地跑去秦桧那里要岳飞谋反的证据，秦桧当然拿不出任何的证据，还大言不惭地说："其事体莫须有"，一代名将岳飞竟以"莫须有"的罪名冤死，正如韩世忠所说"莫须有"何以服天下。

逝者已矣，留给后人的却是无尽的痛惜。岳飞以抗金起家，一生戎马，终生不忘亢金大业，更以收复失地为己任。最后，他所效忠的高宗却为清除议和障碍为由将其杀害，这更是让后人感慨不已。

丧权的"绍兴和议"

为除去议和路上的障碍，高宗先是收兵权，想以韩世忠为第一块试金石，幸得岳飞发现。岳飞不顾自身安危，命人快马加鞭赴杭州，密告韩世忠，韩世忠侥幸躲过一劫。韩世忠并没有从此事中汲取教训，仍上书反对议和，并将矛头直指秦桧，斥责其"误国"。秦桧此时正是高宗身边的大红人，高宗当然是置若罔闻，但这笔账秦桧却是记下了，寻机让其爪牙弹劾韩世忠。韩世忠面对来自各方面的压力所迫，又见自己的志向终究成一场空，万念俱灰，对朝廷彻底失望的韩世忠向高宗请辞。高宗、秦桧巴不得及早摆脱这个议和路上的拦路虎，高宗欣然应允。

韩世忠这个麻烦解决了，还有更令人头疼的岳飞。秦桧处处找刺，一直寻找机会除掉岳飞。因为在完颜宗弼给秦桧的密函中提到，必杀岳飞，议和方成，既然是金廷的授意，高宗、秦桧必然会尽其所能，保质保量完成任务。找不到把柄，那就制造把柄，以君臣二人的权威和能力，岳飞终究是无力招架的，岳飞父子被打入大牢，高宗心事又了了一桩。

朝中还有一位能打的抗金名将，此人是刘锜。在顺昌大战中，刘锜屡立战功，把金人打得狼狈至极。为了向金表明议和的诚意，高宗、秦桧又剥夺了刘锜的兵权，将其调任荆南任知府。至此，朝中凡是有能力抗金的将领都受到了打压。

兵权回收，韩世忠辞官，岳飞入狱，议和路上的障碍基本清除干净，向金乞和的活动紧锣密鼓地展开来。

纵观高宗登基以来，最上心的一件事情就是议和。他十几年如一日地坚持着议和的志向，如此坚定，如此执著。如果高宗能将此志向改为抗金，并为之奋斗十几年，那结果不管怎样，最起码不会如此般卑躬屈膝。

高宗十几年不改志向，其推动他如此的内在动力是什么，这不得不让人疑惑。在建国伊始，实力弱小，不足以与金相抗衡，以乞和为缓兵之计这还有情可原，但是现在名将横空出世、层出不穷，又兵强马壮，北上抗金收复失地大有希望，可是高宗却仍要不遗余力地乞和，这却让人难以猜测。

唯一能够站得住脚的解释就是，高宗总是在力求自保，从来没有把中兴大业放在心上。从其自保的角度看，抗金无论是什么样的结果都是高宗不愿意看到的。胜利了他害怕。胜利固然很

好，他终于能抬起头来堂堂正正地做人，面子上也有光，但是胜利所带来的负面影响却会摧毁高宗的荣华富贵，甚至是要了高宗的命。钦宗——他的长兄作为名正言顺的皇位继承人是高宗一生的噩梦。没有胜利，就没有这场噩梦，高宗毫不犹豫地选择放弃这场胜利。失败了高宗同样害怕，高宗对于被金人追得上天入地逃命的那段经历终生难忘，抗金是高宗从未想过的事情，直到现在高宗依旧没有十足的把握，一旦失败，父兄的经历就是前车之鉴。

高宗的亲身经历让他明白了一件事，武将不可信，亦不可以全力依赖。靖康之乱时，众武将眼睁睁地看着皇室被俘虏一空而无动于衷。高宗在逃命之时，更鲜有武将护驾，他在苗刘之变中又险些丧命，这些血淋淋的教训，高宗记忆犹新。另外，抗金必然会使部分武将实力膨胀，他们凭着战功，声望日高，以至于声高盖主，难保有朝一日他们不造反。只有持之以恒地走议和之路，才是高宗眼中是最无奈的却是最好的选择。

秦桧一直追赶着完颜宗弼商量议和之事，完颜宗弼左闪右闪，总是闪烁其词。这让秦桧摸不到头脑，搞不清楚他的真实意图。其实，完颜宗弼心中已经打好议和的主意，他这么做的目的在于吊住高宗的胃口，以表现出万般不情愿来换取更丰厚的交换条件。

完颜宗弼几次南下，都是碰了一鼻子灰，在遭遇极大的创伤后狼狈撤兵，当年那种意气风发的气势已经一去不复返。往事如烟般飘散，他再也追不回当年的气势了。顺昌大战中被刘锜这个年轻小将打得屁滚尿流，后来，他又被岳飞、韩世忠率领的岳家军、韩家军穷追不舍，所占领地又渐渐失去。好汉已提不起当年勇，完颜宗弼彻底觉醒宋军已经不是当年那群任人欺凌的小喽啰了，若是再打下去，宋军有可能会打到自家门口，那时的结局肯定会是惨不忍睹。

完颜宗弼虽是武将，但他却极具有政治战略眼光。他知道再这么打下去不是上策，便改变了策略，以议和诱降，获取更大的好处。他先是放回被掳走的南宋官员，这用意十分明了，这是要与宋议和的征兆。

高宗听闻完颜宗弼有议和之意，自是喜不胜收，赶紧张罗议和事宜，派人携带重金到完颜宗弼处商洽议和之事，此次去议和的官员是刘光远、曹勋二人。为表议和诚意，高宗命令在长江以北的军队都撤到长江以南，撤销中原地区防务，还命令张浚到长江沿岸视察，以确保各路将领按旨意办事，以保证议和大业顺利进行。高宗的积极迎合甚得完颜宗弼之心，完颜宗弼在放出议和的消息的同时却在积极整顿军务，准备再次大规模进攻南宋，完颜宗弼从来没有放弃过以武力解决问题，这才是他喜欢的方式。宋军既然已经退回长江以南，完颜宗弼率军攻占长江以北地区，如入无人之境，丝毫未遇到抵抗。

高宗派去的使臣垂头丧气归来，原来完颜宗弼认为刘光远、曹勋二人官职太低，不足以跟他谈判，让他有失身份，"当遣尊官右职，名望夙著者持节而来。"只要肯议和，在高宗看来，一切问题都不是问题。高宗又派魏良臣和王公亮这两位官位较高的使臣前去，此二人带去的高宗旨意是只要金肯议和，其条件全凭完颜宗弼提，悉听尊便，高宗投降卖国的嘴脸一览无余。

魏良臣和王公亮二人又是狼狈而归，此次事情的症结在于岳飞。高宗、秦桧已通过栽赃陷害将岳飞关入大牢，但完颜宗弼之意是"必杀岳飞，而后和可成"，原来岳飞不死，完颜宗弼就惴惴不安。高宗、秦桧一不做，二不休，遂赐岳飞毒药，将其毒死，张宪、岳云也被斩首。

议和的一切障碍都已除，而高宗对于完颜宗弼的条件又全盘接受，这议和之事就轻而易举了。绍兴十一年（1141年）南宋与金终于签订了合约，史称"绍兴和议"。对于南宋来讲，这完全是一份投降的合约，但高宗却乐得合不拢嘴。对此，他大摆庆功对此次议和的功臣秦桧大大赞赏，加封他为太师，魏国公。

"绍兴和议"的内容可以归纳为：

一　宋高宗向金称臣，并且是世代为臣；
二　宋金两国以淮水为东边界，西以大散关为界；
三　宋每年给金白银25万两，绢25万匹；
四　宋割地唐、邓而州及商、秦的一半给金；
五　金归还死去的徽宗以及高宗生母韦氏。

绍兴和议之后，宋金南北对峙的局面最终确立下来，高宗以称臣、割地、纳贡等巨大的代价换回了偏安一隅的梦想和死去的徽宗及其生母韦氏。

相权专政

秦桧帮助高宗先收诸将兵权，又栽赃陷害岳飞，促成与金议和，达成高宗多年夙愿，高宗对其宠幸有加。绍兴和议达成之后，高宗更是加封秦桧为太师位及魏国公，还赐他大批田宅。至此，秦桧成为万人之上，一人之下的权相。

此时，大权在握的秦桧一副飞扬跋扈的模样，他要求朝臣所上奏折，都要先经过他的手，完全不把高宗当回事。可怜的高宗成了光杆司令却不自知，秦桧俨然成了南宋最高领导人，朝廷一切事宜基本上都要经过他的定夺，才能下决定。

剪除异己，结党营私是权臣惯用的伎俩，秦桧也不例外，而且是有过之而无不及。

秦桧以"莫须有"的罪名将岳飞杀害，自然不能服天下。岳飞在朝中、百姓中威望颇高，众多人对岳飞精忠报国的精神十分钦佩。岳飞死得不明不白，自然会有许多人为其伸张正义，秦桧都对其大肆迫害。

大理寺丞李若虚和何彦猷在私底下聊天时曾谈到"飞无罪，不应死"，此话被秦桧的爪牙听到并密告秦桧，秦桧就命党羽弹劾他们，诬陷他们为岳飞的党羽，党庇岳飞，最后都被罢官。

岳飞一案的主审官何铸本是秦桧的党羽，曾受秦桧之命向高宗弹劾岳飞，秦桧认为"其忠可鉴"便让他审理岳飞一案。但是，何铸左审右审也没有找出岳飞谋反的证据，看到岳飞背上的"精忠报国"，又为他大义凛然的精神所感动，便向秦桧汇报岳飞无罪，请求释放岳飞。秦桧陷害岳飞一事已经谋划已久，哪能在此关键时刻功亏一篑，便一面将主审官换成万俟卨，一面迫害何铸，诬告他为岳飞党羽，"徇私舞弊"，破坏议和大业，最后将其罢官贬职徽州。

对于岳飞的部将，秦桧更是不会放过，无情打击是手下留情，更甚者是残忍迫害。李若虚曾经受命给在外抗金的岳飞送过班师令，但是岳飞拒绝班师后，李若虚竟以"矫诏之罪，当由我承当"来纵容岳飞，支持岳飞抗金，秦桧当然不能容忍，以"主帅有异志而不能谏"的罪名将李若虚革职，这样还不能解恨，后来又将其流放。

岳飞所钟爱的部将牛皋，在抗金战争中立下了汗马功劳，更是为秦桧所恶。可惜，牛皋平时行事谨慎，又不曾犯事，秦桧想除之而后快，却苦于找不到合适的时机。这事让秦桧动了一番脑筋，秦桧先是收买了牛皋的亲信田师中，借宴请牛皋之机，将其毒死。

秦桧如此容不得人，凡是同情岳飞，为岳飞鸣冤或是与岳飞有关系的人，秦桧统统都不会放过。秦桧此目的无非是想将岳飞留下的所有存在过的印迹都清除。他这样做除了要剪除议和路上的障碍之外，也许还有一层心理上的因素，秦桧看得清岳飞的忠心，其冤死罪名纯属无中生有，也许就连秦桧自己就难以信服。为了使得更多的人转移注意力，他便以大力打击那些事关岳飞的人和事，当舆论中没有关于岳飞的声音，秦桧的心事才能了却。然而适得其反，秦桧越描越黑，悠悠众口即使他秦桧布下天罗地网也难以掩盖，就算是能够堵住当朝人的口，他也不能堵得住世人的口。只手遮天的秦桧，任他有天大的本事也不能料到岳飞终得昭雪，而他却永世只能在岳飞面前长跪不起的景象。

时任宰相的赵鼎对秦桧如此作威作福，残害忠良的行径极其不耻，便向高宗参秦桧一本。这下得罪了秦桧，秦桧千方百计地找其麻烦，终将其排挤下宰相的职位，还被流放潮州，到潮州的赵鼎处处受到秦桧爪牙的打压。堂堂一国宰相竟然被秦桧陷害到如此地步，赵鼎与秦桧同朝多年，自知秦桧之心狠手辣，知道秦桧非置自己于死地才得甘心，又恐株连家人，便绝食而死。赵鼎想以一死保全家人，但他低估了秦桧的度量，秦桧依旧没有善罢甘休。秦桧及其子秦熺曾酝酿将赵鼎的儿子拉入一场阴谋之中，幸得老天开眼，秦桧在此事未了之时，就一命呜呼。

秦桧在排除异己的同时，还在结党营私，大力扶植自己的势力，致使朝中个个都是他的爪牙，唯秦桧之命是听。拉拢高宗身边的红人是秦桧走出的第一步，此时有一个人甚得高宗宠信，此人名王继先。要说这王继先也没有什么本事，仅凭一手祖传医术将高宗哄得团团转，他这医术在高宗看来甚是了得，因为王继先声称能够医治高宗的不孕不育症。这下高宗可是来了精神，不能生育是高宗多年来的一块心病，身为南宋开国皇帝，后宫嫔妃无数，却没能为高宗诞下一个龙种，这种尴尬的心情谁能够体会。这事折磨了高宗多年，如今抓住了王继先这根救命稻草，自然会感激万分。

这王继先治病暂且不论是否有两把刷子，但其品行却是臭得没有办法提，贪财好色不说，还好行"阴术"。这跟秦桧倒是志同道合，秦桧投其所好，金银珠宝外加美女送上，看得王继先眼冒金光，两人一拍即合，王继先成了秦桧的狗腿子，在高宗面前将秦桧夸得天花乱坠。秦桧、王继先两人在外作威作福，狼狈为奸，在朝廷却将高宗哄得身心荡漾，有了高宗的庇护两人更是无恶不作。

秦桧再怎么作威作福也抵不过岁月的流逝，尽心培育下一代，为子孙创下基业那才是正理。绍兴十二年（1142年），秦桧养子秦熺参加科举考试，考官尽被秦桧收买，状元的名号非他秦熺莫属了。秦桧的亲族也大都仰仗他的权势而位居高职，这样秦桧就成了独掌朝政的权相，就连高宗也不放在眼里，形成了"只知有秦桧，而不知有朝廷"的局面。

某日，不务正业的高宗突然心血来潮，关心起政事来，却发现今非昔比，自己已经成了个光杆司令。原来，自己养虎为患，当初那只圈养的唯命是从的小绵羊，现今已经成为一只猛虎，并且随时都会威胁自己的性命。真是自作孽，不可活，自己只能把满腹的怨气憋在心里。因为秦桧他有个让高宗毛骨悚然的靠山，那就是金人。

以高宗工于心计的表现来看，他不可能不知道秦桧与金人的关系，但是心知肚明的两个人又不可能撕破了脸，因为秦桧具有极其重要的利用价值，那就是宋金议和的一个桥梁，高宗若是把这唯一的桥梁办了，那与金和平相处的事情就是天涯无路了。

另一方面，金人曾明确指示不能擅自把秦桧换掉，可见金人对秦桧的喜欢。秦桧也因此更加动不得了。要保江南一隅之安，就得忍受秦桧的飞扬跋扈，高宗只能打掉牙齿还得往肚子里吞。他满肚子的委屈无人诉说，只因这都是他自己一手造成的，怨不得别人。

高宗此刻所能做的就是等待，他等待秦桧归西的那一天。论权势，论计谋，高宗没有优势，高宗他唯一的优势就是他等得起，正是这优势让他崛地而起。

苍天并没有让高宗失望，这一天，高宗很快就等来了。绍兴二十五年（1155年）秦桧病重，辞去相位，高宗如释重负，重得朝政大权，十月二十二日，秦桧充满着罪恶的一生终于结束。

秦桧为相19年，胡作非为，朝廷之中弥漫着污秽之气。对百姓横征暴敛，百姓对他怨气冲天。秦桧死讯传出后，群臣、百姓举国相庆。秦桧凭其一生罪恶，终得留名后世，却是遗臭万年。

南宋卷 偏安南隅，中兴无力崖海沉沦

第六章 权臣当道，力挽狂澜不及

多情老父无情子

自文将虞允文死后，朝中已无将帅可得孝宗赵昚的信任，主和派势力掌握国家军政大权，心灰意冷的孝宗遂把恢复大业撇在一边，过起了歌舞升平的日子。

光阴似箭日月如梭，眨眼之间，十几年过去了。淳熙十四年（1187年），高宗赵构寿终正寝，驾鹤归西。孝宗以守孝服丧为由，申请退位。其实高宗退位后悠然自得的生活对孝宗吸引力很大，孝宗一直心向往之。孝宗思量着摆脱繁忙的政务，终于可以安安稳稳过舒服的日子了，只是不知道他是否能够如愿以偿。淳熙十六年（1189年）孝宗正式退位，太子赵惇（孝宗第三个儿子）登上皇位，是为光宗，孝宗移居重华宫，做起了太上皇。

孝宗念高宗的禅位之恩，虽不是亲生，却对高宗从来都是恭恭敬敬，不敢有半分忤逆之心，所以高宗做太上皇做得清闲自在。但是到了孝宗当上太上皇，情况却不一样。光宗赵惇由太子升为一国之君，地位来了个大转身，完全不把太上皇放在眼里。刚开始孝宗一月之内尚得见光宗几面，可是后来光宗一年半载都不去孝宗那里问安。孝宗问起，光宗便以政务繁忙等各种理由敷衍了事。纵使上了年纪的孝宗再迟钝，也看得出他一直宠爱的这个儿子在刻意回避自己。回想当年自己为人子的情况，孝宗忍不住地惆怅，同为人子，却有这么大的差距，这里面的原因，孝宗左思右想也想不出个所以然。

光宗其实心无大志，在做太子的那段日子里，每当孝宗兴致盎然地大谈特谈恢复大业的时候，赵惇心理就十分反感。但是又必须装出一副认真听讲的模样，并时不时地发表一下自己的见解。如今，守得云开见月明，光宗终于如愿以偿登上皇位，这份苦自然不想再受。

另一方面，光宗被立为太子后，苦等十几年才得孝宗退位，心里不免有怨恨其父眷恋皇位，迟迟不让贤之意。也许光宗对孝宗的不满在其为太子的时候就存在，只是为保住其太子之位，更慑于孝宗的权威，没有发作而已。

孝宗与光宗的关系紧张，又加光宗的皇后李凤娘在旁煽风点火。李氏出身将门，成长于军营之中，性格泼辣刁蛮，凭其美貌将光宗收得服服帖帖，光宗对她唯命是从。堂堂一国之君竟被皇后管制，难免有点窝囊。

所以孝宗对光宗这个正妻没什么好感。李氏贵为一国之母，却是个长舌妇，总爱搬弄是非，而且发起狠来六亲不认，把后宫折腾得乌烟瘴气，还时常干涉朝政。女子本来是不得干政的，但是光宗对皇后百依百顺，只要李氏一有要求，李家的人就会得个一官半职。

某日，重华宫传出了太上皇孝宗要立次子赵恺之子赵抦为太子的流言。此言一出，光宗和李氏都惊呆了，这完全在意料之外。光宗膝下有子赵扩，而且还是李凤娘所生，明明是嫡出，根本轮不到赵扩。难道是当初孝宗没有立赵恺为太子而后悔，现在要立其子赵扩为太子以作补偿？光宗心理忐忑不安，父皇不喜欢自己的皇后李氏，难道要迁怒到儿子赵扩身上？

光宗和李氏越想越不安，双双赶到重华宫去理论，征询孝宗，何时立太子。但是，孝宗却说立太子之事操之过急，还是过些日子再商议此事。孝宗此话一出，光宗夫妇很是沮丧，如此看来流言是真的。从此，光宗夫妇两人对孝宗的怨恨更深了，光宗更是自此连重华宫的门都不进。

孝宗与光宗父子两人闹得不可开交惊动了朝廷大臣，在这个以孝治天下的时代，光宗如此对待父亲严重违背了儒家伦理道德。光宗身为一国之君，应当以身作则，却如此不守孝道。群臣的指责不绝于耳，光宗也知自己做得太过绝情，毕竟是亲生父亲，生养之恩大于天，况且现在权倾天下也继承于他。光宗思前思后，毕竟是从小受到儒家思想的熏陶，良心这一关总是过不了的，便想要去看望孝宗。

但是，李氏不愿意，再次使出哭闹的绝招撒泼一通，光宗无奈，只得将老父丢在一旁。此后，每每光宗起孝敬之心，李氏便会使用这一招，而且屡试不爽。自始至终，光宗没有再去看孝宗一眼。

虽然生活在皇城之中，仅仅几步之遥，孝宗却常年见不到光宗。孤单的老父思念儿子却见不到，又想到儿子的绝情而气急攻心，一病不起。为解孝宗的思念，众臣再上书，请求光宗去看望太上皇。此时被仇恨蒙蔽了双眼的光宗根本就不相信孝宗生病的事实，反倒是认为这是孝宗要陷害自己而设下的圈套，根本不去。

光宗神经过敏以至于胡乱猜疑，不顾孝义，有如此儿子怎能让人不寒心，此时的孝宗应该后悔莫及，为当时的一念之差付出了如此大的代价。

无论朝臣怎么劝谏，光宗是铁了心不再理会孝宗。最后，没有办法的群臣向光宗提交了请辞函，前后足有一百多人。群臣认为，为这样一个连为子之道都不能遵守的君主效命是前途渺茫的；另一方面，他们也希望以罢朝辞官来威胁光宗，让其妥协，尽其孝道。

对于光宗来说，群臣一旦请辞，那自己就成了无臣之君，宋氏江山何以为继。光宗可以不理会朝臣劝其探望孝宗的请求，却不能无视群臣的请辞。于是，光宗一一下诏挽留，但群臣所求并不在此，依然不肯罢休。然而光宗抱定主意认为孝宗要谋害自己，就是不肯去探望父亲。两边各不相让，群臣看光宗心意如此坚定，便不抱希望，集体辞官了。

孝宗终究没有等到光宗去探望就闭上了双眼。无论光宗在治理国家上怎样的作为，但看他对待孝宗的种种，就已很不得民心了。

从大孝子到不孝君

"饮水思源是常理，人生百行孝为先"。平民百姓尚将此奉为信条，若生在帝王家且要成为一国之君则更要做好表率、身体力行了，然而光宗赵惇却上演了一幕从东宫"大孝子"到不孝之君的精彩好戏。

凡事出必有因，光宗如此转变，有着深刻的原因。

孝宗皇后郭氏共生四子，光宗赵惇是第三子。母亲郭皇后在父亲宋孝宗即位前就不幸已病死，因此光宗从小就缺乏母爱的关怀，被置于仅仅只有父兄的铜墙铁壁中。父亲孝宗作为南宋最有作为的君主，不甘偏安一隅，力图恢复中原，同时改革内政，希望重振国势，这既让年幼的赵惇感到自豪，同时也让他无形之中产生了很大的压力，因此赵惇逐渐养成了谨小慎微而又懦弱猜疑的性格，对生身之父的孝宗一直怀着极大的猜忌和不信任，这为他以后的悲剧埋下了伏笔。

孝宗逐渐年迈，不得不准备立储事宜。孝宗最先立长子邓王赵愭为皇太子，但赵愭不久便病死，如此一来孝宗不得不另觅人选。由于长子早夭，能被立为太子的也只有次子庆王赵恺和三子恭王赵惇。庆王、恭王同为嫡出，按照古法，立年长的庆王为太子乃是天经地义的事情。然而，事情却发生转机，孝宗认为庆王秉性过于宽厚仁慈，不如恭王"英武类己"，遂打破祖宗古法，舍长立幼，于乾道七年（1171年）二月立恭王赵惇为太子。就这样，阴差阳错，赵惇变成了太子，入主东宫。

深墙之内龙争虎斗，任何言行都可能被有心之人放大成千上万倍，稍有疏忽，则可能会招来杀身之祸。赵惇深知东宫历来都是个龙潭虎穴，危险无比，各种政治势力你争我斗，钩心斗角，稍有不慎，不仅储君之位不保，而且还会丢掉性命，因此，他入主东宫后，为了稳定储君的地位，一方面谨言慎行，时时约束、压抑自己的言行举止以及情感，生怕给人留下把柄；另一方面勤奋好学，对孝宗毕恭毕敬、恪尽孝道，堪称是可歌可泣的一大孝子。光宗如孝宗的影子一般，紧紧尾随父亲的所作所为，一唱一和，光宗的态度使孝宗倍感满意和欣慰，认为立赵惇为太子实在是明智之举。

赵惇头顶东宫太子的耀眼光环，自己的一言一行都被密切关注着。他整天提心吊胆、唯唯诺诺地生活，力求不给别人落下把柄。就这样过了长达十几年之久的皇储生活后，赵惇已成了一个年过四十、胡须开始发白，呈现衰败迹象的中年人。令他焦躁不安的是，父亲孝宗虽力排众议将自己立为太子，但是已过了十几年之久，却丝毫不见他有退位让自己登基的意思。父亲的心思实在是难以揣摩。光宗如何按捺得住，便试图试探一下父亲孝宗的想法。谁知竟碰了一鼻子灰，扫兴而归，从此不敢再向孝宗提及自己登基的事了。尽管太皇太后也认为应该早点传位给太子，并且已经向孝宗暗示过很多次，但孝宗却一再坚持太子还需历练。父亲如此独断威严，又迟迟不肯传位于自己，这无疑加深了太子对生身之父一直怀着猜忌和惧怕心理，太子原本敏感脆弱的神经更加不堪一击了。

终于，守得云开见月明。光宗终于等到了他人生中的大日子。淳熙十四年（1187年）十月，高宗驾崩。孝宗悲痛不已，为了抱答高宗对自己的知遇之恩，且念自己年事已高，就决定退位并为高宗守三年之丧。淳熙十六年二月，已43岁的赵惇结束了漫漫等待，终于登基做了皇帝，是为宋光宗。赵惇坐上龙椅的那一刻，心中必定是百感交集、五味杂陈。孝宗将皇位传给太子，自己退居重华宫。孝宗心愿已了，放下重负后就可安度晚年了，看起来是一箭双雕的好事。但事与愿违，光宗登基后摇身一变，撕下"孝子"面具，父子之间的矛盾便如火山喷发般，一发不可收拾。

登基之前，光宗行孝，也许不过是保住自身地位的权宜之计，如今已没有必要匡伪装下去了。毕竟十多年之久，对患有精神疾病的光宗来说，更是难以想象的黑暗时期。十多年的皇储生活中积累的不满和猜忌在赵惇即位后一下爆发了出来。赵惇担心父亲会像以前那样干预、控制他，为了树立自己的威信，他逐渐地疏远了父亲，企图摆脱父亲的影响。

当初，高宗禅位给孝宗后，颐养德寿宫，孝宗每月都会朝见德寿宫，如此孝行深得人心。光宗即位之初，也曾仿效父亲孝宗的做法，每月四次朝见重华宫，偶尔陪孝宗宴饮、游赏，演绎一副父慈子爱的模样。但是好景不长，由于光宗皇后李氏的挑拨离间以及光宗的猜忌心作祟，没过多长时间，光宗便开始找各种借口回避去朝见父亲，父子间原本隐藏的鸿沟逐渐浮现出来，将两人隔在对岸，似乎触手可及但实为遥不可及。

原本以为可以颐养天年的孝宗却受到亲生儿子的如此冷落、怠慢，不仅老泪纵横，哀叹不已。可怜天下父母心，当初孝宗不惜违背祖宗古法、力排众议立光宗为太子，如今却被自己的儿子如此对待，可悲可叹。

而之后关于立储问题的不和，更使父子二人的关系降至冰点。光宗只有一子——嘉王赵扩，子承父业，立为太子，本是顺理成章之事，却一波三折，没有顺利进行。孝宗认为嘉王天性懦弱，不适宜继承皇位，便加以阻挠。相比之下，魏王赵恺的儿子嘉国公赵抦生性聪慧，深得孝宗喜爱。不难想象，当初光宗取代了二哥赵恺成为太子，小心翼翼、忍气吞声十几年才登上帝位，其中辛酸只有自己知道。如今孝宗却宠爱赵恺之子，不同意将自己的儿子嘉王立为储君，风水轮流转，这次好运似乎又要转回到二哥那里去了。

光宗的多疑猜忌心理作怪，让他对孝宗感到恐惧和不安，并时刻加以戒备，简直到了草木皆兵的程度。也许在他看来，父亲是一颗眼中钉、肉中刺，不仅对嘉王的太子地位不利，甚至对自己的皇位，都是潜在的巨大威胁。这种恐惧和不安让他不再有勇气去向孝宗请安，他视孝宗为瘟神，避之而不及。这种不孝行为遭到臣子们的谴责，但所有这些只坚定了光宗躲避孝宗的决心。

若说光宗的猜忌心是他从"大孝子"变为不孝子的过程当中不可缺少的要素的话，那么光宗皇后李氏便起到了催化剂的作用。

李氏身为皇后，理应母仪天下，但她却是一副市井泼妇的形象。她不仅天生妒悍，而且喜欢搬弄是非。她与孝宗关系不好，便公报私仇，时时对光宗吹耳旁风，挑拨光宗与父亲孝宗之间的关系；再加上她在后宫胡作非为、滥杀无辜，使光宗精神疾病彻底发作，对孝宗的疑惧也日甚一日。试想，光宗本来就已经神经兮兮，再加上李氏的推波助澜，事情怎么会向好的方向发展？每到朝见的日子，光宗就找借口推辞不去。后来他干脆以孝宗的名义颁布免去朝见的诏旨。身为一国之主，竟然做出如此大逆不道之事，在儒学立国的古代社会很难被容忍。他的这一行为遭到举国上下的不满。虽然人言可畏，但似乎对于光宗来说，去见父亲是更可怕的事情。对于如炮火般向自己袭来的批判，光宗假装听不见，看不着，依然故我。

直到绍熙五年六月孝宗驾崩，光宗也未曾去看过父亲一次，后来连父亲的丧事也不肯参加、主持。实际上，光宗不相信孝宗已死，内心深处对其仍充满着无比的恐惧，他以为那是为夺取自己皇位而设下的陷阱。所以他并没有为孝宗服丧，整天安居深宫，宴饮如故，但这并不代表他内心坦然不惧流言飞语和朝臣的非议，身居深宫的他时常担心会遭人暗算死于非命，所以总是随身佩带弓箭自卫，内心的恐惧可想而知。可是事情总是发生的出人意料，正在这位不孝的皇帝终日提防自己父亲的时候，他怎么会想到皇位已经被悄悄地取代。

毁夫祸国

孔子说："唯妇人与小人难养也。"若妇人与小人勾结起来，那又如何了得？深宫大院之内，后宫参政现象屡见不鲜。归根结底，就是为了让自己生的儿子当上继位者。所以伙同儿子，勾结近臣，乱政篡权者大有人在。光宗皇后李氏便是这众多人中"出类拔萃"的一个。一般说来，凡后宫当政者，无不心狠手辣，政治手段相当了得，但这位李皇后却是生于妒海，长于醋坛，唯有妒人耍狠的招式，却无玩转政治的本领。

李氏能当上皇后，却也有一番传奇色彩。是真有其事，还是后人杜撰，已经不得而知了。李氏的父亲李道，是一个武将。据说她出生的时候，李道的军营前有一群黑凤栖息在枝头，他父亲认为这是很好的兆头，便为女儿起名"凤娘"。那黑鸟到底是不是凤凰，已无从考证，也许只是李道的胡言乱语。毕竟他若说是凤凰，他的部下也不敢说是乌鸦。

若干年后，使李氏一步登天成为一国之母的重要人物登场了，那便是皇甫坦。皇甫坦是个擅长相面之术的道士,高宗对他十分迷信。李氏十几岁时,皇甫坦到李府作客,李道命3个女儿出来拜见,皇甫坦见其他两个女儿姿色平平,并无过人之处。但李凤娘出来拜见时,故作惊惶之状,说:"此女当母仪天下,请务必妥善抚养。"绍兴末年他受到高宗的召见前去面圣时,说李氏如何贵不可言,应尽快纳为孙媳妇。而高宗对其深信不疑,不久便将李氏聘为恭王赵惇之妃。

这一切可能只是李道耍的阴谋。李道很有上进心,但因为宋朝的武将地位一直不高,也许他想攀龙附凤,心生一计,将女儿作为升官的踏脚石,也不无道理。

李凤娘出身武将世家,性格凶悍暴躁,也不是不能理解。但她的妒人本领,在宋朝的历代妃嫔中却是无人能及,恐怕纵观中国历史,也无人能及。

李氏为了巩固在后宫专宠的地位,同大量宦官勾结,宫内布满了她的眼线。只要光宗和其他妃嫔、宫女之间一有风吹草动,小报告便马上传到李氏的耳朵里。明万历年间,杭州人周楫在小说《西湖二集》第五卷《李凤娘酷妒遭天谴》中,对李氏的妒人本性描写得淋漓尽致。

俗话说,最毒妇人心。李氏受到专宠,在后宫一手遮天,为人心狠手辣,不少人无缘无故成了她的手下亡魂。不论是妃嫔还是宫女,只要是李氏看不顺眼的就会落得悲惨的下场。一次,光宗在洗手时瞥见端盆的宫女手白细嫩,不禁出口加以赞美了一下。殊不知这样小小的一句赞美竟为那个宫女招来了杀身之祸。光宗不久后收到了一个包装精美的盒子,以为是什么礼物,打开一看,里面装的竟是上次那个端盆宫女的双手。很显然,这是李氏干的好事。由此可以看出,李氏的嫉妒之心有多么重。

据记载,光宗宠爱黄贵妃,李凤娘妒恨难当,时刻惦记着要把黄贵妃除掉。她趁着光宗去祭祀的时候暗害黄贵妃,却将这个消息隐藏了起来,对外声称黄贵妃"暴死"。光宗怎么能不知道这是李氏所为。只是他敢怒不敢言,对黄贵妃的思念也只能埋在心中了。谁知第二天祭祀时突发意外,光宗本就精神脆弱,被激得彻底得了失心疯。

一个帝王会患病发疯,跟其一生经历有很大关系,而作为帝王背后的女人,李氏难辞其咎。

要说嫉妒是女人的天性,李氏的所作所为确实手段毒辣了些,她搞得后宫鸡犬不宁这事暂且放置一边,但是作为一名政治人物,她的愚昧、无知和短见,加速了本已积贫积弱、风雨飘摇的南宋的灭亡。

初为恭王王妃时,李凤娘尚能安守本分。恭王被立为太子后,李氏便开始暴露出她爱搬弄是非的本性。光宗天性懦弱且无主见,根本就不是她的对手,一直被李氏牵着鼻子走。在孝宗和光宗之间,李氏把自己摆在了一个令人嫌恶的位置。由于她喜欢搬弄是非,孝宗对她非常不满,屡屡训斥她要有后妃之德,这在李氏心中播下了怨恨的种子。

李氏的种种不端行为曾一度令孝宗有废后的想法,但考虑到光宗刚即位,怕废后会对其产生不良影响,于是便作罢,殊不知错失了除掉这个祸害无穷的妒后的良机。孝宗不同意将李氏的儿子嘉王立为太子,心生疑忌,认为孝宗是借机来发泄对自己的不满,便向光宗哭诉,说孝宗对光宗有废立之意。在她的挑唆下,原本就对父亲极不信任的光宗更加猜忌父亲,疑心父亲要废掉他,成天惶惶不可终日,精神状况每况愈下,且不敢去朝见已退居重华宫的父亲,背负着不孝子的骂名,引起朝野上下的大臣们和平民百姓的极大不满。就这样,李氏不断离间光宗和父亲孝宗的感情,不停地破坏光宗和大臣们的关系,玩弄光宗于股掌之间。

李氏不止离间光宗和父亲的关系,由于光宗身体、精神状况忽好忽坏,这就为李氏干预朝政创造了条件。据史料记载,从绍熙三年开始,政事多由李后决定。然而,她只懂得用权力谋私,为自家亲戚谋利,却没有什么政治远见。她贵为皇后掌握大权之后,便着手将自家亲戚提拔到前所未有的地位。据载:李氏先后封娘家三代为王,侄子孝友、孝纯官拜节度使。只要沾点亲戚关

系的，她一律封官打赏。就连看门、守夜的人，也安排自己亲戚。她一次归谒家庙就推恩亲属26人，172人授为使臣，朝廷里里外外、各个角落都是李氏的人。但这毕竟是一群乌合之众，没有什么建树，且各怀鬼胎，只是表面看起来壮观，实际对巩固李氏的地位毫无用处，反而引起了有识之士的反感。

据说李氏不顾当时的有关规定，明目张胆地扩大自己家庙的规模，守护的卫兵居然比太庙还多。

孝宗驾崩，光宗夫妇闭门不出，任大臣们如何劝说都不为孝宗守孝，光宗的不孝行为激起朝野公愤；而且随着光宗病情的恶化，李氏干政，政局开始动荡不安，群臣再也无法容忍这个疯疯癫癫的皇帝虽高居皇位，却任人摆布了。无奈之下，绍熙五年（1194年）七月，孝宗大殓同日，在当时重臣赵汝愚、韩侂胄等的拥立下，太皇太后吴氏主持内禅，奉立嘉王赵扩登基为帝，是为宁宗；光宗与李凤娘则成为太上皇和太上皇后，无论她如何凶悍，也终归无济于事。背后的靠山已同她一起落水，这无异于被打入冷宫，永世不得翻身了。

宫中之事没有人能说得清，道得明。也许一朝繁花似锦，也许一朝破落如草。李凤娘从皇后的宝座上跌落，一时间风光不再。或许当初是因为术士之言自己高升当了皇后，李凤娘对术士之道深信不疑。

庆元六年（1200年），有算卦之人说李凤娘会有死患临身，李凤娘听到这种说话，终日惶恐不安，想办法为自己挡灾。于是，她命人在深宫僻静之处建了一个房间，自己则在里面闭门不出，虔心事佛，想以此来减轻自己的滔天罪恶。只是为时已晚，她已在劫难逃了。不久李凤娘患重病，但是因为她平日张扬跋扈，无恶不作，人心尽失，人人敬而远之，竟没一个人愿意前来看望、照顾她。凄凄惨惨戚戚，1200年6月，李凤娘独自迈向黄泉路，时年56岁。

赵汝愚力挽狂澜

两宋历史上，皇帝大多无能，而奸臣当道，祸国殃民。尽管如此，宋朝还是持续了三百多年，很大的功劳应归于历朝历代少数忠直贤良的贤臣，而赵汝愚就是其中之一。

一位大臣拖住皇帝说："天子当以安社稷、定国家为孝，今中外忧患，万一生变，将置太上皇于何地？"这位皇帝是南宋第三位皇帝光宗，而大臣就是赵汝愚。说起赵汝愚的一生，颇有些跌宕起伏的意味。赵汝愚是宗室成员，按照祖宗立下的祖法，宗室之人是不可以做宰相的，但是赵汝愚却成功开创了此先河，高居宰相之职，但正所谓高处不胜寒，出尽风头的他遭人妒恨，在成为宰相短短半年之后即受人陷害，被贬死他乡，一朝繁华落尽，一代贤臣陨落。赵汝愚从小就刻苦学习。十年寒窗苦读，使他终于年纪轻轻就考取了宗室进士第一，一鸣惊人。他任职以后，在孝宗、光宗时期都有相当出色的政绩。兢兢业业的他赢得了统治者的信任和赏识，也赢得了众多有识之士尤其是道学家的支持和拥护，仕途之路一帆风顺。然而使他最终登上宰相之位的还是绍熙五年的"绍熙内禅"事件。

光宗由于身患精神疾病，无法处理朝政并长期不去看望已退居太上皇的父亲宋孝宗。绍熙五年，孝宗去世，在李后的挑唆下，宋光宗拒不出面主持丧礼，也不为父亲守孝，以致"中外讹言，靡所不至"，南宋政局陷入了一片恐慌之中。

这种混乱的局面不能长久，必须当机立断。无奈之下，赵汝愚就去求宋高宗的吴皇后垂帘听政，出面代行祭奠礼。工部尚书赵彦逾向赵汝愚提议：根据光宗的手书御批："历事岁久，念欲退闲"，决策内禅，让光宗下台，传位与皇子赵扩。赵汝愚首先想到的就是韩侂胄，因为，要想改朝换代，必须名正言顺，要名正言顺只有请还健在的垂帘听政的太皇太后吴氏出面宣布才是。

韩侂胄是名臣韩琦的曾孙，他的母亲是太皇太后吴氏的亲妹妹，他的妻子又是太皇太后的亲侄女，他就是最亲近的国戚，由他出面到太皇太后面前去说服，会更有效果。第一次韩侂胄出来，传出太皇太后的口谕"要耐烦"，意思要沉得住气。看来，太皇太后并不着急。但是，时不我待，局势一刻也延误不得。赵汝愚又催促韩侂胄再去宫中说明时局的严重性和内禅的重要性。吴氏考虑再三，终于传谕赵汝愚，决策内禅，让光宗皇帝让位与皇子嘉王。

《孟子·万章》篇称：异姓之卿，"君有过则谏，反覆之而不听则去"；同姓之卿，"君有大过则谏，反覆之而不听则易位"。面对这种局面，宰相留正作为异姓之卿，见势不妙，立即逃出临安城去。而身为枢密使的赵汝愚作为同姓之卿，则不能一走了之，只得"易位"，终于在孝宗大丧服除之日，逼宋光宗退位，拥立光宗的儿子嘉王赵扩为帝，这就是史上著名的"绍熙内禅"。

赵汝愚力挽狂澜，拥立宁宗继位，促使政权转危为安，从而得到了宁宗的信任。在宁宗的支持下，赵汝愚得以担任右丞相，执掌朝中的大事，成为宋代历史上唯一一位宗室宰相。据说，宋太祖赵匡胤统治时，觉得皇室的后裔们会对皇位产生兴趣和野心，如果再给宰相的重权，那么，既有皇家血统的显贵，又有宰相职位的权利，就会构成对皇帝地位的威胁，因此立下一个家法并记载于太庙，规定同姓可封王不拜相。在赵汝愚之前，宋朝还没有出现过同姓为相的先例。照理来说，赵汝愚如果要为自己留条后路，就应该回避此事。但是百废待兴，赵汝愚又是以忠直贤良而闻名的一个人，以振兴天下为己任，就未加思索便走马上任了。殊不知，这为以后想设计陷害赵汝愚的人留下了把柄。

宁宗登基后，出现了短暂的和平状态。但不久后，朝臣之间就开始了新一轮党争。赵汝愚因拥立有功，任枢密使，兼任右相；韩侂胄则任枢密院都承旨。韩侂胄是国戚，是宁宗韩皇后的叔祖。当内禅大功告成后，宁宗要推恩，韩侂胄是很想坐上高位的，但是赵汝愚却说："我是宗室之臣，你是外戚之臣，怎可论功求赏？"韩侂胄很失望，怏怏不乐。二人之前关系就不好，在"绍熙内禅"中因利益而临时结成的联盟，由于没有实现利益均分，很快便土崩瓦解了。

赵汝愚执政后的第一件事，就是推荐朱熹为焕章阁侍制兼侍讲，名为宋宁宗讲道学，实则是要与朱熹合力排挤韩侂胄。朱熹到临安后，立即与赵汝愚结为死党，协力对付韩侂胄。韩侂胄因为力主抗金，得到参知政事京镗等主战派官员的支持。韩侂胄、京镗一派与赵汝愚、朱熹一派展开了激烈的明争暗斗。

然而，赵汝愚对韩侂胄并没有给予足够的重视，对于道学派内部的矛盾也没有很好地进行协调，这些因素使得他在党争过程中连连失利。韩侂胄一派最终获胜，京镗随之升任右相，韩侂胄加开府仪同三司，权位重于宰相。而赵汝愚的宗室身份也为奸人所利用，起到了负面作用，引起了宁宗的疑虑，在韩侂胄一党的连续打击之下，朱熹、赵汝愚相继被罢免出朝。而赵汝愚在贬斥途中生病，到达衡州（今湖南衡阳）时为守臣钱鍪窘辱，暴死于他乡。一代忠臣就这样灰飞烟灭，实在是可悲可叹。

赵汝愚对赵氏江山忠心耿耿。在南宋朝廷最危险的时候，他挺身而出，扶危定策，力挽狂澜。最终却是含冤受屈，死于非命。"相逢岁晚两依依，故人冰清我如玉。"这是赵汝愚《金溪寺梅花》中的两句诗，也许正因为这种无愧于天地的道德良心，才使其有这样的气魄。赵汝愚曾说："大丈夫留得汗青一幅纸，始不负此生。"后来，韩侂胄被诛，党禁渐解，赵汝愚被赐谥忠定，赠太师，追封沂国公。理宗诏配享宁宗庙廷，追封福王，又晋封周王。赵汝愚终于实现了"留得汗青一幅纸"的人生抱负，九泉之下，也当瞑目了。

被逼登上皇位

古来皇帝登基,虽然最后都是披上黄袍,坐上龙椅,接受众人的跪拜,手执传国玉玺,一呼百应,好不威风。但获得帝位的方式却多彩多样,无奇不有:有的人按照遗嘱,从父皇那里继承皇位,稳稳当当、平安无事地登上宝座,无惊无险,自是逍遥自在;有的则需凭真本事打出一番天地,南征北战,自立为王,其艰辛苦楚自不是常人能体会;有的则使出各种卑鄙伎俩,无所不用其极,或拟假诏,或杀人灭口,把本不属于自己的皇位抢到手;然而也有的人不情不愿,赶鸭子上架,是被逼上皇位的。

绍熙五年(1194年)七月,在南宋都城临安(今杭州)的宫殿中,就发生了一件被逼为皇的趣事,至今还为人们所津津乐道。而主人公便是南宋第四位皇帝,宁宗赵扩。

赵扩生于乾道四年(1168年)十一月九日,父亲是有名的疯皇上光宗,母亲是有名的妒皇后李氏。赵扩于淳熙十六年(1189年)拜少保、武宁军节度使,晋封亲王。绍熙元年(1190年)立为储嗣,父亲光宗生性多疑懦弱,再加上皇后李氏各种心狠手辣、不择手段的行为使他连受重大的精神打击,在即位的第二年,就不幸患上了精神疾病,无法理政,南宋一时间面临极大的统治危机。父亲光宗与祖父孝宗之间不和,关系日渐疏远。不久后,孝宗驾崩,光宗作为儿子,竟然拒绝为其守孝,众人哗然。

太上皇驾崩,是举国同哀的大事,发丧迫在眉睫。可现在身为儿子兼一国之主的光宗却迟迟不肯露面,无人主持丧礼,整个皇宫沉浸在进退两难的困境中。再加上当时的一些周边国家如金、西夏等出于礼节等各种原因,也要遣使者前来吊唁,如果这件事被他们知道,作为天朝上国就颜面丧尽,威严无存。

事已至此,若无人采取行动,事情的发展必会越来越糟。在这千钧一发的时刻,赵汝愚挺身而出,将大宋朝从虎口解救了出来,成功化解了这次的危机。赵汝愚作为臣子,同时又是宗室,比起其他人,作为赵家的一分子,他心里更加着急,也更有救国于水火的责任感。见光宗实在不能成事,而其他大臣也唯唯诺诺、怕引火上身,不敢有所行动,他便独挑大梁,当机立断,同几个心腹大臣商量对策后,决定请太皇太后吴氏出面举行内禅,让嘉王赵扩尽快即位。

赵汝愚调动了一切可以利用的人来为自己的这次无流血政变服务。起初,吴太后并不同意他的做法,赵汝愚便派嘴上功夫一流且与太后有密切关系的韩侂胄来说服她。太皇太后经不住韩侂胄的一番连珠炮似的劝说,终于答应出面主持内禅仪式。

万事俱备,只欠东风。现在赵汝愚要做的就只是给赵扩披上黄袍,拥立他称帝就好了。但是,颇富戏剧性的一幕在庄严肃穆的皇宫内上演了:在孝宗大丧服除的这一天,太皇太后吴氏在内宫举行内禅大典,宣布皇子赵扩即皇帝位,尊光宗为太上皇。

赵扩一听就吓倒了,一边口中喃喃念到"做不得,做不得!恐负不孝之名",一边绕着内宫里奔逃,逃避赵汝愚往他的身上披黄袍。肃穆的灵堂内,停着孝宗皇帝的灵柩,大臣们跪倒一片,而赵扩却和赵汝愚却你追我赶。

赵汝愚晓之以理,动之以情,说:"天子当以安社稷、定国家为孝",以此来消除赵扩对于"不孝之名"的恐惧。吴太后又气又急,看赵扩如此不争气的模样,已是老泪纵横。她气急败坏的命令左右将皇袍拿来,要亲自替赵扩穿上。赵扩又想逃跑,但见太皇太后心意已决,无奈只得穿上皇袍,叩谢太皇太后,直到最后还喃喃说着"使不得",一副失魂落魄的模样。后来他被韩侂胄拉上了朝堂,赵汝愚见大势已定,欣喜不已,率领众臣跪倒在地,山呼万岁,就这样赵扩在不知所以然的情况下仓促即位了。

虽说登上了象征权力的最高峰，但等待他的将是无尽的黑暗和痛苦。其实，赵扩登基是迟早的事。绍熙元年（1190年），光宗即位之初，就将儿子赵扩立为了储嗣。光宗此举证明了他不是不愿意儿子赵扩登基称帝，而是自己还没有将皇椅坐热，不到5年时间就被赶下了自己苦等了那么多年的皇位，当然心有不甘。虽说光宗赵惇当初在父亲孝宗的力争下被立为太子，但也是在自己的东宫内过了长达十几年之久的皇储生活后才最终得以43岁的高龄登基做了皇帝。

赵扩被立为太子时，已经22岁。他虽然天性愚笨，但是身在深宫，耳濡目染，父亲光宗的这些经历无疑会对他产生或多或少的影响。相对于父亲的十几年太子生活，自己在被立为太子5年后就登基，实在是太快、太唐突了，还来不及做好心理准备。这一切无异于暴风雨，瞬间便将胆小愚笨的赵扩给吞噬了。

父亲光宗即位后，由于精神疾病和祖父孝宗关系及其疏远，一直背负了"不孝子"的骂名，这无形之中也会使赵扩产生压力。当黄袍被强加在身上的时候，赵扩的一句"儿臣做不得，做不得！恐负不孝之名"，便把这一切暴漏无遗了。那身黄袍对于赵括来说，与其说是权利、地位的象征，不如说是一张将自己牢牢捆绑、束缚住的网，永远无法挣脱，越挣脱便会束缚的越紧。

与太祖赵匡胤在陈桥事变中自导自演的"黄袍加身"不同，宁宗对这场自己毫无准备的"黄袍加身"避之不及，对这个不请自来的皇位毫无兴趣。历史记载，"宁宗不慧"。这一记载可谓是客观公正。从赵扩即位前的种种表现来看，他也的确称不上是皇帝的最佳人选。而他即位后，愚昧无能，被宦官权臣所左右，一度皇权旁落，的确不是个睿智的帝王。事实证明，赵扩的确不是做皇帝的料子，或许他只想平平淡淡、无忧无虑的过日子，但臣子却不同意，时局也不同意，国不可一日无君，他只能"束手就擒"，被捧上了帝位。

在赵汝愚等的精心策划下，实现了政权的平稳交接，使赵宋江山暂时渡过了一次危机，但好景不长，之后宁宗的所作所为证明了这是一步无法从头来过的错棋。当时众臣忽视宁宗"儿臣做不得皇帝"的心声，赶鸭子上架，逼一个无治国之才的人统治偌大一个国家30年之久，使千疮百孔的南宋更加风雨飘摇。也许曾一手策划此次政变的赵汝愚，在九泉之下也追悔莫及了。

志大才疏的宁宗

现在每当提起历代君主时，都会评论说某某是励精图治的一代明君，某某是碌碌无为的昏君。其评价因人而异。那么，好君主的标准是什么？所谓在其位，谋其政。既然皇帝坐在最高统治者的位置上，就要先天下之忧而忧，后天下之乐而乐，就要以江山社稷为重。百行孝为先，君主也不例外，要有好的德行，要有爱民之心，能够知人善任，要有巩固江山社稷的才能与智慧……若要一一细数，则数不胜数。仔细一想，其实皇上虽高居万人之上，似乎是无所不能，但他身上背负的压力与责任也是常人所不能及的。不是每个人都能够做皇帝，更别说做个好皇帝了。要是本不想做皇帝，却被逼无奈做了皇帝，要成为人们心中的好皇帝，就难上加难了。

宁宗被逼即位，执掌大权，想做个好君王却无奈有德无才，天不遂人愿。

宁宗生在帝王之家，长在帝王家，呼吸的空气也似乎与一般老百姓不同，充满着高贵儒雅的气息，教育环境自然不差。所谓"近朱者赤近墨者黑"，宁宗平时接触的人也都是各界的精英，耳濡目染，照理说宁宗的能力也不会差到哪里去。但是宁宗的智力却让人跌破眼镜，难以置信。父亲光宗虽说有些神经不正常，疯疯癫癫，但对皇子的教育、培养问题却不曾怠慢。

光宗即位后，就立即封儿子为嘉王，并赐给他嘉王府，让他到宫外居住。疼爱之心自不必言说。光宗望子成龙，为了把儿子培养成合格的接班人，煞费苦心。据说他不仅将自己在东宫当太子时的藏书全部赐给儿子，让儿子可以好好学习自己曾接触的内容，子承父业，还颇费一番心思从全国挑选了当时的一些名儒担任他的讲师，为其授业解惑。

为了表达父亲对自己如此用心的感谢之情，宁宗埋头于书籍当中，而且为了显示自己的好学精神，在他即位之初就开列了许多要读的经史子集的名单，并将各种能人尽收囊中，准备让古往今来书里的、现实中的能人们来帮助自己，好好作为一番。

虽然宁宗生长在帝王家的深宫大院，从小锦衣玉食，吃的、用的都是从全国各地进贡的最好的东西，但是这并没有让他养成穷奢极欲的坏习惯，反而在个人日常生活上力行节俭，不仅衣着、饭食朴素，所用器具也是普普通通，从不奢侈造成浪费，因而深受历代人们的好评。

宁宗自小一副菩萨心肠，他少时曾有多次机会出宫，亲眼看看外面世界的真面目，他深知一道围墙将深宫里面和外面分成了截然不同的两个世界，自己生活的世界无异于天堂般豪华。对于民间疾苦他总会及时了解，并通过减轻赋税等各种方法来减轻子民们的负担，堪称是个为民着想的好皇帝。而且，像他这样身居皇位，却能如此清心寡欲，不耽于行乐，也实在是难能可贵。

上天赋予宁宗如此好的德行，却吝啬给他智慧和才能，这正是人无完人。尽管宁宗好学，开列了许多要读的经史子集的名单，并聘有当时的名儒做老师。但谁也不能一口吃成胖子。他明显胃口太大，而且"消化不良"。若是宁宗天资聪颖，有过人之智，一点就通的话，他给自己列这么多任务或许能够完成。但是无奈那些经史子集中的内容对于他过小的脑容量来说，无异于天书一般。宁宗空有读书的数量，实际效果并不显著。他对书中的内容一知半解，更谈不上学以致用了。时间长了，便会觉得厌烦。他读了很多圣贤书，学了很多治国之道，却没派上多大用场。

身为一国之主，批阅奏章，处理政事是不可缺少的环节，国家的大事小事原则上都得经过他的同意才能进行。对于奏章中问题的处理，不仅关系到民生社稷，还关系到一个国家的兴衰存亡，其重要程度自是不必赘言。宁宗枉读了大量的圣贤书，但古人的智慧完全没有被他吸取，即位不久，由于不能及时批复，群臣的奏折堆积如山。对于宁宗来说，大臣们呈上的一张张奏折，如同糟糠一般，难以"下咽"。既读不懂里面说的是些什么，也分不清轻重缓急。各种国家大事不能得到妥善处理，无疑会造成局面的混乱，也为有心之人提供了可乘之机。

临朝听政是皇帝和大臣们面对面交流的重要途径，作用很大。但是临朝听政的时候，大臣们很难听到宁宗对政事的看法。宁宗只是如蜡像一般端坐在龙椅上，无论大臣们说什么，说多长时间，都一直保持沉默不语。

宁宗很有耐心，当然这是一个君王所必须的条件。但是宁宗的耐心同别人的耐心不同，只是一味地在浪费大臣们的时间。对于大臣们的论奏，他听完后既不提出疑问，也不表态决断。进奏者已经口干舌燥，最后却仍然不得要领，宁宗最终也只是默默接受大臣们的建议而已。

在古代社会，皇帝便是天，是一切，是万事万物的中心。他是整个国家的中心枢纽，所有一切都要按照他的一言一行来运转。若这个皇帝是个精明强干之君，能够高瞻远瞩，对于江山社稷自然是好的。但如果是国家落在理政无方，无治国之道的皇帝手里，那就悲惨无比了。作为皇帝最基本的要求的批阅奏章，临朝听政，宁宗都无法驾驭，更不用说其他的了。当时的人们都暗地里讥讽宁宗傻里傻气，政事不由自己做主。而面对这样的傻皇上，权臣自然是不放在眼里，一有机会便为所欲为。

宁宗对政事少有自己的主见，只能依靠别人的建言。因此对台谏的意见十分重视。宋代的台谏官有纠正帝王为政疏失、弹劾百官的权力，他们的议论一定程度上代表了当时的公众舆论，历代宋帝都非常重视台谏奏议。宁宗深知台谏的重要性，曾对人说："台谏者，公论自出，心尝畏之。"但是，要发挥台谏的正常作用，前提是台谏官是正直之人才行，这就要求帝王有知人善任的能力才行。而宁宗却无识人之能，他一味认定台谏官的议论代表了当时的公众舆论，不可不听，但是至于上谏之人到底正直还是奸诈，却不闻不问。这一点被一些居心叵测之辈加以利用，他们大肆引荐党羽进入台谏，控制言路，进而控制对台谏之议深信不疑的宁宗。如此一来，奸臣当道，本已昏暗的王朝更加腐败不已。

宁宗虽然好学，而且有着一副为民着想的慈悲心肠，但是光靠这些是不会给人民带来真正幸福的。朽木不可雕，上天给了宁宗高居皇位的好运气，却没有赋予他继续保持这一好运所必需的能力和智慧。身为一个帝王，不懂治国之道是万万不可的。

韩侂胄的木偶

宁宗天资愚昧，虽生性善良，无害人之心，却毫无主见，更无理政之才，这就注定他要成为别人的木偶，任人摆布，在其背后操纵的便是韩侂胄。

韩侂胄是忠是奸，后人评价不一，众说纷纭。韩侂胄的来头很大，有着强大的家族背景：北宋名臣韩琦是韩侂胄的曾祖父，韩琦曾经在仁宗、英宗、神宗三朝为相。正所谓"虎父无犬子"，韩琦的长子韩忠彦子承父业，在哲宗时期任枢密使，徽宗时期任宰相，权倾一时。韩琦的第五个儿子韩嘉彦，也就是韩侂胄的祖父娶了神宗的第三个女儿齐国公主为妻；而韩嘉彦的儿子韩诚，即韩侂胄的父亲，娶了宋高宗吴皇后的妹妹为妻；而到了韩侂胄这一代，他也继承了家族的光荣传统，娶了吴皇后的侄女为妻，还高居宰相兼枢密使，总揽军政大权，而且他还是宋宁宗韩皇后的叔祖父，这就为他在后宫提供了强大的后盾支持。

这样一来，不论是朝堂之上，还是后宫大院，都充斥着韩氏家族的成员，其势力之广、之深，不可不谓之强大，而韩侂胄也成了当之无愧的皇亲国戚。

那么宁宗是如何沦为韩侂胄的牵线木偶的呢？一方面是由于宁宗天性愚昧，无治国之才；另一方面还与从当时权臣的斗争密切相关。而一切又得从宁宗登基为皇的绍熙政变说起。在绍熙政变中，赵汝愚由于利益需要同本与他关系不是很好的韩侂胄结成同盟，并约定好事成之后会论功行赏。在拥立宁宗为皇的过程中，韩侂胄发挥了重大作用，原本期待着升官发财的他却被赵汝愚来了个当头棒喝。由于赵汝愚拥立有功，被提拔为宰相。新官上任三把火，赵汝愚执政后的第一件事，就是推荐朱熹为焕章阁侍制兼侍讲，为宋宁宗讲道学，并乘机大量提拔任用道学派信徒。而之前论功行赏的约定也未秉承公平的原则，他的这种只顾及本集团利益的行为彻底惹恼了韩侂胄，这成了两人关系破裂的导火线，两人之间继而展开了激烈的明争暗斗。

韩侂胄对赵汝愚恨之入骨，欲除之而后快。他知道要战胜赵汝愚，必须要从他身边的人下手，于是便将目光瞄准了宁宗身边的朱熹。朱熹到临安后，立即与赵汝愚结为死党。韩侂胄因为力主抗金，得到参知政事京镗等主战派官员的支持。韩侂胄、京镗一派与赵汝愚、朱熹一派很快便拉开了战幕。

朱熹在赵汝愚的推荐下入朝做了侍讲之后，抓住一切时机向宁宗灌输"存天理、灭人欲"等理学观念。要求宁宗远离近幸、任人唯贤，并对宁宗的一些不良行为进行劝诫。然而宋宁宗赵扩爱好诗词书法，对政治缺乏兴趣，对朱熹的大道理也无太大兴趣。韩侂胄深知宁宗对朱熹很反感，便利用这一点大做文章。他让宫中的唱戏的伶人刻了一个峨冠大袖的木偶，借给宁宗献演木偶戏的机会，故意模仿朱熹的举止。将朱熹平常对宁宗讲解修身治国之道时的样子刻意进行搞笑，以此来贬低和羞辱朱熹。这一招很有效，宁宗本来就对朱熹直率的劝诫很不以为然，这样一来，就更加深了对朱熹的反感。韩侂胄看这招发挥了作用，就趁机进谗言道："朱熹迂腐，无甚大用处"。宁宗在其怂恿下，下决心要将朱熹赶出京城。

到了闰十月时，宁宗开始行动。他借口寒冬已到，朱熹讲学过于辛苦，给朱熹一个提举宫观的闲职，打算把朱熹赶走。赵汝愚岂能坐看亲信被赶走而不管不问。他没有执行宁宗的旨意，而是将宁宗的御批藏在自己的袖中，面见宁宗，要求宁宗收回御批。宁宗见赵汝愚为了帮助朱熹而视自己的尊严为无物，不肯轻易罢休。而韩侂胄也是巴不得朱熹赶紧离开。过了两天，他从宁宗那里重新乞得御批，接受上一次的教训，为了不让赵汝愚从中加以阻挠，就将御批用函密封了，命令宫中的亲信内侍直接交给朱熹。

朱熹见是皇帝的手笔，知道木已成舟。再加上想起之前所受羞辱，也许是考虑到宁宗实在是朽木不可雕也，自己再在宫中待下去也无前途，便黯然离开了都城临安，专心做学问去了。一代大儒朱熹从入朝担任宁宗经筵侍讲到离去只有短短的一个半月时间，可见韩侂胄的手段实非一般，借此他也成功迈出了排挤赵汝愚的第一步。

由于赵汝愚得罪了很多人，韩侂胄就利用这一点，想尽办法将这些人拉拢到自己的派营中，大肆结党营私。由于韩侂胄在绍熙政变中拥立宁宗有功，再加上他作为国戚的强大家庭背景，做人处事圆滑，八面玲珑，因此得到了宁宗和韩皇后的极大信任，随着赵汝愚、朱熹等越来越受到宁宗反感，他逐渐被委以重任，一手遮天。之后，他大力打击道学派，于庆元三年（1197年）发动"庆元党禁"，宣布道学为"伪学"，诬陷赵汝愚、朱熹、彭龟年等五十多个道学名流为"伪学逆党"，大肆打击。

革职流放、追夺官爵，誓将道学派一网打尽，使其永远不能翻身。赵汝愚不幸在此次政变中遭迫害，客死他乡。而所有道学门徒及其同情者一律被剥夺参加科举考试的资格，在全国严禁传播、谈论道学思想。韩侂胄运用此等卑劣手段将赵汝愚一派铲除之后，朝堂之上已无人能与他抗衡，便一步登天。开禧元年（1205年），韩侂胄已累官至太师、平原郡王、平章军国事，位在宰相之上，成为名副其实的大权臣，一人之下万人之上，呼风唤雨，无所不能。他利用自己职务之便，勾结宦官和后宫，或对御笔的批示施加影响，或在御笔的传达过程中上下其手，让御笔成为自己利用的工具，甚至假造御笔，代行皇帝之权。另一方面则大肆引荐党羽进入台谏，控制言路。如此一来，对宁宗的控制变得变本加厉。

其实，宁宗沦为韩侂胄的牵线木偶，也是两人各取所需的结果。宁宗愚钝，无心于江山社稷，为了撇清繁杂的政务，逃离每天等待他批阅处理的成百上千的奏章，就需要一个他信得过并有能力在幕后代他处理难题的人。而韩侂胄又有极大的权力欲，但又不敢篡权夺位，控制宁宗便成了实现自己权力欲望的最佳途径，两人可谓各取所需，一拍即合。宁宗如此做法，也算得上是笨人有笨法。可是既然想找一个得力助手帮助自己减轻负担，就得先具备能控制他不会僭越主君的能耐。无奈，宁宗只是图一时之快，本打算落个一身轻松，却不曾想他所信任之人并没有那么忠心耿耿，到头来，皇权被削，沦为坐在龙椅上任人摆布的傀儡。哪里谈得上一身轻松，不仅不能按照自己的意愿行事，还得配合控制自己之人上演"场场好戏"，成了名副其实的工具。

韩侂胄将宁宗玩弄于股掌之间，呼风唤雨，极尽一时之能事。但好景不长，庆元六年，他的后宫靠山韩皇后去世，杨贵妃被立为后。由于他曾经反对立杨贵妃为皇后，因此遭到杨氏记恨，为自己引来杀身之祸。而对他言听计从的木偶，却落在杨氏的操控之下，以至于自己被置于死地之时，也发挥不了任何作用了。操控之术，可真是山外有山，人外有人。韩侂胄如此死法，也算是对他一生所作所为的讽刺。

南宋卷　偏安南隅，中兴无力崖海沉沦

庆元党禁

　　众所周知，理学是中国古代重大学派之一，在儒家思想的基础上发展而来，朱熹是其集大成者。理学是宋明时期思想界最重要的学术流派。很多学者都把宋明理学又称为宋明道学。道学，兴起于宋代，以接续孔孟儒学"道统"为号召，糅合进禅宗佛学和道家道教思想精华，以学做"圣贤"、用儒家"礼教"修身齐家治国平天下为目标，融哲学、伦理学、政治学等于一炉，努力追求完善个人道德品格的"新儒学"。

　　理学以"存天理，灭人欲"为宗旨，在中国古代为统治阶级进行统治提供了巨大的方便，乃至到了现代其影响也随处可见。但它的发展成长过程绝不是一帆风顺的，尤其是在宋宁宗时期，被卷入权臣间无情的政治派系斗争当中，遭到了极大的打击，而造成这一切的罪魁祸首就是韩侂胄。

　　在上一节中，已经提到韩侂胄为了要排挤赵汝愚施计欲将朱熹赶走。这种做法立即引起了道学派官员的强烈不满，他们纷纷上疏抨击韩侂胄，要求宁宗将朱熹留下。而宁宗对朱熹已心生反感，此时已站在韩侂胄一边，面对大臣们的不满，只拖拖拉拉不肯表态。道学派哪里受得了，便加大攻击的火力，又是对韩侂胄口诛笔伐，又是力谏宁宗，为挽留朱熹竭尽全力。韩侂胄面对赵汝愚一派的攻击显然不能坐视不管，他吩咐自己派系的人员对道学派官员的奏章吹毛求疵，大做文章，两派系之间斗得好不热闹。朱熹约了吏部侍郎彭龟年一同弹劾韩侂胄，韩侂胄在宋宁宗面前诋毁朱熹说他迂阔不可用。由于宋宁宗对韩侂胄颇为信任，朱熹心里明白不能侍奉明君，而士可杀不可辱，无奈之下只得选择了离开。赵汝愚和中书舍人陈傅良等虽力争，但是大局已定。

　　朱熹离去，赵汝愚一派失了一员大将，战斗力明显下降；而屋漏偏逢连夜雨，抨击韩侂胄最为强烈的道学派首领之一的彭龟年也被流放当了州官。朱熹的离去，正中韩侂胄下怀。虽然韩侂胄也被降了职，但仍旧留在宁宗身边，继续替宁宗代办政务。他利用代宁宗拟旨的权力，积极拉拢对赵汝愚不满的朝臣，结成倒赵同盟，并先后起用京镗、何澹、刘德秀、胡纮等人。之后韩侂胄以及党徒见缝插针，无孔不入，抓住一切机会来打击赵汝愚。他们利用赵汝愚既是皇族宗室，又是宰相这一点，大做文章，诬蔑赵汝愚在内禅后要自立为王。在韩侂胄的百般怂恿下，宁宗决定将赵汝愚罢免。庆元元年（1195年）二月，赵汝愚罢相，出知福州。反对赵汝愚罢官的人都陆续被窜逐；太学生杨宏中等六人被编管于五百里外，时号"六君子"。庆元二年（1196年）正月，赵汝愚暴死于衡州（今湖南衡阳）。至此，道学派的政治领袖消失，韩侂胄心底的一块大石落了地，但他还不满足，煽动宋宁宗发动了"庆元党禁"。

　　赵汝愚倒台，政权落入韩侂胄、京镗一派手中，一时间小人得志。但是赵汝愚一派的残余势力还是很强大，成了韩侂胄独掌大权之康庄大道上的障碍。韩侂胄眼里哪里容得下一粒沙子，不把这些人都除掉他誓不罢休。他立即便采取了行动：他率领朝中反道学的官员，纷纷指责朱熹道学的虚伪，称道学是用来欺骗世人的"伪学"，弹劾朱熹言行、表里不一，表面上鼓吹伦理道德，实际上坏事做尽，为人所不齿。韩侂胄一派为了达到目的，不择手段，将朱熹刻画成一只披着羊皮的狼的禽兽形象。宁宗听信谗言，下旨将朱熹落职。韩侂胄的阴谋得逞，朱熹的大儒形象一时间土崩瓦解，树倒猢狲散，他的门徒都纷纷弃他离去。

　　一千多年前，秦始皇统一六国、建立秦朝后，为了统一意识形态、巩固统治，实行了惨绝人寰的焚书坑儒。焚毁典籍，坑杀书生，使先秦文化遭到了巨大的破坏，给中国文化造成了无法弥补的损失。韩侂胄发动的"庆元党禁"可谓是对秦始皇焚书坑儒的效仿。一种思想的传播要借助多种媒介才得以实现，其中很重要的两项便是人和书籍。韩侂胄从这两方面下手，双管齐下，对赵汝愚一派的势力进行了彻底地打击破坏。

韩侂胄的党徒上疏请求将道学家的"语录"之类的书籍全部销毁，想以此来控制道学思想的传播。此举乍一看似乎是对思想的控制，但其实不然，这只是韩侂胄用来分辨、打击异己的手段而已。凡和他意见不合的都称为"道学"之人，仅凭这一点就充分说明了他的阴险意图。儒家的典籍又一次受到了极大的破坏，《论语》《孟子》《大学》《中庸》等都成为了当时的禁书，遭到了唾弃。

在销毁道学书籍的同时，韩侂胄及其党羽想尽办法限制、打击赵汝愚一派的势力。当时的科举考试中，凡是考卷讲到程朱义理的，一律不予录取。韩侂胄一派通过此法控制着儒士的前途命运，将有可能成为反对自己的一切力量扼杀于摇篮之中。据说当时的儒士处处受排挤，根本没有容身之所、立足之地。

光是限制反对力量还不足以满足韩侂胄的野心，他谋划着将赵汝愚一派彻底斩草除根。于是便设计栽赃陷害。他命令党羽不惜歪曲事实、颠倒黑白，在宁宗面前诋毁道学之人，彻底给宁宗洗脑，让他相信道学是朱熹欺瞒世人的伪善之学。终于，在韩侂胄的唆使下，宁宗成了间接破坏道学发展的帮凶。宁宗下诏宣布道学为"伪学"，并在韩侂胄的建议下订立了"伪学逆党籍"，其中包括赵汝愚、留正、王蔺、周必大四位宰执；朱熹、彭龟年、薛叔似等待制以上的十三人；余官刘光祖、叶适等三十一人；武臣和士人十一人。总计获罪共五十九人。上至宰相，下至士人，可见韩侂胄打击范围之广。

若是稍加注意，便会发现韩侂胄这份"伪学逆党籍"当中所隐藏的猫腻：被列入伪学逆党籍的人员，既包括周必大、陈傅良、彭龟年等实实在在的道学名流，也有未信奉道学的、仅仅依附赵汝愚一派的官员。如此一来，韩侂胄的用心便显而易见了：此次不是为了禁止道学，最主要还是打击自己的敌对势力——赵汝愚一派。

韩侂胄和他的党羽结下的这张巨大而又细密的网，不准备放过一个赵派人员。被列入伪学逆党籍的59人，已死的追夺官爵，没死的革职流放，均受到了不同程度的处罚。而且，所有道学的弟子、亲友及对这些人同情的人，均被禁止参加科举或入朝为官。

韩侂胄还在全国实行高压政策，禁止传播、谈论道学思想。然而，就好比弹簧一般，压得越紧，它反弹的能力就越大，韩侂胄的高压政策为自己招来了越来越多的厌恶和反抗。

韩侂胄发动的"庆元党禁"，其本质是权臣派系的政治斗争，道学仅仅是充当了炮灰的角色，但不管怎样，道学受到了极大打击，是不可否认的事实。韩侂胄此举除了其同党外，几乎遭到了朝野内外的一致反对，后来他自己也感到后果太严重，为了扳回一城，在嘉泰二年（1202年）撤销了党禁，但为时已晚，他只得背负千古骂名了。

开禧北伐

韩侂胄发动"庆元党禁"，将赵汝愚、朱熹为首的道学派逼得走投无路。他秉承宁可错杀一千，不能放过一个的原则，将当时不是道学派但在政治上投靠赵汝愚的官员也一并打击，使士大夫阶级受到很大的威胁。再加上很多官员崇拜朱熹的德才，对韩侂胄陷害朱熹的卑劣手段相当不齿。况且他平常就作威作福，很快便在政治上失了人心。

而当时金朝的颓废景象却似乎让他看到了扳回政治威信的希望。自隆兴二年（1164年）宋孝宗屈辱求和与金朝订立"隆兴和议"、改称"侄皇帝"以后，宋、金两朝三十年无大战。宋宁宗时期，金朝处于章宗完颜璟的统治下。章宗统治前期，金朝国力强盛，但到了后期，章宗沉湎酒色，朝政荒疏，内讧迭起。而边患不断，北边的鞑靼和蒙古兵，不断起兵抗金。在连年征战中士兵疲敝，国库日空。在这战乱频繁的年代，偏偏祸不单行。自金大定二十九年（1189年）至明昌五年（1194年），黄河三次决口，泛滥成灾。大批农民死于水患或逃亡。金朝的赋税收入急剧减少，对外作战的军费却与日俱增，致使财政入不敷出，大量发行交钞（纸币），又造成社会经济紊乱，金朝内忧外困，逐渐由盛转衰。看到金朝如此状况，韩侂胄认为有机可乘，打算对金用兵，收复失土、一雪前耻，以此拉拢人心，恢复在"庆元党禁"中尽失的政治威信。而宋宁宗起到了推波助澜的作用。他因为不满金朝强制按旧时礼仪行事的无理要求，而且对金称"侄皇帝"，使他感到极大的侮辱。韩侂胄对金朝采取强硬态度正和其心意，因此大力支持。韩侂胄得到宁宗和主战派的支持，开始为北伐大业作准备。

首先，要想使自己的行动名正言顺，那么找到一个众人敬仰的名人当挡箭牌，是再好不过的了。韩侂胄将目光锁定在一代忠臣岳飞的身上，希望借助岳飞在大宋朝臣民中的威信为自己造势。于是他便采取一系列行动为岳飞平反昭雪。他崇岳飞贬秦桧，将岳飞生前所受的不当诬陷和屈辱通通去除，利用宁宗下诏追封岳飞为鄂王。而对于以"莫须有"罪名将岳飞谋害致死的秦桧，他则大加贬斥，不仅削去了秦桧的申王王爵，还彻底追究了他陷害忠臣、误国误民的严重罪行。这些措施，消除了人们对岳飞悲惨命运的不满，大快人心，使主和一派的声音渐渐弱下去，而主战派却得到了极大的鼓舞，人心也逐渐向他靠拢，为他的北伐抗金做了充分的舆论、群众准备。

而这时宋、金边境的汉人不堪金朝残酷的统治，不断有人越过边境来投靠宋朝。而淮北一带的流民也不堪流亡生活的痛苦，又加上思念故国，强烈要求南渡淮河，投附宋朝。形势似乎对韩侂胄非常有利。更让他高兴的是，开禧元年改元，朝廷上有官员上疏说现在时机大好，应该趁机收复中原。如此一来，本来就准备北伐的宁宗、韩侂胄如鼓满帆的船一般，信心满满，终于在朝野的一片抗金声中，决意发兵了。

韩侂胄这时已被加封为平章军国事，总揽军政大权，人生得意，踌躇满志。他紧锣密鼓地为发兵北伐作布置：下令各军秘密做行军的准备，朝廷出金万两用作军需。韩侂胄还调用一切可以运用的主战力量：辛弃疾、老师陈自强、旧日僚属苏师旦都被委以重任。韩侂胄挑选自以为可信任的将士来共谋大业：他命邓友龙为两淮宣抚使、程松为四川宣抚使、吴曦仍为副使，而伐金的主力军就分布在这些人驻守的江淮、四川两翼。

宋朝军队不宣而战，北伐在两淮和京西地区（河南西部）打响。很快收复了泗洲、虹县、新息、褒信等地。捷报频传，宋军出兵得胜，形势大好。同年五月，宋宁宗正式下诏北伐金朝，拉开了"开禧北伐"的序幕。伐金诏下，群情振奋，上下沸腾了。

然而，对于韩侂胄出兵伐金，一些有识之士在分析形势之后，认为这场战争几无胜算，就上疏反对，但很快就被韩侂胄镇压下去。符离败后，宋朝已多年没有作战，将帅无才，士兵慵散，防御工事未得到加强，再加上长期向金朝提供岁币，国库亏空，粮食储备也不足。更致命的是，作为将领，韩侂胄竟然用人不当，内部出现叛徒通金却浑然不知。对双方实力也未正确评估，造成谋划不周，部署失宜，这一切不利因素都已预示了此次北伐将会以失败而告终。

其实在韩侂胄部署北伐时，宋军中已出了内奸。韩侂胄聪明一世糊涂一时，在最关键的时刻竟然没有擦亮眼睛，好好认清身边人的真面目，导致自己的北伐大梦在一开始就注定要以失败告终。其实，早在宁宗下诏伐金前一月，吴曦图谋叛变割据，为了一己私利，已在四川密通金朝。金兵临江时，吴曦按兵不动，致使金军长驱东下，毫无西顾之忧。面对韩侂胄等人的多次催促出兵的要求，吴曦置若罔闻。千里之堤，毁于蚁穴，韩侂胄伐金大计慢慢开始从内部垮掉。

宋军节节败退，面对对自己如此不利的战局，韩侂胄沉不住气了。1206年六月，韩侂胄因出兵无功，气急败坏地罢免了指挥军事的苏师旦和邓友龙。但是此举徒劳无功，不仅挽不回败局，只会徒增将士们的失落感。更不幸的是，韩侂胄在罢免苏师旦和邓友龙后，再一次用人不当，竟然任命丘崈为两淮宣抚使。丘崈是贪生怕死之徒，最会见风转舵。他一上任，不求整兵充实兵力、振奋士气，反而放弃了已占领的泗州，退军盱眙，当起了缩头乌龟，而且堂而皇之地将自己所做的这一切说成是可以保全淮东兵力。宋军不进反退，金军大喜，迅速调集兵力分九道向宋大举进兵。

宋军畏首畏尾，而金军雄赳赳气昂昂，战争形势瞬间逆转，由宋军北伐变为金军南侵了。结果可想而知，金军长驱南下，不久就偷渡淮水，把宋兵打了个落花流水，惨不忍睹。金军一方面在战场上奋勇杀敌，另一方面从背地里瓦解敌人的势力：1206年底，金军秘密派人去见丘崈，示意讲和。丘崈密送金使北归。继吴曦之后，金军收买宋军将士的阴谋再次得逞。从此，丘崈多次遣使与金军谈和，暂行停战。

西线吴曦叛变，东线丘崈主和，韩侂胄百般信任的人却一再的背离自己，他失落无比，日益陷于孤立状态。但是既然战争并未结束，那就还有希望。韩侂胄打起精神，采取补救措施。开禧三年正月，他罢免丘崈，改命张岩督视江淮兵马。此时，宋军已是人财两失，损失惨重，韩侂胄一咬牙，一狠心，自掏腰包，拿出家财二十万补助军需。另一方面则放低姿态，派遣使臣方信孺到开封同金朝谈判。

其实，此时金朝也已元气大伤，损失惨重，不再有继续作战的能力，由于宋军内部出现叛徒，军士不和、自相残杀，金兵才钻了空子，侵入淮南。宋使方信孺到金之后，金人将他投入监狱，断绝饮食，并以杀头相威胁，要求他答应金朝提出的"一割两淮，二增岁币，三犒军金帛，四取陷没及归正人，五取韩侂胄首级"的条件。但方信孺威武不屈，金人见威胁一套没有成效，只得将他放回。八月，方信孺回到宋，将金人提出的条件——告知韩侂胄。要取自己的首级，这样的谈判条件绝对不能接受，韩侂胄大怒，决意再度整兵出战。

见韩侂胄筹划再战，朝中主和官员抓住韩侂胄之前在作战中的失误大做文章，纷纷指责北伐过于轻率，主张妥协、投降。而此时后宫中与韩侂胄一直不和的杨皇后勾结朝中投降派的主要代表、时任礼部侍郎的史弥远阴谋对韩侂胄暗下毒手。开禧三年十一月，他们指使暗杀者趁韩侂胄上朝路上，发起突然袭击，把他截至玉津园夹墙内杀害，然后先斩后奏，在成功将韩侂胄杀死后才将此事奏报给宁宗。

韩侂胄如此轻而易举地就被暗杀，但是事情还没有完结。投降派史弥远为了讨好金朝，完全遵照其无理要求，于1208年把韩侂胄的项上人头割下，送往金朝示众。

一生玩弄权势的韩侂胄，本来打算靠北伐金朝来重塑自己的威信，却自掘坟墓，不但北伐大业彻底以失败告终，自己更死于杨后、史弥远的阴谋，落得个死无全尸。正是应了那句古语：多行不义必自毙。

第七章　一代天骄悄然诞生

海陵王完颜亮

纵观历代称帝者，除少数人之外，大多有着很强的个性特征，有的从小就有着过人之处、极富手腕，雷厉风行；有的优柔寡断，任人摆布；有的残暴凶戾，视他人为无物；有的荒淫无度，沉迷酒色……也许他们的这些特征本来和常人无异，但他们所在的位置却把这些特征放大了成千上万倍，赤裸裸暴露在世人面前。提起荒淫无道、暴戾嗜杀，人们最先想到的商朝的纣王，继而是隋朝的炀帝，再下一个就非金朝海陵王完颜亮莫属了。

据记载，海陵王完颜亮平生有三大志向："吾志有三：国家大事皆自我出，一也；率师伐国，执其君长问罪于前，二也；得天下绝色而妻之，三也。"这三句话足以描述概括他的一生了。

海陵王完颜迪古乃，汉名亮。辽王完颜宗干的第二个儿子，生母是大氏，嫡母（宗干的正室）徒单氏。完颜亮从小就有着过人之处。他天资聪颖且勤奋好学，曾拜汉儒张用直为师，他醉心中华文明，对儒家思想极感兴趣，经常和儒生们探讨儒学。他还具备极为浓厚的汉文化素养，吟诗作赋，不在话下。他平素对人和气，满口的仁义礼智信，一副谦谦君子的模样。他英勇善战，足智多谋，很快便少年得志，18岁时便被封了"奉国上将军"，之后父亲宗干就送他到金军统帅兀术（即完颜宗弼）的帐下，有意历练儿子。凭着显赫的战绩，海陵王不久又升为骠骑上将军，皇统四年（1144年）又封为龙虎卫上将军，受命守中京。皇统七年（1147年）任尚书左丞相，节节高升，仕途一帆风顺。

1135年，金太宗完颜晟驾崩，熙宗完颜亶即位，进行政治改革。熙宗嗜酒如命，每次喝醉酒就杀死皇族重臣，甚至自己的皇后。皇族以及宗族逐一被诛，完颜亮受到极大威胁，担心随时会被杀，整天惶惶不可终日。坐以待毙不如先下手为强，完颜亮就想除掉熙宗。

金熙宗与完颜亮有着很深的联系。

金熙宗完颜亶是金太祖的嫡孙，他的父亲在他小时候就去世了，留下了孤儿寡母。按照女真族的风俗，熙宗的母亲再嫁给了小叔子即完颜亮的父亲宗干。宗干为金太祖的庶子，由于这个原因，他的儿子完颜亮和身为太祖嫡孙的熙宗比起来，身份就低了一些。宗干收养了熙宗并像对待自己的亲生儿子一样含辛茹苦的将他培养成人，又费尽心机地将他推上帝位。熙宗随母亲来到宗干家后，与完颜亮吃住在一起，两人一起长大，成了"形影不离的兄弟"。熙宗是个知恩图报之人，他非常感激宗干对自己多年的养育之恩，以及将自己拥立为帝的恩情，即位后对完颜亮善待有加，并给予他极大的信任。熙宗一直以为完颜亮仍是那个小时的毛头小子，却不知时光无情，当年的兄弟已不是原来的模样。知人知面不知心，此时的完颜亮已是一个城府极深，善于伪装的双面人。熙宗即位后,他取得了"哥哥"的信任,却始终觉得自己更应该得到皇位,就时时觊觎皇帝的宝座。再加上熙宗无故诛杀皇族,为了保住自己,他便起了谋逆之心。

金皇统九年(1149年)十二月的一个深夜,完颜亮一手培养的亲信阿里出虎在宫中当值,完颜亮秘密潜入宫中计划对金熙宗下手。他率领亲信们闯入熙宗的寝宫,阿里出虎等人砍杀完颜亶,但没将其杀死,完颜亮则用剑亲自刺死了挣扎中的兄长,血溅寝殿。他自立为帝,改元天德,史称海陵王。

弑兄登基后,海陵王为了巩固政权,大肆屠杀宗室成员:完颜宗本等太宗子孙及完颜秉德等宗翰子孙、完颜杲的子孙、太祖一系宗室都遭屠杀,50多条人命死于海陵王的刀下。与他意见不合的大臣也惨遭杀害,后来大多数和他一起密谋弑君的亲信们竟然也难以幸免。

从政绩上来说,海陵王是一位很有作为的皇帝。为了实现统一南北的梦想,即位后他继承了熙宗时的政治改革,采取了各种措施。贞元元年(1153年),海陵王完颜亮从上京会宁府(今哈尔滨市东南阿城)迁都长城以南的燕京,更名中都(今北京)。迁都燕京后,海陵王命令堪舆师寻找风水宝地,历经一年,才找到九龙山龙城寺所在的这块风水宝地。海陵王下令让人拆掉龙城寺,将开国之君金太祖完颜阿骨打的睿陵和金太宗完颜晟的和陵(后改称恭陵)营建在此处。贞元三年(1155年),又一处陵区在大房山开始动工,海陵王颇为重视,亲自前往大房山督工,三个月以后,睿陵与和陵率先建成。海陵王不远千里将先祖的棺椁迁葬到北京,表明他有统一南北的决心。很快金熙宗完颜亶的思陵、金世宗完颜雍的兴陵等多座帝王陵陆续在中都城外建成。这片帝王陵区的兴建,在中国皇家陵寝文化史上留下了颇为辉煌的一页。

当初,海陵王手刃兄弟,夺取了皇位,贵族、大臣中多有人不服。为了巩固皇权,镇压大批贵族反对派,海陵王弃贵族不用,转而任用大量的汉人、契丹人、渤海人来帮助自己处理政事。公允地说,海陵王是个治国有方的君王。他在位期间改革中央官制,重视科举,鼓励女真人南下耕种农田。科举使得大量有才能的人不管是女真人、汉人、契丹人还是渤海人,都得以一展身手,人才都能有用武之地。这些措施在一定程度上促进了各民族间的交流,促进了民族融合,加速了封建化的进程。

虽然海陵王颇有治国之道,但他的人品却一塌糊涂,不值得称道。他极其好色,荒淫无度,凡有姿色之人,不管有夫无夫一并纳入宫中,任其淫乱。他甚至把所诛杀的宗室的人的妻女、侍女们一律纳入后宫,占为己有,百般淫乐。这与他即位前的谦谦君子形象形成了巨大的反差。这也再一次将他表里不一、阴险毒辣、善于伪装的性格展现在世人面前。

他一心想要讨伐南宋,实现南北统一。为了便于讨伐南宋,他拟再次迁都南京(汴京,今河南开封),并下令大修宫室。为营建汴京,调兵造船、劳民伤财,一时间怨声载道。他不顾人民的反抗,横征暴敛,为讨伐南宋扩军备战。正隆六年(1161年),完颜亮为了实现他"屯兵百万西湖上,立马吴山第一峰"的美梦,强征各族人民,兵分四路,大举南侵攻宋。金军南下后,宋军不战而溃。金军迅速推进即将临江。

完颜亮为了一己私利而发动的这场侵宋战争,给金统治区各族人民带来了极大的破坏和灾难,因此遭到了强烈反对。终于契丹人不堪完颜亮的各种无理调遣,举兵起义。

后院起火,完颜亮只得派兵镇压契丹人的起义。更加雪上加霜的是,金宗室完颜雍见完颜亮深陷泥潭无法自拔,就趁火打劫,在这混乱的局面下乘机夺取了政权,在东京(今辽宁辽阳)废海陵王,自立为帝,改元大定。黄河以北地区很快归附新皇帝金世宗完颜雍。

此时领兵驻扎在和州鸡笼山的完颜亮得到知这一消息后,气愤无比。但是他不想轻易放弃已得的辉煌战果,所以继续南侵计划。正当他打算渡江时,在采石矶意外遭到了宋将虞允文的顽强抵抗，落荒而逃。不久后，完颜亮被废的消息已在军中传开，军心尽散。大将完颜元宜与其子串通完颜亮身边近侍发动兵变，将完颜亮乱箭射死。完颜亮当初弑君夺位的时候应该没料到自己也会有这么一天。多行不义必自毙，这个雄心勃勃、荒淫无度的皇帝就这样在遗憾与背叛中永远闭上了眼睛。

世宗大定二年（1162年）金世宗下诏将其降封为海陵郡王，谥号"炀"。葬于大房山鹿门谷诸王的墓地。大定二十二年世宗再下诏贬为庶人，改葬于山陵西南四十里处。而他辛辛苦苦建立的金朝皇陵，却没轮到自己享用，到头来竟是为他人作嫁衣，真是对他极大的讽刺。

贤主金世宗

从太祖完颜阿骨打1115年称帝建立金朝，到1234年蒙古联宋攻金，金哀宗自缢身亡，金朝灭亡，其间历经120年，共有9帝，其中最为人们所称道的就是金朝第五位皇帝——有"小尧舜"之称的金世宗完颜雍。

金世宗完颜雍是个不折不扣的好皇帝，他于金朝风雨飘摇、危难之时即位，勇敢挑起了整治海陵王留下的烂摊子的责任，励精图治，实现了"大定盛世"，金朝一片繁荣富强的景象。

金世宗是太祖完颜阿骨打的孙子，完颜宗辅的儿子。与熙宗、海陵王是堂兄弟。完颜雍12岁时，父亲去世。出身于辽阳渤海大族的母亲李氏，不愿接受女真族夫死另嫁与宗族人的落后习俗，就在辽阳出家为尼。李氏聪明能干，是个典型的女强人，她一手将幼年的金世宗培养成人。所谓虎父无犬子，虽然没有父亲的谆谆教导，但有母亲如此，完颜雍自然也很优秀。

也许是很早就失去了父爱，世宗很小就比同龄孩子懂事，他少年老成，性格沉稳。他严格要求自己，从16岁起便来到当时宋金交兵的河南前线，在他四叔金朝名帅完颜宗弼帐下做一名小小的军官，四处征战沙场，战斗在前线。他继承了在马背上成长起来的祖先们的良好品质，骑马射箭样样在行。由于他骁勇善战，而且有着不凡的政治、军事才能，将士们都将他奉为崇拜的对象。他没有因为自己高于常人的身份而要求特殊待遇，一直同军队的将士们生活、战斗在一起，几年之后他才从前线调回朝廷任职。

在前线的戎马生涯，不仅进一步增强了他的军事才干，也使他对宋金之间的关系有了比别人更清醒、更直接的认识，成为他称帝后与南宋修好的直接契机。他在军中大大树立了威望，获得了人心，对于他日后称帝登基及之后的统治产生了不可限量的作用。

完颜雍的政治生涯受到了当时政治局面的很大影响。他长期在外对敌抗战，逐渐积攒了自己的一些势力。在经过多年的军营生活之后，1146年正月，24岁的他奉熙宗之命回朝任兵部尚书，终于从地方来到了中央权力部门任职。但是仅仅4年后，海陵王手刃熙宗，弑君称帝，他也在这次政变中受到牵连，被罢职出任地方官，就这样他又一次远离了中央。其实，完颜雍之所以被迫辗转于地方，主要也是因为他太优秀了。完颜雍是个不可多得的全能人才，能文能武，能屈能伸。他极富音乐细胞，擅长创作女真族的歌曲，汉文修养也很高，能用汉文创作诗词；不仅如此他骁勇善战，雄姿英发，因此在女真贵族中威望较高。所谓"功高盖主"，不懂得低调，就经常会给自己招来麻烦。对于这样一个基本上具备了所有受人崇拜条件的完美之人，作为皇帝的海陵王感到深深的威胁。海陵王怕他危及自己的地位，留在自己身边只会让自己担心，所谓眼不见心不烦，就经常调动他的官职，让他到地方任职。

完颜雍辗转各地，对民间的疾苦都有所了解，这也为他以后实行改革、励精图治打下了基础。虽然在外总比不过在中央日子豪华舒适，但也不乏有些好处。天高皇帝远，完颜雍得以在地方发展他个人的政治势力。

由于海陵王一心想要统一南北，1161年不顾各族人民反对，动用全国兵力、物力、财力南伐宋朝，以致民不聊生。契丹人不愿当兵，杀了金朝官吏，夺取3000副兵甲，举行起义。而海陵王南侵宋朝节节败退，其统治更加岌岌可危。而这时有人向海陵王告密说完颜雍积蓄力量，企图篡位。海陵王得知后大怒，便派人去谋杀完颜雍。1161年十月，由于害怕被完颜亮杀害，完颜雍起兵反抗，在辽阳即位，改元"大定"，并废黜海陵王。

金世宗即位称帝，是理所当然的事。他常年在前线作战，深知战争之苦，在地方任职也使他对民间的情况了若指掌。他凭借自己多年的业绩，在女真贵族及渤海大族中取得了声望，极得人心。而海陵王为了一己私欲，不顾金朝的实际情况，出兵南下伐宋，怨声载道，失去了人心。一个得人心，一个失人心，再不易主，实在是不符合历史的发展规律。

出兵伐宋使金朝元气大伤，再加上契丹起义，内外交困，金朝政局风雨飘摇，金世宗就是在这种局面下即位的。

完颜雍看准时机，在海陵王人心尽失的时候成功夺取了政权。可见他当机立断的魄力。消除海陵王的残余势力、打击反对派成了当务之急。一方面他一一列举海陵王的恶行，让他颜面尽失；另一方面对各族百姓则善待有加，使得民心逐渐向自己靠拢。不久后，海陵王被叛变的部下所杀，完颜雍真正地将全国中央政权收为囊中之物。

此时，契丹人的起义正愈演愈烈，极大地危及完颜雍新建立的政权。完颜雍一改海陵王剿杀的政策，软硬兼施，先采取招抚招降的措施，若有不从者则大肆进兵剿灭。并采取以契丹人治契丹人的方法，大量起用契丹籍官员，瓦解起义军。种种措施显示了极大的成效，仅用8个月就将这场轰轰烈烈的起义扑灭，显示了金世宗的惊人才干。

而更加显示完颜雍治国之才的则是他对待南宋等周边邻国的做法。他一反前几任皇帝疯狂出兵侵略的政策，1165年正月主动与南宋签订了"隆兴协议"，停战求和。协议之后，宋金双方和平共处，30多年无大战。另外他北防鞑靼，东西与高丽、西夏修好，结束了长期混战的局面，为金朝求得了一个较为稳定的环境。

金世宗完颜雍称帝以后，不仅解决了外部的矛盾，为金朝创造了稳定的周边环境，同时在国内政治、经济及文化等方面推行了一系列新的政策，卓有成效。他知人善任，任人唯贤，严厉打击贪赃枉法之人，创造了吏治清明的大好局面。他重视农业生产，采取各种措施促进了经济发展，带来了家给人足、社会安定的太平盛世。

完颜雍从小就对汉儒文化颇感兴趣，自己在这一方面也造诣颇深。他即位以后，积极将自己的这一喜好推广到全国。他分别在中央、地方建立太学、府学，推广儒学思想，提高各族人民的素养。还倡导忠孝等儒家的道德、伦理观念，想以此来消除女真族旧有的习俗，提高人们的道德水平。

此外，更值得称道的是金世宗在个人生活方面力行节俭。他没有因为要显示自己至高无上的地位而极尽奢华，即使是粗茶淡饭，粗布衣裳，他都不曾嫌弃。他没有富丽堂皇的宫殿，却有着一颗为民着想的心。后人评价说他是金朝九帝中最简朴的帝王。一国之主可以做到这样，实在是难能可贵。1189年正月初二日，金朝一代英主世宗完颜雍病死于福安殿，终年67岁。

封建史家在论及金世宗治国之策时归纳为8个字："内安百姓，外和邻敌。"两者相辅相成，这一治国之策显示了金世宗政治家的远见卓识。金世宗在位时期，金朝国内一片繁华景象，域内各族人民和睦相处，因此金世宗又有"小尧舜"的称号。

金朝的衰亡之路

中国有句老话："道德传家，十代以上，耕读传家次之，诗书传家又次之，富贵传家，不过三代"。也有人说家族产业"一代创，二代守，三代耗，四代败"。中国人四千年家天下，一个王朝的统治就好比是家族产业的经营。"富不过三代"以秦王朝最为典型，千古一帝秦始皇幻想"一世二世以至万世"，最终仅二世而亡。当然，"富不过三代"这种说法用在一个朝代身上，似乎有些不妥当，毕竟百足之虫死而不僵。王朝之大，不会如家族一样轻易衰败。但其中的道理却是一样。自从禹的儿子启将"禅让制"变为"世袭制"后，家天下便一直持续了几千年。通过部落选举让贤能的人统治国家的历史结束，世袭制将王朝统治逼上了绝境。若继承之人贤能，尚无话可说，但若迂腐无能，等待这个王朝的也只能是灭亡了。

金朝按照女真族的部落传统，是通过选举来决定首领的。自熙宗开始，由于受汉文化影响，做起了"一世二世以至万世"的美梦，开始了"家族产业"的苦心经营。金朝共有9帝。太祖完颜阿骨打1115年称帝建立金朝，经过一路的建设，到第五位皇帝金世宗时，金朝达到了鼎盛时期。金世宗实现了"大定盛世"，统治长达29年，创造了金朝的全盛时期。然而就如一条对称的抛物线一般，金世宗处于抛物线的顶端，前有4帝，后有4帝，在慢慢达到巅峰后又慢慢地走向衰落。世宗驾崩后，在他之后称帝的君主才能都较逊色，金朝相应进入了"守、耗"阶段，直到哀宗时期，终于破败亡国了。

大定二十九年（1189年），金世宗驾崩，他的孙子完颜璟即位，即金章宗。完颜璟的父亲完颜允恭早已被立为太子，但是由于他早逝，世宗就立完颜璟为太孙。世宗病死后，完颜璟于同日在灵柩前继位，第二年改年号为明昌。

完颜璟非常热爱汉文化，是金朝汉文化水平最高的一位皇帝。他喜爱汉文，诗词创作甚多，并且能书会画，是个很有才华的人。他在朝中设立书画院，搜集散佚的书籍和书画名品，对中国字画的保护作出了巨大贡献。

章宗即位后，便将他对汉文化的热情付诸实际行动。他大兴郡学，提倡儒术，进一步采用汉族礼仪服饰，废除奴隶制，提倡女真族和汉族通婚，促进了民族间的融合，使人口得到迅速增长。各族间相安无事，和平相处，景象一片大好。但是此间北方边境却不得安生。蒙古、塔塔儿等游牧部族不断南下侵扰，章宗先后派兵征讨漠北各部，大败蒙古、塔塔儿部。他为了防御北方游牧部族的频频侵扰，命人在北方边界修建了界壕。然而，屋漏偏逢连夜雨，1206年，南宋宰相韩侂胄在宁宗皇帝的支持下，派兵大举北伐金国。章宗收买宋朝将士作为己用，并派仆散揆、完颜匡率大军击败了宋朝的北伐，最后逼宋朝杀死韩侂胄，并奉上他的项上人头来议和。虽然金国取得了最后的胜利，并逼迫宋朝签订了和议，以此获得了大量的赔款，但也蒙受了巨大的损失，这些损失不是用金钱就能弥补的。

而这时雪上加霜的是，大自然也给金国出了道难题：黄河先后三次大决口，淹没了附近大片的田地、房屋，使得居民被迫迁移，饥寒交迫。修补决堤的防护大坝，安置灾民，等等，给金朝财政经济造成很大困难。但是这时金朝的财政状况已不是很乐观，章宗为解脱困境，大量发行交钞，增加赋税。但这种拆了东墙补西墙的做法不但没有缓解危机，反而使情况更加恶化。面对内外交困的危机，章宗忧心忡忡，积劳成疾，没有足够的精力来打理朝政，金朝逐渐走向衰落。

1208年的阴历十一月，章宗病死，时年41岁。他在遗诏说："朕尚无子，贾氏、范氏已经怀孕，即将分娩，如果两妃中生下男孩，就马上立为皇帝。"但是他想立子为王的美好愿望却没能达成。

觊觎皇位的人大有人在，他们怎么可能甘心老老实实地等待还未出生的婴儿将来坐上自己向往的那个高高在上的位置呢。章宗病死后，那些心怀不轨之人立即展开了行动，设计在章宗病死的同月拥立完颜永济为帝，称卫绍王。卫绍王完颜永济，是金世宗的第七个儿子，金章宗的叔叔。他无德无能，却心狠手辣。在他即位后，为了保住皇位，立即毒杀了章宗怀孕的贾妃，又令范妃堕胎，并将她削发为尼，彻底将章宗的子嗣扼杀于母腹之中。

完颜永济在一群心怀不轨之人的帮助下，成功夺取皇位，但是他实在是没有治国的才能，缺少高瞻远瞩的眼光。他在位期间，蒙古崛起。若完颜永济是政治敏感的人，看到蒙古那样疯狂的对外侵略扩张，一定会料到同样的灾难有一天也会降临到自己的头上，而最好的办法就是未雨绸缪，赶紧加强自己的实力，以防止灾祸的发生。成吉思汗妄图进攻金国的企图赤裸裸的显现，他首先出兵进攻当时臣属金国的西夏，既可以通过此举窥探金国的反映，又可以向它示威。西夏孤立无援，向金求援，卫绍王不顾唇亡齿寒的道理，竟然坐视不救，这之后的苦果只能由卫绍王自己来吃了。

成吉思汗攻陷西夏后，于1211年进攻大金，使得金兵屡屡溃败。第二年，契丹人耶律留哥起兵反金，并在不久后带领着庞大的军队依附蒙古，帮助蒙军击败了60万金兵。蒙古军有了如此强大的得力帮手，如虎添翼，对金国的进攻有增无减，金国的处境更加危险。虽然完颜永济糊涂，但是此时他歪打正着做出了正确的决断：他采纳主战死守的建议，命人顽强防守。在众兵士的顽强抵抗下，蒙古军暂时被击败。但是，蒙古军屡败屡战，丝毫没有放弃消灭金国的念头。

1213年八月，成吉思汗再次率大军逼近中都。卫绍王用人不当，派胡沙虎出兵迎敌。胡沙虎是个贪生怕死之徒，最爱临阵逃脱。大敌临近，他依旧沉迷于玩乐，卫绍王着急就派使臣前去严厉指责并督促他出兵，没想到胡沙虎竟然怀恨在心，一气之下便起了杀心。他伙同一部分不轨之徒将卫绍王劫持出宫。不久，又派宦官李思中用毒酒将卫绍王毒杀。完颜永济为人优柔寡断，没有安邦治国之才，且忠奸不分，没有识人之才，最终竟死于自己万般宠信的胡沙虎手中，搬起石头砸了自己的脚。而奸臣当道，金国的灭亡命运已逐渐显现。

胡沙虎杀掉卫绍王后，拥立完颜珣为帝，史称金宣宗。完颜珣是世宗的孙子，章宗的哥哥。鹬蚌相争，渔翁得利，此时已年过半百的他因内部的政治混乱而喜得皇位。但是居其位谋其政，权力有多大，身上的担子就有多大。以完颜珣的能力，收拾这个烂摊子似乎不太可能。面对蒙古兵的疯狂南下侵略，无能的金宣宗只知求和，他答应了蒙古军许多苛刻的要求，与蒙古媾和签下和约，使金朝得到了暂时的安宁。

宣宗在国内大量发行钞票，造成金国经济濒于崩溃，人们苦不堪言，一时间怨声载道。面对内忧外患，宣宗不知励精图治，却又给自己招来一个麻烦。他听信当时总揽朝政的尚书右丞相术虎高琪等人的建议，下诏攻南宋，受到宋军的顽强抵抗，损失巨大。

金国内部乱成一团，而在外部北有蒙古，南有宋朝，两面夹击，已是进退维谷。天兴二年（1223年）十二月，完颜珣给金朝留下一个烂摊子，在宁德殿内撒手去了，终年61岁。临终遗诏，立太子守绪继位。第二天，完颜守绪在灵柩前即位，是为哀宗，第二年改年号为"正大"。

金哀宗年轻气盛，即位后雄心勃勃进行了大刀阔斧的改革，使金国的状况一度得到了好转。他顾虑到现在金军的力量过于虚弱，就主动和西夏、南宋停战讲和，集中力量抗击蒙军。虽然哀宗具有不凡的才能，但是生不逢时，金国国势实在是积重难返，纵使他有再大的能力也无力回天了。

1234年，蒙宋联手进攻金国，金国无力抵抗，溃不成军。哀宗见救国无望，自缢于幽兰轩，时年37岁。金朝后继无人，自此灭亡。

盛极必衰，是万事万物之定理。金朝也难逃这一魔咒，它只不过是在漫漫历史长河中忠实地扮演了自己的角色罢了。

一代天骄诞生

提起成吉思汗，人们马上会联想到在广阔无垠的草原上，一个跃于马上、奋勇杀敌的勇士形象。确实，元太祖戎马一生，杀敌无数。而他的最大功绩就是统一了七零八落的蒙古草原各部，为忽必烈建立"元"、统一中国打下了坚实的基础。

当南宋偏安一隅、金朝由盛转衰的时候，中国北方的蒙古高原正在发生巨大的变化：一个强大的部落正在崛起，一个将对中国历史产生重大影响的伟大人物诞生并茁壮成长，这就是乞颜部孛儿只斤铁木真。

历史上有名的人，大都带些神秘色彩，有着让人惊叹的逸闻趣事。不管是真有其事，还是当事人为了给自己创造口实，或是后人的牵强附会，都侧面反映了人们对此种神秘力量、上天的旨意怀有的敬畏。铁木真的诞生就有着些许传奇色彩。传说铁木真出生时，手中正握着一个小血块，按照古时信仰，这意味着上天降将掌管生杀大权。而"铁木真"这个名字的由来也有段小故事。当时蒙古人中间流传着一个信仰：如果在抓到敌对部落勇士时，本部落正好有婴儿出生，那么这个勇士的勇气会转移到刚出生的婴儿身上。据说，铁木真出生时，他的部族的属下正好俘虏了一位敌对部落勇士，名为铁木真兀格的，于是"铁木真"就成了铁木真的名字，是不是真的继承这位勇士的勇气，就不得而知了。

铁木真生活的那个年代，草原上的各部，不管是贵族、平民、还是奴隶都生活在水深火热之中，贫困难当，生产力极其低下。汉文化逐渐传入北方草原，为世世代代生活在这片广阔草原上的人们带来了一丝曙光。游牧民族因此逐渐掌握了新的武器制造技术，武器越来越先进。由于各个游牧民族还持续着古老的游牧生活，为了争夺食物、土地、水源、马匹，等等，经常互相残杀。草原上经常血流成河，尸骨遍野，一片惨不忍睹的景象。在弱肉强食的社会，人们为了生存，就连杀掉自己的亲兄弟眼都不眨一下，更何况是和自己毫无关系或对自己造成威胁的人。人的生命连草芥都不如，人们的善良、同情之心几乎都已泯灭，现实逼迫他们形成了野蛮残忍的风俗和本性，也是后来蒙古帝国大肆屠杀其他民族的原因之一。

铁木真是贵族后代，其父亲也速该是乞颜部的酋长。他10岁时，不幸降临。父亲也速该遭塔塔儿族仇人杀害，乞颜部的奴隶、牲畜也大多被抢走，只剩下几匹瘦弱不堪的马还有几个身强力壮的弟弟做帮手。父亲一死，有人便落井下石，将铁木真一家赶走。一家老弱被抛弃，不但要忍耐饥寒交迫的侵袭，还要逃避塔塔儿族仇敌的追捕。铁木真带领一家人及奴隶辗转于荒郊野外，风餐露宿。长达数年的艰苦逃亡生活使他形成了坚毅忍辱的性格，也学会了见风使舵的手段。

铁木真成年后，他的妻子被抢走，铁木真受到极大的侮辱和打击，走投无路，便利用父亲与克烈部王罕的昔日友谊，投靠王罕，拜他为养父。他和亲属一起把父亲的一些旧有的奴隶加入到王罕的部落中，为其出力卖命，残杀其他部落。在投奔养父期间，铁木真逐渐取得了王罕的信任，成为其得力助手。但他不甘心一辈子都居于人下，而且他视复兴自己的部落为己任，就小心翼翼的利用王罕的权势，暗中培养自己的私人势力。

铁木真很善于攀附有权势者来强大自己的力量。王罕成了铁木真的第一个跳板，但是久而久之，铁木真意识到单靠王罕的力量还远远不够，于是就寻找对自己更为有利的人选。他将目光瞄准了草原贵族札木合。通过王罕的关系，铁木真与札木合结拜成了兄弟。札木合对铁木真有情有义，为了帮助铁木真及其穷困潦倒的族人，就将两人的部落弄到一起共同生活。在札木合的鼎力帮助下，铁木真将被抢的妻子成功夺了回来，也夺回了丢失的男人尊严。两人情同手足，但日子久了，矛盾逐渐显现：铁木真陆续提拔一些非贵族的人为将领，引发了札木合的不满。两人协调失败，矛盾升级，最终导致决裂。

在铁木真的努力下，乞颜部再次强大。而此时发生了一件对铁木真极其有利的事情：被金朝一手扶持强大的塔塔儿部（鞑靼部）一夜之间变脸，其首领蔑兀真笑里徒不知天高地厚，以为自己已足够强大，就带领本部族反抗金朝，大肆掠夺金朝边境的汉族地区的财产。这一不自量力的举动惹怒了金朝，金国皇帝立即派大将军完颜襄联合克烈部王罕和铁木真共同出兵进攻塔塔儿部。塔塔儿部不堪一击，溃不成军，蔑兀真笑里徒也被杀。然而王罕和铁木真仍不善罢甘休，他们落井下石，趁着塔塔儿部元气大伤的时候彻底消灭了其残余势力，并对鞑靼民族实行了惨绝人寰的种族灭绝政策。就这样，铁木真借助金朝和王罕的势力消灭了世仇塔塔儿部，报了儿时杀父之仇。

这次的合作成功使得铁木真受到了金朝的重视，成了金朝的属臣。此后，铁木真时常进贡，虽然只是小小的贡品，但金朝为了显示自己财大气粗，往往回赠给铁木真大量的物品。就这样铁木真以小换大，本来一贫如洗的他逐渐积累了大量的财富。

克烈王罕年迈，权力继承问题逐渐提上日程。铁木真作为王罕的义子和王罕的亲生儿子桑昆之间发生冲突。血浓于水，在铁木真与桑昆的这场权力争夺战中，王罕选择了与亲生儿子站在同一条战线。铁木真遭到了父子两人的合力追杀，损失惨重，狼狈出逃。

虽然铁木真在这次大战中失败，但是上天很快赐予了他翻盘的机会。铁木真乘王罕与金军作战后元气大伤之际，突袭王罕驻地，以迅雷不及掩耳之势，仅用三天时间就完全消灭了克烈部。铁木真将王罕的人马占为己有，成为了草原最大的势力。之后，他降服回纥，突袭并灭亡了喀喇契丹，统一了蒙古草原七零八落的众部族。1206年，铁木真在斡难河源头召开库里尔台大会，自称"成吉思汗"，建立了蒙古国。

一代天骄，就这样诞生了。

铁木真据守北方草原，俯视这片大好河山，不禁冒出将这整片江山据为己有的念头。雄赳赳气昂昂，他又准备开始出征上路了……

南宋卷 偏安南隅，中兴无力崖海沉沦

第八章 奸佞祸国殃民

史弥远先发制人

深宫之内，各种势力杂陈，钩心斗角是家常便饭。朝廷里投机取巧，趋炎附势，有时可起到事半功倍的作用，当然并不是每个人都会成功，重要的是要选对依附之人，而且自己要有足够的实力被权势相中。当所依附之人大势不再之时，就要果断地将他踢开，与之划清界限，再谋出路。或再寻权势依附，或成为被人依附的势力。在宫廷之上，这样的戏从不曾落幕。这是"识时务之人"的生存哲理。称相两朝的史弥远把这一哲理演绎得淋漓尽致。

史弥远连任宁宗、理宗两朝宰相，独掌大权26年，将皇帝当成自己的傀儡，任意摆布。在这一点上，他和韩侂胄同出一辙。虽然史弥远如此不可一世，呼风唤雨。他的仕途刚开始时却平淡无奇，并没有一帆风顺。他于淳熙六年（1179年）入官，十四年考取了进士。光宗时期，他官至太常寺主簿。后来他以奉养父亲史浩为由请辞，父亲史浩死后为其守丧。庆元二年（1196年）守孝完毕、除去丧服后，出任八品小官大理司直，郁郁不得志。到开禧元年（1205年）初的近十年时间里，他才从芝麻小官儿升至六品的司封郎中。开禧元年七月，他生命中的贵人兼敌人韩侂胄出任平章军国事，位在宰相之上，他重用了史弥远。到开禧三年三月的不到两年的时间里，史弥远不但已封为男爵，而且已升为礼部侍郎兼刑部侍郎的三品大员，来了个华丽变身，一步登天。

虽然史弥远受韩侂胄提拔，平步青云，但后来两人关系却逐渐恶化。韩侂胄在"庆元党禁"中大失人心，希望通过北伐金朝，收复失地来扳回自己的政治威望。但是史弥远秉承父亲史浩与金讲和的原则，反对韩侂胄出兵北伐。这就造成了两人之间的矛盾。

而史弥远由于步步高升，位处高职让他尝到了甜头，也助长了他的政治野心。韩侂胄掌控宁宗，独揽大权，一手遮天，史弥远把一切看在眼里，不免心生羡慕、嫉妒，为什么自己就不能像韩侂胄那样呼风唤雨。而上天在此刻赐予了他一个极好的机会来取代韩侂胄。

韩侂胄在部署不周、且备战不足的情况下出兵北伐，由于不宣而战，一开始宋军大获全胜。但好景不长，宋军内部出现叛徒——韩侂胄支持重用的宋军西线主帅吴曦叛变降金，使宋军大受打击。

此消息于开禧三年二月传到南宋首都临安时，宋朝君臣心灰意冷，对战胜金军，收复中原失地，已不抱希望，韩侂胄的威望也因而严重受挫。韩侂胄于六月遣使臣方信孺到开封同金朝谈判，金方提出以韩侂胄首级作为议和的前提，这理所当然遭到他的拒绝，韩侂胄筹划再战。作为主和派的史弥远哪能错失此种良机，便决心设法杀死韩侂胄，既可以与金议和，又可以取而代之，正所谓一箭双雕。但是要杀死韩侂胄谈何容易。宁宗对韩侂胄信任有加，百依百顺。而且韩侂胄的党羽庞大，处处有眼线，要实行起来实在是太难。若是有人能帮助自己瓦解宁宗对韩侂胄的信任，能做到外朝、内宫联手，里应外合，那胜算就会大大提高了。此时，一个重要人物粉墨登场了，便是杨皇后。

从古至今，后宫都是个危险之地，妃嫔们在觊觎皇后之位的同时，也为了保住自己的地位想尽各种办法。宁宗时的后宫自然也不例外。宁宗原配韩皇后是韩侂胄的侄孙女，她自然成了叔祖父在后宫的靠山。而杨氏出身低微，虽然宁宗对她宠爱有加，并封其为贵妃，但杨氏深知伴君如伴虎，一个弱女子若没有娘家人支持，很难在宫中立足。于是便冒认同乡杨次山为兄，让他作为自己的后台，好在后宫、朝堂上互相帮衬。就在杨氏封贵妃的这一年，韩皇后不幸病逝。国不能一日无君，当然后宫皇后之位当然也不能长期空缺。不论当初愿意不愿意，大凡被选入后宫之人，进入这深宫大院之后一心想的就是登上那个高高在上的后位，享受母仪天下、一人之下万人之上的美妙感觉。韩皇后一死，后宫嫔妃们都蠢蠢欲动，使尽浑身解数，争奇斗艳，展开了激烈的明争暗斗。

与此同时，韩侂胄也在后宫物色新的盟友，因为韩皇后的突然去世，后宫的靠山必须重新培养。

随着妃嫔们的斗争逐渐升级，最有可能成为皇后的人选也渐渐浮出水面：杨贵妃及曹美人。论心机，曹美人明显不及杨贵妃的万分之一。论美貌，两人可谓是平分秋色，各有特点。如此看来，杨贵妃称后是胜券在握。但是韩侂胄需要的是一个便于控制、对自己言听计从的傀儡，而不是杨贵妃这样太有主见的角色，于是就极力劝说宋宁宗立曹美人为皇后。

就这样在立新皇后的问题上，韩侂胄与杨贵妃结下了梁子。虽然宁宗对韩侂胄信任有加，但所谓英雄难过美人关，宁宗也不例外。杨贵妃得知此事后，难免记恨韩侂胄，但她深藏不露，充分发挥她作为女人的优势，在宁宗身上做足了工夫。宁宗身体不好，她便无微不至地照顾，再加上她天姿国色，稍微施点媚功就可以讨得宁宗的欢心。这一切果然奏效，宁宗从内心深处宠爱杨氏。终于，嘉泰二年（1202年）末，杨氏如愿以偿，被立为皇后。

对韩侂胄曾经阻挠自己为后一事，杨氏一直心怀记恨，要伺机报复。韩侂胄北伐，杨皇后从一开始就不赞同，等到北伐遭到严重挫折，宋军损失惨重时，她便想落井下石，借此机会除掉韩侂胄。虽然自己现在已掌握了后宫的大权，但要做到天衣无缝，还需要有外朝大臣的有力支持。杨皇后便通过杨次山找到了与韩侂胄素不合的史弥远。而此时史弥远也正在寻找能够帮助自己将韩侂胄取而代之的靠山和内应，面对主动送上门来的这位盟友，史弥远欣然接受。

杨、史占尽天时、地利、人和，很快便开始了着手除掉韩侂胄的阴谋。杨皇后并没有子嗣，但和宋宁宗年仅16岁的嗣子赵曮情同母子，关系密切。杨后一边伺机在宁宗面前说韩侂胄的坏话，一边和史弥远将赵曮拉到自己这边的阵营，挑唆赵曮上疏指责韩侂胄北伐过于轻率，希望利用赵在宁宗心中的分量来搞垮宁宗对韩侂胄的信任。但是此举徒劳无功，宁宗对杨后等人的建言不予理睬，对韩侂胄并没有失去信任。

朝廷大权还握在韩侂胄手上，如果宁宗走漏了风声，韩侂胄要置杨、史于死地简直就是易如反掌。他们清醒地认识到，自己与韩侂胄已经到了水火不容的地步，不是你死，就是我亡。于是就趁韩侂胄忙于整兵再战的时候，先发制人，下了毒手。

他们意识到，在北伐一事上宁宗是坚决站在韩侂胄一边的，想通过宋宁宗下诏罢免韩侂胄，就如痴人说梦，绝不可能。天无绝人之路，他们决定另辟蹊径，既然宁宗不可用，那么就直接绕过宋宁宗这一障碍，伪造御批密旨来将韩侂胄除掉。他们串通好夏震等人，趁韩侂胄上朝的时候，连哄带骗，把他截至玉津园夹墙内残酷地杀将其死。

如此一来，共同的敌人被杀死，史弥远与杨皇后阴谋得逞，各取所需，解除了心头大患。韩侂胄一死，北伐大业自然是以不了了之而告终。朝廷的实际大权落入史弥远之手，他积极奉行降金乞和政策，并于嘉定元年九月签订了屈辱的宋金"嘉定和议"：金宋由叔侄之国改为伯侄之国，岁币由20万增为30万；另加"犒军银"300万两，这是以往和议中从来没有过的条款。

对于如此残害自己国家的金军竟然要犒赏如此重金，实在是耻辱至极。"嘉定和议"也因此成了宋金议和史上最为屈辱的和议。之后，史弥远又应金人的要求派人把韩侂胄的头颅割下，遣使送往金朝"以示友好"。

史弥远当年受到韩侂胄的重用从一个芝麻小官得以升至高位，最后为了一己私利勾结后宫，恩将仇报杀死韩侂胄。手段之卑劣，为人所不齿。虽说韩侂胄也是罪有应得，但未战死沙场，却死在史弥远这种人手里，终究不是他所愿。玩弄权势之人，终究是以惨淡收场。

奸臣当道

秦桧、韩侂胄、史弥远、贾似道作为南宋朝四大当道奸臣，经常被人们提起。秦桧自不用多言，卖国求荣，害死忠臣，是不折不扣的大奸臣。韩侂胄控制宁宗，独掌大权，为所欲为，北伐大业尚未完成就被史弥远杀死，他利欲熏天，害死赵汝愚，逼走朱熹，不管南宋人民死活，出兵伐金，让他落下个奸臣的坏名声。其实，把它列为奸臣似乎有些不妥，说到底，他不好就不好在权力欲太重，太过于自私自利。而史弥远也是利欲熏心，为了一己之私不择手段。韩侂胄毕竟他还企图从金兵手里抢回失地，虽然未能成功。要说韩侂胄客观上振奋了人心，提醒宋朝人民不忘国耻，还有些意义，史弥远则真的是一无是处，不过是个纯粹的小人罢了。

1207年，史弥远与杨皇后密谋杀死韩侂胄后，宁宗的依托对象也自然而然的由韩侂胄改为了史弥远。他改明年为嘉定元年（1208年），韩侂胄成了被抨击的对象，宁宗声称要革除韩侂胄的弊政，并命人改写韩侂胄专政时期的国史，妄图将韩侂胄的痕迹抹掉。他还剿灭韩党，为赵汝愚、朱熹等在"庆元党禁"被害的理学派之人平反昭雪，以此来笼络人心。但这一切都是在史弥远的唆使下进行的。史弥远实际上已执掌政权，成功成为韩侂胄的替补，享受着一人之下万人之上的权力。

成功除掉韩侂胄让史、杨两人实现了"双赢"，两人都视对方为最好的合作伙伴，他们得寸进尺，更加狼狈为奸，一内一外操纵着宁宗，哄得宁宗晕头转向，对他们言听计从。没有了韩侂胄这一障碍，史弥远的仕途呈现出顺风顺水的绝佳状态，即使途中有些暗礁挡道，他也能成功地避开。嘉定元年（1208年）正月，史弥远升为枢密院知事，到了上半年的时候，他设计除掉了对自己不利的参知政事卫泾，并取而代之，在七月的时候兼任参知政事；而这时还有一个强大的力量使史弥远心有忌惮，那就是右丞相兼枢密使钱象祖。十月，当钱象祖升为左相的同时，史弥远被拜为右相兼枢密使，虽然史弥远也得以高升，宁宗也已像过去信任韩侂胄那样倚信于他，但他头顶上还是有比自己权力更大的钱象祖，要想达到一人专政，还有一步之遥。

谁知，上天也不眷顾他。史弥远拜相仅半个多月，母亲就去世了。按照常例，他必须辞去丞相的职位，回乡为母亲守丧丁忧。这样一来就会出现钱象祖独相的局面。史弥远阴险狡诈，岂会给敌人留下可乘之机。他便先发制人，联合御史中丞章良将钱象祖弹劾排挤出朝。在这次权力角逐中，史弥远先后除掉两个对手，使得卫泾、史弥远、钱象祖三足鼎立的政治局面瓦解。如此一来，史弥远便没有了后顾之忧，他在家乡为母亲丁忧守丧完毕后，于次年的五月，起复为右丞相。此时，朝堂上已没有人能与之匹敌，他正式开始了长达20多年的独相专政时代。

一朝小人得势，国将苦不堪言。回看史弥远为夺取权利而实行的种种手段，及时而切中要害,也可窥见他实非等闲之辈。若是史弥远的这些才能用到治国安邦上,南宋王朝的衰颓景象说不定能有所好转。但设想终归是设想,历史不会因此而改变。

史弥远重新走马上任,就燃起"三把火",拉拢人心。由于他降金乞和,遭到南宋人民的不满,为了树立自己良好的形象,他继续为被韩侂胄谋害的"伪党"理学派人士平反,并起用黄度、楼钥、杨简等著名党人,还重用真德秀、魏了翁等著名理学人士来提高自己的人气。由于任用群贤,朝廷上一时间风气焕然一新。人们似乎看到了转机,认为南宋有了希望。但这一切只是假象,只是史弥远追求权力的阴谋而已。

史弥远独揽相权,致使皇权一蹶不振。他想方设法地巩固自己的权力:将提拔、贬斥、任命官员的权利全都掌握在自己手中,如此一来,若想升官发财,官吏们就必须对史弥远低声下气,还得想尽办法巴结他,讨他的欢心;史弥远还培植了一群鹰犬,结党营私。他尽挑选任用一些便于控制的人执政,这些人对史弥远百依百顺,空有其职,实为摆设。宁宗则被视为空气,万事都由不得他自己做主,其受控制之程度,比韩侂胄时期更甚。

史弥远的专政遭到当时有识之士的攻击,为了阻止别人对自己的恶行说三道四并打击异己,史弥远还操纵台谏,控制舆论,严防上通下达。然而,这个做法虽然表面上控制了人们的言论,但实际上大家虽然不敢言于表面却都心知肚明,如此高压的政策只会让人们的不满情绪越涨越高。

韩侂胄被诛不久,宁宗就立皇子赵曮为太子。赵曮当年协助史弥远杀害韩侂胄,杨皇后膝下无子,为自己老后做打算,把赵曮作为亲生儿子般百般疼爱。赵曮被立为太子,正中史弥远和杨皇后下怀。不料,赵曮命薄,被立为太子后不久,就去世了。如此一来,宁宗膝下几子全部夭折,不得不再次考虑太子人选。

1221年六月,宁宗立太祖的十世孙贵和为皇太子,改名赵竑。由于赵竑对史弥远专权及与杨皇后的狼狈为奸很反感,一直想要除掉史弥远。但史弥远如此奸诈之人,岂会坐以待毙,他立刻采取行动。史弥远知道赵竑喜欢弹琴,便送上一名擅长琴艺的美人,让她作眼线,时刻向自己报告赵竑的一举一动。赵竑浑然不知,对那位美女宠爱有加,掏心掏肺,还时时当着她的面大骂史弥远,扬言说将来一定要将他发配到边远的海南四州去,但他根本不是史弥远的对手。他在明,史弥远在暗,不知韬光养晦,还处处扬言要除掉史弥远,终于为自己招来了杀身之祸。

史弥远秘密物色人选,准备将赵竑取而代之。他将目光瞄准了另一位太祖的十世孙赵与莒,并派自己的同乡与亲信国子学录郑清之精心培养。他还择机向宁宗提议再为无嗣的沂王立后,趁机推荐赵与莒,宁宗采纳了这一建议,将其改名贵诚。他为赵与莒谋得"名分"之后,还在宫廷内制造舆论散布赵与莒出生时的种种吉兆,为他日后登基称帝铺路垫石。

嘉定十七年八月,宋宁宗病重不能处理朝政,史弥远加快了策划宫廷政变的步伐。他勾结郑清之伪造宁宗遗诏,逼杨皇后同意废皇子赵竑。宁宗一驾崩,就扶持贵诚登基称帝,为理宗。废赵竑为济王,赐第湖州,将其监管了起来。之后,他借发生湖州之变之机将赵竑害死。史弥远将理宗一手扶上皇位,理宗念其拥立扶持之功,再加上在朝中也没有根基,为了韬光养晦,他一直任史弥远摆布,看史弥远的脸色行事。由于理宗与史弥远结成一荣俱荣,一损俱损的关系,史弥远也就获取了比宁宗朝更大的独揽政权的资本。史弥远在理宗朝又独掌大权近10年。绍定六年,史弥远病重,但仍控制着朝政大权,在生命的最后时刻,还不忘提拔史氏家族成员。不久,史弥远撒手人寰。

史弥远独相两朝,专政26年。面对金朝的压迫,他卑躬屈膝,一味求和,而在国内,则嚣张跋扈,一副唯我独尊的模样,是个十足的双面小人。南宋历经韩侂胄与史弥远前后近40年的权臣

平步青云的杨皇后

宋宁宗赵扩虽然天生愚笨，治国无方，但他欣赏女人的能力却毫不含糊。从历代皇帝的经历来看，虽然他们贵为一国之君，但在选取皇后、妃嫔一事上经常由不得自己做主。正所谓普天之下，莫非王土，普天下的美妙女子也当然是属于他们的了。但是，皇宫里的婚姻经常是和政治扯在一起的，就算他们权力再大，也要受各方面因素的限制，层出不穷的皇帝和后妃之间的凄美爱情故事也充分说明了这一点。在这一点上，宁宗算是皇帝当中比较幸运的了。

宁宗的第一任皇后韩氏出身名门，是韩侂胄的侄孙女，家族背景强大。当宁宗还是嘉王的时候，韩氏就被太皇太后吴氏（宋高宗皇后）赐给了赵扩，成了他的正室。但是，宁宗真正喜欢却另有其人，那就是后来的杨皇后。由于韩氏是吴太后所赐，宁宗当然不敢说什么，只能默默接受。赵扩当上皇帝后，韩氏也自然而然的被晋封为皇后，从此母仪天下。不过，红颜薄命，韩氏只当了六年皇后，便得病死去。

宁宗的第二任皇后就是与史弥远狼狈为奸的杨皇后。韩氏不幸得病去世后，后宫的嫔妃们为了后位展开了明争暗斗，最后工于心计的杨氏胜出，成功封后。比起韩皇后的显赫背景，杨氏就显得渺小无依了。

其实，即使面对如此多的竞争者，杨氏能够封后也是意料之中的事。这就得从她小时候说起了。杨氏儿时的经历稍有些苦情色彩。她本名桂枝，出身卑微，父亲是一介草民，正史根本就对他没有做记录。而杨氏的母亲张氏擅长音乐，杨氏继承了母亲的音乐细胞，很小的时候就对音律表现出极大的天分。后来，她跟随母亲入宫，小小年纪就成了一个杂剧女伶。

伶人在宫中身份低微，杨氏很小就学会了察言观色，八面玲珑。后来因她的母亲生病回乡，杨氏被派去侍候太皇太后吴氏。她年龄虽小，却聪明伶俐、知书达理，不仅通读史书，通晓古今，涉猎很深，而且能诗擅画，多才多艺。于是她很快便崭露头角，引起了太皇太后吴氏的注意，得到了太后的百般怜爱。

在吴太后处的生活成了杨氏麻雀变凤凰的最佳跳板。由于宫中的礼节，当时还是嘉王的宁宗需要常常到吴太后宫中问好请安，和杨氏接触的机会自然就多了起来。杨氏才貌出众，乖巧可人，很容易就引起了赵扩的注意，赵扩无意之间就对杨氏表现出了好感。杨氏聪慧，见赵扩对自己有意思，就经常与赵扩眉目传情。如此一来二去，两人暗生情愫。杨氏从小就是伶人，对逢场作戏、魅惑众生的方法并不陌生。虽然她比赵扩大好几岁，但始终有办法让赵扩对自己迷恋不止。赵扩当上皇帝后，虽然身边已有吴太后赐给他的韩皇后，但他依旧惦记着杨氏，经常借故到吴太后那里走动，与杨氏重诉旧情，日子久了，杨氏因此而得幸。

杨氏身为侍女，身份低微，竟然背地里偷偷勾引皇帝，不但有伤风化，还丢了自己的面子，吴太后知道后，气不打一处来，就想要惩罚杨氏。但宁宗和杨氏早就料到会这样，早就做好了准备。他们事先买通吴太后身边的宦官为自己说情。吴太后经不住巧舌如簧的宦官的花言巧语，渐渐消了气，转念一想，因为杨氏灵巧多才、秀外慧中，自己平时才对其疼爱有加，自己看中的人应该没什么问题。于是便成人之美，干脆将杨氏大方地赐给了宋宁宗，还百般叮嘱宁宗要看在自己的面子上好好对待杨氏。严格说起来，宁宗的两任皇后都是吴太后做主才得以实现，可见吴太后的分量之重。

这样一来，杨氏从身份低微的侍女平步青云，开始了她的富贵人生。

杨氏不仅美艳出众，且才华出众，不仅精通音律，且善于吟诗作画。她的书画素养在历代的后妃之中都很罕见。流传到现在的马远的《华灯侍宴图》上，就有杨氏题的诗："朝回中使传宣命，父子同班侍宴荣，酒捧倪觞祈景福，乐闻汉殿动驩声，宝瓶梅蕊千枝绽，玉栅华灯万盏明，人道催诗须待雨，片云阁雨果诗成。"诗与画相辅相成，交相辉映。

她的诗大多清新雅致，很受后世之人好评。她有很多诗作传世，如《题层叠冰绡图》一诗："浑如冷蝶宿花房，拥抱坛心忆旧香。开到寒霄尤可爱，此般必是汉宫妆。"她还曾经在当时多位宫廷画家如朱锐、马和之、刘松年、李嵩、马麟等的画上题诗，足见她对于绘画艺术的热爱。

皇太后将杨氏赐给宋宁宗后，他喜出望外，对杨氏恩宠有加。并于庆元元年（1195年），始封她为平乐郡夫人。庆元三年（1197年），又晋封为婕妤、婉仪。庆元五年，又封为贵妃。就在杨氏被封为贵妃的这一年，韩皇后因病去世，后宫之主的位子空缺，引发了妃嫔们争夺后位的明争暗斗。当时最有人气的候选人是杨氏和曹美人，曹美人为人善良温顺，不如杨氏计谋多端，根本不是杨氏的对手。虽然韩侂胄从中阻拦杨氏为后，但她略施小计便将后位收为囊中之物。嘉泰二年（1202年），41岁的杨氏终于如愿以偿，被宁宗立为皇后，母仪天下。

其实，杨氏博学多识，对奸佞贤良看得很清楚，是个有智慧的女人。但是她孤身一人在宫中，没有什么后台，要想保护自己很难。为了巩固自己在后宫的地位，她积极寻找同盟。她冒认同籍贯的杨次山为兄长，将他作为在宫外的帮手和耳目。只不过她选取的这个靠山之后将她引上了史弥远这条贼船，才一发而不可收拾，背上了千古骂名。

若抛开杨氏心机太深、勾结外朝大臣这一点，她其实算是个好妻子。宁宗体弱多病，杨氏对他百般照顾。日子久了，对宁宗该服什么药也能推算得一清二楚。虽然杨氏比宋宁宗年长六岁，但杨氏如此体贴入微，宁宗对她有一种依赖，始终对她宠爱有加，这也许正是杨氏的聪明之处和魅力所在。

开禧元年，韩侂胄出兵北伐。杨氏始终觉得南宋国力太弱，不是金朝的对手，故一直持反对态度。再者因为当初韩侂胄曾阻挠自己为后，于是对他总是耿耿于怀，并一直寻机报复。开禧三年（1207年），她借韩侂胄攻金失利之机，与丞相史弥远密谋将韩侂胄杀于玉津园。与史弥远的这次合作将她彻底推向了"坏女人"的行列。嘉定十七年（1224年）闰八月，宁宗去世。杨皇后在史弥远的威胁下，帮助他废掉皇子赵竑，立理宗赵昀即位，被尊为皇太后，并且垂帘听政。她深知垂帘听政遭到很多人不满，便在次年四月，撤销垂帘听政，将大权交还给理宗。理宗宝庆五年（1232年）十二月，71岁的杨太后病故。

观杨氏一生，从地位卑微的无名女伶到大富大贵的太后，她利用自己的聪明才智一步一步稳稳地向前迈进。虽然她为了自身利益，勾结史弥远，客观上造成了南宋的加速衰败，但是她本身并非大奸大恶之人，她之所以这样，只能说是她所处的时代、环境所惑而致。

假传遗诏换太子

中国历史上平民皇帝极为罕见，汉高祖刘邦、明太祖朱元璋算是真正的以平民身份白手起家，经过多年打拼建立了自己的王朝。但也有极个别皇帝，虽为平民，却不费吹灰之力，就登上了宝座，这个人就是宋理宗赵与莒。

1204年正月初五这一天，山阴县尉赵希瓐的夫人全氏顺利诞下一个男婴，起名赵与莒，一切都极其平常，并无特别之处。但是孰料这个名不见经传的婴儿在20年后竟然不费吹灰之力便一步登天，成了一国之君。

可能有人会想说：天底下哪有天上掉馅饼的好事。但事实就是如此，不容置疑。而这一切都要从一场政治阴谋说起。

赵扩年迈，不得不准备挑选继承人，但自己的儿子们不是早夭，就是年龄过小，能不能成活还是未知数，于是他就打算在宗室成员当中另觅贤能之人作为继承人。他看中了燕王德昭的后代赵曮，并立为太子。虽然宁宗属于秦王德芳一支，而且这时他也有儿子出生，但他对立赵曮为太子并无顾忌。但不料赵曮却于嘉定十三年（1220年）病死，无奈之下，只能再觅太子人选。次年，宁宗把弟弟沂王赵抦的儿子赵贵和立为皇子，改名赵竑。

然而这位皇子却有勇无谋、缺少心眼，他对权臣史弥远独揽政权极为不满，虽然已被立为皇子，但此时自己还远远没有实力与之抗衡。明明知道史弥远心狠手辣，为保护自己的利益不择手段，赵竑不仅不懂得韬光养晦，发展自己的实力，反而公然的表示对史弥远的不满，扬言要将他发配到边远的地方。

史弥远担心宁宗死后，本身地位、性命不保，就想先下手为强，另立皇子取代赵竑。因为赵竑由沂王的儿子过继成为宁宗的儿子，沂王就没有了子嗣，朝廷只得另找宗室成员过继给沂王，这就给史弥远提供了大好时机。史弥远可以通过给沂王立后的方式扶植"自己人"，然后再择机取代赵竑。所以史弥远派门客兼亲信余天锡暗中物色可以取代赵竑的人选，当然他只能打着为沂王立后的幌子悄悄行动。而他的这一行动彻底改变了赵与莒原本平凡的命运。

如果严格说起来，赵与莒也是宋朝宗室成员，身上流着皇室的血脉。他是太祖的十世孙，属于燕王德昭一支，但一晃之间，200多年已经过去了，德昭一支已经没落，早就和一般的庶民百姓没有太大的区别，完全变成了普通的平民，根本无身份地位可言。赵与莒的父亲赵希瓐平凡无奇，只是在山阴县当个小小的县尉，而且在赵与莒未成年时生病死掉了。一家的支柱就这样垮掉，母亲全氏根本没法养活几个孩子，无奈之下只得投奔娘家。但全家的情况也不容乐观，即使如此，全家还是接纳了因迫于生计而投奔自己的赵与莒和她母亲等人。从此，赵与莒就在担任地方保长的舅舅家生活。虽然生活清苦，但赵与莒也在乡野办的塾堂里接受了一些粗浅的教育。就这样他在平平淡淡中度过了18个春秋，直到史弥远将他从这平淡乏味的生活中解救出去。

正所谓无巧不成书，也许天意如此，余天锡带着史弥远交代给自己的任务回乡参加乡试，不巧一场倾盆大雨将他带到了赵与莒的身边。雨势太大，余天锡就到附近的人家避雨，而他避雨的地方正好就是全保长家。在这种偏远的小地方，难得见得到朝廷来的人，再加上全保长听说他是史丞相的门客，岂敢怠慢，忙着杀鸡宰羊，隆重款待。全保长一心想替自己两个外甥谋条生路，而现在朝廷的大官就在眼前，机会难求，就叫来赵与莒、赵与芮介绍给余天锡说："这两个是我的外甥，别看是在这偏僻的地方长大，他们可是皇室的血脉。"余天锡一听，不禁又惊又喜，史弥远刚托自己寻找宗室成员，立即就有人自动送上门来。他仔细询问了两个孩子的身份来历，并观察了他们的言行举止，觉得还不错，竟然连乡试也不去参加，当即回到临安将这件事告诉了史弥远。史弥远一听，也不免暗暗吃惊，觉得是天意如此让他这么快就找到这两个孩子，于是就派人把这两个孩子带到了京城。史弥远看到这两个孩子也很满意，尤其见赵与莒相貌堂堂，是个有福之人，就准备将他俩留在京城悉心培养。

谁知平地里起了风波，全保长知道将赵与莒两兄弟接到京城是为了要过继到沂王府，觉得自己的好日子快来了，不免炫耀一番。史弥远是个小心谨慎之人，他怕把这件事弄得尽人皆知，以后做起手脚来不方便，就立即让两兄弟回到了舅舅家。

到了第二年春夏之交，史弥远忽然又命余天锡把两兄弟接到临安，并暗中叮嘱说两个人里哥哥天生富贵命，应该在京城里抚养。就这样赵与莒再一次到了临安。史弥远正式开始了为他的废立大计做准备。史弥远一方面给赵与莒安排生活，找来当时的名儒郑清之教他研读经史文翰，学习宫中礼仪，让他习得做君王应有的基本品质。另一方面则不断地给他加官晋爵。嘉定十五年，在史弥远的推荐下，赵与莒被立为沂王赵抦嗣子，赐名赵贵诚。与此同时，赵竑与史弥远之间关系越来越僵，矛盾越来越激化。史弥远每天挑赵竑的毛病，挑拨赵竑与宁宗、杨皇后之间的关系，见两人对赵竑渐显不满，他趁机建议宁宗废赵竑而立赵贵诚为皇子，但事情没有成功。

在嘉定十七年（1224年）宁宗重病之际，史弥远开始蠢蠢欲动。他先派郑清之去沂王府打探赵贵诚的意向，看他是否愿意称帝。俗话说，爱美之心，人皆有之。而想必称王之心，也是人皆有之。但光有想法不行，还得有能力。赵贵诚非等闲之辈，面对郑清之的疑问，他先是一言不发，后来才吐出几个字："绍兴老母尚在。"郑清之微惊，心想此人城府颇深，乍一看像是答非所问，却一语双关，既道出了想当皇帝的意愿，又说出了其中的难处。史弥远在得到赵贵诚的答复后，便开始了正式的行动。

他趁宁宗弥留之际，拟了矫诏将赵贵诚立为皇子，并赐名赵昀。在短短的不到两年时间里，出身平民的赵贵诚已经高为皇子，可见史弥远的手段实在了得。此时，赵贵诚离高高在上的皇位，只有一步之遥了，但这岂是容易的事情。要想顺利让赵贵诚登上皇位，必须得先过杨皇后这一关。杨皇后是个有智慧的女人，虽然她不喜欢赵竑，但她明白史弥远的阴谋会造成朝野的震动，有百害而无一利。但无奈于史弥远的百般威逼利诱，只得同意废赵竑而拥立赵贵诚为帝。有了杨皇后的支持，史弥远更加有恃无恐了。在赵昀被立为皇子的一个月后，宁宗驾崩。史弥远假传宁宗遗诏，令皇子赵昀继位。如此，在史弥远的拥立之下，赵昀登基为帝，是为宋理宗。

真天子反成叛国贼

成者为王败者寇。一夜之间，原本即将成为皇帝的赵竑却沦落为济王，眼睁睁看着本属于自己的皇帝宝座落到他人之手，而自己连京城也待不成，只能默默居于湖州。

赵竑到了湖州之后，当地百姓无不为他感到惋惜和不平，其中潘壬、潘丙兄弟及堂兄潘甫等人对史弥远擅自废赵竑、拥立理宗的举动尤其不满、愤慨，就密谋发动政变，拥立赵竑为帝，还他应有的位置。

潘壬和弟弟潘丙都是太学生，身单力薄，没有什么势力。要想成功发动政变，单凭自己的力量是不行的，潘壬三兄弟想到了寻找同盟。他们派人与山东"忠义军"首领李全联系，约他共同起兵。李全不满金朝的黑暗统治，曾在山东、河北一带爆发了规模很大的红袄军起义，是当时有名的忠义之士。

但李全虽然抗金，但是对于南宋内部的这次争抢皇位的政治斗争却不感兴趣，也许是看赵竑实在难有治国之才，因此也未强烈反对理宗的登基上台。为了明哲保身，他表面上答应了湖州方面共同起兵的请求，并与其约定好了起兵的日期，表示到时候会派兵接应援助，实际上却按兵不动。

到了约好的起兵时刻，却不见李全一兵一卒，潘壬、潘丙、潘甫三兄弟见李全爽约，知道大事不妙，恐事情败露，只得假冒李全军队起事。他们随机聚集了一些太湖渔民、盐贩和湖州的巡尉兵卒共约近百人，以如此单薄之力起兵。

宝庆元年（1225年）正月初九的这一天，潘氏三兄弟率领着临时聚集起来的寥寥近百人，打着"忠义军"的旗号，夜入湖州城，闯入济王府，口口声称要拥立赵竑为帝，还他一个公道。赵竑听到这个消息，心想这简直就是胡闹，又急又气，慌忙躲进了附近的一个水洞，但是潘氏三兄弟拥立心切，很快就找到了躲藏的赵竑。

潘氏三兄弟强行将赵竑拥入州衙，逼迫他穿上黄袍。赵竑大哭，极力闪躲硬加在自己身上的黄袍，但无奈潘氏以武力胁迫，赵竑只得穿上黄袍。这一幕实在是很熟悉，因为宁宗也曾上演过和这个类似的"儿臣做不得皇帝"一幕。赵竑看潘氏一群人如此执著，自己也无法拒绝，无奈之下，只得和他们约定好：不能伤害杨太后及理宗。如此看来，赵竑也真是个心地单纯善良的人，不过对对手心软，无疑是自掘坟墓。得到潘氏的允诺之后，赵竑称帝。

湖州知州谢周卿率领官吏前来恭贺赵竑即位称帝。这就是史上著名的"湖州之变"，亦称"霅川之变"。潘壬随即以李全的名义发布榜文，列举史弥远的种种罪状，声称将率领精兵20万，水陆并进，直捣临安。

第二天天亮，赵竑再一次从称帝的美梦中惊醒，因为他发现拥立自己登基称帝的不过是由一些当地渔民、兵卒假扮，人数不足百人，并不是所谓的"忠义军"。他又悔又怕，后悔自己未搞清楚实际状况就答应了潘氏的拥立之举，害怕朝廷知道此事之后会将自己当成叛徒，杀人灭口。他看着这聊聊近百人，尽是些乌合之众，知道难成大事，便剑锋一转，指向了曾拥立自己为帝的这些人。他一面立即派人去临安向朝廷告发这次的政变，以求撇清自己的嫌疑，保全自身的安危；一面亲自率兵倒戈。他率领州兵讨伐、追捕潘壬等人。史弥远得到情报后，立即调军前来镇压，不过当军队抵达时，叛乱早已被平息。潘丙、潘甫被杀，潘壬脱逃至楚州，但立即便被捕，被押到临安处死。至此，这场闹剧便草草收场了。

湖州之变一瞬间点燃了赵竑的帝王梦，又在一瞬间被浇熄。赵竑虽然是被逼称帝，但他应该是有一丝丝的高兴。自己无法实现的帝王梦靠这近百人得以实现，虽然只有短短的一夜，也算了了他的心愿。但现实不容他沉浸在称帝的美梦中，他只能手刃帮自己实现心愿的人。

尽管他亲自上阵镇压了叛乱，并不代表他取得了理宗和史弥远的信任。湖州之变让他们受到了极大的震撼，知道只要赵竑活着，就算他自己不敢再谋权篡位，也难免不会有人利用赵竑作乱，这必将成为皇位的巨大威胁，若不斩草除根，必将后患无穷。

史弥远容不得这个眼中钉、肉中刺再在这个世界上存活，让自己心神不宁，于是暗起杀机。他假称济王赵竑有病，命门客兼亲信余天锡前往湖州为其诊治。余天锡宣称朝令，逼迫赵竑自杀，对外则称他病死，并杀害了赵竑年幼的儿子，彻底斩草除根。赵竑的死，引起了朝野内外的极大不满和同情。史弥远和理宗为了平息朝野内外的非议之声，夹起尾巴做起了好人，立即表示哀悼，还追封他为少师。但这只是他们的权宜之计，看举国上下的不满情绪稍微有些收敛，史弥远便挑唆理宗，让他收回成命，剥夺了赵竑的王爵，并追封为巴陵县公，将他打为谋权篡位的罪人。

真天子反成了叛国贼，这使得众多正义之士愤慨难当。众多大臣、包括理学大师真德秀、魏了翁都上书为赵竑鸣冤，但这只是劳而无功之举，而且还为自己招来灾难。理宗面对众臣的指责，说道："朕对赵竑已经仁至义尽了。"理宗和史弥远大力打击压制来自各界的非议，并编造各种理由将为赵竑鸣不平者贬出朝廷，但这种不义之举，仅凭压制怎会消失。

据记载，不论当时的朝臣还是市井的平民百姓一提及此事，莫不摇头叹气，一面为赵竑感到惋惜，一面对理宗和史弥远的恶举感到寒心。尽管理宗和史弥远费尽心思压制人们的言论，可是整个南宋朝为赵竑打抱不平的声音从未终止过，一旦出现灾象及战事，就会有人将灾祸归咎于赵竑的冤狱，给统治者以极大的舆论和精神压力。上天有眼，到了宋恭帝时，宋理宗皇后谢道清谢太后主持朝政，她深知理宗此举造成了极坏的影响，为了理宗的执政，在朝臣的建议下恢复了赵竑的名号，并给他选取宗子为其继承香火。如此一来，人们的非议之声也得以慢慢平息。

一朝真天子，反成叛国贼。世间的事，真是说也说不清，道也道不明。

有名无实的中兴梦

不在沉默中爆发，就在沉默中灭亡。宋理宗选择了前者。理宗从一介平民一跃成为九五之尊，这速度比火箭升天还快，不知羡煞多少人。人们只看到他光鲜亮丽的一面，却体会不到风光背后的辛酸，这其中的辛酸也只有理宗一个人才知道：自己一介平民，无身份，无地位，无人心，得到这个名不正言不顺的皇位，全仰仗史弥远的一手扶持。虽然自己登基做了皇帝，但是在朝中毫无根基，要想保住皇位还得继续依靠史弥远。虽然自己也想有一番作为，来证明自己的能力，但时机未到，不可轻举妄动。只好任凭由杨太后垂帘听政，史弥远代自己全权执政。满腔的热情、雄心大志就这样被埋在心底长达10年之久。

宝庆元年四月，杨太后在垂帘听政仅七个月后就宣布将政权交还给理宗，虽然这样，实际上的政权还是掌握在史弥远手里。宝庆、绍定年间，史弥远依然把持朝政，其独断专行的程度比之宁宗朝有过之而无不及。面对史弥远的一手遮天，不断有正直之士上疏弹劾，但是以理宗当时的实力，根本无力和史弥远抗衡，再者，对史弥远下手就是拆自己的后台，他不会傻到搬起石头砸自己脚。他和史弥远一荣俱荣、一损俱损，他必须靠史弥远来巩固自己的皇位。对于忠义之士的指责，他选择了视而不见、听而不闻。

终于，守得云开见月明，在经过了10年默默无闻的傀儡生活之后，理宗终于看到了希望。绍定六年（1233年）十月，史弥远病重，将他的党羽兼亲信郑清之升为右相兼枢密使，薛极为枢密使，乔行简与陈贵谊为参知政事，打点安排好后事才咽气，结束了他长达26年的独相专政。理宗封史弥远为卫王，谥忠献，并公开宣布"姑置卫王事"，即将史弥远的事情搁置起来，禁止臣僚们攻击史弥远的过失。

史弥远一死，理宗就将明年改为端平元年（1234年），沉默了10年，他终于爆发了。理宗开始亲政，新官上任三把火，他立即实行改革，试图革除史弥远专政时期的很多弊端，迟了10年的新火终于点燃了，由于这把火等的时间太久，因此来得格外猛烈。理宗实行的一系列改革被称作"端平更化"，内容广泛，涉及政治、经济、军事、文化等各方面。

要想真正实现亲政，就必须消除史弥远的残余势力。虽然史弥远已死，但他的党羽势力依然强大，且一直奉行史弥远的思想，打击政敌。这给理宗的亲政造成了极大的阻挠。理宗燃起的第一把熊熊大火就是罢黜史党。史弥远命归西天，他那些遍布朝廷的鹰犬心腹也失去了靠山。理宗唯恐过于直接否定史弥远，就等于否定自己，怕有人会趁机闹事，引起政治局面的震荡，就采取双管齐下的措施：一方面对史弥远曲加维护，禁止朝臣们攻击他的擅权专政，以此来维护自己继位的合法性。另一方面，对其党羽却绝不手软。理宗在史弥远病危期间，就在一天夜里降旨，罢免了史弥远的鹰犬——台谏官梁成大。理宗也暗中培养了自己的势力，他指使亲信们上疏弹劾史弥远一党的梁成大、李知孝、莫泽，并在削去他们的官职后将其流放。处理这三人之后，其他人就如枯草般不可一击，理宗趁势罢黜了更多史弥远的亲信党羽，巩固了自己的势力。

政策成功后，如何建设就成了最重要的问题。除掉史弥远的党羽对理宗来说是首要之举，但任用贤臣，发展自己的政治势力这一建设的巨大工程也是迫在眉睫。理宗将被史弥远排斥的真德秀、魏了翁等召回朝廷，并任用了一大批贤良之士。理宗为了避免宁宗嘉定以来权臣独相专权的局面再出现，谨慎选取宰相，巩固自己的皇权。史弥远临死之前将郑清之提拔为右相兼枢密使，但这并没有对郑清之继续为相造成影响。因为郑清之不像史弥远那样专断，而他又是理宗的老师，理宗深知他的为人，对他极为信任。这之后，理宗又先后任命乔行简、李宗勉、史嵩之、范钟、杜范、谢方叔、吴潜等人为相。据史料记载：理宗在更化期间任用过37名宰执，纵观这些宰执，除郑清之与史嵩之受史弥远的影响，无多大好评之外，其他宰相与执政，大都一时之选，深乎众望。理宗通过任人唯贤，不仅加强了皇权，这一期间朝政也出现了较为稳定的大好局面。

理宗的另一措施就是亲擢台谏。史弥远专政，原本用来纠正帝王为政疏失、弹劾百官的台谏，却被史弥远利用来打击异己，理宗把这一切都看在眼里，记在心里。史弥远一死，他就把擢任台谏的权力攥在自己的手中。这一时期，他任命台谏40余人，知名的有洪咨夔、李宗勉、李韶、谢方叔、江万里、程元凤、李昂英等，这些人大多刚正不阿，使朝廷上出现了一股新风气。

光宗、宁宗以后，南宋朝的吏治遭到严重破坏，贪污贿赂之风盛行，理宗亲政后，澄清吏治，誓将这种局面清除。

为了显示自己严惩贪污受贿的决心，他亲自撰写编制了《审刑铭》《训廉铭》等规定，要求有关人员严格执法。他还利用道德宣传与法律约束双管齐下的办法，狠狠的惩办了一批贪官污吏。

当时官吏冗滥，致使行政效率低下，国家财政遭到大肆浪费，理宗通过控制取士人数和严格升迁制度来解决大量冗官存在的问题。从端平元年开始，平均每次科考的中进士人数从以前的平均每次六百人减为四百五十人。理宗又规定无论在京城的朝官还是在外地的地方官都不得私荐官员，没有担任过州县地方官的人不能进入朝廷做郎官，已经当上郎官的必须外放，补上州县地方官这一任。这些措施似乎可以限制通过关系入仕，或提高了官员的能力，但大多是蜻蜓点水，以事论事，未深入到内部解决问题。

理宗亲政时，财政问题很不乐观：纸币的发行量大大超过现实需要，导致通货膨胀，物价飞涨。虽然他采取了一些措施进行整顿，使得情况暂时得到了好转，但是不久后宋蒙之间战争的打响，使得军费陡升，又极大地增加了南宋财政的压力，最终财政困顿以破产而告终。

理宗重用理学之士，将朱熹和理学大师周敦颐、程颢、程颐、张载等人先后入孔庙，尊崇、倡导理学，最终使理学成为官方正统官学。他为理学的发展、中国文化的发展作出的贡献非常值得载入史册，让后世的人们永远加以铭记。

"端平更化"时间长达20年，理宗得以一展心中的伟大抱负。他实行的一系列改革对革除史弥远专政时的弊政及对稳定政局与社会经济，产生了一定的积极效果，为死气沉沉的南宋朝平添了一抹亮色。但南宋王朝已病入膏肓，无药可救，理宗的这些措施也只是治标不治本，稍见一些起色后，便恢复原样，或是更糟。纵使理宗有再大的热情、再大的能耐，历史的转轮也不会因他而停止或倒退了。

宋蒙联手，金朝灭亡

金国达到鼎盛时期后，统治者一代不如一代，逐渐开始走向衰落；偏安一隅的南宋则沉醉在天朝上国的美梦当中，不愿面对现实，活在自己的小小世界中，醉生梦死；而北方辽阔的大草原上，一个即将统一全中国的帝国正在崛起，这就是孛儿只斤铁木真建立的蒙古帝国。

蒙古族是典型的游牧民族，居无定所。蒙古人骁勇好战，性格残暴。但是如此凶悍的民族，由于生产力低下，一开始曾先后臣服于较自己强盛发达的辽朝和金朝。但随着自身实力一天天地增长，蒙古逐渐脱离了他国的统治，局面开始反转。

1206年，征战多年的铁木真统一了蒙古草原上七零八落的各个部落，建立了蒙古帝国。这之

后，他近乎疯狂的对外扩张侵略行动从未停止过。西夏、金朝、西辽、花剌子模等多个国家都未逃过蒙古帝国的魔掌，或被灭掉，或奄奄一息。

南宋理宗宝庆二年（1226年），过了七年西征的铁木真回到了蒙古草原。但西夏背盟，蒙古大将木华黎因此含恨而终，铁木真不顾64岁的高龄，坚持亲征西夏。途中围猎受伤，高烧不起，但他仍不退兵。西夏王被迫举国投降。从此西夏国不复存在。然而征服西夏并没有能够换回铁木真的生命。此年铁木真病故于贺兰山，临终前留下遗嘱：利用宋金世仇，借道宋境，联宋灭金。

虽然铁木真穷尽一生也没能实现他的愿望，但他所留下的蒙古帝国已经囊括了蒙古高原，中国西北、东北和华北的一部分以及中亚、西亚大部地区。铁木真死后，其子窝阔台继任蒙古大汗，遵照父亲遗嘱，开始了联宋灭金的军事行动。

金国现在所处的地位极为尴尬：北有蒙古铁骑随时会呼啸而下，南有世仇大宋浑水摸鱼；同时，统治区内的汉民也不堪忍受金廷那种有别于汉文化的少数民族统治方式，在金国外困的伤口上，撒了一把又一把内忧的盐。

向蒙古求和，那是痴人说梦。即使是在金人全盛时期，也不及凶悍的蒙古万一；而且，与那些逐渐被汉化的民族不同，蒙古人游牧的心理根深蒂固，他们想要的不是金钱、绢匹，而是广袤的可以驰骋、放牧的土地。换句话说，金国所踞有的辽阔的中原地区，才是蒙古人眼中的肥肉。

联宋抗蒙，金廷倒也考虑过，但宋金是世仇，宋人早把金国恨到了骨子里，金与蒙对战时不在身后放把火就算很够意思了，怎么还能奢望来自南方的援助呢？退一步说，就算是南宋答应了联军的请求，依他们的军力，顶多只会让金国灭亡的时间延迟一些，随之而来的，则是延长了的痛苦。

上天无路，入地无门，金人只能自己硬抗着了。眼见蒙古势力越来越强，而昔日不可一世的金人为避其锋芒，甚至把国都由燕京南迁至汴梁，宋廷心里又重新燃起了恢复中原的希望。

面对急剧变化的局势，宋朝内部就对外政策产生了争议。一些人出于仇视金朝的情绪，主张联蒙灭金，恢复中原；另一部分人则相对理性，援引当年联金灭辽的教训，强调唇亡齿寒的道理，希望以金为藩屏，不能重蹈覆辙。无休止的争论使宋朝在这两种意见之间摇摆不定，既不联金抗蒙，也未联蒙灭金。然而，随着蒙古与金之间战事的推进，金朝败局已定的情况下，宋理宗赵昀最终还是做出了决策。

绍定五年（1232年）十二月，蒙古遣王檝来到京湖，商议宋蒙合作，夹击金朝。京湖制置使史嵩之上报中央，当朝大臣大多表示赞同，认为此举可以报靖康之仇，只有皇族赵范不同意，主张应借鉴徽宗海上之盟的教训。

一直胸怀中兴大志的理宗把这看做是建立盖世功业、留名千古的天赐良机，正好此时史弥远也渐渐走向黄泉路，对理宗的控制微微减弱，理宗为了一展心中抱负，让史嵩之遣使答应了蒙古的要求。蒙古则答应灭金以后，将河南归还给宋朝，但双方并没有就河南的归属达成书面协议，只是口头约定，这为后来留下了巨大的后患。

金哀宗得知宋蒙达成了联合协议，也派使者前来争取南宋的支持，竭力陈述唇齿相依的道理，说："蒙古人已经灭掉了40个国家，其中包括了西夏。西夏灭亡殃及我国，我国灭亡也必定会殃及你们大宋。唇亡齿寒，这道理不需要多说。如果贵国与我国联合，那么则是对你我双方都有利而无弊之事。"言外之意就是支援金朝实际上也是帮助宋朝自己保家卫国。

金朝妄图抓住临死前的最后一根救命稻草，但此举实属多余。宋廷虽然软弱，却也不是傻子，金国已是泥菩萨过江——自身难保，援助到最后，也不过是徒为其当个垫背的；再加上靖康之耻尚未洗雪，百多年来金国也是骚扰不断，再愚笨之人也知道帮助金国是徒劳无功，还会给自

南宋卷 偏安南隅，中兴无力崖海沉沦

己平添危险。金国大限已到，任是神仙下凡，也回天无力了。因此，理宗毫不犹豫地拒绝了金人的请求。

宋蒙同盟结成以后，很快便开始了对金朝的南北夹击。绍定六年正月，蒙古军攻克汴梁；四月，宋军出兵，将百余年的仇恨化为一腔上场杀敌的热血，将士们奋勇杀敌，所向披靡。他们先是攻占邓州等地，于马蹬山大破金军武仙所部，接着又攻克唐州，切断了金哀宗逃跑的退路。十月，京湖制置使史嵩之命京湖兵马钤辖孟珙统兵两万，与蒙军联合围攻蔡州。端平元年（1234年）正月，蔡州城被攻破，金哀宗慌忙之中传位于完颜承麟后，自缢于幽兰轩，完颜承麟退到保子城，同一天便死在乱军之中，让大宋王朝屈辱了数百年的仇人金国终于灭亡了。

蔡州城破后，孟珙在废墟中找到金哀宗遗骨，带回临安。大仇已报，南宋人民举国欢庆，沉浸在报仇雪恨的喜悦之中。理宗将金哀宗的遗骨奉于太庙，告慰在"靖康之难"中饱受屈辱的徽、钦二帝在天之灵。

自1127年金朝灭北宋，高宗赵构南迁以来的一个多世纪中，南宋臣民回到故都汴京（河南开封）的愿望就从没有终止过。各朝都不乏能人将士试图将这一愿望付诸实践，但都是无功而返。金朝灭亡后，收复故都的愿望似乎有了实现的可能。理宗面对这个天赐良机，显然不会轻易放弃，这时的南宋在与金朝的对抗中，也损失惨重，不能和强大的蒙古军队相抗衡。但理宗被建立盖世功业的念头冲昏了头脑，即使知道这些，终于还是决定铤而走险，下诏出兵河南。

一场注定是以南宋失败而告终的战争就这样拉开了序幕……

化为泡影的收复故都梦——端平入洛

联蒙灭金，对于南宋朝来说，是个弊大于利的选择，而联宋灭金对于蒙古来说，却是绝对的有百利而无一害。蒙古崛起，国力迅速强大，在它看来，消灭金朝是迟早的事情。若是得到宋朝的帮助，那便是如虎添翼，可以加速金朝的灭亡；若是宋金联手，也大可不必担忧，这两个已风雨飘摇的朝廷即使联手，也不会是自己的对手，无非是加大了难度。在南宋朝看来，蒙古的崛起构成了继金朝之后的另一个极大的威胁。金朝一方面是对自己的威胁，另一方面却成了一道天然的屏障。若是与蒙联手，一方面可以报仇雪恨，但另一方面屏障消失，也会加快自己与蒙古对峙局面的出现。若是不和蒙古联手，蒙古凭借自己的力量也会轻而易举地将金朝灭掉，与蒙古对峙的局面还是会发生，但世仇不是死在自己手中，难免遗憾。对于已经压迫自己百余年的仇人，手刃他是再好不过的选择了。

更何况，理宗在苦等10年之后终于亲政，对自己的能力颇有信心，雄心勃勃，想要有一番作为。若是手刃仇人之后，再凭借自己的能耐壮大宋朝的国力，到时与蒙古对峙，未尝没有获胜的可能。理宗的信心当然无可厚非，但他没有意识到南宋已黯然无光，而蒙古却是如新星闪耀，差距之大已不在他所能弥补的范围之内了。与虎狼联手，无疑是自掘坟墓。

宋朝与蒙古决定联手时，蒙古答应灭金以后，将河南归还给宋朝，但遗憾的是双方并没有就河南的归属达成书面协议，而只是口头约定，宋朝如此没有远见、如此不成熟的政治举动让自己收复故土的愿望最终化为了泡影。

金朝的灭亡，使收复故都的念头在一部分人当中急速升温。理宗决定乘胜追击，将失去的故土一并拿下，收入囊中。由于河南的归属未加以明确规定，金朝灭亡以后，按照事先约定，宋军和蒙军各自撤退。由于蒙古大汗窝阔台考虑到粮草不足，天气转热，遂将军队向北撤离到黄河以北，河南成了无人占领的空白区。此时，蒙古在黄河以南的兵力只有大将速不台和塔察儿两支机动部队，其余的守备部队都是原金兵投降蒙古被改编的汉军：刘福为河南道总管，都元帅张柔屯守徐州。南宋的边疆在荆襄推进到了信阳（今河南信阳）、唐州、邓州一线，主政人是京湖制置使史嵩之（史弥远的侄子）。另外两大地区川蜀、江淮一带也分别有人把守：四川制置使赵彦呐在川蜀一带据守，淮东制置使赵葵在两淮一线据守，全子才为淮西制置使，赵范为沿江制置副使。

金国灭亡后，宋蒙两国都知道为了灭金而临时结成的同盟有一天会瓦解，而他们也会反目成仇，在战场上兵刃相接，但谁都不想率先捅破这层薄薄的窗户纸。宋蒙双方就这样暗中观察着对方的动静，谁也不敢有大的动作，压抑的气氛弥漫着。正是山雨欲来风满楼。

终于理宗首先沉不住气了，空虚的河南对他充满了诱惑，他想来个先发制人，先占先得。而这时在朝堂之上，以赵范、赵葵兄弟为代表的一些人想乘着这大好时机抚定中原，提出据关（潼关）、守河（黄河）、收复三京（西京洛阳、东京开封、南京商丘归德）的建议。这与理宗的想法不谋而合，正中他的下怀。但是大部分的朝臣没有被金朝灭亡的消息冲昏头脑，依旧能够冷静分析局势，认为南宋在联蒙抗金的过程中也损失不小，军民都筋疲力尽，以现在朝廷的力量根本与强大的蒙古无法抗衡，若一旦失手，还会给自己引火上身，此时并不是出兵收复失地的恰当时机，因此对出兵持反对态度。而理宗已经对收复故土达到近乎狂热的程度，哪里还听得进去这些泼自己冷水的建议，他将南宋的实际情况抛于脑后，罢免了反对出师的大臣吴渊、吴潜和史嵩之。其实，原本收复三京，最佳人选便是据守信阳、唐州、邓州一线的京湖制置使史嵩之，他的京湖军离三京最近，进兵方便，补给容易。若是京湖、两淮共同进军，保证供给，不失为一个好的战略。但是朝廷上的意见不一使这一切化为了泡影，也为收复故土的失败埋下了伏笔。

端平元年（1234年）五月，理宗命全子才率一万淮西兵为先锋直趋汴京，命赵葵为主帅，率五万主力军作为后继，命赵范为两淮制置大使，驻军光州、黄州间负责接应，正式下诏出兵河南。因史嵩之认为京湖连年饥荒，无力承担这样的进攻，而河南连年兵祸，要在当地获得补给也不现实，所以始终反对出兵。宋理宗就不起用京湖兵，只用淮西兵，但要求史嵩之负责为淮西军供应粮草。淮西军单枪匹马发起了进攻，一场不成熟、计划不周密的军事行动拉开了序幕。

六月十二日，全子才率领先锋队的一万兵士浩浩荡荡地踏上了征程。他们从庐州（今安徽合肥）出发，向河南进军。当他们踏上中原土地的那一刻，映入眼帘的不是往日繁华的街道，熙熙攘攘的人群，却是一副荒凉破败的景象。昔日驻守在这里的蒙古大军早已撤离，而曾经生活在这里的百姓又大多死于连绵的战火，空空荡荡，毫无生机。由于没有了阻碍，宋军很快就收复了南京归德府。随后他们继续向汴梁进发，驻守汴梁的部分旧金国降蒙将领因不满蒙古的残酷统治，主动向全子才献城投降。就这样，全子才不费吹灰之力便得以进驻汴梁城。此时的汴梁城已繁华不再，宛若一座孤魂野鬼出没的寂寥空城。

收复汴京的消息传回南宋，整个朝野上下几乎都沸腾了，人们奔走相告，喜悦之情溢于言表。大宋帝国，终于在此时一雪二宗被掳、朝廷南迁的耻辱了！宋理宗也沉浸在胜利的喜悦当中，迫不及待地给将士们升官，统帅赵范晋封东京留守，前线总指挥赵葵晋封南京留守，全子才晋封西京留守。

南京、东京二京已经安全收入囊中，此时只剩下西京洛阳，收复三京的大业似乎是唾手可得，宋军意气风发，势在必得。却不知蒙古铁骑已经悄悄地埋伏好，等着宋军自投罗网了。

全子才率军连拿下南京、东京，又获封赏，自是意气风发。但他占领汴梁后，却一直无法展开军事行动。宋军内部的分歧给他造成了极大的不便：史嵩之在运粮事宜上加以拒绝，军粮不得不从两淮千里迢迢地转运，而屋漏偏逢连夜雨，两淮的运粮队又陷入黄河泥潭，后方粮草供给不足，士兵们大多处于饥一顿饱一顿的不稳定状态，体力逐渐不支。如此一来全子才无法继续进军，贻误了战机。然而使局面更糟糕的事情发生了：半个月后，赵葵到了汴京后，不考虑宋军正遭遇的问题，就不分青红皂白的指责全子才没有继续西进攻取洛阳。他一心想着要建功立业，不顾及后果如何，便兵分两路，在粮饷不继的情况下率领一部分军队继续向洛阳进军，其余的留守汴京。

即便是从外行人看来，此举也实在是毫无战略性可言。本来将士们就因为粮食不足，而体力下降，而兵分两路又使得兵力分散，凝聚力、战斗力都直线下降，主动给蒙古军队创造了有利条件。结果可想而知，宋军一到达西京洛阳就被潜伏在此、守株待兔的蒙军打了个落花流水，狼狈撤回。由于赵葵的心浮气躁，使得宋军完全丧失了在收复西京上的主动权，大势已过，宋军狼狈南撤。牵一发而动全身，西京战争的失败给其他地区造成了极坏的影响，宋军士气一落千丈，全线败退。已到手的三京再一次落到了别人的手中，理宗收复故土的希望又一次化为了泡影。

宋军此次共出动6万将士，结果是数万精兵死于战火，丧失近半、而寸土未得。投入的大量物资付诸流水，原本已积贫积弱的南宋受到严重的削弱，国力一蹶不振。"端平入洛"使南宋损失惨重，赔了夫人又折兵。更糟糕的是，"端平入洛"成了宋蒙战争的导火索，它使蒙古找到了进攻南宋的借口，蒙古由此开始了长达半个世纪的攻宋战争，加速了宋朝的灭亡。

宋理宗受到极大的打击，下达罪己诏来安抚民心。可惜为时已晚，现在后悔也不能挽回任何事情了……

理宗下罪己诏

理宗为了建功立业，流芳千古，下诏出兵河南收复故都，被蒙古军大败，狼狈南归。不仅没有收复故都，还造成了大量士兵的死亡，浪费了大量的物资，使南宋国力受到严重的削弱。而蒙古也因此为借口，出兵攻宋，使受苦受难的南宋人民在经历金朝的多年压迫后，又被卷入了同蒙古的战争，苦不堪言，怨声载道。

理宗收复故都的美好愿望破灭，也受到沉重的打击。他气急败坏的处置了主战官员与将领：赵葵、全子才官阶各削一秩；徐敏子削三秩并流放；杨义等停职。理宗知道因为自己估计不足在先，对反战派的意见充耳不闻在后，只将史嵩之改职为刑部尚书。而此时，朝野上下对于出兵河南的失败既失望又气愤，岂会仅仅满足于对主战官员的处罚，他们对由此引起的严重后果议论纷纷，一时间非议之声不绝于耳。而理宗也意识到"端平入洛"的草率冒失，为了缓和这种局面、安定人心，不得不下达罪己诏，检讨自己的过失。

"罪己诏"是诏书的一种，它不同于其他普通诏书需要无条件执行的特性，而是古代的帝王在朝廷出现问题、国家遭受天灾或政权处于危难之时，自省或自我检讨的一种口谕或文书，在这一点上可谓是非常特殊。人非圣贤，孰能无过。但帝王身为一国之主，若有半点差池，犯半点错误，就可能对江山社稷产生不可估计的伤害，影响政局的稳定，严重者还会改朝换代。若是利用"罪己诏"自省其过，则有可能安抚、挽回人心，稳定统治。不管当初具体下达"罪己诏"的初衷和目的是什么，不管能否得到认真执行，高居天子之位的皇帝能下达此种诏书就已经使老百姓感到欣慰了。

宋理宗在"端平入洛"后下达的罪己诏中说："朕以寡德"，承认"兵民之死战斗，户口之困流离，室庐靡村，胳胔相望，是皆明不能烛，德有未孚，上无以格天心，下无以定民志。""托予小子不替上帝名，欲图绍复之功，岂期轻动于师干，反以激成于边祸，至延强敌荐食神州，虔刘我西陲，蹂躏我襄土。序言其情，谁执斯咎。皆由朕责治太速，知人不明，误信佳兵之言，弗思常武之诫。扪心若厉，欲悔何追。""斩桑伐枣破屋流离之状，朕既不得见；慈父幼子寡妇哭泣之声，朕亦不得闻。"表示要"下诏以陈轮台之悔，益申儆于边防。"

悔恨之情充斥着字里行间：由于自己立功心切，对局势分析不明，轻起祸端，而且部署不周，用人不当，使得北方蒙古铁骑践踏、掠夺宋国领土，使得南宋人民流离失所，苦不堪言。这一切都是因为自己无德无能，急功近利造成的。现在借"罪己诏"来表达自己深深的悔恨之心，并以此为教训，日后不再轻率发兵。

然而恶果已经造成，再提起也于事无补，只是徒增伤悲罢了。

在金国灭亡后，能与强大的蒙古帝国相抗衡的国家只剩下偏安一隅的南宋了。虽然蒙军并没有主动出击，打破与宋军联手灭金时的约定，但是这并不代表他并没有这个意图：在宋军未采取实际行动之前，蒙古军中就有众多谋士在暗中谋划平定南宋的策略。不久，窝阔台又召开大会，向诸王表明了自己灭掉南宋的意向，并征求他们的意见，诸王纷纷表示强烈赞同。事情显而易见：作为刚刚兴起的帝国，强烈的扩张掠夺野心在所难免；而且草原游牧民族不事生产、专事掠夺的本性，使得生产力极其低下。他们深知若不继续掠夺其他民族，自己就会枯竭。所以就不停地大规模的对外侵略扩张，掠夺其他民族的财富。因此不管南宋有没有破坏盟约，侵宋的阴谋早已在蒙古人内部酝酿好久了。

在明确了宋蒙战争不可避免这样一个重大的基本问题之后，应该说"端平入洛"在战略上是可取的。事实证明，据关守河在金国人身上非常奏效。若是抚定中原后，据守潼关、坚守黄河，即使不能永远挡住敌人，为自己充实国力、招兵买马赢得时间，做一下缓冲也好。然而，收复三京之后如何防守是一个很重要的问题。当时的有识之士曾经分析说：在收复潼关和黄河以南后，至少要用十五万百战精锐之师来专职防御，才能守住这三千余里的黄河防线。可是南宋当时已经找不到十五万精锐之师，这自然也不现实。其实，如果后来蒙军没有西征的话，南宋想像金人那样打一场持久战，恐怕也很难。然而不知天高地厚的理宗竟然只派了淮西制置司的六万军队北伐，试图以这区区六万人去收复中原。

"端平入洛"的失败关键在于两个方面：后勤补给不足，军粮匮乏；宋军内部意见不一，诸军未好好配合。然而出现这样的结果是情有可原的：自"靖康之难"以来，南宋的北伐大都是无功而返，最后还得被迫签订丧权的和议，赔了夫人又折兵。上至南宋的皇帝，下至普通的老百姓，都惧怕金朝的淫威。而高层的大臣们在战、守、和上举棋不定，每个方法都尝试，却每个方法又都不肯尽心竭力做到最好，最后只能是不了了之、草草收场、自食苦果。而这次的"端平入洛"也不例外，宋军内部意见不合，不愿团结一致对外抗敌。在矛盾未得到调解的情况下贸然出击，结果自然是以失败告终。

理宗发动"端平入洛"，其收复失土、一雪国耻的愿望是好的，在某种程度上也是可行的。但一朝被蛇咬，十年怕井绳，南宋大部分的臣民真的是害怕再一次失败会带来更深的伤痛而不敢轻易尝试了。"端平入洛"虽然失败了，但是这勇敢的一搏也证明了南宋人民永不放弃的决心。客观上讲，"端平入洛"将蒙古侵宋的时间提前了，加速了南宋的灭亡。但是，它的失败，很大程度上是时代的悲哀，是不可逆转的。

"端平入洛"的失败让宋理宗一蹶不振。"罪己诏"的下达暗示了他对外态度发生了极大转变。先前一度高涨的热情灰飞烟灭，取而代之的是消极保守，并且贯穿在他之后的朝政中。他没能从这次挫折中爬起来，因而给了心术不正之徒钻空子的好机会，理宗后期执政的腐败也因此开始了。

南宋卷　偏安南隅，中兴无力崖海沉沦

阎马丁当，国势将亡

"端平入洛"之后，理宗对外态度发生巨大改变，由积极出兵到消极保守，把主要精力放在国内的改革上。从端平元年（1234年）到淳祐十二年（1252年）的近20年间，理宗在政治、经济、军事、文化等各方面采取了一系列改革措施，史称"端平更化"。

在轰轰烈烈的"端平更化"之后，理宗已是一个年过半百的老人，而蒙古帝国不断发起攻宋战争，使他精疲力竭，早年励精图治的一腔热情早已烟消云散。年迈的他力不从心，逐渐丧失了改革时的锐气，厌倦朝政，怠于政事，纵情声色，放纵自己万般享乐，因此给有心之人造成了可乘之机，朝廷和后宫出现了一批窃威弄权之徒，狐假虎威，朝政大坏，国势日渐衰微。理宗晚年好女色，因此造成后宫妃嫔专宠。

理宗即位以后，先朝宰相谢深甫的孙女谢道清与贾涉的女儿都入选后宫，宋理宗一眼就看中了姿色出众的贾氏，并有意立贾氏为皇后。由于谢深甫有援立杨太后（宋宁宗皇后）的功劳，杨太后很感激他。立后时，杨皇后说："谢女端重有福，宜正中宫"，主张立容貌平平的谢氏为后，理宗慑于太后威仪只得遵命，直至绍定五年（1232年）十二月才将姿色殊绝的贾氏封为了贵妃，对她专宠有加。在淳祐七年（1247年）专宠后宫的贾贵妃去世。理宗不可一日无美色，淳祐九年（1249年）九月，又将姿色艳丽的阎氏封为贵妃，宠爱有加，自此阎氏恃宠干政，勾结宦官、外臣，以致朝廷内外不得安宁。

理宗为讨阎贵妃欢心，不仅对她万般赏赐，还开始动用国库为爱妃建造功德寺，规模居然超过自家祖宗的功德寺，外观也更加富丽堂皇，时人叫它"赛灵隐寺"。阎贵妃恃宠干政，宦官董宋臣巴结阎贵妃，与她在内廷相互支援。董宋臣是理宗贴身内侍，善于逢迎讨好，又因和阎贵妃关系好而深得理宗的赏识与欢心。董宋臣得宠后，就大肆收纳贿赂，中饱私囊，无恶不作。理宗在沉迷声色的同时，开始追求奢侈豪华，在临安大兴土木，造佛寺道观祝长寿，建楼榭亭阁专供游幸。

他命董宋臣管办祐圣观，董宋臣趁机大兴土木，建梅堂、芙蓉阁，改造香兰亭，擅夺民田，假公济私，搞得民怨沸腾。人们提起他都摇头叹气，称他为"董阎罗"。理宗纵情声色，董宋臣害怕理宗察觉自己的弊端，便引了许多娼妓艺人入宫，讨好蛊惑理宗，使之日日淫乐，无暇问及政事，而自己则恃宠弄权，无法无天。史书描写其专横气焰道："庙堂不敢言，台谏长其恶，或饵其利，或畏其威，一时声焰，真足动摇山岳，回天而驻日也"。"宦官不得干政"这一宋代的祖宗家法也形同虚设了。

董宋臣在内廷与阎贵妃勾结，与亦因百般巴结阎贵妃而深得眷顾的内侍卢允升一起胡作非为。在外朝董宋臣则与丁大全狼狈为奸、祸乱朝政。

丁大全本是一个无名小卒，当初只当了一个小小的萧山县尉，但是因为后来他娶了外戚家的侍婢为妻，也搭上了阎贵妃。他善于逢迎，做人八面玲珑。他托人向阎贵妃进献了大量的金银珠宝。阎贵妃见钱眼开，内心自然欢喜，便在理宗面前对丁大全大加赞赏，说尽好话。如此一来，丁大全因攀附迎合阎贵妃与董宋臣而得到理宗的青睐，不上几日，便得到了重用，升为右司谏。当时除了丁大全之外，很多人也将阎贵妃当做升官发财的跳板加以利用。陈大方、胡大昌就在这些人当中。三人同为谏官，但他们不仅对宦官、后宫的专政不闻不问，还加入这卑劣的行列，同流合污。于是当时人们在他们的名字——丁大全、陈大方、胡大昌中的"大"字上分别加上一点，戏称他们为"三不吠犬"。这一比喻实在是恰到好处，他们毫无用处的形象跃然纸上，在此不得不感叹普通百姓的智慧。

丁大全长得"蓝色鬼貌"，时人称之为"丁蓝鬼"。他阴险狡诈、贪财好色，据说他给儿子聘媳妇的时候，见儿媳妇长得标致动人，竟然占为己有，真是寡廉鲜耻，为人们所唾弃。当时的宰相董槐是君主亲自选拔擢用的，只要是有利于国家人民的事，他就敢说敢做，刚正不阿，从而招致了一些奸佞小人的记恨。就在董槐升任宰相不久后，丁大全升为侍御史兼侍讲，他想进一步加官晋爵，就派客人与董槐套近乎，妄图攀附董槐来谋取高位，却遭到了董槐的严词拒绝。丁大全本来就心胸狭窄，因此对此耿耿于怀，图谋报复。董槐将这事报告给了理宗，以为丁大全奸佞不可用，理宗对丁大全信任有加，反认为董槐多疑。董槐以为忠奸不能并事一主，就称病请辞。

宝祐四年（1256年），理宗下诏罢免董槐，丁大全落井下石，在此时上章弹劾董槐，他没等罢免诏书下达，就私自调用御史台牒，夜半率兵百余名，手持利刃，包围了董槐的府第，威胁他出了临安城后，弃置不顾，呼啸散去。董槐入城后才收到罢相诏旨。丁大全率兵驱逐宰相，在两宋历史上绝无仅有，朝野震惊，他却志满意得，不可一世。

宝祐四年（1256年），以陈宜中为首，刘黻、黄镛、林则祖、曾唯、陈宗6名太学生不畏强权，联名上书痛斥丁大全的恶行劣迹、专权擅政。丁大全见六人同声敌忾来指责自己，不禁大怒。他指使爪牙弹劾这六人，并串通阎贵妃在理宗面前说尽六人的坏话，将他们反咬一口。理宗昏聩至极，竟听信丁大全的谗言，将这六名学生削去学籍，流放远方，还下诏禁止学生妄论国事。他这一恶行遭到了世人的巨大反感。同年十一月，丁大全如愿以偿地当上了执政。但是这并不能满足他那颗贪得无厌的黑心，两年后，他设计赶走了右相程元凤，自己则成功替补当上了右相。

宝祐四年十一月，与丁大全同时拜为执政的还有马天骥，他与丁大全一样也是个善于逢迎的小人。理宗的爱女出嫁时，马天骥送了一份别出心裁的厚礼，大得理宗的欢心，从此一步登天，当上了同签书枢密院事。理宗仅凭一件礼物就决定官员的任命，而不是任人唯贤，可见他当时的昏聩程度。

阎贵妃、马天骥、丁大全、董宋臣成了当时赫赫有名的祸害，他们分别控制了后宫、内廷、朝堂，狼狈为奸，做尽坏事。这引起了众多正直之士的不满，迫于四人的淫威，大家都不敢正面指责他们，于是有人悄悄地在朝堂大门上写下八个大字"阎马丁当，国势将亡"，借以讽刺气焰嚣张的四人弄权乱政。

阎马是"檐马"的谐音，是当时华屋屋檐下悬挂的铃铛，一有风吹过，就会发出叮咚叮咚的声响。四人的名字被巧妙地运用到这八个大字里面，让读到的人不禁抿嘴偷笑。

这八个大字无疑是对理宗的当头棒喝，警告他如再宠用奸佞，国家命运将不堪设想。理宗受不了这样的调侃和讽刺，非常生气，立即指示临安府派人追查，但是数月之后仍旧一无所获。

理宗面对朝野上下对自己放纵奸佞的非议之声，细细回想，也意识到自己确实是用人不当，急忙采取措施进行补救。他先后罢免了马天骥、丁大全、董宋臣。理宗的宠妃阎贵妃在景定元年病死。景定三年，丁大全也在被流放的途中落水溺死。唯独董宋臣由于受到理宗百般庇护，在被流放到安吉州编管后不久就官复原职。董宋臣比理宗早死几个月，理宗特赠节度使的封号，来表示对他的恩宠。

景定五年（1264年），平民皇帝理宗病逝。次年，被葬于绍兴府会稽县永穆陵，庙号曰"理"。阎、马、丁、董四人，在理宗的晚年发挥了重大的影响，他们利用溜须拍马的本事让一蹶不振的理宗在心理上得到了某种慰藉，也难怪理宗对他们恩宠有佳了。而这四人奏响的"叮当交响曲"也成了南宋灭亡的配乐……

余玠守蜀

1253年，余玠猝死。这位南宋清官励精图治，成功治蜀之后反遭朝中大臣诬陷，郁郁而死，连其家属也难幸免，在1254年被抄。

（1）招贤纳士

四川省简称蜀，蜀也是古代时的国名。西周中期，最开始称作蜀王的是一位名为蚕丛的首领。周慎靓王五年（前316年）蜀地并于秦，秦朝在那个地方设置了蜀郡。到北宋咸平四年（1001年）改郡为路，名为川峡路。不久分置益、梓、夔、利四州路，合称为四川路。四川素有"天府之国"的美誉，是兵家必争之地，那里战争频开，守御任重。

南宋理宗年间，自宝庆三年（1227年）蒙古军队入侵四川，绍定四年（1231年）抢掠川北一百四十个城寨，杀居民数十万开始，四川已经成为民不聊生、生灵涂炭之地了。尤其是宋、蒙合兵消灭金国之后，在蒙古更加频繁的侵扰掠夺下，一些守蜀大员在强敌面前拍马溜须，狐假虎威；临阵脱逃，贪生怕死；或是欺压诬诈，搜刮民脂。正如枢密院编修官兼权都郎官何式在淳祐三年（1243年）向理宗所汇报的那样，自宝庆三年蒙族入侵，端平三年（1236年）四川景象残破，至淳祐二年（1242年）十六年间，凡授宣抚三人，制置使九人，副使四人，这些大员们为了争权夺利，各自滥发号令，闹得蜀地政事废弛，民不聊生，后来得知余玠入蜀，人心稍安，才有心情从事于农业生产。

余玠，字义夫，蕲州人。家里很穷，因此潦倒失意，在行为上不喜欢被约束，却喜欢功名，爱吹嘘。小时候在白鹿洞书院当过学生，曾经带客人到卖茶的小店，殴打卖茶的老头，结果老头死了，他便逃到襄阳、淮南各地。当时，余玠带着所作的词作去拜见担任淮南东路制使的赵葵，赵葵被他词气的豪壮迷住了，便把他留在自己的幕府中做事。

嘉熙三年（1239年），余玠因作战有功，授任直华文阁、淮东提点刑狱，同时兼任淮安知州和淮南东路制置司的参谋官员。淳祐元年（1241年），余玠因率兵救援安丰，授拜大理少卿，升制置副使。上奏进对说："如果要使宋朝各种各样的人，从上到下都办事认真、踏实，那么，人民会信服华夏，天人便会和谐。"又说："现在世上认为不管是有才德的人、隐士、豪强还是其他，只要习武从戎，便被指责为像樊哙那样的粗野武夫。希望皇上对文武百官都要一视同仁，不能有所偏爱，偏重一定会导致过激的行为，文武之间互相争斗，对国家百害无益。"理宗说："你对人物的议论独树一帜，文才非凡，过一段时间我便会重用你。"于是，命他代理兵部侍郎、四川宣谕使，理宗亲切地慰劳他，派他上任。余玠也表示将为朝廷效力，全面控制所有蜀地，并称达到这个目的的时候已经为期不远。

不久，授任余玠兵部侍郎、四川安抚制置使，兼任重庆府知府、四川总领、夔州路转运使职。余玠为理宗对自己如此信任而振奋鼓舞。

余玠到任后，大刀阔斧进行改革，废除政制弊端，使四川的面貌焕然一新。为了治理好四川和对付蒙古军入侵，也为报答朝廷的恩赐，他改变了封建王朝将相不和、分别称霸一方、独断专行的局面，发动百姓，设立招贤馆，广招贤人能士。

播州（今贵州遵义市）有冉琎、冉璞兄弟二人，有文才武略，却隐居山乡。先后的守帅都曾请他们出山办事，均遭拒绝。当他们见到余玠张贴到山乡的"招贤布告"，又了解到余玠贤明后，兄弟二人跋山涉水，不远百里来到重庆，为他献计。余玠敬为贵客，安置在礼贤馆中居住。他们泰然寝食，悠闲自乐。谁知数月过去了，他们没向余玠出一条妙计。余玠心中疑惑："我没有怠慢他们呀？"为表自己的诚意，特为准备了丰盛的宴席，亲自招待。到了酒过三巡的时候，那些前来献策的人，纷纷讲出自己的专长，而冉氏兄弟只是喝酒吃菜而已。余玠小声询问，仍是默然不语。余玠说："你们是不是要看我待士之礼到底如何？"第二天安置兄弟二人住在招待朝廷大员的贵宾馆居住，还派人暗中观察兄弟的行踪。观看的人报告说："兄弟俩不是对面而坐，用白色土块在地上画些山川城池的形状，就是在外面转转，观看山河城村。"余玠听了还不知道他们是什么意思。十多天后，兄弟俩要求，只和余玠一人相谈，说："我兄弟不敢有辱明公的礼遇相待，商议出一些有益于治蜀的计策，怕遭人讥笑，所以没有讲出来。我们认为治守西蜀的关键问题，是把合州城迁出。"余玠听了，没等说完就高兴地跳起来说："真是英雄所见略同。不过我还没想好迁移到什么地方。"冉氏兄弟说："钓鱼山的地势比蜀险要，要是迁移到钓鱼山一带，选一名得力的大将，备下足够的粮食，谨慎守备，远远胜过百万雄师，四川的安全就有了保障。"余玠大喜说："我没看错，二位真乃奇人，我不敢抢功为己所有。"遂秘密上报朝廷并请求破格提拔冉氏兄弟。于是，朝廷任命冉琎为承事郎，权管合州，冉璞为承务郎，权通判州事。余玠将迁移筑城的事宜全权委任兄弟二人负责。任命一下，全府上下一片哗然，都说山野村夫难担重任。余玠听了大怒说："筑城成功就能保卫四川的安全，如若不成我一人归罪，你们不要多言。"冉氏兄弟组织民工筑成了青居、大获、钓鱼、云顶、天生等十余座城池，都以山作为堡垒，分配各郡作为治所，屯兵聚粮来防守城池。

余玠还整肃军纪，重新设防，移沔州守军驻防青居；调金州守军到大获，守卫蜀口；兴州守军先驻守合州旧城，后移守钓鱼，共同防止内水；迁利州守军驻防云顶，以备外水。这样的布防牵一发而动全身，首尾呼应，战斗时既利于指挥调动，又利于相互间的合作和支援，对守卫四川起了极重要的作用。后又命令嘉定、俞兴人到成都平原垦荒种地，四川人民安居乐业，日益繁荣起来。因此，淳祐四年（1244年）正月枢密院特就余玠治蜀的情形上报理宗说："大将余玠统领四川经过大小三十六战，对四川立有大功，应给予奖赏。"理宗还命余玠报上立功将士的名单，朝廷分别予以赏赐，又任命他兼任四川屯田使。四川军民在余玠的领导下，都在为四川的农业发展、边境安全献计献策，贡献力量。

（2）智杀王夔

淳祐十年（1250年）冬天，余玠率各位将领巡视边防，并在进攻兴元时，与兴元的防卫之兵发生了激烈战斗。淳祐十二年（1252年），宋军又在嘉定与蒙军激战一场。而在此之前，他曾智杀王夔。

利州路司都统王夔号称"王夜叉"，平时残暴骄纵，却作战剽悍。他恃功骄横，不服管制，为所欲为。每次碰到富人之家。他为了勒索财富，会使用各种狠毒而残酷的办法。如：把中间有洞的竹筐强加在他们的颈上，弄成四面像箕的样子，称之为"蛤蟆蚀月"；鼻子下系上弓弦，高悬于格上，称之为"错系喉"；把人腿绑住，用木头挤压两面，称之为"干榨油"；甚至用酸醋灌人的鼻孔，用脏水灌人耳朵、嘴巴，如果稍有不如意，就弄断别人的手。四川人民对这个祸患十分害怕。他还把部将、副官的马全部占为己有，等到打仗时，再以高价把马卖给他们。对此，朝廷虽然知情，但鞭长莫及。对于将帅，如果不合他意，就千方百计地毁坏将帅的行动，使之不能有所作为。余玠到嘉定的时候，王夔率领他的部下、士兵去迎接、拜见余玠，一共才带了二百多老弱残兵。余玠说："早就听说王都统的士兵精干，现在老弱成散沙一般，与人们传说的完全不同，承担不起人们的厚望。"王夔回答说："王夔的士兵不是不精干，没来见您，是担心惊吓了您的随从人员。"不一会儿，集合的声音如雷轰鸣，如江沸腾。声音刚停，队伍就摆阵完毕，旗帜飘摆之间，士卒全副武装，威勇无比，甚至踏沙如树木，没有一个人敢犯规。船上的人都胆颤心惊，只有余玠镇定自如。接着，按次序分别给予各官员赏赐。王夔在退散后对别人说："想不到书生中竟有这种了不起的人。"

余玠由此证实了川民的传说。他虽想除害，又担心王夔拥有兵权，一旦失手，就会葬送了整个四川的安全。与亲将杨成商议，杨成说："王夔长居四川，势力强大到在守边大帅之上，比我们强大。他只是把你当作文臣，视为手无缚鸡之力的文弱书生，根本没有把你看在眼里；现在如不除掉他，以后就会直接威胁到四川的存亡。"余玠说："我早有杀心，只是担心他的众多党羽发现了会闹事造反。"杨成说："虽然他在四川称王称霸，但还不能与吴氏相比。吴氏是在国家正当危难时，身经百战，保卫了四川的安全，其恩威名望相传四代，根基坚固，以致四川人知吴氏大名而不知朝廷。但是，一旦他们的子孙吴曦做了叛逆，众人就像对狗一样把他抛弃了。而王夔没有吴氏那样大的功劳，却有吴曦一样的叛逆之心。只靠他野兽一般的勇猛，不遵守法律，纵容士兵迫害人民，必然会激怒百姓。他既然没有吴氏深得人心，找一名有力气的勇士就能杀他，如果等他闹起事来再杀，那就困难了。"余玠这才下了决心，与杨成计议说："我诈召王夔夜晚谈论军事，你来骗他部下。"王夔接到通知想：有什么大事，深更半夜开什么会？又一想：这是我的地盘，周围都是我的兵马，你余玠这几个人敢把我怎么样！他不带卫兵和随从，一人离营而去。杨成这时候也不带士兵，独骑进入都衙，将士都惊疑不定，不知发生了什么事。杨成以守帅军令通告将士，众人一同拜贺。王夔到达余玠帐中，就被卫兵斩首。杨成乘机以法严惩了王夔的几名主要爪牙。四川人民和利州守军从心里感激余玠为他们除此大害。余玠没有独享其功，他感谢杨成的帮助，为了提拔他，推荐杨成为文州（今甘肃境）刺史。

（3）一夜暴死

一事完毕，一事又起。戎州（今四川宜宾市）守帅要举荐统制姚世安行使自己的职务，而余玠早就想改变军队中这种不正之风，就没有批准戎帅的举荐，还调三千骑兵到云顶山下，命都统金某往代姚世安的职务。姚世安不但不遵从命令交出兵权，而且闭关不让使者进入，并说出许多难听的话对抗，怀疑余玠有意整他。此后，姚世安为了报复余玠，费尽心机，终于想出一计：向丞相谢方叔求助，以除掉余玠。而余玠对于姚世安的阴谋却毫无戒备，只集中精力治理四川和抗击蒙古军队。

淳祐十年（1250年），朝廷为了表彰余玠治理四川的功绩，理宗下文夸奖说："余玠任职四川成绩显著。八年治理之功，敌人不敢近边，年年丰收，使四川人民安居乐业，望继续努力争取更好的成绩。"十一年六月又下文鼓励："余玠治理蜀地，军纪严整，使边防固若金汤，无论农事战事都成绩非凡。"

余玠完全没有居功自傲。十二月十日蒙古汪德臣领兵入侵成都，围攻嘉定，严重地威胁着四川人民的生命安全，四川人民人心惶惶，担惊受怕。余玠亲自率领俞兴、元用兵马，半夜开关突袭敌人，终于击退了围攻的敌兵。十二月捷报传到京城。

丞相谢方叔收受了姚世安重金贿赂，加上侄子受过其帮助，不顾事实，在朝廷散布谣言说："余玠不会治军，使利州的守军人心涣散，如果不去人调解，早晚要发生兵变。"还多次用姚世安的诬告之词游说理宗，由此使理宗对余玠产生怀疑。

宝祐元年（1253年）五月，参知政事徐清叟又火上加油说："余玠在四川不从事君之礼，独断专行，虽有兵权却失去士心，应召他进京问罪。"理宗不问缘由，下令召余玠进京，同时又命知鄂州余晦为四川宣谕使。余玠得到命令，因疑虑重重竟郁闷生病。六月，四川制置司报告朝廷，余玠病重，于七月十四日晚，暴病而死。四川制置司在报告中写道："余玠治理四川有方，量才而用，分工有方。任命都统张实负责军务事宜，安抚王维忠管理财政大事，监簿朱文炳负责外交事务。各部门的工作都井然有序。又办理学校培养人才，减少税收发展商业，减轻劳役发展生产，四川因此富裕起来。自宝庆以来，四川的守帅从来没有超过他的。"余玠治蜀的确有功，但可惜的是，他以四川局部的太平自我欣赏，并进献朝廷蜀锦，奏章中夸大事实，太过于装饰。很久以来掌握着先斩后奏的大权，不顾仇怨，遭人暗算，不能成功而退，召来坏人诬陷；又设置逮捕惩治贪官污吏的机构，也取得了廉洁的效果，然而众多的工作职员，难免有贪贿之辈。因此官吏们多惊疑，互相顾忌。姚世安违抗军令一事，已经使余玠威名扫地。听到进京的命令，一夜暴死，有人说是服毒丧命。不管怎样死亡，四川百姓无不悲伤痛悼！而朝中有人幸灾乐祸，暗中使坏，委实令人气愤。

宝祐二年（1254年）六月，侍御使吴燧诬陷余玠家中私藏金银等七条罪状，理宗不加以审查，就下令抄家，并且处于罚款三千万的处罚。余玠儿子余如孙，经过多年筹积，才缴清罚款。

余玠这位治蜀功臣的可悲结局，不仅使家庭子孙受牵连，还殃及部下。宝祐二年八月，余晦诬告王惟忠叛敌，命令属下党羽丁大全、陈大方严刑拷打，将其投入监狱，并查抄其家财。十月，王惟忠被杀害于都市。同月诏旨除去余玠资政殿学士职名。

余玠的悲惨结局使将士心寒，人心涣散。不久，蒙古占领了整个四川。宋朝灭亡的命运已不可逆转了。

第九章　复国雄心难燃起

蟋蟀宰相贾似道

景定五年（1264年），理宗病死，侄子度宗赵禥即位。在理宗统治前期，因其出身平民的特殊身份，造成了史弥远的十年专政；亲政以后，虽然实行"端平更化"但成效不大；后期因沉迷声色，怠于政事，又出现了丁大全、董宋臣的恃宠乱政。理宗在位的最后五年，贾似道擅权主政。度宗即位后他仍然把持朝政，将赵禥当做自己的牵线木偶百般控制，人称"蟋蟀宰相"。

贾似道是天台人，父亲贾涉是制置使。贾似道的同父异母的姐姐贾氏姿色冠顶，被选入宫中做了贵妃，受到理宗的百般宠爱，专宠后宫。嘉熙二年（1238年）贾似道考中进士，这时他的姐姐已被封为贵妃，他因为姐姐的裙带关系而被封为太常丞、军器监。受到理宗的信任和重用。淳祐元年（1241年），又被改封为湖广统领，开始统领军事。淳祐三年，又升为户部侍郎。贾似道一路青云，在淳祐七年（1247年）姐姐贾贵妃去世时，就已经做上了京湖制置使兼知江陵府。

淳祐九年，他被晋升为宝文阁学士，在孟珙的推荐下成了京湖安抚制置大使。十年，又以端明殿学士的身份移镇两淮地区。宝祐二年（1254年）被封为同知枢密院事、临海郡开国公。四年，又成为了参知政事。五年，被封为知枢密院事。六年，改封为两淮宣抚大使，守护边陲、抗击蒙军的侵扰，屯田垦地、招徕士兵，也做出了不小的贡献。

开庆元年（1259年），蒙军渡过长江大举攻宋，围攻鄂州（今湖北武昌），军情紧急，边关报急的文书传到朝廷，丁大全隐而不报，以致战事日益转向不利，理宗将丁大全罢相，拜吴潜与贾似道为左、右丞相兼枢密使。理宗询问宰相吴潜对敌之策，吴潜主张理宗迁都以避敌锋芒，自己死守临安。理宗竟哭着质问吴潜："你想作张邦昌吗？"言外之意，就是指责吴潜要另立朝廷，图谋篡位。其实，理宗与吴潜之间由于在立赵禥为太子的问题上，意见不一，隔阂已深，理宗早已有罢免吴潜的意思。而此时在鄂州战场上，贾似道同忽必烈媾和，答应向蒙古割地并纳币，约定与蒙古修好，蒙古军撤走。贾似道隐瞒了向蒙古求和以及答应割地纳币之事，向理宗报告说蒙军大败已仓皇逃走。昏聩的理宗对前线实况一无所知，他在接到贾似道的捷报后，十分感激贾似道，说他是"股肱之臣"，对宋室江山有"再造之功"。于是在景定元年（1260年）三月，他下诏褒奖，命贾似道入朝陛见，同时令满朝文武百官去京郊迎接慰劳。四月，晋升贾似道为少师，封卫国公。但贾似道并不满足，为了获得更大的权利，他又进行了一系列阴谋活动、排斥异己。

他首先将目光瞄准了吴潜。贾似道与吴潜早有矛盾。鄂州之战前，吴潜听从监察御史饶应子的建议，让贾似道移屯黄州。黄州是军事要冲，贾似道以为吴潜此举是要将他置于死地，因此怀恨在心。理宗与吴潜在立储问题上的分歧，被他利用。他趁机上书，力主立忠王为太子，以迎合理宗之意，又命侍御史沈炎弹劾吴潜指挥作战不力、在立储问题上"奸谋不测"等，给他硬加了很多罪名。景定元年（1260年）四月，吴潜罢相，被流放至建昌、潮州、循州，最后在循州死去。至此贾似道开始了独相专政。

贾似道妒贤嫉能，于景定二年（1261年）八月实行"打算法"，以清查军费为名，诬陷各地抗战将领侵吞官物，把对自己不满的武将削去官职或迫害致死。贾似道还大造舆论，指使门客廖莹中和翁应龙等撰写《福华编》，竭力鼓吹他的所谓"援鄂之功"。

有名无实的"鄂州大捷"使理宗沉浸在胜利的喜悦当中。他没有了后顾之忧，好了伤疤忘了疼，很快就又沉湎于荒淫无度的生活中了。此时的贾似道作为"功臣"，自然是春风得意。但是，春风得意的不止他一人。宦官董宋臣仰仗理宗对自己的宠信，狐假虎威，干朝乱政；而由于理宗大肆宠爱后宫嫔妃，"一人得道，鸡犬升天"，使得和她们有关的外戚子弟也都靠着裙带关系身居要职。宦官与外戚内外勾结，使得贾似道不能一枝独秀，就视他们为眼中钉，利用宰相的权威，赶走宦官荐用的人，勒令外戚子弟不得为监司、郡守，以此削弱他们的力量。

当时的太学生们不满贾似道的所作所为，就群起而攻之。正所谓，兵来将挡，水来土掩。贾似道自有办法对付。他把反对丁大全的"宝祐六君子"收买到自己门下，瓦解了太学生中的反对派势力。还派遣密探监视太学生们的言行，通过利禄引诱与政治高压相结合的手法，弄得太学生们晕头转向。就这样，贾似道采取一系列措施，打击宦官，抑制外戚，控制台谏，笼络太学生，排挤一切异己力量。理宗在位的最后五年，贾似道完全把持了舆论与朝政，为所欲为。

不久后理宗病死，他的侄子赵禥继位，是为度宗。由于度宗天生智障，实在无治国之才，这就为贾似道专政提供了极大的方便。度宗称贾似道为"师臣"，对他百依百顺。贾似道狡诈无比，他为了让度宗对自己寸步不离，采用欲擒故纵的方法，屡次假惺惺地辞相回乡，却暗中派人谎报蒙古来攻的军情吓唬胆小的度宗。度宗愚昧，不知道这是贾似道的诡计，多次派人专程请他回朝，并为了不让他再离开自己的身边，给他加官晋爵，赐给他大量的奇珍异宝。

度宗不学无术，打理江山他不在行，纵情声色却是他的长项。他无心处理朝政，全部委托给了贾似道，并且为了讨好贾似道，在靠近西湖的葛岭赐给他一所豪华私宅。

就这样，贾似道大权在握，每天在风景如画的西湖上纵情玩乐，每日要处理的公文都由专门的书吏送到他的私宅中。实际上，贾似道从度宗手中接管大权后，就只想坐享荣华富贵，不愿再出力卖命。他将大小朝政都推给其门客处理，每天只知在葛岭的亭台楼阁里，与姬娟尼妾花天酒地，纵情声色，一副浪荡子的模样。他极其喜欢斗蟋蟀，经常与群妾趴在地上斗蟋蟀，还专门著了一本《蟋蟀经》，描述他养蟋蟀、斗蟋蟀的经验，人们戏称他为"蟋蟀宰相"。

而当南宋的傀儡皇帝和实际掌权的奸臣都在醉生梦死的时候，蒙军却没有停止南下攻宋的脚步，樊城、襄阳城、鄂州等军事要地被逐一攻破，情形十分严峻。贾似道此时却当起了缩头乌龟，借着为母亲办丧事，躲在老家不肯回京。

咸淳十年七月初八，酒色过度的度宗突然去世，年仅35岁。贾似道入宫立度宗年仅四岁的儿子赵显为皇帝，是为恭帝，太后谢道清临朝听政，并被尊为太皇太后。

此时元军仍在气势汹汹的攻击宋朝，贾似道迫于朝臣的压力，虽亲自上阵，但不战而溃，落荒而逃去了扬州。宋军全部溃败。贾似道兵败之后，元军主力顺长江东下，很快逼近临安，赵宋王朝的命运岌岌可危。贾似道罪大恶极，朝野上下要求将他正法，但谢太后心存仁厚，只决定将他贬到循州。但人人都对贾似道恨之入骨，在路过漳州的时候，被押送官郑虎臣杀死在那里。

纵观贾似道入主朝政前，在地方尚有作为；入朝之后，独揽政权，胡作非为，荒淫无度，在导致南宋土崩瓦解的同时，也使自己身败名裂。

最后一根稻草孟珙

"靖康之耻"后,宋高宗赵构南迁至临安后,南宋相继与由盛转衰的金国、崛起的蒙古帝国展开了激烈的战争。无数民族志士奋起反抗,留下了一段段令人称道的佳话。岳飞的事迹自不用赘言。在岳飞英勇为国献身的半个世纪之后,南宋又出现了一个无论战功还是品德上,都绝不亚于岳飞的英雄,他就是孟珙。

孟珙出身将门世家,从小就会挥枪舞棒。他的曾祖父、祖父都是岳飞的部属,曾经随岳飞四处转战屡屡大败金军,让金军听到岳家军就闻风丧胆,夹着尾巴落荒而逃。由于长期跟随岳飞征战,受到岳飞的影响,孟珙的祖上都是刚正不阿的爱国之人,且都极富军事才能。孟珙的父亲孟宗政也是不可多得的将才。孟珙自少年起,就随父亲辗转军中,对战场上的事耳濡目染,逐渐练就了一身好武艺,形成了对战场形势的敏锐观察力,掌握了各种战术。更重要的是,他深知"靖康之耻"给南宋人民带来的耻辱,培养了深深的爱国之心。

孟珙从不让父亲对他有任何偏爱之心,他吃苦耐劳,从普通的下级军官做起,一步一步提高自己的实力。所谓英雄出少年,他随父亲孟宗政抗击金军,屡建奇功。金军入侵襄阳的时候,他为父亲出谋划策大败金军。枣阳之战中,他智勇并用,使金军狼狈逃窜。嘉定十六年,孟珙的父亲去世,留下了大批的兵士。孟珙接管了父亲的军队,并改为"忠顺军",他治军有方,将他们训练得井井有条。

此时的金国,在和蒙古的交战中忙得焦头烂额。面对崛起并不断强大的蒙古,衰落的金朝屡屡溃败,绍定六年(1233年),金哀宗迁都蔡州,企图进入四川。如大宋朝"门神"一般存在的孟珙岂能坐视不管,他率军大破金军,彻底打破了金国想要进入四川的企图。孟珙大获全胜后,又率军来到了襄阳,成为了鄂州江陵府副都统制。

这一年的十月,理宗接受了蒙古发出的联合灭金的请求,而迎战对敌的最佳人选非常胜将军——孟珙莫属。于是孟珙带着国人一雪前耻、铲除世仇的期望再一次领兵出发,踏上了灭金的征程。有了强大的蒙古盟军做帮手,宋军有恃无恐。孟珙率兵一路过关斩将,端平元年,孟珙与蒙军会合,一同攻克金朝最后的据点蔡州,强强联手,金国无力抵抗,溃不成军。金哀宗见败局已定,救国无望,自缢于幽兰轩而死,金朝灭亡。

孟珙从满目狼藉、战火遍地的废墟中找到金哀宗的遗骸,同蒙古军平分之后带着哀宗遗骸、金国的玉玺、战俘等凯旋。在孟珙的努力下,靖康之耻得以一雪,南宋人民沸腾了,四处奔走相告,隆重迎接他们的大英雄凯旋。

金朝灭亡后,理宗一心想着要乘胜收复中原。他对屡建奇功的孟珙相当地敬重和信任,就向他咨询收复失地的中兴大计。孟珙知道虽然南宋在联蒙灭金一战中获得了胜利,但是也是以巨大的损失为代价的。虽然他时刻都想着要收复故土,但他清醒地认识到现在的宋朝还不具有足够的实力,而且蒙军迟早要同宋朝开战,最重要的积攒实力,养精蓄锐,他在襄阳组建镇北军以防备蒙古南侵。面对理宗的询问,他如实回答说希望皇上体谅连年遭战火烦扰的广大臣民,养精蓄锐,等待好的时机再发兵。言下之意是反对理宗贸然出兵。但是端平元年六月,宋理宗不顾之前与蒙古定好的盟约,派兵进军中原,试图收复故都,不料大败,并且与蒙古战事从此开始。

由于孟珙不同意进军中原,所以就没有参加"端平入洛"的行动。理宗收复故土的计划失败后,孟珙受理宗之命出任黄州,统治那一带的兵马。他在这里积极地开展积攒实力的各项措施:招徕流民开垦荒地,安顿诸军,招兵买马,增强军队的训练,加强黄州的防务。

宋蒙战争的前十余年间，他一个人独撑大局。蒙古军发动全面入侵战争，大肆进攻川蜀、荆襄地区。蒙古军一路过关斩将，连破襄阳、随州、郢州等地，使得南宋的整条京湖防线千疮百孔。之后，蒙军又将目光瞄准了蕲州。宋理宗忙得焦头烂额，急命在黄州的孟珙救援蕲州。进攻蕲州的蒙军将领深知孟珙的厉害，不愿跟他过多纠缠，就主动撤离，准备转攻江陵（今湖北荆州）。孟珙果然不负众望，再一次施展妙计，"变易旌旗服色，循环往来，夜则列炬照江，数十里相接"，连破蒙古军二十四寨，火烧船、筏二千余。蒙古军被迫撤军。孟珙江陵一战的胜利，扭转了长江中游的颓废战局，大快人心，孟珙也因此升官加爵。

然而，蒙古军死心不改，于嘉熙元年十月再度南侵，大力进攻黄州。在蒙古的大军的层层围困中，孟珙一次次的施展妙计，奋勇杀敌，终于将蒙古军击退，解救了黄州城。之后，升任湖北路安抚制置使的孟珙便积极谋求进兵，收复了襄阳城，并积攒兵力，使襄阳重新成为军事重镇。孟珙还主动出兵骚扰蒙军，让蒙古军无法安心屯田，破坏蒙古的攻势准备。

一波未平一波又起，当京湖战局有所缓解后，蒙古军又攻打蜀地，占领了众多地区，此时四川的军事防务岌岌可危，孟珙又奉命奔赴四川战场收拾烂摊子。孟珙对于防御蒙古大军的计划已经了然在胸，他审时度势，准确部署防御兵力，再加上其间孟家军的旧将晋德从光化率军来增援，更加巩固了孟珙布置的军事防御体系。蒙军仓皇出逃，这次大捷彻底地粉碎了蒙古军队妄图直接进攻临安的阴谋。

再次大立战功的孟珙理所当然地得到了高升，统领长江上游、中游的防务，正式成为南宋两个战区的主帅。蒙古军接连受到孟珙的打击，元气大伤。而孟珙的人气一再飙升，崇拜之人源源不绝，而受到蒙古军统治压迫地区的人尤甚。蒙古河南行省范周吉对孟珙的英勇事迹大为崇拜，再加上已厌烦蒙古的残暴统治，就于淳祐元年春（1241年）悄悄向孟珙暗中投降。孟珙大喜，以为良机不可失，就立即向朝廷报告，并准备受降，但最终他只是空欢喜一场。"端平入洛"后，收复失地已成了理宗心中不能被触及的伤痛，理宗不敢再次尝试，畏首畏尾，因而没有批准范周吉的主动投降，南宋最后一次北进的大好机会破灭。纵使英雄孟珙有再大的壮志雄心，也只能叹一声"三十年收拾中原人心，今志不克伸矣"了。

这件事让孟珙深受打击，一腔热血无处可用。在此五年之后，孟珙身体逐渐出现问题，他因病先后五次申请辞去实职，但是朝廷不会轻易放弃能保住自己平安的最后一根稻草，就拒绝了他的请求。孟珙的主张无法实现，忧虑之中，病情加重，不久病死，享年52岁。一生戎马生涯的孟珙带着失地未还的遗憾离开了人世。

孟珙的死，不仅使宋朝了丧失了一员大将，也使整个长江防线因为缺少凝聚力而逐渐失去了屏障。纵观宋朝，在军事上经历了一个由统一全国到收复失地，直到最后败亡的过程。北宋初年，宋太祖赵匡胤虽希望收复北方的疆土，却终生以先统一南方为前提。对北方的规划，始于太宗赵光义。986年，宋朝除在正面进攻之外也在山西方面大规模发动侧面的攻势，没有成功。这是宋朝在北方所做的最后的努力，其后，宋朝在少数民族的进攻面前节节败退，言辞中没有了进攻的奢望，只有收复的雄心，而孟珙则成了宋朝在垂死之际对北方最后的一丝期盼。然而这最后一的根稻草——孟珙也没有了。

大宋并非无能将，只是无奈宋朝奸臣辈出，灭亡也在情理之中了。在南宋灭亡前夕，无论从经济实力还是在兵力配备上，南宋都要强于蒙古，但是蒙古的国力全部集中于军事，而宋朝的国力则大部分用在内部权臣之间相互排挤和算计的内耗上。陆游诗云："公卿有党排宗泽，帷幄无人用岳飞。"南宋即便有再多的忠臣良将，也在无休止的政治斗争中败下阵来。纵然孟珙有天大的能力，对于南宋也是回天乏术了。

南宋卷　偏安南隅，中兴无力崖海沉沦

忽必烈称汗

宋蒙联手灭金后，南宋打破盟约，出兵河南，试图收复故都，这让此时的蒙古大汗窝阔台抓住了把柄，于是频频率兵入侵南宋。他们杀人抢劫，致使城无居民，遍地荒芜。宋蒙之间近半个世纪的战争拉开了序幕。

在与南宋纠缠不清的同时，窝阔台还率领蒙古大军东征西战，使高丽臣服于自己的铁蹄之下，将波斯置于自己的控制之下，并占领了除诺夫哥罗德以外罗斯诸国的全部，以及波兰和匈牙利的全境，极大地扩大了蒙古帝国的版图。

1241年十二月十一日，窝阔台因为酗酒而突然暴毙。窝阔台去世后，蒙古的诸王公贵族就处在激烈的权力争夺中。由于蒙古内部推举大汗未果，在窝阔台去世之后的五年中，一直都由他的皇后乃马真专政，直到1246年八月二十四日窝阔台的儿子贵由继任为止。贵由即位仅3年，就在1248年去世，由他的钦淑皇后（即海迷失后）称制4年。1251年，铁木真的孙子，窝阔台的侄子——孛儿只斤蒙哥在弟弟旭烈兀等人的拥护下即位。蒙哥即位之初，窝阔台系的势力依旧很强大，对他的统治造成了很大的阻碍。蒙哥双管齐下，一面打击窝阔台系的残余势力，更改旧有制度，一面继续对外侵略扩张的计划。

1252年，蒙哥正式开始了对南宋的进攻。他命令弟弟忽必烈率军到达云南，出其不意从背后攻打南宋。1253年，忽必烈在哥哥的命令下又率兵进攻大理，并在第二年将其灭掉，接着又一鼓作气招降了吐蕃，占领了云南和西藏。

为一举消灭南宋，蒙哥制订了庞大的伐宋作战计划。1258年蒙哥兵分三路，进攻南宋。他让弟弟忽必烈沿汉水攻打鄂州（今湖北武昌），大将兀良合台攻打潭州（今湖南长沙），自己则亲率大军指挥攻略四川。计划由四川西进，与忽必烈军、兀良合台军三路会师后，一举攻向南宋都城临安。

蒙哥率兵进攻合州的时候，遭到南宋将领王坚和全城军民的顽强反抗。合州知事王坚是个不折不扣的男子汉，他面对蒙军的包围，率兵坚守合州东面的钓鱼城。窝阔台派使者前去劝王坚投降，王坚断然拒绝他的建议，并斩了前来劝降的使者，用实际行动向窝阔台表明了誓死不降的决心。窝阔台的蒙古大军久攻钓鱼台不下，命令前锋在城墙下叫嚣："为了你一个人的作为，全体军民将被屠杀。你这样做太过分了！想死你就一个人去死吧！"王坚不买他的账，用一阵铺天盖地的乱石来回应。蒙哥在攻城的时候，被急如骤雨的炮石击中，身受重伤，1259年七月，在继位9年后死于合州东钓鱼山下。

此时，蒙哥的弟弟忽必烈还在沿汉水向鄂州进军，得知蒙哥的死讯，他的部下立即劝他赶回国都哈剌和林去争夺汗位。蒙哥死后，有资格继承汗位的便是他的三个弟弟：忽必烈、旭烈兀和阿里不哥。忽必烈的三弟旭烈兀自1256年成为波斯汗后，不断发动对外战争，扩张版图，由于远离蒙古高原，无法立即赶回国都，而没有要求继承大汗位。四弟阿里不哥作为幼子留守蒙古，得到察合台汗国、窝阔台汗国蒙古族重臣和王族的支持，实际已经成为蒙古汗国本土上的统治者，并在蒙古都城哈剌和林扎营。而忽必烈率兵在外，当然处于劣势。再加上忽必烈很欣赏汉人的文化，在他成为汉地大总督后，大量提拔任用汉人的幕僚，以汉治汉，使得在都城哈剌和林的蒙古族王公贵族们非常不满，在这次夺位战中失去了他们的支持。

此时的忽必烈陷入了进退维谷的两难境地。既想继续进军、趁早拿下鄂州，又怕若不及时赶回哈剌和林争夺汗位，就会失去这次大好机会。他举棋不定，只得向足智多谋的汉族大臣们征求意见。正所谓当局者迷旁观者清，汉族的大臣们将一切看得很明白，就劝忽必烈要少安毋躁，积攒力量，攻下富庶的汉地，获取财富和实力更为实际。忽必烈觉得大臣们言之有理，就听取了他们的意见。

1259年的阴历九月，已下定决心继续出兵进攻鄂州的忽必烈率军发起急攻，并扬言说要进攻南宋都城临安。此时南宋理宗派出应战的权臣贾似道听到这个消息后，惊恐万分。眼看忽必烈攻势越来越猛，贾似道料想自己难以应对，就秘密派遣亲信宋京以向蒙古割地、纳银的条件前去蒙古营要求停战求和。然而，忽必烈好不容易下定决心要一心一意地攻打鄂州，不会就此罢休，就拒绝议和。其实，蒙哥去世，蒙古军内部人心动摇，贾似道本应伺机反击，可是他竟然贪生怕死，厚颜无耻的前去求和。正在这时，忽必烈接到妻子的密报说都城哈剌和林的蒙古族大臣和王族们正准备立他弟弟阿里不哥做大汗，忽必烈沉不住气了，就准备撤军赶回蒙古去争夺汗位，刚好他见贾似道求和心切，就乘机答应了他的要求，订下了秘密和约。这样一来，忽必烈放心地率领主力军回北方争夺汗位去了。

由于忽必烈长期在外带兵打仗，他的弟弟阿里不哥长期留守哈剌和林，已是大家默认的蒙古地区的实际统治者。虽然忽必烈驰骋沙场，为蒙古建功立业，但是距离是不可忽视的问题。他的优势明显劣于弟弟阿里不哥。阿里不哥为了确保自己被举为大汗正在都城的蒙古族王公贵族及大臣的支持下紧锣密鼓的做准备。

即使忽必烈处于劣势，但是还不肯善罢甘休。他从南伐宋朝的战场上撤离以后，率兵北上，来到中原的开平上都府。1260年的阴历六月，他先发制人抢在阿里不哥的前头在开平称汗，始建年号中统。然而即使忽必烈称汗，但却不符合祖法，名不正言不顺，因而未获得普遍的承认。

阿里不哥也不甘示弱，在蒙哥的丞相、克烈部聂思托里安、教徒学鲁合等蒙古重臣的支持下，在哈剌和林称汗，成为蒙古汗国正统的继任者。

一山岂容二虎。这之后，忽必烈和阿里不哥为了成为蒙古唯一的大汗，分别想尽办法争取人心，并展开了多次战争。这场亲骨肉之间的权力争夺战从1259年到1264年整整持续了5年，最后弟弟举了白旗。忽必烈深知弟弟的影响之大，为了笼络人心，也或许心底还有一丝的兄弟情义，并没有杀死弟弟阿里不哥，仅把他作为重要俘虏囚禁了起来，阿里不哥得以苟延残喘，捡了条性命。但是为了防止阿里不哥残余势力再生事端，忽必烈将枪口瞄准了这些人，他处死了阿里不哥的主要支持者，并陆续将其残余势力赶尽杀绝。两年之后，阿里不哥在囚禁中去世。即使是亲兄弟，为了权利，也会反目成仇，历史再一次证明了这一事实。

忽必烈赢得了这场蒙古帝国内部最高权力的争夺战，但他念念不忘富庶繁荣的南方地区，不久之后又踏上了征讨南宋的征程。

贾似道同忽必烈暗中媾和

宋朝自南迁之后，签订了不少致使宋朝丧失国权的和议。宋高宗时期，在奸臣秦桧等主和派的撺掇之下，签订了绍兴和议；宋孝宗时虽积极北伐，但遭到了符离之败，为主和派抓到了口实，被迫签订了隆兴和议；宋宁宗时期，韩侂胄北伐失败，权臣史弥远借机将韩侂胄害死，并主动向金朝讲和，签订了嘉定和议。

像秦桧、史弥远这样的，都是些贪生怕死之徒，但即使这样，他们还是"正大光明"的和敌国签订了和议，并履行和议的条件，称臣或割地或赔款。而后来贾似道与蒙古签订的所谓和议，却是神不知鬼不觉，最终也没有实行。在这里，不得不感叹贾似道的"高明"之处。

成吉思汗建立蒙古帝国之后，四处征战，扩张版图。他死后，他的后代坚定不移地执行他的遗愿，继续到处侵略。1234年，蒙古联宋灭金之后，又开始了侵略南宋的战争。1258年，蒙古大汗蒙哥调动三路大军准备全面侵宋。他派弟弟忽必烈沿汉水而下攻打鄂州，兀良合台从云南出兵攻打潭州（今湖南长沙），自己亲自率兵进攻合州，计划三路大军会师后，直取南宋都城临安。岂料他在攻打合州的时候，遭到南宋将领王坚和全城军民的奋起反抗。他五个月都没将钓鱼城攻下，不幸在攻城的时候受了重伤，竟然不治，不久后便带着遗憾一命呜呼了。这时已是1259年的阴历七月，蒙哥一死，蒙古内部争夺最高权力的斗争势在必行。他的两个弟弟忽必烈、阿里不哥即将就汗位展开争夺。蒙哥死时，忽必烈还在顺汉水而下，尚在进军鄂州的途中，在得知哥哥的死讯之后，他毅然决然的决定要继续攻打鄂州。他观察了沿江的形势，派几百人的敢死队作为先锋，强行渡过长江，在宋军没有防备的情况下，大败宋军。之后，他命剩下的蒙古大军，大举渡江，把鄂州围个水泄不通，并扬言要进攻南宋都城临安。

而此时在南宋的都城临安，皇帝荒淫无度，只知行乐；权臣贾似道专权，胡作非为。忽必烈要攻打临安的消息一传来，上至皇帝下至平民百姓，都不知所措。南宋大将孟珙已去世十几年，南宋此时根本就没有突出的抗敌将士。曾经被孟珙提拔升为京湖制置使的贾似道已没有了当年在地方时的上进心，现在只知玩弄权势，沉迷于享乐。

理宗慌了手脚，找不到合适的人选抗击蒙军，也毫无计划，就随便命令各部队出兵。对于此时的理宗来说，能够依靠的只剩下一个贾似道，在不知他的真面目的情况下，起用贾似道为右丞相兼枢密使，并派他屯兵汉阳去前线督战，并援助鄂州。但是贾似道并没有做出什么成绩，鄂州城遭到蒙古军的猛烈袭击，伤亡惨重。直到宋将高达率领援兵到达抵抗蒙古军，加强鄂州的防守，局面才得以稳定。

不久后，在左丞相吴潜的建议下，他动身前往黄州。黄州位于鄂州下游，是军事要冲。如果一不小心，就可能在此丢掉性命。贾似道本贪生怕死，心里一百个不愿意。但是碍于理宗的命令，他不敢违抗。在移防黄州的途中，他忽然听闻探子来报说前面的军队遭遇了蒙古兵，吓得手足无措，屁滚尿流，以为大限将至，连连叹气。后来，他发现所谓的蒙古兵只是一支老弱残兵，根本不足为患，才落下了心口的一块大石，又装出一副天不怕地不怕的样子。

忽必烈攻势太猛，贾似道贪生怕死，料想自己无力对抗，就瞒着朝廷，秘密派遣亲信宋京去向蒙古人求和，并提出条件说："北兵若旋师，愿割江为界，且岁奉银、绢各二十万。"忽必烈正打在兴头上，看形势对自己大好，哪肯善罢甘休，就拒绝议和。虽说如此，忽必烈也深知现在争夺汗位问题随时会发生，如果长久的同宋军纠缠下去，可能会对自己不利。毕竟这是在宋朝境内，宋军的援兵随时会到来，而自己这方只有现在率领的这些军队，远在蒙古本土的弟弟因汗位的继承问题，则很可能心有芥蒂，不会派援兵来助阵。如果长此以往，宋军肯定会大肆反击，自己的损失将不可预知。

其实贾似道此时早已接到蒙哥死亡的消息，知道蒙古军内部必定人心动摇，如此天赐良机，他本可以大加利用，趁机对蒙古军队大打出手，却一味的求和保命，丧失了大败蒙军的绝佳机会。而忽必烈此时接到妻子捎来的密报说：蒙古族的一些重臣和贵族正准备立阿里不哥继承汗位。忽必烈一听慌了阵脚，想立刻撤军赶回蒙古去争夺汗位，而贾似道又再次派人前来讲和，正中他的下怀，于是便答应了贾似道的议和条件，率领大军急忙北撤了。

贾似道同忽必烈暗中媾和成功，但必须要做出个样子让旁人相信他英勇击退了蒙古军，便同蒙古军合伙演了一出戏：忽必烈率蒙古大军撤退，并将军中的一些戴罪者置于军队的最后部分，故意放慢渡江的动作，在主力部队安全渡江之后，贾似道便命令水师指挥官夏贵袭击正在渡江中的这些殿后的戴罪者,杀掉一百七十名蒙古兵,布置了一个"英勇抗战"的场面,然后隐瞒了向蒙古人求和之事,大言不惭地向朝廷上表谎报说:"诸路大捷,鄂围始解,江汉肃清,宗社危而复安,实万世无疆之休!"南宋朝野上下沉浸在胜利的喜悦中,殊不知这是贾似道瞒天过海的计谋。昏庸的理宗对鄂州之战的实际情况一无所知,竟然听信了贾似道的弥天大谎,他在接到贾似道的假传的捷报后,认为他立下奇功,是再造宋室江山的"肱骨之臣",下诏褒奖贾似道,命他立即入朝陛见,同时令满朝文武百官去京郊热烈迎接这位"凯旋宰相",并给他加官晋爵,将他晋升为少师,封卫国公。贾似道大造舆论,指使幕僚廖莹中和属吏翁应龙等撰写《福华编》,竭力鼓吹他的所谓"援鄂之功"。

忽必烈率军北上到达中原的开平上都府,在此建立大本营。1260年的阴历六月,在他所率军队的拥立下称汗。他想起了贾似道和他签订的和议,就派使者郝经前去南宋要求他们履行议和条件。景定元年(1260年)七月,正当南宋举国上下被贾似道蒙在鼓中时,郝经已动身前往南宋,到达真州(今江苏仪征)时,先派副使前去催征贾似道求和时答应的岁币,进贡银、绢等物。贾似道怕自己苦心经营的骗局败露,就密令淮东制置司将郝经拘留在真州。忽必烈得知这个消息后大怒,但无奈弟弟阿里不哥也在蒙古都城称汗,与他争夺汗位,忽必烈忙于应付阿里不哥,无暇顾及南宋,此事就被暂时搁置了起来。

争夺汗位的战争持续了5年,最后忽必烈取得了胜利,后来他迁都燕京(今北京),改名大都,并在1271年正式登基称帝,改国号为元。他借口南宋不履行和议的内容,大肆派兵攻宋,贾似道的瞒天过海之计终于暴露。

贾似道与忽必烈签订了本不必要的秘密和议,哄走了蒙古军,但签订之后却又并不履行,到最后成了蒙古攻宋的借口,带给南宋人民巨大的不幸。

笼络人心的贾似道

从古至今,伪善者从未消失过。这些人的一个很大的特点,就是善于假做善事以此来包装自己,笼络人心。贾似道就是这方面的天才。这还得从著名的"宝祐六君子"说起。

理宗提倡发展理学,但丁大全却将理学所崇尚的伦理道义随意践踏。他通过巴结理宗的宠妃阎贵妃一路升官加爵,陷害忠良,干预朝政,无恶不作。尽管这样,却升至宰相。朝野上下非议之声鹊起,丁大全却置之不理,依然我行我素。他的种种恶行终于激怒了当时刚正不阿的正义之士。

宝祐四年(1256年),以陈宜中为首,刘黻、黄镛、林则祖、曾唯、陈宗6名太学生不畏强权,联名上书痛斥丁大全的恶行劣迹、专权擅政。陈宜中才华横溢,他所作的诗文优美,富有情趣,得到了许多饱学之士的赞誉。黄镛出身儒学仕宦家庭,从小受到父辈的熏陶和影响,正直刚毅,满腹才华。其他几位也是血气方刚,满怀为国效忠的决心。

丁大全见六人同声敌忾来指责自己,不禁大怒。他指使爪牙翁应弼、吴衍反过来弹劾这六人。并在理宗耳边煽风点火说道"这几个人拉党结派,企图将身兼要职的人弹劾下马,好让自己升官发财。这样的风气一旦兴起,对国家而言实乃一大祸患。这帮人应该严惩不贷。"

丁大全在进言之前,已同阎贵妃串通好,阎贵妃时时对理宗吹枕边风,说了不少学生们的坏话。理宗竟不顾舆论,听信丁大全的谗言,将上书的六名学生开除学籍,编管远州,陈宜中被贬充军,黄镛也被流放出朝。六人被贬出京城之日,国子监祭酒、司业等闻讯,率领十二斋太学生整顿衣冠恭送六人出桥门。丁大全闻讯大怒,在三学(太学、宗学和武学)中立碑禁止学生妄论国事。但是这种高压政策也蒙蔽不了人们雪亮的双眼。六君子在当时都颇负盛名，身受人们的爱戴。他们遭受如此迫害，世人无不感到惋惜，而且称赞他们不畏强权，赞誉他们为"宝祐六君子"，以区别于反对韩侂胄的"庆元六君子"。

开庆元年（1259年），蒙古入侵，如此关系国家命运的大事，丁大全却不知为何，竟然隐瞒不报。这一愚蠢的行为让他从宰相之位上跌落下来。丁大全权利一旦消失，他平常利用高压手段控制人们谈论的那些恶行劣迹便逐渐流传开来，最终导致他身败名裂。而相反的，曾被丁大全处以流放之刑的六名太学生的人气却日益高涨。此时，与忽必烈秘密签订合约，在鄂州之战中"大败蒙军"的贾似道凯旋回朝，被拜为右丞相兼枢密使，将丁大全取而代之。

贾似道初为丞相，便使计将左丞相吴潜除掉，又除掉他不满的将士官员们，排除异己，骄横放肆，无恶不作，但同时又怕舆论指责自己。贾似道原是个不学无术之人，自然对弄计使诈颇有心得。他深知为了稳住自己的位置，只除掉自己不满的势力是远远不够的，还要笼络对平民百姓有影响的真正正直之士的人心，才能赢得老百姓的心。

贾似道专权，无恶不作，当时的太学生们对他非常反感，指责他说不顾社会萧条，游山玩水；不管物价飞涨，大吃大喝；擅权专断，荒淫无道。贾似道深知太学生们的力量之大，连皇帝都敬之三分，自己是绝对惹不起的，最好的办法便是收为己用。贾似道虽然自己没什么太大的才能，但是他却很擅长利用有才能的人。为了巩固自己来之不易的地位，他上任之初就开始下大力气从各地搜罗人才，而这时一个非常合适的人选浮现在他脑海里，这就是才华横溢且血气方刚的陈宜中。贾似道看人的眼光一向不错，他认定陈宜中日后必定前途无量，有意把他当做门生来好好栽培。想到这里，贾似道立刻开始了行动：他向理宗上疏请还仍在被流放的陈宜中，理宗对贾似道百依百顺，立即下诏宣布被丁大全处以流放之罪的6人都可以免省试而赴考，让他们重返京城。贾似道就这样将"宝祐六君子"收买到自己门下，利用他们在大臣和百姓中的人气来提升自己的人气，并以此来瓦解太学生中的反对势力。

放回"宝祐六君子"对于贾似道来说是一箭双雕的好事。贾似道初为宰相，丁大全的残余势力还很强大，要想搞垮他们，任用才华横溢并且与丁大全有前嫌的"六君子"，是再好不过的选择了。有了"六君子"的帮助，贾似道便如虎添翼了。"六君子"不但成了贾似道提高人气、巩固地位的工具，也成了他免受太学生攻击的挡箭牌，贾似道如此高明的政治手腕，不能不让人为之感叹。

贾似道一面利用"六君子"收买太学生，一面派探子密切监视太学生们的一言一行，防止他们再生事端。还用种种小利诸如增加太学生餐钱、放宽科场恩例等去诱惑和拉拢读书人。他的各种手段都获得了较好的成效，反对的声音渐渐弱了下去。

同时，他还增加教育预算，并且聘请当时有名的朱子学者到朝廷就任要职，让太学生和学者们误以为贾似道是和他们同一战线的。贾似道周边有朱子学者以顾问身份随侍，倘若学生批判贾似道，就等于是间接批判他身边的朱子学者。即使贾似道有什么恶行，太学生们也不敢轻举妄动。贾似道用种种方法消除杂音，从此，言路断绝，贾似道作威作福，更加肆无忌惮了。

贾似道的种种作为都显示了他的手法之"高明"，虽然不是什么见得人的手段。想当初，他从鄂州战场上凯旋后，被理宗加官晋爵，供为大恩人。而他隐瞒与忽必烈秘密签约的事，竟然还大肆鼓吹自己的所谓"援鄂之功"。后来还利用"宝祐六君子"替自己解围，笼络人心。一时间，人们都以为他是继丁大全之后最好的宰相人选。

襄阳樊城一决雌雄

"无襄则无淮，无淮则江南唾手可下也"。古人的一句话道出了襄樊的重要地理位置。襄阳、樊城地处南阳盆地南端，居汉水上流，三面环水，一面傍山，西临关陕，东达江淮，跨连荆豫，是控扼南北之要冲。南宋视其为朝廷根本，关系国家存亡的重地，遂开府筑城，储粮屯军，经多年经营，建成了城高池深、兵精粮足的军事重镇。

襄樊处于如此重要位置，自古以来是兵家必争之地。早在三国时代，就曾发生过襄樊之战。而在千年以后，宋元之间也在襄樊展开了一次血战。现代的著名武侠小说作家金庸在《倚天屠龙记》中就曾描写过宋元之间的襄樊之战。襄樊之战在宋元两国四十余年的拉锯战中所占有的地位不是三言两语就可以说得清道得明的。简单地说，历时近六年的这场战争使得元朝消灭南宋成为了定局。

自蒙古崛起后，便不断对外侵略扩张，先后灭掉十国，最后将目光锁定在偏安江南一隅的南宋身上。自理宗时期，蒙古与南宋之间便展开长期的斗争。蒙古人在多次与南宋军的较量中得知：南宋陆军不足为惧，关键是与宋军相比，自己的水上实力逊色太多。蒙古人自古以来祖辈生长在辽阔草原上，没有机会从事水上作业；就算是远征欧亚大陆的过程中，也没有遇到河流的阻碍，快马加鞭，便可长驱直入，用不上战舰。但若想征服南宋却没那么容易了。南宋之所以能够以孱弱的军力而抗衡金国，关键在于长江天险。金军的多次南侵计划，都因为长江的阻隔和自身水师的实力不济而搁浅。而窝阔台和蒙哥的南侵之战，也陷入了这一泥沼，多次因为水战不利而不得不避开长江，迂回攻击，从而延误了战机。蒙古若想完成真正的大一统，就必须征服这道前人没有逾越的天堑。

南宋那边更是如火烧眉毛。蒙哥因为长江难渡，采取迂回战术，绕道云南，攻灭大理，等于让南宋腹背受敌。一旦蒙古南北两线同时发动进攻，那么大宋朝将岌岌可危。

不过南宋还有个优势，那就是水战。依照双方水师力量的对比，宋军有能力将蒙军阻隔在长江以北。至于云南那边，由于蒙军的驻军较少，加上刚刚攻取，形势未定，应该不足为患。因此，眼下的当务之急应该是大力修整水师。

右丞相文天祥上书称，保疆的上策在于造舟船，兴水师。朝廷也有此意，便加强了水军的力量。意图很明显，要发挥自己擅长的水上作战能力来与马背上的蒙古民族相抗衡。

但这一企图并没有逃过忽必烈的算计。金国、窝阔台和蒙哥的失败已经给了忽必烈足够的教训。在他的倡议下，蒙古人开始大造舟船，加强水师。南宋降将汉军都元帅刘整与蒙古都元帅阿术商议说："我们的精兵铁骑战无不胜，攻无不克。但是唯独水战不如宋军。如果我们可以将宋军的水上作战本事学到手，制造战舰，训练水兵，把他们的优势变为自己的优势，那就没有什么可担忧的了。"阿术听了之后，觉得言之有理，就于南宋度宗咸淳六年（1270年）与刘整联合上奏说："要想围守襄阳，当务之急是训练水兵、制造战舰，才有可能在与宋军的水战中取得胜利。"

此言正中蒙古大汗忽必烈的下怀，于是就将这个重大的任务交与阿术和刘整全权负责。阿术与刘整接旨后，造得战船五千艘，并练出七万强劲的水兵，改变了水军积弱的历史。

忽必烈认真总结窝阔台、蒙哥等人在攻宋过程中的策略，取其精华，去其糟粕，并结合自己在与宋军交战中的实战经验，制定了一个周密的灭宋计划：首先将长江上的军事重镇襄樊两地拿下，然后顺流直下，沿着汉水到达主流长江，然后再长驱直入直逼临安。只要将长江的"重要门

户"襄樊收入囊中，其他的就可以很容易地攻下。这个计划抓住了重点，一气呵成，可见忽必烈老谋深算，战术之精明。

南宋自然知道襄樊在军事上无可替代的重要性，因此也下足了力气来营建襄樊，在此招兵买马，筑城囤粮，为随时可能发生的战争作准备。经过多年的经营，襄樊已成为南宋颇为高级的、城坚池深的战略重地。作为军事重镇，襄樊的作用逐渐得以显现，为宋朝多次或多或少的抵挡了外敌的入侵。

经过五年紧锣密鼓的作战准备，再加上完美的作战策略，忽必烈对于灭掉宋朝可谓是信心满满。

南宋咸淳三年，也就是元朝至元四年（1267年），长达六年之久的襄樊战役正式拉开了序幕：蒙古大将阿术作为襄阳之战的总指挥打响了这场持久战的第一炮。他率领一支精锐部队进攻襄阳的安阳滩，在这里设好埋伏，出其不意地歼灭了宋军万余人。吕文焕奋起抵抗，虽然损失惨重但最终在安阳滩击败了阿术。阿术在积极训练水兵、制造战舰、增强蒙军水上实力的同时，还针对宋军长于守城隘和水战的情况采取了一系列的应对措施：他率人在襄阳外围修筑了鹿门、白河口等城堡，以此来阻断宋军的水陆联系，襄阳被长期围困。咸淳四年（1268年）十一月，为打破蒙军的包围，吕文焕命襄阳守军进攻蒙军，但被强悍的蒙古军队打败，宋军伤亡惨重，反包围战以失败告终。

襄阳孤城无援，宋军自然不能坐视不管。在朝廷的命令下，宋将张贵、张顺等先后率大军前去增援襄樊，但是碍于蒙军防守、包围都太过严密，因而一次次被挫败，无功而返。困守襄樊的宋军一次次从希望的最高峰跌到失望的谷底，援军被阻，他们妄图自救，也多次发动反包围战斗，但是由于长期被围，城内储粮、兵器等都不足，将士们不仅体力下降，士气也很低沉，反包围战也都以失败告终。阿术又通过虎尾洲之战、湍滩之战、柜门关之战等一系列战争重创南宋军队，逐一拿下襄樊周边的州郡，使得襄樊彻底陷入孤立的状态。

外援不能到达，自身从内部的努力也不见成效，而此时南宋的皇帝度宗是个先天不足的愚钝之人，只知花天酒地，吃喝玩乐，而实际掌权的贾似道又是个贪生怕死之徒，根本无心救援。襄樊的守军就像是被抛弃了一般，独自苦苦支撑。不知不觉间襄阳、樊城被围已有5年之久，外援断绝，供饷困难，两城夹江对望，仅靠水上浮桥互相联系，彼此支援。

而与南宋的颓势大大相反，此时，元朝的皇帝忽必烈雄心勃勃，加紧对襄、樊的攻势。蒙军制订了水陆夹击，先破樊城，再一举拿下襄阳的策略。至元九年，阿术率军进攻樊城，这年的十二月，樊城陷落，襄樊两城之间用来相互联系的浮桥被破坏，两城最后的一丝联系也被切断，襄阳陷于既无力自守，又无外援支持的悲惨境地。不久吕文焕在巨炮威胁下再也无力支撑，无奈举城降元，襄阳也最终陷落。至此，襄樊之战以宋朝的惨败而宣告结束。

襄阳、樊城的陷落，就好比是大坝被毁，洪水一泻而下，南宋没了这一军事重镇的保护，把自己曝露于元军的进攻下，无处躲藏。南宋的劣势更加明显，败局已定。这之后，元军一鼓作气，顺势而下，一路过关斩将，最终攻入都城临安，灭掉了南宋，大获全胜。

襄樊之战，一决雌雄。南宋在襄樊之战的惨败昭示了它不可避免的灭亡命运。然而襄、樊古城作为军事重镇，依然屹立江边，为后来的王朝守护江淮。

第十章　风雨宋王朝最后的稻草

元世祖改制

恩格斯曾经在他的著作《反杜林论》中写道："比较野蛮的征服者，在绝大多数情况下，都不得不适应征服后存在的比较高的"经济情况"；他们为被征服者所同化，而且大部分甚至不得不采用被征服者的语言。"

这段话精彩地描述了不同社会制度、生产方式遭遇到一起时的状况。

蒙哥死后，忽必烈同弟弟阿里不哥就汗位展开了激烈的争夺战。1260年，忽必烈先发制人，抢在弟弟阿里不哥前面在开平称汗，始建年号中统。之后的5年时间里，他同阿里不哥龙争虎斗，最后以忽必烈的胜利而告终。后来他迁都燕京（今北京），改名大都。1271年，忽必烈正式登基称皇帝，改国号元，是为元世祖。

忽必烈逐步巩固对北方的统治后，就集中火力攻打南宋。终于在1276年攻入南宋的都城临安，南宋灭亡。之后，他又派兵在涯山之战中将南宋的流亡小朝廷一举歼灭，这样一来，南宋真正的烟消云散了。

1279年，忽必烈实现了中国的南北大一统。

然而，现在已南北大一统的元朝空有辽阔的疆域，放眼望去却是满目疮痍。长期的战乱极大地破坏了经济的发展，人口伤亡严重，数量、质量上都严重下降。由于蒙古族的游牧民族本性，他们只知掠夺，却不事生产，生产力极其低下。随着蒙古汗国在军事上的扩张，蒙古贵族把游牧地区的旧俗未作任何修改，就这样原封不动的带到中原地区，对中原先进的农耕经济造成了不可估计的破坏。而且，在征战中，蒙军每到一处，就会实行残酷的屠杀政策，尸骨遍野，满目荒凉。不仅造成被征服地区的经济遭受巨大损失，也使当地的文化、人才遭到了巨大的流失，给中原地区带来了巨大的灾难。

忽必烈已经打下如此辽阔的江山，下一步需要做的就是要进行修复、建设了。元朝境内百废待兴，这注定是一个浩大而艰巨的工程。

蒙古现有的统治机构落后、效率低下，要采用旧法进行建设，无疑是新车配旧轮，是跑不起来的。而且蒙古族原有的游牧生产方式不适合中原上的经济发展，显得格格不入。

忽必烈认识到中原文明的先进，要想使元朝像轻轨列车般飞奔，改革是势在必行的。在汉族地主官僚的鼓动下，他决心吸取中原地区的先进社会制度和生产方式。遂在政治，经济等方面实行了大刀阔斧的改革。

蒙古原有的政治统治机构落后不堪，与疆域的辽阔形成巨大反差，忽必烈决定按照中原王朝体制的框架来构建新的政权结构。在政治方面，他在中央设置中书省、枢密院、御史台三大系统，设置宣政院。其中，中书省行使宰相职权，下设吏、户、礼、兵、刑、工六部，是最高的行政机关；枢密院则总领全国军事；御史台负责纠察百官；宣政院管理全国宗教事务和西藏地区。在地方，设行中书省，总隶于中书省，加强对地方的统辖；山东、山西、河北及内蒙古部分地区，则由中书省直辖，称为"腹立"，即内地的意思。在澎湖设巡检司，管辖澎湖、琉球（中国台湾）地区，隶属于福建泉州路同安县（今厦门）。设通政院，主管驿站事务；建立驿站制度，负责传递公文和管理交通。在各地实行"兵农分治"的制度，避免地方长官集军、民之权于一身；"罢世侯，置牧守"，废除军阀兵权的世袭制。吸收金朝民族分治政策，创设"四等人制"，将各族人民划分为蒙古、色目、汉人和南人4个等级。蒙古族在各等人中名列第一等，是元朝的"国姓"。色目人继蒙古人之后名列第二等，主要指西域人，如钦察、唐兀、畏兀儿、回回等。汉人为第三等，指淮河以北原金朝境内的汉、契丹、女真等族以及较早被蒙古征服的云南（大理）人，东北的高丽人也是汉人。南人也叫蛮人，为第四等，指最后被元朝征服的原南宋境内各族。这种以蒙古人为国之根本、色目和汉人互相牵制的政策为维持大一统发挥了作用，对民族融合也有一定的作用，但也为之后民族矛盾爆发埋下了隐患。

忽必烈推行的这一系列政治改革，加强了中央集权，巩固了封建国家的统治；加强了对边远地区的开发管理，实现了更大范围的大一统局面；在一定程度上促进了民族间的交流，促进了多民族国家的发展。

在经济方面，他一改蒙古原有的游牧方式，制定"农桑立国"的国策方针。北方耕地因连绵半个世纪的战争而遭受了严重破坏，处于凋敝状态。忽必烈制定一系列政策，促进土地的恢复。他严禁蒙古贵族强占民田、或是废耕田为牧场。把黄河南北的荒田分给蒙古军耕种，组织军民在边疆屯田。他这一保护农田、实行屯田的政策极大地保护了中原农耕经济。接着，他又建立了指导农业生产的行政机构，包括劝农司、大司农司等，专管全国农桑水利。他任命八位劝农官员开展支持农业经济的计划。劝农司的官员挑选了一批精通农业的人员帮助农民耕作土地，极大地促进了农业生产并使土地得到了有效利用。

忽必烈还完善农业法规，规定劝课农桑赏罚之法，把管理农事、农桑兴废作为考核、察举赏罚地方官吏的重要指标。他重视技术指导，命人编成《农桑概要》，推广先进的科学技术。

值得一提的是，忽必烈除了在农业生产方面做足了工夫，在商业方面也取得了不小的成就。同以往很多皇帝不同，他对商人、商业行为不存在偏见。他的这种态度大大促进了贸易活动的发展，在他执政期间，商业活动非常的繁荣，对外贸易也很兴旺发达，极大地促进了国内经济的发展，积累了货币，也大大促进了对外交流。忽必烈的经济措施使得在改革初期北方经济全面恢复，原本落后的生产力得到了较大的提高。

对于一个如此庞大的帝国来说，要想保证行政的顺利进行和物资供应的流畅，交通必须要和强大。忽必烈深知交通对于自己统治的重要性。他命人修复帝国道路，并在可能栽种的道路两旁都种上树遮阳，在每隔一定的距离上建立驿站，除了接待旅行的官员和外宾之外，驿站也用做商旅客栈。20多万匹马分发给各驿站，用于帝国邮政。为保证大都的粮食供应，他修复和开通了大运河，使大米经运河从中国中部运往都城。在他执政期间，中国已经具有了比较完备的邮政系统了。忽必烈作出的贡献自然不言而喻。

忽必烈的农业措施极大的恢复了生产力，但是毕竟中原土地遭受的破坏太大，一时间还无法完全恢复原状。为了备荒，他恢复了国家控粮的政策。他命人建设粮仓，在丰年，国家收购余粮，贮藏于国仓，以应付荒年粮食短缺。忽必烈的都城到最后一共建有58个这样的粮仓，可以储存十四万五千石粮食。他要求建立"慈善粮仓"（义仓），在灾荒年粮食歉收、谷价上涨时开仓免费分发谷物,救济饥民,为鳏寡孤独者提供粮食。

忽必烈的种种政策治愈了一个世纪之久的战争创伤,显示了他的经世之才。他明白,欲统治中国,不能只靠蒙古本族的力量,还必须大力地任用深明治国之道的汉人幕僚和官员,但又不能完全依靠汉人幕僚施政。宋朝灭亡后,他不仅保留了宋朝的机构和全部行政官员,而且还尽一切努力得到了当时任职官员们的个人的效忠。忽必烈在多年的不断尝试中,在中原的农耕、定居文明和蒙古原有文化特色文明中找到了一个支点,维持了两种不同文明间微妙的平衡。

通过忽必烈的努力,元朝成为了一个不仅疆域辽阔,而且能够兼容各种民族力量,经济文化都得到较大发展、交流的大国,为以后的发展奠定了基础。

皇陵被盗,天之皇朝尘嚣尽散

中国古代由于流行厚葬,数不尽的宝物都随陵墓的主人长眠在地下,因此盗墓之风盛行。而帝王的陵墓由于网罗搜集了全天下的珍奇异物,更是难逃盗墓贼的毒手。盗墓之人之所以盗墓主要是因为垂涎于藏于陵墓中的珍奇异物,钱财珠宝。但是盗墓人也多种多样,有的出于世代盗墓之家,有的是官员,还有的竟然是僧人。只为一个"利"字,盗墓贼不顾礼义廉耻,让本应长眠于地下安息的人,再次"重见天日"。虽然盗墓之人无非为了一个"利"字,但是在这背后往往还有一些更深层的东西在作支撑。宋朝皇陵被盗一事,就能很好地说明。

中国帝王陵寝不被盗者已是寥寥无几。在这些被盗掘陵寝中最为悲惨的就是南宋皇陵,帝王的尸骨无一能够得到保全。

宋朝皇帝陵墓本在河南奉先(河南巩义市),北宋九帝中,除了被金人掳走的徽、钦二帝客死异乡外,其余的七帝均葬在这里。北宋灭亡以后,河南地区被金朝控制,宋帝当然不能继续葬在奉先。"靖康之耻"后,高宗赵构南迁至临安,建立南宋王朝。绍兴元年(1131年),北宋哲宗皇后孟氏去世,她死前曾留下遗命,让高宗皇帝派人先择地"攒殡",待恢复中原以后,再归葬河南。哲宗皇后孟氏被葬于绍兴府会稽县宝山泰宁寺,后来此地就成为了南宋的皇家陵园。南宋先后有九位皇帝,六位葬于浙江绍兴宝山,分别宋高宗赵构的永思陵、宋孝宗赵昚的永阜陵、宋光宗赵惇的永崇陵、宋宁宗赵扩的永茂陵、宋理宗赵昀的永穆陵、度宗赵禥的永绍陵。末三帝葬在哪里,已经无所考证。南宋皇陵实际上是"攒宫",也就是说是攒集梓宫,暂葬地。因为考虑到以后要将帝王的棺椁迁回河南巩义祖陵区内正式归葬,所以棺椁葬得比较浅,这就为后来的盗墓贼盗掘陵墓提供了极大的便利。

宋朝灭亡不久,在元朝政府的默许之下,发生了一场历史上空前规模的盗墓行动。这次盗墓行动的罪魁祸首是西藏僧人杨琏真迦。杨琏真迦是吐蕃高僧八思巴的弟子,元世祖忽必烈崇尚佛教,对吐蕃的佛教大师们尊敬有加。忽必烈尊八思巴为帝师,一人得道,鸡犬升天。杨琏真迦凭借老师的关系深受忽必烈的青睐,被任命为江南诸路释教总摄,总管江南地区佛教事务。作为一个出家僧人,本该好好修行,弘扬佛法,为天下苍生祈福,但杨琏真迦不事佛法,毫无道行,狐假虎威,是披着出家人外衣坏事做尽的伪善之人。

首先遭到毒手的宋朝皇陵是魏王赵恺的坟墓。赵恺是孝宗赵昚的次子,他死后被葬在会稽县山阴法华山天长寺。至元二十二年(1285年),会稽县泰宁寺僧人宗允、宗恺为讨好杨琏真迦,勾结天长寺僧人福闻发掘了魏王赵恺的陵墓。皇陵打开的瞬间,他们被里面豪华气派的陪葬品吸引得挪不开眼球。他们疯狂抢夺,获得了大量的珠宝,并献给了杨琏真迦。魏王陵的发掘极大地刺激了杨琏真迦等人的贪欲,他们一旦开始挖掘皇陵,便一发不可收拾。虽身为本应清心寡欲的僧人，但他们却是比常人更加贪婪。杨琏真迦等人觉得只凭他们这几个人的力量是远远不够的，便招来大批的河西僧人及其凶党，开始大规模地挖掘宋朝皇陵。他们首先瞄准了宁宗赵扩及皇后杨氏、理宗赵昀、度宗赵禥的陵寝，动手挖掘时遭到宋陵护陵使罗铣的拼死抵抗。罗铣誓死保护皇陵，遭到杨琏真迦一行人的痛打，被人用刀架着赶出了陵园，罗铣见仅凭自己一人之力无法阻止杨琏真迦等人的卑劣行径，力不从心，又深感对不起宋朝皇帝们的在天之灵，趴在地上号啕大哭。

四座皇陵之中，理宗赵昀陵寝所藏宝物最多。据称当他们打开墓葬的时候，有耀眼的白气一飞冲天，这些白气是宝气凝聚而成。他们打开理宗的棺椁，见尸体仍完好无损，栩栩如生，有人说这是因为理宗口中含了可防不腐的夜明珠，这伙丧尽天良的盗贼于是将理宗的尸体搬出墓穴，倒悬在树上。允泽用脚猛踢理宗的头颅，以示自己无所畏惧。据说，防腐的水银慢慢地从理宗口中滴了三天三夜，可见古代帝王的奢侈。古代的帝王、王后在死后为了保持身体不腐，很多都在嘴里含夜明珠，但是几乎都惨遭盗墓贼的毒手。

杨琏真迦一伙在一阵疯狂掠夺之后满意而归。看他们走后，罗铣买棺置衣将诸帝骸骨重新收敛，悲痛欲绝，附近乡里百姓皆为之感泣。到了夜晚，听到四面山中皆传来哭声，旬日不绝。

不久，杨琏真迦一伙又对宋陵进行了第二次发掘，徽宗、钦宗、高宗、孝宗、光宗五帝及孟氏、韦氏、吴氏、谢氏四位皇后的陵寝在这次发掘中无一幸免。徽、钦二帝被掳往金朝后，都死于那里。金朝在他们死后多年才归还遗骨，但当时高宗并未开棺检验。据史料记载，杨琏真迦等人打开二帝的陵墓时，徽宗棺中只有朽木一段，钦宗棺中有木灯檠一枚，可见金朝归还二帝的遗骨纯属把戏，他们真正对二帝的遗骨做了些什么，已经不得而知了。高宗、孝宗二帝的遗骨由于年岁已久，受墓内湿气侵蚀，已经脆弱不堪，大多化成粉末。而墓内的陪葬品也少得可怜，完全不像是一国之君所应有的待遇。

南宋皇帝的帝王陵无一例外，均遭到杨琏真迦的毒手。墓内陪葬品被杨琏真迦一伙人洗劫一空。这些帝王们在生前已受到压迫和屈辱，应该不会想到死后在阴间也会落得个不得安生的下场。

西藏有"厌胜"之说，如果得到帝王的遗骸埋于地下，并在上面建造佛塔、佛寺，就可以压制原来朝代的人，防止他们兴风作浪。如果得到帝王的髑髅可以致巨富。杨琏真迦知道元世祖对南宋遗民的反抗甚为担忧，为了讨好他，在盗墓过程中将帝后们的骨骸全部掘出，收集于临安皇宫中，在上面建造佛塔来镇压不断反抗的宋人。更为残忍的是，杨琏真迦指挥手下将理宗的头颅从尸身上砍下，镶银涂漆，大加修饰一番，用作盛放酒水的器具，这一行径令人作呕。

后来，理宗的头颅一直在西藏僧人手中流传。明朝立国以后，太祖朱元璋得知此事，"叹息良久"，就做了一回善事，派人找到了理宗的头颅，于洪武二年（1369年）以帝王礼葬于应天府（江苏南京），第二年又命人将理宗的头骨归葬到绍兴永穆陵旧址，并重修了皇陵，将其他五帝的遗骸迁回攒宫，重新归葬。到此，宋朝皇帝们才得以真正的安息。

杨琏真迦之所以能够在光天化日之下大肆掘墓，而不像其他盗墓贼一样偷偷摸摸行动，是因为他得到了元世祖忽必烈的鼎力支持。忽必烈崇尚佛教，对西藏僧人的"压胜"之说深信不疑。为了使南宋遗民彻底对宋朝死心，甘于自己的统治，忽必烈对杨琏真迦的恶行不仅没有加以制止，反而采取了默许态度，不料却给自己的统治埋下了祸根。

宋朝遗民心中的神圣之地遭到破坏，而自己的国君也成了孤魂野鬼，仇恨之心油然而生，不仅不服元世祖的统治，反而抗争得更加激烈了。

南宋流亡小朝廷

一个王朝结束的背后，总是有深层原因的。或帝王昏庸无道，暴虐成性，百姓苦不堪言，遂奋起反抗，自己结束这个荒谬的年代；或受到比自己更强大的民族或国家的攻击，成者为王败者寇，失败了，就自然的土崩瓦解，灰飞烟灭。然而，后一种王朝结束的情况下，出于种种原因，或是爱国心，或是不愿接受外来人的统治，旧朝的遗民们中总有人迟迟不肯承认新势力的上台，奋起反抗。

在新朝代建立若干年或几十年后仍然有人试图延续或复辟原来的朝代，最终的结果无一例外以失败告终，历史的车轮永远向前不止，不会因为人们作出的这些努力而停下脚步。事实证明了延续或复辟旧时代是逆历史潮流而动的行为。有些愚蠢，也有些勇气可嘉。而南宋遗民们抗元复宋的努力也在中国历史上谱下了一篇悲壮的、可歌可泣的华丽乐章。

德祐元年年末，蒙古铁骑已兵临临安城下，败局已定。谢太后有好生之德，为了保证临安城内老百姓免遭元军的残忍屠城，德祐二年正月主动向元军请降。二月，元军攻进临安，在城内举行了受降仪式，恭帝被逼退位。谢太后为了保住赵宋王朝一室的血脉，在元军进入临安以前，急中生智，封恭帝的哥哥赵昰为益王、判福州、福建安抚大使，赵昺为广王、判泉州兼判南外宗正，并千叮咛万嘱咐命人好好保护二王逃出了临安。三月，恭帝等一行数千人被押往大都，而自己的兄弟们一行人也在拼命的逃亡之中。一个北上，一个南下。自此，分道扬镳，永无再见之日。

赵昰一行人在海上一路漂泊，躲过元军的层层围堵，终于到达了温州。当时不敢同元军大将伯颜当面谈判、落荒而逃的陈宜中躲藏于此，陆秀夫派人把他找了出来，而张世杰也率兵从定海前来会合。一时间，队伍有所扩大，人心也稍稍安定下来。温州有座江心寺，南宋初年高宗南逃的时候曾到过这里，它的御座此时还保存完好，众人触景生情，想到自己也在经历当年高宗皇帝所经历的苦难，不禁感慨，于座下抱头大哭。众人拥戴益王赵昰为天下兵马都元帅，广王赵昺为副元帅，以二王为旗帜进行抗元斗争。

在温州建立都元帅府后，众人知道温州离临安城太近，元军不久就会追到这里，就决定起身前往远离元军威胁的福建。又经过了一番海上颠簸，赵昰一行人到达福州。五月一日，赵昰在福州即位，是为端宗，改元景炎。他的母亲杨淑妃被册封为太后，垂帘听政，赵昺（俞修容所生）晋封为卫王。陈宜中被任命为左丞相兼枢密使、都督诸路军马，陈文龙、刘黼为参知政事，张世杰为枢密副使，陆秀夫为签书枢密院事，苏刘义主管殿前司。

麻雀虽小五脏俱全，就这样流亡小朝廷在福州建立起来了，并初具规模。

然而，小朝廷刚刚建立，还极其的脆弱。在面临元军一刻不停追杀的时候，内部人员却各怀鬼胎，开始了争权夺利的斗争，如此一来，原本已非常孱弱的小朝廷显得更加不堪一击了。

其实，小朝廷建立的时候所任命的官员们除了极个别人，都是些奸诈的鼠类。母凭子贵，赵昰成为端宗后，杨淑妃亦随之成了太后，虽说垂帘听政，但实际由她的弟弟杨亮节居中掌权。秀王赵与檡以赵氏宗亲的身份对杨亮节的所作所为多次谏止，不料却遭到了杨亮节的忌恨。杨亮节就起了歹心，想将赵与檡驱逐出去。小朝廷中的一部分官员们为赵与檡打抱不平，说秀王忠孝两全，应该留下来辅佐朝廷，这又狠狠地刺中了杨亮节的痛处。只要赵与檡还在自己身边，就会是对自己掌权很大的威胁，杨亮节担忧不已，更加下定决心要把赵与檡这根眼中钉、肉中刺拔掉。不久，他便使计将赵与檡派往了浙东。赵与檡到了浙东后奋勇抗击元军，后来在处州被元军俘去，英勇不屈而死。

然而，小朝廷内部的斗争到这还没有消停。宰相陈宜中与陆秀夫不和，就指使言官将其弹劾出朝廷。陈宜中的这种窝里斗的行为，引起了众人的普遍不满，陈宜中只能不了了之，无奈之下，将陆秀夫召回。陈宜中胆小怕事，遇事不好就溜之大吉，是个自私自利的小人。小朝廷不吸取前车之鉴，竟然再次重用他为宰相，实在给自己留下了祸根。对于一个朝廷来说，用错人无异于慢性自杀。

虽然南宋已经投降元朝，但是还有许多地区依然掌握在宋室遗民的手中。元军只顾着追杀赵昰等一行人，消灭反抗势力，还来不及将大片大片的宋朝土地收于自己的囊中。福建、两广的大片土地仍处在流亡小朝廷的控制之下。曾拒绝向元军大将伯颜投降的李庭芝一直坚守在淮东、淮西地区，同元军进行着拉锯战，双方相持不下。但是，由于僵持时间过长，宋军有些吃不消，再加上后援不足，不久在元军的进攻下，淮东、淮西等地相继失陷，南宋名将李庭芝英勇战死。

元军沿着赵昰的行踪一路南下，到了景炎元年（1276年）十一月，元军逼近流亡小朝廷所在的福州，试图消灭这支残余势力。此时小朝廷还有正规军17万，民兵30万，淮兵万人，拥有的兵力远比元军要多，若是勇敢的放手一搏，完全可以与元军一较高下。

但是，小朝廷现在的朝政掌握在陈宜中和张世杰手里，陈宜中胆小懦弱，不敢与元军正面交锋，这自不必多言。可是张世杰也没有独当一面的魄力，竟然说"惟务远遁"，在这两位实权者的主张之下，还未在福州站稳脚跟的流亡小朝廷又开始了流亡。

十一月十五日，陈宜中、张世杰护送着端宗赵昰、卫王赵昺及杨太妃乘一艘海船逃跑，谁知刚刚入海，就遭遇了元朝水军的围堵。幸好当时天气不好，海上大雾弥漫，赵昰一行人才侥幸得以脱身，捡回一条命。离开了根据地福州之后，小朝廷只能建立海上行朝，四处流亡。

赵昰一行人在海上一路颠簸，辗转泉州、潮州、惠州等地，于景炎三年（1278年）春，来到雷州附近的冈洲。在逃亡的途中，宰相陈宜中借口联络占城，又一次溜之大吉，再次充当了可耻的逃兵。虽然陈宜中没有什么贡献，但是对于这个脆弱的小朝廷，对于年幼的端宗来说，无疑是个精神上的支撑。他的逃跑让端宗等人失望至极。然而灾难并没有因此而停止。端宗赵昰一行人继续逃亡，不料途中遭遇了强大的飓风。大海神秘莫测，有时风平浪静，有时汹涌澎湃，让人琢磨不透。而端宗年幼，还是个什么都不懂的小孩，面对如此强大而又恐怖的自然力量，他吓破了胆，竟然惊恐成疾，不久就死于冈洲，结束了他仅10岁的短暂生命历程。

在那个鬼神思想弥漫的迷信年代，端宗的死亡被看做是流亡小朝廷大限已到的不祥之兆，各种流言散布开来，导致人心惶惶，眼看小朝廷就要分崩离析，在这千钧一发的关键时刻，陆秀夫毅然挺身而出，慷慨激昂的鼓励将士们要振作起来，这一举动果然奏效，一时间士气大涨，再次燃起了对小朝廷的希望。

陆秀夫带领众臣拥立年仅7岁的赵昺为帝，由杨太后垂帘听政，改元祥兴。如此一来，在陆秀夫的力挽狂澜下，小朝廷得以苟延残喘。但正当百般欣喜的宋朝遗民重拾勇气，誓死复兴大宋朝的时候，殊不知灾祸即将降临。此时远在大都的忽必烈得知赵昺在雷州称帝，心烦气躁，担忧不已，发誓要将他们斩草除根，以绝后患。他立即命令手下大将张弘范火速前去围剿。浩浩荡荡的元军来势汹汹，很快便把小朝廷置于三面包围之下，接着元军发起猛烈攻击，雷州失守，小朝廷危在旦夕。

雷州有着很重要的战略位置，张世杰想将雷州夺回，进行了多次尝试，但无奈实力相差悬殊，每次都以失败告终。看夺回雷州无望，小朝廷当机立断，迅速将政权迁到崖山，并在此竭尽全力召集军队，为即将来临的大战作准备。

张弘范依然紧追不舍，率大军来到崖山。在这里，南宋流亡小朝廷和元军之间即将展开一次、也是最后一次的血战……